国家社会科学基金"十二五"规划2011年度教育学重点课题
"中小学生学科能力表现研究"（AHA110005）

学科核心素养丛书

国家出版基金项目
NATIONAL PUBLICATION FOUNDATION

丛书主编：王 磊

基于学生核心素养的化学学科能力研究

JIYU XUESHENG HEXIN SUYANG DE HUAXUE XUEKE NENGLI YANJIU

王 磊 等著

北京师范大学未来教育高精尖创新中心成果

U0659630

化学

北京师范大学出版集团
BEIJING NORMAL UNIVERSITY PUBLISHING GROUP
北京师范大学出版社

图书在版编目(CIP)数据

基于学生核心素养的化学学科能力研究/王磊等著. —北京:北京师范大学出版社,2017.12(2024.7 重印)
(学科核心素养丛书 / 王磊主编)
ISBN 978-7-303-22701-3

Ⅰ. ①基… Ⅱ. ①王… Ⅲ. ①中学化学课—教学研究 Ⅳ. ①G633.82

中国版本图书馆 CIP 数据核字(2017)第 210844 号

出版发行:北京师范大学出版社　www.bnupg.com
　　　　　北京市西城区新街口外大街 12-3 号
　　　　　邮政编码:100088
印　　刷:北京虎彩文化传播有限公司
经　　销:全国新华书店
开　　本:787 mm×1092 mm　1/16
印　　张:34.5
字　　数:550 千字
版　　次:2017 年 12 月第 1 版
印　　次:2024 年 7 月第 7 次印刷
定　　价:72.00 元

策划编辑:邓丽平　　　　　　　责任编辑:范　林
美术编辑:王　蕊　　　　　　　装帧设计:楠竹文化
责任校对:段立超　陈　民　　　责任印制:孙文凯

学生发展核心素养在学科领域中具体化为学科核心素养，学科核心素养是指学科教育给予学生未来发展所需要的关键能力、必备品格和价值观念。其实质是学生顺利完成学习理解、应用实践和迁移创新等学科认识活动和问题解决活动的稳定的心理调节机制，即学生的学科能力。由此可以看到，基于学习理解、应用实践和迁移创新的学科能力，既是学生发展核心素养和学科核心素养的共同要求，也是贯通不同学科领域核心素养的关键能力要求。

国内近20年的基础教育课程改革，通过学科课程标准和中高考考试大纲等重要文件提出了新课程背景下的学科核心素养和关键能力培养的要求。2010年颁布的《国家中长期教育改革和发展规划纲要（2010—2020年）》中指出基础教育阶段，要着力培养学生的学习能力、创新能力和实践能力。而国际上，以美国为例，自20世纪90年代初期出台了一系列旨在提高学生基本读写能力和科学素养的重要文件之后，这20多年更多地聚焦在学科核心概念发展、核心学科能力表现的标准和评价方面，如《美国中小学生学科能力表现标准》(*Performance Standards*)、《美国统一州核心课程标准（草案）》(*Common Core Standards*)，以及"国际数学与科学教育成就趋势调查"(The Trends in International Mathematics and Science Study，TIMSS)和"国际学生能力评估项目"(Program for International Student Assessment，PISA)等大型国际测评都对包括数学、英语和科学等核心学科领域的能力表现提出了系统的标准和要求。中小学生目前在核心学科能力，特别是在学习、实践和创新导向的学科能力方面的发展状况如何？存在哪些重要问题？面对这些问题应该采取什么对策？这些都迫切需要开展对于学生学科能力表现的研究。

1

学科教育是实现上述培养目标的基本途径，学科教育的核心宗旨是培养中小学生的人文和科学素养，而相应的学科能力则是人文和科学素养的核心构成，所以对中小学生学科能力表现进行深入系统的研究是基础教育改革的需要。国内外的正规教育体系都是基于学科课程教学的。学科课程的目标、内容、水平要求的设定，教材内容选取、组织及其呈现表达的设计，学科课堂教学的教学内容和教学过程方法的设计，以及学业水平考试评价设计等，都与我们对中小学生学科能力的构成、形成阶段、发展水平及其影响因素等的研究和认识程度密切相关。长期以来，一方面学术界比较强调学生发展，但是到底应该发展学生什么，经常与学科课程教学体系相脱节，所以无法真正转化为有效地促进学生发展的学科课程及教学实践；另一方面实践界早期比较依赖具体学科知识技能的传授，后来虽然强调培养能力，但缺少对学科能力的系统深入认识；再者，学科学业水平的考试评价近年来十分重视能力立意，但是始终缺少对学科能力的构成及其表现的系统刻画。因此，针对中小学生的学科能力表现进行系统研究有助于将以促进学生发展为核心的教育理念落实到具体课程、教学和考试评价实践中。

综上所述，开展学生学科能力表现研究，具有非常重要的课程论、教学论、学习论和评价理论的学术研究价值，对全面实施素质教育、促进课程教材教学及评价改革实践具有重要意义。

2011 年，我们主持申报并成功获批了国家社科基金教育科学"十二五"规划重点课题"中小学生学科能力表现研究"，组建北京师范大学的语文、数学、英语、政治、历史、地理、物理、化学、生物 9 大学科教育团队，协同北京市海淀区、朝阳区、丰台区的骨干教师和教研员，开始了持续 6 年的研究与实践。

我们从学科能力的经验基础、思维机制、作用对象及其心智水平属性几个维度对学科能力的内涵构成、类型特征和外部表现进行了整体的研究；进而开发相应的测试工具评价不同学段、不同年级的学生在学习理解、应用实践和迁移创新等共通学科能力维度上的表现，以及在不同知识内容主题上的学科能力表现及其表现水平；并从学校（课程、管理），教学（教学取向、教学策略、教学活动），个人（性别、动机情感、认知活动、学习策略）等维度来研究影响学生学科能力表现的相关因素；进而，在以上基础理论研究和发展测评研究的成果基础之上，开展了基于人才培养模式、学校制度创新、学科课堂教学改进以及考试评价改革的促进学生学科能力发展的实践探索。

(一)基于核心素养的学科能力的系统构成和表现的理论研究

2011 年—2013 年，我们首先做的是学科能力的基础理论研究。我们试图基于学习理解、应用实践和迁移创新的学科能力活动，建立知识经验与能力表现的实质性联系，寻找可测评和可调控的能力要素，以贯通关联不同学科领域的学科能力，构建学习理解、应用实践和迁移创新导向的学科能力活动表现、内涵构成及其发展水平的多维整合模型[①]（见图 1）。我们提出一系列非常重要的观点。

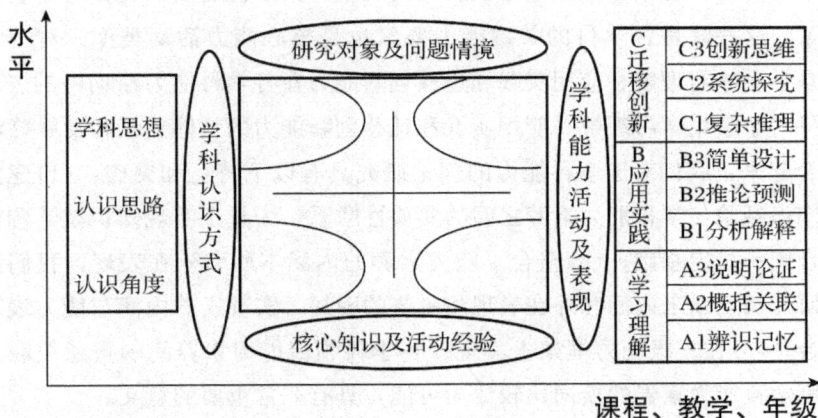

图 1　学科能力构成及其表现的理论模型（A1—C3 以化学学科二阶能力要素为例）

第一，基于能力的类化经验理论。我们提出学科能力是指个体能够顺利地完成特定的学科认识活动和问题解决任务的稳定的心理调节机制，具体包括定向调节机制和执行调节机制，明确知识经验在能力素养中的基础地位。

第二，提出学科认识方式是知识转化为能力素养的核心机制。我们认为光有知识和活动经验是不足以转化成能力和素养的，学科知识是学科能力素养的必要基础，但是不充分。学科知识需要经过从陈述性知识，到程序性知识，再到观念化的自觉主动的认识方式，才可能变成学科核心素养的外在能力表现。

第三，学科能力活动是知识转化为能力素养的重要途径。学科素养是学生经过学科学习逐渐形成的面对陌生不确定问题情境所表现出来的关键能力和必备品格。对应于知识经验的迁移创新能力表现水平，学科知识经过学习和理解，应用

---

① 王磊. 学科能力构成及其表现研究——基于学习理解、应用实践与迁移创新导向的多维整合模型[J]. 教育研究，2016(9)：83-92.

和实践，迁移和创新等关键能力活动，才能完成从具体知识到认识方式，从外部定向到独立操作再到自觉内化的转化过程。这是我们提出来的知识与学科能力和素养的重要理论关系。

北京师范大学各学科教育团队深入分析各学科学习理解、应用实践和迁移创新能力活动的特质和要素，综合归纳国内外课程标准、重要考试评价中的能力要素，概括出各自学科的学科能力二阶要素模型，也是学科能力活动表现框架。不同学科领域的学习理解、应用实践和迁移创新活动既具有共通性的要素也具有各自的学科特质要素。这些既是各学科的关键能力要素也是核心能力活动类型。对于学生而言，这是学生学习理解、应用实践和迁移创新能力在各学科能力活动中的表现，也是各学科对于学生学习理解、应用实践和迁移创新能力的具体贡献和发展要求。

综合起来，我们对于学科能力的理论研究具有以下特色和突破：(1)建立了学科核心知识经验与学科能力素养之间的实质性联系，为真正实现知识教学和能力培养的融合统一奠定基础；(2)整合了能力素养的内涵本质和外在表现，我们试图解决能力研究长期以来内涵和外在表现相脱节的困局，实现素养内涵与能力表现的融合和整合；(3)在一级能力框架上实现了各学科领域能力素养间的贯通关联，这使得实现跨学科能力素养的横向比较成为可能，具有非常重要的意义。

(二)学科能力表现及发展水平的测量评价研究

从 2013 年开始，我们开展了对于学科能力表现及发展水平的测量评价研究。以多维学科能力素养理论模型为基础，我们制订了各学科的基于本学科核心知识内容和特定活动经验主题的学科能力的表现指标体系。每个学科都提炼了本学科不同学段的核心的知识内容主题和特定的活动经验主题，基于学科能力 3×3 框架进行交联，确立指标体系，这样就实现了把黑箱打开，来进行测评和调控。进而，我们进行了学科能力表现测试工具的研发，采用了最先进的国际通用的科学测试工具的研发程序。经过多年的研究，我们已经形成了自己的诊断评价策略，从命题规划、试题设计、评分标准制订，都有了一套能力素养指向的非常有实用价值的可操作性的策略和方法。

我们在 76 所学校完成了 11 万多学生样本和一千多教师样本的实测，获得了各个学科不同学段的学科能力表现的大数据。基于 Rasch 测量理论进行工具质量评估和修订，形成了一套高质量的学科能力表现测量诊断工具。也为参与测试的区域和学校提供了系列的学科能力表现的测评报告。在测试以后，各学科按国际通用规则，进行水平等级划定，第一次比较系统、全面、具体地划定了我们国家基础教育 9 个学科的学科能力表现及其发展现状的水平模型。同时我们研究概括得到了学生能力表现的水平变量(见图 2)及其重要影响因素。

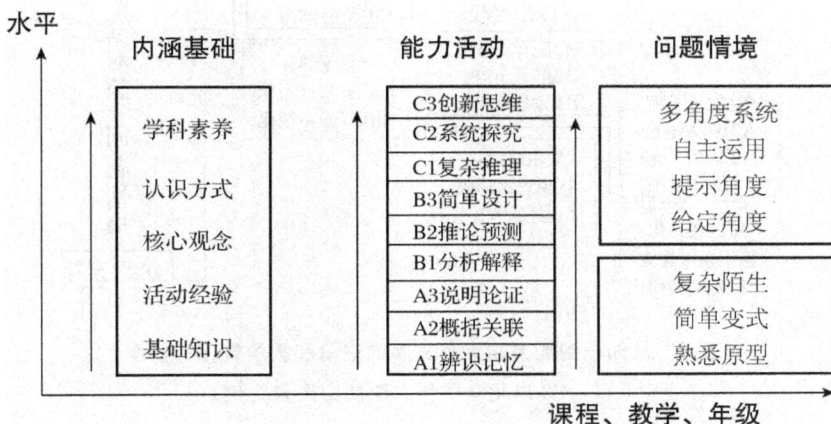

图 2　学生学科能力表现的水平变量(A1—C3 以化学学科二阶能力要素为例)

应该说在学科能力的评价研究方面,我们实现了几个重要的突破。第一,基于现代测量理论和方法,超越了传统学业成就测试经验水平;第二,凸显与学科能力素养内涵的实质性联系和精准评价,对每个得分点编得准,说得清,解释得明,实现与能力和素养的实质性关联和精准评价;第三,形成了一套核心素养导向的学科能力表现的测量评价的具体方法和策略,具有很强的可操作性。

(三)促进学生学科能力和核心素养发展的教学改进研究

从 2014 年开始,在理论研究和评价研究了解现状的基础之上,我们开始协同区域和学校开展教学改进的研究。我们团队亲自到学校和课堂,与老师进行高端备课、教学改进,形成了教学改进的重要理论和方法程序,揭示了从知识到能力到素养发展的进阶和教学转化的模型(见图 3),也找到了教学改进的核心切入点——基于主题教学打通知识到素养的通道。我们也形成了既具有通用理论意义,又具有各学科特质的教学改进的具体理论。比如,化学学科的基于学生认识方式转变的认识发展教学理论,物理学科的基于学习进阶的教学设计理论,英语学科的分级阅读教学理论,语文学科的任务纵深型的理论,政治学科的活动型的理论等。

我们在多年的实践当中,形成了基于高端备课的主题整体教学改进的方法和程序(见图 4)。从 2014 年至今,教学改进研究覆盖了 9 个学科、全学段,8 个区域,上百所学校,400 多名老师,形成了 600 多课时的教学改进案例,这些案例

5

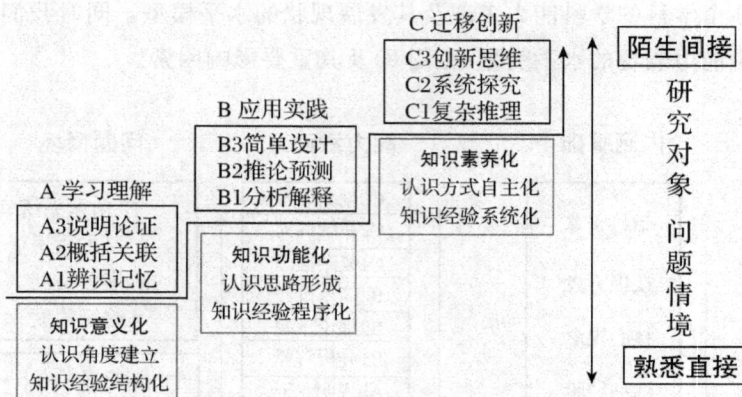

图3　从知识到能力到素养发展的进阶和教学转化的模型

（A1—C3 以化学学科二阶能力要素为例）

全部都是按照图 4 所示的改进流程和方法来做的，所以都是非常高水准的学科能力素养培养的教学案例资源。

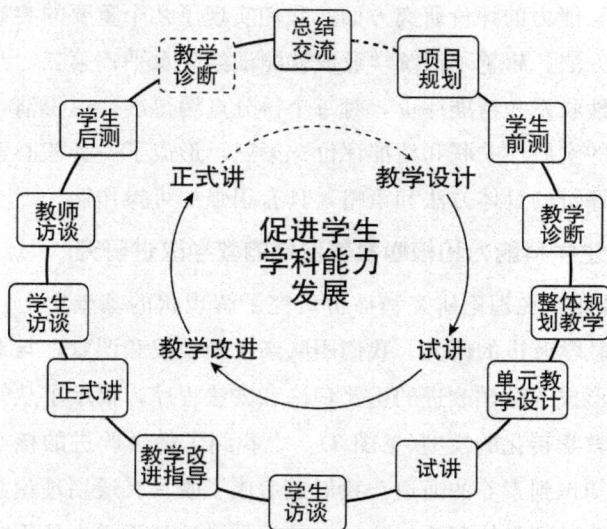

图4　基于高端备课的主题整体教学改进的方法和程序

　　总括起来，学科能力教学改进研究方面，我们一是实现了基于学生能力素养发展阶段的诊断评价作为实证，进行精准教学改进提升和突破；二是对于教师能力素养发展导向、教学设计与实施，基于高端备课模式进行全过程深入有效的指导，深受区域和学校的欢迎和好评。

在这些研究基础之上，从 2016 年开始，我们依托北京市教委和北京师范大学的未来教育高精尖创新中心，将整个学科能力研究成果进行了"互联网＋"的集成化和升级，促成了线下教育成果转化成"互联网＋"网络成果，全部实现系统化、集成化、精准化，这一成果的代表产品就是智慧学伴。基于此平台我们在一年的时间内完成了 9 个学科初一、初二、初三学段的评、学、教的集成化建设，开发了 67 套高水准的总测，860 套微测，4 868 个体现能力素养的微教学资源。

我们也形成了与区域和学校的多样化协同创新的实践模式，形成了在基于高端备课主题整体改进的基础之上，体现学校教改特色的融合应用、区域学生学科能力素养发展水平评价、骨干教师教学能力和评价素养提升，以及"互联网＋"智慧学伴的融合应用等。从 2017 年开始，我们还将进一步开展与项目教学、主题教学、翻转课堂等新型教学形式和教育技术深度整合的应用实践，努力探索实现素养融合、学科综合的评价研究和教学改革创新。

我们关于学科能力的研究成果在《教育研究》《教育学报》《课程·教材·教法》以及《Journal of Research in Science Teaching（JRST）》等国内外核心期刊，以及东亚科学教育学会（EASE）、欧洲科学教育学会（ESERA）、全美理科教学研究学会（NARST）等国际和国内学术会议上相继发表，并在北京、深圳、山东等地的上百所中学开展了实证研究和应用实践，产生了积极而广泛的影响。顾明远先生在对该成果的推荐中这样写道："该成果在理论、方法和实践上都有重要的创新和突破。"林崇德先生评价该成果："体现了理论与实践研究、定性与定量研究、设计研究与行动研究的高度有效融合。特别难能可贵的是，改变了学科能力的理论研究与能力表现评价和能力培养的学科教学实践一直处于相脱节的状态，理论和评价研究成果有效转化为教学改进实践成果。"实验区和学校这样评价："该项目在实验区的实践是'顶天立地'的，在高端专家团队指导下，瞄准人的成长与发展需要，立足于课堂教学实际，立足于教师发展实际，立足于解决教育教学改革的重点和难点问题。""对于学科能力的结构研究具有理论创新性，更可贵的是他们特别注重学科能力在课堂教学中的培养策略和方法的研究，与教师共同备课、研究学生、采集数据、评价试测，真正实现了理论与实践的结合。"

由北京师范大学出版社出版的"学科核心素养"系列丛书，系统反映了上述研究成果。丛书由国家重点课题负责人王磊教授担任总主编，包括 9 个学科分册，分别由各学科子课题的首席专家，语文学科郑国民教授、数学学科曹一鸣教授、英语学科王蔷教授、物理学科郭玉英教授、化学学科王磊教授、生物学科王健副教授、地理学科王民教授、历史学科郑林教授、政治学科李晓东副教授担任各分册主著，各分册的主要作者都是研究团队的核心成员。本课题的研究得到了北京师范大学未来教育高精尖创新中心、中国基础教育质量监测协同创新中心，北京市海淀区教师进修学校、北京市朝阳区教育研究中心、北京教育学院丰台分院、深圳市教育局和教育科学研究院、北京市通州区教师研修中心、北京市房山区教师进修学校、北京教育学院石景山分院等区域协同合作单位，以及山东省昌乐一中、山东省青岛市第三十九中学等百余所参加促进核心素养和学科能力发展的教学改进项目的学校的大力支持，在此一并表示感谢！此外，还特别感谢全国教育科学规划领导小组办公室对于此项国家重点课题自始至终的关心和支持！感谢北京师范大学出版社对于本课题成果系列丛书出版的大力支持！

丛书的各个分册，都从理论和基础研究、测量和评价研究，以及教学改进实践研究三个方面，系统展示了北京师范大学学科教育团队基于核心素养的学科能力研究成果。内容丰富，包括学科能力构成及其表现指标体系的理论成果，结合各学科核心知识内容主题的学科能力表现测评研究的成果，结合大量测评实例介绍了基于核心素养的学科能力的测评方法和策略及不同水平的典型学生表现，以及北京师范大学学科教育团队指导专家在不同区域和学校开展教学改进实践研究的丰富案例。

丛书反映了当前学科教育研究与实践改革的最新成果，兼具很强的理论、方法和实践指导价值，对于课程教学论及学科教育专业的师范生和研究生具有重要的学习价值；对于广大一线教师的学科教学改革实践和自身专业发展具有明确的指导意义；对于课程标准制定、教科书研发、学业成就考试评价等具有积极的参考价值。

核心素养与学科能力是一个复杂系统，人们对它的认识不断发展，任何理论和研究都只是对这个复杂系统的有限探索。本丛书的内容只是我们对核心素养与学科能力研究的部分阶段性成果，对于核心素养与学科能力的研究还远未结束，我们将继续砥砺前行！

王 磊

2017 年 8 月于北京师范大学

学科教育界确立学科能力的培养目标应该起于 20 世纪 90 年代，当时的中学化学教学大纲中提出观察能力、思维能力、实验能力和自学能力。2001 年和 2003 年教育部先后颁布义务教育和普通高中化学课程标准，提出要培养学生的科学探究能力。随后的教育部高考考试大纲提出接受和加工信息能力、探究和问题解决能力、思维能力。2015 年教育部启动普通高中课程标准的修订工作，提出学生发展核心素养和学科核心素养，修订后的高中化学课程标准提出了宏观辨识与微观探析、变化观念与平衡思想、证据推理与模型认知、科学探究与创新意识、科学态度与社会责任等化学学科核心素养的目标体系。相应地，以美国国家科学教育标准和美国下一代科学教育标准为代表的国际科学教育课程文件中先后提出科学素养、科学探究能力和科学实践能力，以及学科大概念、跨学科大概念与科学实践相融合的科学教育目标体系，提出 21 世纪技能。核心素养与学科能力是国内外共同的改革重点和研究热点。

学科能力素养及其培养是非常复杂而困难的问题，既是理论难题，更是实践难题。人们对这个"黑箱"的研究从来就没有停止过。2011 年，北京师范大学 9 个学科教育团队协同，主持承担国家社科基金教育科学规划重点课题"中小学生学科能力表现研究"，这样的学科能力研究需要回答学科能力核心素养的构成、内涵、基础、表现水平和影响因素等核心问题。需要建构可以贯通不同学科领域的学科能力构成模型，需要将学科能力的内涵构成理论模型与能力表现的测量评价模型相协调统一，需要使学科能力可描述、可测评、能调控、能培养。其中最需要突破和解决的是知识与能力和素养的关系问题，能力活动任务与能力表现及发展水平的关系问题，以及测评之后应该如何发展培养的问题。这也是化学学科能力研究的重点。

以王磊教授为代表的北京师范大学化学教育研究团队，多年来关于学生化学认识方式和认识模型的研究、基于 Rasch 模型的测量方法技术的学习和研究，以及基于"高端备课"的实践和认识发展教学理论研究，是支撑基于核心素养的化学学科能力研究的三大基础。

第一是从 2005 年开始的关于认识方式的研究以及基于主题的认识模型的研究。针对化学学科特定认识主题（领域），如物质结构与性质、化学反应速率与化学平衡、能量、无机元素化合物、有机化合物、电化学、热化学、水溶液等，进行了基于特定认识领域（主题）的认识发展研究。综合学科本体分析、学生学习活动表现分析和心理模拟，基于大量教学观察及学生访谈，以及进行学生认识方式及其认识发展层级的大样本测量评价研究，发现和确认学生对于特定认识域的实际认识角度、认识思路和认识方式类别，提出特定化学认识域（主题）的认识模型、认识发展层级模型。

关于化学认识方式及认识发展的研究，一方面有利于明确学科能力素养的内涵本质和思维机制，另一方面促使人们对于知识与学科能力及核心素养的关系有了更深刻的认识：核心知识具有重要的认识功能和认识方式发展价值，此乃核心知识具有能力素养发展的功能价值的本质。知识是认识主体针对研究对象，在特定问题驱动下，选取特定认识角度，经历特定推理过程和认识路径，形成的特定认识结果。知识具有提供认识角度、认识思路和路径以及推理判据等重要的认识功能，核心知识可以促使认识主体的认识方式类型发生转变和获得提升。正是因为知识的这些认识功能，所以具有核心素养的发展价值。不同知识的认识功能和素养发展价值不同，统摄性和结构化的知识具有更强大的功能价值。知识的功能价值只有在学科能力活动中转化为学生自觉主动的合理的认识方式（认识角度、认识思路和思维方式)才能彰显。所以，选取大概念以及促使知识结构化和功能化，是知识转化为能力和素养的关键。

第二是对于现代测量理论和方法的学习和研究。测量评价的本质是假设、取证和检验评估的过程，概括起来需要解决如下一系列的关键问题：首先是测量理论模型的选取和确定，其次是评价指标体系和双向细目表的构建，再次是具体命题、编码和评分标准的制订，最后是组织科学的试测，对测评工具的质量进行评估及修订；正式测试之后，需要解决的核心问题就是水平的划定和数据结果的统计分析和处理。这是专业性、技术性极高的系统工程，需要定性和定量研究相结合，对逻辑性、系统性、精细性的要求非常高，尤其是对能力素养的测评，需要评价者整个过程都要非常清楚想要测评什么、应该如何测评以及怎样解读测评结果。有关学科能力构成特别是化学学科各主题的认识模型的研究成果，对于明确测评什么的问题奠定了重要基础，发挥了强大的指导作用。但是，对于如何测评特别是测评试题和工具的质量评估，以及测评结果的分析和推断，特别是学生学科能力表现水平如何进行科学划定，传统的经典测量理论和方法遇到了很大的挑战。

对学科能力素养进行测量评价，与传统的学科考试评价有系统的差异。2011～2012年时，以Rasch模型等为代表的现代测量理论和方法对于国内学科教育研究来说还是陌生的。为此，特别感谢美国著名科学教育测量专家柳秀峰教授先后多次应邀来北京师范大学举办Workshop进行专题培训。我们前后用了2～3年时间，促使学科能力测评的技术方法迅速跟国际前沿接轨，培养了一批既熟悉学科教育理论又掌握先进测量技术方法的研究生，这为持续深入开展学科能力素养的测评研究，以及在课堂教学改进实践研究中同步开展能力素养测评，奠定了非常重要的技术方法和研究人才基础。

第三是学科能力培养如何进入学校和课堂，发挥评价诊断的作用，实质性指导教师的教学改进，让学科能力和素养培养真正"落地"。学科能力素养如何从只属于优秀学生变成可以让普通的学生也能获得？学科能力素养的教学如何从只属于重点名校的高学历骨干教师到可以使普通学校的普通老师也能做到？这不仅取决于对学生的学科能力素养发展规律的认识程度，还需要对教师的学科能力素养水平，以及如何从知识教学为本转变到能力素养发展的教学的特点和机制有更清楚的认识和把握。要突破和解决上述难题，不能仅仅依靠文献调研和国际比较研究，不能是只做点调查问卷，也不能仅仅是听听课和评评课，只有深入到学校和课堂中，跟一线老师一起备课研讨，开展基于学生能力素养诊断评价证据、基于教学设计和行为的临床会诊式的行动研究和教学反思性研究。

我们从 2008 年开始创建并开展基于"高端备课"的教学改进和教师发展促进研究，至今已经是第 10 个年头了，覆盖全北京市各区域，每学期都有近 30 所学校参加。10 年来的高端备课式教学改进实践研究和教师专业发展促进实践研究，不仅帮助形成了有效的教学改进模式，找到了一套方法和策略，更重要的是研究获得了教师转变发展的现状、特点、转变的关键点和发展进阶的规律。这促使我们提出了促进学生核心素养学科能力发展的教学改进的理论、方法和策略及学校整体解决方案。通过多年基于高端备课的深入的教学研究，我们发现并指出，知识解析为本的教学和促进学生认识发展的教学是两种教学范式，存在着系统性差异，基于认识方式转变的认识发展性教学是实现学生核心素养与学科能力提升的教学改进的关键所在。而彰显知识的认识功能价值，以及外显学生的认识角度和认识思路，转变学生原有的认识方式，是其中更为核心的关键所在，此乃认识发展教学理论。这些也为北京师范大学学科教育团队从 2014 年开始的在北京和山东 8 个地区上百所学校开展的 9 个学科协同的教学改进实践提供了非常重要的范式和经验。

《基于学生核心素养的化学学科能力研究》一书内容丰富，反映了化学教育和科学教育研究领域的前沿趋势，具有很强的理论、方法和实践指导意义，全面反映了北京师范大学化学教育研究团队在学科能力理论研究、评价研究和教学改进研究方面取得的系列成果。对在校师范生、学科教学论专业研究生、广大一线教师和学科教育研究者都具有重要的学习价值。

全书由 3 个部分构成，第一部分为基于核心素养的化学学科能力基础研究，包括第一章到第四章，系统地介绍了化学学科能力的构成、整体表现及影响因素，各章作者分别是王磊、张荣慧、支瑶和姜言霞。第二部分为基于核心素养的主题学科能力表现评价研究，包括第五章到第九章，聚焦化学学科的 5 大核心内容主题，构建主题的能力素养构成模型，明确素养的能力表现期望，开发测试工具，评价学生在各个内容主题上的表现现状，明确能力素养导向的教学改进着力点，核心作者包括王磊、张荣慧、王澜、赵河林、周冬冬、支瑶、张丽、陈颖、胡久华。第三部分为促进化学学科能力素养发展的教学改进研究，包括第十章和第十一章，提出认识发展为本的教学理论，构建基于“高端备课”的主题整体教学改进模式，以学生化学学科能力核心素养发展水平的诊断评价作为实证，开展精准教学改进。精选教学改进研究案例，展示教学改进的全过程，介绍发展学生化学学科核心素养关键能力的有效策略，主要作者有王磊、史凡、于少华、黄燕宁、周冬冬、郭晓丽和尹博远。全书由王磊策划并统稿，史凡承担了许多助理工作。

除了上述核心作者之外，参加化学学科能力研究课题的还有黄鸣春、王维臻、丁晓新、徐敏、康永明、黄明浩。北京海淀教师进修学校罗滨校长、北京教育学院丰台分院支梅院长、北京市朝阳区教学研究中心兰俊耀主任、北京师范大学基础教育质量监测协同创新中心的刘坚副主任等对于本课题的测评研究和教学改进实践研究提供了大力支持！还有参加学科能力教学改进的项目学校：北京市海淀区的八一学校、中关村中学、一零一中学、中国人民大学附属中学、海淀教师进修学校附属实验学校；朝阳区的北京工业大学附属中学、陈经纶中学、北京市第八十中学、清华大学附属中学朝阳学校、人大附中朝阳学校、日坛中学、北京市第十七中学、对外经济贸易大学附属中学、东方德才学校；西城区的北京市第十四中学、北京市第三十五中学；昌平区的昌平一中、昌平二中；丰台区的丰台二中、北京市第十中学、丰台八中、北京市第十二中学、丰台实验学校、首都师范大学附属云岗中学；石景山区的苹果园中学、北京市第九中学；山东省的昌乐一中、青岛市第三十九中学等。本书能够顺利出版，得到北京师范大学出版社的大力支持，邓丽平、范林编辑为此书的出版付出辛勤劳动。在此一并表达诚挚的感谢！

这是一项原创性的系统性研究，虽然历时 6 年有余，但还只是初步探索，书中所述难免有各种疏漏和值得商榷之处，敬请批评指正。

王磊

北京师范大学化学学院

北京师范大学未来教育高精尖创新中心

2017 年 8 月 26 日

目 录
CONTENTS

第一章

基于核心素养的化学学科能力理论研究

　　学科能力的内涵、构成及其表现，一直以来都是学科教育学术领域和实践领域共同关注的核心问题。学科能力是一个多维多层的复杂系统，人们对它的认识在不断发展。任何理论和研究都只是对这个复杂系统基于特定角度的有限探索。本研究基于学习理解、应用实践和迁移创新的学科能力活动，建立知识经验与能力表现的实质性联系，寻找可测评和可调控的能力要素，构建学习理解、应用实践和迁移创新导向的学科能力活动表现、内涵构成及其发展水平的多维整合模型，有助于我们认识核心素养的内涵实质、外在表现、水平变量，建立核心素养与学科能力和知识经验基础之间的关系，为学科能力及其表现的评价及教学改进研究提供理论基础。

第一节　学生发展核心素养与化学学科核心素养

不同学科领域的核心素养虽然分类和名称各不相同，但其实质是学生顺利完成学习理解、应用实践和迁移创新的学科认识活动和问题解决活动的稳定的心理调节机制，尤其是在解决复杂的、不确定性的现实问题，即进行迁移创新类能力活动过程中表现出来的综合品质或能力。

化学是在原子、分子水平上研究物质的组成、结构、性质、变化及其应用的一门基础学科，其特征是从微观层次认识物质，以符号形式描述性质，在不同层面创造物质。化学学科核心素养是学生发展核心素养的重要组成部分，是学生综合素质的具体体现，反映了社会主义价值观下化学学科育人的基本要求，全面展现了学生通过化学课程学习形成的正确价值观念、必备品格和关键能力。

一、学生发展核心素养

教育部《关于全面深化课程改革 落实立德树人根本任务的意见》中明确提出了研究各学段学生发展核心素养体系的要求，并根据核心素养体系，明确学生完成不同学段、不同年级、不同学科学习内容之后应该达到的程度要求。

核心素养是学生在接受相应学段的教育过程中，逐步形成的适应个人发展和社会发展需要的必备品格与关键能力。它是关于学生知识、技能、情感、态度、价值观等多方面要求的结合体。在目标上，核心素养的概念是对"教育应该培养什么样的人"这一问题的回答，涵盖态度、知识与能力。在性质上，核心素养是所有学生应具有的共通素养，是最关键、最必需的共通素养。在内容上，核心素养是知识、技能和态度等的综合表现。核心素养不仅仅是知识技能，更重要的是情感、态度、知识、技能的综合表现。[①]

---

① 林崇德. 21 世纪学生发展核心素养研究[M]. 北京：北京师范大学出版社，2016.

《中国学生发展核心素养》以科学性、时代性和民族性为基本原则，以培养"全面发展的人"为核心，提出的学生发展核心素养分为文化基础、自主发展、社会参与3个方面，综合表现为人文底蕴、科学态度、学会学习、健康生活、责任担当、实践创新6大素养，具体细化为国家认同等18个要点。其中与化学密切相关的有：

科学态度素养，主要是学生在学习、理解、运用科学知识和技能等方面所形成的价值标准、思维方式和行为表现。具体包括理性思维、批判质疑、勇于探究等基本要点。

学会学习素养，主要是学生在学习意识形成、学习方式方法选择、学习进程评估调控等方面的综合表现。具体包括乐学善学、勤于反思、信息评估等基本要点。

责任担当素养，主要是学生在处理与社会、国家、国际等关系方面所形成的情感态度、价值取向和行为方式，具体包括社会责任、国家认同、国际理解等基本要点。

实践创新素养，主要是学生在日常活动、问题解决、应对挑战等方面所形成的实践能力、创新意识和行为表现。具体包括问题解决、技术应用等基本要点。

二、化学学科核心素养

学科课程与学生核心素养的发展密切相关。为建立核心素养与学科课程的内在联系，充分挖掘各学科课程对于落实立德树人根本任务，对于学生成长和终身发展的独特贡献，各学科基于学科本质及特有的育人价值，凝练了本学科的核心素养。

学科核心素养是学科育人价值的集中体现，是通过某学科学习而逐渐形成的关键能力、必备品格与价值观念。化学学科核心素养是学生发展核心素养的重要组成部分，是学生综合素质的具体体现，反映了社会主义核心价值观下化学学科育人的基本要求，全面展现了化学课程学习对学生未来发展的重要价值。

化学学科核心素养包括"宏观辨识与微观探析""变化观念与平衡思想""证据

3

推理与模型认知""科学探究与创新意识""科学态度与社会责任"5 个方面。

素养 1　宏观辨识与微观探析

能从不同层次认识物质的多样性，并对物质进行分类；能从元素和原子、分子水平认识物质的组成、结构、性质和变化，形成"结构决定性质"的观念；能从宏观和微观相结合的视角分析与解决实际问题。

素养 2　变化观念与平衡思想

能认识物质是运动和变化的，知道化学变化需要一定的条件，并遵循一定规律；认识化学变化的本质特征是有新物质生成，并伴有能量转化；认识化学变化有一定限度、速率，是可以调控的；能从多角度、动态地分析化学变化，运用化学反应原理解决简单的化学实际问题。

素养 3　证据推理与模型认知

具有证据意识，能基于证据对物质组成、结构及其变化提出可能的假设，通过分析推理加以证实或证伪；建立观点、结论和证据之间的逻辑关系；知道可以通过分析、推理等方法认识研究对象的本质特征、构成要素及其相互关系，建立认知模型，并能运用于解释化学现象、揭示现象的本质和规律。

素养 4　科学探究与创新意识

认识科学探究是进行科学解释和发现、创造和应用的科学实践活动；能发现和提出有价值的问题；能从问题和假设出发，确定探究目的，设计探究方案，运用化学实验、调查等方法进行实验探究；在探究中学会合作，面对"异常"现象敢于提出自己的见解。

素养 5　科学态度与社会责任

具有安全意识和严谨求实的科学态度，具有探索未知、崇尚真理的意识；赞赏化学对社会发展的重大贡献，具有可持续发展意识和"绿色化学"观念，能对化学有关的社会热点问题作出正确的价值判断，能参与有关化学问题的社会实践活动。

上述 5 个方面立足高中生的化学学习过程，各有侧重，相辅相成。"宏观辨识与微观探析""变化观念与平衡思想""证据推理与模型认知"要求学生形成化学学科的思想和方法，"科学探究与创新意识"从实践层面激励学生勇于创新，"科学态度与社会责任"进一步揭示了化学学习更高层次的价值追求。

上述素养将化学知识与技能的学习、化学思想观念的建构、科学探究与问题解决能力的发展、创新意识和社会责任感的形成等多方面的要求融为一体，体现了化学课程在帮助学生形成未来发展需要的必备品格和关键能力中所发挥的重要作用。

三、基于核心素养的学科能力及能力活动表现

学科能力是学生顺利完成学科认识活动和问题解决活动所需要的稳定心理调节机制，包括定向调节和执行调节机制系统。狭义的学科能力包括学科知识、技能、活动经验。广义的学科能力还包括态度、情感和价值观，因为这些非智力因素在能力活动中发挥着定向调节作用。核心素养中的必备品格其实不仅仅是非智力因素，也包括智力品格。

中央办公厅和国务院办公厅 2017 年印发的《深化教育体制机制改革的意见》要求在培养学生基础知识和基本技能的过程中，强化学生关键能力培养。培养认知能力，引导学生具备独立思考、逻辑推理、信息加工、学会学习、语言表达和文字写作的素养。提高学生践行知行合一、动手实践和解决实际问题的能力。培养创新能力，激发学生好奇心、想象力和创新思维。

综上，学科能力是学科核心素养的核心，是学生发展核心素养的重要组成部分，是学科课程教学实现立德树人教育目标的基本要求和必要途径。

我们聚焦基于核心素养的学科能力进行研究，一是因为，我们发现，学生发展核心素养和学科核心素养中具有共通的学科能力要素和要求，包括学习能力、实践能力和创新能力。这与我们所提出的基于学习理解、应用实践和迁移创新的学科能力系统在根基上是一致的。二是因为，核心素养研究和学科能力研究互为需要，一方面，学科核心素养的提出为学科能力及其活动表现聚焦了内涵实质，因为它基于学科知识又超越具体知识，更具有能力属性。同时，学科核心素养指明了学科能力活动的育人方向和价值目标，将必备品格融合进来，扩大了学科能

力活动的定向调节机制。另一方面，学科能力既是学科核心素养的重要组成，学科能力活动还是核心素养的外在表现，核心素养的诊断评价和形成发展都离不开学科能力活动。长期以来，理论界都是关注能力和素养的从属关系，强调能力是素养的组成部分。其实，素养和能力还具有内涵和表现的关系，学生的素养需要通过具体的能力活动表现出来，我们需要通过学生在不同类型和不同水平的能力活动中的具体表现对其核心素养的发展状况进行诊断评价，反之，更需要在核心素养和各类不同水平层次的能力活动中挑战和发展学生的核心素养。

此外，我们研究和培养学生发展核心素养、学科核心素养以及学科能力，都必须实质性地揭示学科知识和活动经验的能力素养发展价值，揭示学科知识到能力素养的转化机制，所以，需要构建能力素养的内涵实质、经验基础、活动表现、功能对象的整合模型，努力使能力素养可说明、可测评、可调控、可培养。

核心素养是基于学生终身发展和适应未来社会的基本素养来建立的。而如何将核心素养从理论框架构建落实和推行到具体的教育和社会活动中去，进而真正实现其育人功能与价值，是当前教育领域面临的重大问题[1]。本研究聚焦核心素养的"关键能力"构成及其表现，试图以学科关键能力为突破口，通过对化学学科能力构成及其表现的研究，来探索学生化学学科核心素养的构成、表现及其发展途径。

---

① 姜宇，辛涛，刘霞，等．基于核心素养的教育改革实践途径与策略[J]．中国教育学刊，2016(6)：29-32.

第二节 关于学科能力的已有研究概述

一、关于学科能力内涵构成的已有研究

林崇德教授认为，学科能力通常有 3 个含义：一是学生要掌握某学科的特殊能力；二是学生学习某学科的智力活动及其有关的智力与能力的成分；三是学生学习某学科的学习能力、学习策略与学习方法。从近几十年的研究文献可以看出，主要可以概括为几种能力观：认知和智力论的能力观、方法和过程论的能力观、学力论的能力观，以及类化经验论的能力观。①

①认知和智力论的能力观。心理学界对于能力和学科能力内涵构成的研究主要是以智力活动和智力活动品质为视角。这方面代表性的能力研究成果主要有吉尔福特的智力模型，内容、操作与产品是该模型的 3 个维度。林崇德教授提出的思维结构理论，从思维的目的、过程、材料、品质、自我监控和非认知因素 6 个方面对思维活动的实质进行分析。通过近 20 年系统的理论与实证研究，该理论在国内外学术界产生了较大的影响。林崇德教授于 2003 年发表在《Theory & Psychology》上的论文《Multiple Intelligence and the Structure of Thinking》(《多元智力与思维结构》)，引起了国外心理学家的广泛关注和高度评价。后来有学者以此理论为基础对具体学科能力如实验能力、观察能力等进行了研究(主要是博士论文)。与此相应，教育界代表性的教育思想有赞科夫于 1975 年提出的要培养学生的观察能力、抽象能力、操作能力的观点。这种能力观也集中反映在我国 1986 年以来各门学科教学大纲中。大纲中普遍明确规定了"培养和发展学生的能力"的教学目的，并指出要培养和发展学生的"观察能力""思维能力""自学能力"，

① 王磊. 化学学科能力结构构建教学理论及其实验研究[D]. 北京：北京师范大学，1988.

理科还提出"实验能力"等。

②方法和过程论的能力观。20 世纪 50～60 年代，美国科学教育家施瓦布等以"科学的结果和科学结构是不断变化的"为认识前提，揭示探究过程的本质及其特征。强调学生通过自主地参与获得知识的过程，掌握研究自然所必需的探究能力，同时形成认识自然的基础即科学概念，进而培养探索未知世界的积极态度。这是西方科学教学改革的主导思想。它认为：探究能力的形成和发展是科学教学的核心任务。科学探究能力的形成既是科学概念学习和科学知识掌握的基础和条件，也是科学学习的中心。由此相继出现了以科学过程技能为核心的探究能力观及其课程教材改革运动。20 世纪 80 年代，我国科学教育研究者开始强调学科教学的核心应该是培养学生的分析问题和解决问题的能力，而这种能力的核心是自然科学方法及过程，与此相应的是在能力研究和培养中对一般科学方法的重视。

③学力论的能力观。何谓学力，钟启泉[1]等认为，广义的学力指借助学校教育所形成的能力，狭义的学力则指借助学科教学而形成的能力。关于学力论的研究，大致起于第二次世界大战之前。可以认为科学教学的基础学力观，大致沿着经验主义生活中心—科学知识中心—综合学力要素的过程演变和发展。20 世纪90 年代以后的以发展学生的人文素养和科学素养为核心的教育观从一定意义上也可看作是与学力论能力观相一致的。

④类化经验论的能力观。冯忠良[2]提出学科教育教学系统作为教育系统的子系统，其核心功能和专门化任务不是促使学习者固有的自然技能的展开，亦非个体固有能量的自我实现；不是传递零散、随意的经验，而应是传递能够稳定调节个体进行与学科有关的社会活动的特定经验结构，其核心就是相应的学科能力。其基本构成要素是相应的知识和技能及其系统化的知识技能经验网络。后面的许多研究者基于此能力类化经验说，采用能力活动的定向调节机制和执行调节机制分析方法研究语文阅读、英语词汇学习、数学问题解决以及科学能力的具体构成

---

[1] 钟启泉. 关于"学力"概念的探讨[J]. 上海教育科研，1999(1)：16-19.
[2] 冯忠良. 结构化与定向化教学心理学原理[M]. 北京：北京师范大学出版社，1998.

和培养机制。

二、关于科学能力的已有研究

国外有关科学领域学科能力及其表现的研究主要反映在科学教育研究期刊、科学教育课程文件和科学学业成就国际测试评价中，内容涉及科学思考、科学素养、科学学业成就的内涵、表现和进阶。科学教育研究期刊的代表性论文涉及以下科学能力：批判思考能力（George，1967）[1]、问题解决能力（Novak，1961）[2]、科学推理能力（Stuessy，1989）[3]、表征能力（Stieff，2011）[4]、科学探究能力（Pine，et al，2006）[5]、论证能力（Kuhn，2010）[6]、得出结论的能力（Teichman，1944）[7]、控制变量的能力（Lawson，Blake，1975）[8]等。

美国《国家科学教育标准》（National Science Education Standards）（1996）[9]对学生在科学教育领域的能力要求包括理解科学知识，用科学推理做出决策、构建

---

[1] George K D. A comparison of the critical-thinking abilities of science and non-science majors[J]. Science and Education，1967，51(1)：11-18.

[2] Novak J D. An approach to the interpretation and measurement of problem solving ability[J]. Science and Education，1961，45(2)：122-131.

[3] Stuessy C L. Path analysis：A model for the development of scientific reasoning abilities in adolescents[J]. Journal of Research in Science Teaching，1989，26(1)：41-53.

[4] Stieff M. Improving representational competence using molecular simulations embedded in inquiry activities[J]. Journal of Research in Science Teaching，2011，48(10)：1137-1158.

[5] Pine J，Aschbacher P，Roth E, et al. Fifth graders' science inquiry abilities：A comparative study of students in hands-on and textbook curricula[J]. Journal of Research in Science Teaching，2006，43(5)：467-484.

[6] Kuhn D. Teaching and learning science as argument[J]. Science and Education，2010，94(5)：810-824.

[7] Teichman L. The ability of science students to make conclusions[J]. Science and Education，1994，28(5)：268-279.

[8] Lawson A E，Blake A J D. Training Effects and Generalization of the Ability to Control Variables in High School Biology Students[J]. Science and Education，1975，59(3)：387-396.

[9] National Research Council. National science education standards (1996) [EB/OL]. http：//www. nap. edu/catalog/4962. html.

解释，以科学合理方式行动，具备科学信息和基于科学信息推理以架构、计划和实施探究等。美国国家研究理事会（National Research Council，NRC）（2007）①提出科学能力主要包括知道、使用和解读对自然界的科学解释，产生和评价科学证据与解释，理解科学知识的本质和发展，高效地参与科学实践和科学论辩4个方面。美国《下一代科学教育标准》（Next Generation Science Standards，NGSS，2013）②中指明了所有学生在高中毕业时应该学完的知识和实践。包括：维度一，强调具体学科观念，将学科观念分成了物质科学、生命科学、地球和空间科学以及工程和技术科学4个领域。维度二，包括贯穿科学学科并带有应用性的交叉概念。维度三，描述科学和工程学实践。该标准将科学探究扩展到科学实践，科学实践用于发展科学理论，形成新的研究领域，以及问题解决和探究策略。既包括探究过程中的认知性的实践活动，也包括物理性的实践活动等。具体的科学实践能力包括：提出和明确问题，构建和使用模型，规划和开展调查，分析和解释数据，运用数学和计算思维，构建解释和设计解决方案，基于证据的论证，获评、评估和交流信息8个方面。

国际重要学生学业成就测试对学科能力及表现的要求：（1）TIMSS（2015）③的科学测试框架由认知水平和内容领域两个主要方面构成。内容领域包括：生命科学、化学、物理和地球科学。认知水平包括：知识知道、应用和推理。（2）PISA（2015）④的科学测试强调在现实生活中创造性运用基本知识的能力，围绕科学素养的4个方面：科学知识、科学态度、科学能力和情境脉络。其中科学知识通常

---

① National Research Council. Taking science to school：Learning and teaching science in grades K-8 (2007) [EB/OL]. http：//www. nap. edu/catalog/11625. html.

② National Research Council. Next Generation Science Standards：For States，By States (2001)[EB/OL]. http：//www. nap. edu/catalog. php？ record _ id=18290.

③ International Association for the Evaluation of Educational Achievement (IEA). TIMSS released science items(grade 8)(2013)[EB/OL]. https：//nces. ed. gov/timss/pdf/TIMSS2011 _ G8 _ Science. pdf.

④ OECD. PISA 2015 draft science framework （2013）［EB/OL］. http：// www. oecd. org/pisa/pisaproducts/Draft％ 20PISA％ 202015％ 20Science％ 20Framework％ 20. pdf.

指用于理解主要事实、概念及解读理论的基本科学知识。包括自然界的知识及科技工艺的知识（即内容知识）；所有科学探究形式里的程序和使用策略的陈述性知识（即程序性知识）；以及如何在科学学科中进行辩证和确认的陈述性知识（即认识观知识）。其测评内容包含物理学系统（包含物理、化学两门学科）、生物学系统以及地球与太空科学系统。科学能力特指科学地解释现象、评价和设计科学探究、科学地阐述资料和证据。科学态度包括对科学的兴趣、对科学探究的评价以及对环境的觉知。（3）NAEP（2009）①（美国国家教育进展评估，National Assessment of Educational Progress）评价框架由4个部分组成：学科领域（地球、物质和生命科学），知与行能力（概念理解、科学研究、实际推理），科学本质（科学和技术发展史、体现科学和技术特征的思维习惯、探究方法和问题解决），统一的概念（模型、系统、变化方式）。NAEP（2009）评价框架中的物质科学领域含有"物质""能量"和"运动"三大主题。科学能力维度包括"识别科学原理""运用科学原理""运用科学探究"和"运用技术设计"，此框架描绘了期待学生在这4类科学能力上的表现。还提出了4种认知（知识）类型：陈述性知识、程序性知识、图式知识和策略性知识。

三、关于化学学科能力的已有研究及启示

国内学者关于化学学科能力及其表现的研究，主要是基于类化经验论的能力观②界定化学学科能力的内涵。例如，王磊（1998）③认为，化学学科能力是对化学科学活动起到直接的稳定的调节作用的个体心理特性。王祖浩、杨玉琴（2012）④认为，化学学科能力是学生在学校化学学科的认知活动或化学问题解决

---

① National Assessment Governing Board. Science assessment and item specifications for the 2009 National Assessment of Educational Progress （2007）[EB/OL]. https：//www. sde. idaho. gov/site/naep/data/sci09/sci09-nagb-specifications. pdf.

② 冯忠良. 能力的类化经验说[J]. 北京师范大学学报：社会科学版，1986(1)：27-34.

③ 王磊. 化学学科能力结构构建教学理论及其实验研究[D]. 北京：北京师范大学，1998.

④ 杨玉琴. 化学学科能力及其测评研究[D]. 上海：华东师范大学，2012.

活动中形成和发展起来的、并且在这类活动中所表现出来的比较稳固的心理特征，同时它本身就是成功地完成这类活动所必需的条件。关于化学学科能力的构成主要包括接受、吸收、整合化学信息的能力，分析和解决化学问题的能力，化学实验与探究能力；化学观察能力、化学实验能力、化学抽象思维能力、化学微观想象能力、化学自学能力、化学应用和创造能力[①]等。

理论界对于能力和学科能力的研究，角度和立场多样，已经取得积极进展，本研究将综合各种能力理论适合学科能力表现研究的有益成果。国内对于学科能力的概念和分类研究具有非常好且丰富的理念，比如思维能力、操作能力、观察能力、实验能力等；创新能力、学习能力、实践能力等；探究能力、应用能力等；分析问题和解决问题能力等。但存在着一些问题，如学科能力的概念内涵比较繁杂混乱，而且一直以来不太关注学科能力的表现研究，理论研究与学科教育实践相脱节、能力培养要求和能力表现评价相脱节，使得对于学科能力的研究、培养及评价实践长期以来停留于理念和概念层面。

国外对于科学能力的研究，分别从内容属性和过程属性（核心知识、能力活动、认知水平等）对能力进行具体刻画；而且比较注重对于能力表现制订标准并开展测评。这是本研究需要特别借鉴的。但国外的相关研究成果也存在着将能力与知识等同，用知识掌握水平简单反映学科能力表现，学科能力表现标准和表现测评具体细碎有余、概括不足等问题。而且侧重于一般科学能力的测评研究，比较缺少对化学学科能力构成和表现的研究。

综上，本研究选取的研究立场是：选取可培养、可干预的内涵指标进行可观测、可评价的刻画和研究。同时在研究中注重将化学学科能力与化学学科的具体陈述性知识和程序性经验进行实质性结合。能力是学生学习和发展的最终结果，陈述性知识和程序性经验的内化是其作用的机制，只有将学科能力与陈述性知识和程序性经验进行实质性的结合，才能彻底打破知识与能力之间的界限，找到从知识学习向能力发展转化的作用机制。

---

① 吴俊明，王祖浩. 化学学习论[M]. 南宁：广西教育出版社，1996.

第三节　基于核心素养的化学学科能力内涵 构成及其表现的理论模型[①]

一、化学学科能力及其要素

学科能力是一个多维多层的复杂系统，人们对它的认识是不断发展的。任何理论和研究都只是对这个复杂系统基于特定角度的有限探索。在梳理相关学科能力已有研究的基础上，王磊[②]以能力的类化经验说等能力理论为基础，基于对学科认识活动和问题解决活动的系统心理分析，将学科能力界定为：学生顺利进行相应学科的认识活动和问题解决活动所必需的、稳定的心理调节机制。其内涵是系统化、结构化的学科知识技能及其核心学科活动经验图式（稳定的学科经验结构）对活动的定向调节和执行机制。而学科能力表现则指的是学生在完成相应学科认识活动和问题解决活动中的表现，其实质为核心学科知识在各类能力活动中的表现，以及核心学科活动经验在各类能力活动中的表现。

化学学科的认识活动和问题解决活动可以概括为：（1）知识和经验的输入——学习理解活动，学习理解活动的关键心理操作要素有：观察、记忆、提取信息；概括、关联、整合；说明、论证、推导等。（2）知识和经验的输出——应用实践活动，其中的关键心理操作要素有：分析、解释；推论、预测；设计、证明等。（3）知识和经验的高级输出——迁移创新活动，包括复杂推理（综合问题解决）；系统探究（问题假设、系统设计实施、建立模型）；创造性思维（批判性思考、评价、反思；想象、创意、发现远联系等）。

---

①　王磊，支瑶. 化学学科能力及其表现研究[J]. 教育学报，2016，12(4)：46-56.

②　王磊. 学科能力构成及其表现研究——基于学习理解、应用实践与迁移创新导向的多维整合模型[J]. 教育研究，2016(9)：83-92.

由此提出化学学科的学习理解能力、应用实践能力和迁移创新能力的概念及其要素：

化学的学习理解能力是指学生顺利进行知识和经验的输入和加工活动的能力。具体包括：辨识记忆、概括关联、说明论证等能力要素。

化学的应用实践能力是指学生能够进行知识经验的简单输出活动，完成特定学科活动以及应用学科核心知识经验分析和解决实际问题的能力。具体包括：分析解释、预测推论、选择并设计问题解决方案等应用实践活动等能力要素。

化学的迁移创新能力是指学生能否利用学科核心知识、活动经验等，解决陌生和高度不确定性问题以及发现新知识和新方法的能力。具体包括复杂推理、系统探究、创新思维（发散思维、想象、创意设计、批判思考、发现远联系）等能力要素。

由此，我们可以得到如表1-3-1所示的3×3化学学科能力要素及表现指标。

表 1-3-1　化学学科具体能力要素内涵界定

能力要素		内涵界定
学习理解能力	辨识记忆	辨识：在已知信息中提取有关知识；从已知信息中选出适当的例子以说明相关的陈述；对观察到的现象进行描述和分类；从图表或其他途径中提取信息。 记忆：从长期记忆中提取具体知识或活动检验原型；识别或确认关于事实、关系、过程和概念的准确表述、原型人物和程序经验
	概括关联	概括：对物质、性质、现象、数据等进行正确分类，分析、提炼、描述类别中各成员的共同本质特征。 关联：展示相互关联的原理或概念之间的关系，展示出原理的不同表征形式和数据模式之间的关系（如语言、符号、图表等）；展示出原型的目的和操作之间的关联
	说明论证	用已有知识推论得到目标知识；基于信息（包括实验事实、数据等）给出的证据来证明和说明目标知识；论证原型方案和方法的合理性，完整复述活动原型
应用实践能力	分析解释	用物质性质、概念、原理等解释观察到的现象或自然现象；提出、分析或者评价替代性的解释；分析近变式活动程序的合理性及其原理；分析近变式活动程序经验

续表

能力要素		内涵界定
应用实践能力	推论预测	利用物质性质、概念、原理预测现象或事件结果；基于证据，结合对核心知识的理解得出能满足问题或假设的合适的结论，体现出因果关系；对近变式实施局部任务(如预测形式和变量关系，根据假设提出方案获取证据，等等)
	简单设计	对活动经验原型进行近迁移，为回答科学问题或检验假设，设计适合的实验方案；描述或识别良好的方案设计；对实施探究时需要使用的仪器、采取的操作程序等作出决策；对近变式完整执行任务(如完整设计方案)
迁移创新能力	复杂推理	用物质性质、概念、原理等核心知识，经过多角度分析、系统推理解决情境陌生、综合度高的复杂问题；分析复杂的远变式活动程序的合理性及其原理
	系统探究	对活动经验原型进行远迁移，为解决科学问题进行系统探究，包括提出假设、设计并实施方案、获取证据、得出结论、开展评价反思等。针对复杂的远变式，系统执行任务——完整设计方案、从提出假设到获取证据的完整执行
	创新思维	建立远联系：建立不同知识、相关表征之间的联系，综合知识、概念、程序以建立结论、发现新的知识或规律。 进行想象创意：对物质微观状态(微观粒子)的想象(如碰撞、反应历程等)；基于物质用途的宏观想象，提出问题解决思路。 进行创意设计：基于核心知识或活动经验原型设计解决或解释新颖的科学问题或者联系较远的问题，突出设计的新颖性或发散性。 针对复杂的远变式，设计有新颖的方案或发现新的规律，跨任务地解决问题

二、基于类化经验和认识方式的化学学科能力内涵实质

学科核心知识和活动经验是学科能力的基础。依据冯忠良先生的能力类化经验说①，化学学科能力是指个体能够顺利地完成特定的化学学科认识活动和问题解决任务的稳定的心理调节机制，具体包括定向调节机制和执行调节机制，其中陈述性知识是定向调节机制的基础，活动经验即程序性知识和策略性知识是执行调节机制的基础。

学科认识方式是学科能力的核心机制。每个学科有其特定的认识和研究领域

---

① 冯忠良．能力的类化经验说[J]．北京师范大学学报：社会科学版，1986(1)：27-34.

和对象，有其特有的认识活动和问题解决任务，需要独特的认识事物以及分析和解决问题的角度、思路和方法，即比较特定的学科认识方式和推理模式。特定领域的认识角度和认识思路与学科知识密切相关并相互匹配，学科的核心知识具有重要的认识方式功能，提供核心的认识角度，形成重要的认识思路和推理路径。此乃学科能力类化经验论的要义之所在。

学科知识和活动经验是学科能力的必要基础，但并不充分，能否成为学科能力还依赖于知识经验能否转化为学生自觉主动的认识角度、认识思路和相应的认识方式。学科知识需要经过学习和理解、应用和实践、迁移和创新等关键能力活动，才能完成从具体知识到认识方式的外部定向、独立操作和自觉内化。知识只有变为自觉主动的认识角度和认识思路才能转化为学科能力和学科素养。学科素养是学生经过学科学习逐渐形成的，面对陌生不确定的问题情境所表现出的关键能力和必备品格，对应知识经验的迁移创新能力表现水平。

不同学生的学科能力发展会有差异，反映在完成相应能力活动的表现不同，包括能够顺利进行的能力活动类型的不同，完成相应能力活动的认识角度、认识思路和认识方式类型的不同，即所谓的认识方式水平和素养水平的不同。而学科认识方式（或学科素养水平）的发展，则取决于相关陈述性知识和程序性经验的学习理解、应用实践和迁移创新水平。学生的学科能力发展及表现水平背后其实存在一些重要的进阶变量：一是知识变量，从具体事实性知识到重要概念再到核心观念；二是学科活动经验变量，从具体经验到程序性知识和策略再到经验图式；三是认识方式变量，即不同水平的认识角度、认识思路以及认识方式类型，从没有认识角度和认识思路到依靠外部指定认识角度或暗示、提示认识角度再到自主的认识角度和主动调用多角度分析解决问题；四是能力活动变量，从学习理解到应用实践再到迁移创新。除此之外，问题情境也是一个重要的外在变量，特别是熟悉陌生程度和直接间接程度。综上可见，越是复杂陌生的问题情境，越没有认识角度的提示，越需要学生能够自觉主动地调用认识角度，而这就越需要知识的结构化、观念化和经验的图式化，对应迁移创新的学科能力表现，这也就是学科核心素养的高水平。

学科能力的构成和内涵机制决定了学生的学科能力发展会对学科领域、知识内容、课程设置和学科教学具有高敏感性。

三、化学学科能力内涵构成及其活动表现的系统模型

在对学科能力内涵及其构成的理论研究基础上，我们以国家颁布的化学课程标准为依据，凝练了化学学科的核心知识内容主题和特定的学科活动主题，并对各能力要素进行了具体的内涵界定。从能力活动的学科内容属性和心智水平属性来刻画学科能力表现；从核心学科知识、核心学科活动经验和化学认识方式3个角度揭示化学学科能力的内涵，构建化学学科能力及其表现的系统模型（见图1-3-1）。

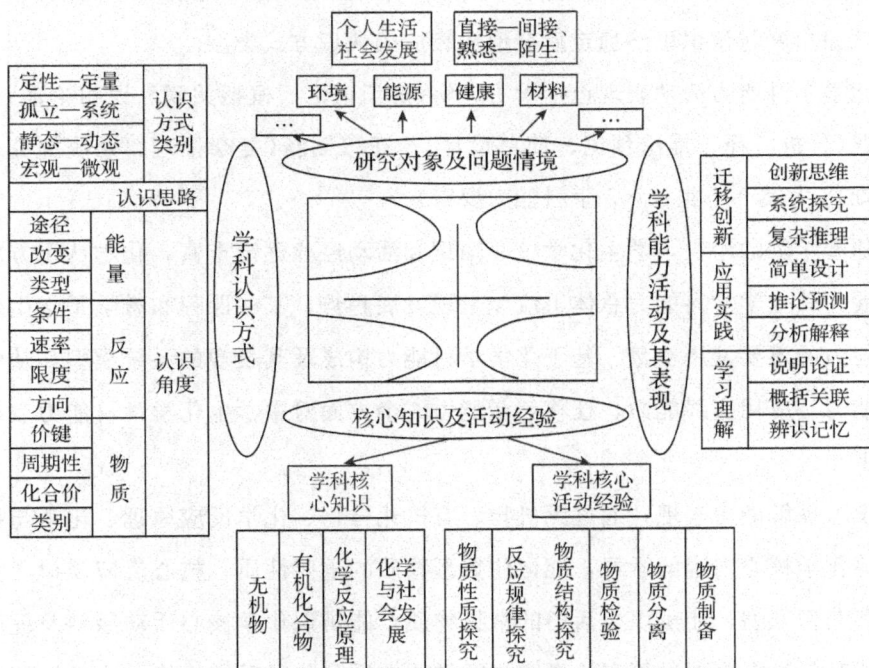

图 1-3-1　化学学科能力及其表现模型

在上述模型中，学科核心知识和活动经验是学科能力发展的基础，学科认识方式是学科能力发展的内涵实质，学科能力活动既是学科能力发展水平的外在表现，也是促进知识转化为能力素养的重要途径。而不同的研究对象和问题情境对

能力素养有不同的要求。

化学核心学科知识主题包括无机物、有机化合物、化学反应原理、化学与社会发展等。化学核心活动经验包括物质性质探究、反应规律探究、物质结构探究、物质检验、物质分离、物质制备等。

化学学科认识方式包括认识角度、认识思路和认识方式类型 3 个基本要素。每个认识域或认识对象都有其独特的认识角度，如物质、反应和能量是化学学科的核心认识角度。而类别、化合价、周期表中的位置和价键结构等又是中学阶段有关物质的核心认识角度；方向、限度、速率和条件是有关化学反应的核心认识角度；能量类型、体系能量改变和能量转化途径是关于能量的核心认识角度。核心认识角度会有二级或三级具体认识角度，认识角度之间的关系形成认识思路，核心认识角度与认识思路稳定后会形成相应的认识方式类型。

化学学科能力活动表现包括学习理解（辨识记忆、概括关联、说明论证）、应用实践（分析解释、推论预测、简单设计）、迁移创新（复杂推理、系统探究、创新思维）3 大类 9 小类（3×3 学科能力要素）。

随着年龄的增长，学生化学核心知识和活动经验逐渐丰富，化学认识方式不断发展，其化学学科能力总体上应该呈现发展趋势，其中课程和教学是学生化学学科能力的重要发展变量。基于化学学科能力构成及其表现的系统模型，从学习理解能力、应用实践能力、迁移创新能力 3 个方面对中学生化学学科能力表现界定如下。

学习理解能力表现：通过无机物、有机化合物、化学反应原理、化学与社会发展等化学核心内容的学习，能记住典型物质的重要性质、核心反应规律、重要理论和典型原型，能辨识生活中的常见物质，能辨识化学核心活动原型及程序经验；能基于数据、现象等实验事实概括物质性质和化学反应规律，能概括针对材料、健康和环境的认识框架；能建立物质变化与能量变化、物质性质、性质与转化、核心概念等的关联，能建立原型活动的目的和程序的关联；能运用相关理论模型和实验事实对物质性质、化学反应规律和理论及生活问题进行说明论证，能对化学核心活动原型程序的合理性进行说明论证，并且可以完整复述活动原型；

形成并发展对物质、反应的核心认识角度，运用元素观、转化观、微粒观、平衡观、系统观等认识物质和化学反应的能力。

应用实践能力表现：在无机物、有机化合物、化学反应原理、化学与社会发展等特定领域的问题解决活动中，能运用核心知识、基于某一认识角度分析、解释实验室、生产、生活实际中的问题；能根据信息对未知物组成、结构和性质，反应中的物质变化和能量变化及相应的现象，反应规律等进行推论预测；能设计简单实验研究物质组成、结构、性质和转化，研究化学反应规律，实现化学反应中的能量变化，解决与生活相关的问题。在问题解决的过程中，内化认识角度、形成并完善认识思路，实现对无机物、有机化合物和化学反应原理的系统化认识。在化学核心活动的问题解决活动中，能应用活动程序经验分析近变式活动程序的合理性及其原理，分析概括近变式的活动程序经验，对近变式实施预测性质、获取证据、基于证据得出结论等活动程序之一，进而对近变式完整地实施活动程序。完整性体现于从确认目标到设计方案，从性质预测到证据收集，从识别变量到变量关系的探究。近变式主要是指与原型较为近似但具体对象相对陌生的化学核心活动任务。

迁移创新能力表现：在无机物、有机化合物、化学反应原理、化学与社会发展等特定领域的问题解决活动中，能运用核心知识、基于多个认识角度分析、解释实验室、生产、生活实际中的问题；能够进行远迁移、发现新知识，能够进行创意设计解决实验室、生产、生活中的问题。在化学核心活动的问题解决活动中，能用活动程序经验综合分析远变式活动（复杂和陌生）程序的合理性及其原理，系统执行化学核心活动，创造性地应用活动程序经验来设计新颖方案或分析得出结论。

根据上述理论研究成果，我们可以制订具体知识经验主题的学科能力表现指标，开发学科能力表现测查工具，探查学生的学科能力表现状况，为进一步发展学生的学科能力提供科学依据。

第二章

基于核心素养的化学学科能力表现评价设计

　　评价设计是一个复杂系统，包括评价目的及内涵的明确、评价指标的确定、测试工具的研制开发、测试的组织和实施、数据结果的处理及评价结果的获得等。而基于核心素养的学科能力表现的评价系统有哪些基本要求和特点？应该如何进行系统设计和规划？运用了哪些新的理论和方法？本章结合北京师范大学学科教育团队进行的国家社科基金教育学重点课题"中小学生学科能力表现研究"的评价设计对上述核心问题进行概述介绍。本章介绍的基于核心素养的化学学科能力表现评价设计的基本理论和方法也是后面各主题学科能力表现评价的共通性指导框架。

第一节　评价设计的框架

美国国家研究理事会的报告 *Knowing What Students Know：The Science and Design of Educational Assessment*（NRC，2001）[1]认为，评价是基于证据的推理过程（a process of reasoning from evidence），是通过观察学生行为和收集数据得出关于学生知道什么和能做什么的合理推论。该报告将这一推理过程表述为图 2-1-1 所示的三角形评价模型（assessment triangle），3 个角表示评价过程或评价体系的 3 个关键要素：（1）认知（cognition），是关于学生如何表征知识和形成能力的模型；（2）观察（observation），是通过观察获取推测学生能力的证据，包括用于观察学生表现的任务和情境；（3）诠释（interpretation），是对证据的诠释，即根据观察到的表现证据（performance evidence）进行推论的方法。3 个要素之间是相互联系的，根据学生知识和能力的模型设计如何获取证据和如何诠释证据，通过证据的获取和诠释推测学生知识和能力的发展情况。

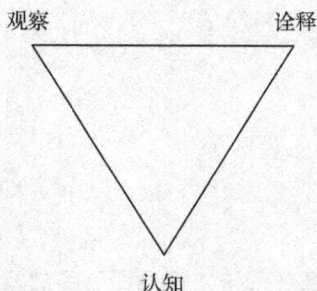

图 2-1-1　评价的三角形模型（NRC，2001）

NRC（2006）[2]指出，三角形评价模型描述了评价的本质，但是还需要进一步

---

① National Research Council. Knowing what students know：the science and design of educational assessment(2001)[EB/OL]. http://www. nap. edu/catalog/10019. html.

② National Research Council. Systems for state science assessment （2006）[EB/OL]. http://www. nap. edu/catalog/11312. html.

具体形成评价体系的设计过程和路径，Wilson(2005)[①]构建的评价体系"四基石"模型，可以视为在三角形评价模型基础上建立评价体系的设计过程。"四基石"模型认为评价体系的设计包括以下 4 个构筑单元(building blocks)，在设计评价体系时需要多次返回每一个构筑单元：

(1)心理构造体系(construct maps)，即对要测量的心理构造(construct)进行操作性界定和具体描述，通常包括不同表现水平(level of performance)，例如，将内容标准具体化为学习表现(learning performance)。

(2)试题设计(item design)，寻找能获取有关学生心理构造的证据的试题和任务。

(3)结果空间(outcome space)，描述学生作答的不同水平，学生作答的水平应与心理构造的表现水平关联，即通常所说的评分标准。

(4)测量模型(measurement model)，将试题和任务上的分数与表现水平(即心理构造)之间建立关联。

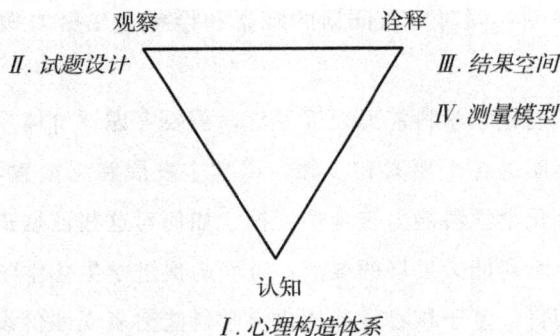

图 2-1-2　评价体系的"四基石"模型与三角形模型的关系(NRC，2006)

三角形评价模型和"四基石"模型揭示了评价体系的本体构成，为评价设计提供了基本视角和路径。评价的方式可以是非正式的课堂评价，或是大样本的评价，可以采用测验或访谈等具体方式。不论哪一种评价，都需要以认知模型(或心理构造)为核心，对学生知道什么和能做什么作出精致准确的诊断，并揭示学

---

① Wilson M. Constructing Measures：An Item Response Modeling Approach[M]. Mahwah，NJ：Lawrence Erlbaum Associates Inc. ，2005.

生对任务的作答反应背后的真实意义。

在构建评价体系时，需考虑两个重要的基本理念：一是评价应当以学生发展为基本导向和视角；二是评价应对教和学提供反馈建议，即教学和评价之间应有较好的匹配性和一致性。

当前学业评价的一个重要趋势是发展导向的评价（developmental approach to assessment）（NRC，2006；Wilson，2009①），即监测学生在某个学习领域随时间发展的进阶，从而可以决定用适宜的方式促进学生学习的发展。相应地，心理构造体系就应当是学生发展或学习的连续路线。本研究认为，学生学科能力的发展既包括课程因素带来的年级进阶，也包括相同年级的低水平与高水平之间的差异。

评价不只是测量学生表现的方式，还要提供反馈以促进教师教学活动和学生学习活动的改进。这就要求"认知—观察—诠释"这3个要素之间紧密关联，并且延伸到教学活动和学习活动。本研究提出的学科能力构成模型，有助于在教、学、评之间建立联系，同时，在证据的观察和诠释上也努力做到为教和学提供反馈。

基于核心素养的化学学科能力表现评价，需要考虑评价体系的三角形模型和"四基石"模型所阐明的各个要素和步骤，以学生发展和反馈教学作为基本理念，思考如何获取学生化学学科能力表现的证据，如何对这些证据进行分析推理从而形成关于学生化学学科能力发展的推测，进而为促进学生化学学科能力发展提出反馈建议。具体而言，基于核心素养的化学学科能力表现评价设计主要包括以下几个方面：首先，构建学科能力表现的指标体系，即心理构造体系；其次，开发测试题和相应的评分标准；再次，选取样本实施测试，阅卷收集数据；最后，利用项目反应理论测量模型对数据进行分析，构建学生表现的水平层级，描述诊断学生发展的现状。

---

① Wilson M. Measuring progressions：assessment structures underlying a learning progression[J]. Journal of Research in Science Teaching，2009，46(6)：716-730.

第二节　指标体系的构建

　　指标体系是对学生知道什么和能做什么的陈述，既是设计测评工具的依据，也是制订教学目标和学习目标的参照。以学生发展的视角作为基本立场，考量学生在经历化学学习后应当具备哪些核心知识和活动经验，形成什么样的认识方式，完成哪些能力活动，从而构建基于核心素养的化学学科能力表现指标。学科能力表现指标也可以看作学科能力表现期望（performance expectations）。

　　学生学科能力的发展与核心知识和活动经验的学习、理解和应用密切相关。学生在经历辨识记忆、概括关联、说明论证等学习理解活动形成知识和活动经验的同时，体会核心知识的认识发展功能和价值，形成学科思想方法，即丰富认识角度、转变认识方式类型、形成认识思路；在经历应用实践和迁移创新不同水平的问题解决活动过程中，深化对知识的理解，形成经验图式，固化认识角度，建立认识角度间的关联，发展进行系统分析、复杂推理的能力，形成问题解决思路。由此可见，在学生学科能力发展过程中，知识和活动经验、认识方式、学科能力要素同时发展，相辅相成、相互制约。因此，需要从知识和活动经验、认识方式、学科能力要素3个方面综合构建学科能力表现指标。

　　依据高中化学课程标准的内容要求，基于学科本体视角和学生学习视角分析化学课程内容，确定知识和活动经验、认识方式，结合学科能力要素构建无机物、有机化合物、化学反应原理、化学与社会发展、实验探究等主题的能力表现指标。无机物主题的物质性质认识角度包括类别（酸碱盐）、氧化还原、周期律等，这些角度主要是在高一年级课程（高中化学必修模块）建立的，高二年级增加了反应原理（电离/水解、电化学等）的认识角度。无机物主题的学科能力表现是利用这些认识角度执行学科能力活动。表2-2-1是无机物主题的学科能力表现指标体系示例。对于概括关联这一学科能力活动（也称为学科能力要素），将其拆解为建立角度与性质的关系、关联物质转化关系、建立性质与用途之间的联系等具体任务，并且体现了无机物主题的主要认识角度。对于推论预测，具体的能力活动任务包括"预测未知物质性质和未知反应体系的现象""根据实验事实推断物质的组成",在推断物质组成这一任务上,体现了认识角度从类别、氧化还原、周期律到反应原理。

表 2-2-1　无机物主题学科能力表现指标示例

能力要素	具体指标
概括关联	能利用多种分类方法对常见物质进行分类,并建立物质类别、化合价与物质性质的联系
	能基于类别、氧化还原、周期律等角度描述物质性质和转化关系
	建立物质性质与典型用途之间的联系
	能在水溶液、电化学体系中,建立反应现象与物质性质的联系,建立能量转化与物质转化的联系
推论预测	能基于类别、价态、周期律预测未知物质性质和未知反应体系的现象(含陌生方程式书写)
	综合利用元素化合物性质和类别、价态、周期律等角度,根据实验事实,推断物质的组成
	能基于反应原理(电离/水解、电化学)等角度预测物质性质,或根据实验事实推断物质组成

表 2-2-2 是化学反应原理主题的能力要素"分析解释"的具体指标。化学反应原理主题包括化学反应规律、电解质溶液、化学能与热能、电化学 4 个子主题,这 4 个子主题对应的是各自不同的认识对象和认识角度,因此有不同的指标描述。以高二年级的化学反应规律主题指标"能基于单一影响因素解释平衡移动方向(宏观—定性),能根据平衡体系中某一时刻各组分的量,基于多组分浓度关系判断平衡状态(宏观—定量—联系),能基于多变量关系认识反应方向,如用反应方向判据解释反应温度的选择(宏观—定量—联系)为例,该指标将分析解释拆分为"解释平衡移动方向""判断平衡状态""解释反应温度的选择"等具体任务,并且指明单一影响因素、多组分浓度关系等认识角度,以及宏观—定性、宏观—定量—联系等认识方式。高二年级与高一年级相比,化学反应原理主题主要在认识角度和认识方式上有所发展,例如,电解质溶液主题从"微观—定性—联系"的认

识方式发展为"微观—定量—联系"。

表 2-2-2　化学反应原理主题的指标体系示例

能力要素	年级	具体指标
分析解释	高一	1. 能分别从多个因素定性解释化学反应的快慢（宏观—定性—孤立）； 2. 能基于物质—微粒—微粒间相互作用—现象定性解释电解质溶液的行为（微观—定性—联系），能分析溶液的组成，基于离子反应解释现象； 3. 能基于物质的状态、价键等解释能量使用方案（定性—孤立）； 4. 能从电极反应物（氧化剂、还原剂）分析化学能与电能的转化，基于微粒间相互作用认识化学能与电能的转化，即能从电子转移、带电微粒的定向运动、电解质溶液中的离子反应等角度解释原电池装置能够产生电流的原因（宏观—孤立）
	高二	1. 能基于单一影响因素解释平衡移动方向（宏观—定性），能根据平衡体系中某一时刻各组分的量，基于多组分浓度关系 K 判断平衡状态（宏观—定量—联系），能基于多变量关系认识反应方向，如用反应方向判据解释反应温度的选择（宏观—定量—联系）； 2. 能基于物质—微粒—微粒间相互作用—微粒数量—现象定量解释电解质溶液的行为（微观—定量—联系），能基于平衡及其移动解释实验和生活中的现象，分析溶液的组成； 3. 能用示意图等形式表征，基于使用目的考虑物质的种类、状态、价键、环保等多角度解释能量使用方案（定量—系统）； 4. 能从电极反应物（氧化剂、还原剂）角度根据装置分析电极反应（不涉及介质酸碱性问题）；能从电子转移角度分析解释简单电化学过程（仅与电极反应有关）的实验现象

实验探究主题包括物质制备、物质分离、物质检验、物质结构探究、反应规律探究、物质性质探究 6 个子主题。表 2-2-3 是物质性质探究活动的学科能力表现指标体系，主要是基于物质性质探究的活动程序对能力活动任务进行具体化，并结合认识角度和活动关键策略形成表现指标。物质性质探究的活动程序包括预测性质、选取试剂、猜想现象、根据现象得出结论，例如分析解释能力要素的"分析简单无机物氧化性、还原性研究的试剂选取"，复杂推理能力要素的"多价态、多离子的多物质体系，基于氧化还原角度，从现象与问题之间推理的角度分析试剂选取的合理性"。从高一年级到高二年级，体现了从无机物的认识角度转向有机化合物的认识角度，例如高一年级的指标"基于类别、氧还、周期律角度，

执行无机物性质研究的局部过程"和高二年级推论预测指标"基于官能团角度，执行有机物性质研究的局部过程"。

表 2-2-3　物质性质探究活动的学科能力表现指标

能力要素	年级	具体指标
辨识记忆	高一	辨识无机物具体性质的研究方案
	高二	辨识有机物具体性质的研究方案
概括关联	高一	基于无机物性质的角度，根据方案推测研究目标
	高二	基于有机物具体性质，根据方案推测研究目标
说明论证	高一	论证无机物性质研究原型活动的合理性
	高二	说明有机物性质研究原型活动的思路
分析解释	高一	分析简单无机物氧化性、还原性研究的试剂选取
	高二	分析单官能团有机物性质研究的思路
推论预测	高一	基于类别、氧化还原、周期律角度，执行无机物性质研究的局部过程，比如根据组成预测性质、选取试剂；根据研究目的补充无机物性质研究的试剂和操作
	高二	基于官能团角度，执行有机物性质研究的局部过程，比如根据组成预测性质，根据研究目的补充性质研究的试剂和操作
简单设计	高一	完整执行单一体系无机物性质的研究过程（从预测性质、试剂选取、现象预设到得出结论）
	高二	完整执行单官能团有机物性质的研究过程（从预测性质、试剂选取、现象预设到得出结论）
复杂推理	高一	多价态、多离子的多物质体系，基于氧化还原角度，从现象与问题之间推理的角度分析试剂选取的合理性
	高二	基于有机物认识角度分析多官能团体系研究的试剂选取原因
系统探究	高一	基于多个角度系统地设计方案探究多元素陌生无机物的性质
	高二	基于官能团、价键的角度，设计方案探究多官能团陌生有机物的性质
创新思维	高一	基于氧化还原、物质类别、离子反应等多个角度，探索多物质体系的现象成因（提出关于反应的新颖假设并设计方案验证假设）
	高二	基于有机物官能团、价键，探索多物质体系的现象成因（提出关于反应的新颖假设并设计方案验证假设）

在各主题的表现指标基础上，整合形成化学学科整体的学科能力表现指标体系（表 2-2-4）。

表 2-2-4　化学学科整体的学科能力表现指标

年级	学习理解能力	应用实践能力	迁移创新能力
高一	1. 能记住钠、铝、铁、铜、氯、氮、硫、硅的典型代表物的主要性质、重要的化学方程式、典型实验现象，能记住离子反应发生条件、影响化学反应速率的因素等重要反应规律，能记住甲烷、乙烯、苯、乙醇、乙酸的主要性质，能记住与健康、材料、环境有关的化学知识，能记住典型的将化学能转化为电能的装置。 2. 能建立实验事实与物质性质的关联，能建立物质类别通性、化合价与物质性质的关联，能基于实验事实概括离子反应发生条件、影响化学反应速率因素等反应规律，能建立化学知识与健康、材料、环境等的关联。 3. 能用物质类别通性、氧化还原反应理论说明论证物质性质，能用原子结构理论说明论证元素在周期表中的位置及元素性质递变规律，能用化学键理论说明化学反应中物质变化和能量变化的实质，能用实验事实论证化学反应规律。 4. 辨识具体物质性质研究、物质分离的原型活动（根据方案识别目标），提取具体的制备反应和性质，识别现象、结论、原有知识的陈述。 5. 建立应用类活动原型	1. 能运用典型物质的性质、化学反应规律解释实验室、生产、生活中的现象，能比较分析主族元素及其化合物的相似性和递变性，能根据实验事实或数据分析化学反应中的物质变化和能量变化。 2. 能从物质类别通性、氧还性或递变性等角度预测未知物的化学性质；能判断电解质溶液中的离子反应，推测反应产物；能推测条件改变对化学反应速率的影响；能推测反应是否达到化学平衡状态。 3. 能设计实验研究物质性质、化学反应规律；能设计路径实现物质转化。 4. 基于变量控制、性质预测等核心活动经验分析简单变式方案的合理性（与目标问题的匹配性），基于活动目标和方案分析预期现象。 5. 基于类别、氧化还原、周期性等物质认识角度，根据已给的问题、证据、结论完成实验探究活动的成分假设、现象预测、方案设计、得出结论等其中之一。 6. 基于物质认识角度完整执行物质性质研究（从性质预测到方案呈现）和应用类活动	1. 能运用典型物质的性质、化学反应规律分析、解决陌生情境中的复杂问题，能基于原电池的反应原理和装置特征分析、判断陌生装置能否实现化学能与电能的转化。 2. 能利用实验从物质类别通性、氧还性、递变性等多角度系统探究陌生物质的性质；能对多变量进行调控，探究影响化学反应速率的因素。 3. 能基于物质的性质对物质的用途进行想象或创意设计；能基于数据探究影响因素与化学反应速率间的定量关系。 4. 基于溶液、氧化还原、过程优化等多个角度，以活动目标为导向分析多成分体系、多步转化过程的合理性，阐述活动依据和思路。 5. 从氧化还原、类别等物质认识和转化的多个角度系统实施性质研究；自主地系统执行从任务识别到方案设计的远变式应用类活动。 6. 基于氧化还原、溶液等物质认识和转化角度，以及活动程序和关键策略，提出新颖的性质解释和研究方案，发现反应体系新颖的变量关系，设计新颖的应用类活动方案

年级	学习理解能力	应用实践能力	迁移创新能力
高一	(Fe^{2+} 检验、粗盐提纯、氢氧化亚铁制备)操作与目标的关联,建立探究类活动原型的证据(方案、知识)与目标之间的关联。 6. 以变量控制、性质差异说明原型活动操作(蒸馏、冷凝)的合理性,论证原型活动结论与证据的匹配性		
高二	1. 能记住典型官能团及其代表物的性质,能记住化学反应速率、化学平衡的相关理论,能记住热化学方程式的书写规则。 2. 能建立官能团与有机物性质的关联,能基于实验事实概括化学反应规律,能建立化学反应规律与化学反应条件的关联,能建立电化学反应原理与化学反应规律的关联,能建立水溶液中物质—微粒的种类、变化—宏观现象间的关联。 3. 能基于化学键特征说明论证有机物的性质,能用相关理论论证化学反应规律,能说明电化学原型中的电化学过程,能从宏观、微观解释化学反应中能量变化的本质。 4. 能记住有机物结构测定的基本方法,辨识具体物质性质研究、物质分离、反应规律探究的原型。	1. 能基于有机物性质和化学反应原理知识分析解释化学实验和生产生活中的问题;能基于装置和原理对能量转化过程进行分析描述;能根据有机化学反应分析反应过程中化学键的变化。 2. 能基于官能团预测多官能团有机物的化学性质;能预测条件改变对化学反应速率和化学平衡的影响;能推断电极反应;能推测水溶液中微粒的种类、数目、变化及产生的宏观现象。 3. 能设计实验验证有机物性质,能设计路径实现有机物的转化,能设计实验探究化学反应规律,能设计实验或反应路径确定化学反应焓变,能设计装置实现化学能与电能的相互转化。	1. 能基于水溶液中的离子平衡分析复杂离子反应;能从物质类别通性、氧还性、反应原理等角度分析物质性质和反应;能设计反应路线实现有机合成;能基于化学键特征预测陌生有机物性质;能分析复杂体系中的化学反应速率和化学平衡问题;能分析实用电池、电镀、电解精炼等复杂电化学装置中的电极反应和微粒运动过程。 2. 能综合考虑多方面因素调控化学反应条件,能设计装置实现化学能与电能的相互转化,能设计实验系统探究陌生有机物的化学性质,能设计实验探究多变量体系中化学反应规律。 3. 能利用化学反应原理和有机物中官能团与化学键特征进行创意设计,解决生产、生活实际中的问题;能基于数据探究影响因素与化学反应速率间的定量关系。

续表

年级	学习理解能力	应用实践能力	迁移创新能力
高二	5. 能建立反应规律探究原型的方案与目的的关联，关联应用类活动原型的操作与目标。 6. 以变量控制、性质差异等核心活动经验说明原型活动操作方案的合理性，论证活动原型结论与证据的匹配性	4. 基于变量控制、性质研究等核心活动经验分析简单变式方案的合理性。分析目标和方案得出预期现象、局部方案，分析假设、方案的依据。 5. 基于类别、氧化还原、官能团、价键等物质认识和转化角度，根据已给的问题、证据、结论完成实验探究活动的成分假设、现象预测、方案设计、得出结论等其中之一。 6. 基于变量控制和反应认识角度完整设计反应规律探究的方案；基于有机物认识角度完整执行物质结构研究	4. 基于官能团、氧化还原等多个角度，以活动目标（定量检验、分离方案）为导向分析多变量、多成分体系、多步转化过程的合理性，阐述活动过程依据和思路。 5. 从溶液、反应规律等物质和反应认识角度的多个角度系统实施反应规律和性质研究；自主地系统执行从任务识别到方案设计的远变式应用类活动。 6. 基于氧化还原、溶液等物质和反应认识角度，以及活动程序的关键角度，提出新颖的性质解释和研究方案，发现反应体系新颖的变量关系，设计新颖的应用类活动方案

第三节 测试工具的开发

化学学科核心素养的能力表现评价，采用大样本的纸笔测试，测试题以开放题为主。以下从测试工具开发的基本理念、测试题和评分标准的设计、试卷结构和锚题设计、测试工具质量评估等方面介绍测试工具开发的过程。

一、测试工具开发的基本理念

化学学科以核心主题为测试单位，遵循以下基本理念开发学科能力测试工具。

1. 指向能力测查

为了保证测试题指向能力测查，一方面，各子主题依据学科能力指标分布测试点，在保证 9 个二级学科能力指标全部覆盖的情况下，兼顾内容的全面性。例如，从表 2-3-1 可见，在化学反应规律子主题的测试题中，测试题目覆盖了 A1～C3 各学科能力指标，但是并未涉及"化学反应速率计算""化学平衡常数计算""化学平衡状态的标志"这些在指向知识测查的常规测试题中一定会出现的测查点。而在常规测试中，由于其能力指标设计非常粗放，如北京高考化学能力指标设定为"接受、吸收、整合化学信息的能力""分析解决化学问题的能力"以及"化学实验与探究能力"，且无二级指标。

表 2-3-1 化学反应规律子主题测试点分布

核心知识		辨识记忆	概括关联	说明论证	分析解释	推论预测	简单设计	复杂推理	系统探究	创新思维
化学反应规律	化学反应方向				√					
	化学反应速率		√	√	√	√		√	√	√
	化学平衡		√	√		√	√			

2. 将知识、活动经验、认识方式与能力表现密切关联

学科能力虽然属于心理品质范畴，但它并不是空洞的，总是要与特定的认知

或者特定的活动联系在一起。因此，在开发内容主题的测查工具时，将知识与能力密切关联，基于具体知识确定学科能力表现的测查点。首先确定其对应的具体知识点，再确定所要考查的学科能力要素，并在此基础上确定设问点。例如，选定"化学平衡移动规律"为具体知识点时，若考查对"化学平衡移动规律"的说明论证能力，则测试点设计为"用化学平衡常数论证平衡移动规律"，如图 2-3-1 所示；若考查对"化学平衡移动规律"的分析解释能力，则测试点设计为"解释选择'高温'反应条件的原因"，如图 2-3-2 所示。

③反应 $CO(g)+3H_2(g)\rightleftharpoons CH_4(g)+H_2O(l)$ 为可逆反应，增大压强，平衡向正反应方向（即气态物质的量减小的方向）移动，理由是 _____。

图 2-3-1 测试题示例

③工业生产中，该反应通常在高温条件下进行，你认为选择"高温"条件的目的是 _____。

图 2-3-2 测试题示例

例如，图 2-3-3 所示试题测查学生对"影响化学反应速率的因素"这一知识的创新思维能力，即能否根据数据建立浓度对化学反应速率影响的定量关系；其认识方式水平为宏观—定量—系统，即能在定量水平上建立变量间的关系。若学生只能发现"I^-（或 H_2O_2）浓度增大，化学反应速率增大"，则可以诊断为学生创新思维能力发展受到了"定量—系统"认识方式的制约，即学生还不能自主基于对数据表达的变量关系进行定量—系统分析。

(4)实验后，该小组同学进一步查阅资料，发现了如右图所示的数据关系，并根据该数据图得出如下结论(下表可不填满)。

结论 1	
结论 2	

基于结论 1 和结论 2 得出的总结论是 _____。

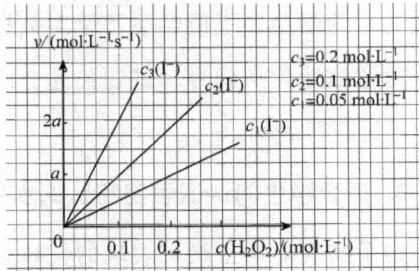

图 2-3-3 测试题示例

每类实验探究活动具备特定的活动经验，在编制试题时，需要先确定其对应的活动类型，明确相应的活动经验，再确定其要考查的学科能力要素，进而确定设问点。例如：选定物质分离的活动经验——"利用性质差异选取分离方法"，若考查对活动经验的说明论证能力，测试点设计为说明常见分离操作的原理，如图2-3-4的第(2)题所示；若考查推论预测的能力，则测试点设计为自主提取分离对象的性质差异，利用性质差异选取试剂和分离方法，如图2-3-4的第(3)题。

10. 海水晒盐后剩余的母液主要成分为氯化镁、溴化钾，工业上采用以下方案提取溴。

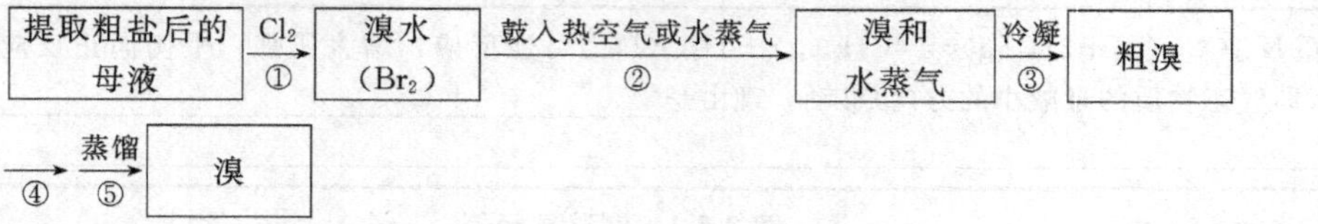

(1)步骤②的作用是 _____。
(2)步骤③和步骤⑤的操作利用的性质是 _____。
(3)步骤④加入的试剂和操作是 _____。

图 2-3-4　测试题示例

从知识、学科能力指标、认识方式(或活动经验)指标 3 个维度综合考虑，为每个测试题进行编码，将知识、能力与认识方式(或活动经验)密切关联，对学科能力表现结果的成因进行分析诊断。例如，图 2-3-3 所示试题测试的是学生对"影响化学反应速率的因素"这一知识的创新思维能力，即能否根据数据建立浓度对化学反应速率影响的定量关系；其认识方式水平为宏观—定量—系统，即能在定量水平上建立变量间的关系。若学生只能发现"I^-(或 H_2O_2)浓度增大，化学反应速率增大"，则可以诊断为学生创新思维能力发展受到了"定量—系统"认识方式的制约，即学生还不能自主基于对数据表达的变量关系进行定量—系统分析。

每道试题均从题号、试题描述、知识、学科能力要素、认识方式和评分标准6 个方面进行编码。

3. 探查学生的认识思路和认识水平，实现对学生能力表现的精致、准确诊断

为了实现对学生测试表现的精致、准确诊断，需要准确探查学生的认识思路和认识水平，采用以下 3 个策略开发测试题。

　　一是多采用开放性试题，不设置过多题面信息对学生进行思路干预，目的在于探查学生的认识角度和认识水平差异。如图 2-3-5 所示试题，第一空意在测查学生对物质所具有能量的理解，从而理解反应中的能量来源于何处，第二空主要考查学生能否从微观角度论证生活中熟悉现象的热效应。

你认为物质所具有的能量包括＿＿＿＿＿＿＿＿＿＿＿＿＿＿＿＿＿＿＿＿＿＿＿，
在相同温度下，1 mol 气态水生成液态水放热 44 kJ，请解释原因：＿＿＿＿＿＿＿
＿＿＿＿＿＿＿＿＿＿＿＿＿＿＿＿＿＿＿＿＿＿＿＿＿＿＿＿＿＿＿＿＿＿＿＿＿。

图 2-3-5　测试题示例

　　二是采用分级评分。当学生的答案均达到相应的学科能力水平时，若存在认识方式差异，则按照认识方式水平由低到高，依次赋分为 1，2，…例如，表 2-3-2 为图 2-3-5 所示题目第二空的评分标准，根据学生表现的认识方式水平差异设置分级评分。

表 2-3-2　分级评分示例

能力要素	评分等级	认识方式
说明论证	3：气态水中分子距离大（势能大），能量高，当液化时势能降低，所以放热； 2：液态水比气态水更稳定（将性质和能量建立联系）； 1：气态水的能量比液态水的能量高； 0：水液化放热	（微观）能基于分子动能、势能认识能量变化； （宏观）能基于反应物和生成物的能量差异认识能量变化

　　三是题目的设问不仅关注"结论"，还通过"理由是""思路是""依据是""原因是"等设问关注获得结论的"思维过程"，尽可能避免学生由于"经验性猜想"而做对题目带来的诊断误差，如图 2-3-6 所示。

(2)有同学选择 Zn 作为研究 $FeSO_4$ 还原性的试剂，你认为是否可行＿＿＿＿，说明原因：＿＿＿＿＿＿＿＿＿＿＿＿＿＿＿＿＿＿＿＿＿＿＿＿＿＿＿＿＿＿＿＿。

图 2-3-6　测试题示例

二、测试题和评分标准的设计

情境、问题是测试题的两个基本构成要素。对学生能力的推测需要借助多样的、不同层次的情境，学生在情境中完成相应的问题任务。评分标准是对学生的答案进行有意义诠释的基础，通过评分标准推测情境和问题任务表现背后的素养、认识方式、知识经验。

1. 试题设计的策略

（1）选取适用、有梯度的情境

情境的选择要考虑其真实性、适用性和包容性。真实性是指情境应来源于实验室的实验、生活和自然界中的现象或真实的生产过程，避免臆造。适用性是指情境中蕴含的化学问题与学科能力指标具有较好的一致性，避免"穿靴戴帽"式的问题情境。包容性是指情境尽可能包容多个知识点和学科能力要素，避免出现"情境"多于"内容"的情况。

根据陌生程度选择熟悉情境和陌生情境，根据间接程度选择直接或间接情境，从而形成有水平梯度、可以承载不同能力任务的情境。熟悉情境通常可以考查学生的学习理解能力，而应用实践能力通常是在陌生、直接的情境中表现出来的，迁移创新能力则是远变式，需要陌生、间接的情境作为载体。

例如，图 2-3-7 所示的试题，以全淀粉塑料这一陌生情境，通过材料性能推测、性质分析、用途猜想等问点，考查推论预测、分析解释、复杂推理的能力，符合情境的真实性、适用性和包容性。

（2）根据学科能力活动设计问点

在选定的情境中，以学科问题任务设计试题的问点。化学学科的问题任务是对物质及其变化的现象和规律进行解释或者预测，应用物质及其变化的规律设计或者分析制备、分离、检验等目标的方案，设计或者分析研究物质性质及化学变化的规律的方案。

3. 有一种以淀粉为原料合成的全淀粉塑料，其基本结构如图所示。

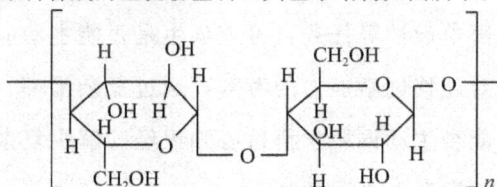

(1)请推测该塑料具有哪些性能？

_____。

(2)全淀粉塑料比聚苯乙烯塑料更容易降解，你认为造成这一结果的原因是什么？

_____

(3)请设想该塑料的用途(至少两种)，并说明理由。

用途 1：_____。

理由 1：_____。

用途 2：_____。

理由 2：_____。

图 2-3-7　测试题示例

　　每个核心主题是相对独立的认识域，也就有不同的具体问题任务。无机物主题是用物质类别、氧化还原、元素周期律等核心知识和认识角度对无机物的性质进行解释和预测，设计无机物性质的探究方案；有机化合物主题则是利用官能团、价键、有机反应类型等核心知识和认识角度对有机物的性质进行解释和预测，设计和分析有机物的合成、分离、检验的方案，设计有机物性质、结构的探究方案；反应原理主题则是从反应程度、速率、平衡等角度对化学变化进行解释和预测，设计或者分析化学变化规律的探究方案；化学与社会发展主题是利用生活视角和化学视角的对应关系分析解决健康、环境、材料等实际问题，在实际问题中进行区分与辨别、解释与说明、评价与判断、选择与决策。实验探究主题则是利用核心活动经验对制备、分离、检验的方案，以及物质性质探究、化学反应规律探究、物质结构探究进行分析和设计(实施)。

　　从学生的学习理解能力的考查来看，需要辨识记忆、概括关联、说明论证等问题任务，考查是否能记住核心知识、辨识学科特定活动，是否能建立知识、活动经验、认识角度之间的关联，是否能调用知识和认识角度对其他核心知识进行说明论证，是否能说明原型活动方案的合理性。对应用实践能力的考查，通过分析解释、推论预测、简单设计等任务，考查学生是否能主动应用核心知识经验分析和解决实际问题。对迁移创新能力的考查，通过复杂推理、系统探究、创新思维等任务，考查学生能否主动调用学科核心知识经验解决复杂陌生、高度不确定性的问题以及发现新知识和新方法的能力。

也就是说，需要依据本研究构建的化学学科能力要素和各主题指标体系设计试题的问点；需要考虑问点与情境之间的匹配性，根据情境设置相应的问点，根据问点选择相应的情境。例如，图 2-3-7 所示的题目，在全淀粉塑料这一情境下，根据化学与社会发展主题的问题任务，设计了对应于以下 3 个指标的问点：基于宏观—单一对应关系进行物质的组成、性能与材料性能的相互推论(B2)，利用生活常识和已有经验解释环境问题，基于宏观—单一对应关系应用物质性质及其转化解释材料的性能和制备(B1)，基于系统—多角度根据陌生材料的结构预测其性质，推测其用途(C1)。

2. 制订评分标准

在制订评分标准时，首先保证答案与学科能力指标的一致性，即只有达到与学科能力指标水平一致的答案，才能得分。其次，根据需要考虑分级评分、分类评分和分类标记。分级评分一般是在指标相同的情况下，不同的答案所反映的能力不同，则依据能力的高低赋不同的分值。分类评分与分类标记是将学生的答案分成不同维度或类别进行评分和标记。

(1)以是否达到能力要求作为评分依据

制订评分标准时，并不简单以学生是否答对这一题作为给分的标准，而是要看学生是否达到了相应的学科能力水平。例如，表 2-3-3 为图 2-3-8 所示试题的评分标准，这个题目考查的是说明论证能力，要求学生用体系与环境的概念对能量转移过程进行完整说明，因此如果学生只回答"化学能转化为热能""甲烷燃烧的化学能转化成水的热能"是不可以给分的。

17. 用甲烷燃烧给水加热，壶中的水已经沸腾。

(1)请描述这个情境中的能量转移过程，并说明这一过程中以什么作为体系，以什么作为环境。

图 2-3-8　试题示例

表 2-3-3　评分标准示例

试题描述	核心主题	知识点	能力要素	分值	标答及评标
烧水的能量转移过程	化学反应原理	能量	A3 说明论证	1分	1分：能够稳定用体系与环境的概念，对能量转移进行正确描述。如：甲烷燃烧反应是体系，水壶、水及其他外界是环境；体系的化学能以热能、光能的形式转移到环境中； 水汽化反应是体系；甲烷燃烧及水壶等其他是环境；环境向水提供热能使水沸腾。 0分：化学能转化成热能；甲烷燃烧的化学能转化成水的热能

(2)分级评分

分级评分一般包括两种情况。一种情况是在学科能力指标相同的情况下，不同的答案所反映的认识方式水平不同，则依据认识方式水平的高低赋不同的分值，如表 2-3-4 所示。

表 2-3-4　评分标准示例

题号	试题描述	知识点	学科能力要素	认识能力	标答及评分标准
C10BP0-600A20	根据实验数据概括外界条件对化学反应速率的影响	影响化学反应速率的因素	A2 概括关联：能根据现象（或数据）概括浓度、温度、催化剂等外界条件对反应速率的影响	2分：能分别从多个影响因素定性认识化学反应的快慢（宏观—定性—孤立）； 1分：能关注到反应的快慢（宏观—定性—孤立）	2分：反应物浓度增大，反应速率加快（能正确描述变量之间的关系）； 1分：反应物浓度不同，反应速率不同（能找到相关变量）； 1分：HI 的浓度越大，反应速率越快；H_2O_2 浓度越大，反应速率越快（两者必须都有）； 0分：找不出变量；只写"浓度—时间"不给分

另一种情况是锚题的分级评分。由于年级的差异，不同年级的学生在面对同一测试题时会有不同的表现，为了保证锚题在各年级评分标准的一致性，采用分级评分。表 2-3-5 为图 2-3-9 所示"分析醋酸溶液的组成"这一锚题的评分标准。

表 2-3-5　评分标准示例

题号	试题描述	知识点	学科能力要素	认识能力	标答及评分标准
C09BW0-210A20	解释醋酸溶液显酸性的原因	溶液的酸碱性	A2 概括关联：能建立事实与溶液酸碱性的联系	3 分：能基于物质—微粒—微粒间相互作用—微粒数量—现象认识电解质溶液的行为（微观—定量—联系）； 2 分：能基于物质—微粒—微粒间相互作用—现象认识电解质溶液的行为（微观—定性—联系）； 1 分：能基于物质类别分析溶液的性质（宏观—定性/定量—孤立）	满分 3 分；选出 C 给 3 分（同时选 AB 不扣分），选出 B 给 2 分（同时选 A 不扣分），仅选 A 给 1 分，选 D 给 0 分

2.(1) 下列说法中，能够解释醋酸溶液显酸性的原因的是_____（填字母序号）。

A. 醋酸是酸

B. 醋酸能电离出 H^+

C. 醋酸电离使溶液中 $c(H^+) > c(OH^-)$

D. 醋酸能促使水电离出更多的 H^+

图 2-3-9　学习理解能力水平 2 测试题示例

(3)分类评分与分类标记

对于综合的试题，采用了分类评分的策略以实现对学生发展水平的精致诊断，如表 2-3-6 所示的评分标准，将图 2-3-10 所示第(2)题"根据有机物结构预测性质"拆分为推测断键部位、说明推测依据、写出相应的化学方程式 3 个小题，并在每个小题中设置相应的分级评分标准。对同一个能力水平，在赋分相同的基础上，采用分类标记的策略，例如表 2-3-6 中用 0-a、0-b、1-a、1-b 等标记不同的表现。

2. 透明聚酯玻璃钢可用于制造导弹的雷达罩和宇航员使用的氧气瓶。制备它的一种配方中含有下列 4 种物质：

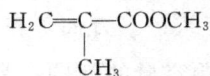　　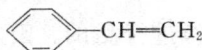　　丙　　丁

甲　　　　　　　　乙　　　　　　　　丙

(2)请你对甲的结构作简单分析，并预测甲可能具有的化学性质：

　①判断甲可能的断键部位（用虚线在结构式中标出）

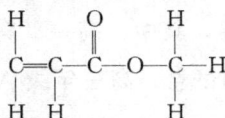

　②利用你所学的结构知识说明判断断键部位的依据：_____。

　③上述断键部位对应反应的化学方程式为_____（各写一个即可）。

图 2-3-10　测试题示例

表 2-3-6　评分标准示例

题号	学科能力要素	评分标准	备注
(2)①		1分：双键、酯基处断键均对 0-a：标出双键处断键 0-b：标出酯基处断键 0-c分：断键位置均错	画出其他断键位置不计分
(2)②	B2 推论预测：基于有机物结构的认识角度推测陌生有机物的性质	2分：键的极性和不饱和度 1分：官能团或者类别 0分：错答（无角度）	给2分的时候只看学生的角度是否到价键水平，不考虑是否均说出键的极性和不饱和度
(2)③		2分：3个方程式都对 1-a分：断双键、酯基的两个方程式均对 1-b分：断 α C—H 键的方程式对 0-a分：断双键的方程式对 0-b分：断酯基的方程式对 0-c分：都错	产物对即给分

三、试卷结构和锚题设计

　　化学学科能力表现的测试涵盖 5 个核心主题（无机物、有机化合物、化学反

应原理、化学与社会发展 4 个内容主题，以及实验探究主题），每个主题含有 3 个以上的二级主题，每个二级主题均涵盖 A1～C3 9 个能力要素，并且在高一、高二、高三 3 个年级进行测试。因此，需要考虑组卷的方式：一方面，在 90 分钟的测试时间内，学生可以有充足时间思考答题，即试卷容量的问题；另一方面，获取尽可能完整的数据以支持对学生学科能力的推测。

由于试卷容量的限制，高一年级和高二年级试卷分为 A、B、C 3 卷，高三年级试卷分为 A、B、C、D 4 卷，其中，高一、高二年级 A 卷、B 卷为内容主题测试卷，C 卷为实验探究主题测试卷；高三年级 A、B、C 卷为内容主题测试卷，D 卷为实验探究主题测试卷。依据项目反应理论，在各类卷及各年级试卷间设置一定量相同的试题，以便于进行比较分析。

在各类卷的具体组织上，以主题为基本单位（无机物—有机化合物—化学反应原理—化学与社会发展—实验探究），同一主题按试题从易到难排序。

1. 试卷结构

表 2-3-7 呈现了各年级试卷中，无机物、有机化合物、化学反应原理、化学与社会发展 4 个内容主题的测试点分布情况，以及各内容主题中学习理解能力、应用实践能力、迁移创新能力测试点的分布情况。从学习理解能力、应用实践能力、迁移创新能力测试点分布情况看，各能力要素全部覆盖，比例分布均匀。从各内容主题测试分布情况看，化学反应原理主题学习理解能力测试点偏多，其余主题分布基本均衡；无机物主题应用实践能力测试点偏多，化学与社会发展主题测试点偏少；各主题在迁移创新能力的测试点分布基本均匀。从各年级测试分布

表 2-3-7　各内容主题各年级试卷结构表

内容主题	无机物	有机化合物	化学反应原理	化学与社会发展	小计	总计
年级	高一/高二/高三	高二/高三	高一/高二/高三	高一/高二/高三	高一/高二/高三	
学习理解	11/7/7	11/7	4/15/23	7/5/5	22/38/42	102
应用实践	23/14/15	9/6	2/8/20	3/3/3	28/34/44	106
迁移创新	16/10/13	8/7	6/10/20	4/4/4	26/32/44	102
总计	50/31/35	28/20	12/33/63	14/12/12	76/104/130	—

情况看，在高二年级测试题中，各内容主题总体分布均衡，高一年级无机物主题测试点偏多，高三年级化学反应原理主题测试点偏多。学习理解能力、应用实践能力、迁移创新能力总体分布均衡。

化学实验探究主题的一部分试题与内容主题的部分试题（B3 简单设计、C2 系统探究）进行双编码，即部分试题既属于实验探究主题又属于某个内容主题。表 2-3-8 呈现了各年级试卷中，物质制备、物质分离、物质检验、物质结构探究、反应规律探究、物质性质探究 6 个实验探究二级主题的测试点分布情况和学习理解能力、应用实践能力、迁移创新能力测试点的分布情况。从学习理解能力、应用实践能力、迁移创新能力测试点分布情况看，应用实践能力的测试点偏多。从各实验探究二级主题测试点分布情况看，结构探究、规律探究、性质探究主题学习理解能力测试点偏少，其余主题分布基本均衡；性质探究主题应用实践能力测试点偏多，制备主题应用实践能力测试点偏多；结构探究主题迁移创新能力测试点偏少，其他主题分布基本均匀。从各年级测试分布情况看，高一年级测试题中，结构探究和规律探究主题测试点偏少；高二年级测试题中，规律探究主题测试点偏少；高三年级分布基本均衡，结构主题偏少。

表 2-3-8　各实验探究二级主题各年级试卷结构表

实验探究主题	制备	分离	检验	结构探究	规律探究	性质探究	小计	总计
年级	高一/高二/高三	高一/高二/高三	高一/高二/高三	高一/高二/高三	高一/高二/高三	高一/高二/高三	高一/高二/高三	
学习理解	8/8/8	6/6/6	4/4/4	0/3/1	0/0/6	2/1/1	20/22/26	68
应用实践	7/10/10	3/3/3	7/7/7	0/9/5	2/2/3	15/11/11	34/42/39	115
迁移创新	2/5/4	7/7/7	4/5/6	0/3/1	1/1/6	7/0/0	21/21/24	66
总计	17/23/22	16/16/16	15/16/17	0/15/7	3/3/15	24/12/12	75/85/89	—

表 2-3-9、表 2-3-10、表 2-3-11 是 5 个化学学科核心素养（L1 宏观辨识与微观探析、L2 变化观念与平衡思想、L3 证据推理与模型认知、L4 科学探究与创新意识、L5 科学态度与社会责任）的试题编码数量统计，每个试题仅对侧重的核心素养进行单一编码而非多重编码。核心素养是综合的学习表现，每一个主题可

能涵盖若干个核心素养。本次测试中，通过学习理解、应用实践、迁移创新能力要素及其二级能力要素，对不同发展水平的核心素养进行测查。

表 2-3-9　化学学科核心素养与核心主题的交叉统计

	L1	L2	L3	L4	L5
无机物	10	12	11	22	0
有机化合物	21	6	0	3	0
化学反应原理	29	36	3	13	1
化学与社会发展	1	1	0	1	18
实验探究	3	2	8	46	0
总计	64	57	22	85	19

表 2-3-10　化学学科核心素养与一级能力要素的交叉统计

	L1	L2	L3	L4	L5
学习理解	30	15	11	19	9
应用实践	22	23	5	33	4
迁移创新	12	19	6	33	6

表 2-3-11　化学学科核心素养与二级能力要素的交叉统计

	L1	L2	L3	L4	L5
A1 辨识记忆	7	4	4	4	3
A2 概括关联	15	7	5	9	3
A3 说明论证	8	4	2	6	3
B1 分析解释	6	5	4	8	1
B2 推论预测	15	14	1	10	2
B3 简单设计	1	4	0	15	1
C1 复杂推理	6	14	5	10	3
C2 系统探究	2	0	0	16	0
C3 创新思维	4	5	1	7	2

2. 锚题设计

依据项目反应理论，在各类卷及各年级试卷间设置锚题，以便于进行比较分析。在进行各类试卷锚题设计时，首先考虑题目的分值和能力要素分布两个因素。在考虑题目分值因素时，尽可能保证题目分值占总分值的 20％以上。在考虑能力要素分布因素时，尽可能使锚题的题目覆盖学习理解、应用实践和迁移创新 3 个能力水平。其次，考虑内容主题覆盖因素。在各年级试卷锚题中，力求做到无机物、有机化合物、化学反应原理和化学与社会发展 4 个内容主题的锚题在分值分布上占本主题分值的 20％以上，在能力要素分布上尽可能覆盖 3 个学科能力要素。

表 2-3-12～表 2-3-14 分别为各能力要素、各内容主题在年级间的锚题分布和各内容主题在年级内各类试卷间的锚题分布情况。

表 2-3-12　各能力要素的锚题分布

年级	学习理解 （题量/分值）	应用实践 （题量/分值）	迁移创新 （题量/分值）	总计 （题量/分值）
高一～高二	8/14	10/13	12/16	30/43
高二～高三	25/38	23/32	21/30	69/100

表 2-3-13　各内容主题在年级间的锚题分布

年级	无机物 （题量/分值）	有机化合物 （题量/分值）	化学反应原理 （题量/分值）	化学与社会发展 （题量/分值）	总计 （题量/分值）
高一～高二	15/19	—	9/14	6/10	30/43
高二～高三	26/32	20/23	24/36	13/24	83/115

表 2-3-14　各内容主题在年级内的锚题分布

年级及 试卷类型	无机物 （题量/分值）	有机化合物 （题量/分值）	化学反应原理 （题量/分值）	化学与社会发展 （题量/分值）	总计 （题量/分值）
高一 A、B	33/40	—	4/7	5/8	42/55
高二 A、B	12/16	7/8	14/21	5/8	38/53
高三 A、B	—	—	15/19	5/8	20/27
高三 B、C	12/16	—	6/8	—	18/24
高三 A、C	—	7/8	3/6	—	10/14

表 2-3-15 所示为实验探究主题能力要素的锚题分布。

表 2-3-15　实验探究主题各能力要素的锚题分布

年级	学习理解 （题量/分值）	应用实践 （题量/分值）	迁移创新 （题量/分值）	总计 （题量/分值）
高一～高二	18/21	22/36	11/18	51/75
高二～高三	20/24	38/58	15/23	73/105

四、测试工具质量评估

在测试工具开发的过程中，需要思考测试工具是否能测查学生的心理构造（学科能力），是否能稳定、有效地获取关于学生心理构造的证据，这就需要对其进行质量评估，根据评估结果修订测试工具。以下介绍化学学科能力表现的测试工具质量评估的过程、主要参数和结果。

1. 测试工具质量评估的过程

效度和信度，是测试工具质量评估的基本指标。首先，在设计试题时，由化学教育专家、化学教育专业的研究生、化学教研员、化学教师等组成的命题团队，依据表现性指标命制试题，并且经过 2～3 轮次的集中讨论，尽可能保证试题与指标的精准对应，从而保证测试工具的效度。然后，通过以下几个环节对试题进行评估，依据评估结果修订试题和评分标准，提高效度和信度。

①专家审题　邀请外审专家对试卷进行审查，针对专家提出的问题和修改建议，制订试题和评分标准修订的方案；

②出声测试　3～6 名学生先完成纸笔测试，然后研究者与每一名学生进行访谈，在访谈中由学生报告思考的过程，研究者及时追问，以此了解试题表述是否清晰，在素材、具体问点和评分标准上是否存在问题，是否真正测查学生的相应能力，进而修订试题和评分标准。

③预测试　选取 30～300 名学生完成测试，根据评分标准阅卷，用 Rasch 模型的相关参数评估试题，基于参数和学生表现进一步修改试题和评分标准。

整体来说，测试工具质量评估的核心是效度和信度，具体的评估方式是在专家审查的基础上，增加学生实测表现。在预测试中，使用项目反应理论的 Rasch

模型对测试工具的质量进行定量的评估。通过这些环节，逐渐修订测试工具。

2. 测试工具质量的定量评估参数

用 Rasch 模型检验预测试、正式测试的工具质量。所用参数可以分为试题的参数和试卷的参数。MNSQ 可视为试题评估的指标，信度和怀特图可视为对试卷整体的评估指标。

试题的 MNSQ(mean square)是 Rasch 模型运算产生的统计量，用于评估试题与模型的匹配性。MNSQ 的理想值是 1，若大于 1，则表明变异数大于模型预期，存在未进入模型的噪音或变差；若小于 1，则表明变异数小于模型预期，与模型过于匹配，数据之间存在相互依赖性。通常将 0.7~1.3 作为可接受的范围。MNSQ 分为 Infit(inlier-sensitive fit statistics，也称为 information weighted mean square)和 Outfit(outlier-sensitive fit statistics)，Infit MNSQ 对学生在与其能力相近试题上的异常表现比较灵敏，Outfit MNSQ 对学生在很容易或很难的试题上的异常表现比较灵敏。本研究综合考量试题的这两种 MNSQ 值，以 Infit MNSQ 为主要参考。

对于 MNSQ 超出 0.7~1.3 范围的试题，需要进行修订。在试题修订的指标上，Rasch 模型还提供了每个题各评分等级的点测量相关(point-measure)或点二列(point-biserial)相关的数值，当数值为负数时，可以发现该题低评分等级的学生能力均值大于高评分等级的学生能力均值，表明评分标准存在逆序的问题，或者数据录入出现错误等。

信度(reliability)表征的是测量值相对位置的可重现性，即信度高是指高能力值的学生确实比低能力值的学生具备更高的能力，高难度值的试题确实比低难度值的试题更难。本研究采用 Winsteps 软件进行单维 Rasch 模型运算，采用 Con-Quest 软件进行多维 Rasch 模型运算。Winsteps 提供了两种信度，即学生信度(person reliability)和试题信度(item reliability)，学生信度取决于能力范围、试题数量、评分等级数量、学生与试题的对应性，试题信度取决于试题难度范围和样本量。试题信度通常较高，学生信度与通常所说的测试信度类似。ConQuest 提供了对应于 3 种能力值计算方式的信度，本研究选择 EAP/PV reliability。在数值上，信度取值为 0 到 1 之间，可接受范围与克朗巴赫系数（Cronbach，α）的可接受范围类似。

在怀特图中（如图 2-3-11 所示），可以看到学生样本分布情况，同时可以通过右侧的试题与左侧的学生样本的对应情况，评估测试工具。怀特图的最左端数值为学生水平和试题难度的 logit 值，作为标尺用于标定学生能力与题目难度的对应关系；中间 X 表示学生，其中，图中每个"X"代表若干个学生，标识于怀特图下方，学生的水平自下而上依次升高；右端数字为试题编码，试题难度自下而上依次升高。同一行学生与试题编码对应，表示这些学生回答对这些题的概率是 50%。

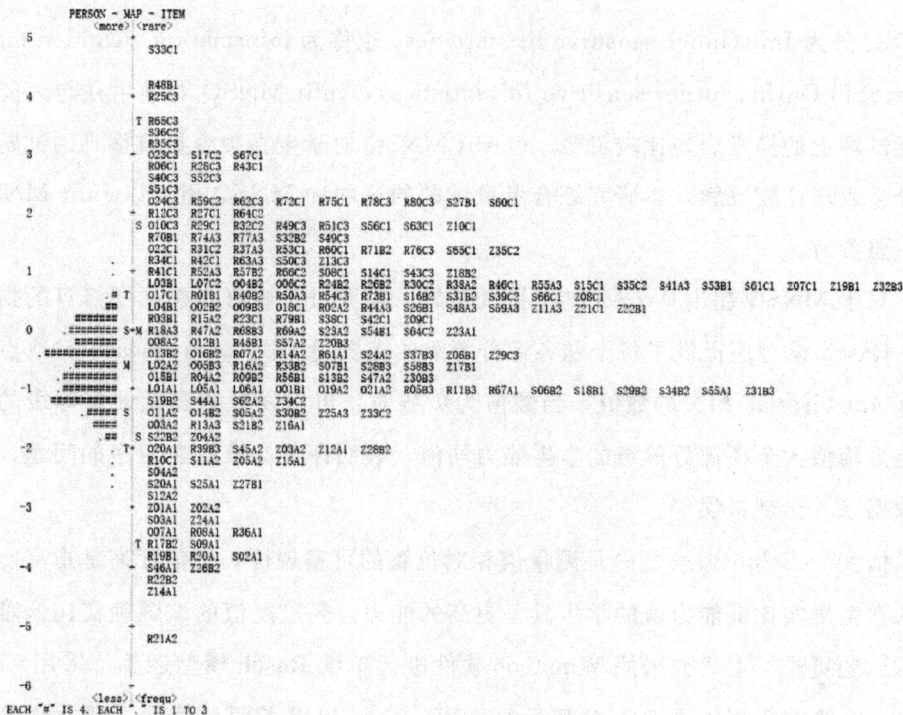

```
          PERSON - MAP - ITEM
              (more) (rare)
  5                  +
                       S33C1

                       R48B1
  4                  +  R25C3

                     T R65C3
                       S36C2
                       R35C3
  3                  + O23C3  S17C2  S67C1
                       R06C1  R28C3  R43C1
                       S40C3  S52C3
                       S51C3
                       O24C3  R59C2  R62C3  R72C1  R75C1  R78C3  R80C3  S27B1  S60C1
  2                S +  R12C3  R27C1  R64C2
                       O10C3  R29C1  R32C2  R49C3  R51C3  S56C1  S63C1  Z10C1
                       R70B1  R74A3  R77A3  S32B2  S49C3
                       O22C1  R31C2  R37A3  R53C1  R60C1  R71B2  R76C3  S65C1  Z35C2
  1                  + R41C1  R52A3  R57B2  R66C2  S08C1  S14C1  S43C3  Z18B2
                       L03B1  L07C2  O04B2  O06C2  R24B2  R26B2  R30C2  R38A2  R46C1  R55A3  S15C1  S35C2  S41A3  S53B1  S61C1  Z07C1  Z19B1  Z32B3
              . # T   O17C1  R01B1  R40B2  S05A3  R65A4  R73B1  S16B2  S39C2  S66C1  Z08C1
             ==        L04B1  O02B2  O09B3  O13C1  R07A2  R44A3  S29B1  S48A3  S69A3  Z11A3  Z21C1  Z22B1
             #######   R03B1  R15A2  R23C1  R79B1  S38C1  S42C1  Z09C1
  0      . ######## S+M R18A3  R47A2  R68B3  R69A2  S23A2  S54B1  S64C2  Z23A1
             #######   O08A2  O12B1  R48B1  S87A2  Z20B3
            . ######## O13B2  O16B2  R07A2  R14A2  R61A1  S24A2  S37B3  Z06B1  Z29C3
           . ######## M L02A2  O05B3  R16A2  R33B2  S07B1  S28B3  S58B3  Z17B1
           . #######   O18B1  R04A2  R09B2  S58B1  S13B2  S47A2  Z30B3
          . ########  L01A1  L05A1  L06A1  O01B1  O19A2  O21A2  Z05B3  R11B3  R67A1  S06B2  S18B1  S29B2  S34B2  S55A1  Z31B3
         . ########### S19B2  S44A1  S62A2  Z34C2
        .  #### S      O11A2  O14B2  S05A2  S30B2  Z25A3  Z33C2
             ####      O03A2  R13A3  S21B2  Z16A1
  -1   S  #### S22B2  Z04A2
             ==  T*    O20A1  R39B3  S45A2  Z03A2  Z12A1  Z28B2
             .         R10C1  S11A2  Z05A2  Z15A1
                       S04A2
                       S20A1  S25A1  Z27B1
                       S12A2
  -3                   Z01A1  Z02A2
                       S03A1  Z34A1
                       O07A1  R08A1  R36A1
                     T R17B2  S09A1
                       R19B1  R30A1  S02A1
  -4                 + S46A1  Z26B2
                       R22B2
                       Z14A1

  -5                 +

                       R21A2

  -6                 +
            (less) (frequ)
  EACH "#" IS 4. EACH "." IS 1 TO 3
```

图 2-3-11　预测试的全部试题单维 Rasch 模型怀特图

3. 测试工具定量评估的结果

分别用单维 Rasch 模型和多维 Rasch 模型来检验测试工具的信度。单维 Rasch 模型采用 3 种方式：全部试题单维、内容主题单维、实验探究主题单维。多维 Rasch 模型采用 4 种方式划分维度：第一种按内容主题的学习理解能力—应用实践能力—迁移创新能力划分为 3 个维度，第二种按实验探究的学习理解能力—应用实践能力—迁移创新能力划分为 3 个维度，第三种按无机物—有机化合物—化学反应原理—化学与社会发展划分为 4 个维度，第四种按物质制备—物质分离—物质检验—结构探究—反应规律探究—物质性质探究划分为 6 个维度。

（1）预测试的工具质量

在预测试中，全部试题（内容主题和实验探究主题）的单维运行结果中，Infit MNSQ 的最大值为 1.36，最小值为 0.80，除最大值对应的那道试题外，其他试题 Infit MNSQ 值在 0.7～1.3 之间，表明试题与模型的匹配度较好。

预测试的测试工具信度具体数据如表 2-3-16 所示。通过表 2-3-16 数据可见，用单维 Rasch 模型检验测试工具的学生信度为 0.82、0.78、0.68，试题信度为 0.96、0.96、0.96，测试工具信度良好。利用 ConQuest 软件进行多维 Rasch 模型运算，所得内容主题的学习理解、应用实践、迁移创新 3 个学科能力要素维度的信度大于 0.7，信度良好；无机物、化学反应原理、化学与社会发展主题的总信度均大于 0.5，信度可接受；有机化合物主题信度偏低，主要原因是高一年级有机化合物主题测试题太少。实验探究的学习理解、应用实践、迁移创新 3 个学科能力要素维度信度均大于 0.5，制备主题的信度偏低，主要原因是试题量太少。

表 2-3-16　预测试的测试工具信度

单维模型	整体单维		内容单维		实验探究单维	
	学生信度	试题信度	学生信度	试题信度	学生信度	试题信度
	0.89	0.99	—	—	—	—
多维模型						
能力要素	学习理解	应用实践	迁移创新			
	0.870	0.889	0.881			
内容主题	无机物	有机化合物	化学反应原理	化学与社会发展		
	0.764	0.455	0.661	0.553		
实验探究能力要素	学习理解	应用实践	创新迁移			
	—	—	—			
实验探究主题	制备	分离	检验	结构探究	规律探究	性质探究
	0.695	0.613	0.672	0.682	0.616	0.755

（2）正式测试的工具质量

在正式测试中，所有试题经过单维 Rasch 模型和多维 Rasch 模型检验。经单维 Rasch 模型检验，98.4％的试题 MNSQ 值在 0.7～1.3 之间；经学习理解—应用实践—迁移创新多维 Rasch 模型检验，94.0％的试题 MNSQ 值在 0.7～1.3 之间；各内容主题多维模型检验，100％的试题 MNSQ 值在 0.7～1.3 之间；实验探究主题多维模型检验，96.1％的试题 MNSQ 值在 0.7～1.3 之间。

表 2-3-17　试题的 MNSQ 值（正式测试）

	MNSQ 在 0.7～1.3 的试题比例	MNSQ 最大值	MNSQ 最小值
总单维	98.4％	1.55	0.78
能力要素多维	94.0％	2.83	0.76
内容主题多维	100％	1.27	0.8
实验探究主题多维	96.1％	1.53	0.67

分别用单维 Rasch 模型和多维 Rasch 模型来检验测试工具的信度。多维 Rasch 模型采用 3 种方式划分维度，检验测试题信度。第一种按学习理解能力—应

用实践能力—迁移创新能力划分为 3 个维度，第二种按无机物—有机化合物—化学反应—化学与社会发展划分为 4 个维度，第三种按物质制备—物质分离—物质检验—物质结构探究—反应规律探究—物质性质探究划分为 6 个维度。具体信度数据如表 2-3-18 所示。

表 2-3-18　正式测试的测试工具信度

单维模型	整体单维		内容单维		实验探究单维	
	学生信度	试题信度	学生信度	试题信度	学生信度	试题信度
	0.89	0.99	—	—	—	—
多维模型						
能力要素	学习理解	应用实践	迁移创新			
	0.870	0.889	0.881			
内容主题	无机物	有机化合物	化学反应原理	化学与社会发展		
	0.830	0.553	0.800	0.728		
实验探究能力要素	学习理解	应用实践	创新迁移			
	—					
实验探究主题	制备	分离	检验	结构探究	规律探究	性质探究
	0.695	0.613	0.672	0.682	0.616	0.755

通过表 2-3-18 数据可见，用单维 Rasch 模型检验测试工具的学生信度为 0.89，试题信度为 0.99，测试工具信度良好。利用 ConQuest 软件多维 Rasch 模型进行运算，所得学习理解、应用实践、迁移创新 3 个学科能力要素维度的总信度均在 0.85 以上，信度良好；无机物、化学反应原理主题的总信度均在 0.8 以上，信度良好；化学与社会发展主题的总信度在 0.7 以上，可以接受；有机化合物主题信度低于 0.6，实验探究主题高于 0.6，在可接受范围内。

正式测试的整套测试工具的单维怀特图如图 2-3-12 所示。从总单维怀特图可见，学生样本基本呈正态分布，所有的学生样本均有对应的试题，但有些试题的难度偏高，没有对应的学生样本。

依据本研究对学科能力要素内涵的界定，认为学习理解、应用实践、迁移创

```
        PERSON - MAP - ITEM
           <more> <rare>
  5     +



           C115
           C319
  4     +
           C318
           C113  C206  C207  C315
        T  C309
  3     +  C110  C313  C316
           B219
           C114  C213  C305  C306
           C320
           A318  B321  C107  C109  C111  C118  C128  C219
  2     +  A306  B308  B311  B318  C105  C133  C203  C303  C308  C310  C314
           B211  C302  C317
        S  A311  C130  C212  C216  C217  C301  C307
           A317  B120  B305  C101  C116  C120  C134  C210  C311
           B123  B127  B206  B210  B225  B303  C106  C138  C205  C208  C214  C215
  1   . T+ A234  B214  B223  C108  C117  C132  C137
        .# A237  A309  B304  C122  C124  C204
       .## A115  A310  A324  B110  B203  B213  B238  B310  B320  C104  C119  C209  C304
       .## A202  A233  A312  B313  C102  C127  C135  C136
    . ##### A215  A321  B111  B121  B205  B212  B221  B234  B302  C103  C123  C126  C211
  0 .######## S+M A203  A214  A232  A313  A315  A320  B116  B218  C129
  .######### A213  A307  A316  A319  B122  B204  B209  B228  B229  B231  B316  B319  C121  C131  C202
  .######### A209  A221  A226  A302  A304  B114  B115  B216  B220  B224  B226  B227  B232  C201
  .######### A225  A239  B103  B104  B105  B222  B230  B309  B317
  .######### A217  A303  A308  A314  B107  B118  B208  B237  B301  B314  B315  C218
 -1 .######## M+ A118  A212  A216  A223  A229  A305  B102  B109  B124  B306
  .####### A112  A220  A228  A240  A322  B117  B125  B207  B307  C125
   .###### A105  A107  A222  A323  B113  B201
     . #### S A106  A109  A110  B235
    .###### A117  A122  A230  A238  A301  B106  B108  B112  B217
 -2 . #### S+ A119  A120  A218  A231  B101  B119  B202
    .### A211  A219  B233  B236
    .### A101  A104  A111  A206  A208  A224  A235  B126  C312
     .# A121
    .## A201  A207  A227
 -3 . ## T+ A108  A205
         A113  A241
        T A210
         A103  A114  A116
 -4     +  A102
           A204

 -5     +

 -6     +
           <less> <frequ>
EACH "#" IS 22. EACH "." IS 1 TO 21
```

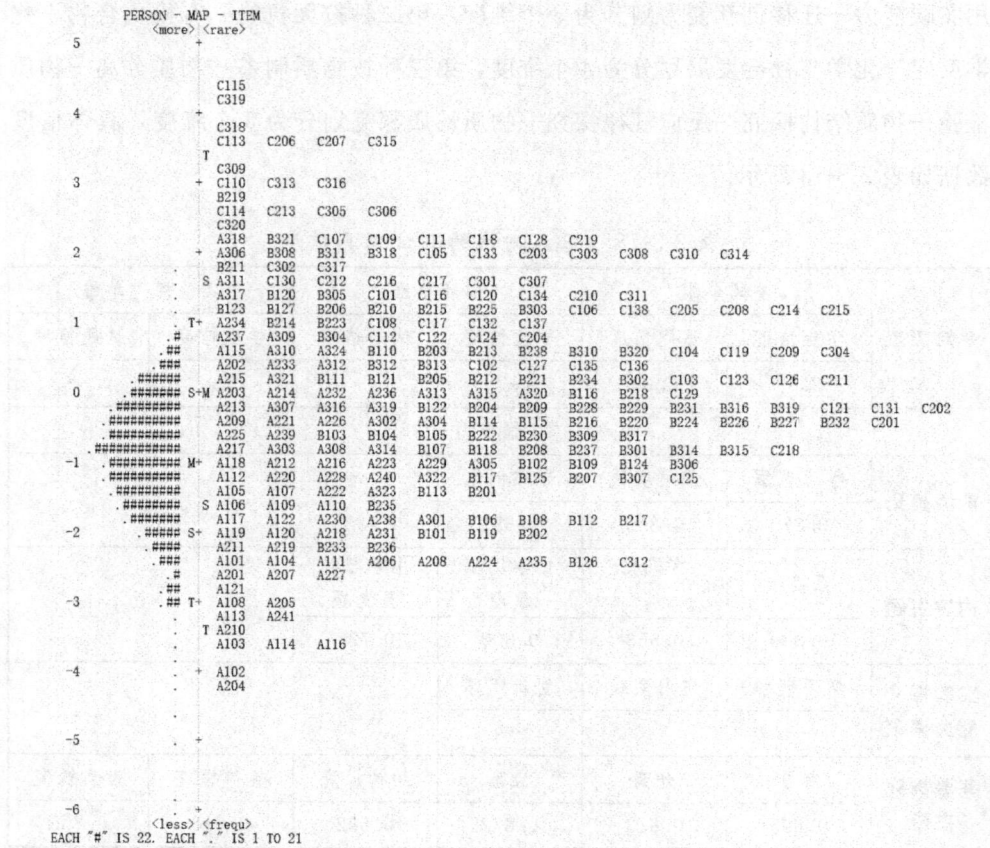

图 2-3-12　基于全部样本的单维 Rasch 模型怀特图(正式测试)

新 3 个能力要素对应的学科能力水平总体依次递增，各一级能力要素所对应的二级能力要素对应的学科能力水平依次递增。根据利用单维 Rasch 模型对正式测试数据进行统计分析得到的试题难度值，得到各能力要素的难度分布图，如图 2-3-13 所示。

用 SPSS 17.0 软件对各能力要素的难度进行差异显著性检验，结果如表 2-3-19 所示。

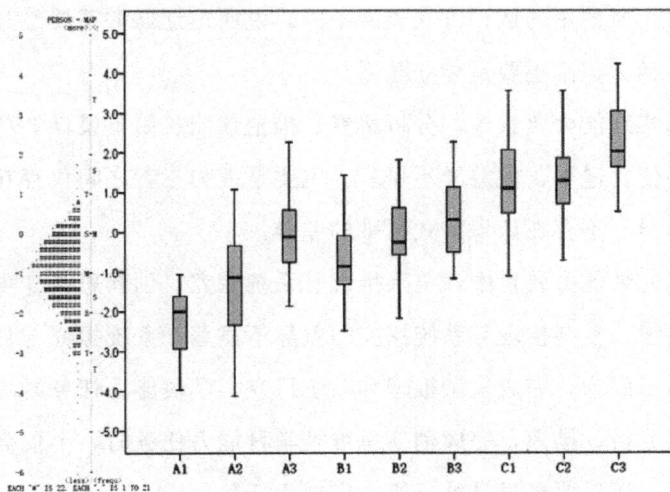

图 2-3-13　单维 Rasch 模型怀特图中各二级能力要素的难度分布

表 2-3-19　各能力要素间差异显著性检验

能力要素		均值差	显著性
I	J	(I－J)	
C	B	1.643	0.000
B	A	0.995	0.000
C3	C2	0.788	0.032
C2	C1	0.127	0.691
B3	B2	0.483	0.122
B2	B1	0.656	0.051
A3	A2	1.330	0.000
A2	A1	0.865	0.005

由图 2-3-11 和表 2-3-19 可见：

①学习理解、应用实践、迁移创新 3 项能力要素的难度水平依次递增，且存在显著性差异。

②在学习理解能力要素中，辨识记忆、概括关联、说明论证 3 项二级能力要素的难度水平依次递增，且存在显著性差异。主要是因为在完成上述 3 类学科能

力活动任务时，所调用的认识方式类型不同，说明论证通常需要经过系统分析推理完成，而概括关联则主要是建立联系。

③在应用实践能力要素中，分析解释、推论预测、简单设计3项二级能力要素的难度水平依次递增，但差异不显著。主要是因为三者之间仅存在学科活动任务类型间的差异，不存在认识方式水平的差异。

④在迁移创新能力要素中，复杂推理、系统探究、创新思维3项二级能力要素难度依次递增，复杂推理与系统探究间差异不显著，系统探究与创新思维间差异显著。主要是因为，完成复杂推理和系统探究类学科能力任务时均需要从多个认识角度进行分析、推理，完成创新思维类学科能力任务时，不仅需要自主调用多个认识角度，还需要经过系统分析，实现远迁移。

基于上述分析可见，本研究开发的测试工具与本研究的理论预设基本一致，在一定程度上证明了测试工具有较好的效度。

第四节　测试的组织与实施

测试的组织与实施主要是采取各项措施尽可能保证测试的真实性、可靠性，包括样本选取、测试过程和阅卷过程的组织等。

一、测试样本

选取不同能力水平的样本，以保证对学生学科能力发展的全面诊断和精准诊断。在预测试和正式测试时，选取不同类型学校的样本，各学校高一、高二、高三年级的全部学生参加测试。

1. 出声测试

2013 年 8 月底在北京市 D 区的一所市级示范校、9 月初在北京市 C 区的一所区级示范校进行出声测试。在每所学校中，高一、高二、高三年级的每套试卷有 3 名不同能力水平的学生参加测试，在完成测试题后学生接受研究者的访谈。

2. 预测试

预测试的时间为 2013 年 9 月中旬，测试样本是北京市 C 区不同类型学校的学生，具体包括 3 所市级示范校、4 所区级示范校和 4 所城区普通校。测试时，各年级学生已完成前一学年的课程，即：

➤ 参加测试的高二年级学生样本，完成必修Ⅰ（化学 1）和必修Ⅱ（化学 2）模块的学习，代表高一年级结束的学习水平。

➤ 参加测试的高三年级学生样本完成了必修Ⅰ（化学 1）、必修Ⅱ（化学 2）、选修 1（化学与生活）和选修 5（有机化学基础）、选修 4（化学反应原理）的学习，代表高二年级结束的学习水平。

为了表明实际测试学习水平的年级，采用"高一年级""高二年级"分别代表高二年级、高三年级的测试学生。表 2-4-1 所示为预测试的有效样本数量。

表 2-4-1 化学学科预测试的有效样本数量

	高一年级	高二年级	小计
市级示范校	74	26	100
区级示范校	27	22	49
城区普通校	8	5	13
总计	109	53	162

3. 正式测试

2014 年 3 月在北京市 F 区和 H 区实施正式测试。各年级的学生已完成第一学期的全部课程，未开始学习第二学期课程，即：

➤ 高一年级的学生样本完成必修Ⅰ模块的学习，未开始必修Ⅱ模块的学习。

➤ 高二年级的学生样本完成了必修Ⅰ、必修Ⅱ、选修 1（化学与生活）和选修 5（有机化学基础）的学习。

➤ 高三年级的学生样本完成了必修Ⅰ、必修Ⅱ、选修 1（化学与生活）、选修 4（化学反应原理）和选修 5（有机化学基础）的学习。

有效样本包含 F 区和 H 区两个区共计 3 040 人，包括 6 所一类校、7 所二类校、5 所三类校、4 所四类校。具体分布如表 2-4-2 所示。

表 2-4-2 化学学科正式测试的有效样本数量

	高一年级	高二年级	高三年级	小计
一类校	371	263	162	796
二类校	442	371	393	1 206
三类校	199	192	193	584
四类校	164	119	171	454
总计	1 176	945	919	3 040

二、测试实施与阅卷过程

1. 测试的实施

化学学科测试时长为 90 分钟，每名学生完成 1 套试卷，例如高一年级学生只完成该年级的 A、B、C 3 套试卷中的 1 套。在总项目组的引领下，按照区教研部门制订的测试安排，各学校上报具体的学生信息（姓名、学号、性别等），组织教师监考，保证测试过程中有良好的考场纪律。每所学校同一年级的全部学生参加测试，随机分配 A、B、C、D 试卷，保证各套试卷的学生人数基本接近。

2. 阅卷过程

阅卷人员包括化学教育专业的研究生、化学教师、化学教研员。阅卷前，各主题的阅卷人员研读试题和评分标准，初步确认各评分等级的学生典型表现，组内人员基本达成一致认识。为了保证阅卷的准确性，采用双评的策略。在正式阅卷前，每个阅卷者独立对 20～30 份试卷进行试评，当出现评分不一致时，组长参与讨论明确评分标准，进一步达成一致认识。正式阅卷时，网络阅卷系统自动分配试卷，使每份试卷都可以被双评，评分不一致的试题自动反馈给组长，由组长仲裁评分。网络阅卷系统的使用，一方面提高了阅卷的效率，另一方面避免了手动录入分数可能产生的错误。阅卷过程中，以"9"标识空答，分数输出后，将空答率过高的样本视为无效样本。

第五节 数据结果的分析思路

一、测量理论与测量模型

心理测量理论用于建立观察到的学生表现与心理构造之间的推理，决定了如何进行测评数据的分析。每一类心理测量理论都有相应的参数表征测量工具的质量，并对学生心理构造的实然状况进行推断。其中最有影响力的是经典测量理论（CTT）和项目反应理论（IRT）。NRC（2001）在 *Knowing What Students Know：The Science and Design of Educational Assessment* 报告中从心理构造模型（construct model）、观测模型（observation model）、测量模型（measurement model）3个方面对比经典测量理论和项目反应理论。

（1）经典测量理论最早由 Spearman 提出，用于解释一致性的变化。其对应的心理构造模型是单一的连续变量；观测模型简化为只关注整体而不关注每个试题上的回答（individual item responses），也就是关注总分；测量模型是"真分数＝观测分数＋误差"。相关的参数包括信度、标准误等。样本参数与试题参数不能分离，也就是说相互依赖。

（2）项目反应理论（IRT）也称为项目反应模型（IRM），最早由美国心理统计学家 F. Lord 在 1952 年提出，可用于比较不同测试的样本和用不同样本估计参数的试题。心理构造模型也是一个连续变量，观测模型是试题，测量模型是每个试题某种答案的概率（如正确作答的概率）等于学生参数和试题参数的数学表达式。学生参数即学生能力，试题参数包括试题难度（item difficulty）、区分度（item discri-mination）、猜测参数（guessing parameter）等。同时考虑这 3 个参数的项目反应模型称为三参数模型（3PL model），仅考虑难度和区分度则是双参数模型，Lord 提出的模型正是三参数模型。只考虑难度则是单参数模型，由丹麦统计学家 G. Rasch 于 1960 年提出，也称为 Rasch 模型，模型表达式如下：

$$P(X = 1 \mid B_n, D_i) = \frac{\mathrm{e}^{(B_n - D_i)}}{1 + \mathrm{e}^{(B_n - D_i)}}$$

（B_n 为学生能力，D_i 为试题难度，P 为答对概率）

这个表达式对应的是二元计分的单维 Rasch 模型，二元计分是指只区分正确和错误的评分，单维是指只测量 1 个维度的心理构造。现在，Rasch 模型已经由仅针对二元计分的模型发展为分级评分模型（partial credit model），由单维模型发展为多维模型（multidimentional model）。Infit MNSQ、Outfit MNSQ、ZSTD等模型拟合参数可以用于评估工具质量。

基于项目反应理论的模型运算得到试题难度值和学生能力值，是等距变量，具有相对独立性和稳定性，且二者是在同一个量尺上。在 Rasch 模型中，学生能力值与试题难度值相等时，学生答对和答错该题目的概率各为 50%。

IRT 对能力值的估计，是根据被试在试题上的答题反应（responses）建立似然函数（likelihood function），该函数没有封闭解，只能求出近似解或最佳解，这个最佳解就是对被试能力值的估计值。寻找最佳解的方法包括：最大似然法（maximum likelihood，ML）、加权最大似然法（weighted maximum likelihood，WL）、贝叶斯最大后验法（maximum a-posteriori，MAP）、贝叶斯期望后验法（expected a-posteriori，EAP）。

IRT 对试题参数的估计，与被试能力的估计法类似，也采用了似然函数，常见的方法有联合最大似然法（joint maximum likelihood，JML）、边际最大似然法（marginal maximum likelihood，MML）、条件最大似然法（conditional maximum likelihood，CML）。

PISA、TIMSS、NAEP 等大型学业水平测试都采用项目反应理论，计算机自适应测试（CAT）也依赖于项目反应理论。本研究选取 IRT 主要有两方面的原因：一方面是 IRT 可以支持含锚题的测试，本研究关注的年级之间的进阶以及同一个年级的不同测试卷都要求在测试中设置锚题；另一方面是 IRT 运算产生的学生能力值、试题难度值是在同一个量尺上的，可以支持基于试题难度划分学生表现的水平层级，并依据能力值将学生对应到相应水平层级。相比于双参数模型、三参数模型，Rasch 模型比较简单，使用较方便，对项目参数性质的要求也更苛刻。

本研究基于项目反应理论，用 1998 年开发、2007 年修订的 ConQuest 软件（Wu，Adams，Wilson & Haldane，2007）进行多维 Rasch 模型运算；用 Winsteps（Linacre，2003）进行单维 Rasch 模型运算。这两类模型都采用分级评分模型，即适用于试题评分为 0，1，2…的试题。Winsteps 采用的是联合最大似然法。ConQuest 软件提供了多种方法计算的能力值，本研究采用 EAP 值（贝叶斯最大后验法计算的能力值）。进行运算时，将试题难度均值设定为 0。由于软件要求分值为整数，评分时不出现小数分值。

由于本次测试设置了锚题，多维模型和单维模型的运算中将各年级、各试卷的试题进行同时运算（concurrent calibration），从而实现不同年级、同一年级不同试卷的学生能力值的可比性。

二、水平划分方法

学生在化学学科能力表现发展上存在差异，包括以年级为代表的发展阶段的差异，也包括同一年级内的学生群体之间的差异。尽可能清晰、准确地把握学生发展差异的本质，才可以有效地促进学生的发展。为了刻画学生发展差异的本质内涵，本研究以学科能力要素、化学学科认识方式和活动经验、化学学科核心素养作为理论支持，在 IRT 的支持下采用书签法划分水平层级。

1. 水平划分的理论依据

化学学科核心素养的能力表现水平划分的依据是：化学学科能力要素、化学学科认识方式和活动经验、化学学科核心素养。

（1）化学学科能力要素

学科能力要素（A1～C3）是学生经历化学学科学习后形成的外在能力表现，揭示了学生能做什么这一问题，即能应用化学学科知识经验完成哪些活动。学生理解化学学科知识经验，应用于解决简单情境的问题或复杂情境的问题，学科能力表现指标要素（A1～C3）是有梯度、有层次的，在一定程度上描述了学生发展的阶段性和水平差异。结合每个具体的能力要素，可以刻画学生发展的差异。

（2）化学学科认识方式和活动经验

"化学认识方式"是个体从化学视角对客观事物能动反映的方式，是学生在思考和处理化学问题时，所表现出来的倾向于使用某种思维模式或是从一定角度来认识或解决化学问题的信息处理对策或模式（王磊，支瑶，2011）[1]。化学实验探究活动的核心活动经验是学生学习和经历学科核心活动后形成的稳定的、类化的经验；形成的化学核心活动经验可以支持学生分析和执行化学实验探究活动，对化学实验探究活动的执行具有控制调节作用（王磊，张荣慧，2015）[2]。化学学科认识方式和活动经验是学科能力表现的本质内涵，支持学生执行学习理解、应用实践、迁移创新活动。

学科知识和活动经验是学科能力的必要基础，能否成为学科能力还依赖于是否能转化为自觉主动的认识角度、认识思路和相应的认识方式。从具体性知识到重要概念再到核心观念，从具体经验到程序性知识到策略再到经验图式，不同水平的认识角度、认识思路和认识方式类型，从没有认识角度和认识思路到自主的认识角度和主动调用多角度分析解决问题，可用于描述学生的发展进阶。

（3）化学学科核心素养

化学学科核心素养是学生通过化学课程学习形成的关键能力和必备品格，包括宏观辨识与微观探析、变化观念与平衡思想、证据推理与模型认知、科学探究与创新意识、科学态度与社会责任5个方面。"宏观辨识与微观探析""变化观念与平衡思想""证据推理与模型认知"体现了具有化学学科特质的思想和方法；"科学探究与创新意识"从实践层面激励创新，"科学态度和社会责任"进一步揭示了化学学习更高层面的价值追求。学科素养是学生经过学科学习逐渐形成的，面对

---

①　支瑶. 高中生化学认识方式及其发展研究［D］. 北京：北京师范大学，2011.

②　张荣慧. 中学生基于化学核心活动经验的能力表现研究［D］. 北京：北京师范大学，2015.

陌生不确定的问题情境所表现出的关键能力和必备品格（王磊，2016）[①]。化学学科核心素养是化学学科能力的实质，化学核心知识经验是学科核心素养的基础和内涵，能力活动（能力要素）是素养的外在表现。

（4）问题情境

问题情境是学生发展进阶的一个重要的外在变量。情境的熟悉—陌生程度、直接—间接程度可以从外部刻画学生的能力发展及表现水平差异。复杂陌生、简单变式、熟悉原型，描述了问题情境的组合形式。越是复杂陌生的问题情境，越没有认识角度的提示，越需要学生能够自觉主动地调用认识角度，而这就越需要知识的结构化、观念化和经验的图式化，对应迁移创新的学科能力表现，这也就是学科核心素养的高水平（王磊，2016）。

（5）研究对象

学科能力的构成和内涵机制决定了学生的学科能力发展会对学科领域、知识内容具有高敏感性。每个学科有其特定的认识和研究领域（或对象），有其特定的认识活动和问题解决任务，需要独特的认识事物及分析和解决问题的角度、思路和方法，即比较特定的学科认识方式和推理模式。特定领域的认识角度和认识思路与学科知识密切相关并相互匹配，学科的核心知识具有重要的认识方式功能，提供核心的认识角度，形成重要的认识思路和推理路径。

2. 水平划分的具体方法

国际上能力表现的水平划分（setting cut-scores corresponding to specified performance levels）的方法主要有两种（Lin，2006）[②]：一种是1971年Angoff提出的水平划分方法（称为Angoff procedure），该方法主要针对选择题，对于开放题不是很适用，且精确度不高；另一种是1996年Lewis、Mitzel和Green提出的书签法（Bookmark procedure），该方法能同时兼顾选择题和开放题，且与测量模

---

① 王磊. 学科能力构成及其表现研究——基于学习理解、应用实践与迁移创新导向的多维整合模型[J]. 教育研究，2016（9）：83-92.

② Lin J. The Bookmark Procedure for Setting Cut-Scores and Finalizing Performance Standards：Strengths and Weaknesses[J]. Alberta Journal of Educational Research，2006，52（1）：36-52.

型关联，将测量内容与表现水平描述联系起来。PISA 测试[1]（OECD，2006）也采用了书签法。

化学学科能力表现的水平划分以书签法的基本程序为范本，综合考虑试题的学科能力要素指标、认识方式和活动经验、学科核心素养、问题情境和研究对象，用 Rasch 模型处理测试数据后得到的试题难度值，通过逻辑分析初步划定水平等级，再用 SPSS 对试题难度值进行单因素方差分析，检验各水平间是否存在显著性差异，最后确定各水平所对应的试题难度值范围。水平划分的程序如下：

第一步，编制 Item Map，其中包括试题难度、试题编号、试题指标（试题描述、知识、能力要素、认识方式等）和学生典型表现 4 个部分，并将试题按难度值从高到低排序。Item Map 片段示例如表 2-5-1 所示。

表 2-5-1　Item Map 片段示例

试题难度	试题编号	试题描述	知识	能力要素	认识方式	学生典型表现
3.60	C11BR-0512C3	分析上述溶液的组成（关注水的电离）	电离、水解	C3 创新思维：能基于微粒—微粒间相互作用—现象认识电解质溶液（微观—定性—联系）	能基于微粒—微粒间相互作用—现象认识电解质溶液（微观—定性—系统）	表现 1：能写出溶质离子和氢离子（或氢氧根离子）
3.41	C12BR-0550C3	结合数据发现温度和催化剂对化学反应速率的影响程度不同	影响化学反应速率的因素	C3 创新思维：能利用相关信息发现影响反应速率因素的新知识	能综合多种影响因素定量认识化学反应的快慢（宏观—定量—系统）	表现 1：比较催化剂和温度对化学反应速率的影响程度。表现 2：温度升高、活化能降低均能提高化学反应速率

第二步，根据题目的试题指标，综合考虑试题的学科能力要素指标、认识方

---

① OECD. PISA 2006 Technical Report ［EB/OL］. http：//www.oecd.org/pisa/pisa-products/42025182.pdf.

式和活动经验、化学学科核心素养、问题情境和研究对象，结合题目的难度值划定水平。

例如，对于创新思维（C3）的题目 C11BR0530C30，学生在解答时，首先需要能够基于微观水平多角度认识水溶液，即关注到溶质和溶剂电离的离子 Fe^{2+}、NO_3^-、H^+、Cl^-（角度 1），关注到离子间的相互作用（离子间的反应，角度 2），关注到宏观现象（角度 3）；其次，需要结合角度 1 和角度 2 进行系统思考，即 H^+、NO_3^- 共存时，相当于稀硝酸，具有强氧化性，Fe^{2+} 具有还原性，二者发生氧化还原反应，Fe^{2+} 被氧化成 Fe^{3+}，溶液呈红色。综合这些分析，将此题归属于较高水平。

第三步，利用 SPSS 17.0 进行单因素方差分析，检验各水平间是否具有显著性差异。

第四步，确定各水平对应的试题难度值范围。对于两个相邻水平，采用高水平题目的最低难度值与低水平题目的最高难度值的平均值作为高水平能力层级的下限和低水平能力层级的上限。例如，水平 5 对应的试题难度值范围为[3.910，2.472]，水平 4 对应的试题难度值范围为[1.785，0.689]，依据上述规则，将水平 5 对应的试题难度值范围修正为[3.910，2.128]，水平 4 对应的试题难度值范围修正为[2.128，0.674]。

三、基本思路

在数据分析过程中，为了实现学生能力表现诊断的系统性和准确性，需要考虑学科领域、能力表现、样本类型等方面的层次，图 2-5-1 所示是对这几个方面进行逐级分析的基本思路。

在学科领域上，分为化学学科整体、各核心主题、各主题内的专题。在化学学科整体上，将化学学科作为整体划分水平层级，然后对学习理解、应用实践、迁移创新能力分别划分水平层级。在各核心主题上，首先划分主题的整体水平层级，然后对主题内的学习理解、应用实践、迁移创新能力分别划分水平层级，再利用得分率等数据对主题内的专题进行分析。这一分析思路，也体现了能力表现的层级性，即从综合的整体表现到一级能力要素上的表现，然后再具体到各二级能力要素上的表现。在样本上，先分析全体样本的水平分布情况，然后到不同年级、不同学校的水平分布情况。

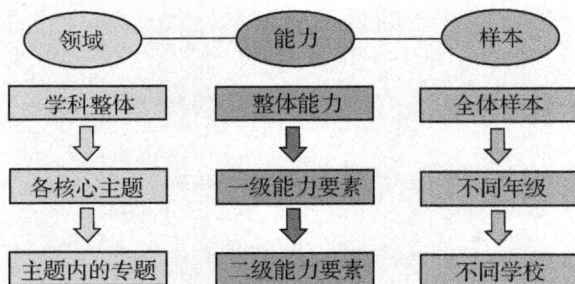

图 2-5-1　基本分析思路

第三章

基于核心素养的化学学科能力表现总体情况

　　化学学科核心素养包括：宏观辨识与微观探析、变化观念与平衡思想、证据推理与模型认知、科学探究与创新意识、科学态度与社会责任。从内涵方面看，核心知识和活动经验是学科核心素养的经验基础，学科特定的认识方式是学科核心素养的内涵实质。学科核心素养在学生完成学习理解、应用实践和迁移创新等不同类型的学科能力活动任务中得以表现。如果要了解学生化学学科核心素养的能力表现总体情况，就要看学生能否基于不同的核心知识内容、不同的核心活动经验，合乎学科认识方式要求地顺利完成学习理解、应用实践和迁移创新能力活动任务。本章描述了基于核心素养的化学学科能力整体发展水平，基于大样本测查数据诊断评价了基于核心素养的"学习理解—应用实践—迁移创新"化学学科能力表现情况，以及化学学科核心素养各维度的表现情况。

第一节　基于核心素养的学科能力表现整体水平

一、学科能力表现整体水平的划分

　　基于核心素养的学科能力表现整体水平的划分，运用单维 Rasch 模型对全部测试数据进行处理得到试题难度值，得到化学学科总体学科能力表现的 Item Map，依据试题难度值及试题指标，以认识方式水平—问题情境陌生度—学科能力要素作为水平划分依据，将学生的学科能力表现划分为 7 个水平。具体如表 3-1-1 所示。

表 3-1-1　化学学科能力表现整体水平划分

水平等级	Rasch 难度	水平描述	学生表现示例
7	大于 2.95	面对陌生问题情境，能够主动运用多个核心概念、基于多认识角度进行系统推理，解决迁移创新类问题	能够先意识到直接滴定的问题，借助定量的反应将 NH_4^+ 的滴定转换为 OH^- 的滴定，变成常规滴定问题来解决
6	2.95～1.58	面对陌生问题情境，能够主动运用多个核心概念、基于多认识角度进行思考(或基于某一认识角度进行系统推理)，解决迁移创新类问题	能够在分析溶液各组分的基础上，从离子反应和氧化还原等角度设计实验研究相应的离子
5	1.58～1.15	面对陌生问题情境，能够主动自觉将某一核心概念作为认识角度，分析、解决问题；或在题目提示角度的情况下，经过系统分析推理解决问题	能够自主调用平衡移动的相应知识(加热后加沉淀剂)来研究碳酸钙体系中是否存在沉淀溶解平衡
4	1.15～−0.02	在题目提示的情况下，能够将某一核心概念作为认识角度，建立信息—知识—认识角度间的关联，分析、解决简单问题	明确要检验 Br^- 的任务并调用离子反应知识实现转换后进行检验

续表

水平等级	Rasch 难度	水平描述	学生表现示例
3	$0.02\sim$ -0.69	在给定认识角度的情况下，面对熟悉的问题情境，能够基于对核心概念的理解，经过系统分析解决简单问题；或在题目提示角度的情况下，分析解决简单问题	pH＝2，说明溶液中氢离子浓度为 0.01 mol·L^{-1}，若 1 mol·L^{-1}醋酸全部电离，则氢离子浓度应为 1 mol·L^{-1}，所以醋酸部分电离
2	$-0.69\sim$ -2.69	能够利用核心知识或核心活动经验原型进行概括关联、分析解释、推论预测	基于水的电离将溶液的酸碱性与溶液中微粒浓度相关联
1	小于-2.69	能够基于核心知识或核心活动进行辨识、记忆	铜—锌—稀硫酸电池中，Zn 做负极

利用 SPSS 17.0 进行单因素方差分析，检验各水平间是否具有显著性差异，如表 3-1-2 所示。结果表明，各水平间比较，均存在显著性差异。

表 3-1-2　各水平间差异显著性检验结果

水平		均值差	显著性
高水平(I)	低水平(J)	(I－J)	
7	6	1.434	0.000
6	5	0.770	0.000
5	4	0.840	0.000
4	3	0.832	0.000
3	2	1.227	0.000
2	1	1.850	0.000

依据水平划分方法，采用相邻水平两个难度相邻的试题的试题难度值的中值为高水平能力层级的下限和低水平能力层级的上限，对各水平的难度范围进行修正，得到各级能力水平对应的试题难度值范围，如表 3-1-3 所示。

表 3-1-3　各级能力水平对应的试题难度值范围

水平	7	6	5	4	3	2	1
难度值	>2.95	2.95～1.58	1.58～1.15	1.15～-0.02	-0.02～-0.69	-0.69～-2.69	<-2.69

二、基于核心素养的学科能力整体表现情况

所测试的有效样本来自于北京市 F 区和 H 区不同水平的 19 所学校高中 3 个年级的学生，共计 2 077 人。有效样本的具体信息如表 3-1-4 所示。

表 3-1-4　有效测试样本信息

学校类型	高一	高二	高三	总计
一类校	265	165	127	557
二类校	293	221	295	809
三类校	139	123	146	408
四类校	106	70	127	303
总计	803	579	695	2 077

测试的时间为 3 月，各年级的学生已完成第一学期的全部课程，未开始学习第二学期课程，即：

高一的学生样本完成必修Ⅰ模块的学习，未开始必修Ⅱ模块学习；

高二的学生样本完成了必修Ⅰ、必修Ⅱ、选修 1（化学与生活）和选修 5（有机化学基础）的学习；

高三的学生样本完成了必修Ⅰ、必修Ⅱ、选修 1（化学与生活）、选修 4（化学反应原理）和选修 5（有机化学基础）的学习。

表 3-1-5 所示为全体样本、不同年级样本化学学科核心素养总体表现的平均能力值、所处平均水平和各水平的人次百分比。

表 3-1-5 各类样本化学学科能力总体表现

	平均能力值	平均水平	水平 1 (<−2.69)	水平 2 (−2.69~ −0.69)	水平 3 (−0.69~ −0.02)	水平 4 (−0.02~ 1.15)	水平 5 (1.15~ 1.58)	水平 6 (1.58~ 2.95)
全体样本	−1.01	2	5.7	54.2	24.8	14.5	0.6	0.1
不同年级 高一	−1.17	2	8.7	55.8	21.9	13.6	0	0
不同年级 高二	−1.19	2	6.3	62.9	23.8	6.9	0.1	0
不同年级 高三	−0.62	3	1.3	43.4	29.5	23.8	1.7	0.4

根据全体样本在各水平的人次百分比分布可得到图 3-1-1。

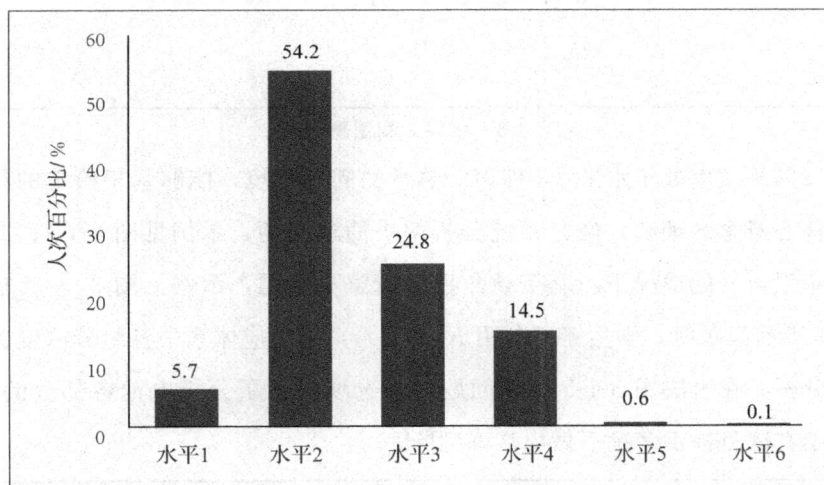

图 3-1-1 全部样本的水平等级分布

由图 3-1-1 可见，全部样本分布在水平 1~水平 6，水平 7（最高水平）没有学生样本。54.2%的学生处于水平 2，即学生面对熟悉的问题情境，直接调用核心知识或核心活动原型对问题进行分析解释、推论预测，设计简单实验，或建立知识间的联系。水平 2 测试题示例见图 3-1-2、图 3-1-3。学生在解决图 3-1-2 所示习题时，需要对题目所给信息进行观察，提取出参与反应的物质为亚硫酸钠和稀硫酸，进而直接调用离子方程式相关知识，解答问题。在解决图 3-1-3 所示习题时，由于题中有机物所含碳碳双键和酯基为熟悉的官能团，学生只需直接调用官能团性质的有关知识，找到断键部位。

5. 亚硫酸盐（如 Na_2SO_3）是一种常见的食品添加剂。为检验某食品中亚硫酸盐含量，某研究小组同学设计了如下实验流程（所加试剂均为足量）。

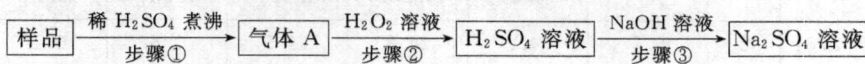

$$样品 \xrightarrow[步骤①]{稀 H_2SO_4 \ 煮沸} 气体 A \xrightarrow[步骤②]{H_2O_2 \ 溶液} H_2SO_4 \ 溶液 \xrightarrow[步骤③]{NaOH \ 溶液} Na_2SO_4 \ 溶液$$

(1)写出步骤①的离子方程式：_____。

图 3-1-2　水平 2 测试题示例 1

①判断甲可能的断键部位（用虚线在结构式中标出）

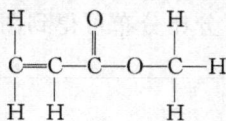

甲

图 3-1-3　水平 2 测试题示例 2

24.8％的学生处于水平 3，即面对熟悉的问题情境，能够基于给定的认识角度和对核心概念的理解，经过系统分析解决简单问题，示例见图 3-1-4；或在题目提示认识角度的情况下，基于该角度分析解决问题，示例见图 3-1-5。在解决图 3-1-4 所示问题时，学生需要利用 K-Q 关系，对反应体系中各组分浓度关系进行系统分析。在解决图 3-1-5 所示问题时，选项提示了分析电池各部分的角度，需要学生在题目提示情况下做出准确判断。

④在 700 ℃，体积为 2 L 的密闭容器中，测得反应体系中各组分的物质的量均为 0.2 mol，此时，该反应_____（填"是""否"或"无法判断"）达化学平衡状态，理由是_____。

图 3-1-4　水平 3 测试题示例 1（给定角度—系统分析）

(2)装置中 Zn 的作用是_____（填字母序号，下同）；稀 H_2SO_4 的作用是_____。

A. 电极材料　B. 电极反应物　C. 电子导体　D. 离子导体

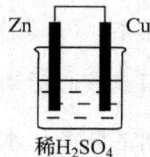

图 3-1-5　水平 3 测试题示例 2（提示角度—孤立）

14.5％的学生处于水平 4，即在题目提示的情况下，能够将某一核心概念作为认识角度，并建立信息—知识—认识角度间的关联，分析、解决简单问题，示例见图 3-1-6。在解决图 3-1-6 所示问题时，学生需要主动将官能团转化为认识角度，对有机物 D 的性质进行全面预测。

(2)已知 D 的结构为 OH—COOH ，请你预测其化学性质，并写出预测依据。

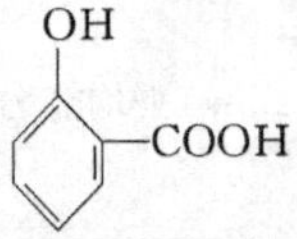

D 可能的化学性质	预测依据

图 3-1-6　水平 4 测试题示例

　　少数学生处于水平 1，即仅能够对核心知识或核心活动进行辨识、记忆，极个别学生处于水平 5 和水平 6，即只有极个别的学生能够自主调用认识角度解决陌生情境下的问题。

　　总体看来，大部分学生能够记住、理解所学的化学知识，并应用知识解决问题，或基于问题解决经验解决问题。部分学生能够将所学知识转化为分析认识对象的角度，基于相应的认识角度分析问题情境中的认识对象，解决问题。但是，大部分学生不能主动建立信息—知识—认识角度间的关联，只有极个别的学生能在建立关联的基础上，对认识对象进行系统分析。这可能与课堂教学中经常出现的以下现象有关：(1)教师在教学中仅关注对知识的具体解析，仅关注具体问题的分析解决思路，忽视知识的认识发展功能。(2)教师替代学生进行问题拆解，即为学生提供、确定了所需的认识角度，学生只需在若干个认识角度内进行思考，缺少系统思考的训练。(3)在与学生的对话中，教师更关注"是什么"，而很少问"为什么"。

　　各年级样本的基于核心素养的化学学科能力整体表现在各水平的分布情况如图 3-1-7、图 3-1-8 所示。

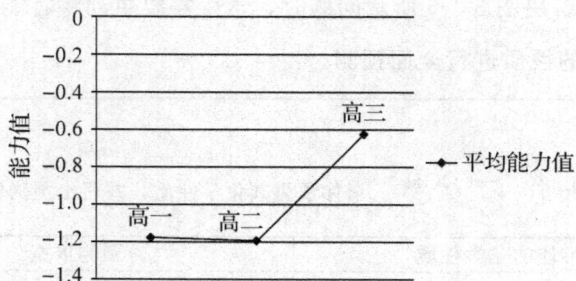

图 3-1-7　各年级样本平均能力值

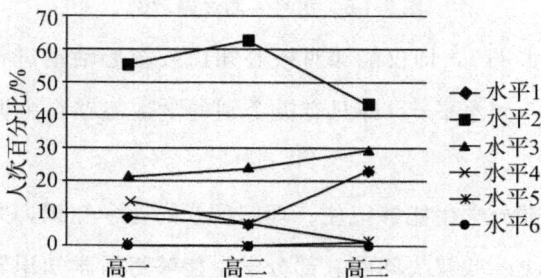

图 3-1-8　各年级样本各水平人次百分比分布

由图 3-1-7 可见，从学生化学学科能力整体表现看，高一年级和高二年级样本的平均能力值基本相同，高二年级略有下降，高三年级样本的平均能力值明显提升。用 SPSS 17.0 对各年级样本学科能力表现进行差异显著性检验（表 3-1-6），结果表明高三年级样本与高二年级样本学科能力总体表现存在显著性差异，而高二年级样本与高一年级样本不存在显著性差异。说明高三复习教学对于提升学生化学学科能力具有积极的促进作用，而在新授课教学中如何提升学生的学科能力则值得关注，特别需要关注化学 2（必修）和有机化学基础模块的教学改进。

表 3-1-6　各年级样本学科能力表现差异显著性检验

年级		均值差 (I－J)	显著性
高年级(I)	低年级(J)		
高三	高二	0.576	0.000
高二	高一	－0.026	0.538

从学生化学学科能力各水平分布情况看，在总体趋势上，随着年级的增长，样本在低水平(水平 1 和水平 2)的人次百分比分布呈下降趋势，而在中、高水平(水平 3～水平 6)的人次百分比分布呈增长趋势。说明随着年级的增长，学生的学科能力总体水平逐步提高。但是，在高二年级，水平 2 和水平 4 的人次百分比分布呈现反常趋势，与高一年级比较，水平 2 的人次百分比分布增加，而水平 4 的人次百分比分布减少，说明在高二年级，更多的学生基于已有经验解决问题；而在题目提示情况下，将某一核心概念作为认识角度，建立信息—知识—认识角度间的关联，分析解决问题的学生较高一年级有所减少。由于与高一年级相比，高二年级增加有机化合物和化学反应主题的测查量，由此可以初步推测，学生在有机化合物主题和化学反应主题的学习中，将核心知识转化为认识方式，进而用于解决问题的学科能力发展情况不如无机物主题，如何改进高中阶段有机化合物主题和必修 2 化学反应主题的教学，提升学生的学科能力应引起相关人员的关注。

第二节 "学习理解—应用实践—迁移创新" 各维度能力表现情况

一、学习理解能力表现

依据水平划分方法，利用多维 Rasch 模型将学习理解能力、应用实践能力、迁移创新能力作为 3 个维度，对全部测试数据进行处理得到试题难度值，分别得到学习理解能力表现、应用实践能力表现和迁移创新能力表现的 Item Map。

依据学生的学习理解能力表现 Item Map，以认识方式水平—学习理解能力要素作为水平划分依据，将学习理解能力表现划分为 3 个水平，如表 3-2-1 所示。

表 3-2-1　化学学科学习理解能力水平划分

水平等级	Rasch 难度	水平描述	学生表现示例
3	大于 1.04	能够运用实验事实或相关理论经过系统或多角度分析对核心概念（知识）进行概括、说明、论证	固定醋酸的浓度测 pH，推出氢离子浓度，通过氢离子浓度小于醋酸浓度，说明醋酸的不完全电离，进而说明醋酸是弱酸
2	1.04～ −0.71	能够基于事实概括核心概念（知识）；能经过分析建立实验事实与核心概念（知识）间的关联或建立概念（知识）间的关联	基于水的电离将溶液的酸碱性与溶液中微粒浓度相关联
1	−0.71～ −2.84	能够对核心概念（知识）进行辨识、记忆	记忆并正确书写氯化铵的水解方程式

利用 SPSS 17.0 进行单因素方差分析，检验各水平间是否具有显著性差异，结果表明，各水平间比较，相伴概率均小于 0.05，差异性显著，如表 3-2-2 所示。

表 3-2-2　各水平间差异显著性检验结果

水平		均值差	显著性
高水平（I）	低水平（J）	（I—J）	
3	2	1.709	0.000
2	1	1.653	0.000

依据水平划分方法，采用相邻水平两个难度相邻的试题的难度值的中值为高水平能力层级的下限和低水平能力层级的上限，对各水平的难度范围进行修正，得到各级能力水平对应的试题难度值范围，如表 3-2-3 所示。

表 3-2-3　各级能力水平对应试题难度值范围（学习理解能力）

水平	3	2	1
难度值	＞1.04	1.04～—0.71	—0.71～—2.84

本次测试以学习理解能力为考察指标，探查学生的化学学科能力。测查结果表明，学生的学习理解能力平均能力值为 0.118 9，整体处于水平 2，即能够基于事实概括核心概念（知识）；能经过分析建立实验事实与核心概念（知识）间的关联或建立概念（知识）间的关联。学生在学习理解能力要素各水平的分布及辨识记忆（A1）、概括关联（A2）、说明论证（A3）3 个二级能力要素的表现如表 3-2-4 所示。

表 3-2-4　全体样本学习理解能力表现

各水平人次	水平 1	水平 2	水平 3
百分比分布	16.0%	70.9%	13.1%
各二级能力要素	A1	A2	A3
平均难度值	1.18	0.29	—1.07

从图 3-2-1 可知，大多数学生的学习理解能力能够达到水平 2，即能够基于事实概括核心概念（知识）；能经过分析建立实验事实与核心概念（知识）间的关联或建立概念（知识）间的关联。图 3-2-2 所示题目，主要考查学生能够建立物质类别、微粒的种类、微粒的数量关系与溶液酸碱性的关联。

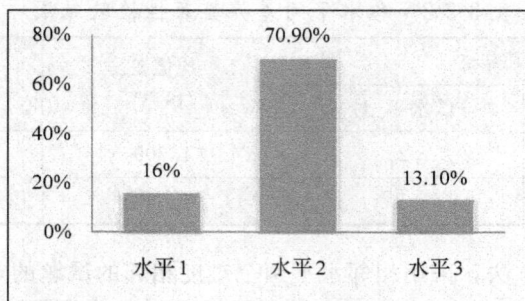

图 3-2-1　各水平人次百分比分布

（1）下列说法中，能够解释醋酸溶液显酸性的原因的是_____（填字母序号）。
　A. 醋酸是酸
　B. 醋酸能电离出 H^+
　C. 醋酸电离使溶液中 $c(H^+)>c(OH^-)$
　D. 醋酸能促使水电离出更多的 H^+

图 3-2-2　学习理解能力水平 2 测试题示例

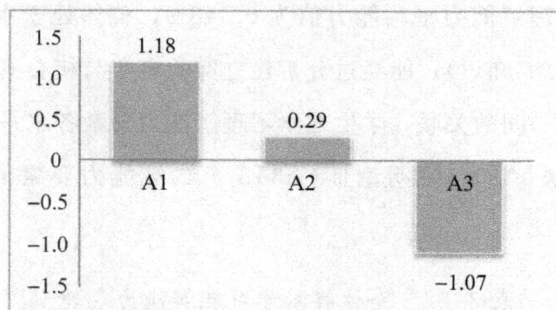

图 3-2-3　各二级能力要素表现

从图 3-2-3 可知，学生在辨识记忆方面的能力表现优于概括关联能力，而说明论证能力发展情况不够理想。表明学生经历相关内容的学习后，能做到"知其然"，做不到"知其所以然"，这与教学中关注知识结论、关注探究的结论，忽视利用已有知识或事实证据论证结论、特别是忽视让学生论证结论有关，提示教师在教学中，应关注说明论证类活动的设计。

由图 3-2-4 可知各年级学生学习理解能力各水平分布情况。随着年级的增长，

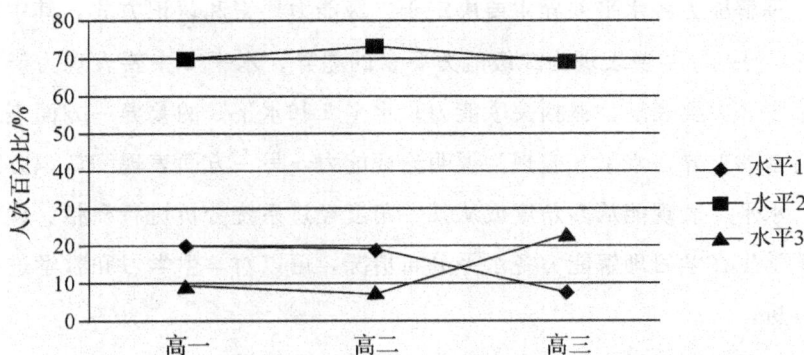

图 3-2-4 各年级样本学习理解能力各水平分布情况

水平 1 的人次百分比分布总体呈递减趋势，但高一年级到高二年级的人次百分比分布变化不显著，而高三年级样本在水平 1 的人次百分比分布明显低于高二年级；水平 2 的人次百分比分布变化不明显，高二年级样本的人次百分比略高，而高一年级和高三年级的人次百分比分布基本相同；水平 3 的人次百分比分布呈先减后增的趋势，高二年级在水平 3 的人次百分比略低于高一年级，而高三年级在水平 3 的人次百分比明显高于高一年级、高二年级。利用 SPSS 17.0 对各年级样本在学习理解各水平的表现进行差异显著性检验，如表 3-2-5 所示。结果表明，与高二年级比较，高三年级在水平 2 和水平 3 进阶显著，与高一年级比较，高二年级在水平 1 进阶显著。

表 3-2-5 各年级样本学习理解能力各水平表现差异显著性检验

项目	年级		均值差 (I—J)	显著性
	高年级(I)	低年级(J)		
水平 1	高三	高二	0.099	0.094
	高二	高一	0.113	0.007
水平 2	高三	高二	0.099	0.000
	高二	高一	0.014	0.581
水平 3	高三	高二	0.139	0.000
	高二	高一	−0.020	0.669

学习理解能力各水平差异主要决定于二级能力要素和认识方式，其中，水平1和水平2的差异主要表现为二级能力要素的差异，水平1主要表现为辨识记忆能力，水平2主要表现为概括关联能力；水平2和水平3的差异一方面表现为二级能力要素的差异，水平3表现为说明论证能力，另一方面表现为认识方式水平的差异，水平3表现能从多角度或从某一角度经过系统分析进行概括、说明、论证。基于学生在学习理解能力各水平分布情况，可以对学生学习和教学进行初步诊断和分析。

高二年级样本经过化学2和有机化学基础模块的学习，主要丰富了对具体知识的积累，在概括、说明、论证等学习理解能力方面没有得到显著发展，也未表现出将核心概念转化为相应的认识方式。分析其原因，可能与学习内容和教学方式有关。从学习内容角度分析，与高一年级样本比较，高二年级样本经历化学2（必修）和有机化学基础模块的学习，未经历化学反应原理模块学习，化学2（必修）模块关于化学反应主题学习的基本定位基于感性认识初步获得结论，有机化学基础模块学习要求学生落实典型官能团及代表物的性质，易导致学生关注具体知识结论的获取，在对知识结论的说明论证方面缺少相应的训练机会。从教学方式角度分析，基于高二年级样本的表现可以初步推测，教师在进行化学2（必修）模块和有机化学基础模块教学时，关注具体知识结论的落实，缺少概括关联、说明论证类学习活动的设计与实施，缺少对知识的认识发展功能价值的落实。例如，在进行有机化学基础模块教学时，将官能团和化学键转化为认识有机化合物的基本角度。

高三年级样本经过化学反应原理模块和高三一轮复习的学习，主要在概括关联、说明论证能力和认识方式水平方面得到发展，但从高三年级处于水平3的人次百分比仅为23%可见，仅有约1/5的学生达到较高水平。分析其原因，可能与学习内容和教学方式有关。从学习内容角度分析，化学反应原理模块为概念原理型学术性选修模块，包含较多的基于实验事实或已有知识对原理、规律进行说明、论证类内容；建立各知识间的关联、形成结构化的知识网络是高三一轮复习的主要内容。由此可见，上述内容对学生学习理解能力发展起到积极促进作用。从高三年级仅有23%的样本处于水平3这一事实可引发关于教学方式的如下思考：对概念、规律的说明论证是由教师完成，还是由学生完成？在教师逐步追问、提示下完成，还是由学生独立系统思考完成？如何在进行核心概念教学时，兼顾知识落实与认识方式发展？

二、应用实践能力表现

依据学生的应用实践能力表现 Item Map，以认识方式水平作为水平划分依据，将应用实践能力表现划分为 4 个水平，如表 3-2-6 所示。

表 3-2-6　化学学科应用实践能力水平划分

水平等级	Rasch 难度	水平描述	学生表现示例
4	大于 0.79	能够主动将核心概念转化为认识角度，经过系统分析解决情境熟悉的问题	明确要检验 Br^- 的任务并调用离子反应知识实现转换后进行检验
3	0.79～ —0.37	能够在题目提示的前提下，将核心概念转化为认识角度，经过系统分析解决情境熟悉的问题；或者主动将核心概念转化为认识角度，分析解决问题	能够自主利用弱电解质电离平衡分析溶液的微观组成
2	—0.37～ —1.03	能够在题目给定认识角度的前提下，基于对核心概念的理解解决情境熟悉的简单问题	在已知平衡的基础上，基于平衡移动原理（升温或二氧化碳逸出）推断海水溶液酸碱性的变化
1	—1.03～ —2.05	能够基于对核心概念的记忆或问题解决经验解决情境熟悉的简单问题	能判断氯化铵溶液的酸碱性

利用 SPSS 17.0 进行单因素方差分析，检验各水平间是否具有显著性差异，如表 3-2-7 所示。结果表明，各水平间比较，相伴概率均小于 0.05，差异显著。

表 3-2-7　各水平间差异显著性检验结果

水平		均值差 (I—J)	显著性
高水平(I)	低水平(J)		
4	3	1.475	0.000
3	2	0.770	0.000
2	1	0.964	0.000

依据水平划分方法，采用相邻水平两个难度相邻的试题的难度值的中值为高水平能力层级的下限和低水平能力层级的上限，对各水平的难度范围进行修正，得到各级能力水平对应的试题难度值范围，如表 3-2-8 所示。

表 3-2-8　各级能力水平对应的试题难度范围（应用实践）

水平	4	3	2	1
难度值	＞0.79	0.79～－0.37	－0.37～－1.03	－1.03～－2.05

本次测试以应用实践能力为考察指标，探查学生的化学学科能力。测查结果表明，学生的应用实践能力平均值为－0.801，整体处于水平 2，即能够在题目给定认识角度的前提下，基于对核心概念的理解解决情境熟悉的简单问题。学生在应用实践能力要素各水平的分布及分析解释（B1）、推论预测（B2）、简单设计（B3）3 个二级能力要素的表现如表 3-2-9 所示。

表 3-2-9　全体样本应用实践能力表现

各水平人次百分比分布	未达水平 1	水平 1	水平 2	水平 3	水平 4
	79.9%	30.2%	29.6%	29.9%	2.5%
各二级能力要素平均难度值	B1		B2	B3	—
	－0.29		－0.88	－1.58	—

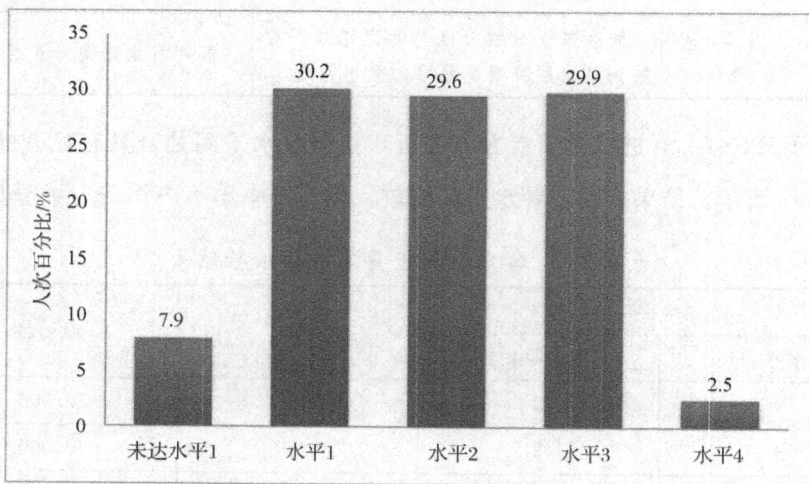

图 3-2-5　各水平人次百分比分布

从图 3-2-5 可知，学生在应用实践能力水平 1、水平 2 和水平 3 的分布比较均衡，只有极少部分学生达到水平 4，但有 7.9％的学生未达水平 1。约 30％的学生能够基于对核心概念的记忆或问题解决经验解决情境熟悉的简单问题，约 30％的学生能够在题目给定认识角度的前提下，基于对核心概念的理解解决情境熟悉的简单问题，约 38％的学生能够在题目提示的前提下，将核心概念转化为认识角度，经过系统分析解决情境熟悉的问题；或者主动将核心概念转化为认识角度，分析解决问题。由此可见，能否建立认识角度、能否主动调用认识角度、能否基于系统分析推理解决问题是制约学生应用实践能力发展的关键。进一步对学生辨识记忆能力、概括关联能力、说明论证能力表现与应用实践能力表现的相关性进行分析发现，学生的应用实践能力与辨识记忆能力、概括关联能力、说明论证能力均显著相关（如表 3-2-10 所示）。即，学生在学习理解过程中形成的对知识的理解、建立的认识角度、形成的认识方式类型均显著影响其进行分析解释、推论预测和简单设计方案解决问题的能力。由此对教学的启示是关注新授课教学，设计有效的学习活动促进学生理解概念、建立认识角度、转变认识方式类型。

表 3-2-10 应用实践能力与辨识记忆能力、概括关联能力、
说明论证能力的相关性分析

	B 与 A1	B 与 A2	B 与 A3
Pearson 相关性	0.962**	0.969**	0.904**

注：**表示在 0.01 水平（双侧）上显著相关。

从图 3-2-6 可知，学生在分析解释、推论预测、简单设计 3 个二级能力要素上的表现依次递减。表明学生经历相关内容的学习后，基于某一角度进行完整推理或基于原型活动进行完整设计的能力有待进一步提升。

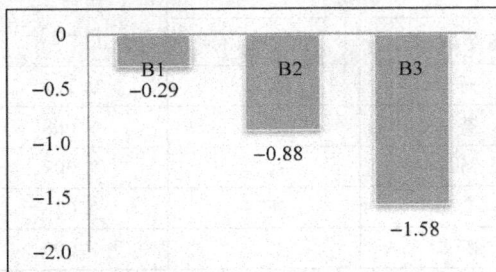

图 3-2-6 各二级能力要素表现

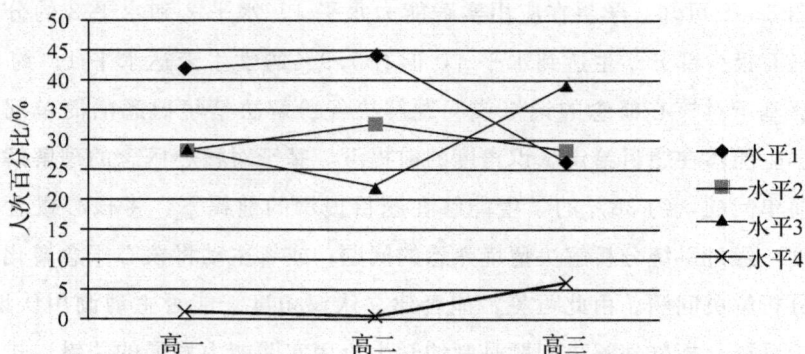

图 3-2-7　各年级样本应用实践能力各水平分布情况

由图 3-2-7 可知各年级学生应用实践能力各水平分布情况。随着年级的增长，水平 1 和水平 2 的人次百分比分布总体呈先增后减的趋势，但高一年级到高二年级的人次百分比分布变化不显著，而高三年级样本在水平 1 的人次百分比分布明显低于高二年级；水平 3、水平 4 的人次百分比呈先减后增的趋势，其中，水平 3 各年级样本人次百分比高二年级下降明显、高三年级上升明显，水平 4 各年级样本人次百分比高二年级变化不明显，高三年级上升趋势较明显。利用 SPSS 17.0 对各年级样本在应用实践各水平的表现进行差异显著性检验，结果表明，与高二年级样本相比，高三年级样本在水平 1、水平 3 进阶明显；与高一年级样本相比，高二年级在水平 1 进阶明显，高三年级在水平 4 进阶明显，但高三年级只有 6% 的样本处于水平 4，不具有普遍意义。如表 3-2-11 所示。

表 3-2-11　各年级样本应用实践能力各水平表现差异显著性检验

水平	年级		均值差 (I−J)	显著性
	高年级(I)	低年级(J)		
1	高三	高二	0.179	0.000
	高二	高一	0.068	0.043
2	高三	高二	0.007	0.674
	高三	高二	0.015	0.327
	高二	高一	0.009	0.561

续表

水平	年级		均值差 (I−J)	显著性
	高年级(I)	低年级(J)		
3	高三	高二	0.113	0.000
	高二	高一	−0.052	0.040
4	高三	高二	0.160	0.062
	高三	高一	0.244	0.000
	高二	高一	0.084	0.339

应用实践能力各水平差异主要决定于认识方式发展水平，从水平1至水平4，学生调用认识角度的自主性逐渐增强、认识方式类型从孤立到联系到系统。水平1主要表现为能够基于对核心概念的记忆或问题解决经验解决情境熟悉的简单问题。水平3主要表现为能够在题目提示的前提下，将核心概念转化为认识角度，经过系统分析解决情境熟悉的问题；或者主动将核心概念转化为认识角度，分析解决问题。基于水平1和水平3的内涵，可以对各年级样本应用实践能力的发展情况及影响因素概括、分析如下。

各年级样本应用实践能力的发展主要表现在两个方面，一是基于核心概念和问题解决经验分析解决简单问题能力的提升，二是有近40％的样本能够自主调用某一认识角度分析解决问题，或基于某一认识角度、经过系统分析解决问题，即认识方式水平获得发展。由此可见，各年级教学中基于具体知识的落实及应用的教学取得了较好的效果，达到学段教学的基本要求；各年级教学对学生认识方式发展起到了一定的促进作用，但是从高三年级处于水平4的样本仅为6％可见，学生主动将核心概念转化为认识角度、经过系统分析解决熟悉情境的问题的能力仍有较大的提升空间。反思教学实施现状，可能与以下因素有关：一是学生在问题解决训练中，所经历的问题多为给定认识角度的问题，如图3-2-8所示。二是教师在进行问题解决教学时，通常会提示学生分析角度，并通过复杂问题拆解降低对思维系统性的要求。上述分析为问题解决训练题目的选取和问题解决教学改进提供了方向。

（3）已知$_{33}$As、$_{35}$Br 位于同一周期，请完成下列物质性质的排序：

H_3AsO_4、H_2SO_4、H_3PO_4 的酸性：_____>_____>_____

图 3-2-8　测试题目示例

在较高水平（水平3），与高一年级样本比较，高二年级样本能力表现呈明显下降趋势，需要关注化学2和有机化学基础模块的教学实施现状。

三、迁移创新能力表现

依据学生的迁移创新能力表现 Item Map，以认识方式水平—迁移创新能力要素作为水平划分依据，将迁移创新能力表现划分为 4 个水平，如表 3-2-12 所示。

表 3-2-12　化学学科迁移创新能力水平划分

水平等级	Rasch 难度	水平描述	学生表现示例
4	大于 1.07	能够主动将核心概念转化为认识角度，能够建立多个角度间关联，并经过系统推理解决综合复杂问题或进行远迁移发现新知识	能够先意识到直接滴定的问题，借助定量的反应将 NH_4^+ 的滴定转换为 OH^- 的滴定，变成常规滴定问题来解决
3	1.07～0.48	能够在题目提示的情况下将核心概念转化为认识角度，能够建立多个角度间关联，并基于此完成探究任务或解决创新性问题	能够在分析溶液各组分的基础上，从离子反应或氧化还原等角度设计实验研究相应的离子
2	0.48～ —0.82	能够从多角度分析解决陌生情境下的综合复杂问题，或能够主动调用某一认识角度，系统分析解决陌生情境中的问题，或进行远迁移发现新知识	能够在分析溶液各组分的基础上，从离子反应或氧化还原等角度设计实验研究相应的离子
1	—0.82～ —3.79	能够主动将核心概念转化为认识角度，或基于问题经验，解决陌生情境下的综合复杂问题	基于酸碱性判断电离和水解作用的强弱，并基于电荷守恒判断溶液中的微粒排序

利用SPSS 17.0进行单因素方差分析，检验各水平间是否具有显著性差异，如表 3-2-13 所示。结果表明，各水平间比较，相伴概率均小于 0.05，差异显著。

表 3-2-13　各水平间差异显著性检验结果

水平		均值差	显著性
高水平(I)	低水平(J)	(I－J)	
4	3	1.240	0.000
3	2	0.863	0.000
2	1	1.393	0.000

依据水平划分方法，采用相邻水平两个难度相邻的试题的难度值的中值为高水平能力层级的下限和低水平能力层级的上限，对各水平的难度范围进行修正，得到各级能力水平对应的试题难度值范围，如表 3-2-14 所示。

表 3-2-14　各级能力水平对应的试题难度值范围(迁移创新能力)

水平	4	3	2	1
难度值	>1.07	1.07～0.48	0.48～－0.82	－0.82～－3.79

本次测试以迁移创新能力为考察指标，探查学生的化学学科能力。测查结果表明，学生的迁移创新能力平均值为－2.535，整体处于水平 1，能够主动将核心概念转化为认识角度，或基于问题经验，解决陌生情境下的综合复杂问题。学生在迁移创新能力要素各水平的分布及复杂推理(C1)、系统探究(C2)、创新思维(C3)3 个二级能力要素的表现如表 3-2-15 所示。

表 3-2-15　全体样本迁移创新能力表现

	未达水平 1	水平 1	水平 2	水平 3	水平 4
各水平人次百分比分布	9.1%	88.6%	2.3%	0%	0%
各二级能力要素 平均难度值	C1		C2	C3	—
	1.18		0.29	－1.07	—

从图 3-2-9 可知，除 9.1% 的学生未达水平 1，2.3% 的学生达到水平 2 要求外，学生在迁移创新能力上主要处于水平 1。水平 1 的内涵为能够主动将核心概念转化为认识角度，或基于问题解决经验解决陌生情境下的综合复杂问题。试题难度值与学生问题解决中的表现相关，因此根据迁移创新能力水平 1 所对应的试题特征可见，水平 1 对应的题目均为日常教学中的常规训练题目，而有些非常规训练题目，

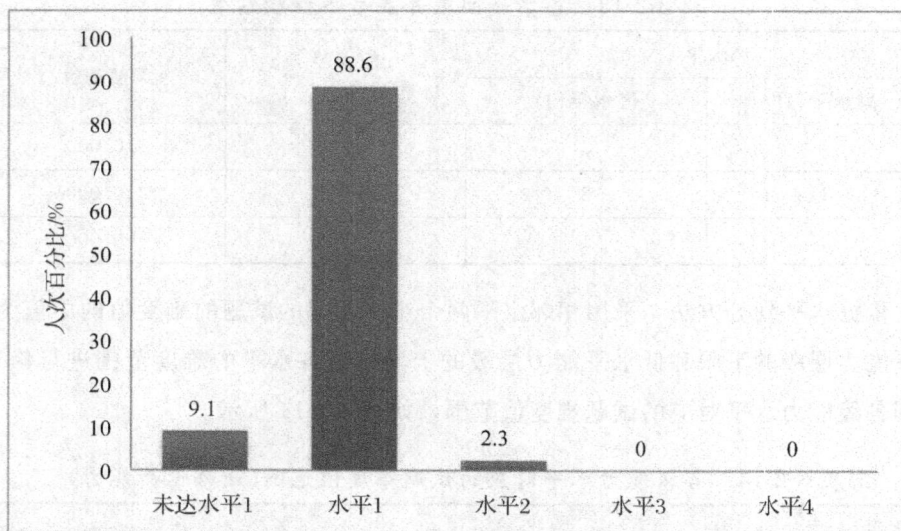

图 3-2-9　各水平人次百分比分布

虽然没有复杂的问题情境、不需要经过系统分析，学生表现依然不够理想。例如，在"已知海水中含有 Na^+、K^+、Ca^{2+}、Mg^{2+}、Cl^-、SO_4^{2-}、Br^-、HCO_3^-、CO_3^{2-} 等离子，解释海水呈碱性的原因"时，大多数学生回答是"碳酸根离子水解"，几乎没有学生综合分析 Mg^{2+}、CO_3^{2-}、HCO_3^- 的水解。由此可以推知，学生解决迁移创新类任务主要依赖于习题训练中形成的问题解决经验。学生的迁移创新能力表现提示教师，仅仅通过习题训练是无法提高学生迁移创新能力水平的。

从图 3-2-10 可知，学生在复杂推理、系统探究、创新思维 3 个二级能力要素上的表现依次递减。表明与复杂推理相比，系统探究能力与远迁移能力更加难以单纯地通过习题训练、基于问题解决经验得以提升。

由图 3-2-11 可知各年级学生迁移创新能力各水平分布情况。各年级样本主要分布在水平 1。在水平 1，高一年级和高二年级样本人次百分比分布基本相同，高三年级样本人次百分比有较明显的下降，部分样本的迁移创新能力从水平 1 提高到水平 2。利用 SPSS 17.0 对各年级样本在迁移创新各水平的表现进行差异显著性检验，结果表明，与高二年级比较，高三年级样本在水平 1 进阶明显，如表3-2-16 所示。

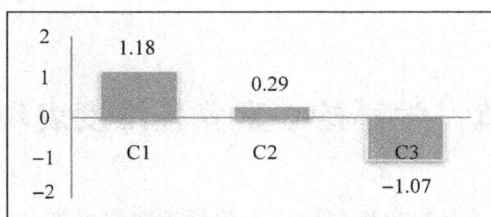

图 3-2-10 各二级能力要素表现

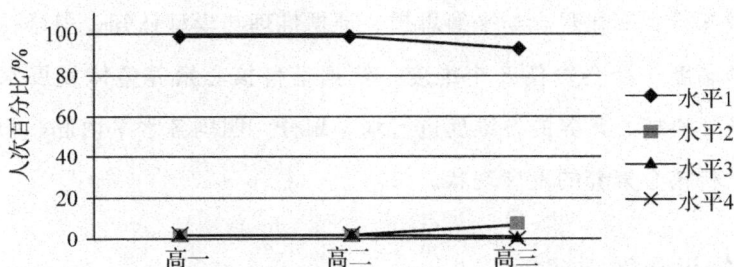

图 3-2-11 各年级样本迁移创新能力各水平分布情况

表 3-2-16 各年级样本迁移创新能力各水平表现差异显著性检验

水平	年级		均值差 (I−J)	显著性
	高年级(I)	低年级(J)		
1	高三	高二	0.421	0.000
	高二	高一	−0.066	0.078
2	高三	高二	0.161	0.066
	高二	高一	0.053	0.627

迁移创新能力各水平差异主要决定于认识方式发展水平，具体表现为认识角度的丰富（从单一角度发展到多角度）和认识方式类型的转变（从孤立到联系到系统）。测查结果表明，学生迁移创新能力进阶主要表现在高三年级，基于问题解决经验解决陌生情境下的综合复杂问题能力得到显著提升。这与目前高三一轮复习教学现状一致，需要反思的是，化学 2 和有机化学基础模块对发展学生迁移创新能力的贡献是什么？

第三节 学科核心素养各维度表现情况

化学学科核心素养是学生发展核心素养的重要组成部分，是学生综合素质的具体体现，反映了社会主义核心价值观下化学学科育人的基本要求，全面展现了学生通过化学课程学习形成的关键能力和必备品格。化学学科核心素养包括宏观辨识与微观探析、变化观念与平衡思想、证据推理与模型认知、科学探究与创新意识、科学态度与社会责任 5 个维度。依据学科核心素养整体发展水平划分方法，对化学学科核心素养的各维度进行水平划分，明确各水平内涵，报告学生各维度化学学科核心素养的发展现状。

一、宏观辨识与微观探析

宏观辨识与微观探析素养的内涵是能从不同层次认识物质的多样性，并对物质进行分类；能从元素和原子、分子水平认识物质的组成、结构、性质和变化，形成"结构决定性质"的观念。能从宏观和微观相结合的视角分析与解决实际问题。

依据宏观辨识与微观探析素养内涵对题目进行编码，筛选出能体现该素养的试题，利用单维 Rasch 模型对相应试题的测试数据进行处理得到试题难度值，进而得到宏观辨识与微观探析素养表现的 Item Map。依据学生的宏观辨识与微观探析素养表现 Item Map，以认识方式水平（学科核心素养的内涵本质）—学科能力要素（学科核心素养的外在表现）作为水平划分依据，将宏观辨识与微观探析素养表现划分为 4 个水平，如表 3-3-1 所示。

表 3-3-1　宏观辨识与微观探析素养表现水平划分

水平等级	Rasch 难度	水平描述	学生表现示例
4	大于 3.22	能依据物质的微观结构（原子结构、化学键或分子间作用力），描述或预测物质的性质和在一定条件下可能发生的化学变化，能评估某种解释或预测的合理性；能从宏观与微观的结合对物质及其变化进行分类、表征、分析、预测	能基于化学键的极性，从结构上分析乙酸的酸性弱于甲酸的原因
3	1.49～2.61	能从原子、分子水平分析常见物质及其反应的微观特征；能运用化学符号和定量计算等手段说明物质的组成及其变化；能在宏观和微观水平上分析物质化学变化和伴随发生的能量转化	能利用所学的结构知识说明判断具有熟悉官能团的有机物（如甲基丙烯酸甲酯）的断键部位；能分析甲烷燃料电池产生电流的原因
2	−0.83～1.25	能根据实验现象归纳物质及其反应的类型，能运用微粒结构图式描述物质及其变化的过程，能从物质的微观结构说明同类物质的共性和不同类物质性质差异及其原因，解释同类的不同物质（或元素）性质变化的规律	能分析解释 F 元素的非金属性比 O 元素强的原因；能基于化学键的变化分析 1—丙醇发生的化学反应
1	小于−1.24	能根据实验现象辨识物质及其反应，能运用化学符号描述常见简单物质及其变化，能从物质的宏观特征入手对物质及其反应进行分类和表征，能联系物质的组成和结构解释宏观现象	能分析解释"乙醇能与钠反应而乙烷不能"；能书写简单物质间反应的化学方程式

依据水平划分方法，采用相邻水平两个难度相邻的试题的难度值的中值为高水平能力层级的下限和低水平能力层级的上限，对各水平的难度范围进行修正，得到各级素养水平对应的试题难度值范围，如表 3-3-2 所示。

表 3-3-2　各级素养水平对应试题难度值范围（宏观辨识与微观探析素养）

水平	4	3	2	1
难度值	＞2.92	2.92～1.37	1.37～−1.04	＜−1.04

本次测试中，部分试题以宏观辨识与微观探析素养为考察指标，探查学生该学科核心素养的发展现状。测查结果表明，学生的宏观辨识与微观探析素养能力

平均值为-0.657，整体处于水平 2，即，能根据实验现象归纳物质及其反应的类型，能运用微粒结构图式描述物质及其变化的过程，能从物质的微观结构说明同类物质的共性和不同类物质性质差异及其原因，解释同类的不同物质（或元素）性质变化的规律。学生在宏观辨识与微观探析素养各水平的人次百分比分布如表 3-3-3、图 3-3-1 所示。

表 3-3-3　全体样本在各水平的人次百分比分布（宏观辨识与微观探析素养）

水平	水平 1	水平 2	水平 3	水平 4
各水平人次百分比分布	38.55％	56.71％	4.54％	0.20％

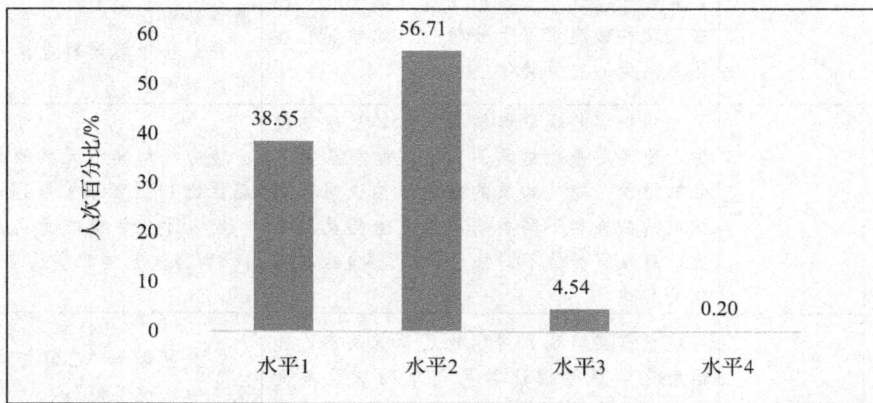

图 3-3-1　各水平人次百分比分布

从图 3-3-1 可知，约 40％的学生的宏观辨识与微观探析素养仅处于水平 1，即能根据实验现象辨识物质及其反应，能运用化学符号描述常见简单物质及其变化，能从物质的宏观特征入手对物质及其反应进行分类和表征，能联系物质的组成和结构解释宏观现象；大多数学生的宏观辨识与微观探析素养处于水平 2；只有不足 5％的学生能够达到水平 3，即能从原子、分子水平分析常见物质及其反应的微观特征，能运用化学符号和定量计算等手段说明物质的组成及其变化，能在宏观和微观水平上分析物质发生的化学变化和伴随发生的能量转化。

由图 3-3-2 可知各年级学生宏观辨识与微观探析素养各水平分布情况。随着年级的增长，水平 1 的人次百分比分布总体呈递减趋势，但高一年级到高二年级的人次百分比分布变化不显著，而高三年级样本在水平 1 的人次百分比分布明显低于高二年级；高一年级、高二年级水平 2 的人次百分比分布变化情况与水平 1 相同，变化不明显，而高三年级样本在水平 2 的人次百分比则呈现明显增长；水平 3、水平 4 在各年级的人次百分比分布无明显变化。

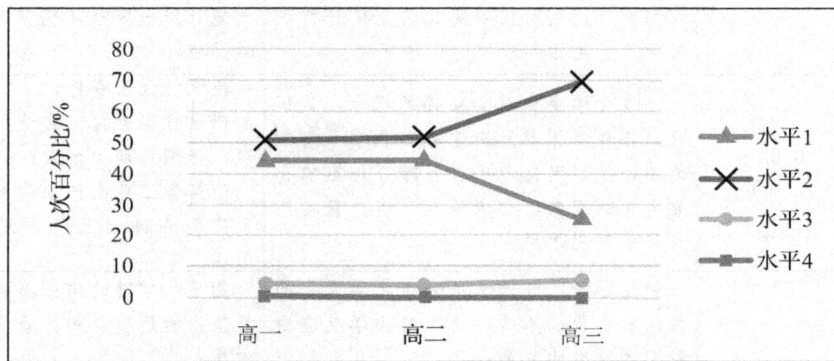

图 3-3-2　各年级样本宏观辨识与微观探析素养各水平分布情况

二、变化观念与平衡思想

变化观念与平衡思想素养的内涵是能认识物质是运动和变化的，知道化学变化需要一定的条件，并遵循一定规律；认识化学变化的特征本质是有新物质生成，并伴有能量的转化；认识化学变化有一定限度、速率，是可以调控的。能多角度、动态地分析化学变化，运用化学反应原理解决简单的化学实际问题。

依据变化观念与平衡思想素养内涵对题目进行编码，筛选出能体现该素养的试题，利用单维 Rasch 模型对相应试题的测试数据进行处理得到试题难度值，进而得到变化观念与平衡思想素养表现的 Item Map。依据学生的变化观念与平衡思想素养表现 Item Map，以认识方式水平（学科核心素养的内涵本质）—学科能力要素（学科核心素养的外在表现）作为水平划分依据，将变化观念与平衡思想素养表现划分为 4 个水平，如表 3-3-4 所示。

表 3-3-4　变化观念与平衡思想素养表现水平划分

水平等级	Rasch 难度	水平描述	学生表现示例
4	$\geqslant 1.33$	能从不同视角认识化学变化的多样性，能运用对立统一思想和定性定量结合的方式揭示化学变化的本质特征；能对具体物质的性质和化学变化作出解释或预测，能运用化学变化的规律分析说明生产、生活实际中的化学变化	能从物质类别通性、氧化性还原性、水解等多个角度分析 $FeCl_3$ 溶液与 Na_2S 溶液混合后发生的变化；能利用平衡移动规律调控化学反应
3	$0.82 \sim -0.64$	形成化学变化是有条件的观念，认识反应条件对化学反应速率和化学平衡的影响，能运用化学反应原理分析影响化学变化的因素，初步学会运用变量控制方法研究化学反应	能设计反应条件；能设计实验探究影响反应快慢、平衡移动的因素；能解释工业生产中煤的气化反应需在高温条件下进行的原因
2	$-1.03 \sim -1.99$	能从原子、分子水平分析化学变化的内因和变化的本质，能理解化学反应中量变和质变的关系；能从质量守恒，并运用动态平衡的观点看待和分析化学变化，能运用化学计量单位定量分析化学变化及其伴随发生的能量转化	能从化学键的角度解释化学反应中物质变化和能量变化的本质；能定量分析化学反应中的物质的量的关系，如 1 mol $C_9H_8O_4$ 与足量 NaOH 溶液反应，最多消耗 NaOH 的物质的量
1	$\leqslant -2.67$	能认识到物质运动和变化是永恒的，能归纳物质及其变化的共性和特征，能认识化学变化伴随着能量变化；能根据观察和实验获得的现象和数据概括化学变化发生的条件、特征及规律	能从吸热、放热的角度观察到化学反应中的能量变化；能根据实验事实概括影响化学反应快慢的因素

　　依据水平划分方法，采用相邻水平两个难度相邻的试题的难度值的中值为高水平能力层级的下限和低水平能力层级的上限，对各水平的难度范围进行修正，得到各级素养水平对应的试题难度值范围，如表 3-3-5 所示。

表 3-3-5　各级素养水平对应试题难度值范围（变化观念与平衡思想素养）

水平	4	3	2	1
难度值	>1.08	$1.08 \sim -0.84$	$-0.84 \sim -2.33$	< -2.33

　　本次测试中，部分试题以变化观念与平衡思想素养为考察指标，探查学生该

学科核心素养的发展现状。测查结果表明，学生的变化观念与平衡思想素养能力平均值为－1.414，整体处于水平2，即，能从原子、分子水平分析化学变化的内因和变化的本质，能理解化学反应中量变和质变的关系；能从质量守恒，并运用动态平衡的观点看待和分析化学变化；能运用化学计量单位定量分析化学变化及其伴随发生的能量转化。学生在变化观念与平衡思想素养各水平的人次百分比分布如表 3-3-6、图 3-3-3 所示。

表 3-3-6　全体样本在各水平的人次百分比分布（变化观念与平衡思想素养）

水平	水平 1	水平 2	水平 3	水平 4
各水平人次百分比分布	22.47％	43.55％	31.71％	2.27％

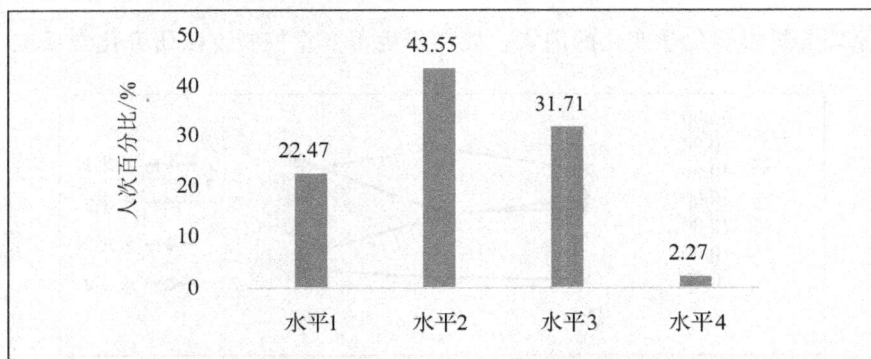

图 3-3-3　各水平人次百分比分布

从图 3-3-3 可知，大部分学生变化观念与平衡思想素养处于水平 2 或水平 3。其中，处于水平 2 的学生比例最高，达 43.55％；处于水平 3 的学生次之，达 31.71％，即，约 1/3 的学生能够形成化学变化是有条件的观念，认识反应条件对化学反应速率和化学平衡的影响，能运用化学反应原理分析影响化学变化的因素，初步学会运用变量控制方法研究化学反应。只有不足 3％的学生能够达到水平 4，即能从不同视角认识化学变化的多样性，能运用对立统一思想和定性定量结合的方式揭示化学变化的本质特征；能对具体物质的性质和化学变化作出解释或预测，能运用化学变化的规律分析说明生产、生活实际中的化学变化。

由图 3-3-4 可知各年级学生变化观念与平衡思想素养各水平分布情况。随着年级的增长，水平 1 的人次百分比分布总体呈递减趋势，水平 4 的人次百分比分布总体呈上升趋势，但增长不明显。与高一年级比较，高二年级主要表现为从水平 1 到水平 2 的发展；与高二年级比较，高三年级主要表现为从水平 2 到水平 3 的增长。这种增长与学生的学习内容密切相关。根据高中化学课程内容安排，在接受测试时，与高一年级学生相比，高二年级学生经历化学 2（必修）化学键、化学反应与能量相关内容的学习，因此能基于化学键分析化学变化的内因和变化的本质，能初步运用动态平衡的观点看待和分析化学变化；与高二年级学生相比，高三年级学生经历了化学反应原理（选修）模块的学习，促进了其对"化学变化的条件"的认识，认识到反应条件对化学反应速率和化学平衡的影响，能运用化学反应原理分析影响化学变化的因素，能初步运用变量控制方法研究化学反应。

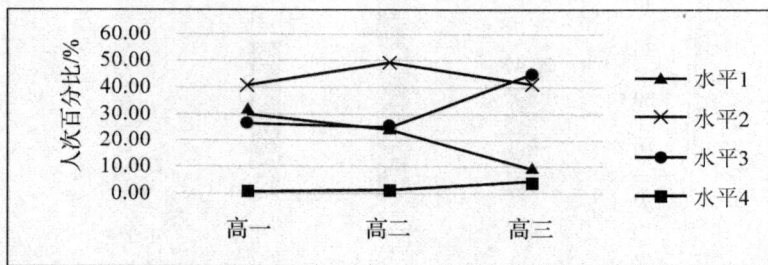

图 3-3-4　各年级样本变化观念与平衡思想素养各水平分布情况

三、证据推理与模型认知

证据推理与模型认知素养的内涵是具有证据意识，能基于证据对物质组成、结构及其变化提出可能的假设，通过分析推理加以证实或证伪；建立观点、结论和证据之间的逻辑关系；知道可以通过分析、推理等方法认识研究对象的本质特征、构成要素及其相互关系，建立认知模型，并能运用于解释化学现象，揭示现象的本质和规律。

依据证据推理与模型认知素养内涵对题目进行编码，筛选出能体现该素养的试题，利用单维 Rasch 模型对相应试题的测试数据进行处理得到试题难度值，进而得到证据推理与模型认知素养表现的 Item Map。依据学生的证据推理与模型认知素养表现 Item Map，以认识方式水平（学科核心素养的内涵本质）—学科能力要素（学科核心素养的外在表现）作为水平划分依据，将证据推理与模型认知素养表现划分为 4 个水平，如表 3-3-7 所示。

表 3-3-7　证据推理与模型认知素养表现水平划分

水平等级	Rasch 难度	水平描述	学生表现示例
4	≥3.90	能依据各类物质及其反应的不同特征寻找充分的证据，能解释证据与结论之间的关系；能对复杂的化学问题情境中的关键要素进行分析以建构相应的模型，能选择不同模型综合解释或解决复杂的化学问题；能指出所建模型的局限，探寻模型优化需要的证据	能根据数据发现反应物浓度对化学反应速率影响的定量关系，建构反应速率方程；能结合数据发现温度和催化剂对化学反应速率的影响程度不同，并能进行解释
3	2.30～0.93	能从定性与定量结合上收集证据，能通过定性分析和定量计算步骤推出合理的结论；能认识物质及其变化的理论模型和研究对象之间的异同，能对模型和原型的关系进行评价以改进模型；能说明模型使用的条件和适用范围	能根据"位—构—性"模型分析元素在周期表中的位置、预测元素性质；能根据所给的浓度—时间数据概括外界条件对化学反应速率的影响规律
2	−0.08～−2.79	能从宏观和微观结合上收集证据，能依据证据从不同视角分析问题，推出合理的结论；能理解、描述和表示化学中常见的认知模型，指出模型表示的具体含义，并运用于理论模型解释或推测物质的组成、结构、性质与变化	能根据无机元素化合物的物质类别—元素化合价二维模型分析解释或预测二氧化硫的化学性质；能根据实验事实推测蜡烛的元素组成
1	≤−3.39	能从物质及其变化的事实中提取证据，对有关的化学问题提出假设，能依据证据证明或证伪假设；能识别化学中常见的物质模型和化学反应的理论模型，能将化学事实和理论模型之间进行关联和合理匹配	能根据实验事实探究二氧化碳与 NaOH 溶液的反应，包括证明二者发生反应的实验现象等

依据水平划分方法，采用相邻水平两个难度相邻的试题的难度值的中值为高

水平能力层级的下限和低水平能力层级的上限，对各水平的难度范围进行修正，得到各级素养水平对应的试题难度值范围，如表 3-3-8 所示。

表 3-3-8　各级素养水平对应试题难度值范围（证据推理与模型认知素养）

水平	4	3	2	1
难度值	＞3.10	3.10～0.43	0.43～－3.09	＜－3.09

本次测试中，部分试题以证据推理与模型认知素养为考察指标，探查学生该学科核心素养的发展现状。测查结果表明，学生的证据推理与模型认知素养能力平均值为－1.257，整体处于水平 2，即，能从宏观和微观结合上收集证据，能依据证据从不同视角分析问题，推出合理的结论；能理解、描述和表示化学中常见的认知模型，指出模型表示的具体含义，并运用于理论模型解释或推测物质的组成、结构、性质与变化。学生在证据推理与模型认知素养各水平的人次百分比分布如表 3-3-9、图 3-3-5 所示。

表 3-3-9　全体样本在各水平的人次百分比分布（证据推理与模型认知素养）

水平	水平 1	水平 2	水平 3	水平 4
各水平人次百分比分布	14.08％	64.46％	19.32％	2.13％

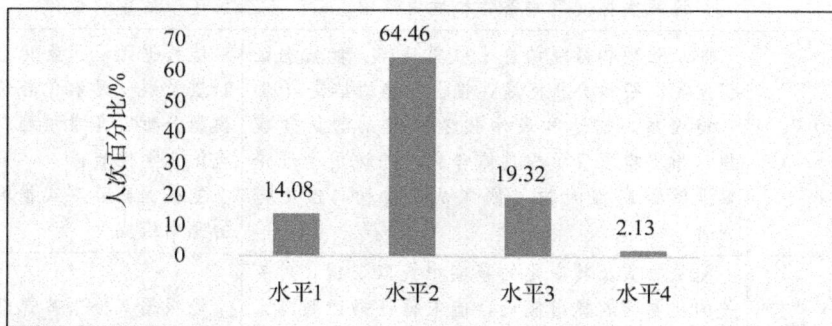

图 3-3-5　各水平人次百分比分布

从图 3-3-5 可知，大部分学生证据推理与模型认知素养处于水平 2。处于水平 1 和水平 3 的人次百分比接近，水平 3 的人次百分比略高于水平 1，即有近 20％的学生能够从定性与定量结合上收集证据，能通过定性分析和定量计算步骤推出合理的结论；能认识物质及其变化的理论模型和研究对象之间的异同，能对模型和原型的关系进行评价以改进模型；能说明模型使用的条件和适用范围。只有约 2% 的学生的证据推理与模型认知素养能够达到水平 4，即能依据各类物质及其反应的不同特征寻找充分的证据，能解释证据与结论之间的关系；能对复杂的化学问题情境中的关键要素进行分析以建构相应的模型，能选择不同模型综合解释或解决复杂的化学问题；能指出所建模型的局限，探寻模型优化需要的证据。

由图 3-3-6 可知各年级学生证据推理与模型认知素养各水平分布情况。随着年级的增长，水平 4 的人次百分比分布总体呈上升趋势，但增长不明显。与高一年级比较，高二年级素养发展主要表现为水平 1 内部的发展，即能从物质及其变化的事实中提取证据，对有关的化学问题提出假设，能依据证据证明或证伪假设；能识别化学中常见的物质模型和化学反应的理论模型，能将化学事实和理论模型之间进行关联和合理匹配。与高二年级比较，高三年级学生证据推理与模型认知素养的发展主要表现为从水平 1、水平 2 提高到水平 3，即能够从定性与定量结合上收集证据，能通过定性分析和定量计算步骤推出合理的结论；能认识物质及其变化的理论模型和研究对象之间的异同，能对模型和原型的关系进行评价以改进模型；能说明模型使用的条件和适用范围，这种增长与学生在高三年级经历的综合复习和综合问题解决密切相关。

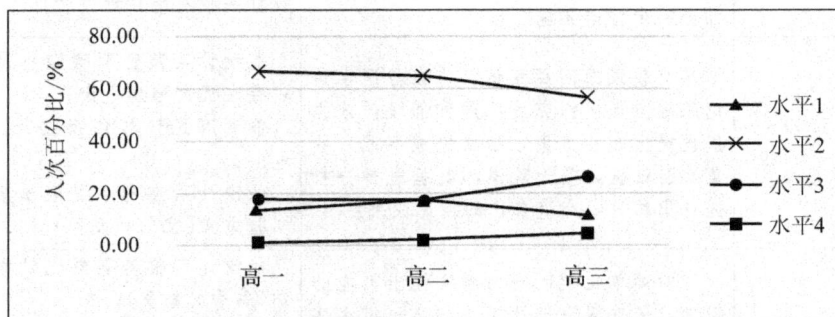

图 3-3-6 各年级样本证据推理与模型认知素养各水平分布情况

四、科学探究与创新意识

科学探究与创新意识素养的内涵是认识科学探究是进行科学解释和发现、创造和应用的科学实践活动；能发现和提出有探究价值的问题；能从问题和假设出发，确定探究目的，设计探究方案，运用化学实验、调查等方法进行实验探究；在探究中学会合作，面对"异常"现象敢于提出自己的见解。

依据科学探究与创新意识素养内涵对题目进行编码，筛选出能体现该素养的试题，利用单维 Rasch 模型对相应试题的测试数据进行处理得到试题难度值，进而得到科学探究与创新意识素养表现的 Item Map。依据学生的科学探究与创新意识素养表现 Item Map，以认识方式水平（学科核心素养的内涵本质）—学科能力要素（学科核心素养的外在表现）作为水平划分依据，将科学探究与创新意识素养表现划分为 4 个水平，如表 3-3-10 所示。

表 3-3-10　科学探究与创新意识素养表现水平划分

水平等级	Rasch 难度	水平描述	学生表现示例
4	$\geqslant 2.29$	能根据文献和实际需要提出综合性的探究课题，根据假设提出多种探究方案，评价和优化方案，能用数据、图表、符号等处理实验信息； 能对实验中的"异常现象"和已有结论进行反思、提出质疑和新的实验设想，并进一步付诸实施	能从物质类别通性、氧化性还原性等多角度预测 $FeCO_3$ 的性质，并能设计实验证明其性质； 能分析解释实验（如 SO_2 与硝酸钡溶液反应）中的"异常现象"，并设计实验对解释进行验证
3	$1.99 \sim$ -0.19	具有较强的问题意识，能在与同学讨论基础上提出探究的问题和假设，依据假设提出实验方案，独立完成实验，收集实验证据，基于现象和数据进行分析并得出结论，交流自己的探究成果	能设计实验证明碳酸钙悬浊液中存在沉淀溶解平衡； 能利用 Fe^{3+} 与 I^- 反应设计双液电池； 能设计从海水中提取单质溴的实验方案（试剂和操作）
2	$-0.45 \sim$ -2.37	能对简单化学问题的解决提出可能的假设，依据假设设计实验方案，组装实验仪器，与同学合作完成实验操作，能运用多种方式收集实验证据，基于实验事实得出结论，提出自己的看法	能设计实验鉴别氯化钠和碳酸钠（熟悉的物质）； 能设计实验验证 $FeCO_3$ 的氧化性和还原性； 能利用有机物的化学性质设计实验方案验证 C_3H_6O 的结构

续表

水平等级	Rasch 难度	水平描述	学生表现示例
1	≤-2.52	能根据教材问题设计简单的实验方案，完成实验操作，观察物质及其变化的现象，客观进行记录，对实验现象作出解释，发现和提出需要进一步研究的问题	能设计、完成粗盐提纯（除去难溶物和杂质离子）的实验方案，包括试剂和操作； 能设计制备纯净的二氧化碳的实验方案，包括装置和试剂

依据水平划分方法，采用相邻水平两个难度相邻的试题的难度值的中值为高水平能力层级的下限和低水平能力层级的上限，对各水平的难度范围进行修正，得到各级素养水平对应的试题难度值范围，如表 3-3-11 所示。

表 3-3-11　各级素养水平对应试题难度值范围（科学探究与创新意识素养）

水平	4	3	2	1
难度值	>2.14	2.14～-0.32	-0.32～-2.45	<-2.45

本次测试中，部分试题以科学探究与创新意识素养为考察指标，探查学生该学科核心素养的发展现状。测查结果表明，学生的科学探究与创新意识素养能力平均值为-1.424，整体处于水平 2，即，能对简单化学问题的解决提出可能的假设，依据假设设计实验方案，组装实验仪器，与同学合作完成实验操作，能运用多种方式收集实验证据，基于实验事实得出结论，提出自己的看法。学生在科学探究与创新意识素养各水平的人次百分比分布如表 3-3-12、图 3-3-7 所示。

表 3-3-12　全体样本在各水平的人次百分比分布（科学探究与创新意识素养）

水平	水平 1	水平 2	水平 3	水平 4
各水平人次百分比分布	23.98%	51.71%	24.14%	0.16%

从图 3-3-7 可知，大部分学生科学探究与创新意识素养处于水平 2。处于水平 1 和水平 3 的人次百分比接近，即有近 24% 的学生能够根据教材问题设计简单的实验方案，完成实验操作，观察物质及其变化的现象，客观进行记录，对实验现象作出解释，发现和提出需要进一步研究的问题；有 24% 的学生具有较强的问题意识，能在与同学讨论基础上提出探究的问题和假设，依据假设提出实验方

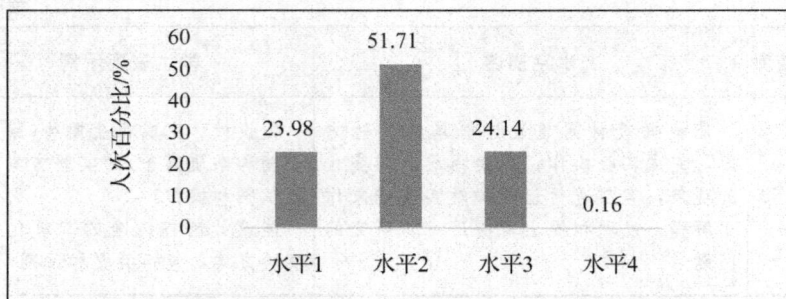

图 3-3-7　各水平人次百分比分布

案，独立完成实验，收集实验证据，基于现象和数据进行分析并得出结论，交流自己的探究成果。几乎没有学生能够达到水平 4，即能根据文献和实际需要提出综合性的探究课题，根据假设提出多种探究方案，评价和优化方案，能用数据、图表、符号等处理实验信息；对实验中的"异常现象"和已有结论能进行反思、提出质疑和新的实验设想，并进一步付诸实施。

由图 3-3-8 可知各年级学生科学探究与创新意识素养各水平分布情况。随着年级的增长，水平 1 的人次百分比分布总体呈下降趋势；水平 3 的人次百分比分布总体呈上升趋势，从高二年级到高三年级增长尤为明显。与高一年级比较，高二年级学生科学探究与创新意识素养发展主要表现为从水平 1 到水平 2 的人次百分比增长。与高二年级比较，高三年级学生科学探究与创新意识素养的发展主要表现为水平 3 人次百分比的增长。这种增长与学生不断丰富的实验探究活动经验密切相关。

五、科学态度与社会责任

科学态度与社会责任素养的内涵是具有严谨求实的科学态度，具有探索未知、崇尚真理的意识；赞赏化学对社会发展的重大贡献，具有可持续发展意识和绿色化学观念，能对与化学有关的社会热点问题作出正确的价值判断，能参与有关化学问题的社会实践活动。

依据科学态度与社会责任素养内涵对题目进行编码，筛选出能体现该素养的

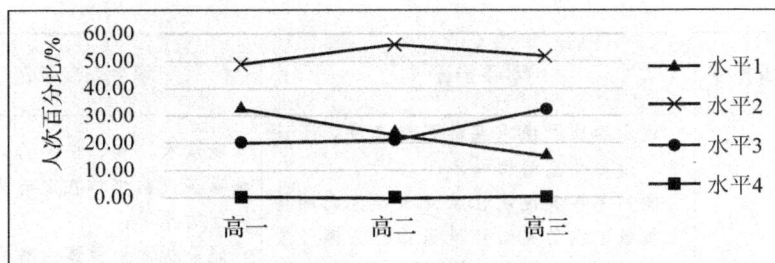

图 3-3-8　各年级样本科学探究与创新意识素养各水平分布情况

试题，利用单维 Rasch 模型对相应试题的测试数据进行处理得到试题难度值，进而得到科学态度与社会责任素养表现的 Item Map。依据学生的科学态度与社会责任素养表现 Item Map，以认识方式水平（学科核心素养的内涵本质）—学科能力要素（学科核心素养的外在表现）作为水平划分依据，将科学态度与社会责任素养表现划分为 4 个水平，如表 3-3-13 所示。

表 3-3-13　科学态度与社会责任素养表现水平划分

水平等级	Rasch 难度	水平描述	学生表现示例
4	≥2.74	尊重科学伦理道德，能依据绿色化学思想和科学伦理对某一个化学过程进行分析，权衡利弊，作出合理的决策；　能针对某些化学工艺设计存在的各种问题，提出处理或解决问题的具体方案	能大胆设想减少大气中二氧化碳含量的方案；　能基于对营养素与人体健康的认识大胆设计开发泥鳅除直接食用之外的其他用途
3	1.55～−0.86	具有理论联系实际的观念，有将化学成果应用于生产、生活的意识，能依据实际条件并运用所学的化学知识和方法解决生产、生活中简单的化学问题；　在实践中逐步形成节约成本、循环利用、保护环境等观念	能根据全淀粉塑料的结构分析该塑料的性能及用途，并说明理由；　能分析化石燃料造成的环境问题；　能对某些工业过程进行能量使用方式的评价
2	−1.10～−3.10	崇尚科学真理，不迷信书本和权威；　具有绿色化学观念，能运用所学知识分析和探讨某些化学过程对人类健康、社会可持续发展可能带来的双重影响，并对这些影响从多个方面进行评估	能分析糖类为人体供能的原理；　能列举减少大气中二氧化碳含量的措施，并解释其中的原理

水平等级	Rasch 难度	水平描述	学生表现示例
1	≤-3.71	逐步养成严谨求实的科学态度,不迷信,能自觉抵制伪科学; 能列举事实说明化学对人类文明的伟大贡献,主动关心环境保护、资源开发等社会热点问题,形成与环境和谐共处,合理利用自然资源的观念	能从衣、食、住、行等方面列举事实说明化学在改善人类生活方面的作用; 能分析海水提镁过程中对自然资源合理利用的措施

依据水平划分方法,采用相邻水平两个难度相邻的试题的难度值的中值为高水平能力层级的下限和低水平能力层级的上限,对各水平的难度范围进行修正,得到各级素养水平对应的试题难度值范围,如表 3-3-14 所示。

表 3-3-14 各级素养水平对应试题难度值范围(科学态度与社会责任素养)

水平	4	3	2	1
难度值	＞2.15	2.15～-0.98	-0.98～-3.41	＜-3.41

本次测试中,部分试题以科学态度和社会责任素养为考察指标,探查学生该学科核心素养的发展现状。测查结果表明,学生的科学态度与社会责任素养能力平均能力值为-1.125,整体处于水平 2,即,崇尚科学真理,不迷信书本和权威;具有绿色化学观念,能运用所学知识分析和探讨某些化学过程对人类健康、社会可持续发展可能带来的双重影响,并对这些影响从多个方面进行评估。学生在科学态度与社会责任素养各水平的人次百分比分布如表 3-3-15、图 3-3-9 所示。

表 3-3-15 全体样本在各水平的人次百分比分布(科学态度与社会责任素养)

水平	1	2	3	4
各水平人次百分比分布	10.35%	38.51%	48.72%	2.43%

从图 3-3-9 可知,学生科学态度与社会责任素养主要处于水平 2、水平 3,而处于水平 3 的人次百分比高于水平 2,有近 50% 的学生处于水平 3,即具有理论联系实际的观念,有将化学成果应用于生产、生活的意识,能依据实际条件并运用所学的化学知识和方法解决生产、生活中简单的化学问题;在实践中逐步形成

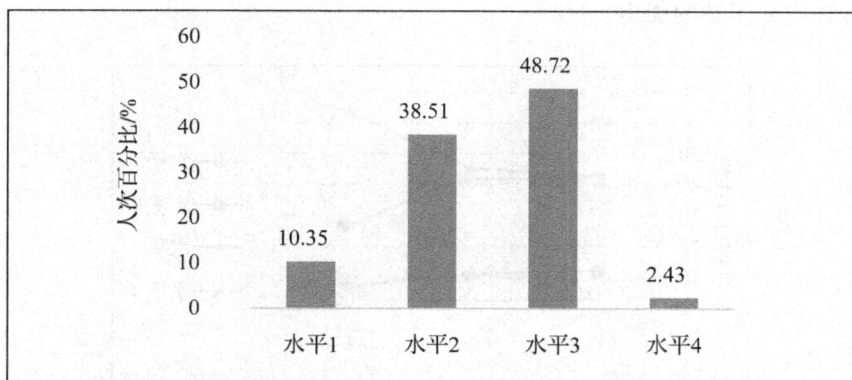

图 3-3-9　各水平人次百分比分布

节约成本、循环利用、保护环境等观念。但是，处于水平 4 的学生比例仍比较低，只有 2.4％，即绝大多数学生经历了中学化学的学习还不能依据绿色化学思想和科学伦理对某一个化学过程进行分析，权衡利弊，作出合理的决策；或能针对某些化学工艺设计存在的各种问题，提出处理或解决问题的具体方案。

由图 3-3-10 可知各年级学生科学态度与社会责任素养各水平分布情况。随着年级的增长，水平 1 的人次百分比分布总体呈下降趋势，但下降不明显；水平 4 的人次百分比分布几乎没有变化。与高一年级比较，高二年级学生在水平 3 的人次百分比略有增长，但不显著。与高二年级比较，高三年级学生科学态度与社会责任素养的发展主要表现为从水平 2 到水平 3 的人次百分比增长，即学生不仅具有绿色化学观念，能运用所学知识分析和探讨某些化学过程对人类健康、社会可持续发展可能带来的双重影响，并对这些影响从多个方面进行评估；还具有主动将化学成果应用于生产、生活的意识，能依据实际条件并运用所学的化学知识和方法解决生产、生活中简单的化学问题；在实践中逐步形成节约成本、循环利用、保护环境等观念。高三年级学生科学态度与社会责任素养的发展一方面与学生化学反应原理模块的学习密切相关，因为学生在经历化学反应原理模块的学习中，将经历调控化学反应条件优化化学反应速率和限度、设计电池将化学能转化成电能、设计电解使非自发氧化还原反应发生等系列活动，从而提升其应用所学知识解决实际问题的能力。

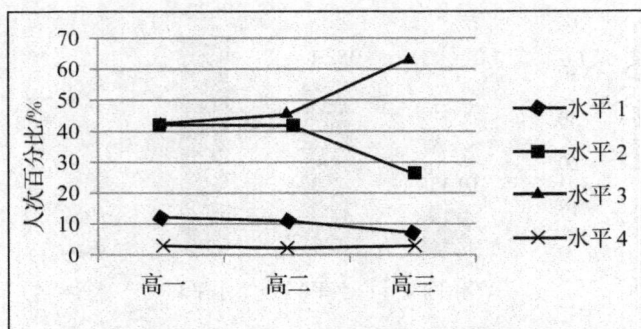

图 3-3-10　各年级样本科学态度与社会责任素养各水平分布情况

第四章

基于核心素养的化学学科
能力表现的影响因素研究

　　学生基于核心素养的化学学科能力表现除了与核心素养的核心知识
基础、认识方式内涵实质、能力活动任务的认知水平、问题情境和研究
对象的陌生复杂程度等因素密切有关之外，还有哪些因素会影响学生的
化学学科能力表现？这些因素对学生的化学学科能力有怎样的影响？目
前影响化学学科能力的各重要因素的现状怎样？这对我们将来有效提升
学生的化学学科能力具有怎样的启示？这是本章要重点研究回答的问题。

第一节　化学学科能力影响因素的理论分析

学科能力是学生学科学习的重要成果，是学生学业成就的核心组成部分。目前关于学科能力的影响因素的已有研究很少，因此，我们对学科能力影响因素进行系统的筛选和构建，同时关注学业成就影响因素的已有研究。关于学业成就影响因素的研究涉及心理学、教育学、精神卫生学、生理与健康学、社会学、家政学、经济学等众多领域。影响学业成就的因素错综复杂，国内外不少学者和研究团队对影响学业成就的因素进行了多层次、多角度的研究，既有理论分析，也有实证研究，研究方法和研究结果都有很多不同。综合国内外不同学者的观点与看法，影响学业成就的因素，大致上可分为学生个人因素、家庭因素、教师因素、学校因素、社会文化因素和国家政策因素 6 个方面，其中社会文化因素和国家政策因素属于较上位的影响因素，在具体学科层面讨论的意义不大，特别是在学科内核心因素变量系统尚未建立且各因素变量间关系尚不明确的情况下，研究层面不适合跨度太大，因此本研究对这两类因素暂且不关注。对于家庭因素以及学校因素，我们认为这两个因素更接近于一般学业成就的影响因素，为了构建较为完整的学生化学学科能力影响因素系统，研究中仅粗浅涉及。

一、学生因素

建构主义认为，学生的学习是学生个体主动建构的过程。化学学科能力作为学生化学学科学习的结果，其首要影响因素就是学生自身因素。分析学业成就影响因素的已有研究，备受研究者关注的学生个人因素的变量非常多，如学生的自我概念、人格特质、身心健康、焦虑、学习动机、学业归因、自我效能感、学习态度、学习习惯、元认知、自信心、学习策略等，各个子变量之间也有一定的交叉关系或相互影响关系。本研究是关于特定学科的学科能力影响因素的探究，因此选择一些可能具有学科特质的变量进行综述分析，这里我们重点对学习动机、自我效能感、情感态度、元认识、学习活动 5 个子变量进行深入分析。

1. 学习动机

TIMSS 1995 的起初发展阶段是以一个"输入—过程—输出"的模式来架构影响学生学习的因素与成效，这个模式经过实地问卷访谈和试测之后做了重大修改，提出以动机、努力和兴趣为中心的学生特质模式。[①] 由此可以看出学习动机对学生学习的重要影响。

国内外有诸多的研究均证实，学习动机对于学生学习结果的影响是正向的（毛国楠，1997；周新富，1998；张树东，2007；张宏如、沈烈敏，2005；刘加霞、辛涛，2000；王振宏、刘萍，2000；甘诺、陈晖，2006；Newman，1990；Pintrich & De Groot，1990；Pokay & Blummenfled，1990）。Pintrich 与 De Groot（1990）[②]为了了解学习动机与学习成果之间的关联性，提出动机信念模式，此模式包含 3 种因素，即自我效能、内在价值及测试焦虑，经由研究发现，学习动机与学业成果具有高度的正相关。

此外，也有少数关于具体学科学习动机与学业成就的研究，也发现特定学科的学习动机与该学科的学习成绩呈密切相关。莫秀锋、刘电芝（2005）研究发现学习动机与数学学习成绩水平呈显著正相关关系。[③] 吴坤璋等人（2005）[④]对高中生的科学学习动机与科学学业成就的关系进行了分析，研究发现，科学学习动机对科学成就的影响有直接效果，标准化径路系数是 0.30，表示高中学生的科学学习动机越强，则其科学学业成就也越好。

[①] Beaton A E, Mullis I V, Martin M O, et al. Mathematics achievement in the middle school years：IEA's third international mathematics and science study（TIMSS）[J]. Boston, MA：Center for the Study of Testing, Evaluation, and Educational Policy, Boston College, 1996：5-6.

[②] Pintrich P R, De Groot E V. Motivational and self-regulated learning components of classroom academic performance[J]. Journal of Educational Psychology, 1990, 82(1)：33-40.

[③] 莫秀锋, 刘电芝. 初中生数学学习策略的可控心理影响机制[J]. 心理与行为研究, 2005(4)：286-290.

[④] 吴坤璋, 黄台珠, 吴裕益. 影响中小学学生科学学习成就的因素之比较研究[J]. 教育心理学报, 2005, 37(2)：147-171.

基于文献分析,可以看出,大多数研究者认为,学习动机对学业成就的影响是正向的。这提示我们,应该关注学习动机对化学学科能力的影响分析。化学学习动机是推动学生进行化学学习活动的直接原因和内部动力。尽管学生具有积极的化学学习动机并不一定能够推动学生进行化学学习活动,但是学生能够进行积极的化学学习活动,或产生积极的化学学习行为,则一定是由积极的高水平化学学习动机引起的。

可以通过测查学生学习内驱力的大小来表征其学习动机的水平。由于内驱力是一个内在的心理变量,无法直接观察和测量,因此,需要通过一定的外化手段使之显化体现。内驱力是驱动行为产生、维持的潜在的内部力量。内驱力由诱因引发,并具有转化成外显行为的可能性。因此我们认为,学生学习内驱力的大小可以通过学生的学习行为(学习策略)来体现。

2. 自我效能感

自我效能感(Self-efficacy)概念是 Bandura(1977)针对行为主义学派仅重视环境决定论的狭隘论点,融合认知理论提出的一个理论概念,将人类的学习历程做了更完善的阐释。Bandura 对自我效能的概念不断修订完善,最终将其界定为"人们对其组织和实施达成特定目标所需行动过程的能力的信念"。[①] 许多研究者已经证实,自我效能感对学生的学业成就有重要的正向影响,即自我效能感高的学生容易获得较高的学业成就。

部分研究者通过实证研究发现,自我效能感并不直接影响学生的学业成就,而是通过影响其他一些变量对学业成就产生间接影响。如 Lent(1984)[②],张学民、林崇德、申继亮等(2007)[③]研究发现,学生的自我效能感通过影响学生的学

---

① Bandura A. self-efficacy:the exercise of control[M]. New York:W. H. Freeman Company,1997:3.

② Lent R W,Brown S D,Larkin K C. Relation of self-efficacy expectations to academic achievement and persistence[J]. Journal of Counseling Psychology,1984(31):356-362.

③ 张学民,林崇德,申继亮,等. 动机定向、成就归因、自我效能感与学业成就之间的关系研究综述[J]. 教育科学研究,2007(3):48-52.

习动机，进而提高其学业成就；Pintrich(1990)①、袁立新(2005)②通过研究发现学生的自我效能感对学生学业成就的影响主要是通过学习策略的中介作用而实现的。

也有部分研究者研究发现，自我效能感对学生的学业成就有直接影响作用，其他一些因素变量通过影响学生的自我效能感，从而间接影响其学业成就。如Pajares(1995)③研究发现学生的学习自我效能感是学生以前的学业表现、个体能力等因素对学业成就影响的中介变量；Zimmerman等人(1992)④的研究发现，学生的自我调节技能需要有较高的自我效能感来配合和保障；田宝、郭德俊(2004)⑤研究得出自我效能感是学业焦虑对学业成就影响的中介变量。张静、刘靖文、吴庆麟(2012)⑥研究指出，自我效能感直接影响学生的学业成就，且达到了显著水平，成就目标以自我效能感为中介变量间接影响学生的学业成绩。

还有研究者发现，自我效能感不仅直接影响学业成就，也通过影响其他一些因素变量，进而对学生的学业成就产生一定的间接影响。Zimmerman等(1992)⑦以及李荟、辛涛、谷生华、申继亮(1998)⑧等研究发现学业自我效能不仅直接影响成就，还通过影响学习策略等变量表现出对学业成就的间接影响效果。

---

① Pintrich P R, De Groot E V. Motivational and self-regulated learning components of classroom academic performance[J]. Journal of Educational Psychology, 1990, 82(1): 33-40.

② 袁立新. 成就目标、自我效能、学习策略和学业成就的关系研究[J]. 广东教育学院学报, 2005(12): 58-61.

③ Pajares F, Kranzler J. Self-efficacy beliefs and general mental ability in mathematical problem-solving[J]. Contemporary Educational Psychology, 1995(26): 426-443.

④ Zimmerman B J, Bandura A, Martininezpons M. Self-Motivation for Academic Attainment: The Role of Self-Efficacy Beliefs and Personal Goal Setting[J]. American Educational Research Journal, 1992, 29(3): 663-676.

⑤ 田宝，郭德俊. 考试自我效能感是考试焦虑影响考试成绩的中介变量[J]. 心理科学, 2004, 27(2): 340-343.

⑥ 张静，刘靖文，吴庆麟. 初中生成就目标、元认知、自我效能感与学业成绩的关系模型[J]. 心理研究, 2012(5): 85-88.

⑦ Zimmerman B J, Bandura A, Martinezpons M. Self-Motivation for Academic Attainment: The Role of Self-Efficacy Beliefs and Personal Goal Setting[J]. American Educational Research Journal, 1992, 29(3): 663-676.

⑧ 李荟，辛涛，谷生华，等. 中学生自我效能感、学习策略与学习成绩关系的研究[J]. 教育研究与实验, 1998(4): 48-53.

以上研究结果提醒我们，在学科能力影响因素系统的构建中，应该关注学生的自我效能感，并且在各学科的学科能力影响因素调查中，应该测查学生对各具体学科学习的自我效能感状况，如研究化学学科能力的影响因素系统，必须要对学生的化学自我效能感进行研究和测查。

化学自我效能感的表征可以在一般自我效能感的基础上，结合化学学科的学习任务类型和基本要求，而表现出来学生在化学学习过程中对自身能力的体验和判断。

3. 情感态度

Schibeci(1984)[1]指出"对科学的态度"和"学业成就"有正相关，他认为除了智力影响学习成就外，学习者的兴趣是学习的原动力。Mager(1968)[2]认为，学生对于某一科目具有正向的态度，将会提高学习该科目的意愿，态度与学习成就具有相关性；Germann(1994)[3]指出正面的对科学的态度使学生对科学课程与相关活动感兴趣，可以提升学生科学推理能力和过程技能的获得，提升学习能力。

IEA 在展开第二次科学调查前就先发展对科学的态度的调查工具，目的想要了解学生对科学的态度如何影响其科学成就(Keeves & Morgenstern，1992)。态度调查内容分成 4 个方面：

(1)对自然科学的态度：包括对科学的兴趣、科学是简单的学科；

(2)科学的态度和价值观：未来职业的需求、科学应用的价值观、科学无害的观点；

(3)对学校和学习环境的态度：喜欢上学的程度；

(4)家庭作业和上课情形。

调查结果发现整体来说各国学生科学成就与科学态度呈正相关(Keeves &

---

① Schibeci R A. Attitudes to science：an update[J]. Studies in Science Education，1984(11)：26-59.

② Mager R F. Developing Attitude Toward Learning[M]. Belmont，California：Fearon Publishers，1968.

③ Germann P J. Testing a model of science process skills acquisition：An interaction with parents' education，preferred language，gender，science attitude，cognitive development，academic ability，and biology knowledge[J]. Journal of Research in Science Teaching，1994，31(7)：749-783.

Morgenstern，1992）。

Jacinta Dalgety(2003)[①]认为，学生对化学的态度会影响学生的化学学习行为，并进一步影响是否还会继续选择学习。其理论模型如图 4-1-1 所示。研究中对化学态度的调查问卷设计包括：对化学家的态度、化学家的能力、对化学在社会中的应用的态度、化学业余活动的兴趣、化学职业兴趣 5 个维度。

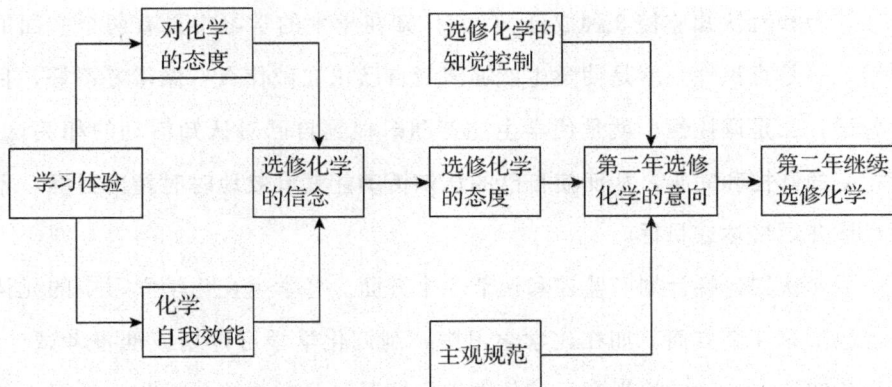

图 4-1-1 结合态度信念的前情，用于开发化学学习态度和
体验问卷(CAEQ)的修订的行为理论(TPB)

从以上的文献探讨中可看出，科学态度与其科学成就的关系研究也得到了许多研究者的关注，从理论上分析，科学态度对学生的科学学业成就应该具有积极和显著的影响。学生学习过程中的情感体验以及对学习的态度既是学习的结果，又是参与学习过程的重要因素，因此学生对学习的情感态度既是各学科课程目标的重要组成部分，也是各学科学生学科能力的重要影响因素。

本研究主要根据化学课程目标对情感态度的要求表征化学学习情感态度因素变量，如：认为化学学习和实际生活都需要积极实践，勇于创新；认为化学的进步提升了我们的生活质量；认为化学世界非常奇妙；认为化学对改善人类生活和促进社会发展有积极作用；认为化学知识对解释我们日常生活中许多方面的问题

① Dalgety J，Coll R K，Jones A. Development of Chemistry Attitudes and Experiences Questionnaire (CAEQ)[J]. Journal of Research in Science Teaching，2003(7)：649-668.

都有帮助；认为化学课程很有趣；喜欢参与化学科技活动；对化学的有关发现和发明很好奇，等等。

4. 元认知

所谓元认知就是指个体对自身认知过程的认识和意识，即关于认知的认知（Flavell，1999；Flavell & Miller，2002）。一般认为，元认知包括元认知知识、元认知体验和元认知监控3种成分。[①] 元认知在学生的学习中具有两个方面的重要作用，一是意识性，就是使学生能够清楚自己正在做什么、做得好不好、目前进展怎样；二是调控性，就是使学生能够随时根据自己对认知活动的相关认知，进行相应的调控和完善，从而使自己的认知活动能够有效地时时指向目标，不断接近目标并最终达成目标。

一般元认知包括计划、监控和调节3个方面。各学生在化学学习中的元认知一般也包括这3个方面。如在化学学习中，制订化学学习计划或准备考试计划，属于元认知计划；经常检视自己的化学学习情况、及时总结分析化学学习中的障碍点、经常反思化学学习中存在的问题等属于元认知监控；会及时解决化学学习中存在的问题，及时调整化学学习方法等属于元认知调节。

5. 学习活动

基于建构主义学习理论，学生的学习需要学生通过主动的学习活动建构自己的认识。因此学生在化学学习中参与的化学学习活动对其化学学科能力必然会产生直接而重要的影响。学生在化学学习中进行学习活动实际上是其应用化学学习策略的重要体现。Bransford 等人（1991）指出[②]，让学生学会学习策略的最有效的方法，就是给学生提供不断练习的机会，让他们在具体的主题中去实践和运用这些技能，也就是让学生有机会参与各类不同的学习活动。由此可以看出，学习活动是学生有效利用学习策略和学会应用学习策略的重要途径和外在表现形式。

---

① 刘电芝. 元认知学习策略[J]. 学科教育，1997(7)：45-49.

② Bransford J，Goldman S，Pellegrino J. Some thoughts about constructivism and instructional design[J]. Educational Technology，1991，XXXI（9）：16-18.

由此可以看出，学习策略的应用是学习活动的核心。学习策略（Learning Strategies）是一个教育心理学的专用名词，是基于 Burnner(1956)提出的"认知策略"的概念，逐步形成和确立起来的。业已达成的共识是，有效地应用学习策略能够促进学生的学习，从而提升学生的学业成就。[①] 关于学习策略与学生学业成就的关系，目前已有很多研究者进行了较多的实证研究。研究中不仅涉及各种不同类型的学习策略，研究对象的范围也比较广泛，包括小学生、中学生、大学生、成人等不同层次。

大量相关的实证研究都证明，作为学生学会学习的重要手段，学习策略对学生的学习成绩有重要的影响（Zimmerman，1990；Schommer，1993；刘志华、郭占基，1993；周国韬等人，1997；刘加霞、辛涛、黄高庆、申继亮，2000；袁立新，2005；甘诺、陈辉，2006；还有诸多研究者，在此不一一列举）。

关于学习活动我们重点关注应用学习策略的认知活动和资源管理活动。

（1）认知活动

本研究对认知活动的刻画是根据王磊教授提出的化学学习过程中进行的学习理解活动、应用实践活动以及迁移创新活动3个大类。在化学学科中，我们将这3大类认知活动进一步细分为9个小类。

学习理解活动包括辨识记忆、概括关联以及说明论证等活动。如背诵一些重要的化学现象、结论、化学概念和原理就属于辨识记忆活动，而画相关化学概念之间的联系图、概括总结、归纳整理已学过的化学知识等则属于概括关联活动。用以前学过的化学知识说明论证新学知识，从而加深自己对新学知识的理解属于说明论证活动。

化学学习中的应用实践活动是指学生运用习得的程序完成练习或者运用习得的化学知识解决问题。学生基于学习理解活动输入的已有认知，通过联系实际问题解决进行具体的应用实践，在应用中进一步深化理解并使所学的知识内化，为更高层次的探究创造奠定基础。化学应用实践活动包括分析解释、推论预测和简

[①] 刘电芝. 学习策略研究[M]. 北京：人民教育出版社，1999：3.

单设计。如用化学知识分析解释生活中的一些现象、解决实际问题属于分析解释类活动；用所学的化学知识对陌生物质的性质、制备、保存等进行推论预测属于推论预测类活动；利用所学的知识设计一些可行的实验操作方案属于简单设计活动。

迁移创新活动包括复杂推理、系统探究和创新思维。如利用核心化学知识经过多角度分析、系统推理解决一些情境陌生、综合度较高的复杂问题属于复杂推理；针对复杂的远变式，完整设计方案，从提出假设到获取证据的完整执行等属于系统探究。从不同角度对有关化学问题进行思考和取证、创造性地解决有关的化学开放性问题、用所学的化学知识进行一些发明或创造等属于创新思维。

对于特定的化学学习内容来说，学习理解活动、应用实践活动、迁移创新活动的水平依次升高。对于不同的化学学习内容，由于其内容本体的难度不同，即使是相同类型的认知活动的难度也略有差异，但从总体来说，学习者进行高水平的认知活动频率越高，其化学学科能力的水平也越高。

(2)资源管理活动

资源管理活动虽然不是以化学学习作为直接的作用对象，但却是作为化学学习的重要辅助和支持活动。资源管理活动包括寻求他人支持、充分利用时间以及物质资源的利用等。比如，在化学学习中，如当弄不清楚一个化学概念时，找老师或同学来讨论，请父母或老师帮忙准备化学探究活动的相关材料等属于寻求他人支持；充分利用课外时间扩展自己的化学知识面、主动协调化学与其他课程的学习时间属于时间管理利用；在家里做一些家庭小实验、利用开放实验室做实验验证自己的假设、自己购买化学课外习题来帮助强化化学学习结果等属于物质资源利用。

二、教师因素

教师是教学系统中的基本要素之一，对学生的学习起重要的支持和引导作用，因此教师因素对学生的学业成就会产生重要的影响。教师因素也由许多子变量系统构成，可以用教师素质来概括。从理论上分析，高素质的教师在教学中能够有意识地采用有效的教学策略，对学生有更为广泛的关注度和清晰的了解，并且能够有效激发和培养学生努力学习的愿望，因此，教师的素质越高，其教学质量也会越好。然而教师素质是一个多因素变量构成的组合体，不同的教师素质变量对学生学业成就的影响也不完全相同。美国教育部高质量教师的挑战会议（Meeting the Highly Qualified Teachers Challenge）报告书中提出：教师的语言与认知能力是决定学生成就的重要因素；并且教师高水平的专业知识背景会对学生的学业表现产生正面影响；教师的教学知识、教育程度以及试教时间等条件，似乎与学生表现有较少的直接影响（Whitehurst，2002）。教师的哪些素质变量对学生的学业成就有影响，有何影响，研究者们从理论和实证等不同方面进行了研究。研究者对教师因素的研究主要可以分为：教师背景、教师期望、教师教学、教师态度、情感与信念等方面。教师背景因素包括：教龄、学历学位、职称、专业发展（在职研修、培训）等方面。教师背景、教师期望以及教师态度情感与信念等因素属于一般学业成就影响因素的重要组成部分，但其学科特质并不强，并且本研究中我们并不打算对教师进行调查，因此教师的态度、情感与信念因素也无法获取相应数据，因此并不是我们重点关注的教师因素变量。

相对来说，教师教学的学科特质更强一些，其与学生学科能力或者学业成就的关系相对也更密切，因此是本研究重点关注的教师因素。对教师教学子变量与学生学习成果的关系的已有研究中，也出现了不一致的结果，但更多的研究支持教师教学对学生学业成就的影响较小的观点（谢亚恒，2007；Alice Cottaar，2012；Heck & Mahoe，2010）。

从理论上分析，教师的教学对学生的学业成就会存在较显著的影响。如崔允漷（2001）[①]分析后提出有效教学能够促进学生的进步和发展，并从理念和策略上对有效教学进行了阐述，指出有效教学就是指教师为实现教学目标或教学意图而采用的一系列具体的问题解决行为方式。但是实证研究中选择研究的教师教学变量却更多地显示出教师教学对学生学业成就没有直接影响效果。这种结果让我们不得不进行深入思考。

---

① 崔允漷. 有效教学：理念与策略（上）[J]. 人民教育，2001(6)：46-47.

一方面，教师因素对学生学业成就的影响需要通过学生接受和回应方能体现出来，即使教师拥有再高的学识和水平，运用再高超有效的教学策略，如果得不到学生的积极响应，也无法推动学生学业成就的发展。Alice Cottaar(2012)[1]在其研究中也提到，尽管经过分析，显示教师对学生学业成就的影响很小，但我们不能做出教师对高学业成就的学生影响一直很小的结论，相反，这些结果可以刺激我们考虑非线性效应(影响)。

另一方面，教师教学这一教师子变量在一定程度上具有较强的学科特质，且其与学生学习能发生较为直接的作用和关系。但研究者在各自研究中对教师教学这一变量的拆解层次皆不够具体，多停留在概括性描述上。另外，不同的学科教师的有效教学行为和策略也具有一定的差异性，有的教学行为和教学策略对语文和外语学科的学习是有积极影响和促进作用的，但未必对数学、物理、化学等学科有积极作用。Papanastasiou(2002)[2]的研究中，发现教师在数学教学中运用的数学教学方法对学生的数学学业成就有显著的直接影响。因此在研究中基于具体学科的特点将教师教学变量进一步打开、细化，对于探讨教师因素与学生学科能力的关系具有积极的推动意义，同时也有助于学科有效教学行为或策略系统的构建和评价。这里我们重点关注教学方式、教学策略、教学活动任务设计及师生关系对学生化学学科能力的影响。

1. 教学方式

教学方式是指为了达到一定教学目的，落实教学内容，运用教学手段而进行的，由教学原则指导的一整套方式组成的、师生相互作用的活动。[3] 教学方式不是具体的教学策略、方法或技术，而是对教学结果具有决定性影响，对人的发展

---

① Cottaar A. Low (linear) teacher effect on student achievement in pre-academic physics education[J]. Journal of Research in Science Teaching, 2012, 49(4): 465-488.

② Papanastasiou C. Effects of background and school factors on the mathematics achievement[J]. Educational Research and Evaluation, 2002, 8(1): 55-70.

③ 全国十二所重点师范大学联合编写. 教育学基础[M]. 北京：教育科学出版社，2002.

具有战略意义的方法和形式。① 其既包括观念性的方式也包括其与物质相结合的技术性的方式。方式较方法相对比较稳定，具有一定的概括性，是方法、形式、手段等的综合。本研究中我们主要关注教师在化学教学中使用的促进学生认识发展的教学方式、探究教学方式和 STS 教学方式 3 种教学方式。

探究教学方式是以组织学生进行科学探究为主的一系列师生相互作用的教学活动。如化学探究教学方式中包含的具体的教学活动包括：安排学生围绕某个核心问题展开探究活动；引导学生对问题进行假设，并为了验证假设去有意识地获取证据；组织学生根据事实和证据对问题进行解释；组织学生交流和论证他们所提出的解释；提示学生通过与他人（包括老师）的解释进行比较，来评价自己所作解释的合理性，进一步完善自己的解释；指导学生总结探究汇报结果，等等。

STS 教学方式是在化学教学中体现 STS 教育理念的一系列师生相互作用的教学活动。其具体的教学活动包括：将教材栏目中与实际应用相关的资料用作学生的阅读素材，并提示他们标出其中所涉及的《课程标准》上要求掌握的知识点；适时地将化学的新成就及科学技术的新发展介绍给学生；用一些联系实际的现象或问题作为课堂引入环节的背景素材，进而组织学生学习本节课的内容；组织学生就某个实际问题或现象进行讨论、汇报及交流；引导学生为解决某个实际问题而设计并实施探究实验；在课堂小结之后给学生布置一些与教学内容实际应用相关的作业；利用某个实际素材作为一节课的主线贯穿始终，利用它创设学习情境，并基于此提出一系列相关的问题，让学生在解决实际问题的过程中理解和掌握一节课的主要内容。

本研究中促进学生认识发展的教学方式，是指在化学教学中，为了帮助学生建立认识角度和发展其认识方式类型从而提升学生化学认识发展水平的一系列师生相互作用的教学活动，其中帮助学生建构化学认识模型，是促进学生认识发展的教学方式的重要特征之一。其具体的教学活动包括：在备课时设想学生的已有认识、分析学生面对相关问题的认识思路，并以此为基础设计教学活动，针对学

---

① 郝文武 . 实现三维教学目标统一的有效教学方式[J]. 教育研究，2009(1)：69-73.

生的认识障碍（学习难点）开展教学活动；在备课时，对所教化学知识的本质、发展历史及相关的化学知识体系进行再次的思考和分析，并在此基础上挖掘该知识点在过程方法、态度情感等方面的教学价值；有意识地探查教学实施过程中学生认识及解决问题的思路上的困难或障碍点；针对学生的某个观点追问"你是怎样想到的""你为什么这样认为"等问题；通过与学生的课堂对话及课下交流，逐渐挖掘并积累了一些关于他们在具体内容学习过程中容易出现的思维障碍及困惑的认识；在课堂引入环节上通过课堂提问、小组讨论等方式让学生展现他们关于核心内容的已有认识，再进一步开展教学；在课堂上安排符合学生认识发展顺序的学生活动，层层深入；重视给学生课堂上表达自己观点和认识的空间和时间；引导学生分析知识的层次结构和知识之间的相互联系；通过各种途径引导学生运用超越具体事实的思维方式对所学知识内容进行思考；组织学生对一些疑点、假设以及论点的提出与评价进行重点讨论，等等。

2. 教学策略

当前教育理论和实践的各位研究者对教学策略的理解可谓是仁者见仁、智者见智。本研究中用化学教学策略一词指代的含义是行为性的教学策略，主要指教师在化学课堂教学中为完成某一目标或内容定向的任务所表现出来的有效教学行为。[①]

不同学科的学习内容特点并不相同、标准任务以及教学与学习活动也有一定差异。因此不同学科的有效教学策略也会存在一定的差异。本研究中主要探查的化学教学策略包括：促进三重表征构建的化学教学策略、引导学生进行科学推理的化学教学策略、对学生进行适当表扬鼓励的化学教学策略。

美国《国家科学教育标准》指出，化学学习的三大领域包括：可观察现象的宏观世界，分子、原子和离子微粒构成的微观世界，化学式、化学方程式和元素符

---

① 皇甫全，王本陆. 现代教学论学程[M]. 北京：教育科学出版社，2003：395.

号构成的符号世界。① 因此，在化学学习中，学生需要从宏观、微观和符号等不同方面对物质及其变化进行多重感知，从而在学习者心理上形成了化学学习中特有的"三重表征"形式②：宏观表征、微观表征和符号表征；从宏观、微观和符号三种表征水平上认识和理解化学知识，并建立三者之间的内在联系，是化学学习特有的思维方式，称之为三重表征思维方式③。化学教学中，教师使用促进学生三重表征构建的化学教学策略能增进学生对化学知识的理解，提高学生分析和解决化学问题的能力。其具体的教学活动表现为：让学生分析宏观的化学变化的现象，用微观的视角进行分析和解释，并让学生用化学符号语言进行表述；让学生根据一定的微观图示，关联宏观的化学变化现象，包括反应物和生成物；让学生能够在宏观、微观和符号三种表征水平上根据需要实现自主转化，等等。

科学推理是一种逻辑思考模式，经常出现在科学探究的过程中，由个体提出观察现象间的关系的假设，然后设计相应的实验来检验所提出的假设，判断所有可能的结果，评估证据或校对判断过程，运用一些例子来证明特殊结论的正当性（Steussy，1984）。这些过程中包含探究（inquiry）、实验（experimentation）、证据评估（evidence evaluation）、推论（inference）及讨论（argumentation）的思考技能，利用这些思考技能来协助概念的改变或科学的理解（Zimmerman，2005）。因此在化学教学中引导学生进行科学推理，对于促进学生对相关化学概念的理解，提升其科学推理能力等，都具有重要意义。引导学生进行科学推理的教学策略在化学教学中的具体活动表现包括：给学生布置利用化学概念原理等进行推理的任务；让学生尝试进行科学推理并汇报推理的结果；要求学生汇报推理的依据，等等。

适当的表扬和鼓励对于促进学生进行积极的化学学习活动具有重要的意义。表扬和鼓励体现了教师对学生的认可和关注，虽然并不属于认知教学行为，但这

---

① ［美］国家研究理事会. 美国国家科学教育标准［M］. 戢守志，等，译. 北京：科学技术文献出版社，1999：217.

② 毕华林. 走向生本的教科书设计研究［D］. 济南：山东师范大学，2006.

③ 毕华林，黄婕，亓英丽. 化学学习中"宏观－微观－符号"三重表征的研究［J］. 化学教育，2005(5)：51-54.

种情感的交流可以水乳交融地渗透和贯穿于知识传授的全过程，教师如能在教学中充分运用表扬来肯定学生的能力，将对学生的学习起到不可估量的作用。①

3. 教学活动任务设计

教学活动是为了激发学生学习的内部过程，由教育工作者精心安排和组织的一系列外部活动。② 如何设计安排教学活动任务，才能有效地帮助学生达成预期的学习目标，是教师教学设计要重点考虑的核心问题。建构主义学习理论认为，教师是学生学习团队中的一员，其任务主要是为学生的学习提供支持，这也是本研究理论构建的一个方面。因此，本研究中教师的化学教学活动任务设计主要是教师为驱动学生的化学认知活动而设计的一系列任务。我们认为，教师在化学教学中设计的教学活动任务对学生的化学学习中的认知活动具有较为直接的推动作用。教师想让学生在化学课堂中进行什么样的认知活动，就需要设计相应类型的教学活动任务。因此，本研究中对化学教学活动任务的设计这一变量从3个方面进行表征：一是学习理解类任务；二是应用实践类任务；三是迁移创新类任务，这3类教学活动任务的设计意在驱动学生进行3类化学认知活动。

4. 师生关系

师生关系是指教师与学生在教学活动中结成的相互关系，包括师生彼此所处地位、作用和态度等，构建师生之间良好的相互关系对成功高效的教育教学活动是极为必要的保证③。教师在营造良好师生关系中起主要作用。本研究中考察的师生关系包括民主、和谐和宽松3个方面。

三、家庭因素

分析关于影响学业成就研究文献可以看出，家庭因素也是众多研究者非常关

---

① 周军. 教学策略[M]. 北京：教育科学出版社，2007：130.
② 顾明远. 教育大辞典(上，下)[M]. 上海：上海教育出版社，2002：716.
③ 扈中平. 教育学原理[M]. 北京：人民教育出版社，2008：472.

注的影响学生学业成就的因素，Jencks（1972）[①]在其研究报告中曾指出，最能预测学业成就的是学生的心智能力与家庭背景，而不是学校因素。因此，很多研究者（特别是国外研究者）专门研究家庭因素的各个子变量对学生学业成就的影响。研究中涉及的家庭因素子变量包括：家庭背景、家庭社经地位、家庭资源、家庭社会资本、家庭结构、家庭价值观、家庭互动、家庭学习环境等多方面的因素（卢智泉，2000；Adelmann，2005；Bassani，2006；Israel，Beaulieu & Hartless，2001；McBride，Schoppe-Sullivan & Ho，2005；Raley，Frisco & Wildsmith，2005；Scott，2004；Spenner，Buchmann & Landerman，2005；李晓霞，2007；周新富，2006；林俊莹，2007；Ryabov & Hook，2007）。其中，研究结果普遍支持的对学业成就有正向影响的因素包括：家庭社经地位、家庭资源、家庭社会资本。

其中研究者普遍认为家庭社经地位包括：父母亲教育程度、父母亲职业、家庭收入；而家庭社会资本则包括双亲教育期望、双亲参加学校事务、双亲了解子女学习过程；家庭资源包括：课外书籍、书房、计算机、字典、百科全书等教育设备，以及家庭构建的精神资源。分析后可以明确，家庭经济条件越好，父母会更倾向于为子女布置良好的学习环境，配置丰富的学习资源，如独立的书房，同时也会有条件给子女购买辅助学习的用品，如学习机、计算机等，这些条件在一定程度上会对学生的学习产生一定的积极的影响。本研究中，我们选择已有研究普遍认可的对学生学业成就有显著正向影响的因素表征影响学生化学学科能力的家庭因素，主要包括家庭社经地位（父母亲教育程度、父母亲职业、家庭收入）、家庭资源（独立的学习房间和学习桌、家庭小实验的场所和材料、与化学有关的课外读本）、家庭社会资本（父母期望、父母参加学校活动、了解子女的学习过程）。

---

① Jencks C. Inequality：A reassessment of the effect of family and schooling in American [M]. New York：Basic Books Inc.，1972.

四、学校因素

除了个人、家庭等因素对于学业成就有相当程度的影响外，学校因素也会影响学生的学业表现。学校是学生学习的主要场所，学生的主要学习活动均发生在学校环境中，因此学校因素也必然会影响学生的学业成就。

已有研究中涉及的学校因素子变量包括：学校资源、学校的区域性、学校规模、班级大小、学校校风、软硬件设备、经费、师资阵容等（Lockheed，Fuller & Nyirongo，1989；吴裕益，1993；陈正昌，1994；彭森明，1999；杨莹，1998，1999；Clark & Ware，1997）。

其中普遍认为对学生学业成就有重要影响的子变量包括：学校资源、学校校风、师资阵容等。学校教育资源泛指学校在学生教育过程中所投入的诸多教育设施（包括各类软硬件设备、帮助学生学习的教学数据及文献资料）、信息、经费、师资、课程教材和学校举办的各项活动等具有教育意义与价值的资源，以及学校及教师所营造的整体学校校风与气氛（Smith & Glass，1980；Willms & Somers，2001；Lee，Zuze & Ross，2005；McBride，Schoppe-Sullivan & Ho，2005；林俊莹，2007）。

良好、丰富的学校教育资源对激发学生的学习兴趣，扩大学生的学习范围，满足学生的求知欲等具有积极意义；另外良好优质的教育资源对于教师顺利有效地教学也具有积极的支持意义，因此其与学业成就一般呈正相关的关系。

本研究中所指的学校支持主要包括：学校资源、学校校风、师资阵容3个方面，这3个方面在已有研究中被普遍认为与学生学业成就有显著影响。

第二节　化学学科能力影响因素的探查

一、研究工具的开发

本研究前面对化学学科能力影响因素系统的理论分析中涉及的各因素变量，其中大部分的变量并无现成的测查工具可以拿来即用，因此，需要我们依据相应的理论和现实需要自行开发。对于本研究来说，研究工具极为重要，研究工具是否可靠，直接决定着研究结果的可靠性和现实价值。鉴于此，本研究在研究工具的开发方面投入了大量精力。所有变量的测查工具从开始的预试到最后确定，共经历了 5 轮大大小小的试测、修订、再试测、再修订等循环过程。

1. 调查工具的基本框架

基于文献分析和理论分析，构建的化学学科能力影响因素系统包括学生因素、教师因素、家庭因素、学校因素 4 大类。学生因素重点关注学生的非智力因素（自我效能、动机水平、元认知和情感态度）、认知活动（学习理解、应用实践、迁移创新）、资源管理活动（寻求他人支持、充分利用时间、物质资源利用）以及学生的个人特质（性别和性格）。

教师因素重点关注教师的教学方式（探究教学、STS 教学、促进学生认识发展的教学）、教学策略（科学推理、三重表征、表扬鼓励学生）、教学活动任务设计（学习理解类任务设计、应用实践类任务设计、迁移创新类任务设计）和师生关系 4 个方面的因素变量，同时也调查教师的教龄、学历和性别等教师个人特质变量。

家庭因素和学校因素分别基于文献分析选择研究者普遍认为对学生的学业成就有重要影响的因素，纳入学科能力影响因素研究。家庭因素主要包括家庭社经地位（父母亲教育程度、父母亲职业、家庭收入）、家庭资源（独立的学习房间和学习桌、家庭小实验的场所和材料、与化学有关的课外读本）、家庭社会资本（父母期望、父母参加学校活动、了解子女的学习过程）。学校因素包括学校资源、学校校风和同伴支持。学校资源包括：多媒体设备、图书馆中化学课外读本的数量、化学实验室配置；学校校风包括积极向上、尊师爱生、秩序井然。

对各级变量的拆解和说明如表 4-2-1 所示。

表 4-2-1　化学学科能力影响因素变量拆解与设计

因素类别	二级变量	三级变量
学生因素	个人特征	包括：性别、性格
	非智力因素	自我效能
		动机水平
		元认知
		情感态度
	认知活动	学习理解 包括：辨识记忆、概括关联、说明论证
		应用实践 包括：分析解释、推论预测、简单设计
		迁移创新 包括：复杂推理、系统探究、创新思维
	资源管理活动	寻求他人支持
		充分利用时间
		物质资源利用
家庭因素	家庭社经地位	包括：父母亲教育程度、父母亲职业、家庭收入
	家庭资源	独立的学习房间和学习桌、家庭小实验的场所和材料、与化学有关的课外读本
	家庭社会资本	包括：父母期望、父母参加学校活动、了解子女的学习过程
学校因素	学校资源	包括：媒体设备、图书馆中化学课外读本的数量、实验室配置
	学校校风	包括：积极向上、尊师爱生、秩序井然
	同伴支持	

续表

因素类别	二级变量	三级变量
教师因素	教师个人特质	包括：教龄、学历和性别
	教学方式	探究教学
		STS 教学
		促进学生认识发展的教学
	教学策略	三重表征
		科学推理
		表扬鼓励学生
	教学活动任务设计	学习理解类任务设计
		应用实践类任务设计
		迁移创新类任务设计
	师生关系	民主、和谐、宽松
其他因素	每周课时数、课外学习、课外辅导、作业量、作业难度	

2. 测查工具的项目编制和修订

基于研究设计，本研究调查工具的问题设计主要是从学生能够感知的视角，选择相对外显的和能够被学生感知到的学习或教学表述，来代表各因素变量的情况。其中对学习动机调查工具的设计是基于 IRT 理论 Rasch 模型。

(1)学习动机水平测查工具的修订和质量评价的主要过程

由于学习动机测查工具的开发依据的是 IRT 理论 Rasch 模型，因此学习动机测查工具的修订是基于 Rasch 模型的要求，对这一化学学习动机水平量表的质量进行一系列检验，包括量表总体情况分析、怀特图、单维性检验、项目measure值、气泡图、项目特征曲线等。

基于以上步骤对化学学习动机水平量表进行修订后，得到对应 5 个化学学习动机水平共 23 个项目的量表。从项目数来看，符合测查量表设计的基本要求。化学学习动机问卷整体的 IMNSQ 值为 1.00，ZSTD 为 -0.2；OMNSQ 值为 1.02，ZSTD 为 -0.1，都接近理想水平，说明目前修订后的化学学习动机水平测查量表与理论构想模型具有良好的一致性。问卷的整体的项目分离指数为 16.58，样本分离指数为 2.49，均大于 2，表明项目对样本的分离度和样本对试题的分离度均较好。测试样本信度为 0.90，测试项目信度为 0.99，表明问卷的综合信度也较高。

量表的怀特图如图 4-2-1 所示。根据怀特图，可以看出，量表项目设计比较合理，项目的水平分布比较全面，能够完全将不同学习动机水平的学生区分开来，各项目水平分布也与理论构建基本一致。不同学习动机水平的学生均有相应的项目与之对应，项目之间没有较大的空隙，说明将学生的化学学习动机水平描述为 5 个水平对当前的中学生来说较为恰当，基本能够描述出当前中学生的化学学习动机水平。

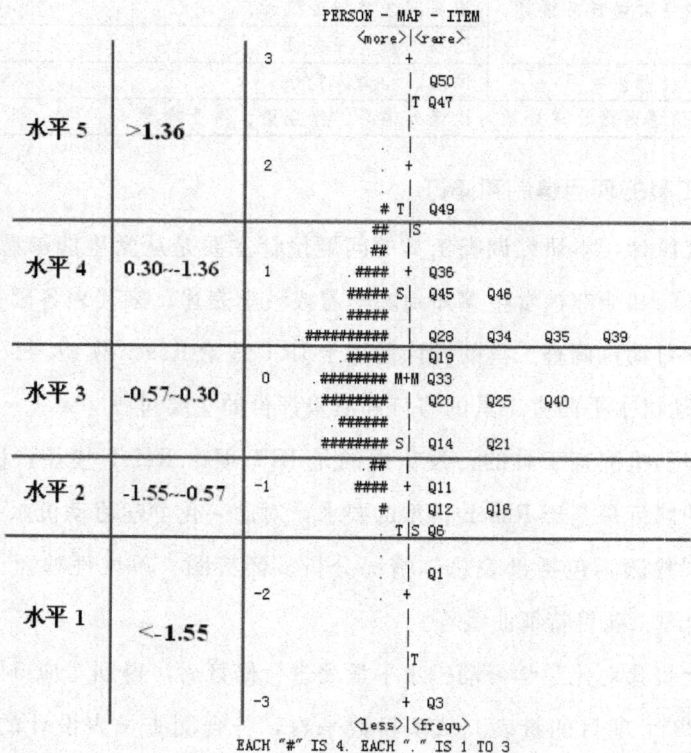

```
                      PERSON - MAP - ITEM
                       <more>|<rare>
                  3          +
                             | Q50
                             |T Q47
  水平5    >1.36             |
                             .
                  2          +
                             |
                       #   T| Q49
                      ##    |S
  水平4   0.30--1.36  ##    |
                  1    .#### + Q36
                     #### S| Q45   Q46
                      .####  |
                 ######### | Q28  Q34   Q35   Q39
                     .####  | Q19
  水平3  -0.57-0.30  0 .####### M+M Q33
                     .#####  | Q20  Q25   Q40
                      .##### |
                     ####### S| Q14  Q21
                       .## |
  水平2  -1.55--0.57 -1  #### + Q11
                       #    | Q12  Q16
                       T S| Q6
                             | Q1
  水平1    <-1.55    -2      +
                             |
                             |T
                  -3         + Q3
                       <less>|<frequ>
          EACH "#" IS 4. EACH "." IS 1 TO 3
```

图 4-2-1　化学学习动机水平量表怀特图

(2)其他因素变量测查工具的修订和质量评价的主要过程

其他因素变量测查工具的修订和质量评价主要有以下过程。

首先通过专家效度和分维度科隆巴赫 α 信度分析对各变量测查项目进行初步

筛选，继而对筛选出的项目进行因子分析，因子分析可以确定测查工具能够测量到的理论构念或特质的程度，同时是对测查工具建构效度的较为严格的检验（王保进，2002）[①]，即通过因素分析可以明确研究中所列题项是否能够测量出研究者想要测量的变量。本研究基于试测对各观察变量进行因素分析后，确定最终进入实际测查及结果分析的题项。

研究还对各变量测查工具进行收敛效度的分析。收敛效度（convergent validity）检验是检验各观察指标所测量的潜在特质是否是相同的潜在特质。

下面以化学 STS 教学方式为例进行因素分析和收敛效度检验。

STS 教学方式因素分析结果如表 4-2-2 所示。

表 4-2-2　教师 STS 教学方式因素分析结果

题项	内容	因子负荷
Q123	老师重视让我们用新学习的化学知识分析解决一些现实问题	0.854
Q124	老师在教学中经常会联系一些真实的科学、技术和社会等有关的情境	0.878
Q125	老师适时地将化学的新成就及科学技术的新发展介绍给我们	0.839
Q126	化学老师引导我们将所学的化学与日常生活建立联系	0.832

特征值（Eigenvalue）：2.895
累积解释变量（Cumulative %）：72.380

注：采用主成分分析（Principal Component Analysis）方法。

对 STS 教学方式测量模型的收敛效度检验，结果如图 4-2-2。

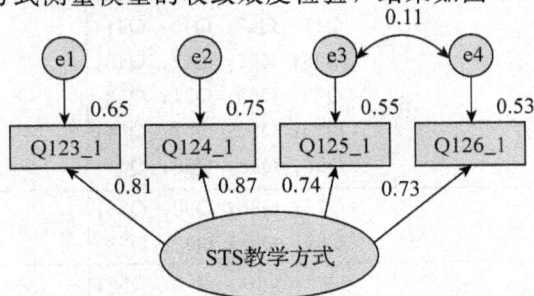

图 4-2-2　STS 教学方式测量模型的收敛效度检验图

[①]　王保进. 窗口版 SPSS 与行为科学研究[M]. 台北：心理出版社，2002.

表 4-2-3　教学方式测量模型的收敛效度检验适配指标摘要

适配指标	STS 教学方式
卡方自由度比值	1.433
渐进残差均方和平方根（RMSEA 值）	0.000
调整后适配度指数（AGFI 值）	0.998
适配度指数（GFI 值）	1.000
规准适配指数（NFI 值）	1.000
指标变量因素负荷	皆大于 0.5
个别变量的信度系数（R^2）	皆大于 0.5
适配判断	理想

表示修正的单一构面的 STS 教学方式测量模型与样本数据可以契合，修正模型收敛效度总体比较理想。

3. 测查工具的信效度

经过两轮试测及修订，化学学科能力影响因素系统各因素变量具体的测试题项分布如表 4-2-4 所示。

表 4-2-4　各因素变量测查工具的总体情况

二级因素变量	三级因素变量	题项	因子负荷	Cronbach's Alpha 值
非智力因素与元认知	自我效能	Q26；Q27；Q29；Q30；Q35	0.800~0.873	0.886
	动机水平	Q37；Q38；Q39；Q40；Q41；Q42；Q43；Q44；Q28；Q46；Q47；Q48；Q49；Q50；Q51；Q52；Q53；Q55；Q57；Q74；Q56；Q58；Q59；Q60	—	0.904
	元认知	Q74；Q86；Q90；Q88；Q89；Q91；Q92；Q93	0.778~0.878	0.897
	情感态度	Q61；Q62；Q65；Q66；Q68；Q69；Q70；Q71	0.687~0.811	0.890

续表

二级因素变量	三级因素变量	题项	因子负荷	Cronbach's Alpha 值
认知活动	学习理解活动 辨识记忆，概括关联，说明论证	Q54；Q73；Q75	0.635～0.858	0.934
	应用实践活动 分析解释，推论预测，简单设计	Q76；Q77；Q78	0.804～0.876	
	迁移创新活动 复杂推理，系统探究，创新思维	Q80；Q81；Q82；Q83；Q84	0.828～0.863	
资源管理活动	寻求他人支持	Q47；Q94	0.700～0.820	0.821
	充分利用时间	Q96；Q97；Q101；Q87		
	物质资源利用	Q98；Q99；Q79		
化学教学方式	探究教学	Q110；Q111；Q112；Q114	0.740～0.845	0.810
	促进认识发展的教学	Q115；Q116；Q118；Q120；Q121	0.781～0.829	0.829
	STS 教学	Q123；Q124；Q125；Q126	0.832～0.878	0.868
教学活动任务设计	学习理解类任务	Q127；Q117；Q138；Q129；Q130	0.666～0.839	0.913
	应用实践类任务	Q139；Q132；Q133	0.661～0.837	
	迁移创新类任务	Q137；Q110；Q111；Q112；Q114；Q134；Q135	0.691～0.783	
化学教学策略	三重表征、科学推理、表扬鼓励	Q119；Q107；Q108；Q128	0.723～0.820	0.766
师生关系	民主、和谐、宽松	Q102；Q103；Q104	0.835～0.891	0.788
学校资源	多媒体设备、图书馆中化学课外读本的数量、化学实验室配置	Q147；Q148；Q149；Q150；Q151	0.587～0.845	0.734
学校校风	积极向上、尊师爱生、秩序井然	Q152；Q153；Q154	0.879～0.898	0.877

续表

二级因素变量	三级因素变量	题项	因子负荷	Cronbach's Alpha 值
家庭资源	家庭小实验的场所和材料、与化学有关的课外读本	Q140；Q141；Q142	0.780~0.790	0.750
家庭社会资本	父母期望、父母参加学校活动、了解子女的学习过程	Q143；Q144；Q145；Q146	0.667~0.802	0.705
其他因素变量	每周课时数、课外学习、课外辅导、作业量、作业难度			

根据表 4-2-4 可以看出，本研究中自行开发的各潜变量测查分量表的信度介于 0.705~0.934，根据 De Vellis(1991) 的观点，分量表的信度介于 0.7~0.8 表示具有良好的信度，介于 0.8~0.9 表示信度非常好(吴明隆，2009)。因此本研究中开发的测量工具内部一致性信度良好。

从因子负荷来看，绝大多数变量测查项目的因子负荷大于 0.6，因子负荷较高，表明测查工具具有较高的内容和结构效度。

二、对部分影响因素的结构方程分析

结构方程模型(Structural Equation Modeling，SEM)是当代行为与社会领域量化研究的重要统计方法，它融合了传统多变量统计分析中的"因素分析"和"线性模型的回归分析"等统计技术，能对各种因果模型进行模型识别、估计和验证。学科能力的影响因素系统中，有很多因素变量对学科能力的影响关系并非简单的线性影响，而是以某些重要因素变量为中介，通过影响这些重要的中介因素进而对学科能力产生显著影响。通过结构方程模型分析，可以寻找到对化学学科能力存在间接影响的因素变量。

我们选择本研究关注的重要部分因素变量，进行结构方程模型分析，得到如图 4-2-3 所示的模型图。据此可以看出，学生的非智力因素及元认知对学生的化学学科能力存在显著直接影响，教师的教学与学生的认知活动通过学生化学学习的非智力因素对其学科能力产生重要的间接影响。

判断理论假设模型与实际观察数据是否契合是结构方程模型的核心。学者博

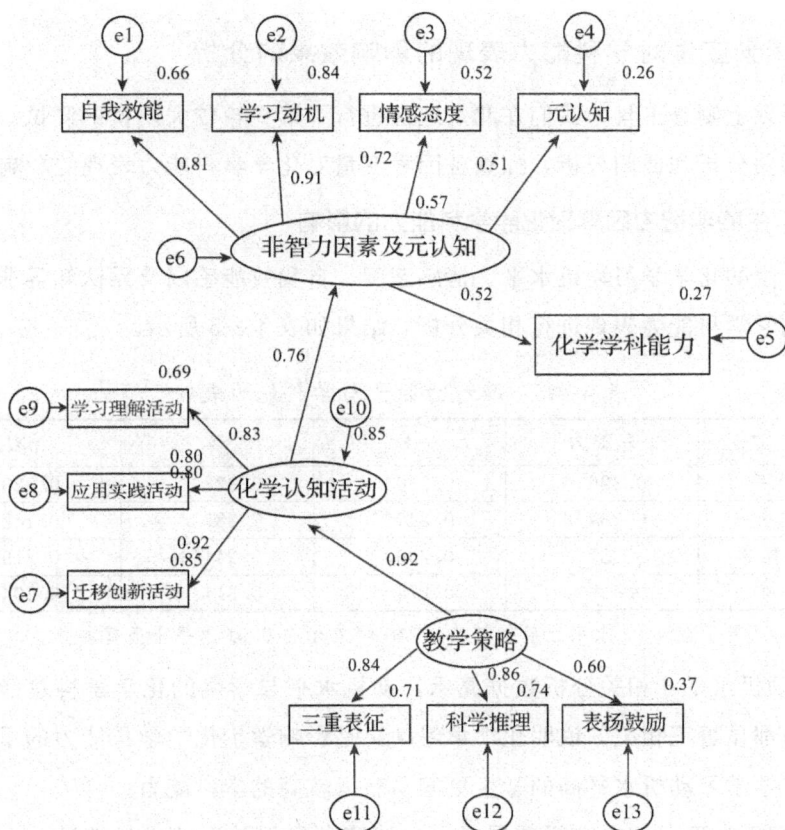

图 4-2-3 化学学科能力影响因素结构方程模型

果择和依(Bogozzi & Yi，1988)提出了比较全面的鉴定假设模型与实际数据是否契合的参考指标，这些参考指标分为 3 个方面：基本适配度指标(preliminary fit criteria)、整体模型适配度指标(overall model fit)、模型内在结构适配度指标(fit of internal structural model)。整体模型适配度指标是对模型外在质量的检验，内在结构适配度指标主要表征各测量模型的信度和效度，这是对模型内在质量的检验。其中，整体模型适配度指标又可以分为绝对适配指标(absolute fit indices)、相对适配指标(ralative fit indices)、简约适配指标(parsimonious fit indices)。

以上模型的各项适配度指标绝大多数都显示，模型与数据适配。在此，考虑篇幅情况，详细的适配指标数据暂且省略。

三、各因素变量对学科能力表现的影响效果的分析

利用以上测查工具,我们在北京地区进行了第一轮较大规模的测试。这里我们通过相关分析和回归分析,探查各因素变量对化学学科能力表现的影响效果。

1. 学生的非智力因素对化学学科能力的影响

对学生的化学学习动机水平、情感态度、自我效能感以及元认知等非智力因素与其化学学科能力表现进行相关分析,结果如表 4-2-5 所示。

表 4-2-5　非智力因素与学科能力表现

	总能力	A	B	C
动机水平	0.326**	0.280**	0.328**	0.323**
情感态度	0.284**	0.240**	0.287**	0.282**
自我效能感	0.237**	0.230**	0.244**	0.219**
元认知	0.307**	0.274**	0.314**	0.294**

注:"*"表示在 0.05 水平上显著相关,"**"表示在 0.01 水平上显著相关。

(1)动机水平:相关分析数据显示,动机水平与学生的化学学科总能力及各项分能力都显著正相关。说明化学学习动机是影响学生化学学科能力的重要因素变量,化学学习动机水平高的学生更容易获得较高的学科能力。

(2)情感态度:相关分析数据显示,情感态度与学生的化学学科总能力及各项分能力都显著正相关。说明学生对化学学习的情感态度是影响学生化学学科能力的重要因素变量,在学习化学上有积极向上的良好情感态度和有愉悦体验的学生更容易获得较高的学科能力。

(3)自我效能感:相关分析数据显示,学生的自我效能感与学生的各项学科能力和总能力都显著正相关。说明自我效能感是影响学生化学学科能力的重要因素变量,学生对化学学习的自我效能感越高,越容易获得较高的学科能力。

(4)元认知:相关分析数据显示,学生的元认知水平与学生的各项学科能力和总能力都显著正相关。说明元认知是影响学生化学学科能力的重要因素变量,学生在化学学习中的元认知水平越高,其越可能获得较高的化学学科能力。

对影响学生学科能力的 4 个非智力因素进行回归分析,可以看出,学生的非智力因素 4 个变量中,对学生学科能力影响最大的是动机水平($\beta=0.173$),其次

是情感态度($\beta=0.110$),再次是元认知($\beta=0.107$)。对学生化学学科能力影响最小的非智力因素是自我效能($\beta=0.041$)。

2. 学生的化学认知活动对化学学科能力的影响

对学生的认知活动与其化学学科能力表现进行相关分析,包括学习理解活动、应用实践活动和迁移创新活动 3 个认知活动的一级维度,同时还进一步对辨识记忆、概括关联、说明论证、分析解释、推论预测、简单设计、复杂推理、系统探究和创新思维等认知活动的二级维度变量与化学学科能力进行相关分析。相关分析结果如表 4-2-6 所示。

表 4-2-6 学生各项认知活动与化学学科能力表现的相关关系

		总能力	A				B				C			
			A1	A2	A3	总计	B1	B2	B3	总计	C1	C2	C3	总计
学习理解活动	辨识记忆	0.189	0.170	0.161	0.158	0.130	0.170	0.196	0.209	0.192	0.139	0.163	0.178	0.211
	概括关联	0.121	0.121	0.124	0.099	0.121	0.126	0.124	0.100	0.127	0.129	0.127	0.127	0.106
	说明论证	0.281	0.269	0.271	0.248	0.261	0.278	0.283	0.249	0.289	0.271	0.263	0.283	0.256
	总计	0.254	0.242	0.240	0.218	0.222	0.248	0.260	0.239	0.262	0.233	0.238	0.253	0.245
应用实践活动	分析解释	0.252	0.243	0.243	0.236	0.235	0.249	0.251	0.230	0.257	0.239	0.233	0.256	0.234
	推论预测	0.268	0.258	0.257	0.256	0.253	0.265	0.262	0.240	0.270	0.254	0.235	0.267	0.245
	简单设计	0.169	0.155	0.162	0.167	0.156	0.162	0.168	0.164	0.173	0.156	0.163	0.177	0.165
	总计	0.273	0.259	0.262	0.261	0.254	0.267	0.269	0.251	0.276	0.256	0.250	0.277	0.255
迁移创新活动	复杂推理	0.246	0.237	0.244	0.226	0.235	0.245	0.250	0.221	0.254	0.238	0.237	0.253	0.231
	系统探究	0.232	0.220	0.229	0.212	0.219	0.229	0.236	0.213	0.241	0.225	0.223	0.241	0.220
	创新思维	0.241	0.227	0.239	0.220	0.229	0.239	0.248	0.218	0.248	0.235	0.229	0.248	0.225
	总计	0.253	0.238	0.250	0.230	0.239	0.250	0.258	0.230	0.261	0.246	0.242	0.261	0.238

注:本表全部数据在 0.01 水平上显著相关。

根据表 4-2-6 数据可以看出，学生认知活动的 3 个一级维度变量和 9 个二级维度变量与化学学科总能力以及各化学学科分能力维度都是显著相关的，3 个一级维度变量与学生的化学学科总能力及各项分能力的相关系数均大于 0.2，且应用实践活动与学生的化学学科总能力及各项分能力的相关系数最大，在一定程度上可以说明，相对其他两类认知活动，其对学生化学学科能力的影响更大。

进一步分析学生认知活动的 9 个二级维度变量，可以看出，除辨识记忆、概括关联和简单设计 3 个因素变量外，其余因素变量与化学学科总能力及各项分能力的相关系数也均大于 0.2，表示说明论证、分析解释、推论预测、复杂推理、系统探究以及创新思维等都是有助于提升学生化学学科能力的重要因素变量。

对学生化学学习中的 3 类认知活动：学习理解活动、应用实践活动和迁移创新活动对化学学科能力的影响进行线性回归分析。可以看出这 3 类学生认知活动对化学学科能力有显著的回归效应（sig. ＝0.000）。根据回归分析的结果可以看出，3 类活动中，应用实践活动的频率对学生化学学科能力的影响最大（$\beta=0.146$），其次是学习理解活动（$\beta=0.107$），再次是迁移创新活动（$\beta=0.085$）。

3. 学生资源管理活动对学生化学学科能力的影响

对寻求他人支持、充分利用时间和物质资源利用等学生资源管理活动因素变量与学生化学学科能力表现进行相关分析。分析结果如表 4-2-7 所示。

表 4-2-7　资源管理活动因素与学科能力表现

	总能力	A	B	C
寻求他人支持	0.284**	0.255**	0.288**	0.270**
充分利用时间	0.233**	0.189**	0.238**	0.240**
物质资源利用	0.139**	0.129**	0.144**	0.133**

相关分析结果显示，寻求他人支持、充分利用时间和物质资源利用 3 个学生资源管理活动均与学生的化学学科总能力及各项分能力呈显著正相关关系。说明学生在化学学习中的资源管理活动对其化学学科能力有较为重要的影响。其中物质资源利用与寻求他人支持和充分利用时间两个变量相比，对学生化学学科总能

力及各项分能力的影响较小。另外，从相关系数来看，学生在化学学习中的各项资源管理活动对化学学科 B 能力和 C 能力的影响均比 A 能力略大。

对物质资源利用、寻求他人支持和充分利用时间 3 类资源管理活动进行回归分析，可以看出，寻求他人支持和充分利用时间对学生的化学学科能力有显著的回归效应（sig.＝0.000），物质资源利用对学生的化学学科能力回归效应不显著。从这 3 类资源管理活动来看，寻求他人支持对学生学科能力的影响最大（β＝0.221），其次是充分利用时间（β＝0.125）。

4. 教师的教学对学生化学学科能力的影响

研究中将教师的教学方式（探究教学、认识发展教学和 STS 教学）、教学活动任务设计（学习理解类任务设计、应用实践类任务设计和迁移创新类任务设计）、教学策略（三重表征、科学推理和表扬鼓励），与学生化学学科能力表现进行相关分析。结果如表 4-2-8、表 4-2-9、表 4-2-10 所示。

表 4-2-8　教学方式与学科能力表现的相关关系

	总能力	A	B	C
探究教学	0.133**	0.138**	0.134**	0.106**
认识发展教学	0.163**	0.179**	0.165**	0.121**
STS 教学	0.082**	0.089**	0.082**	0.063**

表 4-2-9　教学活动任务设计与学科能力表现

	总能力	A	B	C
学习理解任务设计	0.103**	0.084**	0.106**	0.102**
应用实践任务设计	0.150**	0.166**	0.150**	0.113**
迁移创新任务设计	0.158**	0.169**	0.158**	0.121**

表 4-2-10　教学策略与学科能力表现

	总能力	A	B	C
三重表征	0.144**	0.129**	0.146**	0.135**
科学推理	0.138**	0.143**	0.144**	0.119**
表扬鼓励	0.125**	0.136**	0.124**	0.094**

相关分析结果显示，教师的 3 种教学方式、3 类教学活动任务设计、3 类教

学策略均与学生的化学学科总能力及各项分能力呈显著正相关关系。但相关系数均不大，表明教师的教学对学生的化学学科能力及各项分能力有影响，但直接影响力有限。

进行教学策略、教学方式和学习任务设计对化学学科能力的回归分析，可以看出这 3 方面的教师教学因素对化学学科能力有显著的回归效应（sig. ＝0.000）。但总解释率较低，说明教师教学对学生化学学科能力的直接线性影响不明显。这也符合结构方程分析的结果，教师教学因素对学生化学学科能力的影响主要是以学生非智力因素为中介间接影响。

根据回归分析的结果可以看出，教师教学因素的 3 个方面中，教师在化学教学中应用的教学策略对学生化学学科能力的影响最大（β＝0.122），其次是学习任务设计（β＝0.096），再次是教学方式（β＝－0.049），表明在教学策略和学习任务设计两个较强因素的影响下，教学方式对化学学科能力的影响有限。

进一步回归分析可以看出，探究教学、认识发展教学和 STS 教学这 3 类教学方式均对化学学科能力有显著的回归效应（sig. ＝0.000）。其中，认识发展教学方式对学生化学学科能力的影响最大（β＝0.141），其次是探究教学方式（β＝0.064），STS 教学方式对学生化学学科能力的影响最小（β＝－0.059），表明在探究教学和认识发展教学两个较强因素的影响下，STS 教学方式对化学学科能力的影响有限。

教师在教学过程中设计的能力活动任务，只有应用实践任务和迁移创新任务对学生的化学学科能力有显著的回归效应，且教师在教学过程中设计迁移创新类任务的频率对学生的化学学科能力提升效应（β＝0.096）略大于应用实践类任务的设计（β＝0.080）。

教师在教学过程中运用的这 3 种教学策略，只有科学推理和三重表征对学生的化学学科能力有显著的回归效应，相对来说，三重表征教学策略对学生化学学科能力的影响更大（β＝0.099），科学推理的教学策略对学生化学学科能力的影响略小（β＝0.070）。

5. 其他因素对学生化学学科能力的影响

研究中还考察了周课时、主动学习化学时间、学生接受课外化学辅导时间、作业时间、作业难易、家庭经济地位(家庭收入)、家庭社会资本、家庭资源、学校校风、同伴支持、师生关系等因素变量对学生化学学科能力及各项分能力的影响。

表 4-2-11 其他因素与学科能力表现的相关关系(初三年级)

	总能力	A	B	C
课时数	-0.027	-0.026	-0.027	-0.016
课外学习(主动学习化学时间)	-0.072	-0.066	-0.079	-0.054
课外辅导(辅导时间)	-0.133**	-0.141**	-0.148**	-0.136**
作业量(作业时间)	0.061	0.059	0.060	0.062
作业难度	-0.051	-0.053	-0.054	-0.047
家庭经济地位(家庭收入)	0.109**	0.112**	0.112**	0.109**
家庭社会资本	0.135**	0.130**	0.121**	0.131**
家庭资源	0.161**	0.154**	0.147**	0.160**
学校资源	0.090*	0.089*	0.087*	0.090*
学校校风	0.185**	0.185**	0.178**	0.191**
同伴支持	0.252**	0.254**	0.248**	0.256**

表 4-2-12 其他因素与学科能力表现的相关关系(高一年级)

	总能力	A	B	C
课时数	-0.015	-0.015	-0.025	-0.025
课外学习(主动学习化学时间)	0.070	0.070	0.066	0.067
课外辅导(辅导时间)	-0.056	-0.053	-0.053	-0.052
作业量(作业时间)	0.080*	0.085*	0.079*	0.079*
作业难度	-0.122**	-0.127**	-0.130**	-0.131**
家庭经济地位(家庭收入)	-0.013	-0.007	-0.014	-0.013
家庭社会资本	0.155**	0.150**	0.161**	0.162**
家庭资源	0.079*	0.077*	0.089*	0.089*
学校资源	0.190**	0.188**	0.194**	0.193**
学校校风	0.159**	0.157**	0.163**	0.162**
同伴支持	0.118**	0.114**	0.126**	0.125**

表 4-2-13　其他因素与学科能力表现的相关关系(高二年级)

	总能力	A	B	C
课时数	−0.053	−0.053	−0.064	−0.063
课外学习(主动学习化学时间)	0.042	0.038	0.051	0.051
课外辅导(辅导时间)	−0.047	−0.055	−0.053	−0.053
作业量(作业时间)	−0.041	−0.042	−0.049	−0.049
作业难度	−0.186**	−0.173**	−0.177**	−0.175**
家庭经济地位(家庭收入)	−0.020	−0.036	−0.010	−0.010
家庭社会资本	−0.043	−0.054	−0.042	−0.044
家庭资源	0.108**	0.096*	0.109**	0.110**
学校资源	0.150**	0.135**	0.143**	0.142**
学校校风	0.146**	0.126**	0.133**	0.133**
同伴支持	0.186**	0.162**	0.181**	0.181**

表 4-2-14　其他因素与学科能力表现的相关关系(高三年级)

	总能力	A	B	C
课时数	−0.143**	−0.144**	−0.144**	−0.143**
课外学习(主动学习化学时间)	−0.115**	−0.102**	−0.117**	−0.119**
课外辅导(辅导时间)	−0.217**	−0.215**	−0.223**	−0.224**
作业量(作业时间)	0.019	0.009	0.014	0.014
作业难度	−0.173**	−0.167**	−0.184**	−0.186**
家庭经济地位(家庭收入)	0.038	0.036	0.048	0.048
家庭社会资本	0.090*	0.088*	0.099*	0.099*
家庭资源	0.231**	0.219**	0.244**	0.243**
学校资源	0.206**	0.184**	0.209**	0.209**
学校校风	0.224**	0.214**	0.230**	0.231**
同伴支持	−0.143**	−0.144**	−0.144**	−0.143**

根据对以上 4 个年级的有关因素与学生化学学科能力表现的相关分析可以看出,家庭资源、学校资源、学校校风 3 个因素与 4 个年级学生化学学科总能力及各项分能力均呈显著正相关关系,表明这 3 个因素对学生的化学学科能力有普遍的重要影响。

对于同伴支持变量,除高三年级外,初三、高一和高二 3 个年级学生样本的化学学科总能力及各项分能力均与同伴支持变量呈显著正相关关系。高三年级学生样本的同伴支持变量则与其化学学科总能力及各项分能力呈显著负相关关系。

值得关注的是，4个年级化学作业难度、周课时数、课外辅导时间均与其化学学科总能力及各项分能力呈负相关关系。

除初三年级的作业难度与其化学学科能力的负相关关系没有达到显著性外，高一、高二和高三3个年级的作业难度均与其化学学科总能力及各项分能力呈显著的负相关关系。表明，教师在化学教学中布置难度过大的作业对提升学生的化学学科能力没有帮助，反而限制其化学学科能力的提升。

高一和高二年级学生的课外辅导时间与其化学学科能力的负相关关系没有达到显著水平，而初三和高三两个年级学生的课外辅导时间与其学科能力的负相关关系达到显著水平。说明学生在初三和高三两个毕业升学年级接受课外辅导的机会和时间均明显增多，而学生对这种课外辅导并不真心接受，其对学生的化学学科能力的提升是没有帮助的。

高三年级周课时数表现出与化学学科能力有显著的负相关关系，表明在当前情况下，任意增加每周化学课的数量，对提升学生的化学学科能力几乎没有作用，甚至会有负面影响。

对于家庭经济地位（研究中以其家庭收入为代表），除初三年级表现出其与化学学科能力呈显著的正相关关系外，高一、高二和高三3个年级均没有表现出显著的相关关系。说明家庭收入对学生化学学科能力的影响较小。

对于作业量这一因素变量，只有高一年级表现出微弱的显著相关关系，相关系数尚不到0.1，表明作业量这一因素对学生的化学学科总能力及其各项分能力没有显著的影响。教师在教学中期望通过增加布置作业数量来提升学生学科能力是徒劳无功的。

另外，高三年级的课外主动化学学习时间与其化学学科能力也有显著的负相关关系，而其他3个年级均没有表现出显著的相关关系。这可能与学生对题项的误解有关，学生可能将主动学习化学内容理解为完成老师布置的作业也是主动学习化学内容，这一结果与作业量和周课时数非常相似。

总的来说，通过相关分析可以看出，研究中考察的绝大多数因素变量与化学学科能力呈显著的正相关关系，包括学生的非智力因素及元认知、学生的化学认知活动、教师的教学、家庭资源、学校资源和学校校风等因素变量。与化学学科能力没有显著相关关系的因素变量有：家庭经济地位、作业量、课外主动学习化学的时间。另外，研究还发现，4 个年级化学作业难度、周课时数、课外辅导时间均与其化学学科总能力及各项分能力呈负相关关系，这表示随意增加作业难度、周课时数、课外辅导时间等不但对提升学生的化学学科能力没有帮助，反而会阻碍其化学学科能力的提升。因此，这些因素变量需要一线教师特别关注。

通过结构方程模型以及回归分析可以发现，学生的非智力因素及元认知对其化学学科能力的影响较大，且在现有影响因素变量系统中，对学生的化学学科能力有显著的直接影响，其中学习动机水平对其化学学科能力的影响最大。

第三节　化学学科能力关键影响因素的现状

本次测查包括某市 10 个区县 42 所中学的 18 271 名高一年级学生参加高中化学学生问卷测试。抽样时尽量按照各类学校各自不同水平学生的原有比例抽取测查样本。

测查方式采用网络问卷的形式。施测后，各学科根据学生问卷的作答情况，首先剔除空答、规律作答等明显的无效问卷，然后根据问卷设计的测谎题，进一步剔除无效问卷。得到化学学科能力影响因素测查问卷的测查有效样本统计情况如表 4-3-1 所示，各区县在本书中采用代码代替。

表 4-3-1　各区县学生有效样本量

区县	区 43	区 48	区 46	区 41	区 55	区 47	区 42	区 54	区 49	区 44
数量	2 495	2 308	1 309	3 071	630	1 944	1 775	911	312	3 516

这里，我们基于此样本分析中学生在化学学科能力各重要影响因素变量的表现情况。

一、学生非智力因素及元认知现状

全体样本学生动机水平均值为 0.14。本次测量的动机水平数值是通过 Rasch 模型分析后得到的数值，并将其按照不同取值进行了水平划分：水平 1（消极）：<-1.55；水平 2（被动）：$-1.55 \sim -0.57$；水平 3（主动）：$-0.57 \sim 0.30$；水平 4（积极）：$0.30 \sim 1.36$；水平 5（创造性）：>1.36，从数据知道学生整体动机水平位于水平 3，即主动学习水平。

再对有效学生样本在情感态度、自我效能、元认知和意志力等因素的表现情况分析如图 4-3-1、图 4-3-2 所示（动机不属于五级量表值，故不在图中呈现）。其中元认知又包括元认知计划、元认知监控和元认知调节 3 个维度。

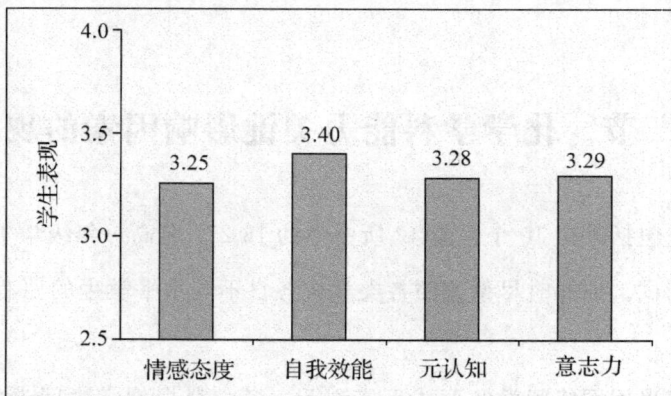

图 4-3-1　总样本非智力因素及元认知表现柱状图

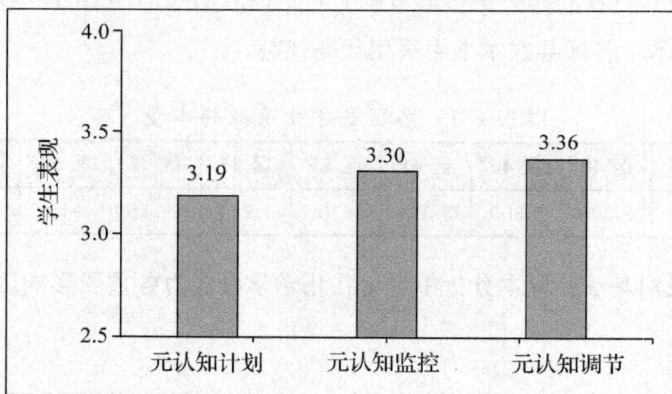

图 4-3-2　总样本元认知(三级变量)表现柱状图

从数值可以看到，学生的自我效能水平约为 3.4，在这 4 个方面中均值最高，情感态度、意志力和元认知 3 个方面的水平均值在 3.2 左右，基本一致。其中，从元认知 3 个亚维度的学生表现来看，学生在元认知计划方面得分值最低，元认知调节方面得分值最高。

二、学习活动因素现状

对有效学生样本在学习理解活动、应用实践活动和迁移创新活动等方面的表现情况分析如图 4-3-3 所示，其中每类活动下又分 3 个亚级维度。

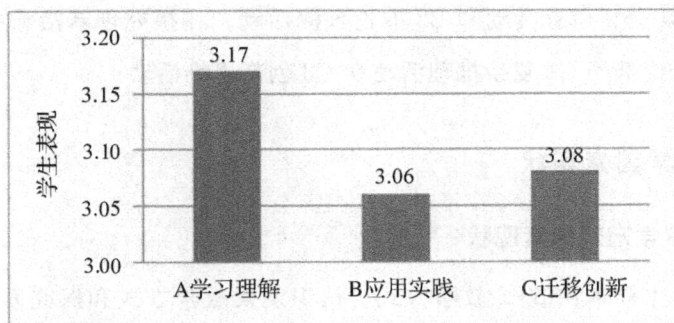

图 4-3-3　总样本教学活动(二级变量)表现柱状图

　　这里的均值指的是学生在问卷调查中主诉其在学习中所感受到的教师教学活动的情况,均值越大,表示学生感受到的该类教学活动频率越高。根据图 4-3-3 中数据可以看出,学生感受到的应用实践活动频率可能相比学习理解和迁移创新两个教学活动表现相对较少,学生感受到的学习理解活动可能相对较多。而每类活动下的三级变量的得分值也不一致,例如在应用实践活动中 B3 简单设计活动

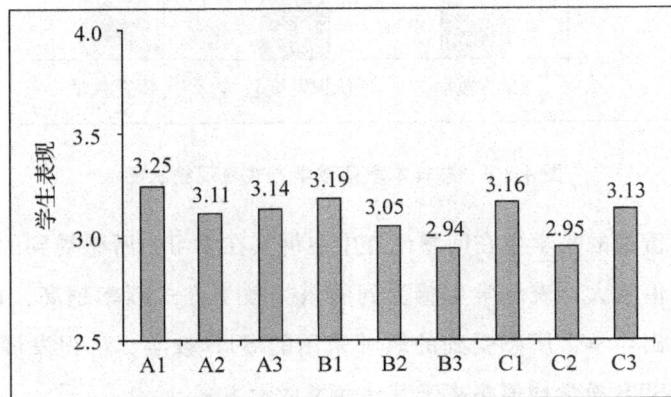

图 4-3-4　总样本教学活动(三级变量)表现柱状图[①]

---

　　① A1、A2、A3、B1、B2、B3、C1、C2、C3 分别表示 A1 辨识记忆活动、A2 概括关联活动、A3 说明论证活动、B1 分析解释活动、B2 推论预测活动、B3 简单设计活动、C1 复杂推理活动、C2 系统探究活动、C3 创新思维活动。

得分值低于 B1 分析解释活动和 B2 推论预测活动；在探究创新活动中，C2 系统探究活动得分值低于 C1 复杂推理活动和 C3 创新思维活动。

三、教师教学因素现状

1. 教师教学方式因素现状

对有效学生样本在 STS 教学方式、认识发展教学方式和探究教学方式等因素的现状情况分析如图 4-3-5 所示。

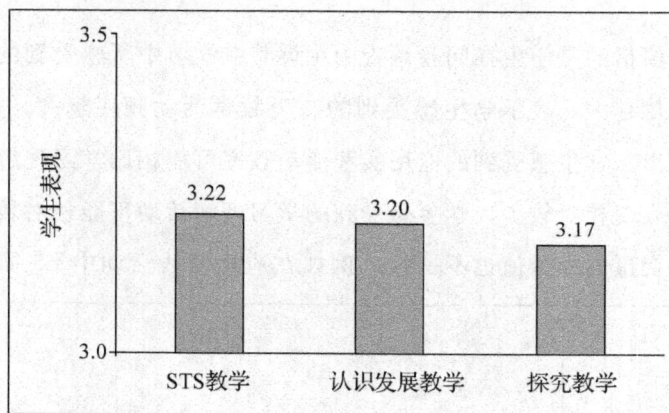

图 4-3-5 总样本教师教学方式表现柱状图

这里的均值指的是学生在问卷调查中主诉其在学习中所感受到的教师教学方式的情况，均值越大，表示学生感受到的该类教学方式频率越高。根据图 4-3-5 中数据可以看出，学生所感受到的教师采用的 STS 教学、认识发展教学和探究教学方式中，STS 教学均值略高于其他两类教学方式。

2. 教师教学策略因素现状

对有效学生样本在三重表征、科学推理和观念建构等因素的表现情况分析如图 4-3-6 所示。

这里的均值指的是学生在问卷调查中主诉其在学习中所感受到的教师教学策略的情况，均值越大，表示学生感受到的该类教学策略频率越高。根据图 4-3-6 中数据可以看出，学生所感受到的教师教学策略，三重表征的得分值较高，其次

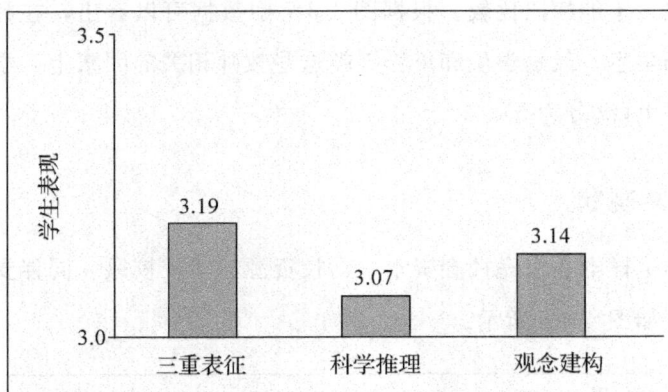

图 4-3-6　总样本教师教学策略表现柱状图

是观念建构教学，科学推理教学得分值较低。

3. 其他教师因素现状

对有效学生样本在师生关系、学案导学、适时表扬学生、适时鼓励学生和培养兴趣等因素的表现情况分析如图 4-3-7 所示。

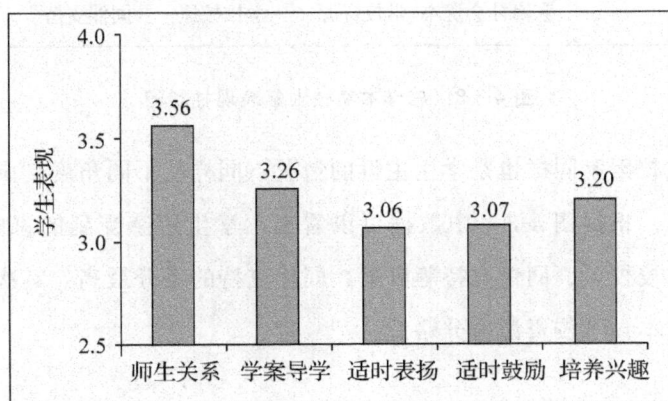

图 4-3-7　总样本其他教师因素表现柱状图

这些因素同样也是学生主诉其在学习中所感受到的教师教学其他因素的情况。其中学案导学、适时表扬和鼓励、培养兴趣的均值表示学生感受到的课堂教师采用对应的这几类教学因素的频率大小。师生关系表示学生对自己与教师的关系情况的打分，均值越高，表示师生关系越好。这几类因素从不同角度刻画教师与学生的情况，不能横向比较，根据图 4-3-7 中数据可以看出，在师生关系、学案导学、表扬学生、鼓励学生和培养兴趣这些教师相关的因素上，学生感知情况得分都在 3 以上（满分为 5）。

四、家校因素现状

对有效学生样本在家庭社会资本、学校资源、学校校风、同伴支持等因素的表现情况分析如图 4-3-8 所示。

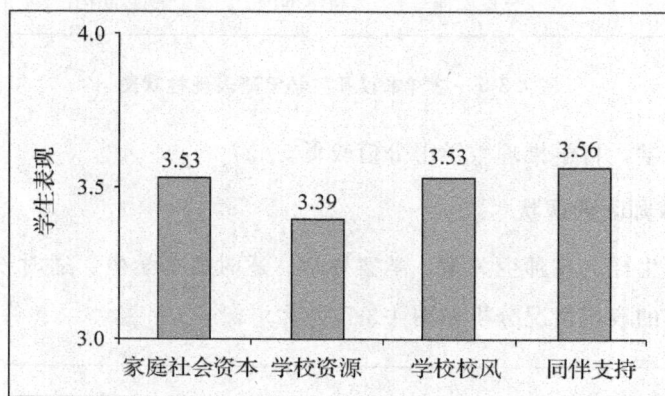

图 4-3-8　总样本家校因素表现柱状图

这里的家校因素同样也是学生主诉的情况，同样从不同角度刻画了学校和家庭因素的情况。根据图 4-3-8 中数据可以看出，学生所感受到的家庭社会资本、学校资源、学校校风、同伴支持等因素，同伴支持的得分最高，其次是学校校风和家庭社会资本，学校资源得分略低。

五、主要结论及建议

1. 主要结论

（1）对化学学科能力有重要影响的相关因素

通过相关分析研究可以看出，研究中考察的绝大多数因素变量与化学学科能力呈显著的正相关关系，包括学生的非智力因素（化学学习动机水平、自我效能、情感态度)及元认知、学生的化学认知活动、教师的教学(教学方式、教学策略、教学活动任务设计)、家庭资源、学校资源和学校校风等因素变量。因此，这些因素变量需要一线教师特别关注。

通过结构方程模型以及回归分析可以发现，学生的非智力因素及元认知对其化学学科能力的影响力较大，且在现有影响因素变量系统中，对学生的化学学科能力有显著的直接影响，其中学习动机水平对其化学学科能力的影响最大。

对影响学生学科能力的 4 个非智力因素及元认知进行回归分析，可以看出，学生的非智力因素及元认知 4 个变量中，对学生学科能力影响最大的是动机水平($\beta=0.173$)，其次是情感态度($\beta=0.110$)，再次是元认知($\beta=0.107$)。对学生化学学科能力影响最小的非智力因素及元认知是自我效能($\beta=0.041$)。

学生的 3 类化学认知活动中，应用实践活动的频率对学生化学学科能力的影响最大($\beta=0.146$)，其次是学习理解活动($\beta=0.107$)，再次是迁移创新活动($\beta=0.085$)。

学生的 3 类资源管理活动中，寻求他人支持对学生学科能力的影响最大($\beta=0.221$)，其次是充分利用时间($\beta=0.125$)，物质资源利用对学生的化学学科能力回归效应不显著。

教师教学因素的 3 个方面中，教师在化学教学中应用的教学策略对学生化学学科能力的影响最大($\beta=0.122$)，其次是学习任务设计($\beta=0.096$)，再次是教学方式($\beta=-0.049$)。进一步回归分析可以看出，探究教学、认识发展教学和 STS 教学这 3 类教学方式均对化学学科能力有显著的回归效应(sig. $=0.000$)。其中，认识发展教学方式对学生化学学科能力的影响最大($\beta=0.141$)，其次是探究教学方式($\beta=0.064$)，STS 教学方式对学生化学学科能力的影响最小($\beta=-0.059$)，表明在迁移教学和认识发展教学两个较强因素的影响下，STS 教学方式对化学学科能力的影响有限；教师在教学过程中设计的能力活动任务，只有应用实践任务和迁移创新任务对学生的化学学科能力有显著的回归效应，且教师在教学过程中设计迁移创新类任务的频率对学生的化学学科能力提升效应($\beta=0.096$)略大于应用实践类任务的设计($\beta=0.080$)；教师在教学过程中运用的 3 种教学策略，只有科学推理和三重表征对学生的化学学科能力有显著的回归效应，相对来说，三重表征教学策略对学生化学学科能力的影响更大（$\beta=0.099$），科学推理的教学策略对学生化学学科能力的影响略小（$\beta=0.070$）。

研究还发现家庭资源、学校资源、学校校风3个因素与4个年级学生化学学科总能力及各项分能力均呈显著正相关关系，表明这3个因素对学生的化学学科能力有普遍的重要影响。

（2）大多数相关因素的现状为处于中等略偏上水平

综合分析学生在各影响因素上的现状情况，大抵可以看出，大多数影响因素表现处于中等略偏上水平。如学生化学动机平均水平处于水平3，即主动水平。情感态度（3.252）、元认知（3.284）和意志力（3.289）等学生表现均处于中等略偏上水平。教学活动方面，学生认为自己在化学学习中进行的学习理解型活动的频率最高（3.167），应用实践和迁移创新活动的频率基本相当，分别为3.059和3.079。并且学生认为自己在化学学习中进行辨识记忆类学习活动的频率是所有学习活动中频率最高的，为3.254。

学生感知到教师在化学教学中采用最多的教学方式是STS教学（3.219），但是对学生化学学科能力影响最大的教学方式——促进认知发展的教学方式教师应用频率偏低（3.199），且目前新课程倡导的科学探究方式应用频率最低（3.165），这是值得一线教师特别关注的。教师教学策略方面，学生认为教师教学中用到的三重表征的教学策略最多（3.190），科学推理型最少（3.067），通过分析知道，三重表征的教学策略是对学生化学学科能力的提升最有帮助的有效教学策略之一，因此这种教学策略的使用频率还应该进一步加强。另外，学生认为与教师的关系良好（3.561），但感到教师在化学学习中给予表扬和鼓励的频率却不是很高，分别为3.060和3.070，相对其他教学策略的应用来说，给予学生有效的表扬和鼓励要容易和简单得多，因此，建议一线教师在化学教学中，不再吝啬表扬和鼓励，且让学生感受到，这对提升其化学学科能力和学习效果是很有帮助的。

家庭社会资本、学校资源、学校校风、同伴支持等因素的水平相比学生的非智力因素、教学活动以及教师的教学表现水平均高，基本都大于3.50，虽然还有进一步提升的空间，但至少让人欣慰地感受到所调查的学生的学习环境是比较良好和正向的。

2. 启示与建议

(1)有效地引发学生进行高水平的化学认知活动

根据分析可以知道学生的化学认知活动对学生的化学学科能力有重要的影响，且回归分析显示，3类活动中，应用实践活动的频率对学生化学学科能力的影响最大（$\beta=0.146$）。然而，数据显示，当前被测查学生总有效样本表现出来的化学学习有效认知活动的频率尚偏低，特别是应用实践和迁移创新类认知活动的频率，几乎处于所有影响因素的最低水平。这一分析结果提醒我们，在今后的化学教学中，应注意采取一定策略，有效地引发学生进行高水平的化学认知活动。

(2)进一步提升非智力因素及元认知的水平

分析显示，学生的非智力因素及元认知对其化学学科能力有直接重要影响，然而分析显示，学生的自我效能、情感态度和元认知均低于4.0，且学生的自我效能和元认知均低于3.5。相对学生对教师教学的评价来说，明显偏低，这说明，学生自身的非智力因素及元认知水平还有较大的提升空间。教师在教学中，应重视学生非智力因素和元认知水平的培养和提升。

(3)协同提升各化学学科能力影响因素的水平

学生的化学学科能力是多种因素变量共同影响的结果，绝非单一或几个因素就可以决定的。分析显示，不同的区域、学校在某些因素变量上可能表现出较高的水平，但在另外一些因素变量上则可能表现出的水平较低，这无疑会对学生的化学学科能力产生不良影响。因此在今后的化学教学中，我们应注意充分关注学生化学学科能力影响因素变量系统，协同提升各影响因素的水平，从而有效提升学生的化学学科能力。

第五章

实验探究主题的学科能力构成及其表现研究

实验探究是化学学科探索物质及其变化的过程和方法，是化学家发现和构建学科知识、应用学科知识创造物质的科学实践活动。它包括科学探究的一般过程要素，也包括化学学科的制备、检验、分离等实验活动。学生只有真实地参与实验探究活动，形成化学实验探究能力，才可以完整地理解并尊重化学科学。再者，化学实验探究能力可以支持学生更好地进行社会生活决策或独立开展科学研究。

实验探究主题重点培养学生的实验探究能力，重点发展的化学学科核心素养是科学探究与创新意识、证据推理与模型认知，并且可以发展科学态度与社会责任。在实验探究活动中，宏观辨识与微观探析、变化观念与平衡思想也将有发展。

化学实验探究能力以化学核心活动经验为基础，具体表现为：能基于相应的活动程序经验理解活动原型，包括辨识原型活动，概括原型活动的程序经验，在原型活动的环节之间建立关联，说明论证原型活动的操作原理和完整复述原型；能应用活动程序经验分析变式活动的程序，分析评价活动程序的合理性；能执行局部或完整的活动程序，包括确认问题和形成假设、设计方案和获取证据、得出结论和形成解释等。

本章将阐述实验探究主题的学科能力构成模型、表现期望、测评方法以及能力表现水平等。

第一节 实验探究主题的学科能力构成模型及其表现期望

一、构成模型

化学核心活动经验对学生分析和执行实验探究活动具有控制调节作用，是化学学科核心素养的基础和内涵。实验探究活动的分析和执行具体表现为学习理解、应用实践、迁移创新等外显的能力活动任务。从实验探究活动类型、化学核心活动经验（认识方式、活动过程经验）、学科能力活动及表现 3 个维度构建实验探究主题的学科能力构成模型。

1. 实验探究活动类型

实验探究是化学学科探索物质及其变化的过程和方法，是化学家发现和构建学科知识、应用学科知识创造物质的科学实践活动（scientific practices）。

NRC(2003)①关于化学科学和化学工程发展的报告对化学学科结构和学科本质进行分析，认为化学家致力于研究物质的性质、发展新的转化方式以促进合成。该报告从"合成与制造""物质的化学转化和物理转化""分离、确认、描绘、测量物质及其结构""化学理论与计算机建模"等方面对化学科学和化学工程发展的成就、转变和未来挑战进行阐述，进而对其在生物与药物、材料设计、大气与环境、能量、国家和个人安全等方面的目标、进展、挑战进行讨论。根据这份报告，化学领域真实情境的实践包括以构建性质和行为解释为目标的探究，还包括与工程师类似的实践，即对物质的分析、合成和转化进行设计、应用和评价。

从学科体系来看，长久以来化学学科分为无机化学、有机化学、分析化学、物理化学、结构化学等分支学科，每个学科有各自相对独立的研究任务和研究方

---

① National Research Council. Beyond the molecular frontier: challenges for chemistry and chemical engineering[M]. Washington, D. C. : National Academy Press, 2003.

法，无机化学主要是无机物的性质、转化及制备，有机化学则关注有机物的性质、转化及制备，分析化学研究物质的检验和分离方法，物理化学研究物质变化的规律和原理，结构化学关注物质微观结构及从微观结构解释物质性质。尽管这些分支学科的界限逐渐不那么清晰了，但是仍然具有相对的独立性。由此，我们可以提取出化学学科的科学实践活动包括：物质性质研究、物质制备、物质检验、物质分离、化学反应规律研究、物质结构研究。

化学是以实验为基础的科学，化学家的很多实践都是以实验为载体。从我国的 3 个版本《实验化学》模块教科书的章节目录（表 5-1-1）①②③可以看到，物质的制备、分离、检测（检验与测定）、性质探究、反应规律探究，是具有化学学科特征的科学实践活动。

基于前述对学科特征的分析，可以将实验探究活动分为 6 类：物质制备活动（T6）、物质分离活动（T5）、物质检验活动（T4）、物质结构探究活动（T3）、反应规律探究活动（T2）、物质性质探究活动（T1）。

从活动对象和目标来看，可以将 6 类实验探究活动进一步分为两类：（1）利用性质和规律实现目标的应用类活动，包括制备、检验和分离；（2）探究物质变化和物质性质的探究类活动，包括性质、反应规律、结构探究。第一类活动的特点是其不指向发现新的事物或规律，而是应用已知的物质和规律进行设计以获取产品或实现目标，以设计为特征；第二类活动则是指向发现规律或性质，以假设检验和构建解释为特征，例如，反应发生的规律、物质的氧化还原性等。

---

① 人民教育出版社课程教材研究所，化学课程教材研究开发中心. 普通高中课程标准实验教科书·实验化学［M］. 北京：人民教育出版社，2007.

② 王磊. 普通高中课程标准实验教科书·实验化学［M］. 济南：山东科学技术出版社，2007.

③ 王祖浩. 普通高中课程标准实验教科书·实验化学［M］. 南京：江苏教育出版社，2009.

表 5-1-1 《实验化学》教科书的章节目录

人教版	鲁科版	苏教版
第一单元 从实验走进化学 课题一 实验化学起步 课题二 化学实验的绿色追求	主题1 物质的分离 课题1 盐的精制 课题2 植物中某些成分的提取 综合实验活动 从茶叶中提取咖啡因	专题1 物质的分离与提纯 课题1 海带中碘元素的分离及检验 课题2 用纸层析法分离铁离子和铜离子 课题3 硝酸钾晶体的制备
第二单元 物质的获取 课题一 物质的分离和提纯 课题二 物质的制备	主题2 物质性质及反应规律的研究 课题1 研究物质性质的基本方法 课题2 认识发生在盐溶液中的化学反应 综合实验活动 反应条件对化学反应的影响	专题2 物质性质的探究 课题1 铝及其化合物的性质 课题2 乙醇和苯酚的性质
第三单元 物质的检测 课题一 物质的检验 课题二 物质含量的测定	主题3 物质的检测 课题1 物质组分的检验 课题2 物质中某组分含量的测定 综合实验活动 阿司匹林药片有效成分的检测	专题3 物质的检验与鉴别 课题1 牙膏和火柴头中某些成分的检验 课题2 亚硝酸钠和食盐的鉴别
第四单元 研究型实验 课题一 物质性质的研究 课题二 身边化学问题的研究 课题三 综合实验设计	主题4 物质的制备 课题1 实验室制备日用化学品 课题2 实验室制备化工原料 综合实验活动 酿制米酒	专题4 化学反应条件的控制 课题1 硫代硫酸钠与酸反应速率的影响因素 课题2 催化剂对过氧化氢分解反应速率的影响 课题3 反应条件对化学平衡的影响
		专题5 电化学问题研究 课题1 原电池 课题2 电解与电镀
		专题6 物质的定量分析 课题1 食醋总酸含量的测定 课题2 镀锌铁皮镀层厚度的测定
		专题7 物质的制备与合成 课题1 硫酸亚铁铵的制备 课题2 阿司匹林的合成

2. 化学核心活动经验

化学核心活动经验是学生学习和经历实验探究活动后形成的稳定的、类化的经验，对学生完成实验探究活动具有控制调节作用。活动经验是一种稳定的经验结构，应该由若干要素构成。我们从理论上对实验探究活动过程进行心理模拟分析，提取出其关键要素。

首先，实验探究活动是一个活动过程，在执行时需要知道活动程序，即先做什么，后做什么，对应于程序性知识，例如，物质性质探究过程的基本程序是预测物质的性质、根据预测选取具体试剂并实施实验、根据现象得出物质具有什么性质的结论。与科学探究要素没有绝对的先后顺序类似，活动程序也不等于严格的先后步骤，但是在思维历程上需要完整经历这些程序。

其次，在活动过程中，关键策略可以指导各活动程序的具体执行方式，例如，在选取研究物质性质的试剂时，需选取能证明该性质的物质并考虑可观察到的现象；在设计分离活动时，"不引入杂质"是指导试剂选取的关键策略之一。活动程序、关键策略是核心活动经验的内涵，指向核心活动过程本身，可将二者称为活动过程经验。

再次，物质和反应的核心认识角度，对核心活动的执行具有定向作用，是核心活动经验的第3个内涵要素。化学学科的研究对象是物质及其变化，学生在学习具体性质、概念原理等知识基础上，形成功能化的认识角度，即物质、反应的核心认识角度。认识角度对应用类活动显然具有影响，它决定能应用哪些物质性质和转化设计这些活动；对探究类活动而言，对物质结构、物质性质、化学反应的认识角度，影响学生进行预测和解释的活动程序。认识角度组合形成的认识方式类型（宏观—微观、静态—动态、孤立—系统、定性—定量），决定了学生是否能够基于多角度、多变量关系系统推理执行活动。

化学核心活动经验的3个内涵要素之间的关系如图 5-1-1 所示，活动程序和关键策略之间相互作用，核心认识角度同时影响活动程序和关键策略。也就是说，活动经验的经验基础是功能化的陈述性知识（认识角度和认识方式类型）和程

序性知识（活动程序、关键策略），是由认
识方式、活动程序与关键策略组成的经验
图式。

以物质制备为例，进一步说明化学核
心活动经验的内涵构成。

物质制备活动是利用转化实现原料到

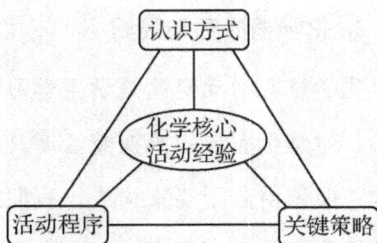

图 5-1-1　化学核心活动经验的内涵构成模型

目标物的转换，根据物质的物理性质、反应条件选取装置以实现制备目的，包括
无机物的制备、有机物的合成等。物质制备活动的基本程序，包括明确制备任务
（即确定原料和目标物）、设计转化路线、选取转化装置、实施转化和观察现象。
这些程序是众多具体物质的制备活动中共同具备的，但是不代表任何时候都需要
完整经历这 4 个程序。

在活动过程中，确定制备任务之后，需要基于物质结构的认识对比原料与目
标物的组成元素和结构，从而为设计转化路线做准备。根据物质性质（可能发生
的具体反应）的认识角度，例如类别、氧化还原、水解等，选取具体的反应实现
转化。在设计转化路线时，需要考虑不引入杂质、多步转化等关键策略。在选取
装置时，需要以功能为导向，例如将装置视为反应发生装置、分离装置、收集装
置、尾气吸收装置等，而不仅仅停留在具体的烧瓶、集气瓶等装置上。有机物的
合成任务中，对于多官能团有机物需要考虑试剂对其他官能团的影响，即官能团
保护这一策略；对于陌生的多步转化的有机物合成任务，逆合成分析（逆分析）是
一个关键策略，即以产物为起点，对官能团和碳骨架进行拆解逐渐逆推到原料。

物质结构的认识角度，决定了对原料与目标物组成结构的判断，进而影响如
何实现原料到目标物的转化路线设计。物质性质的认识，是关于物质可能发生哪
些类型反应的认识，认识角度包括类别（酸碱、氧化物等）、氧化还原、水解等，
即基于哪些物质会发生这些反应的判据，认识具体物质可能发生的反应，从而直
接影响转化路线的设计。是否关联认识角度形成认识思路，是否形成微观动态系
统的认识方式类型，则会影响物质制备活动的推理水平和综合程度。

表 5-1-2 为物质制备活动的核心活动经验的具体构成。

表 5-1-2　物质制备活动经验的具体构成

核心角度(K)	活动程序(P)	关键策略(S)
T6K1 物质结构的认识　基于离子、价态、官能团、价键等角度认识物质组成和结构　T6K2 物质性质的认识　基于类别、氧化还原、水解等角度认识物质性质	T6P1 确定制备任务（确定原料和目标物）　T6P2 设计转化路线　T6P3 选取装置　T6P4 实施和观察现象	T6S1 对比原料与目标物的组成结构　T6S2 不引入杂质　T6S3 多步转化　T6S4 从目标物到原料的逆分析　T6S5 官能团保护　T6S6 功能导向选取装置（发生装置、分离装置、收集装置、尾气吸收装置）　T6S7 路线优化（提高产率）

3. 学科能力活动及其表现

当学生具备核心活动经验，在实验探究主题的能力表现是什么？或者说，学生完成哪些能力活动可以证明其具备相应的实验探究能力？本研究通过从学习心理学和认识论的视角分析学习过程、认识过程，基于发展的阶段性和能力的外在表现确立学科能力活动及其表现的一级要素和二级要素。

能力表现的一级要素包括学习理解、应用实践、迁移创新，3 个要素对应于原型活动、近变式活动、远变式活动，如图 5-1-2 所示。学生在化学实验探究活动上的能力表现，实质上是对化学核心活动经验的学习和迁移、理解和应用，表现为在原型活动上的学习理解活动经验，在近变式活动上应用实践活

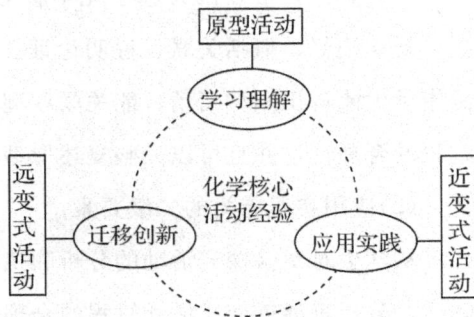

图 5-1-2　实验探究主题能力表现的一级要素

动经验（近迁移），在远变式活动上迁移创新（远迁移）。这个能力表现要素的框架，既体现了化学实验探究活动能力的实质内涵是化学核心活动经验，体现了学生发展的阶段性，也体现了化学实验探究能力的外在行为表现。

为了对学生的表现进行更精致的诊断，需要对基于化学核心活动经验的一级能

力表现要素进行子维度的拆解，构建基于核心活动经验的能力表现的二级要素。

（1）学习理解能力的二级要素

化学核心活动经验是通过经历化学实验探究活动形成的，因此对原型活动的辨识记忆是学习理解能力的基本要求，即学生能根据原型活动的活动过程辨识活动目的，或者识别原型活动的程序步骤。

冯忠良（1998）[1]认为能力的形成过程由两个环节构成：第一个环节是知识和技能经验的习得过程；第二个环节是在经验习得的基础上，进行整合及类化的过程。整合和类化是通过习得经验的迁移，也就是在学习的迁移过程中实现的。学习的迁移过程，其实质是经验的整合过程，是在经验的概括化基础上实现的类化过程。概括是实现迁移的基本条件，概括的实质是建立联系（关联），因此能完成概括关联的任务在一定程度上表明开始建立活动经验。对原型活动的目的与步骤以及各步骤之间建立关联，称为"概括关联"，也是学习理解能力的一种外在表现。

在概括关联的基础上，能够对原型活动的活动过程进行说明论证，阐述和评价活动过程的合理性，体现了化学核心活动经验学习理解的深度。

综合起来，可以认为基于化学核心活动经验的学习理解能力的二级要素包括：辨识记忆、概括关联、说明论证。基于化学核心活动经验的学习理解能力，是指学生能辨识原型活动，能关联原型活动的目的和程序，能说明论证原型活动过程的合理性，并且可以完整复述原型活动。

（2）应用实践能力的二级要素

从学生对实验探究活动的分析和执行，对应用实践能力表现的二级要素进行解构。分析解释近变式活动过程的合理性，局部实施近变式活动，完整实施近变式活动，成为应用实践能力的具体表现。分析解释体现了关注学生对活动经验的理解，而不只是关注利用活动经验执行活动过程。局部实施是根据已知的活动程序补充其余的活动程序，或者是对实验方案的补充，这个过程的思维本质是进行推论，因此称为推论预测。完整实施可以称为简单设计，即设计近变式活动的完

---

① 冯忠良. 结构化与定向化教学心理学原理[M]. 北京：北京师范大学出版社，1998.

整程序。

基于化学核心活动经验的应用实践能力，是指学生能用核心活动经验分析近变式活动程序的合理性及其原理，分析概括近变式的活动经验，在近变式的活动中实施预测性质、获取证据、方案局部设计、基于证据得出结论等活动程序之一，或者在近变式活动中完整地实施活动过程。"完整"体现在从确认目标到设计方案，从性质预测到证据收集，从识别变量到变量关系的探究，或者方案的完整设计。

（3）迁移创新能力的二级要素

与应用实践能力的二级要素类似，迁移创新能力表现的二级要素也包括分析和执行。相比于应用实践能力，迁移创新对应的远变式活动通常具有综合性，对学生思考的系统性要求更高，表现为通过复杂推理对活动过程进行综合分析，系统、完整地执行远变式活动，创造性地应用化学核心活动经验设计新颖的方案、解决陌生的问题，因此迁移创新能力的二级要素包括复杂推理、系统探究、创新思维。

综合起来，基于化学核心活动经验的迁移创新能力是指学生能够用核心活动经验综合分析远变式活动（复杂和陌生）程序的合理性及其原理，系统执行远变式活动，创造性地应用活动程序经验来设计新颖方案或分析得出结论。

表 5-1-3 是化学核心活动经验的能力表现二级要素的汇总表。

表 5-1-3　基于化学核心活动经验的能力表现二级要素

一级要素	二级要素	二级要素内涵
A 学习理解 （原型活动）	A1 辨识记忆	识别原型活动和活动经验
	A2 概括关联	建立原型的目的和操作之间的联系
	A3 说明论证	1. 论证原型方案和方法的合理性； 2. 完整复述原型活动
B 应用实践 （近变式）	B1 分析解释	1. 分析近变式活动程序的合理性及其原理； 2. 分析近变式的活动经验
	B2 推论预测	对近变式实施局部任务，例如，预测性质和变量关系，根据假设提出方案获取证据等
	B3 简单设计	对近变式执行完整任务，例如，完整设计方案、从提出假设到获取证据的完整执行

一级要素	二级要素	二级要素内涵
C 迁移创新（远变式）	C1 复杂推理	分析复杂的远变式活动程序的合理性及其原理
	C2 系统探究	针对复杂的远变式，系统执行任务——完整设计方案、从提出假设到获取证据的完整执行
	C3 创新思维	针对复杂的远变式，设计有新颖性的方案或发现新的规律，跨任务地解决问题

4. 实验探究主题的学科能力构成模型

图 5-1-3 所示为实验探究主题的能力表现系统模型，该模型包括认识方式、活动过程经验、实验探究活动类型、学科能力活动及表现 4 个关键要素，可以用于诊断和调控学生实验探究能力的发展。该模型表明，以能力表现要素（即学科能力活动及表现）、活动程序、关键策略、认识角度及认识方式类型综合的视角可以刻画化学实验探究主题的学生能力表现水平层级。由于课程和教学因素的影响，能力表现水平的发展与年级因素有关，关注各年级的学生能力表现能够促进课程和教学设计。

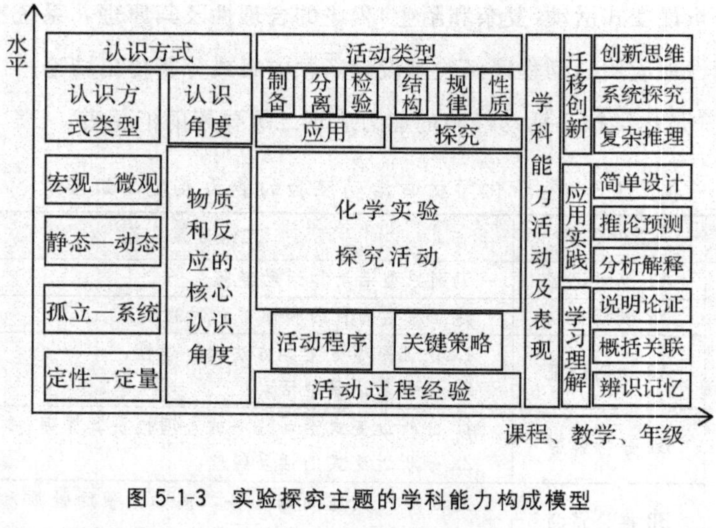

图 5-1-3 实验探究主题的学科能力构成模型

经过实验探究主题的学习，学生的"科学探究与创新意识""证据推理与模型认知""科学态度与社会责任"化学学科核心素养将得到发展，"宏观辨识与微观探析""变化观念与平衡思想"化学学科核心素养也将得到提升。

"科学探究与创新意识"核心素养发展的具体表现是能发现和提出有探究价值的问题；能从问题和假设出发，确定探究目的，设计探究方案，运用化学实验、调查等方法进行实验探究；在探究中学会合作，面对"异常"现象敢于提出自己的见解。"科学探究与创新意识"核心素养发展的实质内涵是建立物质制备、物质分离、物质检验、物质结构探究、反应规律探究、物质性质探究的核心活动经验，包括活动程序、活动关键策略、认识角度，理解核心活动经验并在简单情境中应用，进而迁移到复杂情境中创造性地应用。

"证据推理与模型认知"核心素养发展的具体表现是能根据问题特征从物质及其变化的事实中，从宏观与微观结合、定性与定量结合上收集证据，利用证据证实或证伪假设，依据证据展开推理，建构合理的结论和解释，说明证据与结论之间的关系；能关联和区分模型、事实、原型之间的关系，说明模型的适用条件和局限性，用化学的理论模型提出假设和构建解释，基于证据和已有的理论模型优化或构建复杂问题情境的模型。"证据推理与模型认知"核心素养发展的实质内涵是建立证据收集、证据分析、基于证据展开推理的活动经验，建立模型应用、模型评价、模型建构的活动经验，形成相应的关键策略和思路方法，在探究类活动中根据问题提出假设，收集物质结构、性质、化学变化的证据，分析证据并推理形成结论与解释，建构理论模型、比较不同模型的适用性；在应用类活动中，收集证据以支持物质检验的结论，利用理论模型和证据评价物质检验、物质分离、物质制备的方案。

"科学态度与社会责任"核心素养发展的具体表现是崇尚科学真理，具有严谨求实的科学态度，不迷信书本和权威，尊重科学伦理道德；具有绿色化学观念，依据实际条件运用所学的化学知识和方法解决生产、生活中的化学问题，依据绿色化学思想和科学伦理对化学过程进行分析、权衡利弊并作出合理的决策。"科学态度与社会责任"核心素养发展的实质内涵是形成关于科学本质的认识，主动运用物质及其变化的认识角度、实验探究的活动过程经验对资源、环境的相关问题进行分析、评估和优化。

"宏观辨识与微观探析""变化观念与平衡思想"核心素养，为实验探究活动贡献物质和反应的认识角度及认识方式，反之，通过实验探究主题的学习，学生的"宏观辨识与微观探析""变化观念与平衡思想"核心素养也将得到提升。

二、表现期望

根据实验探究主题的学科能力构成模型，构建学生在实验探究主题的表现期望。表现期望既是学习目标，也是评价指标。表现期望既包括由能力表现要素和实验探究活动构成的外在表现，还包含由认识角度、活动程序、关键策略构成的内涵实质。

学习理解能力，是指学生能辨识化学实验探究原型活动及程序经验，能关联原型活动的目的和程序，能说明论证原型活动过程的合理性，并且可以完整复述原型活动。

CP-A1 辨识化学核心活动原型及程序经验

■ CP-A1-1 识别物质制备原型活动；

■ CP-A1-2 识别物质分离的原型活动；

■ CP-A1-3 辨识典型的物质分离方法；

■ CP-A1-4 识别物质检验的现象、结论和推理；

■ CP-A1-5 记住元素组成、有机物相对分子质量探究的基本方法；

■ CP-A1-6 识别反应规律探究的原型；

■ CP-A1-7 识别物质性质研究的原型。

CP-A2 关联原型活动的目的和程序

■ CP-A2-1 关联物质制备活动各个环节，阐述环节之间的联系；

■ CP-A2-2 关联物质分离的操作和目的（过量、转化）；

■ CP-A2-3 概括物质分离原型的活动经验（不引入杂质、除杂试剂过量）；

■ CP-A2-4 关联物质检验的操作和目的（试剂和现象）；

■ CP-A2-5 关联物质结构探究的操作和目的（试剂和现象）；

■ CP-A2-6 关联评估反应规律探究的证据与目的；

■ CP-A2-7 关联物质性质研究的操作和目的（试剂和现象）。

CP-A3 说明论证原型活动程序的合理性，并且可以完整复述原型活动

■ CP-A3-1 说明物质制备活动装置的作用、反应选取的原理；

■ CP-A3-2 完整复述物质制备活动的原型；

■ CP-A3-3 用性质差异论证物质分离方法的原理；

■ CP-A3-4 论证物质检验原型的试剂选取、现象选取的理由；

■ CP-A3-5 论证物质结构探究原型的试剂选取、现象选取的理由；

■ CP-A3-6 从变量控制说明反应规律探究的实验设计；

■ CP-A3-7 论证物质性质探究试剂选取和操作的合理性（现象与假设的匹配）。

应用实践能力，是指学生能用核心活动经验分析近变式活动程序的合理性及其原理，分析概括近变式的活动经验，在近变式的活动中实施预测性质、获取证据、方案局部设计、基于证据得出结论等活动程序之一，或者在近变式活动中完整地实施活动过程。

CP-B1 应用核心活动经验分析近变式活动程序的合理性及其原理，分析概括近变式的活动程序经验

■ CP-B1-1 分析近变式的物质制备活动程序的合理性（反应、装置）；

■ CP-B1-2 以不引入杂质等核心活动经验评价物质分离方案的不合理之处；

■ CP-B1-3 分析物质检验的程序经验（特征现象、干扰因素）；

■ CP-B1-4 分析物质检验得出结论的方法（证据与结论的关系）；

■ CP-B1-5 分析物质结构探究程序的合理性（证据—现象；证据与结论的对应）；

■ CP-B1-6 分析反应规律探究程序的理由（变量及变量关系）；

■ CP-B1-7 分析物质性质研究近变式的试剂选取和操作的合理性；

■ CP-B1-8 分析性质研究得出结论的方法。

CP-B2 对近变式活动实施预测性质、获取证据、基于证据得出结论等活动程序之一

■ CP-B2-1 设计物质制备的方案局部（原料、反应、装置的选取之一）；

■ CP-B2-2 选取分离试剂或分离操作（分离目标已知）；

■ CP-B2-3 分析物质检验体系的成分；

■ CP-B2-4 用特征性质获取物质检验的证据；

■ CP-B2-5 基于现象得出物质检验的结论；

■ CP-B2-6 根据分子组成、相对分子质量、特征反应和同分异构推测有机物分子结构；

■ CP-B2-7 根据元素守恒和体积比推测元素组成；

■ CP-B2-8 设计陌生物质元素组成探究的方案（试剂选取）；

■ CP-B2-9 预测反应规律探究的现象；

■ CP-B2-10 利用变量控制设计和补充简单变式（装置）的方案；

■ CP-B2-11 基于现象构建反应规律的解释；

■ CP-B2-12 基于数据建立变量关系，研究反应的影响因素和影响模式；

■ CP-B2-13 从现象推测物质性质；

■ CP-B2-14 从物质组成推测物质性质（假设）；

■ CP-B2-15 设计方案证明物质性质。

CP-B3 对近变式活动完整地实施活动程序

■ CP-B3-1 完整设计物质制备的方案（原理、装置）；

■ CP-B3-2 设计方案分离简单体系（利用性质差异自主选取试剂和操作、无干扰因素）；

■ CP-B3-3 设计定量检测物质的方案（已知单一干扰物质）；

■ CP-B3-4 设计定性检验物质的方案（已知单一干扰物质）；

■ CP-B3-5 设计物质鉴别的方案（性质已知）；

■ CP-B3-6 设计方案获取物质组成与结构的证据（选取反应、试剂和现象）；

■ CP-B3-7 完整实施化学反应的影响因素探究（两个变量）；

■ CP-B3-8 基于物质组成预测物质性质并设计方案证明（物质组成的角度包括类别、化合价、水解）。

迁移创新能力，是指学生能够用核心活动经验综合分析远变式活动（复杂和陌生）程序的合理性及其原理，系统执行化学实验探究活动，创造性地应用核心活动经验来设计新颖方案或分析得出结论。

CP-C1 用核心活动经验综合分析远变式活动（复杂和陌生）程序的合理性及其原理

- CP-C1-1 分析陌生复杂物质的制备原理和装置，综合多个步骤评价合理性；
- CP-C1-2 综合分析物质分离多个步骤以评价合理性（不引入杂质、操作简化、分离效率）；
- CP-C1-3 分析陌生物质鉴别的程序经验（利用性质差异并关注现象差异）；
- CP-C1-4 分析物质检验体系的干扰因素；
- CP-C1-5 分析物质结构研究的设计思路（结构假设—反应和现象—结论验证）；
- CP-C1-6 分析有机物结构推断的系统思路（相对分子质量、饱和度、元素组成）；
- CP-C1-7 根据证据分析反应规律的研究问题（由变量内隐、多变量带来的证据复杂度）；
- CP-C1-8 分析反应规律探究的思路（变量控制和对照）；
- CP-C1-9 分析物质性质研究中异常现象的原因；
- CP-C1-10 综合分析物质性质研究假设、证据、结论的合理性。

CP-C2 用核心活动经验系统执行化学实验探究活动

- CP-C2-1 系统设计陌生物质的制备，包括原理选取和装置设计；
- CP-C2-2 从识别分离目标到选择分离方法和分离试剂，系统设计多步分离方案；
- CP-C2-3 从识别检验对象、排除干扰到选取试剂，系统设计物质检验或测定的方案；
- CP-C2-4 根据元素守恒和体积比等角度和策略探究复杂陌生物质的结构

（考虑证据与结论的匹配）；

■ CP-C2-5 系统地从变量识别与变量控制的角度设计反应规律探究方案（证明假设）；

■ CP-C2-6 根据多个变量的数据变化概括变量及变量关系；

■ CP-C2-7 提出对陌生物质具体性质的预测，并设计方案证明假设（系统分析体系的成分和性质）。

CP-C3 创造性地应用核心活动经验来设计新颖方案或分析得出结论

■ CP-C3-1 设计新颖的合成路线（例如官能团保护）；

■ CP-C3-2 利用性质差异创新地设计物质分离方案；

■ CP-C3-3 设计新颖、多步的方案定量检测物质，寻找观测指标和试剂；

■ CP-C3-4 设计有机化合物结构推断的新颖方案；

■ CP-C3-5 基于数据概括多个变量之间的新型定量关系（化学反应的多个自变量）；

■ CP-C3-6 采用间接条件（陌生装置）设计化学反应影响因素的探究；

■ CP-C3-7 设计陌生物质性质研究的新颖方案；

■ CP-C3-8 将物质性质研究创造性地应用在其他研究中。

第二节　实验探究主题的学科能力表现测试工具开发

一、命题蓝图设计

以 6 类实验探究活动为基本单位，构建实验探究主题学科能力表现测试的命题蓝图（表 5-2-1）。本次测试覆盖了 A1～C3 9 个二级能力要素。

表 5-2-1　实验探究主题学科能力表现测试的命题蓝图

学科能力 实验探究活动	A 学习理解能力			B 应用实践能力			C 迁移创新能力		
	A1 辨识记忆	A2 概括关联	A3 说明论证	B1 分析解释	B2 推论预测	B3 简单设计	C1 复杂推理	C2 系统探究	C3 创新思维
物质分离	√	√	√	√		√	√	√	
物质制备	√	√	√	√		√	√		
物质检验	√	√	√	√			√		
物质结构探究	√	√	√	√			√		
反应规律探究	√	√	√	√			√		
物质性质探究	√	√	√	√			√		√

二、试题命制策略

实验探究主题的学科能力测试，以 6 类实验探究活动作为基本单位，选取真实的、有梯度的实验情境，考查学生对化学核心活动经验的理解和应用。测试工具的开发遵循以下策略。

1. 基于核心活动经验确定能力表现水平测查点

学科能力是与学科特定的知识经验和活动经验联系在一起的。每类实验探究活动本身具备特定的活动经验，在测试工具开发前，提取每类学科活动的活动经验。在编制试题时，先确定其对应的活动类型，明确相应的活动经验，再确定其

169

要考查的学科能力表现要素，进而确定设问点。例如，选定物质分离活动的活动经验"利用性质差异选取分离方法"，若考查对活动经验的说明论证能力，测试点设计为说明常见分离操作的原理，如图 5-2-1 的第（2）题所示；若考查推论预测的能力，则测试点设计为自主提取分离对象的性质差异，利用性质差异选取试剂和分离手段，如图 5-2-1 的第（3）题所示。

10. 海水晒盐后剩余的母液主要成分为氯化镁、溴化钾，工业上采用以下方案提取溴。

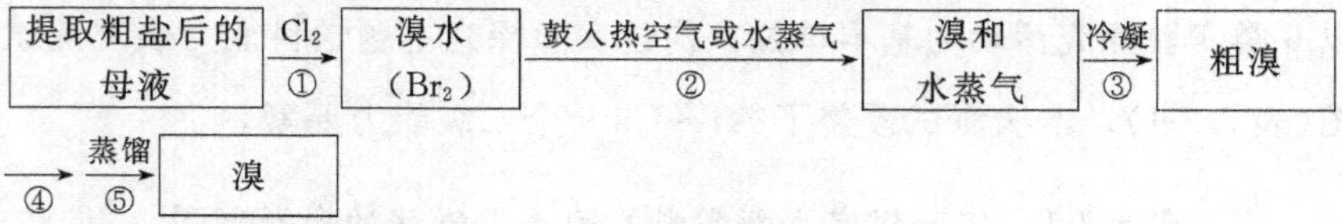

（1）步骤②的作用是_____。

（2）步骤③和步骤⑤的操作利用的性质是_____。

（3）步骤④加入的试剂和操作是_____。

图 5-2-1　实验探究主题试题示例 1

例如，物质制备活动要求学生能对比原料和目标物，基于氧化还原、类别、官能团等物质和反应的认识角度选取反应和试剂，为了获取目标产物需要除去制备反应可能产生的杂质。如图 5-2-2 所示的试题，学生需要意识到除去可能产生的杂质，并且通过对制备反应的分析，提取出氯化钙的作用是吸收水和氨气。回答"吸收水"的学生能关联地分析制备反应和制备目标；回答"吸收水和氨气"的学生能系统分析制备反应、装置，能考虑到未反应的氨气对二氧化氮溶于水、与石蕊试液显色反应的影响，能综合应用物质和反应认识角度，以及制备活动的关键经验分析物质制备活动，具备系统的认识方式。

7. 实验室采用以下装置模拟氨催化氧化制硝酸。

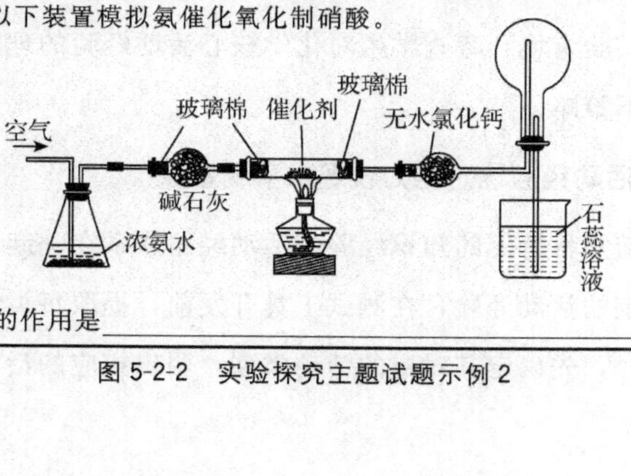

（2）无水氯化钙的作用是_____。

图 5-2-2　实验探究主题试题示例 2

2. 试题题型以开放题为主，关注学生的"理由""依据"

一是采用开放性试题，学生自主书写对活动的分析和设计，目的在于探查学生的认识角度和活动过程经验的不同水平。如图 5-2-3 所示的试题，一方面从学生设计的方案中可以诊断其是否具备物质检验活动相应的认识角度、活动程序和关键策略，另一方面，可以看到不同学生在设计方案时的多样性，从而可以比较全面地对学生群体发展情况作出诊断。

15. 实验室里有一瓶无色溶液，其中可能含有亚硫酸钠(Na_2SO_3)、硫酸钠(Na_2SO_4)。乙同学查阅资料获得以下信息：

(a)氯化钡($BaCl_2$)与亚硫酸钠(Na_2SO_3)反应生成亚硫酸钡沉淀($BaSO_3$)；

(b)氯化钡($BaCl_2$)与硫酸钠(Na_2SO_4)反应生成硫酸钡沉淀($BaSO_4$)；

(c)亚硫酸钠与盐酸反应生成刺激性气味的气体；

(d)盐酸与硫酸钠混合不发生反应。

请你帮助乙同学设计实验方案检验该溶液中是否含有亚硫酸钠(Na_2SO_3)、硫酸钠(Na_2SO_4)。

图 5-2-3　实验探究主题试题示例 3

二是题目设问要求学生写出作答的"理由""依据"，关注学生的思维过程，避免由于学生猜测带来对学科能力估计的误差。如图 5-2-4 所示的试题，通过学生写的"理由"推测学生在分析体系成分时可以自主调用哪些物质性质的认识角度，以及是否有定量的认识角度。

16. 某同学向一支试管中加入少量 $FeCl_3$ 粉末，注入适量水溶解，然后向其中投入一段擦亮的镁条。你认为试管中可能存在哪些成分？将可能的情况填写在下表，并写出理由。（行数不限）

可能的情况	你的理由

图 5-2-4　实验探究主题试题示例 4

三、评分标准设计

在评分标准的设定上，以学生是否具备活动经验作为评分的主要依据，关注学生是否达到相应的学科能力水平。如图 5-2-5 所示，如果学生直接设计方案（加入 HCl 或 Ag^+），没有体现出选取试剂和现象的思路，则只能得到 1 分；如果关注 $NaNO_2$ 与 NaCl 的性质差异（例如 NO_2^- 与 Cl^- 不同），则得到 2 分；只有同时关注二者的性质差异和现象差异（例如，用 $KMnO_4$，退色则为 $NaNO_2$），才可以得到满分 3 分。

17. 亚硝酸钠（$NaNO_2$）外观与食盐相似，新闻报道中常有因误食亚硝酸钠中毒的事件。为了鉴别亚硝酸钠（$NaNO_2$）和氯化钠（NaCl），你从哪些方面思考？

_____。

图 5-2-5　实验探究主题试题示例 5

表 5-2-2 为图 5-2-3 所示试题的评分标准，得到 2 分的标准是能够考虑到排除干扰，根据特征现象正确选择试剂和反应；1 分的学生则只能够根据特征现象选择试剂，实质是缺少物质检验活动的完整认识角度。

表 5-2-2　实验探究主题试题评分标准示例

活　动	指标	分值	标答及评标
物质检验	B3	2 分	2 分：先加过量盐酸，再加氯化钡；或先加过量（或足量）氯化钡，再加盐酸。（用 HNO_3 不扣分） 1 分：直接加入氯化钡溶液，或加入盐酸

第三节　实验探究主题的学科能力表现水平

基于大样本测查的数据，以 6 类活动作为整体进行单维分级评分 Rasch 模型运算、以学习理解—应用实践—迁移创新作为 3 个维度进行多维分级评分 Rasch 模型运算。然后，依据能力要素（一级、二级）、活动经验（活动程序、关键策略、核心角度）和问题情境，利用运算产生的试题难度值，采用第二章介绍的"书签法"划分水平层级。

实验探究主题将以下几个方面作为水平区分的基本变量：①任务本身的复杂度特征（单步—多步、元素组成—组成比—官能团类型—官能团位置）；②变量关系（孤立—关联—系统推理）；③学生是否有经验原型；④知识对活动经验的功能贡献（角度和具体知识）—角度类型（转化、性质、氧还、类别、官能团、价键）、是否提示角度（提示、自主）。

实验探究主题能力表现的水平层级有以下特征：①对原型活动的辨识、关联主要处于水平 1；②以多变量、多角度为特征的体系对应于高水平；③活动程序中的"完整程序"对应于高水平；④对活动经验的学习理解、应用实践、迁移创新对应的水平依次升高；⑤需要综合能力要素和活动经验（活动程序、关键策略、核心角度）视角刻画水平层级。

一、整体水平划分

综合能力要素、问题情境、认识角度、活动程序和关键策略，将学生能力表现划分为 7 个水平（表 5-3-1）。

表 5-3-1　实验探究主题的整体能力表现水平

水平等级	水平描述
7	自主识别内隐变量，主动调用多个认识角度，调用活动程序和关键策略，经过系统推理对多变量体系的实验探究活动进行分析和实施

续表

水平等级	水平描述	
6	自主识别内隐变量，主动调用认识角度、活动程序和关键策略，经过系统推理对多变量体系的实验探究活动进行分析和实施	
5	主动调用认识角度、活动程序和关键策略，经过推理对多变量体系的实验探究活动进行分析和实施	
4	主动调用认识角度、活动程序和关键策略，经过简单推理分析和实施陌生的实验探究活动	
3	在给定认识角度的情况下，利用单一的关键策略分析和实施实验探究活动	
2	建立原型活动各要素之间的关联	
1	辨识原型活动的局部要素（目标、方案、结论）	

水平 1 是辨识原型活动的局部要素，如辨识物质分离原型活动目的（图 5-3-1）。

> 8. 由海水晒制的海盐中，可能含有泥沙、氯化钙、氯化镁、硫酸钠等杂质。某同学以海盐为原料，进行了如下实验：
> • 加水溶解粗盐，过滤[1]。
> • 加入过量[2]的碳酸钠溶液[3]，过滤[4]。
> • 加入过量的氢氧化钾溶液[5]，过滤[6]。
> • 加入过量的氯化钡溶液[7]，过滤[8]。
> • 蒸发滤液[9]。
> (1)请问该实验的实验目的是什么？_____

图 5-3-1 实验探究主题整体水平 1 试题示例

水平 2，即建立原型活动各要素之间的关联，具体表现为能用单步反应、单一证据对原型活动进行方案设计和分析，将原型活动的证据、方案、目标进行简单关联，如图 5-3-2 和图 5-3-3 所示。学生解决图 5-3-2 所示的问题时，提取生成 $FeCl_2$ 的单步反应即可，不需要更多的推理；解决图 5-3-3 所示的问题时，学生只需将粗盐提纯的各步分离操作与其目标简单关联对应即可。

(3)请写出至少 3 种制备 $FeCl_2$ 的反应。(表格行数不限)

序号	制备反应的化学方程式
1	
2	
3	
...	

图 5-3-2 实验探究主题水平 2 试题示例 1

8. 由海水晒制的海盐中,可能含有泥沙、氯化钙、氯化镁、硫酸钠等杂质。某同学以海盐为原料,进行了如下实验:

- 加水溶解粗盐,过滤[1]。
- 加入过量[2]的碳酸钠溶液[3],过滤[4]。
- 加入过量的氢氧化钾溶液[5],过滤[6]。
- 加入过量的氯化钡溶液[7],过滤[8]。
- 蒸发滤液[9]。

(2)请说明上述实验方案中的操作要点(方括号中注明的序号)的实验意图。

操作要点	实验意图
[1]	
[2]	
[3]	
[9]	

图 5-3-3 实验探究主题水平 2 试题示例 2

水平 3 的表现是在给定认识角度的情况下,利用单一的关键策略分析和实施实验探究活动。图 5-3-4 所示试题的第 2 个空属于水平 3,题目信息"只存在"提示需要考虑干扰,以及加入的检验试剂 KSCN,学生只需设计一个加入 KSCN 的对比实验即可。图 5-3-5 所示的试题在提示价键结构的情况下,要求学生预测陌生物质的熟悉官能团断键部位。

14. 为了检验溶液中是否存在 Fe^{2+},某同学将氯水滴入该溶液,然后加入 KSCN。加入氯水的目的是＿＿＿＿＿＿＿＿＿＿＿＿＿＿＿＿＿。
如果要证明溶液中铁元素只存在 Fe^{2+},需要增加的实验是＿＿＿＿＿＿＿＿＿＿＿＿＿。

图 5-3-4 实验探究主题水平 3 试题示例 1

(2)请你对甲的结构作简单分析，并预测甲可能具有的化学性质：
①判断甲可能的断键部位(用虚线在结构式中标出)

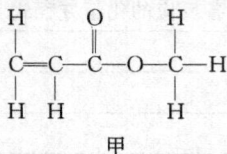

$$\begin{array}{ccccccc} H & & O & & H \\ | & & \| & & | \\ C & = & C-C-O-C & & H \\ | & & | & & | \\ H & H & H & & H \end{array}$$

甲

图 5-3-5　实验探究主题水平 3 试题示例 2

水平 4，表现为主动调用认识角度、活动程序和关键策略，经过简单推理分析和实施陌生的实验探究活动。即能基于熟悉角度完整实施单变量体系的研究或系统分析和设计多成分(多步转化)体系的方案，如图 5-3-6 和图 5-3-7 所示。学生在解决图 5-3-6 所示的试题时，基于熟悉的氧化还原角度选取检验还原性的试剂，即自主提取常见的氧化剂。学生在解决图 5-3-7 所示的试题时，学生根据题目里的信息已经了解海水中存在的离子，实质上这些离子不影响 Br^- 的检验，因此学生只需要自主调用氧化还原反应将溴离子转化成可观测的溴单质，用 CCl_4 萃取放大现象。

1. 铁元素是中学化学的常见元素，很多含铁物质在生产生活中也有广泛的用途。
(1)某小组要研究 $FeSO_4$ 的还原性，请你提供 2 种合适试剂：＿＿＿＿、＿＿＿＿。

图 5-3-6　实验探究主题水平 4 试题示例 1

(3)设计实验检验海水中的 Br^-(自选仪器和试剂)。
实验方案：＿＿＿＿＿＿＿＿＿＿＿＿＿＿＿＿＿＿＿＿＿＿

图 5-3-7　实验探究主题水平 4 试题示例 2

水平 5 的表现是主动调用认识角度、活动程序和关键策略，经过推理对多变量体系的实验探究活动进行分析和实施。如图 5-3-8 和图 5-3-9 所示，学生在解决图 5-3-8 所示的试题时，需要将证明反应发生转换为 CO_3^{2-} 检验，系统分析溶液体系的成分，考虑到排除干扰，自主选择分离方法和检验试剂。图 5-3-9 所示的试题要求学生提取双氧水分解的现象，自主地基于对比系统说明假设的依据。

（3）某课外小组同学查阅资料后发现，硫酸根离子也可能发生如下反应：
$SO_4^{2-}+BaCO_3 =\!\!=\!\!= BaSO_4+CO_3^{2-}$，请你设计实验方案证明上述反应能够发生。
实验方案：_____

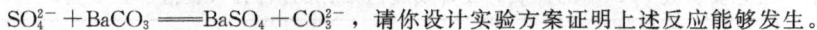

图 5-3-8　实验探究主题水平 5 试题示例 1

（3）该小组同学欲用碘化钾替代氢碘酸验证上述实验。在实验过程中，未观察到溶液变
为棕黄色，却观察到产生无色气体。于是，该小组同学提出假设：KI 可能是过氧化氢分解
反应的催化剂。
　　①小组同学提出上述假设的依据是_____

图 5-3-9　实验探究主题水平 5 试题示例 2

水平 6 的表现是：自主识别内隐变量，主动调用认识角度、活动程序和关键
策略，经过系统推理对多变量体系的实验探究活动进行分析和实施。图 5-3-10 所
示的试题任务中，学生需要调用氧化还原、水溶液的相关的认识角度，调用物质
性质探究的活动程序和关键策略，识别出 NO_3^-、Fe^{3+}、H^+ 的浓度可能会干扰对
比实验这一内隐的因素，从而采用正确的对比实验进行探究。

11. 某实验室将一定量 $Fe(NO_3)_3$ 固体完全溶于水，发现该溶液可以刻蚀银。
请你对溶液刻蚀银的原因提出假设，并说明假设的依据。
　　①假设：_____
　　②假设依据：_____
　　③针对以上假设，你需要进一步进行哪些研究？
　　_____
　　_____

图 5-3-10　实验探究主题水平 6 试题示例

水平 7 的表现是：自主识别内隐变量，主动调用多个认识角度，调用活动程
序和关键策略，经过系统推理对多变量体系的实验探究活动进行分析和实施。在
图 5-3-11 所示的试题中，学生如果可以从氧化性、还原性、碳酸盐特性等多个角
度系统地设计实验方案，那么可以认为其达到水平 7。

（5）某小组想要探究 $FeCO_3$ 的性质，设计实验验证你的预测。（表格不必填满）

猜想假设		方案设计	
化学性质	猜测依据	选择试剂	预期现象

图 5-3-11　实验探究主题水平 7 试题示例

二、学习理解能力水平划分

学习理解能力包括对原型活动的辨识记忆、概括关联和说明论证。为了进一步阐释学习理解能力的发展水平差异，以试题 Rasch 难度为参考，将其分为 4 个水平，水平 1 到水平 4 代表从低水平到高水平。

表 5-3-2　实验探究主题学习理解能力的水平层级

水平等级	水平描述
4	主动调用核心角度和关键策略，对原型活动进行系统论证
3	利用单一证据，对原型活动进行基于关联的论证
2	建立原型活动的问题假设、方案证据、结论解释之间的关联
1	辨识、记忆原型活动的部分要素

水平 1 的表现是辨识记忆原型活动的局部要素（目标、方案、结论）。例如图 5-3-12 所示的试题，$Fe(OH)_2$ 的制备是原型活动，学生直接从记忆中提取实验中"加入苯"这一操作的目的是隔绝空气。

2. 实验室制备氢氧化亚铁（如右图）：在盛有硫酸亚铁溶液的试管内加入有机物苯，用滴管将氢氧化钠溶液滴入试管底部。加入苯的目的是 _____。

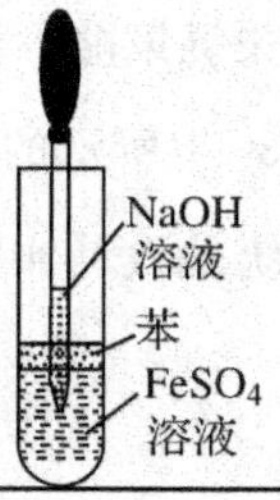

图 5-3-12　学习理解水平 1 试题示例

水平 2 表现为能建立原型活动的问题假设、方案证据、结论解释之间的关联。例如,在图 5-3-13 所示的 Fe^{2+} 检验这一原型活动中,学生根据氯水与 Fe^{2+} 的反应和基于转化进行检验这一关键策略,建立"加入氯水"这一操作与其目的之间的关联。

---

14. 为了检验溶液中是否存在 Fe^{2+},某同学将氯水滴入该溶液,然后加入 KSCN。加入氯水的目的是_____。

图 5-3-13 学习理解水平 2 试题示例

水平 3 是利用单一证据对原型活动进行基于关联的论证。图 5-3-14 的第 3 个问点(标出推测或结论),要求学生能完整地提取信息陈述的多条结论,实质上是建立多个结论之间的关联,对物质检验活动进行初步论证。

---

14. 将二氧化碳通入盛有氢氧化钠和氢氧化钙混合溶液的烧杯中,停止通入气体后,过滤,然后对滤液的成分进行探究。某同学陈述了他所在小组的实验过程,如下:

我们小组首先取少量过滤后的清液,向其中滴加两滴氯化钙溶液,生成白色沉淀,我们认为溶液中含有碳酸钠。由于碳酸钠与氢氧化钙不能共存,所以否定了存在氢氧化钙的可能。然后向这个浑浊液中继续滴加两滴酚酞溶液,溶液变红色。起初我们认为溶液中含有氢氧化钠,但考虑到碳酸钠也可以使酚酞溶液变红,无法说明一定含有氢氧化钠。

①请你在上段文字中用单横线"——"标出现象,用波浪线"～～～"标出原有知识,用双横线"＝＝"标出推测或结论。

图 5-3-14 学习理解水平 3 试题示例

水平 4 表现为能主动调用核心角度和关键策略,对原型活动进行系统论证。图 5-3-15 所示试题,要求能说出冷凝和蒸馏这两种分离操作利用的性质是沸点不同,这实质上是基于物质分离活动的"利用体系成分的性质差异"这一关键策略,并且需要准确到沸点这一性质。

---

10. 海水晒盐后剩余的母液主要成分为氯化镁、溴化钾,工业上采用以下方案提取溴。

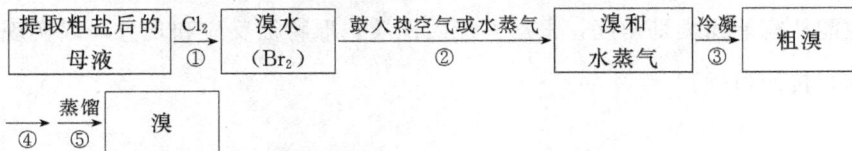

(2)步骤③和步骤⑤的操作利用的性质是_____。

图 5-3-15 学习理解水平 4 试题示例

三、应用实践能力水平划分

实验探究主题的应用实践能力分为 5 个水平层级，依据是认识角度的提示程度、关键策略的数量、活动程序的完整度等。

表 5-3-3　实验探究主题应用实践能力的水平层级

水平层级	水平描述
5	基于认识角度、活动程序和关键策略识别内隐变量，并经过系统推理进行实验探究活动的分析和实施
4	主动将核心概念转换为认识角度，主动调用活动程序和关键策略进行简单的推理实现实验探究活动的分析和完整实施
3	主动将核心概念转换为认识角度，主动调用活动程序和关键策略进行实验探究活动的分析和完整实施
2	在给定认识角度的情况下，利用单一的关键策略对实验探究活动进行局部实施
1	基于具体知识和单一的关键策略，对实验探究活动进行分析和局部实施

水平 1 的表现是基于具体知识和单一的关键策略，对实验探究活动进行分析和局部实施。图 5-3-16 所示的试题中，学生只需要基于氢谱图峰数与有机物等效氢的关系这一具体知识，即可分析出证明 1-丙醇结构的证据。

（2）利用谱图法测定 1-丙醇（$HO—CH_2—CH_2—CH_3$）的分子结构时，其氢谱图应该显示_____组峰。

图 5-3-16　应用实践水平 1 试题示例

水平 2 的表现是能在给定认识角度的情况下，利用单一的关键策略对实验探究活动进行局部实施，试题示例见图 5-3-17。图 5-3-17 所示试题的第④小题，要求学生能从官能团类别角度，根据官能团性质选取特征反应和现象，以实现确认有机物结构的目标。

(3)测定有机物的相对分子质量通常可用的方法是①_____。某有机物的分子式为 $C_3H_6O_4$，请你猜测其可能的一种结构②_____（填写结构简式），简要写出推断过程③_____。

④为验证你的猜测，请利用有机物的化学性质设计实验方案填入下表：

实验方案	反应试剂、条件、预期现象
1	
2	
...	

图 5-3-17　应用实践水平 2 试题示例（第④小题）

水平 3 的表现是主动将核心概念转换为认识角度，主动调用活动程序和关键策略进行实验探究活动的局部实施，试题示例见图 5-3-18。在图 5-3-18 试题的作答中，如果学生能基于还原性这个二级认识角度，调用物质性质探究的活动程序及关键策略完整设计方案探究 $FeCO_3$ 还原性，包括基于化合价预测还原性，正确选择氧化剂并写出预期现象，那么可以认为其达到水平 3。

(5)某小组想要探究 $FeCO_3$ 的性质，设计实验验证你的预测。（表格不必填满）

猜想假设		方案设计	
化学性质	推测依据	选择试剂	预期现象

图 5-3-18　应用实践水平 3 试题示例

水平 4 的表现是主动调用认识角度、活动程序和关键策略经过简单的推理实现实验探究活动的分析和完整实施。图 5-3-19 所示的试题，需要基于氧化还原角度完整分析选取的试剂是否合理。

(2)有同学选择 Zn 作为研究 $FeSO_4$ 还原性的试剂，你认为是否可行_____，说明原因：_____。

图 5-3-19　应用实践水平 4 试题示例

水平 5 的表现是：主动调用认识角度、活动程序和关键策略，经过系统推理进行实验探究活动的分析和实施。图 5-3-20 所示的反应规律探究活动是关于催化剂对化学反应速率影响的研究，需要设计方案证明 KI 可能是 H_2O_2 分解的催化剂。设计对比实验，基于对反应条件的认识，控制浓度、温度等变量，操控"是否加入 KI"，并且选定反应快慢的观测指标。

---

(2)该小组同学欲用碘化钾替代氢碘酸验证上述实验。在实验过程中，未观察到溶液变为棕黄色，却观察到产生无色气体。于是，该小组同学提出假设：KI 可能是过氧化氢分解反应的催化剂。请设计实验方案验证该小组同学的假设(仪器和试剂可自选)。

实验方案：_____

_____。

图 5-3-20　应用实践水平 5 试题示例

四、迁移创新能力水平划分

实验探究主题的迁移创新能力指向陌生的实验探究活动，根据变量内隐程度、情境复杂度、变量数量可分为 5 个水平层级。

表 5-3-4　实验探究主题迁移创新能力的水平划分

水平等级	水平描述
5	在复杂情境中自主识别内隐变量，主动调用多角度、调用活动程序和关键策略经过系统推理实现陌生、多变量的实验探究活动的分析和实施
4	在复杂情境中自主识别内隐变量，基于认识角度、活动程序和关键策略经过系统推理实现陌生、多变量的实验探究活动的分析和实施
3	在复杂情境中进行问题转换，基于认识角度、活动程序和关键策略分析和实施陌生、多变量的实验探究活动
2	主动调用认识角度、关键策略分析和实施陌生、多变量的实验探究活动
1	在题目提示认识角度的情况下，基于关键策略分析和实施陌生的实验探究活动

迁移创新能力的水平 1，是在题目提示认识角度的情况下，基于关键策略分析和实施陌生的实验探究活动。图 5-3-21 所示的试题要求学生分析双官能团有机物的合成路线，利用物质制备活动中关注试剂顺序这个关键策略，根据题目提示

的氧化角度，从而分析出甲基和羟基这两个官能团可能同时被氧化。

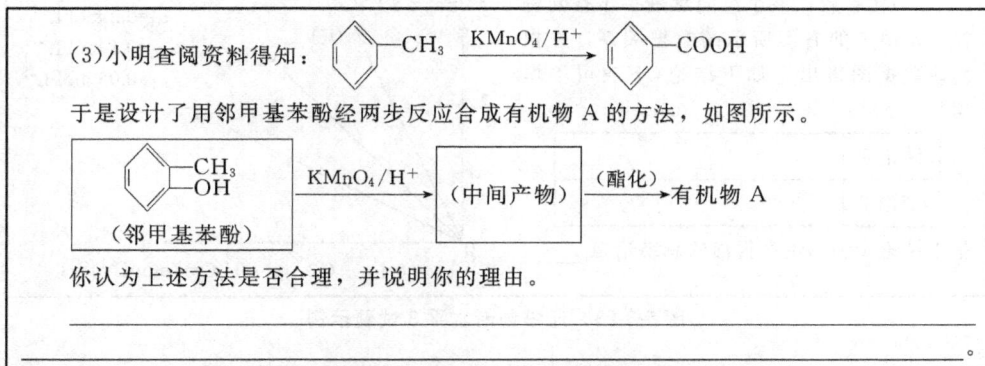

（3）小明查阅资料得知：⟨苯环⟩—CH₃ $\xrightarrow{KMnO_4/H^+}$ ⟨苯环⟩—COOH

于是设计了用邻甲基苯酚经两步反应合成有机物 A 的方法，如图所示。

⟨苯环⟩—CH₃／OH（邻甲基苯酚） $\xrightarrow{KMnO_4/H^+}$ （中间产物） $\xrightarrow{\text{（酯化）}}$ 有机物 A

你认为上述方法是否合理，并说明你的理由。

_____
_____。

图 5-3-21　迁移创新水平 1 试题示例

迁移创新能力的水平 2，即主动调用认识角度、关键策略分析和实施陌生、多变量的实验探究活动。图 5-3-22 所示的试题第①题要求学生从化合价和氧化还原的角度分析 $Na_2S_2O_3$ 与氯水混合的多变量（离子、元素）体系，自主发现 $Na_2S_2O_3$ 中的硫元素可能被氯水氧化，从而明确实验目的是研究 $Na_2S_2O_3$ 的还原性，而不是"是否反应"。第②题要求学生能分析出氯水的氧化性，还要考虑物质性质探究活动中"选择实验现象明显的试剂"这一关键策略，即氯水退色，也就是能综合分析试剂选取的理由。

（2）某同学在研究硫代硫酸钠（$Na_2S_2O_3$）的化学性质时，向新制氯水中滴加少量 $Na_2S_2O_3$ 溶液，发现氯水退色。请问他这样做的目的是①_____。他选择氯水的依据是②_____。

图 5-3-22　迁移创新水平 2 试题示例

迁移创新能力的水平 3，即在复杂情境中进行问题转换，基于认识角度、活动程序和关键策略分析和实施陌生、多变量的实验探究活动，试题示例见图 5-3-23。学生在解决图 5-3-23 所示的问题时，面对一个由反应速率、碘离子浓度、双氧水浓度构成的多变量体系，需要从多变量比例关系的角度执行从证据到结论的过程，即分析得出反应的速率方程。

（3）实验后，该小组同学进一步查阅资料，发现了如右图所示的数据关系，并根据该数据图得出了如下结论（下表可不填满）。

结论1	
结论2	

基于结论1和结论2得出的总结论是_____

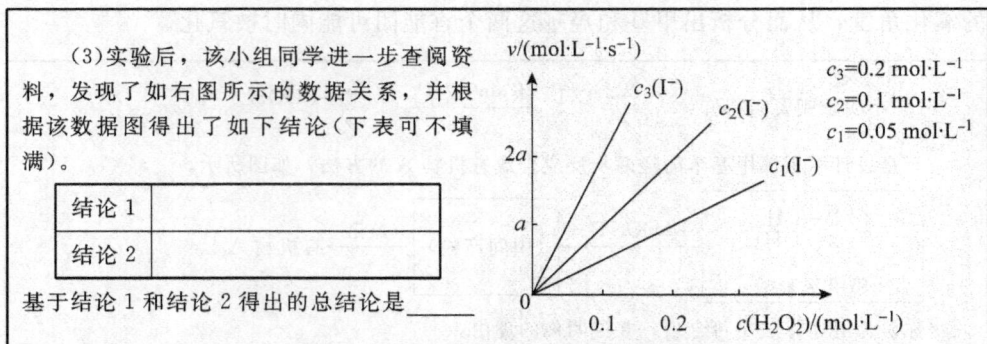

图 5-3-23　迁移创新水平3试题示例

迁移创新能力的水平4，即在复杂情境中自主识别内隐变量，基于认识角度、活动程序和关键策略经过系统推理实现陌生、多变量的实验探究活动的分析和实施。在图 5-3-24 所示的试题中，学生需要从温度、活化能、反应速率这几组变量中分析出其相互之间的关系，识别出活化能对应的因素是催化剂，利用变量控制等反应规律探究活动的经验，从而明确研究问题是比较催化剂和温度对反应速率的影响。

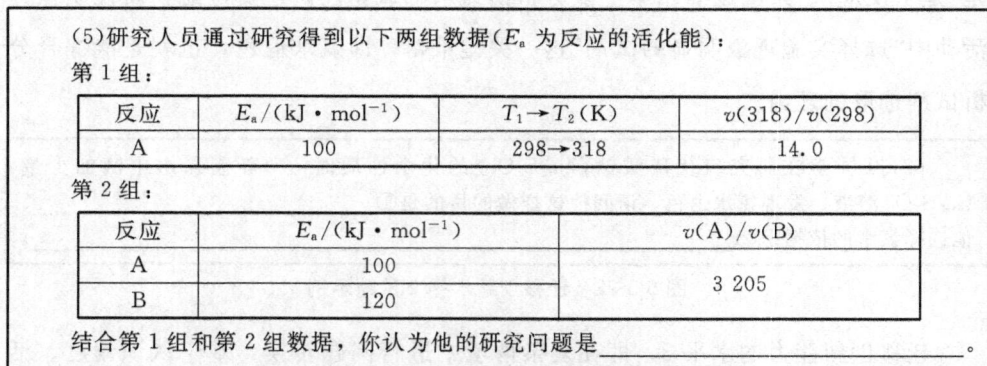

（5）研究人员通过研究得到以下两组数据（E_a 为反应的活化能）：

第1组：

反应	$E_a/(kJ \cdot mol^{-1})$	$T_1 \rightarrow T_2 (K)$	$v(318)/v(298)$
A	100	298→318	14.0

第2组：

反应	$E_a/(kJ \cdot mol^{-1})$	$v(A)/v(B)$
A	100	3 205
B	120	

结合第1组和第2组数据，你认为他的研究问题是_____。

图 5-3-24　迁移创新水平4试题示例

迁移创新能力的水平5，即在复杂情境中自主识别内隐变量，主动调用多角度、调用活动程序和关键策略经过系统推理实现陌生、多变量的实验探究活动的分析和实施。图 5-3-25 所示的试题中，学生需要系统分析滴定 NH_4^+ 的观测指标（现象），进而选择试剂和试剂顺序，调用水溶液的相关认识角度，从而设计返滴定法测定 NH_4^+ 的含量。

②设计实验用滴定法测定氯化铵中 NH_4^+ 的含量。（可以不填满）

所选试剂：1 mol·L^{-1} NaOH 溶液、1 mol·L^{-1} 硫酸溶液、酚酞溶液、pH 试纸，仪器自选。

步骤	实验内容
1	
2	

图 5-3-25 迁移创新水平 5 试题示例

第四节　实验探究主题的学科能力表现现状

用 Rasch 模型对测查数据进行统计分析后，可以得到化学学科能力表现测试的试题难度值和学生能力值。由于每个学科能力水平层级均有对应的试题难度值范围，试题难度值与学生能力值在一个量尺上，因此，可以根据学生能力值判断有多少学生处于该学科能力水平，进而确定各类样本在各水平的人次百分比。

一、整体水平分布

表 5-4-1 所示为全体样本、不同年级样本实验探究主题学科能力表现的平均能力值、平均能力值对应水平和各水平的人次百分比。

表 5-4-1　实验探究主题学科能力表现整体水平分布

	平均能力值	标准差	均值水平	各水平人次百分比							
				水平7	水平6	水平5	水平4	水平3	水平2	水平1	未达水平1
高中全体	−0.90	1.310	3	0.0%	0.5%	6.4%	37.2%	33.3%	17.2%	5.0%	0.4%
高一年级	−0.97	1.296	3	0.0%	0.0%	6.7%	34.8%	36.1%	17.3%	4.8%	0.3%
高二年级	−1.08	1.174	3	0.0%	0.0%	2.9%	35.8%	34.9%	20.2%	5.4%	0.8%
高三年级	−0.64	1.418	3	0.1%	1.6%	9.6%	41.9%	28.1%	13.8%	4.9%	0.0%

从全体样本来看，学生主要分布于水平 4 和水平 3，少部分学生处于水平 2，少数学生处于水平 1 和水平 5。22.6%的学生停留在原型活动的直接辨识和概括关联（水平 1 和水平 2）；33.3%的学生处于水平 3，在给定认识角度的情况下，利用单一的关键策略分析和实施实验探究活动；37.2%的学生处于水平 4，能主动调用认识角度、活动程序和关键策略，经过简单推理分析和实施陌生的实验探究活动；仅 6.4%的学生达到水平 5，能主动调用认识角度、活动程序和关键策略，经过推理对多变量体系的实验探究活动进行分析和实施。这表明，大部分学

生在涉及多变量及其关系、多角度、内隐变量的活动上表现较差（水平 6 和水平 7）。

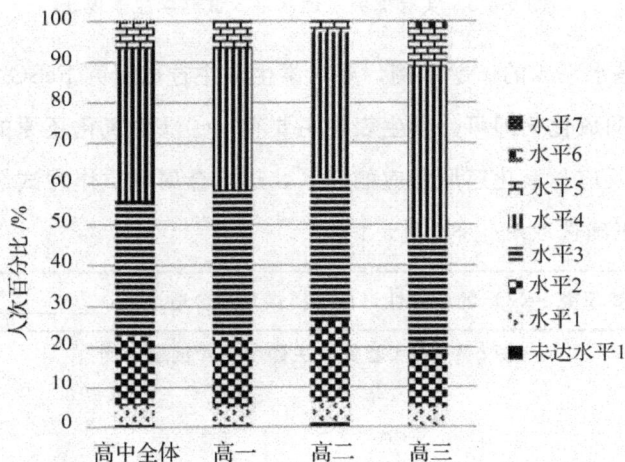

图 5-4-1　高中实验探究主题学科能力表现整体水平分布

图 5-4-2 是水平 3 的试题示例，是用氯水和 KSCN 检验 Fe^{2+}，问点是为了证明溶液中铁元素只以 Fe^{2+} 形式存在需要增加的实验是什么，要求学生对物质检验实验进行局部设计，需要通过变量控制排除干扰。学生的答题表现主要有：①正确设计前后对比实验"在加入氯水前加入 KSCN"（图 5-4-3）；②有排除干扰意识但试剂选择错误（图 5-4-4）；③记住排除干扰但是不能正确分析检验体系（图 5-4-5）。

如果要证明溶液中铁元素只存在 Fe^{2+}，需要增加的实验是＿＿＿＿＿＿＿＿＿＿＿＿＿＿＿。

图 5-4-2　实验探究主题水平 3 试题示例

需要增加的实验是　在加入氯水之前加入 KSCN溶液

图 5-4-3　实验探究主题水平 3 试题学生表现 1

需要增加的实验是　加入 NaOH溶液

图 5-4-4　实验探究主题水平 3 试题学生表现 2

需要增加的实验是 *加入●铁单质于滤液中考与反应。*

图 5-4-5　实验探究主题水平 3 试题学生表现 3

图 5-4-6 是水平 4 的试题示例，要求学生自主选取研究 $FeSO_4$ 还原性的试剂，只需选择常见的氧化剂即可。学生表现主要有：①缺少氧化还原的角度，不清楚初中学的置换反应与氧化还原反应的联系，选取金属单质作为试剂（图 5-4-7 和图 5-4-8）；②能正确选取氧化剂（图 5-4-9）。

（1）某小组要研究 $FeSO_4$ 的还原性，请你提供 2 种合适试剂：＿＿＿＿＿、＿＿＿＿＿。

图 5-4-6　实验探究主题水平 4 试题示例

（1）　　k　　　　　　Ca

图 5-4-7　实验探究主题水平 4 试题学生表现 1

（1）　　FeSO4　　　　Cu

图 5-4-8　实验探究主题水平 4 试题学生表现 2

（1）　　F₂　　　　　Cl₂

图 5-4-9　实验探究主题水平 4 试题学生表现 3

图 5-4-10 是水平 5 的试题，需要学生自动将证明反应发生的问题转换为检验产物的问题，由于是一个多物质（离子、沉淀）体系，需在检验方案的设计中考虑到排除干扰，也就是需要学生主动获取证据，并且是可以得出相应结论的证据。正确回答的学生能转换问题并完整地排除干扰（图 5-4-11 和图 5-4-12）。学生的其他表现主要有：①不能主动将问题转换为检验任务（图 5-4-13）；②选取 H_2SO_4 作为反应试剂，能考虑到干扰但不系统，例如要检验滤液中的碳酸根，设计了过滤

操作，但是选取氯化钙作为检验试剂，未考虑滤液中的硫酸根（图 5-4-14）；③未考虑干扰问题，且试剂选择无逻辑（图 5-4-15）；④正确选取硫酸钠作为反应试剂，未考虑干扰问题（图 5-4-16）。

（2）某课外小组同学查阅资料后发现，硫酸根离子也可能发生如下反应：
$SO_4^{2-} + BaCO_3 = BaSO_4 + CO_3^{2-}$，请你设计实验方案证明上述反应能够反生。
实验方案：＿＿＿＿＿＿＿＿＿＿＿＿＿＿＿＿＿＿＿＿＿＿＿＿＿＿＿＿
＿＿＿＿＿＿＿＿＿＿＿＿＿＿＿＿＿＿＿＿＿＿＿＿＿＿＿＿＿＿＿＿＿＿

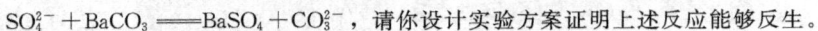

图 5-4-10　实验探究主题水平 5 试题示例

（2）实验方案 $BaCO_3$ 加 Na_2SO_4，过滤取回滤渣加 HCl，若有气体生成使澄清石灰水浑浊的气体生成，则反应可发生。

图 5-4-11　实验探究主题水平 5 试题学生表现 1

（2）实验方案 取些 $BaCO_3$ 固体于试管中，向其中滴加增 Na_2SO_4 溶液，取其中滴加过量 稀盐酸，若沉淀中部为溶解 则证明上述反应可以发生。

图 5-4-12　实验探究主题水平 5 试题学生表现 2

（2）实验方案 向 Na_2SO_4 溶液中加入 $BaCO_3$ 则会发生该反应。

图 5-4-13　实验探究主题水平 5 试题学生表现 3

（2）实验方案：取少量 $BaCO_3$ 放入足量稀硫酸 稀 H_2SO_4 中，待充分反应后，取出沉淀过滤 取少量液 滤入 $CaCl_2$ 溶液，若有白沉淀生成 则 发生反应。

图 5-4-14　实验探究主题水平 5 试题学生表现 4

（2）实验方案：把Na₂SO₄与Ba(OH)₂混合吸收之后再加入NaOH，若有沉淀则反应生

图 5-4-15　实验探究主题水平 5 试题学生表现 5

（2）实验方案：取一定量BaCl₂，~~实验~~加入．．． NaSO₄溶液 一段时间后加入CaCl₂溶液 产生白色沉淀 过滤同固体中加入HCl再将此气体通入CaOH₂溶液若溶液变浑浊全则反应可发生

图 5-4-16　实验探究主题水平 5 试题学生表现 6

从不同年级学生的表现（图 5-4-1）看，高一年级、高二年级、高三年级学生的平均能力值都处在水平 3，即在给定认识角度（氧还、类别等）的情况下，利用单一的关键策略（变量意识、性质差异、考虑干扰等）分析和实施实验探究活动。相比于高一年级和高二年级，高三年级的高水平学生有明显增加，主要是出现水平 6 和水平 7 的学生，水平 4、水平 5 的学生人次百分比明显增加。

通过年级之间的学生能力值差异检验（表 5-4-2）发现，高二年级的能力值均值低于高一年级，差异不显著，表示高一年级到高二年级学生在实验探究主题的表现没有明显的发展。高三年级的能力均值高于高一年级和高二年级，且存在显著性差异。

表 5-4-2　实验探究主题不同年级学生能力值的差异检验

年级		均值差 (I−J)	显著性
高年级(I)	低年级(J)		
高二年级	高一年级	−0.107	0.060
高三年级	高二年级	0.432	0.000
高三年级	高一年级	0.325	0.000

由于本次测试时间为 3 月中旬，高三年级学生在高二年级下学期的化学反应原理模块学习过程中经历了影响反应速率的因素、影响化学平衡的因素等反应规律探究活动，这些活动能够明显增强学生分析和执行化学实验探究活动时的变量

意识（变量识别和变量关系研究），促进学生达到水平 4 和水平 5；再者，高三年级的高考复习阶段，有利于促进学生学习整合多个角度、系统化思考，这也促进他们向高水平的发展。

高二年级学生学习了有机化学基础模块，主要属于物质性质研究的范畴，与高一年级学生已经学习的化学 1 模块类似，主要促进学生基于核心角度（氧化还原、类别或官能团）研究物质性质能力的发展，只是角度从无机物的氧化还原转向有机物的官能团，这在一定程度上可以解释高二年级学生和高一年级学生之间差异不显著。

二、学习理解能力表现

从全部样本来看，平均能力值为 0.85，处于水平 3。53.5% 的学生处于水平 3，表现为利用单一证据进行基于关联的论证，26.5% 的学生处于水平 4，能够主动调用认识角度和活动过程经验对原型活动进行系统的论证。16.9% 的学生仍处于水平 2，表现为建立原型活动的目标、方案、结论之间的关联。

表 5-4-3　实验探究主题学习理解能力的水平分布

	平均能力值	标准差	均值水平	各水平人次百分比				
				水平 4	水平 3	水平 2	水平 1	未达水平 1
高中全体	0.850	1.075	3	26.5%	53.5%	16.9%	3.0%	0.1%
高一年级	0.812	1.070	3	25.5%	53.3%	18.6%	2.3%	0.3%
高二年级	0.735	1.051	3	21.5%	57.0%	17.5%	4.0%	0.0%
高三年级	1.016	1.086	3	33.0%	49.9%	14.1%	2.9%	0.0%

水平 2 试题示例见图 5-4-18，学生只需对 Fe^{3+} 检验原型活动的操作和目标进行关联即可，错误表现见图 5-4-19 和图 5-4-20，学生的正确表现见图 5-4-21。图 5-4-19 的学生记住了实验中要排除干扰，但是没有建立基于转化检验物质的角度，未进行体系成分分析就直接写出"去除 Mg^{2+}、Al^{3+} 等离子干扰"。图 5-4-20 的学生直接复制试题的检验目标陈述，也没有建立基于转化实现目标检验这一关键策略。图 5-4-21 的学生具备基于转化进行检验的角度，正确回答"将 Fe^{2+} 变为 Fe^{3+}"。

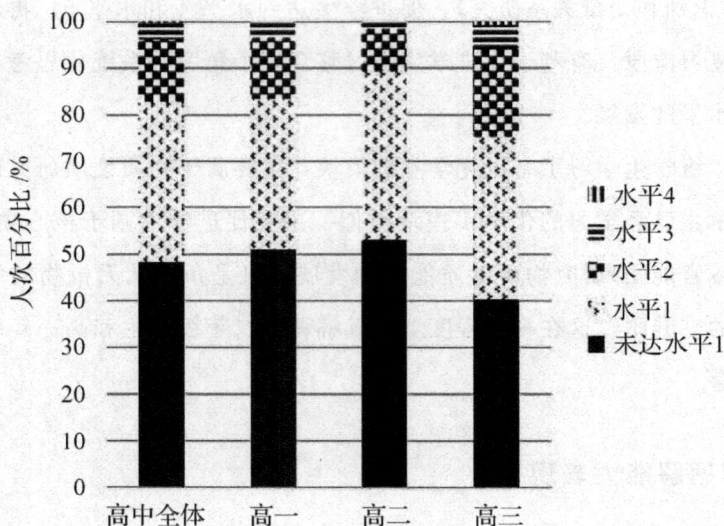

图 5-4-17　实验探究主题学习理解能力的水平分布

14. 为了检验溶液中是否存在 Fe^{2+}，某同学将氯水滴入该溶液，然后加入 KSCN。加入氯水的目的是：_____。

图 5-4-18　学习理解能力水平 2 试题示例

加入氯水的目的是　五除 N氧 A等离汗试

图 5-4-19　学习理解能力水平 2 试题学生表现 1

加入氯水的目的是　检险溶液是否存在 Fe^{2+}

图 5-4-20　学习理解能力水平 2 试题学生表现 2

加入氯水的目的是　将 Fe^{2+} 变物 Fe^{3+}

图 5-4-21　学习理解能力水平 2 试题学生表现 3

从不同年级学生的表现（图 5-4-17）来看，高一年级、高二年级、高三年级学生在学习理解能力的水平分布上基本相似，高三年级学生在水平 4 的比例高于高一年级和高二年级，表明系统论证原型活动的能力提升。利用进一步单因素方差分析（ANOVA）对各年级的学生能力值进行差异检验的结果是，高三年级显著高于高二年级和高一年级，高一年级和高二年级之间不存在显著差异。

表 5-4-4　实验探究主题学习理解能力值的不同年级差异检验

年级		全体		平均水平学生	
高年级 （I）	低年级 （J）	均值差 （I－J）	显著性	均值差 （I－J）	显著性
学习理解　高二年级	高一年级	−0.078	0.097	0.020	0.457
高三年级	高二年级	0.281	0.000	0.020	0.497
高三年级	高一年级	0.203	0.000	0.040	0.157

在各二级能力要素上，高中学生在辨识记忆、概括关联、说明论证上的平均得分率逐渐降低，表明学生对原型活动的关联和系统论证能力有待提升，本质上是原型活动中没有建立好稳定的核心活动经验。

表 5-4-5　实验探究主题学习理解二级要素的得分率

	A 学习理解		
	A1 辨识记忆	A2 概括关联	A3 说明论证
高中全体	72.7%	66.3%	42.8%
高一年级	76.6%	57.4%	34.1%
高二年级	71.4%	77.9%	49.7%
高三年级	70.1%	63.7%	39.0%

三、应用实践能力表现

从全部样本的表现来看，平均能力值处于水平 2，主要分布于水平 1、水平 2 和水平 3。23.1% 的学生处于水平 1，能基于具体知识和单一的关键策略，对实验探究活动进行分析和局部实施。37.2% 的学生处于水平 2，能在给定认识角度的情况下，利用单一的关键策略对实验探究活动进行局部实施。30.7%的学生处于水平3，能主动将核心概念转换为认识角度，主动调用活动程序和关键策略进行实验探究活动的分析和完整实施。大部分学生未达到主动调用认识角度、活动程序和关键策略，经过简单推理或系统推理实现实验探究活动的分析和完整实施（水平4和水平5）。

表 5-4-6　实验探究主题应用实践能力的学生水平分布

	平均能力值	标准差	均值水平	各水平人次百分比					
				水平5	水平4	水平3	水平2	水平1	未达水平1
高中全体	−0.85	0.923	2	0.0%	2.5%	30.7%	37.2%	23.1%	6.5%
高一年级	−0.89	0.925	2	0.0%	2.6%	28.7%	37.3%	25.0%	6.4%
高二年级	−0.97	0.887	2	0.0%	0.8%	25.7%	40.2%	25.3%	7.9%
高三年级	−0.66	0.928	2	0.0%	4.2%	38.2%	34.1%	18.3%	5.2%

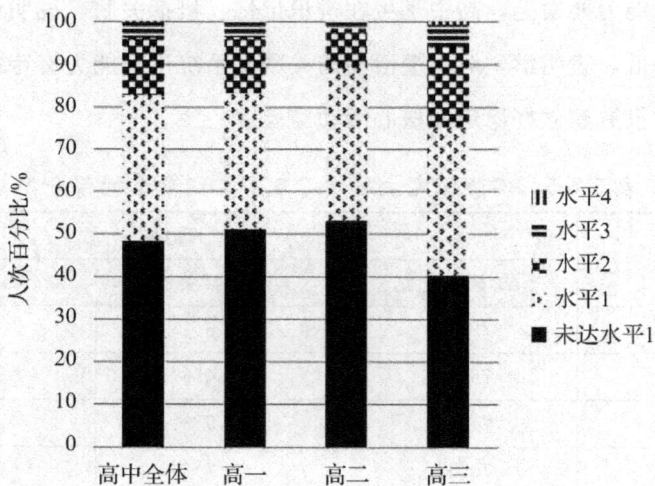

图 5-4-22　实验探究主题应用实践能力的学生水平分布

　　图 5-4-23 所示的物质结构探究活动考查应用实践能力的水平 2，在已知分子式的情况下对有机物结构进行探究。题中的①属于对相对分子质量测定方法的直接回忆，此处不进行具体分析。该活动的过程是：首先猜测 C_3H_6O 可能的结构，即根据有机物的碳原子成键规律（不饱和度）和可能的官能团，推测其可能的结构

(CH_3CH_2CHO 等)。然后，基于官能团的性质设计实验方案(试剂、反应条件、现象)验证结构，现象是观测指标。

(3)测定有机物的相对分子质量通常可用的方法是①________。某有机物的分子式为 C_3H_6O，请你猜测其可能的一种结构②____________(填写结构简式)，简要写出推断过程③____。
④为验证你的猜测，请利用有机物的化学性质设计实验方案填入下表。

实验方案	反应试剂、条件、预期现象
1	
2	
…	

⑤简述制订方案时你的研究思路：____
____。

图 5-4-23　应用实践能力水平 2 试题示例

图 5-4-24 和图 5-4-25 所示的学生能够完整地利用活动关键策略推测有机物 C_3H_6O 可能的结构，进而基于官能团性质设计实验方案验证结构。

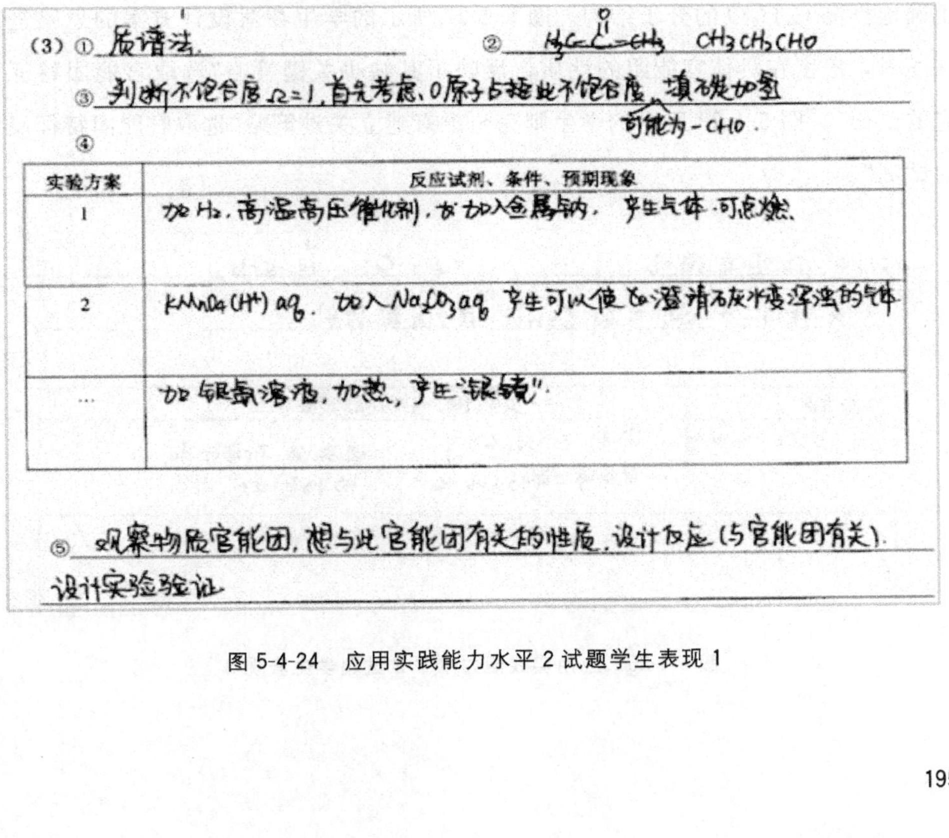
(3) ① 质谱法　② $H_3C-\overset{O}{\overset{\|}{C}}-CH_3$　CH_3CH_2CHO
③ 判断不饱和度 Ω=1，首先考虑O原子与碳此不饱和度，可能为-CHO，填碳加氢
④

实验方案	反应试剂、条件、预期现象
1	加 H_2，高温高压催化剂，加入金属钠，产生气体，可点燃。
2	$KMnO_4(H^+)$ aq，加入 Na_2CO_3 aq 产生可以使澄清石灰水变浑浊的气体
…	加银氨溶液，加热，产生"银镜"。

⑤ 观察物质官能团，想与此官能团有关的性质，设计反应(与官能团有关)，设计实验验证

图 5-4-24　应用实践能力水平 2 试题学生表现 1

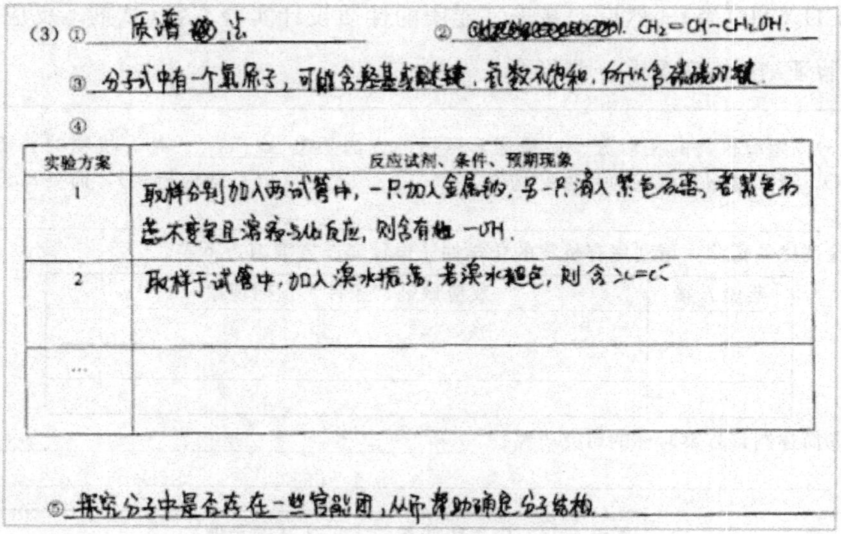

(3)① 质谱 ……法　　② ………… $CH_2=CH-CH_2OH$.

③ 分子式中有一个氧原子，可能含羟基或醚键，氢数不饱和，所以含碳碳双键

实验方案	反应试剂、条件、预期现象
1	取样分别加入两试管中，一只加入金属钠，另一只滴入紫色石蕊，若紫色石蕊不变色且溶解与钠反应，则含有 —OH.
2	取样于试管中，加入溴水振荡，若溴水褪色，则含 $C=C$
……	

⑤ 探究分子中是否存在一些官能团，从而帮助确定分子结构

图 5-4-25　应用实践能力水平 2 试题学生表现 2

图 5-4-26 所示的学生不能利用关键策略"基于不饱和度、成键规则预测结构"正确地推测 C_3H_6O 的分子结构。图 5-4-27 所示的学生在对设计方案的思路进行陈述时，停留在具体官能团的性质，反映了其缺少关键策略"选取官能团特征反应的试剂"。图 5-4-28 所示的学生则完全没有建立关键策略"选取官能团特征反应的试剂"。

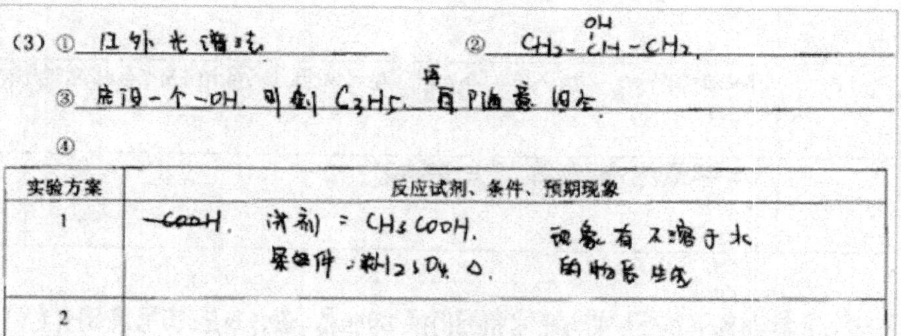

(3)① 红外光谱法　　② $CH_2-\overset{OH}{CH}-CH_2$

③ 应设一个 —OH，则剩 C_3H_5，再 P 随意 归全

实验方案	反应试剂、条件、预期现象
1	—COOH. 试剂 $=CH_3COOH$. 条件：稀 H_2SO_4. O. 现象有又溶于水的物质生成
2	

图 5-4-26　应用实践能力水平 2 试题学生表现 3

⑤ $\sum C=C$ 有哪些性能 断裂，发生加生反忌

—OH 发生消去反应

图 5-4-27　应用实践能力水平 2 试题学生表现 4

⑤ 控制 变量，我我认为该物质会出现某物质。

图 5-4-28　应用实践能力水平 2 试题学生表现 5

应用实践能力的水平 3，如 $FeCO_3$ 性质研究试题的学生典型表现为：（1）角度全面，但是依据为典型物质的简单类比（图 5-4-29）；（2）有氧还和类别角度，从 Fe^{2+} 和 CO_3^{2-} 的角度，依据阐述为理论分析，基本能选择试剂和说出预期现象（图 5-4-30）；（3）只有类别角度，典型物质的简单类比（图 5-4-31）。如果学生能从还原性角度设计方案，那么认为其达到水平 3。

猜想假设		方案设计	
化学性质	推测依据	选择试剂	预期现象
与酸反应 放出CO_2	$CaCO_3+2HCl=CaCl_2+CO_2↑+H_2O$	盐酸	液体出现大量气泡 溶液变浅绿色
热不稳定性	$CaCO_3 \xrightarrow{\Delta} CaO+CO_2↑$	(酒精灯)	反应生成红色固体 逐渐变深，反应产物 还生成无色气体，可用澄清石灰水检出
还原性氧化性	$FeO+H_2 \xrightarrow{\Delta} Fe+H_2O$	H_2(酒精灯)	
还原性	$4FeO+O_2 \xrightarrow{\Delta} 2Fe_2O_3$	O_2(酒精灯)	有红色固体生成

图 5-4-29　应用实践能力水平 3 试题学生表现 1

猜想假设		方案设计	
化学性质	推测依据	选择试剂	预测现象
氧化性	低价铁可降为零价	H_2S	出现黄色沉淀
还原性	高铁可升为正三价	稀硝酸	溶液变黄
溶于强酸	碳酸根恨弱酸根	盐酸	固体消失
溶于强碱	碳酸根为酸根	$NaOH$溶液	固体消失

图 5-4-30　应用实践能力水平 3 试题学生表现 2

猜想假设		方案设计	
化学性质	推测依据	选择试剂	预期现象
不溶于水	$CaCO_3$不溶于水	蒸馏水	变浑浊
与稀盐酸反应	CO_3^{2-}与H^+反应	有稀盐酸	有气泡生
受热分解	$CaCO_3$受热分解	酒精灯、铁块等	有气泡生

图 5-4-31　应用实践能力水平 3 试题学生表现 3

从不同年级的学生表现看,高三年级学生的应用实践能力均值显著高于高一年级和高二年级,高一年级与高二年级之间差异不显著。高三年级在水平 3 的学生比例为 38.2%,高于高一年级(28.7%)和高二年级(25.7%)。水平 3 的学生能主动将核心概念转换为认识角度,主动调用活动程序和关键策略进行实验探究活动的分析和完整实施。

表 5-4-7　应用实践能力值的不同年级差异检验

	年级		全体		平均水平学生	
	高年级 (I)	低年级 (J)	均值差 (I−J)	显著性	均值差 (I−J)	显著性
应用实践	高二年级	高一年级	−0.078	0.050	0.045	0.022
	高三年级	高二年级	0.317	0.000	−0.050	0.018
	高三年级	高一年级	0.238	0.000	−0.006	0.785

在应用实践能力的二级要素上,各年级学生样本与全体样本的变化趋势相似,在分析解释、局部实施、完整实施的平均得分率逐渐降低,学生在这 3 个二级要素方面的发展均有待提升。

表 5-4-8　实验探究主题应用实践能力二级要素的得分率

	B 应用实践		
	B1 分析解释	B2 推论预测	B3 简单设计
高中全体	43.4%	37.8%	31.1%
高一年级	44.9%	26.4%	24.6%
高二年级	40.3%	37.0%	32.3%
高三年级	44.9%	53.1%	38.0%

四、迁移创新能力表现

从全体样本来看，学生能力均值未达水平 1，主要分布于未达水平 1、水平 1 和水平 2。34.5％的学生处于水平 1，能在题目提示认识角度的情况下，基于关键策略分析和实施陌生的实验探究活动。13.5％的学生处于水平 2，能主动调用认识角度、关键策略分析和实施陌生、多变量的实验探究活动。仅 3.5％的学生处于水平 3，能在复杂情境中进行问题转换，基于认识角度、活动程序和关键策略分析和实施陌生、多变量的实验探究活动。

表 5-4-9　实验探究主题创新迁移能力的学生水平分布

	平均能力值	标准差	均值水平	各水平人次百分比					
				水平 5	水平 4	水平 3	水平 2	水平 1	未达水平 1
高中全体	−2.61	1.339	未达水平 1	0.0%	0.2%	3.5%	13.5%	34.5%	48.3%
高一年级	−2.68	1.344	未达水平 1	0.0%	0.0%	3.6%	13.0%	32.5%	50.9%
高二年级	−2.80	1.279	未达水平 1	0.0%	0.0%	1.7%	9.0%	36.4%	52.9%
高三年级	−2.31	1.346	1	0.0%	0.8%	5.1%	18.8%	35.1%	40.2%

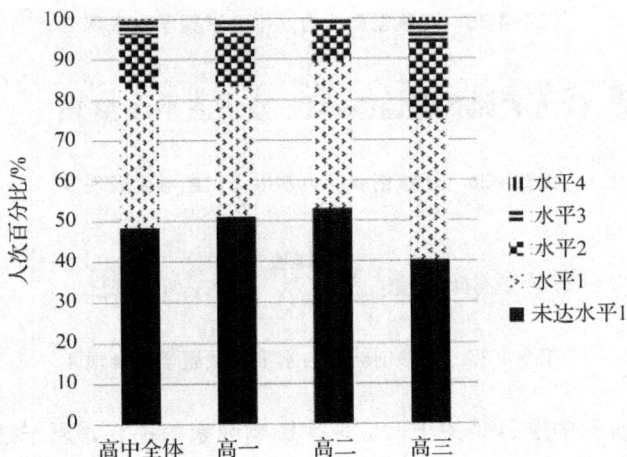

图 5-4-32　实验探究主题创新迁移能力的学生水平分布

$Na_2S_2O_3$溶液与氯水混合的试题（图5-4-33）属于迁移创新能力的水平2，学生典型表现包括：①从氧化还原的角度分析实验目的和试剂选取理由，提到现象相关的试剂颜色（图5-4-34）；②从氧化还原的角度分析实验目的和试剂选取理由，未提到现象（图5-4-35、图5-4-36）；③从氯气漂白性的角度分析（图5-4-37）；④从酸碱性的角度分析（图5-4-38）；⑤从颜色的角度分析（图5-4-39）；⑥从是否反应的角度或笼统的化学性质分析（图5-4-40、图5-4-41）。在试剂选取上，学生容易忽视"现象"的重要性，不善于完整阐述。

（2）某同学在研究硫代硫酸钠（$Na_2S_2O_3$）的化学性质时，向新制氯水中滴加少量 $Na_2S_2O_3$ 溶液，发现氯水退色。请问他这样做的目的是①_____
他选择氯水的依据是②_____。

图5-4-33　迁移创新能力水平2试题示例

（2）①　证明 $Na_2S_2O_3$ 的还原性　②　氯水有颜色且有氧化性．

图5-4-34　迁移创新能力水平2试题学生表现1

（2）①　验证 $Na_2S_2O_3$ 有还原性．②　氯水有强氧化性

图5-4-35　迁移创新能力水平2试题学生表现2

（2）①　是研究硫代硫酸钠的　②　氯水是否还原性．

图5-4-36　迁移创新能力水平2试题学生表现3

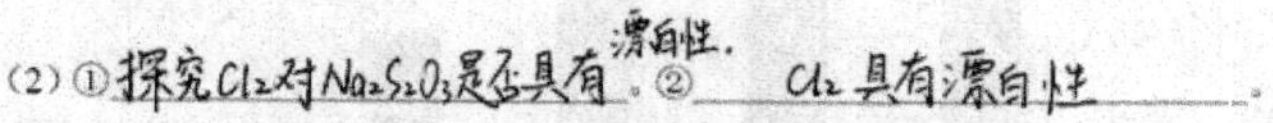

（2）①探究Cl_2对$Na_2S_2O_3$是否具有漂白性．②　Cl_2具有漂白性

图5-4-37　迁移创新能力水平2试题学生表现4

图5-4-42所示的题目是关于反应速率影响因素的探究，属于迁移创新能力的水平3。对应于活动程序"得出反应规律结论"，以及关键策略"基于数据、现象识别变量""根据数据模式找出变量关系"。得出结论需要具备这两个策略：首先，

要将"从混合到出现棕黄色时间"识别为反应快慢这一变量，将其作为因变量，将物质浓度作为自变量；其次，需要以变量控制的思想观察数据模式，将其中一种物质的浓度固定，观察随着另一种物质浓度的变化，从混合到出现棕黄色的时间如何变化。

(2)① 验明 Na₂S₂O₃的性质 ② 氯水是弱酸性

图 5-4-38 迁移创新能力水平 2 试题学生表现 5

(2)① 验证新制氯水是否与 S₂O₃ 反应 。② 新制氯水有黄绿色。

图 5-4-39 迁移创新能力水平 2 试题学生表现 6

(2)① 能否与 Cl₂ 反应 。② 氯水中有 HCl，HClO 有强氧化性

图 5-4-40 迁移创新能力水平 2 试题学生表现 7

(2)① 研究 Na₂S₂O₃ 的化性 。②

图 5-4-41 迁移创新能力水平 2 试题学生表现 8

21. 某小组同学查到一份研究过氧化氢溶液与氢碘酸(HI)反应的实验资料，具体如下：

资料 1：室温下，过氧化氢溶液可与氢碘酸(HI)反应：$H_2O_2 + 2HI = I_2 + 2H_2O$。

资料 2：碘单质溶于水后，溶液为棕黄色。

资料 3：实验数据如下表所示。

实验编号	1	2	3	4	5
$c(H_2O_2)/(mol \cdot L^{-1})$	0.1	0.1	0.1	0.2	0.3
$c(HI)/(mol \cdot L^{-1})$	0.1	0.2	0.3	0.1	0.1
从混合到出现棕黄色时间/s	13	6.5	4.3	6.6	4.4

(1)通过资料 3 中的数据，可以得到的结论是 _____

_____。

图 5-4-42 迁移创新能力水平 3 试题示例

图 5-4-43 和图 5-4-44 所示的学生未建立关键策略"基于数据、现象识别变量""根据数据模式找出变量关系",从而表现出对数据规律的错误概括,虽然能识别出因变量是反应物浓度,但是不能将"时间"这一观测指标转换为反应速率这一因变量。图 5-4-45 所示的学生能识别变量(化学反应速率、浓度),但是不能正确分析数据规律。图 5-4-46 所示的学生能识别变量(反应速率),分析出 HI 含量对反应速率的影响,忽略了 H_2O_2 浓度对反应速率的影响,且 HI 的"多少"与"浓度"之间的关系不清楚。

结论是 H_2O_2 比 HI 多或 H_2O HI比H_2O_2 多的 反应时间变快.

图 5-4-43　迁移创新能力水平 3 试题学生表现 1

结论是 H_2O_2 和 HI 的浓度越小, 从混合到出现棕黄色时间越长.

图 5-4-44　迁移创新能力水平 3 试题学生表现 2

结论是 溶液的浓度可影响化学反应速率

图 5-4-45　迁移创新能力水平 3 试题学生表现 3

结论是 加入的 HI 越多, 反应的速度越快

图 5-4-46　迁移创新能力水平 3 试题学生表现 4

从不同年级学生的表现来看,高三年级学生的迁移创新能力均值显著高于高一年级和高二年级,高一年级与高二年级学生之间差异不显著。高三年级学生在水平 2 的学生比例为 18.8%,高于高一年级(13.0%)和高二年级(9.0%)。水平 2 的学生能主动调用认识角度、关键策略分析和实施陌生、多变量的实验探究活动。

表 5-4-10 实验探究主题迁移创新能力值的不同年级差异检验

年级		全体		平均水平学生	
高年级(I)	低年级(J)	均值差(I−J)	显著性	均值差(I−J)	显著性
迁移创新 高二年级	高一年级	−0.114	0.050	0.038	0.461
高三年级	高二年级	0.483	0.000	0.180	0.002
高三年级	高一年级	0.370	0.000	0.218	0.000

在迁移创新能力的二级要素上，各年级学生样本与全体样本的变化趋势相似，在复杂推理、系统探究、创新思维的平均得分率逐渐降低，学生在这 3 个二级要素方面的发展均有待提升。

表 5-4-11 实验探究主题迁移创新能力的二级要素得分率

	C 迁移创新		
	C1 复杂推理	C2 系统探究	C3 创新思维
高中全体	15.9%	11.7%	11.2%
高一年级	15.9%	6.1%	7.1%
高二年级	13.2%	16.1%	10.1%
高三年级	18.7%	15.5%	20.4%

第五节　实验探究主题的学科能力及核心素养培养建议

各年级学生测试的情况表明，大部分学生在基于陌生角度系统实施单变量体系方案，分析或设计多变量及其关系、内隐变量的体系方案时存在困难。主要有以下原因：一是学生物质和反应的认识角度不全面不稳定，难以迁移到陌生复杂问题；二是学生思考的系统性有待提高，这包括系统推理（多变量关系、模式）和活动本身是否完整的系统性，未形成基于变量及其关系分析和实施活动的思维习惯；三是未建立稳定的活动关键策略，包括过程优化、排除干扰因素等。为此，我们提出如下教学建议：

（1）概括并外显活动程序及关键策略，促进学生用物质性质和反应的认识角度分析和执行化学实验探究活动。

对于 6 类实验探究活动，教师应清晰地认识需要哪些核心活动经验，包括认识角度、活动程序和关键策略。在组织学生分析和执行实验探究活动的过程中，通过学生自主思考与小组讨论、教师及时追问和反馈，将学生原有的活动经验展现出来，进而帮助学生概括活动经验，形成科学、合理的思路。

（2）突出基于变量及变量关系思考的价值，重视问题—证据—结论之间的推理。

在探究类活动中，识别变量和变量关系是提出问题、对问题展开探究的基本思路，教学中应当培养学生的变量意识，突出基于变量及变量关系思考的价值。应用类活动中，尤其是综合复杂的情境下，也需要关注到以体系成分为特征的变量及变量关系。教师应注重引导学生用核心活动经验对问题（假设）、证据、结论之间的关系进行动态评估，在应用类活动中则具体表现为对目标—方案之间关系的评估。变量及变量关系、推理过程，对于学生应用活动经验分析和执行复杂、陌生的实验探究活动具有重要的作用。

（3）设计多类型、有层次的化学实验探究活动。

学生在实验探究主题学科能力及核心素养上的发展，需要其真实、深度地参与实验探究活动，在活动中积累核心活动经验。一方面，教师应当为学生提供主动参加多类型的化学实验探究活动的机会，包括制备、分离、检验、结构探究、反应规律探究、性质探究等活动。另一方面，关注学生核心活动经验的学习理解、应用实践和迁移创新，提供分析和执行多变量、多成分体系的机会；通过概括关联、说明论证、分析解释、推论预测、简单设计、复杂推理、系统探究等不同开放度的能力表现活动任务培养学生实验探究主题的学科能力。

第六章

无机物主题的学科能力构成及其表现研究

无机化学是除碳氢化合物及其衍生物外，对所有元素及其化合物的性质和它们的反应进行实验研究和理论解释的科学，是化学学科中发展最早的一个分支学科。

无机物主题重点发展的学科核心素养是宏观辨识与微观探析、证据推理与模型认知。同时使学生的科学探究与创新意识、科学态度与社会责任以及变化观念与平衡思想等素养也得到相应的发展。

无机物主题的学科能力是指学生基于代表物类别、类别通性、化合价、周期律或反应原理（电离、水解、化学平衡、电化学）等认识角度，预测物质性质、设计物质转化，完成不同类型任务的能力。具体来说，要求学生识记典型无机物的性质，建立物质性质、结构及用途之间的联系，并有能力对所学物质性质及规律进行论证；在面对新情境时，能运用所学知识进行分析、解释，基于特定认识角度预测陌生物质性质，并设计简单实验验证；在处理综合、复杂问题时，能够主动利用概念原理知识进行指导，能实现对物质性质的系统探究或创造性应用。

本章将阐述无机物主题的学科能力构成模型、表现期望、测评方法以及能力表现水平等。

第一节　无机物主题的学科能力构成模型及其表现期望

一、构成模型

无机物主题从知识经验、化学问题和认识对象、认识方式、学科能力活动及表现 4 个关键维度构建学科能力构成模型（如图 6-1-1 所示）。

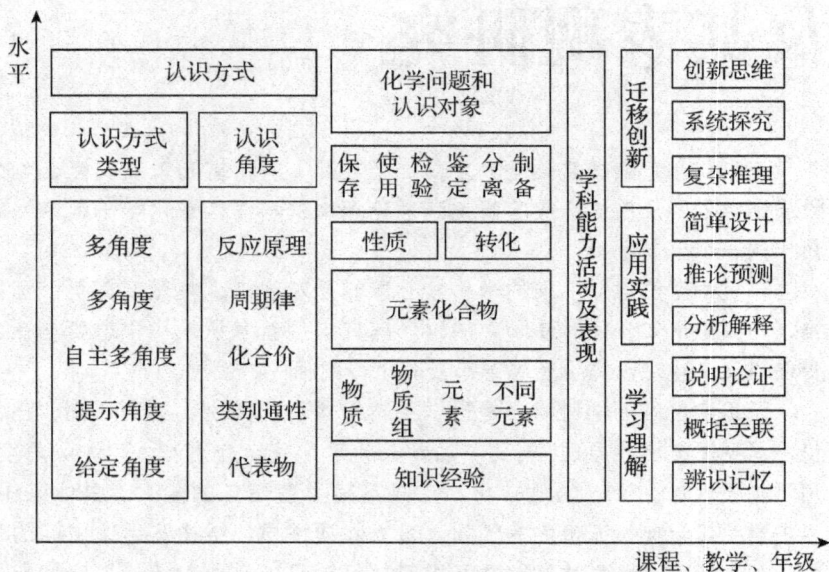

图 6-1-1　无机物主题学科能力构成模型

1. 知识经验

无机物主题的知识经验是学生研究无机物性质时积累的具体元素化合物知识和与无机物性质研究相关的概念原理。从认识对象看，学生研究无机物性质的认识对象可以是某个具体物质、具有共同特点的一类物质（如酸、碱、酸性氧化物、碱性氧化物、金属、盐等），含某种核心元素的一系列物质（如硫及其化合物、铁及其化合物），不同元素或其化合物的性质关系（如卤族元素、第二周期元素最高价氧化物水化物的递变规律)等。

无机物主题核心知识的发展与课程内容是密切相关的。学生开始必修 1 模块学习之前，并没有恰当的核心知识指导其研究未知反应、预测陌生物质性质，学生只能逐个学习具体的物质性质，或基于结构相似进行简单的类比。

学生在必修 1 模块学习物质分类的相关概念原理之后，能够指导其研究一类物质性质，学习氧化还原反应之后，能够关注核心元素的价态变化，研究物质的氧化性/还原性。这两个方面结合，可帮助学生有效建立元素观，基于类别和价态研究核心元素及其化合物的性质和转化。

学生在必修 2 模块学习元素周期律/表之后，对于元素的认识可以从宏观进入微观。通过分析原子结构的递变规律，研究对象可由单一元素及其化合物扩展为不同元素及其化合物，通过元素周期律的相似性和递变性，研究不同元素及其化合物性质之间的关系，甚至可以研究陌生元素及其化合物的性质。

需要说明的是，无机物性质研究对象的发展除和课程内容有关，和教学也有密切联系。例如，学生在必修 1 模块完成物质分类和氧化还原反应学习之后，在进行非金属元素及其化合物性质学习时，人教版教材选择了基于物质组("硫和氮的氧化物""氨　硝酸　硫酸")学习硫和氮的化合物，希望通过教学促进学生基于物质组认识无机物性质，而鲁科版教材选择了基于元素("硫的转化""氮的循环")学习硫和氮的化合物，希望通过教学促进学生基于元素认识物质的性质。

2. 化学问题

无机物主题的相关知识在形成具体问题任务的时候，经常以保存、使用、检验、鉴定、分离、制备等形式作为载体，而这些实际任务的化学问题的实质都是指向元素化合物的"性质"或"转化"。

例如，在完成"保存"任务时，实际面对的化学问题是被保存物质有哪些性质，在保存过程中可能与哪些物质反应，或在哪些保存条件下可能发生变化，使物质失效或不纯。如金属钠化学性质活泼，与空气中的氧气和水反应，应该隔水、隔氧保存，又由于其密度大于煤油，所以可以将其保存在煤油中。

再如，在完成"使用"任务时，实际面对的化学问题可能有两类，一类是利用某物质的性质（包括物质层面和能量层面），如利用碘化钾的强还原性，及氧化产物碘单质可使淀粉变蓝，制作淀粉碘化钾试纸，检验存在氧化性的物质；利用酒精燃烧放热制作实验室的常见热源——酒精灯。另一类是利用某物质转化得到其他物质，如以二氧化硫为原料制备硫酸，以铜和浓硝酸为原料制备二氧化氮。

学生在进行无机物主题相关知识学习的时候，应有意识地将面对的各类任务转化为化学问题，再进一步利用所学物质性质或相关概念原理进行分析和解决。这一过程，也是学生形成无机物主题学科能力的重要组成部分。

3. 认识方式

元素化合物性质的事实性知识是形成学科素养的知识基础。同样，面对大量的事实性知识，学生需要形成系统的认识模型，才能将具体物质性质进行有效整合，形成有序的知识体系。在学习过程中，通过对物质分类、氧化还原反应等概念原理的学习，学生了解分类的多种方法，帮助学生在物质及其变化的情境中，依据需要选择不同方法，从不同角度对物质及其变化进行分析和推断；通过对"化合价升降与电子转移的关系""原子结构与元素性质的关系"的学习，建立宏观性质与微观结构之间的联系，能根据微粒的结构、微粒间作用力等说明或预测物质的性质，评估所做说明或预测的合理性，最终形成多角度系统认识无机物性质的认识模型。

（1）认识角度

首先，分析无机化学学科对无机物性质的研究角度。高等教育出版社《无机化学（下册）（第四版）》以元素所在周期表中区域[其实质为"价电子→族→物质类别"（单质、氢化物、氧化物……）]的顺序编排教学内容[1]，体现出基于族、元素、类别通性研究无机物的认识角度。北京大学《普通化学原理》[2]附录中列出

---

① 北京师范大学、华中师范大学、南京师范大学无机化学教研室．无机化学[M]．4版．北京：高等教育出版社，2010．

② 华彤文，陈景祖，等．普通化学原理[M]．3版．北京：北京大学出版社，2005．

"标准电极电势"(元素常见价态及氧化/还原性强弱)"电离平衡常数""溶度积""配离子稳定常数""焓、熵、自由能"等基础数据，也可看作系统研究无机物性质的重要角度。

高中化学课程中除了具体的元素化合物知识之外，"物质分类和各物质的一般性质""氧化还原反应""元素周期律""电化学""化学平衡""水溶液中的离子平衡"等核心概念原理，将为学生研究物质性质和转化以及分析和解决实际问题提供重要的认识角度。

(2)认识方式类型

本研究中选取"给定角度""提示角度""自主角度""单角度系统""多角度"5个认识方式类型刻画学生的认识角度。

"给定角度"指学生在题目信息明确指向某一认识角度的时候，能够应用该认识角度解决问题；"提示角度"指学生在题目信息提示或暗示的情况下，能够正确调用特定认识角度解决问题；"自主角度"指学生在题目没有明确提示的情况下，能够主动调用特定认识角度解决问题；"单角度系统"指学生不但在试题没有提示的情况下主动调用特定认识角度，并且在物质组成复杂或陌生的情境中，动态或全面地分析物质的性质或转化；"多角度"指学生能够在陌生情境中，主动调用多个认识角度解决复杂问题。

不同认识方式类型之间存在水平差异。核心概念原理的学习能够帮助学生建立相应的认识角度，但未必能使学生的认识方式类型发展到主动、系统的水平。所以在教学过程中，除了要关注认识角度的建立和认识思路的形成以外，还要通过特定教学活动提升学生的认识方式类型，最终希望学生形成自主地利用多角度系统分析问题的认识方式。

4. 学科能力活动及表现

化学问题在转化为具体任务时，可以根据学生解决这些问题时所调用的学科能力的不同分为3大类9小类，即学习理解A(辨识记忆A1、概括关联A2、说明论证A3)，应用实践B(分析解释B1、推论预测B2、简单设计B3)，迁移创新

C（复杂推理 C1、系统探究 C2、创新思维 C3）。

无机物主题的学习重点是发展学生"宏观辨识与微观探析""证据推理与模型认知"的化学学科核心素养，同时使学生的"科学探究与创新意识""科学态度与社会责任""变化观点与平衡思想"等素养也都得到相应发展。

二、表现期望

无机物主题的能力活动（认识活动和问题解决活动）包括学习理解、应用实践、迁移创新 3 类，其具体表现期望如下。

学习理解能力是指熟悉常见金属、非金属元素及其代表物的性质，能依据物质类别和元素价态列举某种元素的典型代表物，并用化学方程式、离子方程式正确表示典型物质的主要化学性质；能利用多种分类方法对常见物质进行分类，并建立类别之间的联系；能基于类别通性、化合价升降趋势、原子结构及其递变规律的角度，说明元素及其化合物的性质及转化路径。

IC-A1 能静态地观察、描述物质的名称、组成、类别等基本特征，记住典型物质的重要性质。

- IC-A1-1 能记住钠、铝、铁、铜、氯、氮、硫、硅等元素及其典型化合物的主要性质，用化学方程式、离子方程式正确表示典型物质的主要化学性质并描述典型的实验现象；

- IC-A1-2 熟悉物质分类、氧化还原反应、元素周期律/表的基本概念；

- IC-A1-3 能从生产、生活的实际问题中提取物质性质，了解常见典型代表物的用途；

- IC-A1-4 能提取水溶液、原电池等体系中的物质变化，熟悉典型物质在水溶液、原电池等体系中表现的性质。

IC-A2 基于元素认识物质，宏—微—符间的转化、熟悉物质间的正向或逆向转化。

- IC-A2-1 能利用多种分类方法对常见物质进行分类，并建立物质类别、化合价与物质性质的联系；

■ IC-A2-2 能基于类别、氧化还原、周期律等角度描述物质性质和转化关系；

■ IC-A2-3 能建立物质性质与典型用途之间的联系；

■ IC-A2-4 能在水溶液、电化学体系中，建立反应现象与物质性质的联系，建立能量转化与物质转化的联系。

IC-A3 能从不同角度或旧有知识说明物质的性质。

■ IC-A3-1 能基于类别通性、化合价升降趋势、原子结构及其递变规律的角度说明元素或其化合物的性质及物质的转化路径；

■ IC-A3-2 能根据典型实验现象说明物质可能具有的性质，评估所做说明或预测的合理性。

应用实践能力是指能利用物质分类、氧化还原、周期律、反应原理等认识角度，分析实验室、生产、生活以及环境中的某些常见问题，解释有关实验现象，预测物质的化学性质和可能发生的化学反应，设计实验进行初步验证；能利用典型代表物的性质和反应，设计常见物质制备、分离、提纯、检验等简单任务的方案，说明妥善保存、合理使用化学品的常见方法。

IC-B1 能基于物质的性质分析解释各种化学任务的现象和内涵。

■ IC-B1-1 能运用典型物质的性质解释实验室、生产、生活中的现象；

■ IC-B1-2 能够依据各认识角度，分析解释各类无机化合物的性质和转化规律。

IC-B2 能基于概念原理转化的认识角度推测物质的性质。

■ IC-B2-1 能基于类别、价态、周期律预测未知物质性质和未知反应体系的现象（含陌生方程式书写）；

■ IC-B2-2 综合利用元素化合物性质和类别、价态、周期律等角度，根据实验事实，推断物质的组成；

■ IC-B2-3 能基于反应原理（电离/水解、电化学）等角度预测物质性质，或根据实验事实推断物质组成。

IC-B3 基于性质进行简单的分离、检测、制备等实验设计与操作。

■ IC-B3-1 能够完成主要元素核心物质保存、使用、检验、鉴定、分离、制备等实验的简单设计；

■ IC-B3-2 在水溶液和电化学体系中设计实验，实现物质性质检验和转化。

迁移创新能力是指能在综合复杂情境中，主动运用类别通性、氧化还原、周期律、反应原理等认识角度，分析陌生反应或陌生物质的性质；能选择合适的实验试剂和仪器装置，控制实验条件，安全、顺利地完成实验；能收集并用数据、图表等多种方式描述实验证据，能基于现象和数据进行分析推理得出合理结论；能有意识地运用所学的知识或寻求相关证据参与社会性议题的讨论（如酸雨和雾霾防治、水体保护、食品安全等），创造性地利用物质性质解决生产、生活中的实际问题。

IC-C1 多种角度（或多种认识方式）认识陌生物质的性质或复杂体系中物质的性质。

■ IC-C1-1 能在综合复杂情境中，主动运用类别通性、氧化还原、周期律、反应原理等认识角度，分析陌生反应或陌生物质的性质。

IC-C2 对陌生物质的性质进行部分或全部探究。

■ IC-C2-1 基于类别通性、氧化还原、周期律、反应原理等角度完成对陌生物质性质的完整探究，并根据实验现象验证相关联系；

■ IC-C2-2 发现在探究过程中产生的新问题，设计多轮次探究并根据结果进行解释；

■ IC-C2-3 能选择合适的实验试剂和仪器装置，控制实验条件，安全、顺利地完成实验；能收集并用数据、图表等多种方式描述实验证据；能基于现象和数据进行分析推理得出合理结论。

IC-C3 物质性质与其他领域知识相结合，发现新知识（未学的知识）或提出批判性思考、对物质的应用提出新见解等。

■ IC-C3-1 创造性地在分离、检验、制备等任务中运用类别通性、氧化还原、周期律等认识角度；

■ IC-C3-2 建立物质类别通性、氧化还原性、反应原理和用途之间的远联系；根据实验现象发现有关物质的新性质、新规律；

■ IC-C3-3 能有意识地运用所学的知识或寻求相关证据参与社会性议题的讨论（如酸雨和雾霾防治、水体保护、食品安全等）。

三、对学科核心素养发展的贡献

无机物主题的学习重点是发展学生"宏观辨识与微观探析""证据推理与模型认知"的化学学科核心素养，同时使学生的"科学探究与创新意识""科学态度与社会责任""变化观点与平衡思想"等素养也都得到相应发展。

对于"宏观辨识与微观探析"素养的落实，大量无机物性质的学习，是学生认识物质多样性的知识基础，物质分类、氧化还原反应建立的"电子转移—化合价升降—氧化性/还原性"的关系和元素周期律/表建立的"原子结构及其递变规律"对元素及其化合物性质的影响，是学生从不同层次认识物质多样性的理论基础。这些概念原理知识的学习，共同构成了学生认识物质性质的认识角度，帮助学生从不同角度对物质及其变化进行分析和推断，能根据物质的类别、组成、微粒的结构、微粒间作用力等说明或预测物质的性质，评估所做说明或预测的合理性。通过对不同金属、非金属元素及其化合物性质的学习，帮助学生"熟悉"如何根据研究需要选择适当的分类方法和研究角度。在此基础上，学生才能更好地分析和解决与元素化合物有关的生产、生活等实际问题。

对于"证据推理和模型认知"素养的落实，可以分别讨论无机物主题学习对于"证据推理"和"模型认知"素养的贡献。

"证据推理"素养的落实可分为两类，第一类是"实验论证"，第二类是"理论论证"。

"实验论证"是以实验事实为证据，对物质性质的论证，如将高锰酸钾溶液滴入氯化亚铁溶液时，观察到紫色退去，证明为什么氯化亚铁具有还原性。在这类论证中，典型物质性质知识和核心概念提供的认识思路，能够帮助学生完成论证的逻辑链条。如对于上述问题，学生需要知道高锰酸钾是典型的氧化剂，有氧化性，紫色退去说明高锰酸钾被还原、化合价降低，在该氧化还原反应过程中，氯化亚铁溶液中必然有元素化合价升高，所以氯化亚铁试剂具有还原性。

"理论论证"，即利用概念原理知识从理论层面论证物质性质或反应规律的合理性，如基于元素周期律/表，论证金属钾的还原性强于钠。在这类论证过程中，对于物质结构相关知识的了解，以及核心概念提供的从微观角度建立物质结构与性质之间联系的认识思路，能够帮助学生完成论证的逻辑链条。如对于上述问题，学生需要知道钾与钠同主族，核电荷数较大，电子层数增多，原子半径较大，原子核对外层电子吸引能力较弱，钾元素金属性强，所以对应单质的还原性强。

"模型认知"既可以指基于特定理论模型，形成对客观事物的形象化认识，如原子结构模型；也可以指基于认识模型，形成对特定化学问题系统分析的思维过程。无机物主题体现的"模型认知"主要指后者。学生面对大量元素化合物事实性知识的时候，不应"散点"式地记忆，而应该基于特定认识模型将大量事实性知识转化为对某认识对象（某物质、一组物质、某核心元素的化合物、不同元素）的认识系统，该系统既包括重要的事实性知识，也包括针对该认识对象可能的认识角度及利用该认识角度的具体认识思路；另外，当学生面对陌生情境的时候，应该有能力基于特定认识模型，知道可以从哪些角度预测陌生物质可能的性质、预测陌生体系中可能发生的化学变化。

对于"变化观念与平衡思想"的落实，通过对元素化合物知识的学习，让学生形成化学变化是有条件的观念，并能对具体物质的性质和化学变化做出解释或预测；通过自然界中硫的转化、氮的循环等核心元素及其化合物的学习，从物质转化的层面认识到物质运动和变化是永恒的；通过对酸碱反应、离子反应、氧化还原反应的学习，让学生可以通过多角度归纳物质及其变化的共性和特征，从深层次体会从化学学科可以从不同视角认识化学变化的多样性。

对于"科学探究与创新意识"素养的落实，大量元素化合物性质的学习同样提供了学生探究与创新的知识基础，让学生提出有意义的实验探究问题，并能依据化学问题解决的需要，选择常见的实验仪器、装置及试剂；概念原理知识能够帮助学生建立根据已有经验的资料做出预测和假设的认识角度，形成能基于现象和数据进行分析推理得出合理结论的认识思路，让学生有能力用数据、图表、符号等描述实验证据并据以进行分析推理形成结论；学习过程中学生经历的探究活动原型为学生提供基于研究目标设计实验的经验基础，让学生能够根据研究需要设计有关物质转化、分离提纯、性质应用等的综合实验方案，并预先判断实验过程中可能存在的变量有哪些，如何预先运用控制变量方法探究并确定合适的反应条件，安全、顺利地完成实验。最终让学生对与物质性质相关的探究活动形成完整的认识，能对实验方案、实验过程和实验结论进行评价，提出进一步探究的设想。

对于"科学态度与社会责任"的落实，无机物主题能够让学生了解常见物质对于环境的影响，进而能分析化学品生产和应用过程对社会和环境可能产生的影响，能利用类别通性、氧化还原反应规律等理论知识，提出降低其负面影响的建议，能理解自然资源利用、材料合成过程的化学原理，进而意识到化学科学发展在环境保护、保障人类健康、促进科学技术发展等方面的重要作用。

综合无机物主题学习对各素养发展的贡献，能够看出，与无机物主题相关的素养发展的核心是学生认识无机物性质的认识角度的建立、认识思路的形成和认识方式类型的深化。

第二节　无机物主题的学科能力表现测试工具开发

一、命题蓝图设计

基于无机物主题学科能力构成模型，结合学生无机物主题表现期望和必修、选修模块课程内容，经过多轮次专家讨论，编制了测试工具的命题蓝图。测试工具力图覆盖重要元素化合物知识和认识角度，故命题蓝图分为核心知识（金属元素、非金属元素）和能力活动的交叉表（见表 6-2-1），认识角度和能力活动的交叉表（见表 6-2-2）[①]。

表 6-2-1　无机物主题核心知识测试点分布

核心知识＼学科能力	A 学习理解能力			B 应用实践能力			C 迁移创新能力		
	A1 辨识记忆	A2 概括关联	A3 说明论证	B1 分析解释	B2 推论预测	B3 简单设计	C1 复杂推理	C2 系统探究	C3 创新思维
非金属元素	✓	✓	✓	✓	✓	✓	✓	✓	✓
金属元素	✓	✓	✓	✓	✓	✓	✓	✓	✓

表 6-2-2　无机物主题认识角度测试点分布

核心知识＼学科能力	A 学习理解能力			B 应用实践能力			C 迁移创新能力		
	A1 辨识记忆	A2 概括关联	A3 说明论证	B1 分析解释	B2 推论预测	B3 简单设计	C1 复杂推理	C2 系统探究	C3 创新思维
代表物	✓	✓		✓	✓				
类别通性	✓	✓			✓		✓		
氧化还原	✓	✓	✓	✓			✓	✓	✓
周期律	✓	✓	✓	✓			✓	✓	
多角度							✓	✓	✓

---

① 具体元素化合物知识和认识角度并不是相互独立的，所以很多题目既对应元素化合物知识，也对应于某个认识角度。

由表 6-2-1 和表 6-2-2 可知，本研究开发的测试工具覆盖了核心知识（金属元素、非金属元素）的所有能力活动；覆盖了全部认识角度，并覆盖了氧化还原、周期律角度的所有能力活动。试题覆盖全面，能够保证测试结果体现学生无机物主题学科能力发展的实际情况。

二、试题命制策略

本研究基于无机物认识模型开发测试工具，所以在开发测试工具时，遵循以下原则：

(1)在编制测试题时，为了保证测试题指向认识能力测查，明确每一个评分点的测查的知识、认识角度、认识方式类型、任务类型，我们对每道题目的每一个空（或选项）都进行了独立的编码，并表示该评分点测查的知识、认识角度、认识方式类型、任务类型。

(2)将知识与能力密切关联，基于具体知识确定能力表现测查点。认识能力虽然属于心理范畴，但它并不是空洞的，总是要与特定的认知或者特定的活动联系在一起。因此，在开发测查工具时，将知识与能力密切关联，基于具体知识确定学科能力表现的测查点。在编制试题时，需首先确定其对应的具体知识点，再确定所要考查的学科能力要素，并在此基础上确定评分点。在制订评分标准时，并不简单以学生是否答对这一题作为评分标准，而是要看学生是否达到了相应的学科能力水平。

(3)采用开放性试题，不设置过多题面信息干预学生思路，目的在于真实探查学生的认识角度和认识水平差异，实现对学生测试表现的精致、准确诊断。

题目示例：

---

(2)某同学在研究硫代硫酸钠（$Na_2S_2O_3$）的化学性质时，向新制氯水中滴加少量 $Na_2S_2O_3$ 溶液，发现氯水退色……

……他选择氯水的依据是：② _____。

图 6-2-1　测试题示例

如图 6-2-1 所示，此题目如作为选择题，选项中就必须出现"氯水具有氧化性，且反应后溶液颜色有变化"的正确选项，等于提示了学生要从氧化还原这一角度思考问题。而本测试能力要素属于"说明论证（A3）"，希望考查学生能否独立运用氧化还原的认识角度，完成完整论证的过程。所以最终采用填空题的形式，避免试题对学生的提示，确认学生完成该题目，确实需要经历题目所要考查的能力活动。

（4）题目的设问不仅关注"结论"，还通过"理由是""思路是""依据是"等设问关注获得结论的"思维过程"，尽可能避免学生由于"经验性猜想"对题目带来的诊断误差。

题目示例：

有同学选择 Zn 作为研究 $FeSO_4$ 还原性的试剂，你认为是否可行＿＿＿＿＿＿，说明原因：＿＿＿＿＿＿＿＿＿＿＿＿＿＿＿＿＿＿＿＿＿＿＿＿＿＿＿＿＿＿＿。

图 6-2-2　测试题示例

如图 6-2-2 所示，该评分点考查的能力活动为"分析解释 B1"，要求学生不但正确判断"不可行"，还要说明其原因，如"Zn 和 $FeSO_4$ 的反应体现 $FeSO_4$ 的氧化性"（其他合理解释均可）。这样的问题设计，能够探查出学生作答背后的思路，准确判断学生是否有能力从化合价升降的角度认识物质在化学变化中表现的性质。实际阅卷过程中也发现，相当比例的学生能正确判断"不可行"，但说明的原因不正确，典型错误答案有"二者不反应""二者发生的是置换反应""Zn 的金属活动性在氢前"等。

三、评分标准设计

常规测试旨在检测学生学习结果，评分标准指向学生所作答案是否正确，只要评分标准明确、统一，就可以实现评估和区分学生学习情况的目的。与常规测试不同，本次测试旨在通过测试，探查学生对某一知识的学习和掌握程度是否已达到特定能力活动所要求的水平，是否实现了从知识到认识能力的转化，进而探查学生对于该知识的认识方式。所以评分标准也要考虑到每个评分点在认识模型中的定位（主要参考知识、能力活动、认识方式）。

在阅卷过程中，不仅关注答案是否"正确"，更关注学生的答案体现出了怎样的思维过程，该思维过程是否符合该评分点的编码信息。根据每一个评分点已确定的测查的知识、认识角度、认识方式类型、任务类型，针对被试的能力表现进行评分，对能力表现的不同水平作出评判。阅卷过程中，遇到部分题目学生作答情况与命题预设不同时，也会根据学生作答时表现的实际情况，调整评分标准甚至评分点的编码。

除上述原则以外，在设计评分标准时，还采用了以下两个重要策略：

（1）将开放性试题拆分为多个采分点独立赋分

开放性试题的评分标准制订，始终是能力测试赋分的难点。如何客观、全面地评价学生的思维过程，如何通过赋分尽可能多地体现学生的认识特点，是本套测试工具期待解决的问题。基于上述考虑，本研究对于开放度较大的题目，采用了拆分成多个采分点的赋分方法。

题目示例：

某小组想要探究 $FeCO_3$ 的性质请你根据下表设计探究方案。（表格不必填满）			
猜 想 假 设		方 案 设 计	
化学性质	推测依据	选择试剂	预期现象

图 6-2-3　测试题示例

如图 6-2-3 所示，此题希望考查学生当面临全面探究物质性质的问题时，能否有全面的认识角度、清晰的认识思路，并根据所学知识设计恰当的实验检验特定性质。设计评分标准时，没有根据题面中的表格逐一给分，而是综合看学生对这一问题的作答情况，对以下采分点进行赋分。

表 6-2-3 评分标准示例

编号	能力活动	试题描述	分值	评标
①	B2 推论预测	基于类别通性预测 $FeCO_3$ 性质	1	预测其能与酸反应（其他盐的通性），且理由合理
②	B3 简单设计	设计实验检验 $FeCO_3$ 类别通性	1	设计实验验证所预测性质（类别通性）。实验合理即可
③	B2 推论预测	基于氧化还原预测 $FeCO_3$ 性质	1	预测其具有氧化性或还原性（或写能与高锰酸钾、过氧化氢等典型氧化剂或还原剂反应），且理由合理，如亚铁能够升（降）价、$FeCO_3$ 中铁元素 $+2$ 价等
④	B3 简单设计	设计实验检验 $FeCO_3$ 氧化性或还原性	1	设计实验验证氧化性或还原性，所选实验药品为典型氧化剂或还原剂，现象合理，与所预测性质对应即可，不要求所设计反应一定能发生
⑤	B2 推论预测	基于氧化还原同时预测 $FeCO_3$ 的氧化性和还原性	1	同时预测出既具有氧化性也具有还原性（不要求检验）
⑥	C2 系统探究	多角度探究 $FeCO_3$ 的性质	1	同时预测并正确检验了 $FeCO_3$ 的类别通性、氧化性或还原性

如表 6-2-3 所示，该题目拆分成 6 个采分点。采分点①③分别判断该学生是否具有基于类别通性、氧化还原角度预测物质性质的能力；采分点②④分别判断该学生是否具有设计实验检验物质类别通性、氧化还原性的能力；采分点⑤可判断学生对于氧化还原这一认识角度，是否基于化合价认识物质性质（还原性是亚铁盐的典型性质，但如果学生基于化合价判断亚铁盐的性质，不难判断 $+2$ 价的亚铁化合价可升可降，既具有氧化性又具有还原性）；而对于采分点⑥，只有学生能够同时基于类别通性角度和氧化还原角度预测并检验 $FeCO_3$ 的性质，才能计分，而采分点⑥的能力活动为 C2 系统探究，也就是说，对于一个陌生物质，学生能够主动基于多角度综合预测该物质性质，并能够设计简单的实验验证，才能够达到 C2 系统探究的能力要求。

以上每个采分点的分值均为 1 分，各采分点在进行运算时相互独立，不做加和、不求均分。通过运算，可得到每个采分点独立的难度值（也可统计各采分点学生作答的得分率），即可判断对于该题目，哪些角度、哪些思路学生表现不够理想。一方面诊断学生能力表现的具体情况，另一方面可体现"难题"究竟难在哪些角度和思路上。

（2）基于 Rasch 模型采用指向能力的多级评分

同样因为本套测试工具有较多的开放性试题，阅卷过程中发现，学生对于有些问题的回答能发现明显的水平差异。具体来看，也分为以下两种情况。

第一种情况，水平差异来源于学生年级差异，其实质，是随着学习内容的发展，学生对核心知识认识的进阶过程。

题目示例：

生铁在潮湿环境下会生锈，其原理是＿＿＿＿＿＿＿＿＿＿＿＿＿（可以用文字表达）。

图 6-2-4　测试题示例

如图 6-2-4 所示，该题目只有 1 个采分点。由于年级的差异，完成初中化学学习的学生应能达到"1 分"水平；完成必修模块的学生，大部分应能达到"2 分"水平，少部分学生能达到"3 分"水平；完成选修模块（反应原理模块）的学生，应能达到"3 分"水平。（评分标准见表 6-2-4）

表 6-2-4　评分标准示例

能力活动	试题描述	分值	评标
B1 分析解释	解释生铁生锈的原因	3 分	1 分：铁与氧气（和水）反应（生成二价铁、三价铁、四氧化三铁都记 1 分）如：$Fe+O_2\rightarrow Fe_2O_3/Fe_3O_4$； 铁在潮湿的环境下，与氧气反应生成 Fe_2O_3（或铁锈）
			2 分：能指出发生氧化反应（如：铁被氧气氧化）。 或用准确语言或方程式表达铁和水、氧气，反应生成三价铁（Fe_2O_3、$Fe(OH)_3$）。 若生成二价铁，或氢气，记 0 分。 若将 H_2O 作为条件而非反应物，只能记 1 分。 方程式不要求配平
			3 分：说明形成原电池，或写出电极反应。（电极反应书写错误不扣分）

这样的评分标准设计，能够帮助我们通过对答案的赋分，体现不同年级学生的知识特点，体现学生对某一个核心知识学习的发展过程。同时，探测出学生在解决问题时必需能力的缺失，富有诊断性，便于教师反思教学中存在的问题。

第二种情况，水平差异来源于学生的认识水平不同。面对同一问题，认识水平不同的学生，可能给出的答案都没有科学性错误，但答案所体现的学生思维过程却是有差异的。当学生的答案能够达到相应的学科能力水平时，若存在认识水平差异，则按照认识水平由低到高，依次赋分为 1，2，…

题目示例：

---

(5)研究发现 Fe^{2+} 会影响自然界中的 O_3 将海水中的 I^- 氧化成 I_2 的反应：

$$2I^- + O_3 + 2H^+ \rightleftharpoons I_2 + O_2 + H_2O$$

Fe^{2+} 在反应体系中会发生如下变化：$Fe^{2+} \rightarrow A \rightarrow B$，由 A 生成 B 的过程能显著提高 I^- 的转化率。某小组为研究 Fe^{2+} 的影响机理，进行了以下两组实验并检测反应前后的 pH，结果见下表。

编号	反应物	反应前 pH	反应后 pH
第 1 组	$O_3 + I^-$	5.2	11.0
第 2 组	$O_3 + I^- + Fe^{2+}$	5.2	4.1

①A 为_____，B 为_____。（写化学式或离子符号均可）
②由 A 生成 B 的过程能显著提高 I^- 的转化率，原因是_____。

图 6-2-5　测试题示例

如图 6-2-5 所示，该评分点考查的能力活动为"C1 复杂推理"。学生若回答"H^+ 浓度升高，促进 $2I^- + O_3 + 2H^+ \rightleftharpoons I_2 + O_2 + H_2O$ 平衡向正方向移动，提高了 I^- 的转化率"，说明学生能够从比较复杂的题目语言中获取与评分点相关的物质信息，并主动从反应物浓度升高促进平衡移动的角度分析该问题，完成了复杂推理的过程，可以计"1 分"。但这样的回答并没有说明体系中 H^+ 的来源，所以，如果学生还能回答出"Fe^{2+} 转化为 Fe^{3+}，Fe^{3+} 水解使溶液中 H^+ 浓度升高"，说明学生主动从水解的角度认识了 Fe^{3+} 的性质，并能在复杂的推理过程中，利用该性质，可以计"2 分"。

第三节　无机物主题的学科能力表现水平

一、整体水平划分

本研究首先利用测试所得试题难度值，探查水平划分的关键因素。之后利用 Bookmark 方法划分无机物认识水平。水平划定专家团队由命题组专家和未参与命题的多名一线化学教师和教研员组成。

根据 Rasch 模型计算得到试题的难度值，将试题根据难度值从高到低顺序排列，并将试题的认识角度、认识方式类型、能力活动类型、化学问题等试题相关参数整理形成试题信息表格。水平划分团队专家根据试题信息表格独立划定水平，并解释划定水平的依据，经三轮讨论最终确定无机物认识能力水平。再用 SPSS 17.0对各水平进行单因素方差分析，确认各水平存在显著性差异，最后确定各水平试题的难度值范围。最后根据学生能力值所处水平范围，确定每个学生所处水平。一般来说，在某一维度处于高水平的学生，也能完成较低水平的任务。

无机物主题学科能力表现划分为 6 个水平，各水平描述见表 6-3-1。

表 6-3-1　无机物主题学科能力表现整体水平划分

水平等级	水平描述
6	熟练掌握核心元素及其化合物的性质和转化关系，并在陌生情境中，主动基于多角度认识物质性质，并基于认识角度进行系统推理，分析、解决综合复杂问题，完成各类任务。能够运用变量控制思想，自主识别变量，通过实验研究、解决多变量体系中的综合复杂问题。例如，能够从氧化还原性、物质类别通性等角度探究陌生物质的性质，设计物质转化路径
5	熟练掌握核心元素及其化合物的性质和转化关系，并在陌生情境中，能够自主基于某一认识角度，解决比较复杂的问题并完成论证。例如，当题目要求从氧化性、还原性角度预测物质性质时，能够做出正确的分析判断并能够运用实验事实、氧化还原理论论证所学物质的化学性质，能够用氧化还原性和现象说明物质性质研究中试剂选取的理由，能够从物质类别、氧化还原的角度设计陌生物质的性质探究实验

水平等级	水平描述
4	熟练掌握核心元素及其化合物的性质和转化关系，并能够将物质分类、氧化还原反应、周期律等核心概念转化为认识物质性质的基本角度。 面对熟悉的问题情境，在题目要求的情况下，能够基于某一认识角度，解决分析解释、推论预测等类型的简单问题，能够运用实验实施或核心概念对所学知识进行说明论证。例如，当题目要求从氧化性、还原性角度预测物质性质时，能够做出正确的分析判断；当题目要求改变化学反应快慢时，能够正确调控化学反应条件；能够运用实验事实、氧化还原理论论证所学物质的化学性质
3	基于元素观，建立核心元素及其化合物的整体认识，能够建立核心知识间的联系。 根据题目暗示的角度认识陌生物质或熟悉物质的陌生反应，实现知识的概括关联，完成应用实践型任务
2	熟练掌握无机物性质的相关知识，能建立物质性质与核心概念原理知识间的直接关联。 面对熟悉的问题情境，能够直接调用所学知识对不需要经过多步推理的简单问题进行分析解释，能够建立实验事实、生活常识与核心知识间的关联。例如，能够运用物质性质对药物的功效等简单生活现象进行分析解释，能够依据实验现象判断出熟悉物质的化学性质等
1	能记忆典型物质的重要性质和概念原理的相关知识，能对所学物质性质进行正确辨识。例如，能辨识常见物质的性质，能建立物质性质与用途间的关联

无机物主题水平 1 要求学生能记典型物质的重要性质和概念原理的相关知识，能对所学物质性质进行正确辨识。水平 1 试题示例如图 6-3-1 所示。

> 1. 下列有关物质分类正确的组合是（　　　）。
>
> | | 酸 | 碱 | 盐 | 碱性氧化物 | 酸性氧化物 |
> |---|---|---|---|---|---|
> | A. | 盐酸 | 纯碱 | 烧碱 | 氧化铝 | 二氧化碳 |
> | B. | 硫酸 | 烧碱 | 食盐 | 氧化钙 | 一氧化碳 |
> | C. | 醋酸 | 苛性钠 | 小苏打 | 氧化铝 | 二氧化硫 |
> | D. | 硫酸 | 苛性钾 | 苏打 | 氧化钠 | 三氧化硫 |

图 6-3-1　无机物主题水平 1 试题示例

表 6-3-2　无机物主题水平 1 试题示例的试题信息

试题描述	二级能力要素	元素	化学问题	认识方式类型	认识角度
判断常见酸碱盐、氧化物分类	A2	—	—	给定角度	物质分类

学生解决图 6-3-1 所示问题(试题信息见表 6-3-2)时，需要根据所学物质分类的相关知识，将典型物质与其分类建立起联系。

无机物主题水平 2 要求学生能建立物质性质与核心概念原理知识间的直接关联。水平 2 试题示例如图 6-3-2 所示。

---

6. 已知 $_{33}As$、$_{35}Br$ 位于同一周期，下列关系正确的是(　　)。

A. 原子半径：$As > Cl > P$　　　　　　　　　B. 热稳定性：$HCl > HBr > AsH_3$

C. 还原性：$As^{3-} > S^{2-} > Cl^-$　　　　　　D. 酸性：$H_3AsO_4 > H_2SO_4 > H_3PO_4$

图 6-3-2　无机物主题水平 2 试题示例

表 6-3-3　无机物主题水平 2 试题示例的试题信息

试题描述	二级能力要素	元素	化学问题	认识方式类型	认识角度
根据元素周期律推论预测原子半径及化合物性质	B2		性质	给定角度	周期律

学生解决图 6-3-2 所示问题(试题信息见表 6-3-3)时，需要根据试题提供的 As 和 Br 的原子序数和周期表中的位置，预测 As、Br 以及同族或同周期的其他元素的原子半径、气态氢化物的稳定性、简单阴离子的还原性、最高价氧化物的水化物的酸性的递变规律。

无机物主题水平 3 要求学生建立元素观，能根据题目提示或暗示的角度，预测物质性质，分析解决相应的问题。水平 3 试题示例如图 6-3-3 所示。

---

(3)元素硒位于元素周期表的第四周期第ⅥA族，在信息科技领域有着广泛的用途。请你预测硒化氢(H_2Se)的化学性质，并写出你的推测依据。

性质	依据

图 6-3-3　无机物主题水平 3 试题示例

表 6-3-4　无机物主题水平 3 试题示例的试题信息

试题描述	二级能力要素	元素	化学问题	认识方式类型	认识角度
基于元素周期律预测 H_2Se 的化学性质	B2	S	性质	提示角度	周期律

如图 6-3-3 所示问题(试题信息见表 6-3-4)，该题目虽然没有明确要求学生基于元素周期律根据硫及其化合物的性质，预测 H_2Se 的性质。但题目已经给出了硒元素在元素周期表中的位置，提示了应利用元素周期律根据同族的硫元素预测硒元素的氢化物 H_2Se 应具有还原性(不稳定性)和酸性。

无机物主题水平 4 要求学生在陌生情境中，能够自主基于某一认识角度，解决分析解释、推论预测、简单设计等任务。水平 4 试题示例如图 6-3-4 所示。

……将 $Na_2S_2O_3$ 溶液滴至 $AgNO_3$ 溶液中，发现立即生成白色沉淀，他马上停止了实验。一段时间后，发现沉淀逐渐变为黑色，过滤。他认为黑色物质可能是 Ag_2O 或 Ag_2S……

……该同学分析过滤所得滤液，发现滤液中除含未反应完的 $AgNO_3$ 外，只含有少量 Na^+ 和 SO_4^{2-}。他认为根据以上分析，也能判断黑色物质是② _____ ，他的理由是③ _____ 。

图 6-3-4　无机物主题水平 4 试题示例

表 6-3-5　无机物主题水平 4 试题示例的试题信息

试题描述	二级能力要素	元素	化学问题	认识方式类型	认识角度
主动基于氧化还原角度，依据电子守恒原理分析陌生体系中的物质转化	B2	S	转化	自主角度	氧化还原

学生解决图 6-3-4 所示问题(试题信息见表 6-3-5)时，要求主动基于氧化还原角度，利用电子守恒原理，根据溶液中含 SO_4^{2-}(+6 价 S)，而其他元素化合价均未发生变化，判断沉淀中必然有元素化合价下降，故生成物应为 Ag_2S。

无机物主题水平 5 要求学生在陌生复杂情境中，能够自主基于某一认识角度，解决比较复杂的问题。水平 5 试题示例如图 6-3-5 所示。

(5)研究发现 Fe^{2+} 会影响自然界中的 O_3 将海水中的 I^- 氧化成 I_2 的反应：

$$2I^- + O_3 + 2H^+ \rightleftharpoons I_2 + O_2 + H_2O$$

Fe 元素在反应体系中会发生如下变化：$Fe^{2+} \rightarrow A \rightarrow B$，由 A 生成 B 的过程能显著提高 I^- 的转化率。某小组为研究 Fe^{2+} 的影响机理，进行了以下两组实验并检测反应前后的 pH，结果见下表。

编号	反应物	反应前 pH	反应后 pH
第 1 组	$O_3 + I^-$	5.2	11.0
第 2 组	$O_3 + I^- + Fe^{2+}$	5.2	4.1

①A 为_____；B 为_____。（写化学式或离子符号均可）
②由 A 生成 B 的过程能显著提高 I^- 的转化率，原因是_____。

图 6-3-5　无机物主题水平 5 试题示例

表 6-3-6　无机物主题水平 5 试题示例的试题信息

试题描述	二级能力要素	元素	化学问题	认识方式类型	认识角度
主动基于水解和平衡移动，解释 O_3、I^- 体系中加入 Fe^{2+} 能提高 I^- 转化率的原因	C1	Fe	转化	单角度系统	反应原理

学生解决图 6-3-5 所示的问题（试题信息见表 6-3-6）时，要求主动基于水解角度认识溶液中 Fe^{3+} 的性质，建立 Fe^{3+} 水解生成氢离子和化学平衡中反应物 H^+ 浓度提高反应正向移动之间的推理关系。

无机物主题水平 6 要求学生自主从多角度认识物质性质。水平 6 试题示例如图 6-3-6 所示。

(5)你认为 $FeCl_3$ 溶液与 Na_2S 溶液混合时，可能发生哪些反应，并解释原因。

可能发生的反应	推测依据

图 6-3-6　无机物主题水平 6 试题示例

表 6-3-7　无机物主题水平 6 试题示例的试题信息

试题描述	二级能力要素	元素	化学问题	认识方式类型	认识角度
同时基于类别通性、氧化还原和水解角度，预测 $FeCl_3$ 与 Na_2S 的反应产物	C1	Fe、S	转化	多角度	类别通性氧化还原反应原理

学生解决图 6-3-6 所示问题（试题信息见表 6-3-7）时，要求在分析 $FeCl_3$ 与 Na_2S 的反应产物的时候，能够主动基于类别通性判断能生成 Fe_2S_3 沉淀或 FeS 沉淀；主动基于氧化还原反应，预测生成 +2 价 Fe 元素或 S 沉淀；主动基于水解反应，预测生成 $Fe(OH)_3$ 或 H_2S。以上 3 点同时答出，这一评分点才能计分。

二、学习理解能力水平划分

依照上述水平划分方法，无机物主题学习理解能力划分为 3 个水平，各水平描述见表 6-3-8。学习理解能力表现水平划分的关键维度是学科能力要素，即学生面临的关键学科能力活动。

表 6-3-8　无机物主题学习理解能力水平划分

水平等级	水平描述
3	能够对所学知识进行论证，根据知识之间的内在联系实现对知识的概括和论证，基于核心知识完成简单的推理任务
2	建立事实性知识与核心概念之间的联系，能在试题情境中辨识所学知识并直接利用所学知识解决问题；建立原型活动的操作与目的之间的关联
1	事实性知识的记忆和原型的直接再现；能够在事情情境中辨识原型活动

无机物学习理解能力水平 1 要求学生对事实性知识的记忆的直接再现，对应的能力活动类型为 A1 辨识记忆。水平 1 试题示例如图 6-3-7 所示。

请你写出至少 3 种制备 $FeCl_2$ 的化学反应方程式。

图 6-3-7　无机物主题学习理解水平 1 试题示例

表 6-3-9　无机物主题学习理解水平 1 试题示例的试题信息

试题描述	二级能力要素	元素	化学问题	认识方式类型	认识角度
正确书写制备 $FeCl_2$ 的化学反应方程式	A1	Fe	转化	—	—

如图 6-3-7 所示问题要求学生正确书写能够生成 $FeCl_2$ 的化学反应方程式。

无机物学习理解能力水平 2 要求学生建立事实性知识与核心概念之间的联系，能在试题情境中辨识所学知识并直接利用所学知识解决问题，对应的能力活动类型为 A2 概括关联。水平 2 试题示例如图 6-3-8 所示。

请根据周期表中非金属元素及其化合物的性质递变规律，完成下表：

		同周期	同主族
		左→右	上→下
元素性质	原子半径	递减	递增
	①得电子能力		
化合物性质	②最高价含氧酸酸性	_____	_____（卤素）
	③_____	递增	_____
	④_____还原性	_____	递增

图 6-3-8　无机物主题学习理解水平 2 试题示例

表 6-3-10　无机物主题学习理解水平 2 试题示例的试题信息

试题描述	二级能力要素	元素	化学问题	认识方式类型	认识角度
建立元素在元素周期表中的位置和最高价氧化物酸性的关系	A2	—	性质	给定角度	周期律

　　如图 6-3-8 所示问题要求学生根据所学元素周期律知识，建立元素性质与最高价氧化物水化物性质之间的联系。

　　无机物学习理解能力水平 3 要求学生对所学知识进行论证，对应的能力活动类型为 A3 说明论证。水平 3 试题示例如图 6-3-9 所示[①]。

　　（2）某同学在研究硫代硫酸钠（$Na_2S_2O_3$）的化学性质时，向新制氯水中滴加少量 $Na_2S_2O_3$ 溶液，发现氯水退色。请问他这样做的目的：①＿＿＿＿＿＿＿＿＿＿＿＿＿＿。
他选择氯水的依据：②＿＿＿＿＿＿＿＿＿＿＿＿＿＿＿＿＿＿＿＿＿＿＿＿＿。

图 6-3-9　无机物主题学习理解水平 3 试题示例

表 6-3-11　无机物主题学习理解水平 3 试题示例的试题信息

试题描述	二级能力要素	元素	化学问题	认识方式类型	认识角度
基于氧化还原论证用氯水研究硫代硫酸钠的性质的依据	A3	Cl	性质	提示角度	氧化还原

　　如图 6-3-9 所示题目要求学生回答选择氯水作为检验物质还原性试剂的原因。氯水是中学阶段常见氧化剂，氯水退色检验还原性的典型现象，达到该水平的学生，表现为能意识到氯水为常见氧化剂，$Na_2S_2O_3$ 中 S 元素为中间价态可能具有还原性，所以选择氯水的依据为氯水有氧化性。若学生只答 Cl_2 与 $Na_2S_2O_3$ 能反应，则不能认定学生达到这一水平要求。

三、应用实践能力水平划分

　　依照上述水平划分方法，无机物主题应用实践能力划分为 4 个水平，各水平

────────────

　　①　由于本次测试一道题常对应多个采分点，每个采分点均有独立的评分标准及试题信息，故不同水平的试题示例可能题面相同，但实际对应的是不同采分点。

描述见表 6-3-12。应用实践能力表现水平划分的关键维度是认识方式类型，具体来说，就是认识角度的主动程度和情境的陌生程度。

表 6-3-12　无机物主题应用实践能力水平划分

水平等级	水平描述
4	自主基于氧化还原反应、周期律、反应原理等角度分析和预测物质性质
3	在题目提示的情况下，利用特定认识角度，解决陌生情境中的问题
2	在题目提示的情况下，利用特定认识角度，解决熟悉情境中的问题
1	利用题目给定的认识角度，解决熟悉或陌生情境中的问题

无机物应用实践能力水平 1 要求学生利用题目给定的认识角度，解决熟悉或陌生情境中的问题（给定角度—熟悉/陌生情境）。水平 1 试题示例如图 6-3-10 所示。

6. 已知 $_{33}As$、$_{35}Br$ 位于同一周期，下列关系正确的是（　　　）。
A. 原子半径：$As > Cl > P$
B. 热稳定性：$HCl > HBr > AsH_3$
C. 还原性：$As^{3-} > S^{2-} > Cl^-$
D. 酸性：$H_3AsO_4 > H_2SO_4 > H_3PO_4$

图 6-3-10　无机物主题应用实践水平 1 试题示例

表 6-3-13　无机物主题应用实践水平 1 试题示例的试题信息

试题描述	二级能力要素	元素	化学问题	认识方式类型	认识角度
根据元素周期律推论预测原子半径及化合物性质	B2		性质	给定角度	周期律

学生解决图 6-3-10 所示问题时，需要根据试题提供的 As 和 Br 的原子序数和周期表中的位置，预测 As、Br 以及同族或同周期的其他元素的原子半径、气态氢化物稳定性、简单阴离子还原性、最高价氧化物的水化物的酸性的递变规律。

无机物应用实践能力水平 2 要求在题目提示的情况下，利用特定认识角度，解决熟悉情境中的问题（提示角度—熟悉情境）。水平 2 试题示例如图 6-3-11 所示。

（3）某小组想要探究 $FeCO_3$ 的性质，请你根据下表，设计探究方案。（表格不必填满）

猜想假设		方案设计	
化学性质	猜测依据	选择试剂	预期现象

图 6-3-11　无机物主题应用实践水平 2 试题示例

表 6-3-14　无机物主题应用实践水平 2 试题示例的试题信息

试题描述	二级能力要素	元素	化学问题	认识方式类型	认识角度
基于类别通性预测 $FeCO_3$ 可能具有的性质（如和酸反应生成二氧化碳）	B2	C	性质	提示角度	类别通性

如图 6-3-11 所示题目，学生对于碳酸盐的性质是相对较熟悉的，所以此题虽然没有明确要求学会可以基于类别通性预测物质性质，但所给物质本身已经提示了该角度，并且该情境是学生比较熟悉的。达到该水平的学生，应能预测出 $FeCO_3$ 作为盐可能具有的通性，如和酸反应生成二氧化碳。

无机物应用实践能力水平 3 要求学生在题目提示的情况下，利用特定认识角度，解决陌生情境中的问题（提示角度—陌生情境）。水平 3 试题示例如图 6-3-12 所示。

（3）元素硒位于元素周期表的第四周期第ⅥA族，在信息科技领域有着广泛的用途。请你预测硒化氢（H_2Se）的化学性质，并写出你的推测依据。

性质	依据

图 6-3-12　无机物主题应用实践水平 3 试题示例

表 6-3-15　无机物主题应用实践水平 3 试题示例的试题信息

试题描述	二级能力要素	元素	化学问题	认识方式类型	认识角度
基于元素周期律预测 H_2Se 的化学性质	B2	S	性质	提示角度	周期律

如图 6-3-12 所示问题，要求学生根据题目提示的周期律推导出硒元素的氢化物 H_2Se 应具有还原性（不稳定性）和酸性。

无机物应用实践能力水平 4 要求学生自主基于氧化还原反应、周期律、反应原理等角度分析和预测物质性质(自主角度—陌生情境)。水平 4 试题示例如图 6-3-13 所示。

(4)某小组要以混有 Al_2O_3 的 Fe_2O_3 为原料,制备下周要用的 $FeCl_2$ 溶液,请按下图格式,帮助该小组设计实验流程:

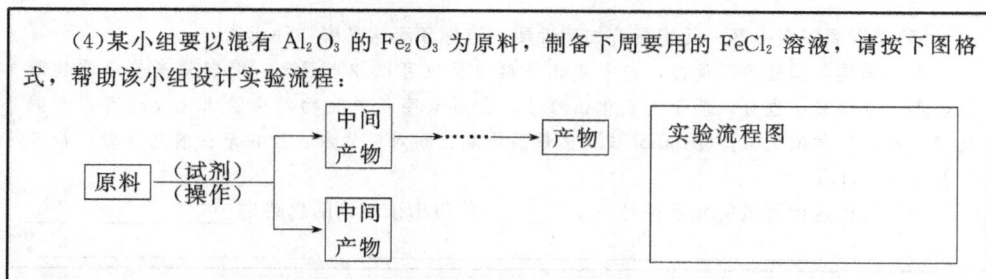

图 6-3-13 无机物主题应用实践水平 4 试题示例

表 6-3-16 无机物主题应用实践水平 4 试题示例的试题信息

试题描述	二级能力要素	元素	化学问题	认识方式类型	认识角度
自主基于氧化还原角度,设计制备 $FeCl_2$ 溶液(需额外加铁粉防止 Fe^{2+} 氧化)	B3	Fe	转化	自主角度	氧化还原

如图 6-3-13 所示题目要求学生在制备 $FeCl_2$ 溶液过程中,自主基于氧化还原角度,设计制备 $FeCl_2$ 溶液(需额外加铁粉防止 Fe^{2+} 氧化)。

四、迁移创新能力水平划分

依照上述水平划分方法,无机物主题迁移创新能力划分为 3 个水平,各水平描述见表 6-3-17。迁移创新能力表现水平划分的关键维度是认识方式类型,具体来说,就是认识角度的数量和认识思路复杂程度。

表 6-3-17 无机物主题迁移创新能力水平划分

水平等级	水平描述
3	主动基于多角度,解决陌生情境中的复杂问题,或创造性地利用物质性质解决生产、生活中的实际问题
2	自主基于氧化还原反应、周期律、反应原理等角度系统认识物质性质,或经过多步推理,完成完整的探究过程
1	自主基于氧化还原反应、周期律、反应原理等角度分析和预测物质性质

　　无机物迁移创新能力水平 1 要求学生自主基于氧化还原反应、周期律、反应原理等角度分析和预测物质性质（单角度）。水平 1 试题示例如图 6-3-14 所示。

---

　　(5)元素周期表中某一元素具有如下性质，请你预测这是哪一种元素。

　　①其单质与稀盐酸不反应，与氢氧化钠溶液反应可以放出氢气。②其最高价氧化物既可以溶于浓盐酸，也可以溶于氢氧化钠溶液。③其最高价氧化物对应的水化物既可以和酸反应，也可以和碱反应。④1 mol 该元素最高价氧化物对应的水化物在与盐酸反应时，最多消耗 4 mol HCl。

　　请你写出这种元素的元素符号：_____。你得出该结论的思路是 _____
_____。

图 6-3-14　无机物主题迁移创新水平 1 试题示例

表 6-3-18　无机物主题迁移创新水平 1 试题示例的试题信息

试题描述	二级能力要素	元素	化学问题	认识方式类型	认识角度
利用元素性质信息，基于元素周期律预测元素在周期表中的位置	C1	C	性质	自主角度	周期律

　　学生解决图 6-3-14 所示问题时，要求主动基于周期律角度，综合各项信息，预测该元素应与碳元素同主族，在碳下方，并位于金属和非金属交界处，进而判断出该元素是锗元素。

　　无机物迁移创新能力水平 2 要求学生自主基于氧化还原反应、周期律、反应原理等角度系统认识物质性质，或经过多步推理，完成完整的探究过程（单角度—系统）。水平 2 试题示例如图 6-3-15 所示。

---

　　(5)研究发现 Fe^{2+} 会影响自然界中的 O_3 将海水中的 I^- 氧化成 I_2 的反应：

$$2I^- + O_3 + 2H^+ \rightleftharpoons I_2 + O_2 + H_2O$$

　　Fe^{2+} 在反应体系中会发生如下变化：$Fe^{2+} \rightarrow A \rightarrow B$，由 A 生成 B 的过程能显著提高 I^- 的转化率。某小组为研究 Fe^{2+} 的影响机理，进行了以下两组实验并检测反应前后的 pH，结果见下表。

编号	反应物	反应前 pH	反应后 pH
第 1 组	$O_3 + I^-$	5.2	11.0
第 2 组	$O_3 + I^- + Fe^{2+}$	5.2	4.1

　　①A 为_____，B 为_____。（写化学式或离子符号均可）

　　②由 A 生成 B 的过程能显著提高 I^- 的转化率，原因是 _____
_____。

图 6-3-15　无机物主题迁移创新水平 2 试题示例

表 6-3-19　无机物主题迁移创新水平 2 试题示例的试题信息

试题描述	二级能力要素	元素	化学问题	认识方式类型	认识角度
主动基于水解和平衡移动，解释 O_3、I^- 体系中加入 Fe^{2+} 能提高 I^- 转化率的原因	C1	Fe	转化	单角度系统	反应原理

学生解决图 6-3-15 所示问题时，要求主动基于水解角度认识溶液中 Fe^{3+} 的性质，建立 Fe^{3+} 水解生成氢离子和化学平衡中反应物 H^+ 浓度提高反应正向移动之间的推理关系。

无机物迁移创新能力水平 3 要求学生主动基于多角度，解决陌生情境中的复杂问题，或创造性地利用物质性质解决生产、生活中的实际问题（多角度）。水平 3 试题示例如图 6-3-16 所示。

（5）你认为 $FeCl_3$ 溶液与 Na_2S 溶液混合时，可能发生哪些反应，并解释原因。

可能发生的反应	推测依据

图 6-3-16　无机物主题迁移创新水平 3 试题示例

表 6-3-20　无机物主题迁移创新水平 3 试题示例的试题信息

试题描述	二级能力要素	元素	化学问题	认识方式类型	认识角度
同时基于类别通性、氧化还原和水解角度，预测 $FeCl_3$ 与 Na_2S 的反应产物	C1	Fe、S	转化	多角度	类别通性氧化还原反应原理

学生解决图 6-3-16 所示问题时，要求在分析 $FeCl_3$ 与 Na_2S 的反应产物的时候，能够主动基于类别通性判断能生成 Fe_2S_3 沉淀或 FeS 沉淀；主动基于氧化还原反应，预测生成 +2 价 Fe 元素或 S 沉淀；主动基于水解反应，预测生成 $Fe(OH)_3$ 或 H_2S。以上 3 点同时答出，这一评分点才能计分。

第四节　无机物主题的学科能力表现现状

所测试的有效样本来自于某市两个行政区不同水平的 19 所学校高中 3 个年级的学生，共计 2 077 人。有效样本的具体信息如表 6-4-1 所示。

表 6-4-1　有效测试样本信息

学校类型	高一	高二	高三	总计
一类校	265	165	127	557
二类校	293	221	295	809
三类校	139	123	146	408
四类校	106	70	127	303
总计	803	579	695	2 077

测试的时间为 3 月，各年级的学生已完成第一学期的全部课程，未开始学习第二学期课程，即高一的学生样本完成必修 1 模块的学习，未开始必修 2 模块学习；高二的学生样本完成了必修 1、必修 2、选修 1（化学与生活）和选修 5（有机化学基础）的学习；高三的学生样本完成了必修 1、必修 2、选修 1（化学与生活）、选修 4（化学反应原理）和选修 5（有机化学基础）的学习。

一、整体水平分布

利用 Rasch 模型进行数据分析后，可以得到无机物主题能力表现测试的试题难度值和学生能力值。每个学科能力水平层级均有对应的题目难度值范围，因此，可以根据学生能力值判断有多少学生处于该学科能力水平，进而确定各类样本在各水平的人次百分比。

表 6-4-2 所示为全体样本、不同年级样本无机物主题学科能力表现的平均能力值、所处平均水平和各水平的人次百分比。

表 6-4-2　高中生无机物主题学科能力表现情况

	平均能力值	标准差	平均水平	水平6	水平5	水平4	水平3	水平2	水平1	未达水平1
全体样本	−1.86	1.199	水平2	0.0%	1.3%	4.8%	18.8%	35.2%	39.3%	0.7%
高一年级	−2.03	1.223	水平2	0.0%	0.0%	3.0%	22.0%	30.3%	43.6%	1.1%
高二年级	−2.29	1.037	水平1	0.0%	0.2%	1.2%	9.0%	34.0%	54.9%	0.7%
高三年级	−1.29	1.081	水平2	0.0%	3.6%	9.8%	23.2%	41.9%	21.4%	0.1%

分析全体学生样本数据，发现全体学生平均能力值为 −1.86，所处水平为水平 2。

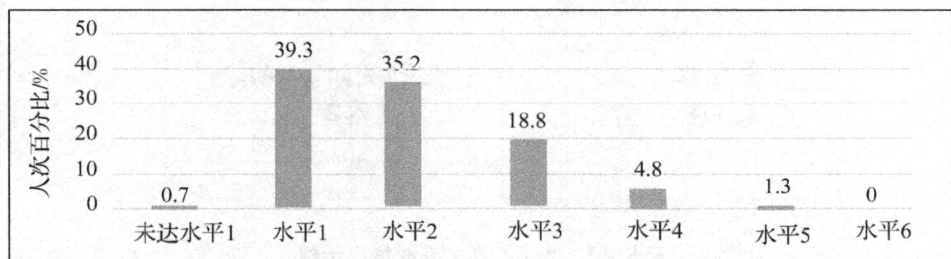

图 6-4-1　无机物主题学生学科能力表现总体水平人次分布

进一步分析各水平学生人数百分比（见图 6-4-1）可知，只有很少（不足 0.1%）的学生处于水平 6，即自主基于多角度认识物质性质，完成探究创新型任务。图 6-4-2 是水平 6 学生答题情况示例。

图 6-4-2　水平 6 学生答题情况示例

根据图 6-4-2 所示答题情况，可以发现该学生有自发基于类别通性和氧化还原反应的角度，预测物质性质、分析反应体系的能力。

1.3% 的学生处于水平 5，即能够自主基于类别通性、氧化还原反应、周期律、反应原理等角度系统认识物质性质，完成应用实践或探究创新型任务。图 6-4-3 是水平 5 学生答题情况示例。

（2）请从原子结构的角度对"Br 原子得电子能力弱于 Cl"进行解释。

Br原子的电子多，电子层多，随着电子层增加，对电子层吸引力越弱，得电子能力越弱，所以Br得电子

（3）元素硒（Se）位于元素周期表的第四周期第 VIA 族，在信息科技领域有着广泛的用途。请你预测硒化氢的化学性质，并写出你的推测依据。

性质	依据
氧化性	Se 位于4周期 VIA族
毒性	H₂S 有毒

图 6-4-3　水平 5 学生答题情况示例

根据图 6-4-3 所示答题情况，可以判断该学生具备利用周期律说明熟悉元素性质递变规律的能力；但当预测陌生元素性质的时候，其预测依据还不够准确；在面对综合复杂的周期律问题时，还没有清晰的分析思路。

4.8% 的学生处于水平 4，即能够根据题目暗示的认识角度对物质或反应体系进行说明论证，或能够自主基于类别通性、氧化还原反应、周期律、反应原理等角度分析和预测物质性质。图 6-4-4 是水平 4 学生答题情况示例。

（3）工业上可以以富含硫酸亚铁的废液为原料得到 $FeCO_3$ 固体，并进一步生产 Fe_2O_3。

① 某同学要研究 $FeSO_4$ 的还原性，实验员提供了以下试剂，请你帮该同学选择合适试剂进行实验：　B　（填写字母序号）。

A. KI　　　　B. $KMnO_4$　　　　C. Na_2SO_4

② 请写出①选择试剂的原因

I　有氧化性

③ 有同学选择 H_2S 作为合适试剂，请你判断是否可行，并解释原因

不可行，会有干扰

图 6-4-4　水平 4 学生答题情况示例

通过此题可以看出，该学生在题目明确要求运用氧化还原反应规律的时候（研究 $FeSO_4$ 的还原性，选择合适试剂），能够正确选择试剂，并说明理由。但在题目提示不明显的情况下（能否选择 H_2S 作为合适试剂），该学生并不能主动从氧化还原反应规律的角度分析这一情境。

18.8% 的学生处于水平 3，即能够根据题目暗示的角度认识陌生物质或熟悉物质的陌生反应，实现知识的概括关联，完成应用实践型任务。图 6-4-5 是水平 3 学生答题情况示例。

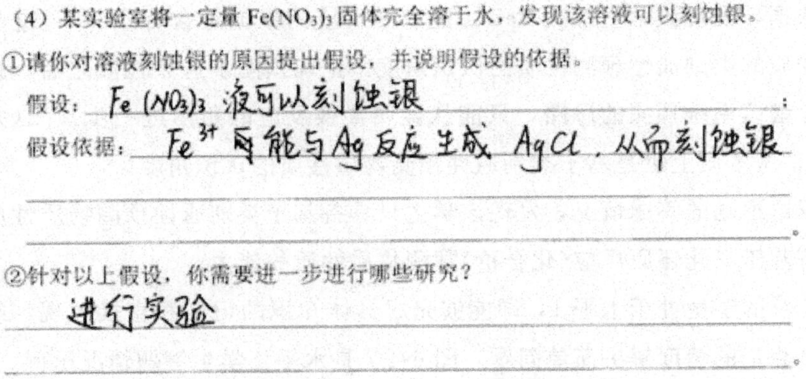

（4）某实验室将一定量 $Fe(NO_3)_3$ 固体完全溶于水，发现该溶液可以刻蚀银。

①请你对溶液刻蚀银的原因提出假设，并说明假设的依据。

假设：$Fe(NO_3)_3$ 液可以刻蚀银

假设依据：Fe^{3+} 可能与 Ag 反应生成 AgCl，从而刻蚀银

②针对以上假设，你需要进一步进行哪些研究？

进行实验

图 6-4-5　水平 3 学生答题情况示例

在 $Fe(NO_3)_3$ 刻蚀 Ag 的题目中，该学生能意识到可能是 Fe^{3+} 和 Ag 反应，但无法合理说明推测依据，也无法设计实验验证。这说明该学生分析这一问题并未主动从氧化还原反应规律角度分析反应系统，而是依靠以往学习经验，或简单地类比 Fe^{3+} 与 Fe 或 Fe^{3+} 与 Cu 的反应。

35.2% 的学生处于水平 2，即能够根据题目暗示的角度认识熟悉物质或熟悉反应，实现知识的概括关联，完成应用实践型任务。图 6-4-6 是水平 2 学生答题情况示例。

④某实验小组想要探究 $FeCO_3$ 的性质，设计实验验证你的预测。

猜想假设		方案设计	
化学性质	推测依据	选择试剂	预期现象
与酸反应	有 CO_3^{2-}	盐酸	有气泡产生
与H后金属反应	Fe比H后金属活泼	Cu	变色

图 6-4-6　水平 2 学生答题情况示例

探究 $FeCO_3$ 性质的题目能够比较直观地探查出该学生的认识角度。观察学生的推测依据，发现该学生推测 $FeCO_3$ 能和酸反应的依据是含有 CO_3^{2-}，这是典型的基于物质的类别通性预测性质的认识角度。正确预测了这条性质之后，该学生显然没有继续系统预测的思路，只能从金属置换反应的角度进一步预测（并且也有错误），这本质上也是基于类别通性预测物质性质的认识角度。

根据这道题的答题情况，发现该学生只具备基于类别通性预测物质性质的能力，没有基于氧化还原反应（化合价）预测物质性质的能力。

39.3％的学生处于水平 1，即能够完成具体知识的记忆和直接再现，或直接利用题目给定的角度解决简单问题。图 6-4-7 是水平 1 学生答题情况示例。

（3）元素硒（Se）位于元素周期表的第四周期第 VIA 族，在信息科技领域有着广泛的用途。请你预测硒化氢的化学性质，并写出你的推测依据。

性质	依据
氧化性	O 有氧化性
酸性	S 有酸性
有颜色	S 有颜色
溶于水	S 溶于水

图 6-4-7　水平 1 学生答题情况示例

根据硒元素在周期表中的位置，在预测硒化氢的性质的题目中，该学生正确回答硒化氢有"酸性"，但其依据却是 S 有酸性。这说明，该学生有一定基于周期律预测性质的意识，但是其具体预测思路却存在明显问题，只利用了元素性质的相似性，没利用元素性质的递变性，也没有由元素性质进一步推测物质性质的意识。同样的问题也体现在该生回答硒化氢有氧化性上。这说明，该生并不是真正基于周期律预测物质性质，综合考虑该学生的推测依据，可看出该学生主要利用代表物简单类比的方法对物质性质进行预测。

图 6-4-8 所示题目主要考查学生氧化还原反应概念在物质性质检验方面的应用，根据答题情况可以看出，该学生完全没有建立基于氧化还原反应认识物质性质的认识角度，在其答题语言中，完全没有涉及基于氧化还原的概念的运用。而其答题语言"Fe 比 Na 活泼"体现出该学生还只能基于初中的置换反应规律认识陌生反应。

（3）工业上可以以富含硫酸亚铁的废液为原料得到 $FeCO_3$ 固体，并进一步生产 Fe_2O_3。

①某同学要研究 $FeSO_4$ 的还原性，实验员提供了以下试剂，请你帮该同学选择合适试剂进行实验：___C___（填写字母序号）。

A. KI　　　　B. $KMnO_4$　　　　C. Na_2SO_3

②请写出①选择试剂的原因

Ⅰ　_Fe 比 Na 活泼，可以还原 Na_2SO_4_。

③有同学选择 H_2S 作为合适试剂，请你判断是否可行，并解释原因_____

（3）某同学在研究硫代硫酸钠（$Na_2S_2O_3$）的化学性质时，向新制氯水中滴加少量 $Na_2S_2O_3$ 溶液，发现氯水褪色。请问他这样做的目的：①　_生成 SO_2_。

他选择新制氯水的依据是：②　_生成物除、SO_2 无有害物质_。

该同学认为实验现象能够说明硫代硫酸钠具有还原性，请你解释他能够得出这一结论的原因：③　_硫失电子化学价升高_。

图 6-4-8　未达水平 1 学生答题情况示例 1

值得注意的是，当题目问及"如何根据实验现象解释硫代硫酸钠具有还原性"时，该生回答"硫失电子化合价升高"，传统教学认为基于电子认识氧化还原反应是氧化还原反应概念学习的高水平。该学生正确答出了电子得失和化合价升降的关系，但事实上，完全没有运用氧化还原反应规律研究物质性质的能力。这说明学生能否基于电子转移认识氧化还原反应和能否利用氧化还原反应规律认识物质性质，没有必然联系；并且这道题的问点，其实并不需要用得失电子来解释，这说明在该生思维中，僵化地将氧化还原反应和电子得失捆绑在一起，看似能够认识氧化还原反应的本质，其实并没有应用氧化还原反应的能力。

0.7％的学生未达水平1，即尚未完成基本知识的记忆。图 6-4-9 同样是未达水平1学生答题情况示例。

某同学向一支试管中加入少量 $FeCl_3$ 粉末，注入适量水溶解，然后向其中投入一段擦亮的镁条。你认为试管中可能存在哪些成分？将可能的情况填写在下表，并写出理由。（行数不限）

可能的情况	你的理由
MgCl₂、Fe	Fe与Mg完全反应
Mg、MgCl₂、Fe	Mg没反应完
FeCl₂、MgCl₂、Fe	Fe没反应完

图 6-4-9　未达水平 1 学生答题情况示例 2

关于 $FeCl_3$ 和 Mg 反应的题目，该学生只答出发生简单复分解反应的情况，但没有考虑过量问题，这也从侧面体现了这种简单的定量观，其实对应的学生水平是很低的。

进一步关注各年级学生无机物主题学科能力表现情况，如图 6-4-10 所示，学生从高一年级到高二年级学科能力的表现出现了退步，从高二年级到高三年级学科能力表现有较大提升，并优于高一年级。

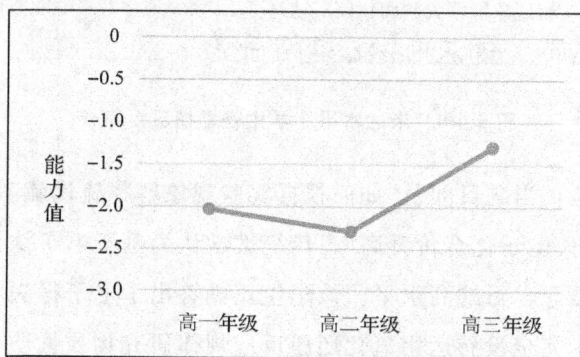

图 6-4-10　无机物主题各年级学生能力值均值

进一步检验各年级学生能力值是否存在显著性差异，结果见表 6-4-3。

表 6-4-3　高中各年级学生无机物主题学科能力表现差异检验

	均值差	显著性
高二年级～高一年级	−0.33	0.001
高三年级～高二年级	1.13	0.000
高三年级～高一年级	0.80	0.000

由表 6-4-3 可知，学生由高一年级到高二年级有显著退步，从教学内容上看，学生从高一年级测试节点到高二年级测试节点，学习了无机物主题元素周期律的相关知识，这一核心知识对学生学科能力的发展应该有重要作用，但从实测结果来看，学生的知识更加丰富，但学科能力表现却没有明显提升，当然这和测试时间点之前的一学期，学生学习有机化学基础模块，对于无机物有一定遗忘也可能有关。由高二年级到高三年级有显著提高，且也显著高于高一年级学生，这说明高三年级第一轮复习对于学生无机物学科能力确实存在显著的提升作用。但高三年级学生平均水平仍处于水平 2，认识方式类型为"提示角度"，也就是说，即使经过高三年级第一轮复习，从学生表现的平均情况来看，也并未让学生主动基于特定认识角度研究物质性质。

由表 6-4-2 所示各年级学生能力值标准差可知，高一年级学生能力差异最大，高二年级、高三年级均有不同程度的减小。结合高三年级学生能力值有显著性提升来看，说明学生刚刚接触无机物主题学习时，不同学生表现出的能力差异很大，但经过两年的学习，学生表现更加均衡并且均有明显提升。

分析各年级学生水平人次（见图 6-4-11），发现从高一年级到高二年级，高水平人次百分比减少，低水平人次百分比增多；高三年级学生中低水平人次比例远少于高一年级和高三年级，高水平学生占比虽然不多，但比高一年级和高二年级已有明显增多。

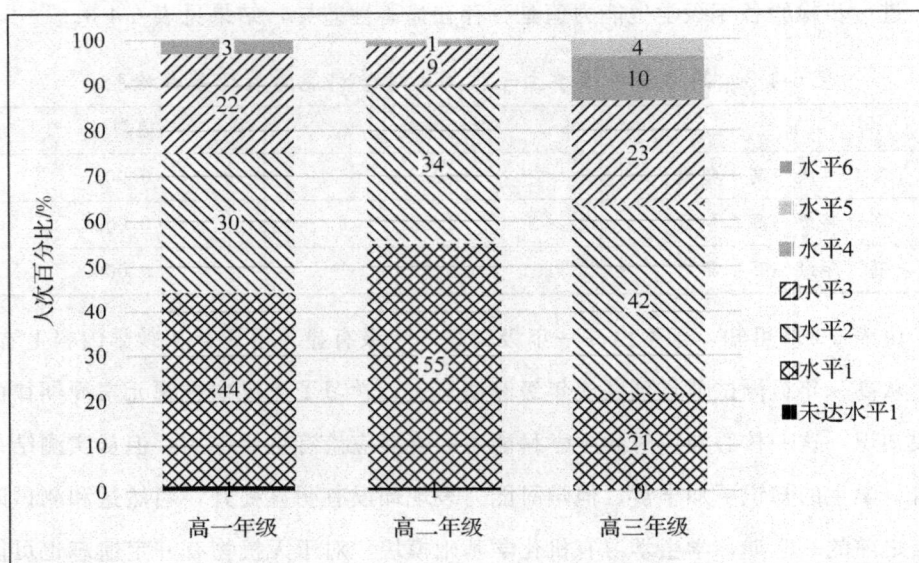

图 6-4-11　高中各年级学生无机物主题学科能力水平人次分布

二、学习理解能力表现

利用多维 Rasch 模型进行数据分析后，可以得到无机物主题学习能力活动的试题难度值和学生能力值。对于每个学科能力水平层级均有对应的题目难度值范围，因此，可以根据学生能力值判断有多少学生处于学习理解能力水平，进而确定各类样本在各水平的人次百分比。

表 6-4-4、图 6-4-12 所示为全体样本无机物主题学习理解能力表现的平均能力值、所处平均水平和各水平的人次百分比。

表 6-4-4　高中生无机物主题学习理解能力表现情况

	平均能力值	标准差	平均水平	水平 3	水平 2	水平 1	未达水平 1
全体样本	−0.61	1.137	水平 2	9.5%	50.3%	39.7%	0.6%

由上述数据可知，全体学生平均能力值为−0.61，所处水平为水平 2，水平 2 学生所占比例也最高，同时，只有不到 10% 的学生处于水平 3。

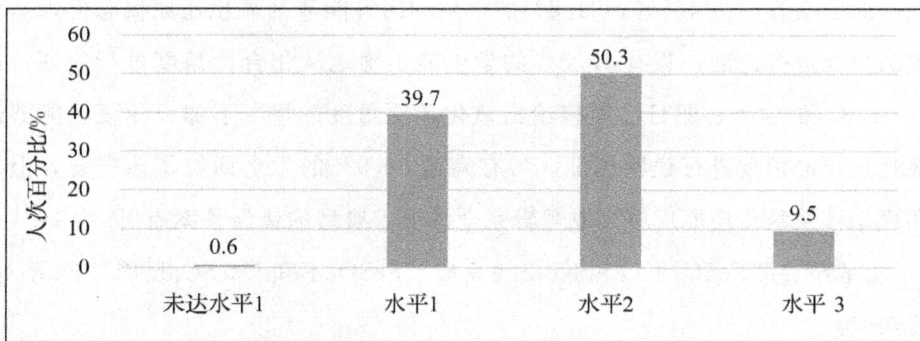

图 6-4-12　无机物主题学生学习理解能力表现总体水平人次分布

进一步分析学生在以下典型试题的表现情况。

H11AS0121A10（得分率 62.0%）：

甲同学取铜片和足量浓硫酸，放在试管中共热，请写出反应的化学方程式。

H11AS0231A20（得分率 64.3%）：

①某同学要研究 $FeSO_4$ 的还原性，实验员提供了以下试剂，请你帮该同学选择合适试剂进行实验：_____（填写字母序号）。

A. KI　　　B. $KMnO_4$　　　C. Na_2SO_4

②请写出①选择试剂的原因_____。

以上两题的难度值较低，得分率也较高，说明大部分学生能够识记熟悉的反应方程式，能够将题目给定的氧化还原角度与熟悉的情境关联起来。

H11AS0124A20（得分率 42.9%）：

加热铜与浓硫酸混合物时，试管中有少量硫单质析出，持续加热，硫慢慢地溶解。请写出硫溶于浓硫酸的反应方程式。

该题难度较高，得分率不到 50%，说明尚有一部分学生在将氧化还原角度与陌生情境（熟悉物质、陌生反应）关联的时候，存在困难。

H11AS0232A30（得分率 13.8%）：

（研究 $FeSO_4$ 的还原性）有同学选择 H_2S 作为合适试剂，请你判断是否可行，并解释原因。

此题空答率为 4.6%，24.8% 的学生的回答能涉及氧化还原概念但未从化合价的角度进行论证，只有 13.8% 的学生能正确地从化合价角度进行论证，即只有 37.8% 的学生在题目已间接给出氧化还原角度的情况下加以论证，能够运用氧化还原的角度进行说明论证。另有高达 56.9% 的学生回答了该问题，但答题角度未涉及氧化还原反应，或逻辑完全错误。典型的错误答案有"因为 Fe^{2+} 会和 S^{2-} 生成沉淀""$FeSO_4$ 可以和 Na_2SO_4 反应""$FeSO_4$ 不和 Na_2SO_4 反应""Fe 不如 Na 活泼"等。

H11AS0132A30（得分率 30.0%）：

某同学在研究硫代硫酸钠（$Na_2S_2O_3$）的化学性质时，向新制氯水中滴加少量 $Na_2S_2O_3$ 溶液，发现氯水退色。他选择新制氯水的依据是_____。

此题空答率仅 2.4%，但得分率也只有 30.0%，答题情况与 H11AS0232A30 接近。

以上试题答题情况说明，该学生样本在学习理解能力方面，已具备辨识记忆和面对熟悉情境的概括关联能力；但面对陌生情境，概括关联能力还需要进一步提高；而说明论证能力，尤其是主动利用一定角度进行说明论证能力需要进一步加强。

三、应用实践能力表现

利用多维 Rasch 模型进行数据分析后，可以得到无机物主题应用实践活动的试题难度值和学生能力值。对于每个学科能力水平层级均有对应的题目难度值范围，因此，可以根据学生能力值判断有多少学生处于应用实践能力水平，进而确定各类样本在各水平的人次百分比。

表 6-4-5、图 6-4-13 所示为全体样本无机物主题应用实践能力表现的平均能力值、所处平均水平和各水平的人次百分比。

表 6-4-5　高中生无机物主题应用实践能力表现情况

	平均能力值	标准差	平均水平	水平 4	水平 3	水平 2	水平 1	未达水平 1
全体样本	−1.36	1.245	水平 2	4.0%	20.7%	43.8%	13.3%	18.2%

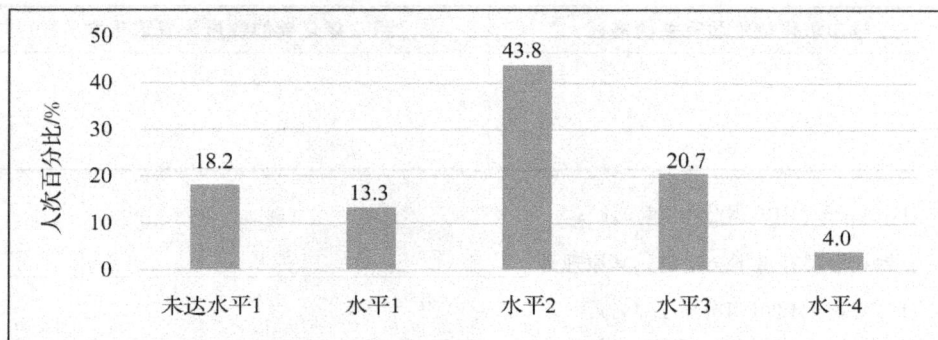

图 6-4-13　无机物主题学生应用实践能力表现总体水平人次分布

由上述数据可知，全体学生平均能力值为−1.36，所处水平为水平 2，也有接近半数学生能力值处于水平 2。同时，水平 3、水平 1 的学生比例均较高，水平 4 学生比例很低，另外，还有 18.2% 的学生未达水平 1。

进一步分析学生在以下典型试题的表现情况。

H10AS0851B20(得分率 62.4%)(从物质类别的角度预测 $FeCO_3$ 性质)水平 5 题目示例：

某实验小组想要探究 $FeCO_3$ 的性质，设计实验验证你的预测。

猜想假设		方案设计	
化学性质	推测依据	选择试剂	预期现象

上题难度值较低，得分率较高，说明学生具备基于具体物质性质和从物质类别角度进行推论预测和说明论证的能力。

H11AS0112B10(得分率 38.1%)：

阅读下面一段文字，找出其中与二氧化硫性质有关的描述和体现的二氧化硫的性质，填入表格中。

很多葡萄酒中都含有 SO_2，添加 SO_2 的一个原因是，溶解的 SO_2 易和溶解氧结合，从而保证了葡萄酒的鲜爽。但过多的 SO_2 也会使葡萄酒的颜色发生变化。葡萄酒中含有一种天然水溶性色素——花青素，花青素是一种天然的酸碱指示剂，通入 SO_2 过多，会使花青素的颜色发生变化。过多的 SO_2 还会和花青素结合，使花青素变成无色物质。

与二氧化硫性质有关的描述	用二氧化硫的性质解释该现象

H10AS0822B10（得分率 26.9％）：

生铁在潮湿环境下会生锈，其原理是 _____。

H10AS0844B20（得分率 2.7％）：

某同学向一支试管中加入少量 $FeCl_3$ 粉末，注入适量水溶解，然后向其中投入一段擦亮的镁条。你认为试管中可能存在哪些成分？将可能的情况填写在下表，并写出理由。（行数不限）

可能的情况	你的理由

以上 3 题知识难度都不大，所用物质和情境也都是中学常见物质，但学生得分率较低，这说明学生主动从氧化还原反应、反应原理这样的角度分析解释、推论预测物质性质的能力是很低的。

综上所述，该样本学生在应用实践能力方面，基于具体物质性质和类别通性分析解释和推论预测能力较强，基于氧化还原、反应原理等角度的分析解释和推论预测能力较低，简单设计能力处于中等水平。

四、迁移创新能力表现

利用多维 Rasch 模型进行数据分析后，可以得到无机物主题迁移创新活动的试题难度值和学生能力值。对于每个学科能力水平层级均有对应的题目难度值范围，因此，可以根据学生能力值判断有多少学生处于迁移创新能力水平，进而确定各类样本在各水平的人次百分比。

表 6-4-6、图 6-4-14 所示为全体样本无机物主题迁移创新能力表现的平均能力值、所处平均水平和各水平的人次百分比。

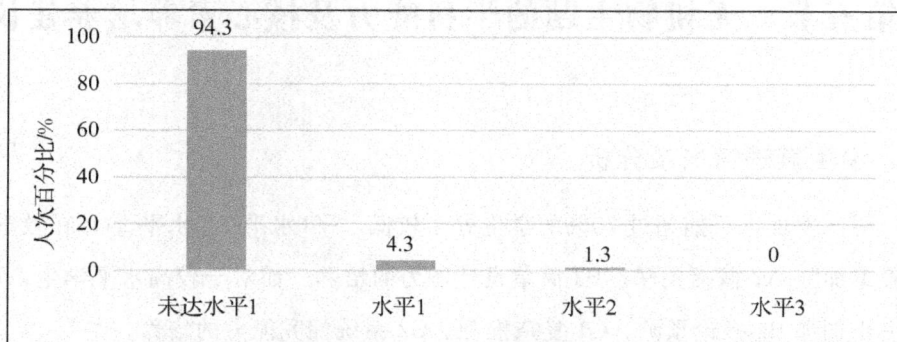

图 6-4-14 无机物主题学生迁移创新能力表现总体水平人次分布

表 6-4-6 高中生无机物主题迁移创新能力表现情况

	平均能力值	标准差	平均水平	水平 3	水平 2	水平 1	未达水平 1
全体样本	−3.50	1.288	未达水平 1	0.0	1.3%	4.3%	94.3%

由上述数据可知，全体学生平均能力值为−3.50，所处水平为未达水平 1。虽然有少量学生能力值处于水平 1，甚至水平 2，但大量学生的迁移创新能力未达水平 1。

迁移创新能力的题目中基于周期律、基于物质类别的综合复杂问题解决能力、探究能力的题目难度值相对较小，学生得分率相对较高；基于氧化还原反应、反应原理的综合复杂问题解决能力、探究能力的题目难度值居中；创新思维能力的题目、多角度的综合复杂问题解决能力的题目、多角度的探究能力的题目难度值最高，得分率不超过 10%。

综上所述，该学生样本的总体迁移创新能力较差。周期律、基于物质类别的综合复杂问题解决能力、探究能力相对较好，基于周期律、反应原理的综合复杂问题解决能力、探究能力相对居中，基本不具备基于多角度认识物质性质的复杂问题解决能力、探究能力和创新思维能力。

第五节　无机物主题的学科能力及核心素养培养建议

一、学生表现情况及分析

测试发现，目前超过70％的学生处于较低水平（水平1、水平2），在教学中，应着重加强A2概括关联、B3简单设计能力的培养。而对于较高水平学生，可以进一步加强B2推论预测、C1复杂推理、C2系统探究能力的培养。

各能力活动方面，发现学生在学习理解能力方面，各水平均有一定比例的学生，有80％以上的学生能够建立物质性质与核心概念之间的联系，但仅有不到20％的学生能够基于核心概念系统论证物质所具有的性质。应用实践能力方面，绝大多数学生能够在试题提示的情况下，运用特定认识角度，解决问题，只有极少数学生，能够主动基于特定认识角度研究物质性质。迁移创新能力方面，几乎全部学生处于较低水平，说明学生尚不具备自主基于特定认识角度、系统地认识物质性质的能力。

高一年级学生刚刚完成物质类别、氧化还原和元素化合物性质的学习，学生在学习理解类活动任务中表现尚可，说明对无机物知识辨识与记忆落实较好。但只有极少的学生，能够主动基于特定认识角度研究物质性质，大部分学生在题目给出或提示研究问题的角度时，才能够解决问题。这说明无机物教学目前的重难点不应放在元素化合物知识和基本概念的落实上，应该关注如何在教学中，将核心概念转化为学生主动认识物质性质的角度，加强学生基于特定认识角度认识无机物性质的主动性。

各认识角度方面，不同认识角度之间差异很大。类别通性角度学生掌握程度较好，氧化还原、周期律、反应原理角度学生掌握情况均不够理想，尤其氧化还原角度学生掌握情况差异很大。在给定角度时，学生能比较好地完成相应的能力活动，但在解决问题的认识角度不是题目明确给出时，学生的表现就会明显变差。另外，学生从单一角度预测物质性质、分析物质转化时，表现相对较好，而主动从多角度认识无机物性质的学生比例非常小。

结合上述结果，不难发现认识角度的建立是目前学生无机物性质学习的重点和难点。反观教学，在认识角度所对应的概念原理新授课时，教师没有明确该概念提出的目的和价值，元素化合物学习中没有充分发挥认识角度的指导作用，可能是造成目前学生表现不够理想的原因。

二、基于无机物主题学科能力构成模型培养建议[①②]

无机物主题学科能力构成模型概括了中学阶段学生认识和解决有关元素化合物问题的思维系统（能力结构）的核心要素及其相互关系，包含认识对象、分析和解决问题的认识角度、认识方式、围绕认识对象的化学问题类型及核心的学科能力任务。这4个方面的变量相互组合可以概括元素化合物有关的知识结构、问题结构和认知思维结构。模型中的关键词都是可以赋值和运行的认识变量，而变量运行的机制是选取和确立核心认识角度，以及基于某种认识角度运行特定的推理路径和认识思路，所以模型具有重要的认识和推理功能。

模型的概括作用可以帮助教师和学生在面对各种问题时都能选取核心认识角度，调用相应的推理模式，能够以不变应万变地解决多种问题。教师在教学中将学生的认识角度及其基于该角度的认识思路和推理路径外显化，示范分析和解决问题的思维和推理机制，可以发展学生在面对陌生问题情境时主动应用基于物质类别和化合价等认识角度进行有效推理的能力。

通过模型中4个维度的认识变量可以刻画和评价学生的认识方式差异和认识发展水平。例如，我们可以评价学生：面对不同类型认识对象，以及分析和解决不同类型化学问题任务时的能力表现；能否顺利完成不同类型的学科能力活动；

---

① 王磊，郭晓丽，王澜，等. 元素化合物认识模型及其在复习教学中的应用——以高中《化学1》"金属元素及其化合物"单元复习为例[J]. 化学教育，2015，36(5)：15-21.

② 张俊华，王澜，王磊. 引导学生运用元素化合物认识模型解决实际问题的教学研究——以"菠菜补铁是真的吗"探究教学为例[J]. 化学教育，2015，36(5)：22-25.

是否已经具备相应的认识角度和认识方式类型。可以区分学生：虽然能够基于某种角度（如化合价）完成某类能力任务（简单分析解释），但是面对综合复杂问题时尚缺少主动自觉的认识角度和清晰思路。可以诊断学生：面对相同任务时，不同学生的认识方式和能力表现水平的不同，如同样是预测物质的性质，有的学生习惯基于熟悉物质的性质类比迁移；有的习惯基于物质类别通性思考问题；有的可以主动基于化合价视角预测物质的性质；有的则能运用两种及以上概念原理（如物质类别、氧化还原、反应原理等）作为分析问题、解决问题的自觉认识角度和推理路径等。

　　基于认识模型可以帮助教师明确课程定位和教学目标。例如，高中化学必修1课程中元素化合物知识教学与初中化学课程中最大的不同在于，研究对象从代表物和部分物质类别的性质，到元素（含有某元素的物质组）；研究的化学问题从以物质的性质为主到既有性质又有转化，从存在、使用和制备为主扩展到保存、鉴别、分离；学科能力活动从记忆、观察、描述和说明为主到概括、论证、解释、预测、设计、证明、复杂问题解决、系统探究；认识角度从基于代表物熟悉性质类比到基于物质类别与基于化合价和氧化还原。与必修2课程相比最大的不同则在于研究对象不涉及不同元素的区别与联系，能力活动方面不要求解释论证不同元素氧化性或还原性（金属性或非金属性）的差异，认识方式上不要求基于原子结构、得失电子以及周期性的水平分析和解决问题。而与选修反应原理课程相比，应该控制物质体系的复杂度，如不宜涉及电离平衡、水解平衡、非自发反应等复杂体系，如果出现也肯定不应作为基本教学要求。

　　基于认识模型可以指导教师系统设计教学活动和问题任务。根据模型中4个维度的相互组合，可以设计涵盖不同类型的不同能力水平的活动任务。例如，选取保存、利用、检验、鉴别、分离、制备等不同类型的应用性问题和活动任务，驱动有关物质性质或物质转化的学习或复习。设置辨识记忆、概括关联、说明论证等知识的学习理解活动；设置分析解释、推论预测、简单设计等简单应用任务；开展真实复杂陌生问题解决活动、系统探究活动和创新思维活动。既可以丰富学生有关元素化合物问题解决活动的经历和经验，更有利于引导和促进学生建构、内化、自觉运用和迁移发展他们对元素化合物的认识方式和问题解决能力。

由于认识模型不仅概括了认识元素化合物及其问题解决活动的对象、问题和能力任务类型，而且提取了学生认识和解决有关元素化合物问题时可能的和合理的认识方式（关键认识角度、基本推理路径等），这样可以帮助教师在课堂教学中更加清晰和准确地诊断出学生实然的认识方式及其与合理认识方式的差别所在。教师在教学中可以通过追问来外显学生的认识角度及其基于该角度的认识思路和推理路径，并给出明确的评价，进而给予更有针对性的教学，示范分析和解决问题的合理思维和推理机制，从而提高课堂教学和评价的针对性和实效性，更有力地促进学生的认识发展和能力提升。

基于上述思考，可以提炼出以下有效教学策略。

（1）充分利用二维图促使氧化还原和物质分类等核心概念内化为学生分析和解决元素化合物问题的自觉主动的认识角度，凸显认识角度的指导作用

认识角度是模型中最核心的变量，是学生分析和解决问题的思维基础，对元素化合物的教学非常重要。通过教学实践证明，在教学过程中凸显认识角度的建立，有利于让学生在面对陌生物质时能够主动地从物质类别和价态两个角度进行性质预测并解决相关问题。在教学过程中，绘制和熟记二维图并不是教学的目的，让学生基于二维图，建立类别和价态这两个认识物质性质的角度，才是最有价值的。

（2）基于认识模型和学科能力要素设计系统化和梯度化的教学活动任务

能力任务要素是模型中很重要的组成部分，要特别关注针对能力任务要素进行教学活动设计。其中辨识记忆型的任务能够帮助学生回顾元素化合物事实性知识；概括关联型任务，利用物质类别和化合价将已有元素化合物知识整合关联，有利于学生初步建立认识角度。分析解释、推论预测、简单设计等应用实践型任务，让学生循序渐进，逐步内化基于认识模型解决不同任务的思路和方法。在此基础上，设置复杂推理问题解决任务让学生尝试面对真实复杂的情境，自主运用认识模型解决问题；系统探究型的任务让学生完成对于陌生物质性质的自主探究；最后利用拓展知识让学生经历创造性体会和批判性思考的创新思维活动。经

过这一系列问题任务的挑战，能够让学生逐步建立并使用模型，掌握运用模型解决各类不同问题的思路，同时，也能让不同水平和不同基础的学生在教学过程中都能得到有效提升和发展。

(3)通过追问、思维外显、评价和示范，引导学生基于认识模型分析和解决各类问题

教学过程中教师要不断地追问学生，将思路和方法外显，并主动示范如何运用模型分析和解决问题，引导学生与自己已有的思维习惯进行比较，体会运用模型分析和解决问题的优势，注重外化模型，促使其转化成学生的内在的稳定的认识角度和认识思路。

在实际教学中经常会发现有些学生更依赖自己原有的思维习惯和具体解题经验，分析简单问题时，会出现不利用模型就能完成教师布置的任务的现象。此时，教师尤其需要注意引导学生展开运用模型分析问题的思维过程。在面对复杂、陌生问题的时候，要有意识地让学生对比反思自己在认识角度和认识思路上的变化，增加主动运用认识模型解决之前难以解决的问题的自觉性和信心。例如，在本研究所示的教学过程中，教师充分利用板书上的认识模型和学生的交流对话，把学生的假设、设计、转化、检验的思路，都呈现在二维图上，并不断就二维图和学生边对话边交流，呈现出利用认识模型形成认识思路的动态过程。

(4)创设基于真实情境的实验探究活动，培养学生运用认识模型分析和解决陌生复杂问题的能力

基于真实情境的复杂问题能激发学生的学习热情，同时有利于复杂模型的综合应用，有利于检验学生综合利用模型的能力。此外，近几年高考题也越来越重视对真实或实验情境问题的考查。所以在教学中选择源于真实情境的素材，并安排适当的学生实验和演示实验，是实现有效教学的重要手段。

如何将真实复杂问题有效转化成教学活动，一方面教师自己需要先就真实复杂问题进行深入探究，完成对实验本体的开发。另一方面，教师在自主进行探究的过程中，需要对实验本体中学生可能的发展点进行分析，基于这些可能的发展点为学生设置合理的探究台阶，进行问题拆解，从而完成将真实复杂问题解决过

程向课堂中学生可完成的问题解决活动的转化。同时需要调控探究活动的开放度来控制难度，围绕核心的认识发展点进行开放，提高教学的实效性。此外，引导学生深刻反思和比较问题解决活动中的认识角度、认识思路和认识方式类型的前后变化也是非常重要的。

第七章

化学反应原理主题的学科能力构成及其表现研究

化学反应原理是对化学变化本质和规律的概括化认识，是人们利用和调控化学反应的依据。化学反应原理包括化学反应与能量、电化学、化学反应速率和限度、化学平衡、溶液中的离子反应和离子平衡等方面。学习化学反应原理，有助于形成关于物质变化的正确观念，使学生能理解物质制备、能源利用、生产调控、污染处理等领域中的基本问题，体会反应规律在生产、生活和科学研究中的重要应用。

本主题重点发展的学科核心素养是变化观念与平衡思想、证据推理与模型认知和科学探究与创新意识。在探究和推理过程中，宏观辨识与微观探析素养也会得到发展。在合理应用反应原理时，科学态度与社会责任素养会得到提升。

本主题重点培养学生概括、理解和应用反应规律的能力。例如，基于数据概括平衡常数的能力，基于现象研究反应速率和平衡影响因素的能力，基于化学平衡原理理解、论证溶液中离子平衡的能力，基于溶液中的平衡解释生活现象的能力，基于电化学原理设计金属防腐措施的能力等。

本章将阐述化学反应原理主题的学科能力构成模型、表现期望、测评方法以及能力表现水平等。

第一节 化学反应原理主题的学科能力构成模型及其表现期望

一、构成模型

化学反应原理主题的学科能力构成模型将从本主题内容所对应的知识经验、化学问题、化学认识方式、学科能力活动及其表现 4 个维度构建。反应原理主题的核心知识包括化学反应规律、电解质溶液、化学能与热能、电化学。从学科能力活动任务类型来看包括学习理解(辨识记忆、概括关联、说明论证)、应用实践(分析解释、推论预测、简单设计)、迁移创新(复杂推理、系统探究、创新思维) 3 大类 9 小类。从化学认识方式来看，该主题一方面丰富、发展了对化学反应的认识角度，其一级认识角度为化学反应中的物质变化、能量变化，物质变化所对应的二级认识角度为化学反应的方向、限度、速率，能量变化所对应的二级认识角度为能量的来源、能量的变化和能量的转移。在从上述角度认识化学反应的物质变化和能量时，包括物质、微粒、价键、条件(环境)4 个核心维度及宏观—微观、定性—定量、孤立—系统、静态—动态 4 种基本认识方式类型。具体如图 7-1-1 所示。

因此，总体来看，在化学反应原理主题中，经过化学反应规律(质量守恒定律、化学反应方向、化学反应限度和速率)，电解质溶液(溶液、离子反应、溶液的酸碱性、溶液中的离子平衡)，化学能与热能，电化学(原电池、电解池)的学习，理解核心反应规律、重要理论和典型原型，基于数据、现象等实验概括化学反应规律，运用实验或理论模型对化学反应规律和理论进行说明论证等学习理解能力活动，形成并发展基于物质、微粒、价键、环境(条件)等角度，运用微粒观、平衡观、系统观认识化学反应中的物质变化和能量变化的能力；进而能够运用化学反应规律和理论知识和相应的认识方式解释、解决实验室、生产、生活实际中的问题，能够进行化学反应规律的探究，能够设计反应装置，实现化学反应

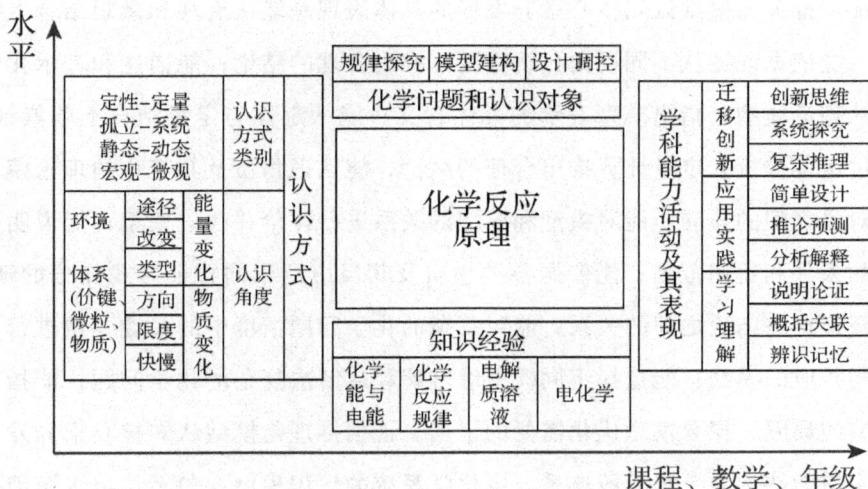

图 7-1-1　化学反应原理主题学科能力构成模型

中的物质变化和能量变化，能够建构理论模型，进行理论探究，能够进行远迁移、发现新知识，能够进行创意设计解决实验室、生产、生活中的问题。

经过化学反应原理主题的学习，学生的"变化观念与平衡思想""证据推理与模型认知""科学探究与创新意识"化学学科核心素养将得到重点发展。

变化观念与平衡思想核心素养发展的具体表现是能运用化学计量单位定量分析化学反应中的能量转化；认识反应条件对化学反应速率和平衡的影响，能运用化学反应原理分析影响化学变化的因素，初步学会运用变量控制方法研究化学反应，能对多物质、多变化的复杂体系进行分析；能运用化学变化的规律分析说明生产、生活实际中的化学变化。变化观念与平衡思想核心素养发展的内涵实质为对化学反应的认识角度的丰富，即从物质变化发展到能量变化，从物质种类的变化发展到反应的方向、限度和速率，从能量变化的存在发展到能量变化的途径、类型等；还表现在对化学反应的认识深度的变化，即基于价键微观认识化学反应中的能量变化、基于微粒间相互作用认识外界条件对化学反应快慢的影响，定量认识化学反应中的能量变化、表征化学反应的快慢，多角度地系统分析外界条件对化学反应限度和速率的影响、关注多微粒和多平衡之间的相互作用与影响等。

证据推理与模型认知核心素养发展的具体表现是能从宏观和微观结合上收集证据，能依据证据从不同视角分析问题，推出合理的结论；能描述和表示化学中常见的理论模型，指出模型表示的具体含义；能从定性与定量结合上收集证据，能通过定性分析和定量计算推出合理的结论；能认识物质及其变化的理论模型和研究对象之间的异同，能对模型和原型的关系进行评价并改进模型；能说明模型使用的条件和适用范围；能依据各类物质及其反应的不同特征寻找充分的证据，能解释证据与结论之间的关系；能对复杂的化学问题情境中的关键要素进行分析以建构相应的模型；能选择不同模型综合解释或解决复杂的化学问题；能指出所建模型的局限，探寻模型优化需要的证据。证据推理与模型认知核心素养发展的内涵实质为建构对于水溶液体系、电化学系统的认识模型，包括认识水溶液体系的基本角度和认识路径（如图 7-1-2 所示）、认识电化学装置及原理的基本角度和路径（如图 7-1-3 所示）。

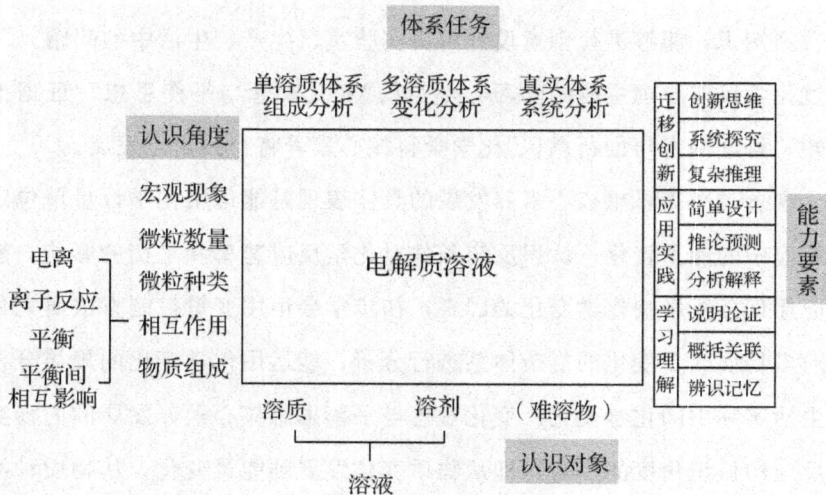

图 7-1-2　水溶液（电解质溶液）认识模型

科学探究与创新意识核心素养发展的具体表现是具有较强的问题意识，能在与同学讨论的基础上提出探究的问题和假设，依据假设提出实验方案，独立完成实验，收集实验证据，基于现象和数据进行分析并得出结论，交流自己的探究成

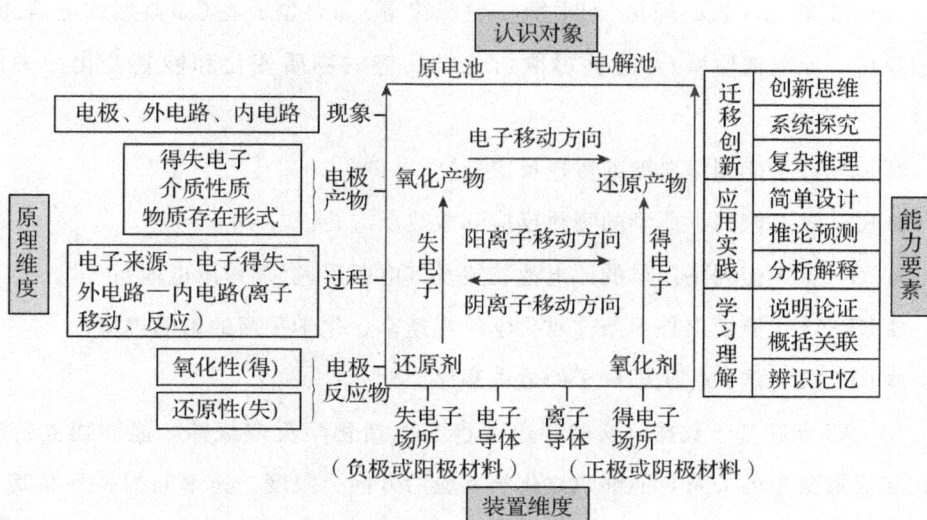

图 7-1-3　电化学认识模型

果。科学探究与创新意识核心素养发展的内涵实质是通过对化学反应规律的探究形成反应规律探究的基本思路。例如，通过物质在水溶液中行为的探究，建立宏观现象与微粒行为的关联，并能够基于假设收集宏观证据，并基于现象和数据分析、论证假设，认识电解质在水溶液中的微观行为。

二、表现期望

1. 学科能力表现期望

反应原理主题的能力活动（认识活动和问题解决活动）包括学习理解、应用实践和迁移创新 3 类，其具体表现期望如下。

学习理解能力包括能够记住重要规律和典型原型，能够提取与化学反应的物质变化和能量变化相关的信息；能够基于数据、实验现象等事实概括化学反应规律，能够建立物质变化与能量变化的关系，能够建立化学反应的方向、限度、速率间的关系及其与化学反应中的物质、反应条件的关系，能够建立能量变化与反应、装置的关系；能够利用实验事实或理论模型论证化学反应规律、理论。

RP-A1 能记住核心规律（如平衡移动规律等）和典型原型（如典型的电解质、可逆反应、原电池原型），能够提取与化学反应的物质变化和能量变化相关的信息。

- RP-A1-1 能列举典型的可逆反应；
- RP-A1-2 能列举典型的吸热反应和放热反应；
- RP-A1-3 能列举简单的原电池装置及其电极反应（铜锌原电池）；
- RP-A1-4 能说出外界条件对化学反应速率、化学平衡的影响规律；
- RP-A1-5 能记住阴阳离子的放电顺序。

RP-A2 能够基于数据、实验现象等事实概括化学反应规律，能够建立物质变化与能量变化的关系，能够建立化学反应的方向、限度、速率间的关系及其与化学反应中的物质、反应条件的关系，能够建立能量变化与反应、装置的关系。

- RP-A2-1 能基于单一组分浓度认识化学反应限度，能建立与平衡移动的关系，能基于焓变、熵变等多变量关系认识反应方向；
- RP-A2-2 能根据数据概括平衡状态特征，能根据实验事实概括外界条件对化学反应速率的影响；
- RP-A2-3 能概括离子反应的发生条件；
- RP-A2-4 能从电极反应物（氧化剂、还原剂）认识化学能与电能的转化，能建立氧化还原反应与原电池的关系；
- RP-A2-5 能建立弱电解质与微粒种类、数量、现象之间的关系；
- RP-A2-6 能建立原理（电极反应物—氧化还原反应）与装置（电极材料、离子导体、电子导体）的对应关系（微观—系统）；能建立氧化还原反应物质变化、能量变化、电化学装置三者之间的关系。

RP-A3 能够利用实验事实或理论模型论证化学反应规律和理论。

- RP-A3-1 能说明化学反应中能量变化的微观实质；
- RP-A3-2 能说明铜锌原电池装置能够产生电流的原因；
- RP-A3-3 基于微粒间相互作用和碰撞理论认识化学反应速率（微观—定性—系统），能用多组分浓度关系解释平衡移动；

■ RP-A3-4 能基于物质—微粒种类—微粒间相互作用—微粒数量—现象认识电解质在水溶液中的行为(微观—定性—系统)，能论证盐溶液酸碱性的规律，能通过平衡移动证明平衡的存在。

应用实践能力包括能够基于物质、微粒、价键、环境(条件)中的某个或某些角度，运用平衡观、微粒观，利用化学反应规律、理论分析解释实验现象或生产、生活实践中的现象，进行推论、预测，设计实验进行规律探究、离子检验和鉴别，设计简单装置实现化学能与电能的相互转化。

RP-B1 能够基于物质、微粒、价键、环境(条件)中的某个或某些角度，运用平衡观、微粒观，分析解释实验现象或生产、生活实践中的现象。

■ RP-B1-1 能利用外界条件对化学反应速率和化学平衡影响的规律，基于单一因素分析解释生产、生活和实验中的现象；

■ RP-B1-2 能分析溶液的组成，基于离子反应、溶液中的离子平衡解释实验现象和生产、生活实际中的问题；

■ RP-B1-3 能基于使用目的考虑物质的种类、状态、价键、环保等多角度解释能量使用方案；

■ RP-B1-4 能从电极反应物(氧化剂、还原剂)角度根据装置分析电极反应(不涉及介质酸碱性问题)；能从电子转移角度分析解释简单电化学过程(仅与电极反应有关)的实验现象。

RP-B2 能够基于物质、微粒、价键、环境(条件)中的某个或某些角度，运用平衡观、微粒观，对化学反应中物质变化和能量变化的现象、结果进行推论、预测。

■ RP-B2-1 能判断化学平衡状态，能推论预测平衡移动方向及结果；

■ RP-B2-2 能从反应速率或化学平衡的角度进行反应条件的选择；

■ RP-B2-3 能推论预测离子反应，比较溶液中离子浓度的大小；

■ RP-B2-4 能基于微粒间相互作用认识化学能与电能的转化，预测简单电化学装置中的现象，能书写陌生电极反应式(不涉及酸碱性介质)。

RP-B3 能设计实验进行规律探究、离子检验和鉴别，能设计简单装置实现化学能与电能的相互转化。

- ■ RP-B3-1 能设计实验研究影响反应速率和影响化学平衡的因素；
- ■ RP-B3-2 能基于所给离子的性质设计探究（鉴别）方案；
- ■ RP-B3-3 能基于盖斯定律计算一组反应的热效应；
- ■ RP-B3-4 能设计简单原电池/电镀装置。

迁移创新能力包括能够基于物质、微粒、价键、环境（条件）中的某些角度，运用平衡观、微粒观、系统观，利用化学反应规律、理论进行分析、推理，解释、解决陌生情境中的综合复杂问题，通过实验探究化学反应规律，证明相关理论，设计并调控反应实现化学反应中的物质变化，设计并优化装置实现化学反应中的能量变化，建构理论模型，通过远迁移发现新知识，进行创意设计解决实验室、生产、生活中的问题。

RP-C1 能够基于物质、微粒、价键、环境（条件）中的某些角度，运用平衡观、微粒观、系统观进行分析、推理，解释、解决陌生情境中的综合复杂问题。

- ■ RP-C1-1 能基于多组分浓度关系认识化学平衡，综合分析复杂平衡移动问题；
- ■ RP-C1-2 能对化学反应中各物质的量的关系、反应速率、反应限度进行综合分析；
- ■ RP-C1-3 能基于微粒间相互作用认识化学能与电能的转化，对复杂陌生装置进行分析，能书写复杂陌生电极反应式（涉及酸碱性介质）。

RP-C2 能够基于物质、微粒、价键、环境（条件）中的某些角度，运用平衡观、微粒观、系统观设计实验探究化学反应规律，证明相关理论，设计并调控反应实现化学反应中的物质变化，设计并优化装置实现化学反应中的能量变化。

- ■ RP-C2-1 能探究影响化学反应速率、化学平衡的因素；
- ■ RP-C2-2 能基于微粒—微粒间相互作用—微粒数量—现象，设计实验证明溶液中存在离子平衡；
- ■ RP-C2-3 能从原理和装置上实现化学能与电能的相互转化，设计复杂的电化学装置。

RP-C3 能够基于物质、微粒、价键、环境（条件）中的某些角度，运用平衡观、微粒观、系统观通过远迁移发现新知识，进行创意设计解决实验室、生产、生活中的问题。

■ RP-C3-1 能综合多种影响因素定量认识化学反应的快慢，利用相关信息发现浓度等外界因素与化学反应速率的定量关系；

■ RP-C3-2 能基于离子反应和中和滴定设计出其他滴定法测定离子含量的实验方法，如返滴定；

■ RP-C3-3 能利用原电池原理和装置实现真实情境中的物质转化，利用电化学原理设计具有实用价值的方案解决生产、生活中的实际问题（如利用微电解法处理污水）。

综合来看，学生在化学反应原理主题的表现期望可以分为以下 4 个等级。

等级 1 的表现期望可以概括为"基于具体知识分析化学变化"。具体表现为认识化学变化是有条件的，能说明化学变化中的质量关系和能量转化，能从物质的组成、构成微粒、主要性质等方面解释或说明化学变化的本质特征；认识物质的量在化学定量研究中的重要作用，能结合实验或生产、生活中的实际数据，并应用物质的量计算物质的组成和物质转化过程中的质量关系。

等级 2 的表现期望可以概括为"从某一角度认识化学变化，并能在该角度内进行系统分析"。能分析化学变化中能量吸收或释放的原因；认识化学变化的多样性和复杂性，具体表现为能分析化学反应速率的主要影响因素；能说明化学变化的本质特征和变化规律；能通过实验探究物质的变化规律；能提出有意义的实验探究问题，根据已有经验和资料做出预测和假设；能设计简单的实验方案；能运用适当的方法控制反应条件并顺利完成实验；能收集和表述实验证据，基于实验事实得出结论。

等级 3 的表现期望可以概括为"能多角度认识化学变化，能基于证据系统推理、分析解决问题"。具体表现为能根据反应速率理论和化学平衡原理，说明影响化学反应速率和化学平衡的因素；能运用宏观、微观、符号等方式描述、说明物质转化的本质和规律；能定量分析化学变化的热效应，分析化学能与电能相互转化的原理及在生产和生活中的应用；能设计实验方案探究物质和能量的转化、影响反应速率和化学平衡的因素；能选择合适的实验试剂和仪器装置，控制实验条件，安全、顺利地完成实验；能收集并用数据、图表等多种方式描述实验证据；能基于现象和数据进行分析推理得出合理结论；能结合生产和生活实际问题情境说明化学变化中能量转化、调控反应条件等的重要应用；能运用化学原理和方法解释或解决生产、生活中与化学相关的一些实际问题。

等级 4 的表现期望可以概括为"能多角度认识化学变化，能从宏观—微观、定性—定量等多个层面认识化学变化，能对于生产和生活中的化学问题提出创造性建议"。具体表现为能从宏观与微观、定性与定量等角度对物质变化中的能量转化进行分析和表征；能从调控反应速率、提高反应转化率等方面综合分析反应的条件，提出有效控制反应条件的措施；能选择简明、合理的表征方式描述和说明化学变化的本质和规律；能根据化学反应原理预测物质转化的产物，确定检验所做预测的证据；能依据化学变化中能量转化的原理，提出利用化学变化实现能量贮存和释放的有实用价值的建议；能运用控制变量方法探究并确定合适的反应条件，安全、顺利地完成实验；能用数据、图表、符号等描述实验证据并进行分析推理形成结论；能对实验方案、实验过程和实验结论进行评价，提出进一步探究的设想；能运用化学原理和方法对解决生产和生活中的热点问题提出创造性的建议。

2. 各子主题表现期望

根据化学反应主题学科能力构成模型，可以制订出化学反应规律、电解质溶液、化学能与热能、电化学 4 个子主题的学科能力表现具体指标。

(1)化学反应规律主题

①学习理解能力

■ RP-RL-A1-1 能记住浓度商、平衡常数等重要概念的表达式；

■ RP-RL-A2-1 能从反应现象中提取信息，建立物质、外界条件与化学反应方向、限度和速率的关系；

- RP-RL-A2-2 能基于数据或实验现象概括化学反应规律；

- RP-RL-A3-1 能基于碰撞理论解释反应速率的影响因素；

- RP-RL-A3-2 能基于平衡常数解释平衡移动规律。

②应用实践能力

- RP-RL-B1-1 能利用反应规律解释实验室、生产、生活中的条件选择、操作或现象；

- RP-RL-B2-1 能结合数据计算化学反应速率；

- RP-RL-B2-2 能基于 K-Q 关系判断体系是否达到平衡状态；

- RP-RL-B3-1 能基于反应速率、平衡移动的影响因素调控化学反应。

③迁移创新能力

- RP-RL-C1-1 能基于反应规律，从方向、速率、限度等角度优化反应条件；

- RP-RL-C1-2 能多角度分析解决复杂平衡移动问题；

- RP-RL-C2-1 能设计实验探究反应规律；

- RP-RL-C3-1 能利用反应规律和相关信息，发现新问题和新规律。

(2)电解质溶液主题

①学习理解能力

- RP-ES-A1-1 能识别常见的电解质，能记住相互反应的离子；

- RP-ES-A1-2 能记住水的离子积常数、pH 与氢离子浓度的对应关系；

- RP-ES-A2-1 能将溶液中的离子反应、平衡与物质组成、微粒种类、数量、宏观现象等关联起来；

- RP-ES-A2-2 能将溶液酸碱性与 pH、溶液中的微粒浓度联系起来；

- RP-ES-A2-3 能结合化学平衡移动规律，概括溶液中离子平衡移动的影响因素；

- RP-ES-A3-1 能证明溶液中电离、离子反应、离子平衡、沉淀溶解平衡的存在；

- RP-ES-A3-2 能说明弱电解质、盐类等对水电离平衡的影响。

②应用实践能力

■ RP-ES-B1-1 能利用溶液中的离子反应和平衡，解释实验室、生产和生活中的问题；

■ RP-ES-B2-1 能基于离子反应，测定未知溶液中指定物质的浓度；

■ RP-ES-B2-2 能基于电离和离子平衡，预测溶液中的微粒种类与数量关系；

■ RP-ES-B2-3 能基于平衡移动规律，推测溶液中的平衡移动及其结果；

■ RP-ES-B3-1 能基于离子反应和平衡，鉴别特定离子；

■ RP-ES-B3-2 能基于溶液中的离子反应和平衡，设计实验，解决问题。

③迁移创新能力

■ RP-ES-C1-1 能从类别、氧化还原、水解、沉淀等多角度推测溶液中可能的反应；

■ RP-ES-C1-2 能分析复杂溶液体系中的多个平衡及其关系，解释实际问题；

■ RP-ES-C2-1 能设计实验探究溶液中的离子反应和平衡问题；

■ RP-ES-C3-1 能利用溶液中的离子反应和平衡，创造性地解决实际问题。

（3）化学能与热能主题

①学习理解能力

■ RP-TE-A1-1 能列举典型的吸放热反应；

■ RP-TE-A1-2 知道不同物质、不同状态都具有能量；

■ RP-TE-A2-1 能将温度与能量、物质结构与能量关联起来，能正确书写热化学方程式；

■ RP-TE-A2-2 能关联研究对象，描述不同体系间的能量转移；

■ RP-TE-A3-1 能从微观角度说明体系能量变化的原因；

■ RP-TE-A3-2 能说明产物物态不同时焓变不同的原因，能说明热化学方程式书写要求的合理性。

②应用实践能力

■ RP-TE-B1-1 能从物质总能量、键能等角度，分析解释反应中的能量变化；

■ RP-TE-B1-2 能结合数据，分析燃料的选择等实际问题；

■ RP-TE-B2-1 能基于盖斯定律，结合键能、反应焓变、物态变化焓变等信息，计算未知反应的焓变；

■ RP-TE-B3-1 能测定典型反应的反应热，能分析误差；

■ RP-TE-B3-2 能对燃料、能源使用方案进行简单评价。

③迁移创新能力

■ RP-TE-C1-1 能结合数据信息，根据目的选择物质、设计反应；

■ RP-TE-C2-1 能探究热效应测定过程中的影响因素；

■ RP-TE-C3-1 能从物质与能量转化的角度，创造性地设计反应，合理利用工程实际中的能量。

(4)电化学主题

①学习理解能力

■ RP-EC-A1-1 能说出常见电池的装置和电极反应；

■ RP-EC-A1-2 能记住常见阴阳离子的放电顺序；

■ RP-EC-A2-1 能建立氧化还原反应与原电池、电解池的关联；

■ RP-EC-A2-2 能建立电化学原理与装置间的关联；

■ RP-EC-A3-1 能说明铜锌原电池能产生电流的原理；

■ RP-EC-A3-2 能用氧化还原能力解释离子的放电顺序。

②应用实践能力

■ RP-EC-B1-1 能解释实际电池、电解过程的工作原理；

■ RP-EC-B2-1 能判断装置能否产生电流或实现电解；

■ RP-EC-B2-2 能判断电流方向和离子移动方向，预测电极反应及现象，书写陌生电极反应式；

■ RP-EC-B2-1 能基于盖斯定律，结合键能、反应焓变、物态变化焓变等信息，计算未知反应的焓变；

■ RP-EC-B3-1 能设计简单的原电池装置和电解装置。

③迁移创新能力

■ RP-EC-C1-1 能分析识别复杂的实际电池和电解装置；

■ RP-EC-C1-2 能在复杂的实际电池和电解装置中进行分析推理；

■ RP-EC-C2-1 探究离子放电的影响因素；

■ RP-EC-C3-1 能利用电化学原理创造性地解决实际问题。

第二节 化学反应原理主题的学科能力表现测试工具开发

一、命题蓝图设计

依据试题设计的基本理念，以综合知识、学科能力指标、认识方式3个维度规划化学反应主题学科能力测试题的命题蓝图。由于化学反应主题中化学反应规律、电解质溶液、化学能与热能、电化学4个子主题在知识维度自成体系，在认识方式维度各有特点，因此，4个子主题独立测试，规划命题蓝图，如表7-2-1所示。

表 7-2-1　化学反应主题命题蓝图

核心知识＼学科能力	A 学习理解能力			B 应用实践能力			C 迁移创新能力		
	A1 辨识记忆	A2 概括关联	A3 说明论证	B1 分析解释	B2 推论预测	B3 简单设计	C1 复杂推理	C2 系统探究	C3 创新思维
化学反应规律	√	√	√	√	√	√	√	√	√
电解质溶液									
电化学	√	√	√			√	√	√	√
化学能与热能	√	√	√	√		√	√	√	√

由表7-2-1可知，在基于评价指标规划命题蓝图时，针对每个子主题，在考虑核心知识、年级等因素的基础上，尽可能覆盖A1～C3每个能力要素。

二、试题命制策略

化学反应主题学科能力测试题以主观试题为主，以学生经历过的实验探究过程或生产、生活实践案例为情境素材，以认识对象为问题解决对象，由易到难设置问题，并从知识、学科能力、认识方式发展情况3个维度对试题进行编码，以保证后期诊断的精准性。

情境素材的选择要兼顾其真实性、适切性和包容性。真实性是指素材应来源于实验室的实验、生活和自然界中的现象或真实的生产过程，避免臆造问题情境。适切性是指情境素材中蕴含的化学问题与化学反应主题的核心内容和学科能力指标具有较好的一致性，避免"穿靴戴帽式"的问题情境。包容性是指情境素材尽可能包容一个内容主题的多个知识点和学科能力要素，避免出现"情境"多于"内容"的情况。例如，以煤的综合利用为情境，可以考查化学能与热能、化学反应速率、化学平衡等子主题的内容，其中，针对辨识记忆能力，可以考查热化学方程式的书写；针对概括关联能力、分析解释能力、推论预测能力和复杂推理能力，利用煤的气化反应，可以考查化学平衡常数的书写、反应条件的分析解释、化学平衡状态的判断和平衡移动等复杂问题。可见，"煤的综合利用"这一情境，符合情境素材选择的真实性、适切性和包容性原则（如图 7-2-1 所示）。

3. 煤除一部分作为动力煤直接燃烧外，另一部分经过干馏、气化、液化等过程获得洁净的燃料和多种化工原料。

(1)有人希望提高 C 的利用率，现在有两种方法：

方法 1：将固体 C 转化成 CO 和 H_2；

方法 2：将固体 C 转化成 CH_4，做法是先将固体 C 转化成 CO 和 H_2，再通过一定条件将 CO 与 H_2 转化成 CH_4。

已知：$2C(s)+O_2(g)\Longrightarrow 2CO(g)$　　　　　$\Delta H=-221\ kJ\cdot mol^{-1}$

$2H_2(g)+O_2(g)\Longrightarrow 2H_2O(g)$　　　　$\Delta H=-484\ kJ\cdot mol^{-1}$

$CO(g)+3H_2(g)\Longrightarrow CH_4(g)+H_2O(l)$　$\Delta H=-1\ 140.4\ kJ\cdot mol^{-1}$

①请设计路径实现方法 1，并计算该反应的 ΔH。

②若反应 $CO(g)+3H_2(g)\Longrightarrow CH_4(g)+H_2O(l)$ 为可逆反应，欲通过增大反应物浓度的途径提高 CH_4 的产率，则应提高＿＿＿＿（填"CO"或 H_2）的浓度，理由是＿＿＿＿＿＿＿＿。

③反应 $CO(g)+3H_2(g)\Longrightarrow CH_4(g)+H_2O(l)$ 为可逆反应，增大压强，平衡向正反应方向(即气态物质物质的量减小的方向)移动，理由是＿＿＿＿＿＿＿＿＿＿＿＿。

(2)煤焦与水蒸气的反应是煤气化过程中的主要反应之一：

$C(s)+H_2O(g)\Longrightarrow CO(g)+H_2(g)$

已知：该反应为吸热反应；$K(700\ ℃)=0.2$。

①若该反应在恒温(700 ℃)、恒容的密闭体系中进行，下列数据(均为 700 ℃时测得)中，可以判断 t 时刻反应是否达到平衡状态的是＿＿＿＿（填字母序号）。

A. t 时刻及其前后 $H_2O(g)$、$CO(g)$、$H_2(g)$ 的浓度

B. t 时刻，$H_2O(g)$、$CO(g)$、$H_2(g)$ 的浓度

C. t 时刻，消耗 $H_2O(g)$ 的速率与生成 $CO(g)$ 的速率

D. t 时刻，生成 $CO(g)$ 的速率与消耗 $H_2(g)$ 的速率

②反应 $C(s)+H_2O(g)\rightleftharpoons CO(g)+H_2(g)$ 的平衡常数表达式 $K=$ _____。

③工业生产中，该反应通常在高温条件下进行，你认为选择"高温"条件的目的是 _____。

④ 在 700 ℃，体积为 2 L 的密闭容器中，测得反应体系中各组分物质的量均为 0.2 mol，此时，该反应 _____（填"是""否"或"无法判断"）达化学平衡状态，理由是 _____。

⑤在容积恒定的密闭容器中，当条件改变（假设每种情况下只改变一个条件）时，下列变化趋势正确的是 _____（填字母序号）。

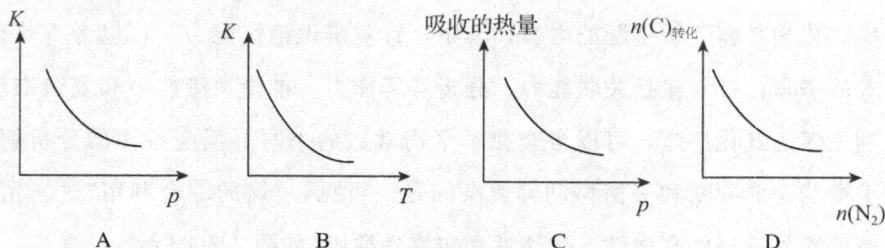

A   B   C   D

（3）煤的液化也是获得洁净燃料的一种形式，主要是将煤转化成乙醇（C_2H_5OH）。有人设想先用煤与水蒸气反应生成 CO，再通过下面的反应实现煤的液化：$2CO(g)+4H_2(g)\rightleftharpoons C_2H_5OH(l)+H_2O(l)$ $\Delta H=-1\,709.2\ kJ\cdot mol^{-1}$。若要在工业上实现这个反应，你认为可以采取哪些措施？

图 7-2-1   测试题示例 1

在编制测试题时，基于认识域确定认识对象，设计指向认识对象的问题考查各能力要素。例如，在考查对"水解平衡"的分析解释能力、推论预测、综合复杂问题解决（复杂推理）、系统探究能力时，以海水为认识对象，请学生分析海水呈碱性的原因，预测夏天海水 pH 的变化，分析海水中的复杂平衡并设计实验对分析解释进行论证（如图 7-2-2 所示）。

6. 海洋面积约占地球表面积的 71%。海水中主要含有 Na^+、K^+、Ca^{2+}、Mg^{2+}、Cl^-、SO_4^{2-}、Br^-、HCO_3^-、CO_3^{2-} 等。海水呈弱碱性（pH 约为 8.1），海水的弱碱性有利于海洋生物利用 $CaCO_3$ 组成介壳。

（1）结合化学用语分析海水呈碱性的原因：_____。

（2）夏天时，海水的 pH 会 _____（填"升高""降低"或"不变"），其原因是 _____。

（3）请解释"海水的弱碱性有利于海洋生物利用 $CaCO_3$ 组成介壳"的原因，并设计实验论证你的解释（自选试剂和仪器）。

图 7-2-2   测试题示例

在命制试题时，要依据学科能力指标设计问题，同时在组合题中，尽可能按照由易到难的顺序编排问题。例如，在上述题目示例中，煤的气化反应可以设置多个考点，但根据命题蓝图的规划，需要针对"A2 书写平衡常数表达式"和"B2 判断平衡状态""C1 综合分析平衡移动图像"等能力要素设计测试题。

三、评分标准设计

制订评分标准时，首先保证答案与学科能力指标的一致性，即只有达到与学科能力指标水平一致的答案，才能得分，并不简单以学生是否答对这一题作为给分的标准，而是要看学生是否达到了相应的学科能力水平。例如，在图 7-2-3 所示的题目中，评分标准为答出"$Ba(OH)_2$ 溶液中有 Ba^{2+} 和 OH^-，稀硫酸中有 H^+ 和 SO_4^{2-}；稀硫酸加入后，H^+ 与 OH^- 结合成水，Ba^{2+} 与 SO_4^{2-} 结合成 $BaSO_4$ 沉淀，溶液中带电离子减少至 0，酚酞变为无色，继续加入稀硫酸，又产生离子，导电性升高"给 1 分，若学生的答案为"氢氧化钡与稀硫酸反应生成硫酸钡沉淀和水，使酚酞退色；溶液中没有离子，不导电"则不得分。这是因为该题对应的能力测查指标是 C3，即要求学生能够对溶液导电性实验、盐酸与氢氧化钠溶液反应的微观示意图等零散的信息进行整合，进行远迁移，基于离子及离子间的相互作用分析解释实验现象。学生的答案虽然正确，但并未达到 C3 能力水平的要求，因此不能得分。在常规测试中，若学生的答案为"氢氧化钡与稀硫酸反应生成硫酸钡沉淀和水，使酚酞退色；溶液中没有离子，不导电"则可得满分。

5. 在盛有 $Ba(OH)_2$ 溶液的烧杯中滴加酚酞，并装上电流计和电源等构成回路（如右图所示），此时向水槽中加入稀 H_2SO_4，电流计示数先减小至零，之后逐渐增大，同时溶液红色退去。请对观察到的现象进行解释。

_____

_____

_____

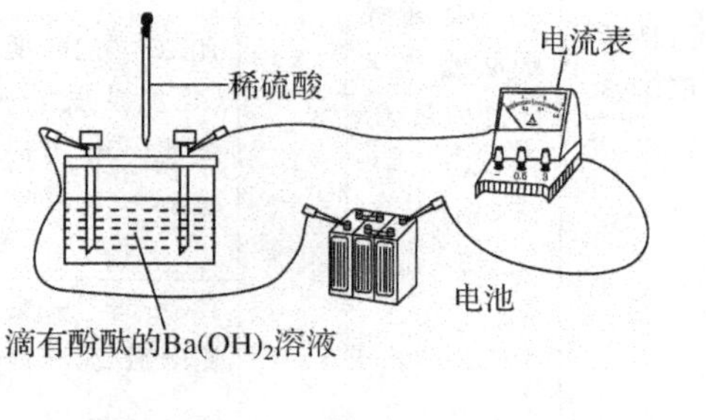

图 7-2-3　测试题示例

其次，根据需要考虑分级评分。分级评分一般包括两种情况。一种情况是在学科能力指标相同的情况下，不同的答案所反映的认识方式水平不同，则依据认识方式水平的高低赋不同的分值，如表 7-2-2 所示。

表 7-2-2　评分标准示例

题号	试题描述	能力要素	认识方式	评分标准
C12AC0-630C10	电解过程中 H^+ 浓度是否会增加，说明理由	C1	多角度—微观—系统	2分：综合分析可知，H^+ 的总量增加； 1分：电解过程中，阳极生成 15 mol Mn^{3+}，阴极同时消耗 15 mol H^+（答出阴极消耗氢离子即可）； 0分：若氧化 1 mol FeS_2 需 15 mol Mn^{3+}，同时生成 16 mol H^+

另一种情况是锚题的分级评分。由于年级的差异，不同年级的学生在面对同一测试题时会有不同的表现，为了保证锚题在各年级评分标准的一致性，采用分级评分，如表 7-2-3 中所示的"解释 Zn 失电子的原因"这一锚题的评分标准。

表 7-2-3　评分标准示例

题号	试题描述	能力要素	认识方式	评分标准
C11BC0-620A30	分析铜锌原电池产生电流的原因	A3	自主多角度（角度全面）—微观—动态—系统	3分：（分析过程完整—得失电子、电子转移、离子移动）例如，Zn 失去电子生成 Zn^{2+}，电子沿导线到铜片，H^+ 在铜片上得到电子生成 H_2，同时溶液中 H^+ 向 Cu（正）极移动，SO_4^{2-} 向 Zn（负）极移动
			自主多角度（角度缺失）—微观—动态—联系	2分：（有分析过程但不完整，不分析溶液中的离子运动）例如，Zn 失去电子，电子到达铜电极，溶液中的 H^+ 得电子。或 Zn 失去电子，电子沿导线到铜片，H^+ 在铜片上得到电子，同时溶液中的阴阳离子发生定向移动（未说明离子如何移动）
			自主单一角度—微观—静态—孤立	1分：（仅分析得失电子、氧化还原）例如，仅写出正负极电极反应式或电池总反应方程式

第三节　化学反应原理主题的学科能力表现水平

一、整体水平划分

根据题目的测试指标，综合考虑认识角度的丰富与认识角度之间的关系，认识方式类型的差异，以及可以处理的问题情境陌生程度划分化学反应原理主题的水平等级，具体如表 7-3-1 所示。

表 7-3-1　化学反应原理主题学科能力总水平的等级划分

水平等级	Rasch 难度	水平描述
5	＞1.526	面对陌生的问题情境，能够基于多认识角度或多变量关系进行思考并能进行认识角度或变量之间的逻辑推理，解决综合复杂问题、开展实验探究或发现新知识（迁移创新能力）
4	1.013～1.526	面对陌生的问题情境，能够基于多认识角度或多变量关系进行思考，并能建立认识角度或变量之间的联系，解决综合复杂问题、开展实验探究或发现新知识
3	−0.123～1.013	面对熟悉的问题情境，能够主动基于某一认识角度进行思考，并能运用某些二级认识角度进行推理完成推论预测或对某一理论进行说明论证
2	−0.67～−0.123	面对熟悉的问题情境，能够在题目给定的基础上基于单一认识角度进行思考，并能建立二级认识角度之间的联系，或主动基于某一认识角度进行思考（不需要进行基于二级认识角度的分析推理），对问题进行分析解释、推论预测，设计简单实验，或对某一理论进行说明论证，建立知识间的联系
1	＜−0.67	面对熟悉的问题情境，能够对问题进行分析解释、推论预测，或能够建立知识间的联系

二、学习理解能力水平划分

为了进一步细化学习理解能力要素内部的水平分布，本研究针对化学反应原理主题的学习理解能力进行了水平划分。具体如表 7-3-2 所示。学习理解能力在 3 个能力要素中是能力要求最低的 1 个维度，本研究认为学生在这个维度上的表现应该是 3 个要素中最好的。

表 7-3-2　学习理解能力的水平划分

水平等级	Rasch 难度	水平描述
3	＞0.2815	多角度或单角度—系统；说明论证、概括关联
2	−2.076～0.2815	概括关联；基于事实概括或建立事实与结论、规律间的关联
1	＜−2.076	记忆、辨识或直观感性判断

三、应用实践能力水平划分

应用实践能力需要学生应用所学的知识对现象等具体问题进行解释、预测、简单设计，为了进一步细化应用实践能力要素内部的水平分布，本研究针对化学反应原理主题的应用实践能力进行了水平划分。具体如表 7-3-3 所示。

表 7-3-3　应用实践能力的水平划分

水平等级	Rasch 难度	水平描述
3	＞1.041	面对陌生的问题情境，自主调用某一认识角度经过系统推理进行问题解决（简单设计—分析解释—推论预测）
2	−0.007～1.041	面对陌生的问题情境，在题目提示的情况下，基于某一认识角度或某两个认识角度经过简单推理（单步推理）对问题进行分析解释或推论预测
1	＜−0.007	面对熟悉的问题情境，基于知识或问题解决经验进行分析解释或推论预测

四、迁移创新能力水平划分

迁移创新能力是 3 个能力要素中对学生挑战最大的维度，要求学生能够解决综合复杂问题，能够针对研究问题进行探究，具有创新思维。本研究预设学生在这个能力维度上会遇到较大挑战。为了进一步细化迁移创新能力要素内部的水平分布，本研究针对化学反应原理主题的迁移创新能力进行了水平划分，具体如表 7-3-4 所示。

表 7-3-4 迁移创新能力的水平划分

水平等级	Rasch 难度	水平描述
4	＞1.363	陌生情境—系统推理—远迁移，发现新知识
3	0.383～1.363	陌生情境—多角度—系统推理—发现新知识、实验探究、综合复杂问题解决
2	−0.6275～0.383	陌生情境—多角度—孤立—综合复杂问题解决、实验探究
1	−2.45～−0.6275	基于问题解决经验解决综合复杂问题

第四节 化学反应原理主题的学科能力表现现状

所测试的有效样本来自于某市两个行政区不同水平的 19 所学校高中 3 个年级的学生，共计 2 077 人。有效样本的具体信息如表 7-4-1 所示。

表 7-4-1 有效测试样本信息

学校类型	高一	高二	高三	总计
一类校	265	165	127	557
二类校	293	221	295	809
三类校	139	123	146	408
四类校	106	70	127	303
总计	803	579	695	2 077

测试的时间为 3 月，各年级的学生已完成第一学期的全部课程，未开始学习第二学期课程，即高一的学生样本完成必修 1 模块的学习，未开始必修 2 模块学习；高二的学生样本完成了必修 1、必修 2、选修 1（化学与生活）和选修 5（有机化学基础）的学习；高三的学生样本完成了必修 1、必修 2、选修 1（化学与生活）、选修 4（化学反应原理）和选修 5（有机化学基础）的学习。

一、整体水平分布

对学生在化学反应主题的试题进行分析，获得在此维度学生的能力值，以此为分析学生水平的基础数据（表 7-4-2 和图 7-4-1）。

表 7-4-2　全体样本的水平等级分布

		平均能力值	平均水平	未达水平 1 <−3.58	水平 1 (−3.58, −0.67)	水平 2 (−0.67, −0.12)	水平 3 (−0.12, 1.01)	水平 4 (1.01, 1.53)	水平 5 >1.53
全体样本		−0.9388	1	0%	64.4%	26.0%	9.5%	0.1%	0%
不同年级	高一	−1.0266	1	0%	67.2%	28.5%	4.2%	0%	0%
	高二	−1.1467	1	0%	79.6%	17.1%	3.3%	0%	0%
	高三	−0.6640	2	0%	48.5%	30.6%	20.7%	0.1%	0%

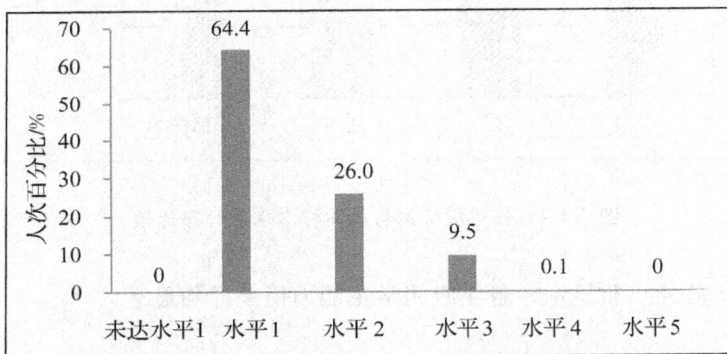

图 7-4-1　全体样本的各水平人次百分比

在化学反应主题的 5 个水平中，全体样本的分布情况见图 7-4-1。大部分学生处于水平 1，少量学生处于水平 2、3，水平 4、5 学生人数极少。说明大部分学生只能在熟悉情境中进行简单分析，而基于题目给出的认识角度或主动基于某一认识角度分析问题，均有一定难度，只有极少数学生能够在陌生情境中进行多角度系统思考。在教学中，应让学生多经历需要基于某一认识角度，分析解决问题的教学活动，而避免只通过简单的知识关联即可完成的任务。

各年级样本水平分布如图 7-4-2 所示。

在不同年级上可以看到高一到高三的学生平均水平并没有如预期一样，从高一到高三逐步提升。实际测试结果显示，根据表 7-4-2，从高一年级到高二年级化学反应主题学生平均能力值有小幅下降，从高二年级到高三则有较大幅度的提

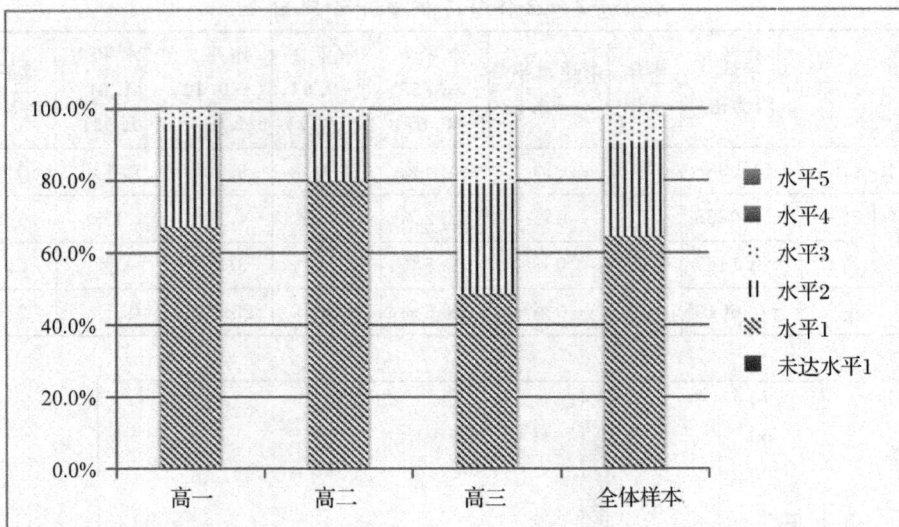

图 7-4-2　各年级样本与总体样本水平分布比较

升。表 7-4-3 差异检验显示，各年级间学生能力值差异均显著。

表 7-4-3　各年级反应主题学生能力值差异检验

年级		均值差（I－J）	显著性
高年级（I）	低年级（J）		
高二年级	高一年级	−0.120	0.000
高三年级	高二年级	0.363	0.000
高三年级	高一年级	0.483	0.000

　　高三年级平均水平为水平 2，即面对熟悉的问题情境，能够在题目给定条件的基础上基于单一认识角度进行思考，并能建立二级认识角度之间的联系，或主动基于某一认识角度进行思考（不需要进行基于二级认识角度的分析推理），对问题进行分析解释、推论预测，设计简单实验，或对某一理论进行说明论证、建立知识间的联系。高一年级、高二年级平均水平为水平 1，即面对熟悉的问题情境，能够对问题进行分析解释、推论预测，或能够建立知识间的联系。高一年级和高二年级均有过半数学生处于水平 1，说明高一年级和高二年级的大多数学生

对反应主题仅靠简单记忆和基于经验答题(这也与受测样本均没有正式进入化学反应主题的学习有很大关系)。

高一年级学生刚刚完成必修1模块教学。必修1主要学习元素化合物知识，同时对离子反应、离子共存问题有了初步的学习。在这样的学习基础上，处于水平3的学生有4.2%，即面对熟悉的问题情境，能够主动基于某一认识角度进行思考，并能运用某些二级认识角度进行推论预测或对某一理论进行说明论证；有28.5%的学生处于水平2，大部分学生处于水平1。

高二年级学生经历了必修2和有机模块的学习，但是在化学反应主题表现出来的水平并不比仅学过必修1的高一年级学生高，甚至低于高一年级样本水平。原因可能是因为学生刚刚经历了选修有机模块的学习，较长时间(一个学期)没有经历化学反应主题的学习，所以在化学反应主题的能力有所回落，以致水平3、水平2人次百分比均有所减少，大部分学生回落到水平1。

高三年级学生刚刚完成高三第一轮复习，对于化学反应主题涉及的知识和反应原理应该都经历了系统梳理，学生平均能力值较高一年级和高二年级有了明显的提高，学生可以达到水平4，面对陌生的问题情境，能够基于多认识角度或多变量关系进行思考，并能建立认识角度或变量之间的联系，解决综合复杂问题、开展实验探究或发现新知识。同时水平3、水平2的人次百分比增多，水平1人次百分比减少。说明有更多学生能够基于一定认识角度解决化学反应主题的问题，基于多角度、具有系统性思维的学生也明显增多。

全部学生样本中尚无学生处于水平5，说明学生自主利用多角度或多变量关系解决复杂问题的能力尚有所欠缺。在第二轮复习之后，达到高水平的学生数量势必会有所提高。

二、学习理解能力表现

本次测试以学习理解能力为考查指标，探查学生的化学学科能力。测查结果表明，学生的学习理解能力平均值为−0.0928，整体处于水平2，即能基于事实概括或建立事实与结论、规律间的关联。学生在学习理解能力要素各水平的分布及辨识记忆(A1)、概括关联(A2)、说明论证(A3)3 个二级能力要素的表现如表 7-4-4 所示。

表 7-4-4 全体样本学习理解能力表现

各水平人次百分比分布	水平 1	水平 2	水平 3
	0	74.0%	26.0%
各二级能力要素平均得分率	A1	A2	A3
	76.9%	48.3%	38.6%

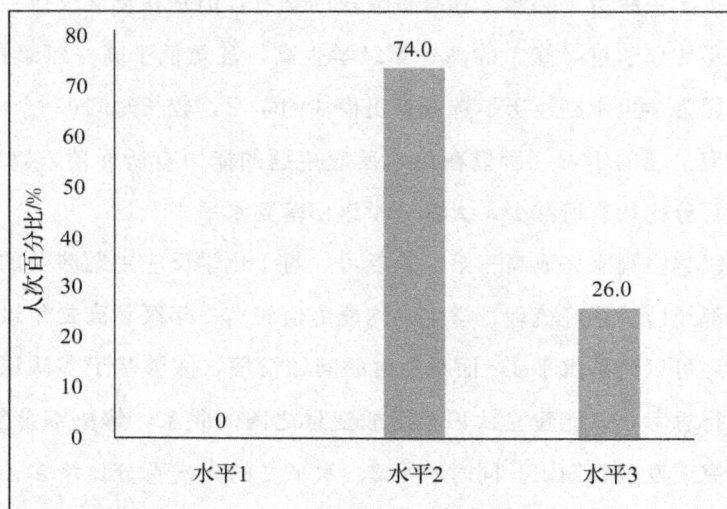

图 7-4-3 各水平人次百分比分布

从图 7-4-3 可知，大部分学生处于水平 2，能基于事实概括或建立事实与结论、规律间的关联。有约 1/4 的学生处于学习理解能力的最高水平——水平 3，能多角度或单角度—系统地对所学内容进行概括、关联，或用已有知识对所学新知识进行说明论证。

例如，在对原电池原型装置"铜锌原电池"各装置要素与原理要素的关系的认识中(题目示例如图 7-4-4 所示)，大部分学生能够基于经验建立锌与负极反应物或稀硫酸与离子导体的关联，只有约 20% 的学生能够多角度—系统地建立起装置要素与原理要素的关联，即认识到锌既是负极反应物也是电极材料，稀硫酸既是离子导体也是正极反应物。

8. 铜锌原电池（如右图所示）是最简单的电池。

(3)装置中 Zn 的作用是_____；稀 H_2SO_4 的作用是_____。

A. 电极材料　　　B. 电极反应物

C. 电子导体　　　D. 离子导体

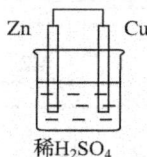

图 7-4-4　测试题示例

又如，关于能量的认识（如图 7-4-5 所示）。有些学生虽有微观分子的认识角度，但是将分子静态化，对环境，如温度等对分子能量的影响完全不考虑，认为两杯水的能量相等；有些学生选择了正确答案 B，考虑了温度对能量的影响，但是对于"物质能量与物质具有热能"完全分离，认为温度与热能有关，但是物质能量是另一回事，同时缺失微观分子的认识角度；只有少部分学生能建立能量、热能、温度间的关联，并能将宏观—微观结合起来，正确指出温度对分子运动程度的影响，得出正确结论（如图 7-4-6 所示）。

有两杯相同量的牛奶，其中一杯的温度为 20 ℃，另一杯 40 ℃，其他条件完全相同。哪杯牛奶有更高的能量？

A. 20 ℃　　　B. 40 ℃　　　C. 两杯能量相同　　　D. 两杯都不存在能量

请对你的答案做出解释。

图 7-4-5　测试题示例

从图 7-4-7 可知，学生在辨识记忆方面的能力表现优于概括关联能力，而说明论证能力的表现相对较弱。这与不同能力要素所对应的认识方式要求，即学科能力的内涵实质有关。辨识记忆能力主要是基于具体事实性知识的记忆、辨识，如能列举简单的原电池装置及其电极反应（铜锌原电池）；概括关联能力则要求学生能够基于某一认识角度认识化学反应，如能从电极反应物（氧化剂、还原剂）认识化学能与电能的转化，能建立氧化还原反应与原电池的关系；而说明论证能力则要求学生能够用较高水平的认识方式类型（如微观、定量）进行系统分析，如能基于微粒间相互作用认识化学能与电能的转化，即能从电子转移、带电微粒的定

请对你的答案作出解释　因为两杯水的量相等，他们的分子数目相等，假设每个分子等的能量相同，所以两杯水的能量相等

8.　B　解释　两种物质能量相同，但40℃的热能更高

8.　B　解释　温度高，分子运动剧烈，能量高

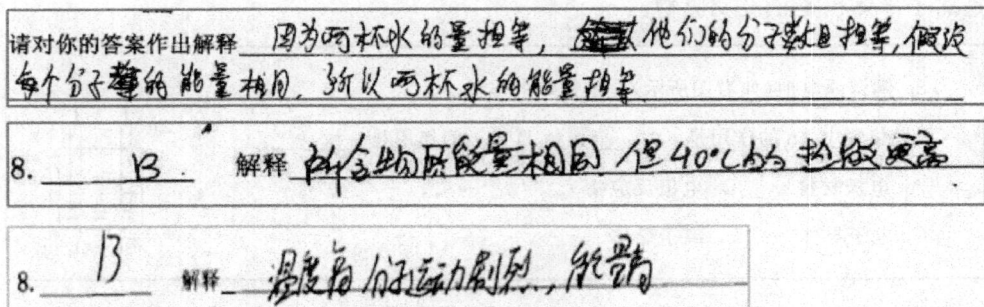

图 7-4-6　学生作答示例

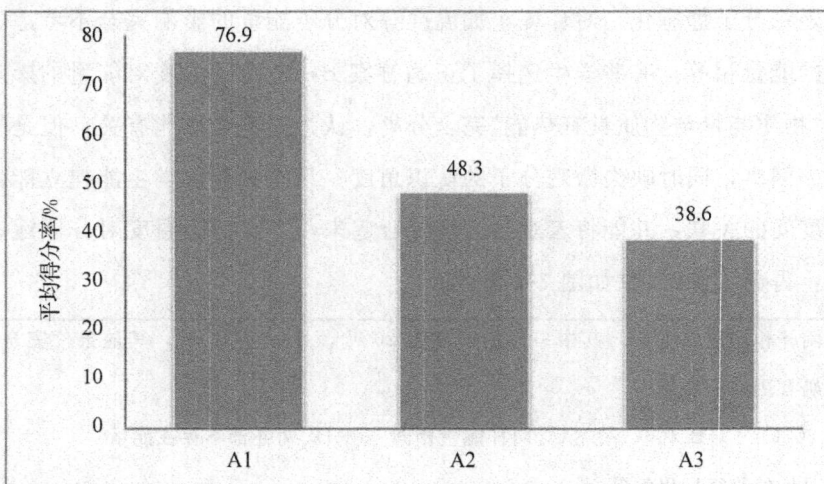

图 7-4-7　各二级能力要素平均得分率

向运动、电解质溶液中的离子反应等角度说明铜锌原电池装置能够产生电流的原因。

三、应用实践能力表现

本次测试以应用实践能力为考查指标，探查学生的化学学科能力。测查结果表明，学生的应用实践能力平均能力值为－0.5208，整体处于水平 1，即面对熟悉的问题情境，能基于知识或问题解决经验进行分析解释或推论预测。学生在应用实践能力要素各水平的分布及分析解释（B1）、推论预测（B2）、简单设计（B3）3

个二级能力要素的表现如表 7-4-5 所示。

表 7-4-5　全体样本应用实践能力表现

各水平人次	未达水平 1	水平 1	水平 2	水平 3
百分比分布	2.5％	74.0％	22.6％	0.9％
各二级能力要素	B1	B2	B3	
平均得分率	42.30％	33.10％	31.76％	

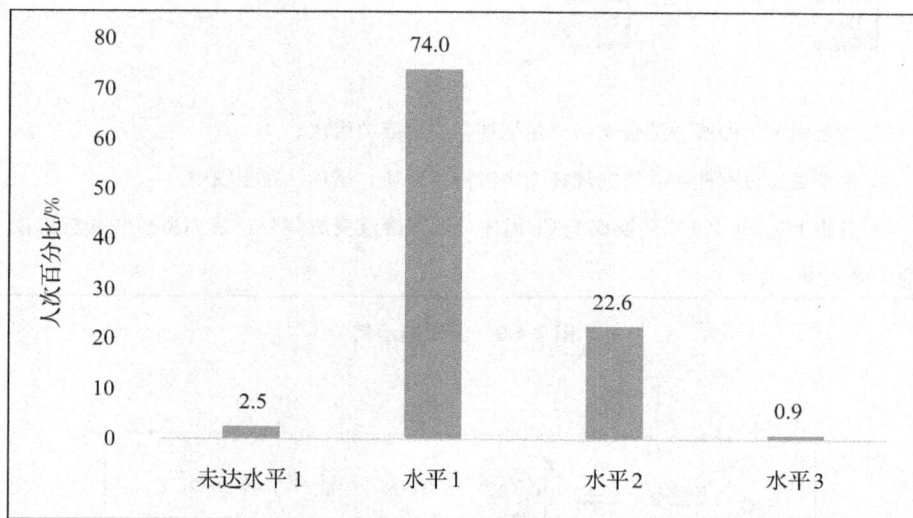

图 7-4-8　各水平人次百分比分布

从图 7-4-8 可知，大部分学生处于水平 1，面对熟悉的问题情境，能基于知识或问题解决经验进行分析解释或推论预测。有约 1/4 的学生处于水平 2，面对陌生的问题情境，在题目提示的情况下，能基于某一认识角度或某两个认识角度经过简单推理（单步推理）对问题进行分析解释或推论预测。只有极少数的学生能够达到水平 3，面对熟悉的问题情境，能自主调用某一认识角度经过系统推理进行问题解决。

例如，在学习了离子反应和氧化还原反应后，考查学生能否将这些概念原理转化为分析熟悉溶液体系的基本角度时，大多数学生只能基于经验分析出溶液中存在的离子（Na^+、NO_3^-、H^+、Cl^-）（水平 1）；或者仅能从复分解类离子反应的角度分析微粒间的相互作用，认为混合后没有离子反应发生，而忽视了氧化还原反应角度（水平2）；只有极少数学生的作答比较完整系统（水平3）（如图7-4-9和图7-4-10所示）。

---

5. 向盛有水的烧杯中（如图①），加入 $NaNO_3$ 固体，再向溶液中通入 HCl 气体（如图②）。

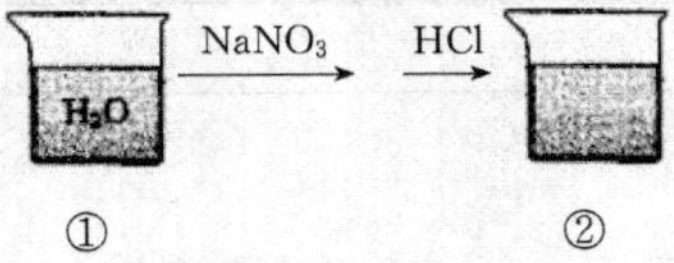

(1)在上图中用图画并结合文字描述烧杯②中溶液的组成。

(2)你准备通过哪些实验研究烧杯②中溶液的性质，请标注在上图中。

(3)若将上述的 HCl 气体换成 $FeCl_2$ 固体，发现溶液变成黄色，请你猜想并分析溶液变黄的可能原因。

图 7-4-9　测试题示例

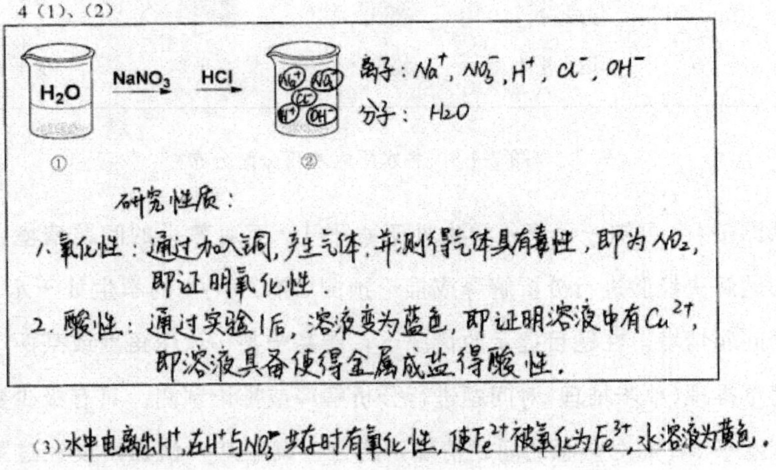

图 7-4-10　学生作答示例

又如，在"分析铜锌原电池产生电流的原因"这一问题时，大部分学生在分析原电池过程时处于宏观水平且无动态的过程分析（水平1）。此类学生的典型表现是仅关注原电池的原理维度，如学生答道"有氧化还原反应"或者仅写出电池的总反应方程式（如图 7-4-11 所示）。

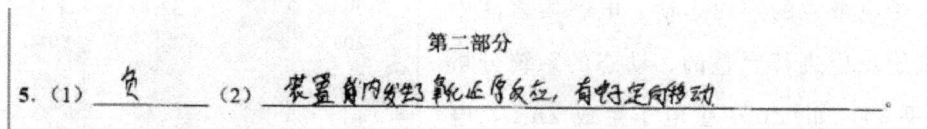

第二部分

5.（1）　负　（2）　装置内发生氧化还原反应，有好定向移动　。

图 7-4-11　学生作答示例

另一类典型表现是关注了原理维度和装置维度的装置构成要素，但角度间是静态的、孤立的，没有过程分析（水平 2），如"有可自发进行的氧化还原反应，有电子的转移可形成电流，还有电极与导线传递电子，电解质溶液可导电"。部分学生的认识方式类型为"微观－静态－孤立"，即学生能够达到微观水平，但没有动态的分析过程。该类学生的典型表现是仅分析失电子情况和得电子情况，或者写出正负极电极反应式（如图 7-4-12 所示）。

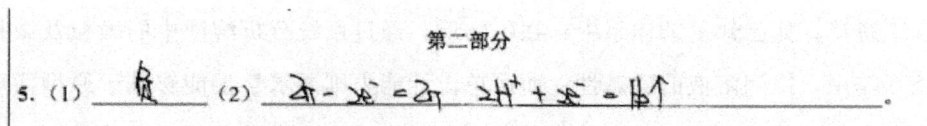

第二部分

5.（1）　负　（2）　$Zn - 2e^- = Zn$　$2H^+ + 2e^- = H_2\uparrow$　。

图 7-4-12　学生作答示例

少数学生的认识方式类型达到"微观—动态—联系"水平，即学生在分析原电池过程时，能在微观水平从电子来源、电子转移、带电微粒的定向运动、电解质溶液中的离子反应中的某些方面进行分析，但分析过程不完整。该类学生的典型表现是只分析电子的来源和电子的转移，而忽略了溶液中的离子运动情况分析，如"Zn 失去电子，电子沿导线到铜片，H^+ 在铜片上得到电子"。另一类典型表现是仅分析电子在外电路的移动方向和离子在内电路的移动情况，而忽略了对原电池电子来源的分析，如"电子从 Zn 转移到 Cu，同时溶液中 SO_4^{2-} 转移到 Zn，H^+ 转移到 Cu，构成闭合回路"，这样的学生不知道原电池分析的起点应从失电子开始。

极少数学生的认识方式类型为"微观—动态—系统",即学生在分析原电池过程时,能在微观水平从电子来源、电子转移、带电微粒的定向运动、电解质溶液中的离子反应进行完整的、动态的系统分析(水平3),如"Zn 失去电子生成 Zn^{2+},电子沿导线传导到铜片,H^+ 在铜片上得到电子生成 H_2,同时溶液中 H^+ 向 Cu 极移动,SO_4^{2-} 向 Zn 极移动"。

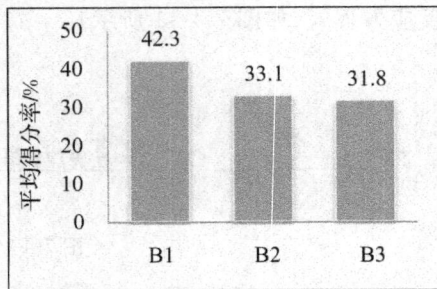

图 7-4-13　各二级能力要素平均得分率

从图 7-4-13 可知,学生在分析解释方面的能力表现优于推论预测和简单设计能力,而简单设计能力的表现相对最弱。这与不同能力要素所对应的认识方式要求(学科能力的内涵实质)及问题解决的思维机制有关。分析解释能力主要是对已知现象进行分析解释,如已知溶液的酸碱性,从微粒及微粒间相互作用角度对其进行分析解释;推论预测能力则要求学生能够基于已知推论未知,并能对结论进行合理解释,如已知复杂体系中存在的物质,通过系统分析溶液中的微粒及微粒间相互作用,推测溶液的酸碱性;而简单设计能力则要求学生能够基于原型活动经验完整设计实验方案,如能基于盖斯定律计算一组反应的热效应,或从原理和装置上实现设计简单原电池/电镀装置。

四、迁移创新能力表现

本次测试以迁移创新能力为考查指标,探查学生的化学学科能力。测查结果表明,学生的迁移创新能力平均能力值为－2.210 0,整体处于水平1,即能基于问题解决经验解决综合复杂问题。学生在迁移创新能力要素各水平的分布及复杂推理(C1)、系统探究(C2)、创新思维(C3)3 个二级能力要素的表现如表 7-4-6 所示。

表 7-4-6　全体样本迁移创新能力表现

各水平人次百分比分布	未达水平 1	水平 1	水平 2	水平 3	水平 4
	33.2%	31.2%	26.0%	9.5%	0.1%
各二级能力要素平均得分率	C1	C2	C3	—	
	13.2%	10.6%	7.3%	—	

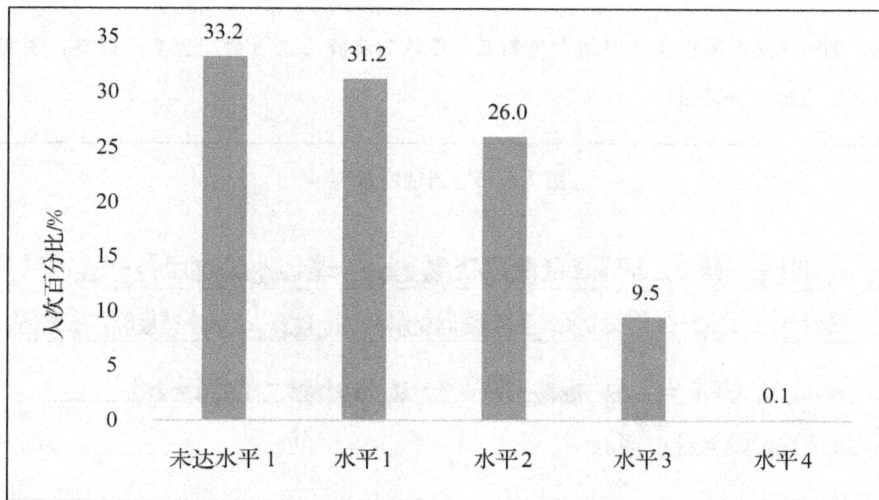

图 7-4-14　各水平人次百分比分布

从图 7-4-14 可知，大部分学生处于水平 1 或未达水平 1，基于问题解决经验解决综合复杂问题。有约 1/4 的学生处于水平 2，面对陌生情境，能够孤立地从多角度分析解决综合复杂问题，完成探究任务。有约 10% 的学生能够达到水平 3，面对陌生情境，能够从多角度系统推理，分析解决综合复杂问题，完成探究任务，甚至发现新知识。只有极少数（0.1%）的学生能够达到水平 4，面对陌生情境，通过系统推理，实现远迁移，发现新知识。

例如，在主要考查基于多角度分析实验偏差（未明示角度）时（如图 7-4-15 所示），学生表现反映出分析角度的缺失，通常能关注到 SO_2 溶于水的性质或指出存在溶解平衡导致部分硫元素留在溶液中，但对氧化还原角度通常忽略（如图 7-4-16 所示）。这意味着学生在面对陌生情境时，大多是基于已有的问题解决经验解决综合复杂问题（水平1）。

21. 亚硫酸盐（如 Na_2SO_3）是一种常见的食品添加剂。为检验某食品中亚硫酸盐含量，某研究小组同学设计了如下实验流程（所加试剂均为足量）。

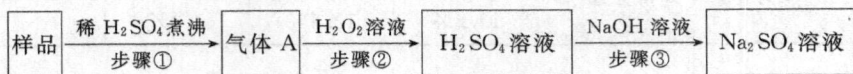

样品 →（稀 H_2SO_4 煮沸 步骤①）→ 气体 A →（H_2O_2 溶液 步骤②）→ H_2SO_4 溶液 →（NaOH 溶液 步骤③）→ Na_2SO_4 溶液

（2）通过该实验测得亚硫酸钠含量偏低，你认为步骤①是否会产生实验误差，说明理由。（至少写出 2 条原因）

图 7-4-15　测试题示例

（2）会，因为第一步反应后生成成亚硫酸，亚硫酸变为水与二氧化硫的反应为可逆反应，会导致生产的气体数量减少，另外亚硫酸转化为水和二氧化硫后，水自约多吸收部分二氧化硫。

（2）取 Na_2SO_4 溶液和 $BaCO_3$ 溶液入试管中，过一段时间后，白试管中出现
生成的 SO_2 气体溶于水

图 7-4-16　学生作答示例

又如，在分析甲烷燃料电池电流产生原因时，大多数学生在解决问题过程中只具有单一自主认识角度（水平2）。例如，仅从单一认识角度——电极反应物（氧化还原反应）进行分析，即认为只要有氧化还原反应就可以产生电流，完全忽略装置要素中各认识角度。典型表现是仅写出电池总反应式或两极的电极反应式（如图 7-4-17 所示）。

（5）CH_4 与 O_2 可发生氧化还原反应。

图 7-4-17　学生作答示例

仅有少数学生具有多自主认识角度且角度全面，能自主从电极反应物、电极材料、离子导体、电子导体等核心认识角度解决原电池问题（如图 7-4-18 所示）。

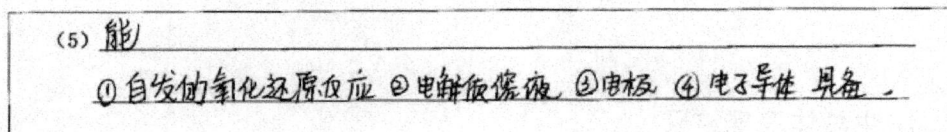

(5) 能
①自发的氧化还原反应 ②电解质溶液 ③电极 ④电子导体 具备.

图 7-4-18 学生作答示例

从图 7-4-19 可知，学生在复杂推理方面的能力表现优于系统探究和创新思维能力，而创新思维能力的表现相对最弱。这与不同能力要素所对应的认识方式要求（学科能力的内涵实质）及问题解决的思维机制有关。虽然迁移

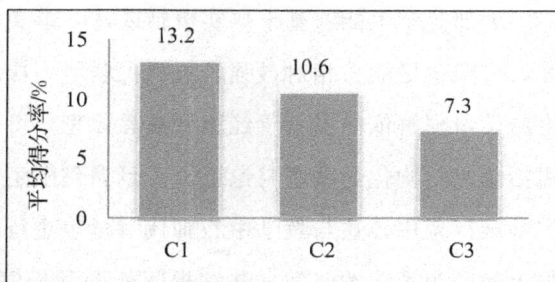

图 7-4-19 各二级能力要素平均得分率

创新能力的 3 个二级能力要素均要求学生能够在面对陌生情境时，自主调用多角度、系统分析推理解决问题，但是，与复杂推理能力相关的部分问题仍可以基于问题解决经验解决，系统探究能力则要求学生对探究体系及环境进行完整、系统地分析推理，而创新思维则要求学生在系统推理的基础上进行远迁移，发现新知识。

第五节　化学反应原理主题的学科能力及核心素养培养建议

一、学生总体表现结果

1. 学习理解能力

大部分学生能够基于事实概括或建立事实与结论之间的关联。在具体能力方面，辨识记忆能力相对最强，概括关联能力次之，说明论证能力最弱。这说明学生的学习理解依然多基于经验和熟悉原型，可以在此基础上关联延展，但仍缺少概括化、结构化的关联与论证。一旦遇到陌生问题，依附于熟悉原型的一系列知识都难以调用。这与教学中教师代替学生进行概括、总结、论证等活动有关。再加上教师为了节约时间，往往提问能顺利作答的学生，大部分中等生自己推理、概括、说明论证的机会更少。

2. 应用实践能力

大部分学生能够在熟悉情境下，基于知识或问题解决经验进行分析解释和推论预测。在具体能力方面，分析解释能力相对较强、推论预测能力次之、简单设计能力较弱，但差距并不明显，3 项能力的整体得分率都不足 50%。学生在相对陌生的情境下进行解释、预测和设计时，遇到的主要困难是缺少思考的角度。当问题中有角度提示时，学生的表现相对较好，而如果需要学生自主调用角度，对学生的挑战很大。这一方面与学生的学习理解能力有关，如果学生的学习理解是基于熟悉原型和经验，达不到概括和抽象的理解水平，则面对陌生情境就会难以应对；另一方面也与教学有关，教师在学生遇到困惑时，往往采用提示角度的办法，并且经常将问题拆解成小问题，使前后问题相互提示，为学生的思维"搭台阶"。在起始阶段"搭台阶"不失为一种有效的策略，但长此以往学生对"角度提示"的依赖性就会增强。

3. 迁移创新能力

大部分学生是基于问题解决经验来解决综合复杂的问题。在具体能力方面，复杂推理能力相对好，系统探究次之，创新思维最弱，而且迁移创新能力整体得分率较低，仅为10%左右。学生在面对复杂推理问题时，通常会缺失某些重要的分析角度，得到片面的结果。同时，如果问题是不熟悉的，缺乏经验支持，则这种情况更加突出。学生在迁移创新方面的困难，与应用实践能力的不足紧密相关。学生在单一角度分析问题时，就依赖于角度提示，一旦面对复杂的、需要多角度分析的问题，就容易丢失重要的角度。同时，教师教学时往往会代替学生进行系统分析，让学生"听懂"复杂问题，但很少让学生反思从某一具体问题中形成的角度和思路，较少设计类似复杂问题的迁移应用练习。

二、化学反应原理主题教学建议

1. 关于化学反应原理主题教学的总体建议

第一，关于知识理解：设计相应的学习活动，让学生对规律、原理进行概括关联、说明论证，以形成相应的二级认识角度和认识路径。

第二，关于知识应用：应整体规划新授课和复习课教学，让学生经历分析解释、推论预测、综合问题解决等问题解决活动。

第三，设计认识反思性活动，让学生体会到通过相关内容的学习，对化学反应的认识发展，包括认识角度的丰富、认识方式类型的转变和认识路径的清晰。

2. 各二级内容主题教学建议

（1）化学反应与能量主题的建议

教学前教师应从能量的来源、能量的变化、能量的转移3个方面重新梳理知识；教学中建议利用不同的素材，从能量的来源、能量的变化、能量的转移3个认识角度训练学生的完整思维能力；利用不同的认识任务，说明论证、分析解释、推论预测等，训练学生从3个认识角度完整思考能量问题的能力。

逐步建立和明晰体系与环境的意识，针对体系谈能量的来源、变化和转移。

明确 ΔH 是反应体系的总能量，而反应热是能量转移的一种形式，明确体系的能量变化与反应热的关系。尝试讨论吸热反应的利用，通过储能反应与高能燃料、水煤气生产等素材，使学生认识到能量与物质变化的关系。

关注学生对键能的偏差认识，促使学生认识键能与体系总能量之间的关系。通过讨论活动，明确成断键与吸放热的关系；通过画图和标注势能零点，明确键能和物质总能量的关系。

加强对能量的来源的教学，让学生真正基于微粒之间的相互作用理解物质能量的意义，从而理解反应能量效应的来源；通过给水不断加热过程中的相变、化学键断裂等变化，体会微粒间相互作用与能量的关系。

充分利用好焓变 ΔH。发挥 ΔH 对能量效应的解释功能，即对能量的统摄作用，统整物理和化学变化中的能量效应、整合影响能量效应的因素。通过比较不同物态物质的反应，促使学生将物态变化与化学变化的能量效应关联起来；同时把 ΔH 作为讨论能源问题的主要思路，在能源背景下，利用 ΔH 的选择功能对能源问题进行解释和调控；第三，利用好 ΔH 对其他概念的意义，如对反应方向、限度的判断功能。

开发新素材、跨学科的素材，帮助学生建立基于科学的能量认识（能量观），而不是各个学科孤立的能量知识。

(2)针对化学反应规律的教学建议

化学反应规律教学中，要注重变量控制思想的落实。在化学反应速率、化学平衡研究中，均涉及变量控制思想。建议教师借助硫代硫酸钠与稀硫酸等实验探究活动、合成氨等反应调控活动促使学生建构形成基于变量控制思想分析解决问题的思路，即面对反应体系，首先确认变量（包括反应自身变量及影响反应速率、平衡的外界条件）；其次进行变量分类，确定改变量和不变量；再进行变量控制，即控制改变量变、不变量不变。

进行化学平衡移动规律教学时，抓住化学平衡常数这一核心概念，基于化学平衡常数分析影响平衡的因素，分析温度、浓度、压强等条件改变时，平衡移动的方向。可以创设有一定冲突的情境。例如，在合成氨体系中，保持恒压充入某种物质后的平衡移动讨论等。

（3）针对电化学主题的教学建议

教学时应注重揭示学生的错误认识，形成对原电池的正确认识。测查结果显示学生在原电池学习过程中存在诸多错误认识，这是学生原电池学习的特点之一。学生错误认识的形成与教学原因有关，而广大一线教师对学生存在的这些错误认识情况并不了解，因此在教学时，应深入探查学生对原电池的已有认识，暴露出其错误认识，形成认知冲突，继而运用各种任务使学生形成对原电池的正确认识。

建议教学中不仅关注电池装置构成要素，同时也要关注装置所起的功能。可以从功能角度讨论铜锌原电池、燃料电池、实际电池各部分的作用。关注电池设计类任务，如给定反应设计电池，或者电池装置的替换等。

关注原电池、电解池原理的完整说明，可以设计比较任务，讨论原电池、电解池在推理思路上的区别与联系。避免学生孤立、片面地认识电化学。

教学应使学生建立原电池认识角度，发展学生的认识方式类型。学生解决电化学问题时必要的认识角度为"电极反应物、电极材料、离子导体和电子导体"，而从整体来看，目前大部分学生仅具有电极反应物单一认识角度，3个年级学生在电化学学习后均普遍没有建立起多自主认识角度，这影响学生的问题解决能力。因此在电化学教学时应注重学生自主认识角度的建立。此外，目前学生在问题解决过程中通常处于宏观—孤立的水平，应注重学生系统思维能力的培养及认识路径的形成。

（4）针对水溶液主题的教学建议

关注知识输入的质量和重要性，适当地提醒学生关注溶液中的平衡和化学平衡的联系，特别是关注化学平衡双向动态的特点。可以设计证明类任务，让学生基于平衡特征，设计实验证明弱电解质的电离平衡。

尽可能针对一个典型原型（如强酸、弱酸比较）跟学生做一个相对完整的探讨（从多角度认识原型），让学生明确物质类别与电离行为的关联，明确电离平衡与微粒种类、浓度关系、宏观现象的关联，而不是急于赶进度。一个理解全面深入的原型问题，有助于溶液系统分析模型的建构。

除了四大平衡之外，还要关注平衡之间的相互影响，借助酸碱抑制水电离、盐水解促进水电离、双水解、沉淀溶解、沉淀转化等问题，使学生认识到溶液中复杂的相互作用。

教学中每学习一个新的核心内容，如电离平衡、水电离平衡、盐类水解等，建议设计反思类活动，引导学生反思对整个溶液体系有哪些新的认识。

变式的情境或多角度关联问题，才具有考查和培养认识角度的作用。已经明示角度或只需要单一角度解决的问题，对认识角度的培养价值较小。

关注课堂上的概括总结和跟学生对话后的小结，溶液问题系统思路和认识模型的建构依赖于教师较好的概括和外显。

复习课可以考虑以检测原有联系和通过应用情境考查问题解决能力为主。简单的知识点重现效率和效果可能都不理想。

溶液中的复杂问题解决，通常要借助扎实、自主的元素化合物知识，以及一些实验思想和技能。

第八章

有机化合物主题的学科能力构成及其表现研究

　　有机化学是化学学科的重要分支，研究有机物的结构、性质、用途及合成。有机化学是一门既古老又年轻的学科，有着极为广阔的发展前景。当今，有机化学的研究成果促成了生命、医药、材料、能源等领域突破性研究成果的取得。

　　有机化合物主题重点发展学生的化学学科核心素养是"宏观辨识与微观探析"，同时也承担"变化观念与平衡思想""模型认知与证据推理""实验探究与创新意识""科学态度与社会责任"的素养发展功能。

　　有机化合物主题承担的素养发展的外在表现为学科能力活动表现，是指学生在面对不同情境下的有机化合物性质探究、有机化合物结构测定、有机合成和有机推断等化学问题，能够自主调用有机化合物的核心角度——结构和反应和认识有机化合物的一般思路，从宏观和微观相结合的视角解决问题的关键能力。

　　本章将系统阐释有机化合物主题的学科能力构成模型、表现期望、测评方法、学科能力表现水平等。

第一节 有机化合物主题的学科能力构成模型及其表现期望

一、构成模型

有机化合物主题从知识经验、化学问题和认识对象、认识方式、学科能力活动及表现 4 个关键维度构建有机化合物主题学科能力构成模型（如图 8-1-1 所示）。

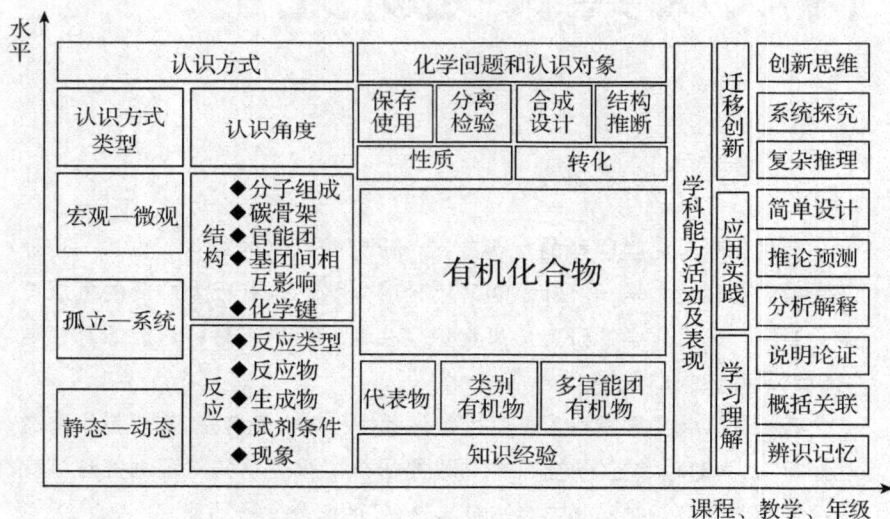

图 8-1-1 有机化合物主题学科能力构成模型

知识经验是学生形成有机化合物主题的学科能力的基础。有机化合物主题研究对象的确立与课程内容设计息息相关。有机化合物的课程内容主要覆盖两个阶段。一是必修 2 阶段，主要是甲烷、乙烯、苯、乙酸、乙醇等代表物的组成、结构及其主要性质与应用。二是选修 5《有机化学基础》阶段，主要是烷、烯、炔、芳香烃、醇、酚、醛、羧酸、酯、卤代烃等单官能团有机化合物以及糖类、油脂、蛋白质、高分子材料等多官能团有机化合物的组成、结构及其主要性质与应用。因此，本研究将有机化合物主题的研究对象确立为：代表物、类别有机化合物和多官能团有机化合物。

如果学生想将习得的知识经验转化成有机化合物主题的学科能力，必须要通过具有特定学科价值的化学问题。在有机化合物主题，化学问题主要是围绕"性质"与"转化"的，围绕"性质"展开的化学问题是"保存使用"和"分离检验"，围绕"转化"展开的化学问题是"合成设计"和"结构推断"。

但是，学生有机化合物主题的学科能力还依赖于学生的知识经验能否转化为学生自觉主动的认识角度、认识思路和相应的认识方式。本研究通过认识角度和认识方式类型刻画学生对有机化合物的认识方式。首先，对认识角度的明确主要源于对学科本体知识的分析，明确认识有机化合物的核心角度——结构和反应，且结构和反应各有其二级认识角度，其中结构的二级认识角度包括分子组成、碳骨架、官能团、基团间相互影响、化学键；反应的二级认识角度包括反应类型、反应物、生成物、试剂条件和现象。其次，结合认识角度的分析，将有机化合物的认识方式分为：基于典型代表物的认识方式（包括宏观—孤立—静态和亚微观—孤立—静态）；基于类别和官能团的认识方式（包括亚微观—孤立—静态和亚微观—系统—动态）和基于价键的认识方式（包括微观－系统－静态和微观—系统—动态）。

那么，在有机化合物主题，学生获得了有机化合物的知识经验，构建了认识有机化合物的角度和思路，能够解决核心化学问题，那化学问题转化为具体任务时，学生需要调用哪些能力？为此，本研究构建了能力表现一级要素和二级要素，一级要素包括学习理解（A）、应用实践（B）、迁移创新（C）。学习理解分为辨识记忆（A1）、概括关联（A2）、说明论证（A3）；应用实践分为分析解释（B1）、推论预测（B2）、简单设计（B3）；迁移创新分为复杂推理（C1）、系统探究（C2）、创新思维（C3）。同时，这也是学生从具体知识经验到自觉主动的认识角度和思路，形成有机化合物主题的学科能力所必须要经过的学习理解、应用实践、迁移创新等关键能力活动。

通过有机化合物主题的有机化合物组成、结构、反应、性质和应用的学习，学生能够辨识、列举和描述典型代表物的组成、结构、性质和用途；能够对有机化合物的结构、性质和用途进行概括、关联和比较，对典型性质的生成物、试剂和条件、反应类型、反应现象进行概括、关联和比较；能够利用分子组成和结构、特征反应及现象、用途等说明论证典型有机化合物或官能团的性质；形成"结构决定性质"的核心观念，建立认识有机化合物的核心角度——结构（分子组成、碳骨架、官能团、基团间相互影响、化学键）和反应（反应类型、反应物、生成物、试剂条件、现象）；能够依据有机化合物分子的结构特征、反应规律等分析解释有机化合物的性质及转化；依据官能团或化学键特征对陌生有机化合物进行性质精准预测，结合已知信息对有机化合物的组成及结构、性质及反应进行相互推断；应用官能团的特征反应设计实验进行常见有机化合物的鉴别、检验、保存、分离、除杂等；能够利用典型反应进行有机合成路线的简单设计；能够结合陌生复杂信息对有机化合物组成与结构、性质和反应进行系统推理，能够结合复杂陌生反应信息对有机化合物的有机合成路线进行综合推断、设计或评价；能够对陌生复杂有机化合物的结构和性质进行系统探究；能够将陌生反应和有机合成进行远迁移，对有机化合物结构和非典型性质、性质和非常规用途进行远迁移或创意体会。

有机化合物主题的学科核心素养是指学生通过有机化合物的结构、反应、性质和应用的具体知识经验的学习，在面对不同情境下的有机化合物性质探究、有机化合物结构测定、有机合成和有机推断等化学问题时，能够自主调用有机化合物的核心角度，能从宏观和微观相结合的视角解决问题的关键能力。

经过有机化合物主题的学习，学生的"宏观辨识与微观探析""变化观念与平衡思想""模型认知与证据推理""实验探究与创新意识""科学态度与社会责任"化学学科核心素养将得到发展。

"宏观辨识与微观探析"素养发展的具体表现是能对常见有机化合物及其变化进行描述和符号表征；能依据有机化合物分子的组成和结构特征对物质进行分类；能从有机化合物分子中的官能团类别、化学键特点分析解释各类有机化合物的性质；能比较不同有机化合物的组成、结构和性质的差异；能依据官能团或化学键特征对陌生有机化合物性质进行精准预测；能结合已知信息对有机化合物的组成和结构、性质和反应进行相互推断。"宏观辨识与微观探析"素养发展的内涵实质为对有机化合物的认识角度的丰富，从分子组成发展到结构（碳骨架、官能团、基团间相互影响、化学键）角度，还表现为对有机化合物认识方式的转变，基于官能团和化学键认识有机化合物及其性质，分析结构，精准预测物质性质，从宏观和微观相结合的视角分析与解决实际问题。

"变化观念与平衡思想"素养发展的具体表现是能概括不同类型有机反应在反应物结构变化、试剂和条件、反应类型及反应现象方面的特征；能依据有机反应规律分析解释各类有机化合物的性质及其转化，设计有机化合物的合成路线，运用有机化合物性质和有机反应规律解决简单的化学实际问题。"变化观念与平衡思想"素养发展的内涵实质为对有机反应的认识角度的丰富，建立从反应类型、反应物、生成物、试剂条件、现象等角度，能够多角度、动态地分析生产生活现象，进行合成路线的设计。

"证据推理与模型认知"素养发展的具体表现是能宏观和微观结合获取证据，能依据证据从不同视角分析问题，推出合理的结论；能识别常见有机化合物的分子结构模型和官能团、化学键、有机反应的理论模型；运用理论模型解释和预测有机化合物的组成、结构、性质与变化；能说明模型使用的条件和使用范围；能对复杂的化学问题情境中的关键要素进行分析以建构相应的模型，能选择不同模型综合解释或解决复杂的化学问题；能指出所建模型的局限，探寻模型优化需要的证据。证据推理与模型认知核心素养发展的内涵实质为建构有机化合物的分子结构分析模型（如图 8-1-2 所示）和多角度认识有机反应的思路模型（如图 8-1-3 所示）。

"科学探究与创新意识"素养发展的具体表现是能发现和提出有探究价值的问题；能从问题和假设出发，确定探究目的，设计探究方案，运用化学实验、调查等方法进行实验探究；在探究中学会合作，面对"异常"现象敢于提出自己的见解。"实验探究与创新意识"素养发展的内涵实质是能应用官能团的特征反应设计实验进行常见有机化合物鉴别、检验、保存、分离、除杂等；能从自主角度和多

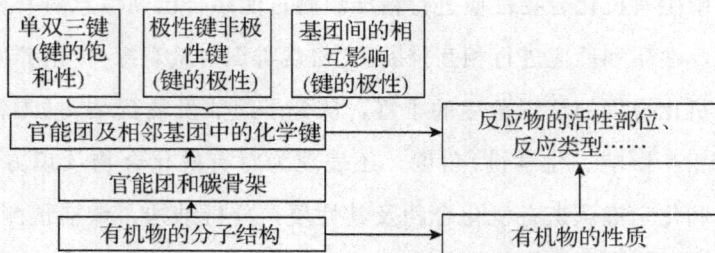

图 8-1-2　有机化合物的分子结构分析模型

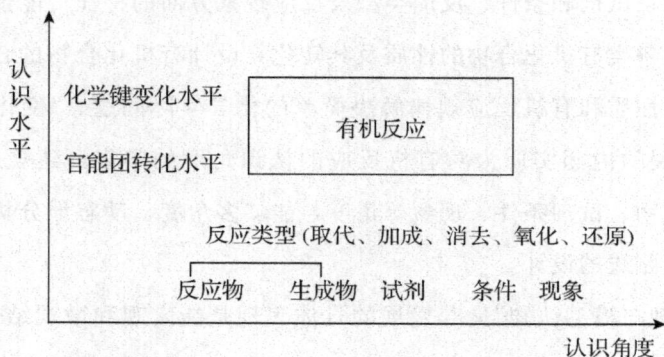

图 8-1-3　多角度认识有机反应的思路模型

角度分析结构，精准预测性质，并设计和实施实验，探究陌生复杂有机化合物的性质；能够结合已知信息，利用各种实验方法综合分析数据，测定复杂陌生有机化合物的结构。

　　"科学态度与社会责任"素养发展的具体表现是具有严谨求实的科学态度，具有探索未知、崇尚真理的意识；赞赏化学对社会发展的重大贡献，具有可持续发展意识和绿色化学观念，能对与化学有关的社会热点问题做出正确的价值判断，能参与有关化学问题的社会实践活动。"科学态度与社会责任"素养发展的实质内涵是能列举事实说明有机化学在创造新物质、提高人类生活质量、促进社会发展方面的重要贡献；具有绿色化学观念，能利用有机化合物性质对有关能源、材料、饮食、健康、环境等实际问题进行分析、讨论和评价；结合有机化合物及其反应在能源、材料、饮食、健康、环境等领域的前沿应用，体会有机化学家在问题解决过程中的创意。

二、表现期望

依据有机化合物主题学科能力构成模型（如图 8-1-1 所示）的 4 个维度来刻画学科能力表现，考查的是学生在解决有机化学问题过程中的能力表现。

学习理解能力是指能够辨识、列举和描述典型代表物的组成、结构、性质和用途；能够对有机化合物的结构、性质和用途进行概括关联和比较，对典型性质的生成物、试剂和条件、反应类型、反应现象进行概括关联和比较；能够利用分子组成和结构、特征反应及现象、用途等说明论证典型有机化合物或官能团的性质。

OC-A1 能够辨识、列举和描述典型代表物的组成、结构、性质和用途。

■ OC-A1-1 能够辨识典型代表物的碳骨架和官能团；

■ OC-A1-2 能够描述典型代表物的分子结构特征（碳原子的饱和程度、键的类型、键的极性、立体结构等）；

■ OC-A1-3 能够描述典型代表物的主要化学性质及其相应的实验现象，并书写相应的化学方程式；

■ OC-A1-4 能够列举典型代表物在生产生活中的重要应用。

OC-A2 能够对有机化合物的结构、性质和用途进行概括关联和比较，对典型性质的生成物、试剂和条件、反应类型、反应现象进行概括关联和比较。

■ OC-A2-1 能够依据有机化合物分子中碳骨架和官能团特征对其进行分类；

■ OC-A2-2 能够建立官能团与有机化合物特征性质的关系；

■ OC-A2-3 能够依据反应规律对有机反应进行归类；

■ OC-A2-4 能够比较不同有机化合物的组成、结构和性质的差异；

■ OC-A2-5 能够建立有机化合物性质与应用之间的关系；

■ OC-A2-6 能够概括和比较不同类型有机反应在反应物结构变化、试剂和条件、反应类型及反应现象方面的特征。

OC-A3 能够利用分子组成和结构、特征反应及现象、用途等说明论证典型有机化合物或官能团的性质。

- OC-A3-1 能够依据有机化合物化学键的饱和性、极性论证各类有机化合物分子中的反应活性部位；
- OC-A3-2 能够依据有机化合物化学键的饱和性、极性论证官能团的性质；
- OC-A3-3 能够从实验、文献资料、事实、用途中获取证据，论证有机化合物的性质。

应用实践能力是指能够基于结构（分子组成、碳骨架、官能团、基团间相互影响、化学键）和反应（反应类型、反应物、生成物、试剂条件、现象）的某个或某些角度，依据有机化合物分子的结构特征、反应规律等分析解释有机化合物的性质及转化；依据官能团或化学键特征对陌生有机化合物性质进行精准预测，结合已知信息对有机化合物的组成及结构、性质及反应进行相互推断；应用官能团的特征反应设计实验进行常见有机化合物的鉴别、检验、保存、分离、除杂等，能够利用典型反应进行有机合成路线的简单设计。

OC-B1 能够依据有机化合物分子的结构特征、反应规律等分析解释有机化合物的性质及转化。

- OC-B1-1 能够依据有机化合物分子中的官能团类别、化学键特点分析解释各类有机化合物的性质及其转化；
- OC-B1-2 能够依据有机反应规律分析解释各类有机化合物的性质及其转化；
- OC-B1-3 能够利用各类有机化合物组成、结构和性质分析解释日常生产生活现象。

OC-B2 依据官能团或化学键特征对陌生有机化合物性质进行精准预测，结合已知信息对有机化合物的组成和结构、性质和反应进行相互推断。

- OC-B2-1 能够基于有机化合物的组成、有机反应类型、试剂条件和现象等推断有机化合物的结构；
- OC-B2-2 能够根据类别、官能团预测陌生有机化合物的性质，并书写相应的方程式；

■ OC-B2-3 能够根据有机化合物分子中共价键的饱和度、极性推断陌生有机化合物的活性部位、反应类型及其反应，并书写相应的方程式；

■ OC-B2-4 根据碳骨架、官能团及化学键的转化推断陌生反应；

■ OC-B2-5 能够依据碳骨架、官能团推断符合特定条件的同分异构体。

OC-B3 能够应用官能团的特征反应设计实验进行常见有机化合物的鉴别、检验、保存、分离、除杂等，能够利用典型反应进行有机合成路线的简单设计。

■ OC-B3-1 能够根据官能团的特征反应设计实验方案鉴别有机化合物官能团或验证有机化合物结构；

■ OC-B3-2 能够根据典型性质设计实验进行常见有机化合物的保存、分离、除杂等；

■ OC-B3-3 能够利用简单的定量方法分析说明有机化合物的组成及其变化；或根据实验数据通过简单计算确定物质的组成和物质转化过程中的质量关系。

■ OC-B3-4 能够结合已知信息和反应规律进行简单有机合成路线的设计。

迁移创新能力是指能够基于结构（分子组成、碳骨架、官能团、基团间相互影响、化学键）和反应（反应类型、反应物、生成物、试剂条件、现象）的某些角度，能够结合陌生复杂信息对有机化合物组成与结构、性质和反应进行系统推理，能够结合复杂陌生反应信息对有机化合物的有机合成路线进行综合推断、设计或评价；能够对陌生复杂有机化合物的结构和性质系统探究；能够将陌生反应和有机合成进行远迁移，对有机化合物结构和非典型性质、性质和非常规用途进行远迁移或创意体会。

OC-C1 能够结合陌生复杂信息对有机化合物组成和结构、性质和反应进行系统推理，能够结合复杂陌生反应信息对有机化合物的有机合成路线进行综合推断、设计或评价。

■ OC-C1-1 能够从有机化合物的组成、有机反应类型、试剂条件和现象等系统推理出陌生有机化合物的结构；

■ OC-C1-2 能够从有机化合物的官能团、化学键的特点、陌生反应规律分析解释复杂陌生有机化合物的性质及其转化；

- OC-C1-3 能够依据反应规律和合成路线设计的一般方法设计复杂有机化合物的合成路线；

- OC-C1-4 能够依据官能团保护、原子经济性等角度综合评价有机合成路线；

- OC-C1-5 能够利用有机化合物性质对有关能源、材料、饮食、健康、环境等实际问题进行分析、讨论和评价。

OC-C2 能够对陌生复杂有机化合物的结构和性质系统探究。

- OC-C2-1 能够从自主角度和多角度分析结构，精准预测性质，并设计和实施实验，探究陌生复杂有机化合物的性质；

- OC-C2-2 能够结合已知信息，利用各种实验方法综合分析数据，测定复杂陌生有机化合物的结构。

OC-C3 能够将陌生反应和有机合成进行远迁移，对有机化合物结构和非典型性质、性质和非常规用途进行远迁移或创意体会。

- OC-C3-1 能够基于复杂陌生反应的碳骨架和化学键转化设计陌生复杂有机化合物的合成路线；

- OC-C3-2 能够根据有机化合物的组成、结构特点开发有机化合物的用途；

- OC-C3-3 能够根据有机反应规律开发有机反应的应用（如燃料电池、生物发酵）；

- OC-C3-4 结合有机化合物及其反应在能源、材料、饮食、健康、环境等领域的前沿应用，体会有机化学家在问题解决过程中的创意。

第二节 有机化合物主题的学科能力表现测试工具开发

一、命题蓝图设计

依据试题设计的基本理念，综合知识基础、化学问题和认识对象、认识方式、学科能力活动 4 个维度规划有机化合物主题学科能力测试题的命题蓝图，如表 8-2-1 所示。

表 8-2-1　有机化合物主题测试点分布

学科能力 核心知识	A 学习理解能力			B 应用实践能力			C 迁移创新能力		
	A1 辨识 记忆	A2 概括 关联	A3 说明 论证	B1 分析 解释	B2 推论 预测	B3 简单 设计	C1 复杂 推理	C2 系统 探究	C3 创新 思维
有机化合物结构特点	√	√	√		√	√		√	√
有机反应	√	√	√	√		√	√		√

由表 8-2-1 可知，在基于评价指标规划命题蓝图时，在考虑核心知识、年级等因素的基础上，尽可能覆盖 A1～C3 每个能力要素。

二、试题命制策略

有机化合物主题学科能力测试题以开放性试题为主，以能源、材料、饮食、健康、环境等实际问题为情境素材，聚焦有机化合物主题的核心化学问题，由易到难设置问题，并从知识、学科能力、认识方式发展 3 个维度对试题进行编码，以保证后期诊断的准确性。

编制有机化合物主题试题时，情境素材的选取要兼顾内容属性（能源、材料、饮食、健康、环境等实际问题）、间接度（给定角度、提示角度、自主角度、多角度）及熟悉度（熟悉原型、简单变式、复杂陌生）。例如，以复杂真实的药物（福辛普利)为情境素材，考查学生对有机化合物、结构和反应的各级能力指标，包括能辨识有机化合物的官能团，能依据有机化合物分子中的官能团类别、化学键特点分析解释有机化合物的性质，能根据类别、官能团预测陌生有机化合物的性质，能根据有机化合物分子中共价键的饱和度、极性、基团间相互影响推断陌生有机化合物的活性部位、反应类型及其反应(如图 8-2-1 所示)。

1. 福辛普利(分子结构如图 1 所示)是一种新型血管紧张素转换酶抑制剂，能够使血管紧张素Ⅱ含量减少，血管扩张，从而起到降血压的作用。请你运用所学知识观察和分析该分子的结构，回答以下问题：

(1)请你在图 1 中圈出福辛普利分子的所有官能团。

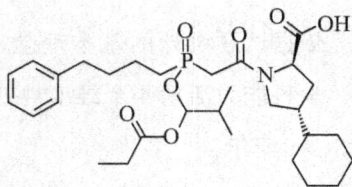

图 1

(2)根据实验发现，福辛普利显酸性。请你说明原因。

(3)请你预测该物质可能发生什么反应？并说明你的预测依据。

(4)该药对降血压效果较弱，但口服后缓慢且不完全吸收，能够迅速转变为福辛普利拉(其结构如图 2 所示)，能够更好地与血管紧张素转换酶中活性部位的 Zn^{2+} 作用，从而抑制血管紧张素转换酶的活性，降低血压。请你说明为什么福辛普利拉可以与 Zn^{2+} 作用。

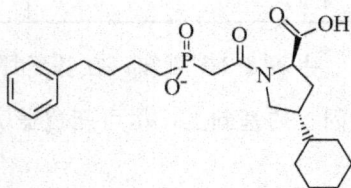

图 2

图 8-2-1　测试题示例

其次，在编制有机化合物主题测试题时会渗入有机化合物主题问题解决的思路方法。例如，学生通过研究陌生有机化合物的性质这一测试题能够获得研究有机化合物性质的一般思路：结构分析→性质预测→性质验证→确定性质，能根据有机化合物分子中共价键的饱和度、极性系统预测陌生有机化合物的活性部位、反应类型及其反应(如图 8-2-2 所示)。

(4)当你面对一种新的物质，你将如何研究该物质的性质（燃烧反应除外），请完成下表（如果表格不够，可自行加行）。

猜想假设			设计实验进行验证
预测可能的断键部位		预测相应的反应类型	说明具体的化学反应（用化学方程式表示）
标出断键部位	从结构的角度说明预测依据		
H H H H H ｜ ｜ ｜ ｜ ｜ N≡C—C—C—C—C=O ｜ ｜ ｜ H H H			

图 8-2-2　测试题示例

在编制试题时，首先需要确定试题对应的具体知识点，再确定所要考查的学科能力要素，并在此基础上确定设问点。例如，选定"有机反应"为考查的核心知识时，若考查对有机反应的说明论证能力，则测试点设计为"利用反应物和生成物的分子组成变化对反应类型进行说明论证"，如图 8-2-3 所示的第②问；若考查对"有机反应"的分析解释能力，则测试点设计为"依据典型反应规律对特定有机化合物的转化进行分析解释"，如图 8-2-4 所示的问点"试剂 X 可以是_____"。

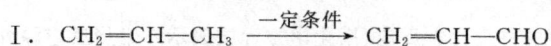

Ⅰ．$CH_2{=}CH{-}CH_3 \xrightarrow{\text{一定条件}} CH_2{=}CH{-}CHO$
(1)Ⅰ的反应类型是①_____，判断依据是②_____。

图 8-2-3　测试题示例

(3)淀粉通过下列转化可以得到乙（其中 A～D 均为有机物）

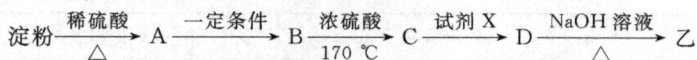

淀粉 $\xrightarrow[\triangle]{\text{稀硫酸}}$ A $\xrightarrow{\text{一定条件}}$ B $\xrightarrow[170\ ℃]{\text{浓硫酸}}$ C $\xrightarrow{\text{试剂 X}}$ D $\xrightarrow[\triangle]{\text{NaOH 溶液}}$ 乙

A 生成 B 的反应方程式是_____，试剂 X 可以是_____。

图 8-2-4　测试题示例

三、评分标准设计

制订评分标准时，首先保证答案与学科能力指标的一致性，即只有达到与学科能力指标水平一致的答案，才能得分，即并不简单以学生是否答对这一题作为给分的标准，而是要看学生是否达到了相应的学科能力水平。例如，在图 8-2-5 所示的测试题中，评分标准为答出"酚羟基、羧基和苯环的性质，且有预测依据"给 1 分，若学生的答案中"酚羟基、羧基或苯环的性质，或预测依据不全面"则不得分。这是因为该题对应的能力测查指标是系统探究(C2)，即要求学生能够对多官能团有机化合物的性质进行完整、系统的预测。学生预测性质部分的答案虽然正确，但由于没有给出全面的预测依据，并未达到系统探究(C2)能力水平的要求，因此不能得分。

---

(2)已知 D 的结构为 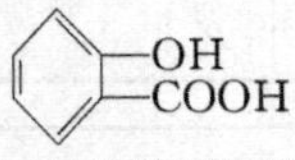 ，请你预测其化学性质，并写出预测依据。

D 可能的化学性质	预测依据

图 8-2-5　测试题示例

其次，根据需要考虑分级评分。本次测试中设置开放性试题(如图 8-2-6 所示试题)，学生的不同答题表现也会反映出学生的学科能力水平，因此可以设定多级评分来反映学生的学科能力水平差异，具体如表 8-2-2 所示。

---

(2)请你预测 1－丙醇可能发生的一个化学反应(用化学方程式表示，燃烧反应除外)②_____，请你从结构和性质的关系说明你的预测依据③_____。

图 8-2-6　测试题示例

表 8-2-2　评分标准示例

编码及说明	评分标准	认识方式
B2：根据醇分子的结构特征对其可能的化学性质进行推论预测	2 分：羟基中 O—H 键的极性强或氢原子活泼； 1 分：分子中有羟基或根据类别	【基于化学键】从化学键的角度认识单官能团有机化合物的化学性质； 【基于官能团】从官能团的角度认识单官能团有机化合物的化学性质

第三节　有机化合物主题的学科能力表现水平

一、整体水平划分

依据测试题的多维度描述，综合考虑能力要素、问题情境、认识角度、认识方式类型4个维度，将学生在有机化合物主题的学科能力表现划分为5个水平，具体如表8-3-1所示。

表8-3-1　有机化合物主题学科能力表现整体水平划分

水平等级	水平描述
5	面对陌生复杂的情境，能够自主综合利用结构和反应的多个二级角度对有机化合物的结构和性质系统探究，基于陌生反应的碳骨架和化学键转化设计复杂有机化合物的合成路线，对有机化合物的结构和非典型性质、性质与非常规用途进行远迁移和创意体会（基于化学键—多角度—微观—系统—动态—复杂陌生）
4	面对陌生复杂情境，能够综合利用结构和反应的多个二级角度对有机化合物组成和结构、性质和反应进行系统推理和说明论证，对有机化合物的合成路线进行综合推断、设计或评价（基于多官能团—多角度—亚微观—系统—复杂陌生）
3	面对简单变式情境，能够利用结构和反应的多个二级角度分析解释有机化合物的性质及其转化，推论预测有机化合物的性质，设计实验进行常见有机化合物鉴别检验等，设计简单的有机合成路线（基于官能团—多角度—亚微观—系统—简单变式）
2	面对熟悉原型情境，能够利用结构或反应的多个二级角度对各类有机化合物的组成、结构、性质和用途进行概括关联和比较，从实验、文献资料、事实、用途等中获取证据，论证有机化合物的性质，依据典型官能团类别、反应规律等分析解释有机化合物的性质及转化（单角度—亚微观—系统—熟悉原型）
1	面对熟悉原型情境，能够利用结构或反应的单个角度对典型代表物的组成、结构、性质和用途进行辨识记忆、概括关联（单角度—宏观—孤立—静态—熟悉原型）

二、学习理解能力水平划分

学习理解能力表现水平划分的关键维度是学科能力要素，即学生面临的关键学科能力活动。本研究将学生在有机化合物主题的学习理解能力表现划分为 3 个水平，具体如表 8-3-2 所示。

表 8-3-2　有机化合物主题学习理解能力水平划分

水平等级	水平描述
3	面对熟悉原型情境，能够自主利用结构和反应的二级角度说明论证各类有机化合物或官能团的性质
2	面对熟悉原型情境，能够利用结构或反应的多个二级角度对有机化合物的结构、性质和用途进行概括关联和比较，对典型性质的生成物、试剂和条件、反应类型、反应现象进行概括关联和比较
1	面对熟悉原型情境，能够利用结构或反应的单个角度对典型代表物的组成、结构、性质和用途进行辨识记忆

三、应用实践能力水平划分

应用实践能力表现水平划分的关键维度是问题情境和认识方式，问题情境的熟悉度(熟悉原型、简单变式、陌生复杂)，间接度(给定角度、提示角度、自主角度和多角度)以及基于官能团和基于化学键的认识方式直接影响学生完成分析解释、推论预测、简单设计学科能力活动任务的表现。水平 1 和水平 2 的区别在于认识角度，水平 2 需要能够利用结构和反应的二级角度进行系统分析；水平 2 和水平 3 的区别在于问题情境，水平 3 的表现主要是面对陌生情境解决问题。本研究将学生在有机化合物主题的应用实践能力表现分为 3 个水平，具体如表 8-3-3 所示。

表 8-3-3　有机化合物主题应用实践能力水平划分

水平等级	水平描述
3	面对陌生复杂情境，能够自主利用结构和反应的多个二级角度进行合成路线设计，基于化学键水平分析解释各类有机化合物的性质及其转化，推理预测陌生有机化合物的活性部位及其反应

水平等级	水平描述
2	面对简单变式情境，能够利用结构和反应的多个二级角度，基于官能团进行组成、结构、性质和用途的分析解释和相互推断，设计实验进行常见有机化合物鉴别检验等
1	面对熟悉原型情境，能够利用结构或反应单角度进行组成、结构、性质和用途的分析解释、推论预测以及典型官能团的性质检验等问题

四、迁移创新能力水平划分

　　迁移创新能力表现水平划分的关键维度是能力要素和认识方式，即学生自主调用已有角度或多角度，基于官能团或化学键直接影响学生解决关键学科能力活动的表现。本研究将学生在有机化合物主题的迁移创新能力表现分为 3 个水平，具体如表 8-3-4 所示。

表 8-3-4　有机化合物主题迁移创新能力水平划分

水平等级	水平描述
3	面对陌生复杂情境，能够自主综合利用结构和反应的多个二级角度，基于复杂陌生反应的碳骨架和化学键转化设计陌生复杂有机化合物的合成路线，根据有机化合物的组成、结构特点开发有机化合物的新用途，根据有机反应规律开发有机反应的新应用
2	面对陌生复杂情境，能够综合利用结构和反应的多个二级角度对有机化合物的结构和性质系统探究，对有机化合物的结构和非典型性质、性质与非常规用途进行创意体会
1	面对陌生复杂情境，能够综合利用结构和反应的多个二级角度对有机化合物组成和结构、性质和反应进行系统推理，对有机化合物的合成路线进行综合推断、设计或评价

第四节 有机化合物主题的学科能力表现现状

本次测试的时间为 2014 年 3 月，各年级的学生已完成第一学期的全部课程，未开始学习第二学期课程，即：高一年级的学生样本完成必修 1 模块的学习，未开始必修 2 模块学习；高二年级的学生样本完成了必修 1、必修 2、选修 1（化学与生活）和选修 5（有机化学基础）的学习；高三年级的学生样本完成了必修 1、必修 2、选修 1（化学与生活）、选修 4（化学反应原理）和选修 5（有机化学基础）的学习。

所测试的有效样本包含 F 和 H 两个区共计 1 274 人，其中，F 区 579 人，H 区 695 人，具体分布情况如表 8-4-1 所示。

表 8-4-1 有效测试样本信息

学校类型	区域	高二年级	高三年级	总计	
一类校	F 区	98	41	139	292
	H 区	67	86	153	
二类校	F 区	87	52	139	516
	H 区	134	243	377	
三类校	F 区	73	104	177	269
	H 区	50	42	92	
四类校	H 区	70	127	197	197
总计		579	695	1 274	1 274

一、整体水平分布

用 Rasch 模型对测查数据进行统计分析后，可以得到有机化合物主题能力表现测试的试题难度值和学生能力值。由于每个学科能力水平层级均有对应的题目难度值范围，因此，可以根据学生能力值判断有多少学生处于该学科能力水平，进而确定各类样本在各水平的人次百分比分布。表 8-4-2 所示为全部样本和各年级样本所处平均水平和各水平的人次百分比。

表 8-4-2   全部样本和各年级样本有机化合物主题学科能力水平等级分布情况

		水平等级分布					
		未达水平 1 ($-\infty$, -3.23)	水平 1 [-3.23, -1.59)	水平 2 [-1.59, 0.06)	水平 3 [0.06, 0.59)	水平 4 [0.59, 2.20)	水平 5 [2.20, $+\infty$)
全部样本		6.5%	22.9%	48.5%	11.5%	10.3%	0.2%
不同年级	高二年级	10.5%	27.5%	41.8%	9.5%	10.5%	0.2%
	高三年级	3.2%	19.1%	54.1%	13.2%	10.2%	0.1%

根据全部样本在各水平的人次百分比分布可得到图 8-4-1。

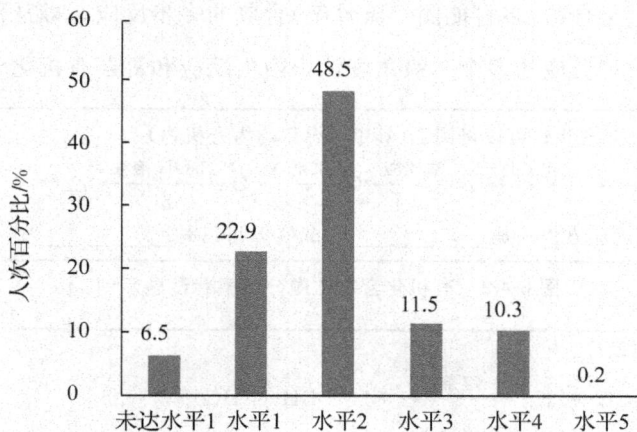

图 8-4-1   全部样本水平等级分布情况

根据表 8-4-2 和图 8-4-1 所示,可以看出:全部样本水平分布主要集中在水平 1 和水平 2,有 48.5% 的学生属于水平 2,即学生面对熟悉原型情境,能够利用结构或反应的多个二级角度,基于亚微观系统水平,对各类有机化合物的组成、结构、性质和用途进行概括关联和比较,依据典型官能团类别、反应规律等分析解释有机化合物的性质及转化。如图 8-4-2 所示试题,试题难度为 -0.52,学生平均得分率为 47.89%,学生解决该题时,需要利用典型反应规律对特定有机化合物的转化进行分析解释，即从题目中给出的反应条件、反应物和反应产物等分析得出试剂。有 22.9％的学生属于水平 1，即学生面对熟悉情境，能够利用结构或反应单角度，从宏观孤立静态的水平解决简单熟悉问题；有 11.5％的学生属于水平 3，即学生面对简单变式情境，能够利用结构和反应的多个二级角度，从亚微观系统的水平解决变式问题；有 10.3％的学生属于水平 4，即学生面对陌生复杂情境，能够自主综合利用结构和反应的多个二级角度，从亚微观系统的水平解决复杂变式问题；仅有极个别（0.2％）学生属于水平 5，即学生面对陌生复杂情境，能够自主综合利用结构和反应的多个二级角度，从微观系统动态的水平解决复杂陌生问题。如图 8-4-3 所示试题，试题难度为 2.91，学生平均得分率为 5.23％，学生解决该题时，需要对陌生反应进行远迁移，应用羟醛缩合反应设计复杂有机化合物（多官能团、碳骨架）合成的多步反应，即从结构的断键部位、碳骨架比对和反应的多个二级角度认识陌生反应和复杂有机化合物。

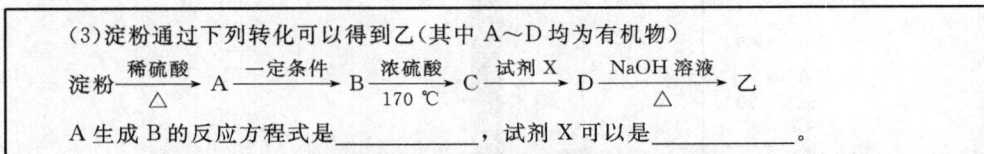

（3）淀粉通过下列转化可以得到乙（其中 A～D 均为有机物）

$$\text{淀粉} \xrightarrow[\triangle]{\text{稀硫酸}} A \xrightarrow{\text{一定条件}} B \xrightarrow[170\ ℃]{\text{浓硫酸}} C \xrightarrow{\text{试剂 X}} D \xrightarrow[\triangle]{\text{NaOH 溶液}} 乙$$

A 生成 B 的反应方程式是＿＿＿＿＿＿，试剂 X 可以是＿＿＿＿＿＿。

图 8-4-2　有机化合物主题分析解释试题示例

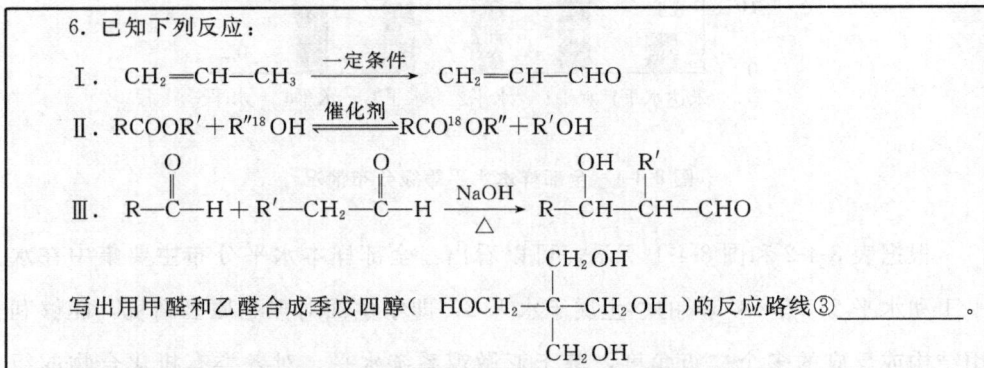

6. 已知下列反应：

Ⅰ. $CH_2 = CH - CH_3 \xrightarrow{\text{一定条件}} CH_2 = CH - CHO$

Ⅱ. $RCOOR' + R''^{18}OH \xrightleftharpoons{\text{催化剂}} RCO^{18}OR'' + R'OH$

Ⅲ.
$$R - \overset{O}{\underset{\|}{C}} - H + R' - CH_2 - \overset{O}{\underset{\|}{C}} - H \xrightarrow[\triangle]{\text{NaOH}} R - \overset{OH}{\underset{|}{C}}H - \overset{R'}{\underset{|}{C}}H - CHO$$

写出用甲醛和乙醛合成季戊四醇（ $HOCH_2 - \overset{CH_2OH}{\underset{CH_2OH}{\underset{|}{\overset{|}{C}}}} - CH_2OH$ ）的反应路线③＿＿＿＿＿＿。

图 8-4-3　有机化合物主题基于化学键的试题示例

各年级样本水平分布如图 8-4-4 所示。

通过 SPSS 17.0 对全样本的学生能力值进行不同年级的差异性检验，具体结

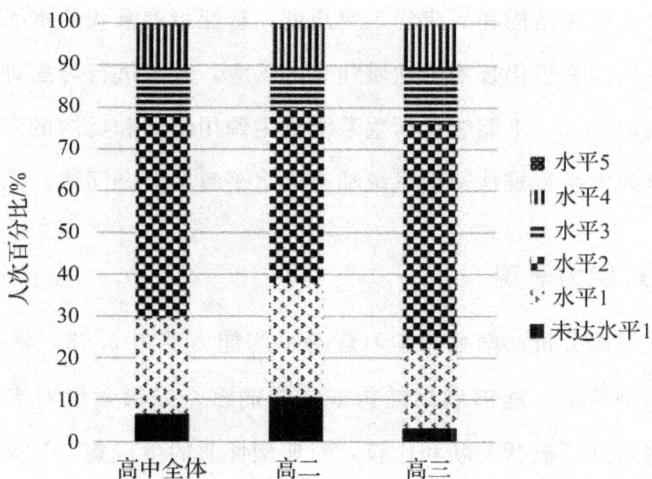

图 8-4-4　各年级样本与总体样本水平分布比较

果如表 8-4-3 所示。从不同年级学生样本的有机化合物学科能力表现来看，高三年级学生样本的平均能力值稍高于高二年级，差异性检验结果表明高三年级与高二年级的学生样本学科能力总体表现存在显著性差异，说明高三复习教学对于提升学生有机化合物主题的学科能力具有积极的促进作用。

表 8-4-3　各年级样本的学生能力值的差异性检验

	总能力值	
	均值差	显著性
高三年级—高二年级	0.398	0.000

　　根据表 8-4-2 和图 8-4-4 所示，可以看出：学生在高二年级和高三年级的分布与全体样本分布相似，主要集中于水平 2。从学生在有机化合物学科能力各水平分布情况看，在总体趋势上，随着年级的增长，样本在水平 1 上的人次百分比分布呈明显的下降趋势，在水平 2 上的人次百分比分布呈明显的升高趋势，在水平 3 上的人次百分比分布略有升高，而在水平 4 和水平 5 上基本保持不变。由此说明，随着年级的增长，学生的有机化合物学科能力总体水平逐渐提高，但是在中、高水平(水平 3、水平 4、水平 5)上的提高有限。由此我们推测，现有的高三

复习教学主要是利用结构和反应的二级角度，从亚微观系统的水平认识有机化合物，带领学生梳理有机化合物的性质和有机反应，过多进行习题训练；而在教学问题和任务的设置上，不能够让学生系统自主调用结构和反应的多个二级角度去解决问题，导致学生很难从微观系统动态的水平解决复杂问题。

二、学习理解能力表现

根据测查结果分析，学生的学习理解平均能力值为 0.43，整体处于水平 2，即面对熟悉原型情境，能够利用结构或反应的多个二级角度对有机化合物的结构、性质和用途进行概括关联和比较，对典型性质的生成物、试剂和条件、反应类型、反应现象进行概括关联和比较。全部样本在学习理解能力要素各水平的分布情况如表 8-4-4 所示，辨识记忆（A1）、概括关联（A2）、说明论证（A3）3 个二级能力要素的表现如表 8-4-5 所示。

表 8-4-4　全部样本学习理解能力水平分布情况

水平分布	未达水平 1 $(-\infty, -1.93)$	水平 1 $[-1.93, -0.24)$	水平 2 $[-0.24, 1.72)$	水平 3 $[1.72, +\infty)$
人次百分比	6.0%	22.6%	54.1%	17.3%

表 8-4-5　全部样本学习理解二级能力要素得分率情况

二级能力要素	辨识记忆（A1）	概括关联（A2）	说明论证（A3）
平均得分率	78.37%	63.26%	33.54%

根据全体样本在学习理解能力的各水平人次百分比分布可得到图 8-4-5。

由图 8-4-5 可知：大部分学生处于水平 2，即面对熟悉原型情境，能够利用结构或反应的多个二级角度对有机化合物的结构、性质和用途进行概括关联和比较；约 17.3% 的学生处于水平 3，即面对熟悉原型情境，能够自主利用结构和反应的二级角度说明论证典型有机化合物或官能团的性质。

全部样本学习理解二级能力要素得分率情况如图 8-4-6 所示。

在有机化合物主题的学习理解能力中，说明论证能力发展情况并不理想，说

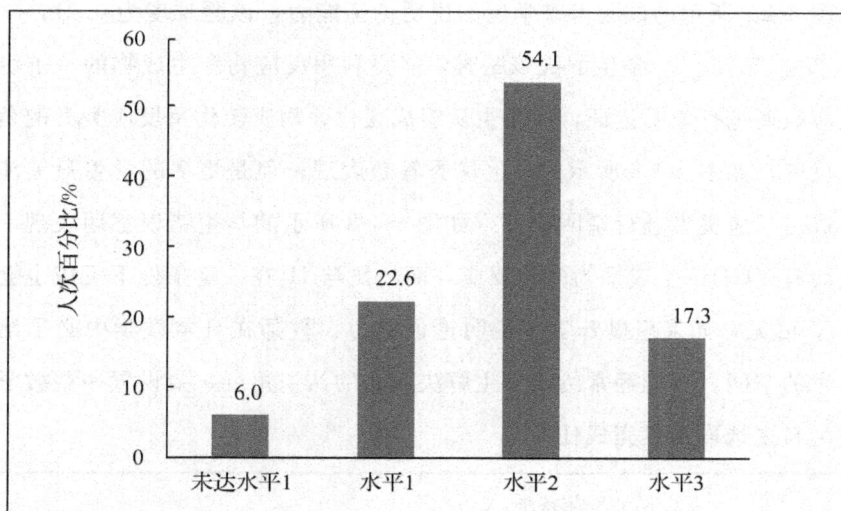

图 8-4-5　全部样本学习理解能力水平分布情况

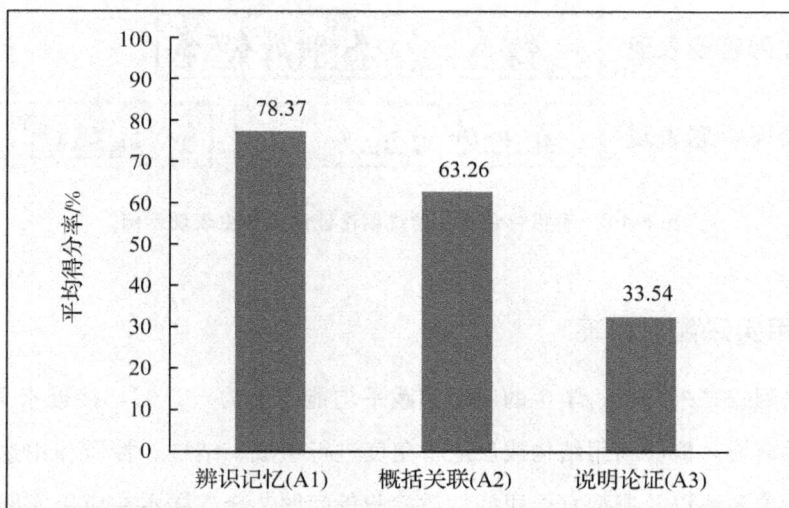

图 8-4-6　全部样本学习理解二级能力要素得分率情况

明学生在学习相关结构和反应的内容后，能够进行概括关联和比较，但是很难自主利用结构和反应的二级角度说明论证有机化合物的反应活性部位及其反应，或者利用反应物和生成物的分子组成变化对反应类型进行说明论证。

以图 8-4-7 所示的试题考查学生的说明论证能力，该题难度为 0.71，学生平均得分率为 25.85%。学生解决该题时，需要利用反应物和生成物的分子组成变化对反应类型进行说明论证，即自主从组成变化、物质转化及反应类型的角度认识有机反应，如图 8-4-8 所示的学生优秀答题表现；但是更多的学生只关注生成物的组成对反应类型进行说明论证，如图 8-4-8 所示的学生错误答题表现，学生认为只要有—CHO 生成即为氧化反应，而酰氯与 H_2 在一定条件下反应也会生成—CHO。可见，如果想提升学生说明论证能力，教师在日常教学中必须给学生自主思考的空间，不能经常给出学生解决问题的认识角度，要设置一些教学任务强迫学生自主选取角度完成任务。

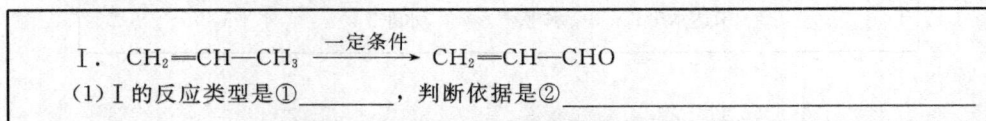

Ⅰ．$CH_2\!=\!\!CH\!-\!CH_3 \xrightarrow{\text{一定条件}} CH_2\!=\!\!CH\!-\!CHO$
(1) Ⅰ 的反应类型是①_____，判断依据是②_____

图 8-4-7　有机化合物主题说明论证试题示例

优秀答题表现　② 生成物与反应物相比得多了氧

错误答题表现　② 有 R-CHO 生成　　　③ 氧...

图 8-4-8　有机化合物主题说明论证试题学生表现示例

三、应用实践能力表现

根据测查结果分析，学生的应用实践平均能力值为 -1.07，接近水平 1，即面对熟悉情境，能够利用结构或反应单角度进行组成、结构、性质和用途的分析解释、推论预测以及典型官能团的性质检验等问题。全部样本在应用实践能力要素各水平的分布情况如表 8-4-6 所示，分析解释(B1)、推论预测(B2)、简单设计(B3)3 个二级能力要素的表现如表 8-4-7 所示。

表 8-4-6 全部样本应用实践能力水平分布情况

水平分布	未达水平 1 $(-\infty, -0.94)$	水平 1 $[-0.94, -0.02)$	水平 2 $[-0.02, 0.98)$	水平 3 $[0.98, +\infty)$
人次百分比	6.0%	22.6%	54.1%	17.3%

表 8-4-7 全部样本应用实践二级能力要素得分率情况

二级能力要素	分析解释（B1）	推论预测（B2）	简单设计（B3）
平均得分率	41.54%	35.02%	42.26%

根据全体样本在应用实践能力的各水平人次百分比分布可得到图 8-4-9。

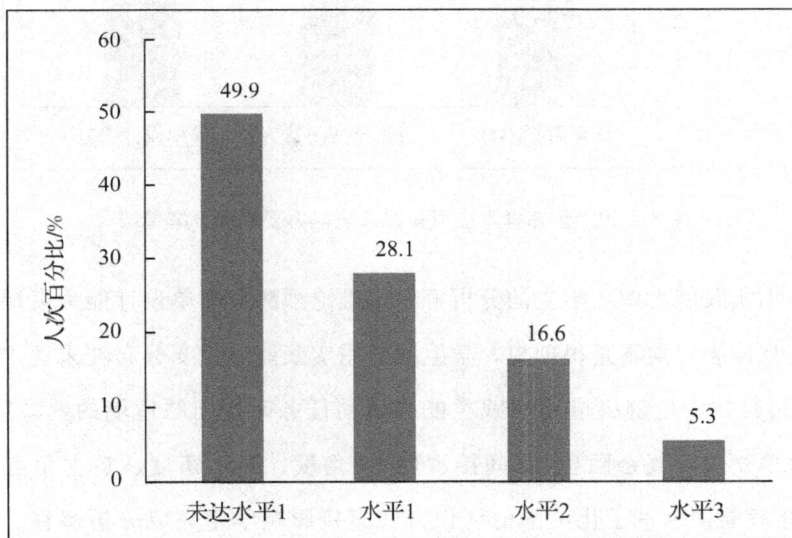

图 8-4-9 全部样本应用实践能力水平分布情况

学生的应用实践能力主要分布在未达水平 1；有 28.1% 的学生处于水平 1，即面对熟悉情境，能够利用结构或反应单角度进行组成、结构、性质和用途的分析解释、推论预测以及典型官能团的性质检验等问题。仅有 5.3% 的学生处于水平 3，说明学生很难在面对陌生情境时，自主利用结构和反应的多个二级角度进行合成路线设计，基于化学键水平分析解释各类有机化合物的性质及其转化，推理预测陌生有机化合物的活性部位及其反应。

全部样本应用实践二级能力要素得分率情况如图 8-4-10 所示。

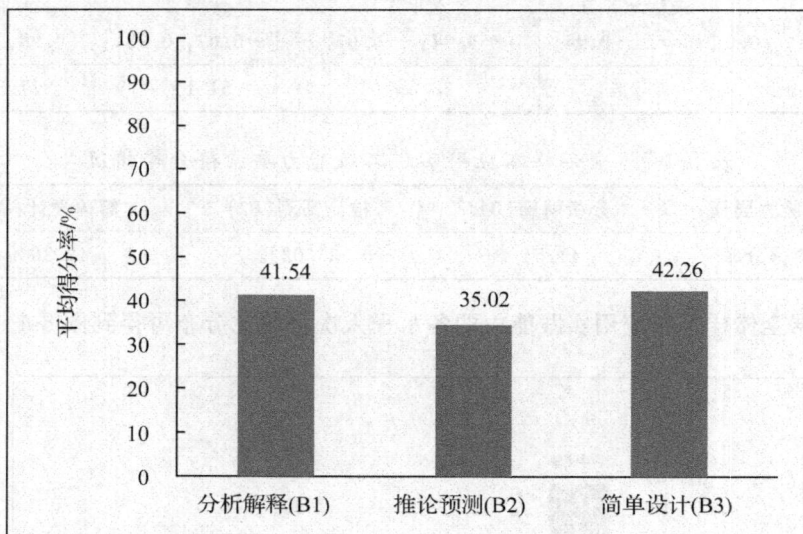

图 8-4-10　全部样本应用实践二级能力要素得分率情况

在应用实践能力中，学生的分析解释、推论预测和简单设计能力发展情况基本均衡，整体表现均不是很理想，学生的应用实践能力主要分布在未达水平 1 和水平 1。可见，学生解决应用实践类能力活动任务时，问题情境的熟悉度（熟悉原型、简单变式、复杂陌生）和间接度（给定角度、提示角度、自主角度和多角度），基于官能团和基于化学键的认识方式直接影响学生完成分析解释、推论预测、简单设计学科能力活动任务的表现。

同时，仍可以看出，学生推论预测能力稍弱一些。可能是由于日常教学中教师使用的任务类型多选择分析解释型任务，日常习题训练中会有大量的简单合成、鉴别等任务，学生较少接触到推论预测型任务，而且推论预测型任务需要学生更自主利用结构和反应的二级角度去解决问题，对学生的难度也比较大。

以图 8-4-11 所示的试题考查学生依官能团或化学键特征推论预测陌生有机化合物的活性部位，该试题难度是 1.59，平均得分率是 22.51%（本题满分 2 分，总共 522 人答此题，40.04% 的学生得 1 分，即能从官能团或类别的角度作答，如有双键或是烯烃，有酯基或是酯；仅有 2.49% 的学生得 2 分，即能从键的极性和不饱和度的角度作答，如 C＝C 双键不饱和，酯基中 C－O 键极性强），学生解决该题时，需要利用键的极性、饱和性或官能团对分子结构的反应活性部位进行推测，要求学生从官能团、键的极性和不饱和性的结构角度认识多功能团有机化合物的化学性质。学生的表现示例如图 8-4-12 所示，学生习惯于基于官能团/类别或反应类型分析，极少有学生能基于化学键分析。

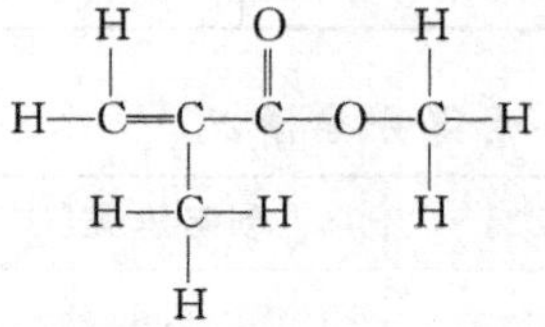

②利用你所学的结构知识说明判断断键部位的依据_____。

图 8-4-11　有机化合物主题推论预测试题示例

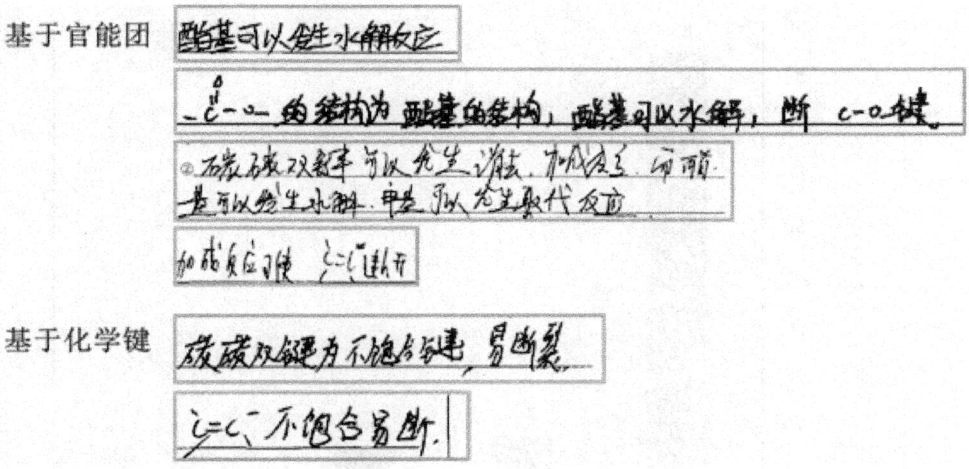

图 8-4-12　有机化合物主题推论预测试题学生表现示例

四、迁移创新能力表现

根据测查结果分析，学生的迁移创新平均能力值为 −3.02，远低于水平 1，即面对陌生复杂情境，能够综合利用结构和反应的多个二级角度对有机化合物组成和结构、性质和反应进行系统推理，对有机化合物的合成路线进行综合推断、设计或评价。全部样本在迁移创新能力要素各水平的分布情况如表 8-4-8 所示，复杂推理（C1）、系统探究（C2）、创新思维（C3）3 个二级能力要素的表现如表 8-4-9 所示。

表 8-4-8　全部样本迁移创新能力水平分布情况

水平分布	未达水平 1 $(-\infty, -1.57)$	水平 1 $[-1.57, -1.09)$	水平 2 $[-1.09, 0.17)$	水平 3 $[0.17, +\infty)$
人次百分比	85.1%	8.2%	6.5%	0.2%

表 8-4-9　全部样本迁移创新二级能力要素得分率情况

二级能力要素	复杂推理（C1）	系统探究（C2）	创新思维（C3）
平均得分率	22.51%	16.14%	4.47%

根据全体样本在应用实践能力的各水平人次百分比分布可得到图 8-4-13。

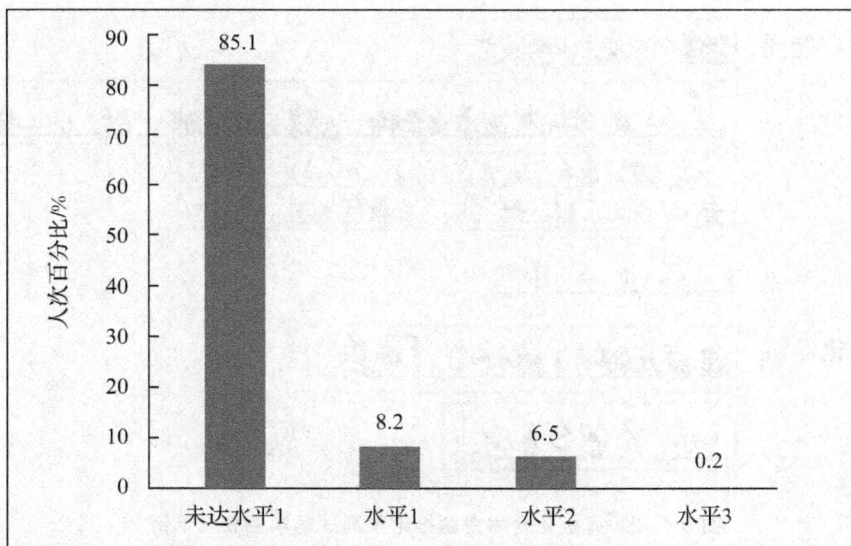

图 8-4-13　全部样本迁移创新能力水平分布情况

学生的迁移创新能力主要分布在未达水平 1；有 8.2% 的学生能够达到水平 1，即面对陌生复杂情境，能够综合利用结构和反应的多个二级角度对有机化合物组成和结构、性质和反应进行系统推理，对有机化合物的合成路线进行综合推断、设计或评价；有 6.5％的学生能够达到水平 2，即面对陌生复杂情境，能够综合利用结构和反应的多个二级角度对有机化合物的结构和性质系统探究，对有机化合物的结构和非典型性质、性质与非常规用途进行创意体会。

全部样本迁移创新二级能力要素得分率情况如图 8-4-14 所示。

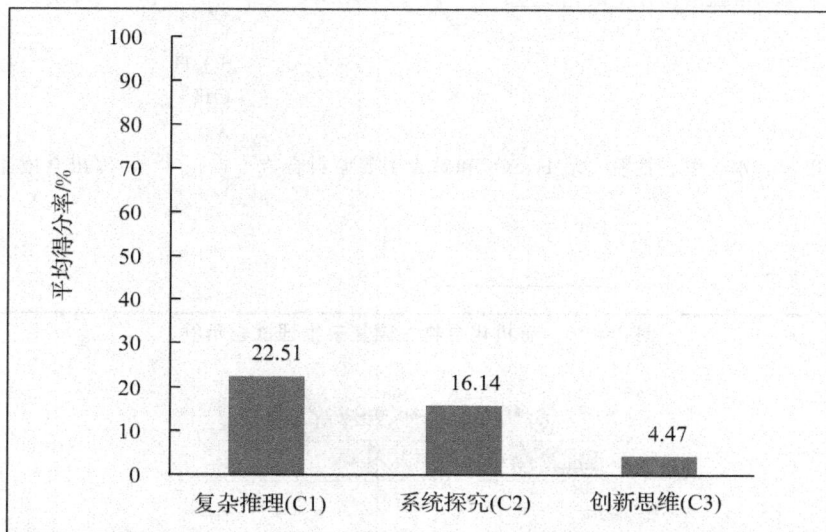

图 8-4-14　全部样本迁移创新二级能力要素得分率情况

在迁移创新中，复杂推理、系统探究和创新思维能力表现呈现递减的趋势，复杂推理能力相对高于系统探究和创新思维能力，整体表现不理想，需要在日常教学中加强提升。

以图 8-4-15 所示的试题考查学生的复杂推理能力，该题难度为 1.60，学生平均得分率为 14.94％。学生解决该题时，需要利用多步反应和陌生反应信息——官能团占位设计多官能团有机化合物合成路线，基于官能团转化和保护及反应的多个二级角度合成路线，如图 8-4-16 所示的学生优秀答题表现；但是多数学生的表现为如图 8-4-16 所示的学生错误答题表现，学生对利用多步反应和陌生反应信息进行官能团转化和保护的合成路线无思路，即使学生看到了陌生信息的提示，利用陌生信息进行合成路线的部分设计，仍然无法顺利完成有机化合物合成路线的设计。

(5)已知：

①苯磺酸在稀硫酸中可水解：

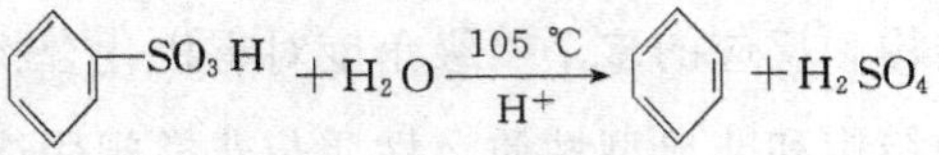

②苯酚与浓硫酸易发生磺化反应：

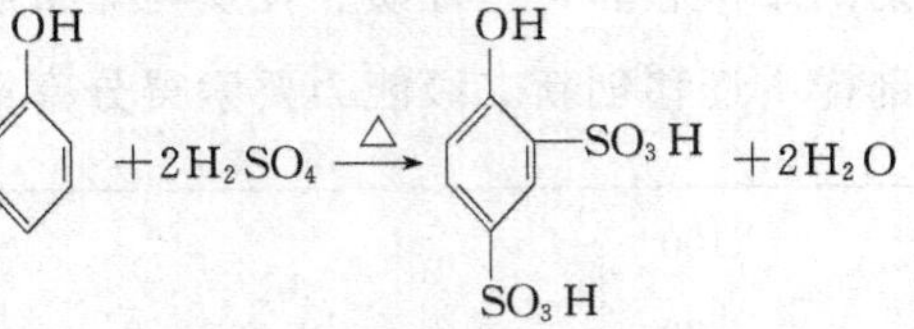

请以苯、水、溴、铁粉、浓 H_2SO_4 和碱为主要原料合成 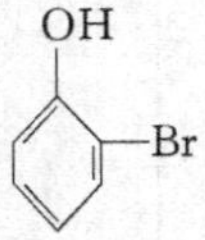 ，写出合成路线流程图。

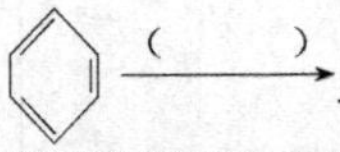

图 8-4-15　有机化合物主题复杂推理试题示例

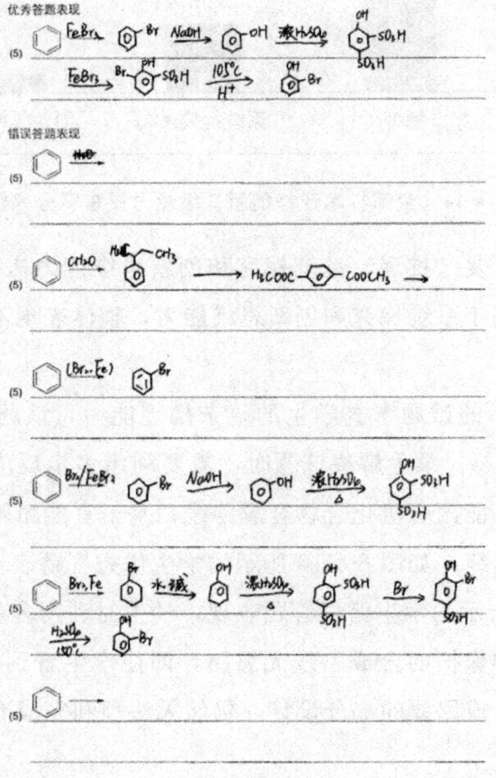

图 8-4-16　有机化合物主题复杂推理试题学生表现示例

以图 8-4-17 所示的试题考查学生的创新思维能力，该题仍是有机合成路线设计，但是该题难度为 2.91，学生平均得分率为 5.23%，学生在该题的表现低于图 8-4-15 所示的合成路线设计试题。学生解决该题时，需要对陌生反应进行远迁移，基于复杂陌生反应的碳骨架和化学键转化设计陌生复杂有机化合物的合成路线，如图 8-4-18 所示的学生优秀答题表现；但是多数学生的表现为如图 8-4-18 所示的学生错误答题表现，学生无法基于碳骨架和化学键转化分析羟醛缩合反应，从而无法对陌生反应进行远迁移设计陌生复杂有机化合物的合成路线。

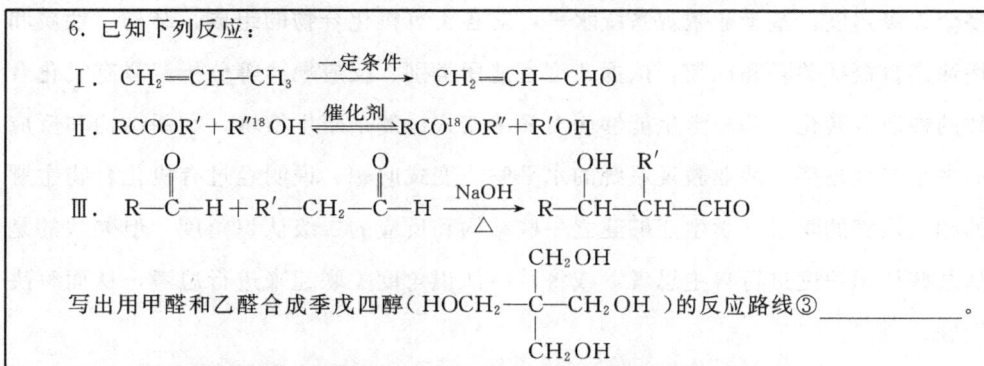

图 8-4-17　有机化合物主题创新思维试题示例

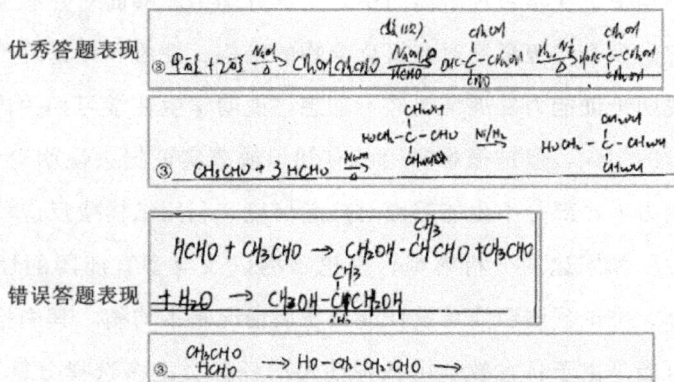

图 8-4-18　有机化合物主题创新思维试题学生表现示例

第五节　有机化合物主题的学科能力及核心素养培养建议

一、总体表现结果

从总体表现情况看，大部分学生能够面对熟悉原型情境，利用结构或反应的多个二级角度，基于亚微观系统水平，对各类有机化合物的组成、结构、性质和用途进行概括关联和比较，依据典型官能团类别、反应规律等分析解释有机化合物的性质及转化；部分学生能够面对简单变式或复杂陌生情境，利用结构和反应的多个二级角度，从亚微观系统的水平解决变式问题。说明经过有机化合物主题的相关内容的学习，学生能够建立一些结构和反应的二级认识角度，但欠缺的是从某些认识角度进行自主思考，或将某些认识角度关联起来进行思考，从而解决问题。

从各能力要素表现情况看，学生在学习理解、应用实践、迁移创新3个能力维度上发展不均衡。在学习理解能力中，大部分学生能够面对熟悉原型情境，利用结构或反应的多个二级角度对有机化合物的结构、性质和用途进行概括关联和比较；但是说明论证能力发展情况并不理想，说明学生在学习相关内容后，能够理解关联已学的知识，但是很难利用已有知识或事实证据去说明论证核心知识。在应用实践能力中，部分学生能够面对熟悉情境，利用结构或反应单角度进行组成、结构、性质和用途的分析解释、推论预测以及典型官能团的性质检验等问题；分析解释、推论预测和简单设计能力发展情况基本均衡，其中推论预测能力稍弱一些，可能是由于日常教学中教师使用的任务类型多选择分析解释型任务，同时日常习题训练中会有大量的简单合成、鉴别等任务，学生较少接触到推论预测型任务，而且推论预测型任务由于需要学生更自主利用结构和反应的二级角度去解决问题，对学生的难度也比较大。在迁移创新中，部分学生能够面对陌生复杂情境，综合利用结构和反应的多个二级角度对有机化合物组成和结构、性质和反应进行系统推理，对有机化合物的合成路线进行综合推断、设计、评价等；复杂推理、系统探究和创新思维能力均不理想，需要在日常教学中加强提升。

从各年级比较来看，高三年级学生样本的有机化合物学科能力总体水平高于高二年级学生样本，但是在中、高水平（水平3、水平4、水平5）上的提高有限。由此推测，现有的高三复习教学主要是利用结构和反应的二级角度，从亚微观系统的水平认识有机物，带领学生梳理有机物的性质和有机反应，过多进行习题训练；而在教学问题和任务的设置上，不能够让学生系统自主调用结构和反应的多个二级角度去解决问题，导致学生很难从微观系统动态的水平认识复杂有机物，解决复杂陌生的有机问题。

二、后期培养建议

在有机化合物主题教学时，需要整体规划有机模块教学，明确不同教学内容对学生有机化合物主题学科能力及核心素养发展的功能和价值；需要精确且有梯度地设计教学环节和学生活动任务，需要根据能力水平和进阶合理选取和使用原型变式以及综合复杂陌生的任务情境素材，帮助学生构建有机化合物分子结构的分析模型和多角度认识有机反应的思路模型，培养学生有机化合物主题学科能力及核心素养。

1. 加强不同阶段、不同能力发展层级的教学针对性

在学习理解能力上，学生在结构主题和反应主题的说明论证能力发展情况都不理想。需要教师在新课教学中，从更本质的角度引导学生对知识进行思考和论证。例如，在结构和性质的关系上，教师应引导学生进一步思考为什么不同的官能团有不同的化学特性，从化学键的特征上进一步加深学生对问题的理解。在反应规律的教学中，教师应引导学生对反应类型进行本源追问。例如，为什么要把反应这样归类？为什么有的反应从基本反应类型的角度归类，而有的反应从氧化还原的角度归类（如烯烃和卤素单质的加成反应为什么不归为氧化反应）？在今后的教学中，教师有必要引导学生利用结构和反应的二级角度对有机反应进行说明论证，使学生能够自主从组成变化、物质转化及反应类型的角度认识有机反应。

在应用实践能力上，学生的推论预测能力稍弱于分析解释和简单设计能力。教师在日常教学中应不局限于分析解释型任务，而应使用多样化的学生活动任务类型。尤其在学习新的类别有机物时，推论预测型任务应该成为学生的主要活动类型。在学习结构特点和反应类型的基础上，学生非常有必要利用所学的结构和反应的知识对尚且陌生的有机物进行结构分析和性质预测的活动。此外，在日常的作业评价中，教师也有必要有意加强习题训练中的推论预测型任务，按照学习进度适当地选择多官能团陌生有机物，让学生进行结构分析性质预测，测查学生对结构和反应的二级认识角度是否完善，是否能够进行系统关联和动态转换。

在迁移创新能力上，学生的复杂推理、系统探究和创新思维能力均不理想，需要教师在日常教学尤其是模块复习和高三复习课教学中加强提升。

从图 8-5-1 可以看出，学生对有机物性质的认识水平是一个层级发展的过程，在模块新授课教学中，教学目的更多的是帮助学生建立认识角度和应用认识角度完成简单任务。而复习课教学中，教学目的则应是帮助学生应用认识角度完成复杂任务，最终形成解决复杂问题的思路模型。这里所说的复杂有以下几个含义：一是情境陌生或复杂，二是有机物结构陌生或复杂，三是反应陌生或复杂，四是设问类型陌生或复杂。教师可以依据学生的学习进度有意地设定上述 4 个任务要素的陌生复杂程度，从而设定不同复杂程度的多样化任务，在任务驱动的教学中使学生的迁移创新能力逐步得到发展。

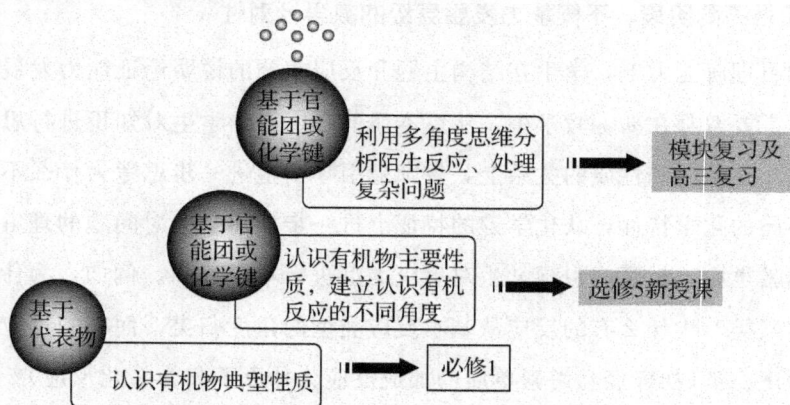

图 8-5-1　有机化合物主题认识层级

2. 构建有机化合物分子结构的分析模型

学生通过有机化合物结构特点、各类有机化合物的学习，建立从官能团中的化学键的角度去分析有机化合物的结构，形成基于有机化合物结构特征分析解释、推论预测有机化合物性质的一般思路。

在教学中，教师可以充分利用学生已有的有机化合物性质的知识创设问题情境进行说明论证活动，引导学生利用分子组成和结构、特征反应及现象、用途等说明论证典型有机化合物或官能团的性质，引发学生思考结构是怎样决定性质的，进而建立分析结构的角度和思路。例如，为什么乙烯、乙炔能发生加成反应，而乙烷不能？为什么乙酸具有酸性而乙醇没有？教师可以从结构分析切入，提出问题，进行解释活动，引导学生思考结构的本源性问题。例如，为什么乙醇分子中的不同化学键表现出来的反应活性不同。教师也可以利用学生的有机化合物结构的知识，系统分析有机化合物分子的结构，精准预测性质。通过情境创设和任务设计引导学生自主建构分析有机化合物分子结构的 3 个基本角度——碳原子的饱和程度、化学键极性、基团之间的相互影响，进而建立有机化合物结构与性质之间的关联，形成基于有机化合物结构认识有机化合物性质的思路。

同时，教师需根据不同教学内容的功能价值定位，适当选择多官能团陌生有机化合物作为情境素材，让学生进行结构分析和性质预测，测查学生对结构和反应的二级认识角度是否完善，是否能够进行系统关联和动态转换。

此外，在教学实施过程中，教师在每个教学环节中要和学生对话，追问和评价学生表现，及时帮助学生概括思路方法，示范总结有机化合物分子结构的分析模型。

3. 构建多角度认识有机反应的思路模型

学生多角度认识有机反应的关键是要建立起对有机反应的核心认识角度，包括反应类型、反应物、试剂、条件、反应产物和反应现象，这些角度之间的相互推论关系就构成了对有机反应的认识思路。此外，还要从官能团、化学键的角度认识有机反应，认识到不同有机反应类型中，反应物和生成物的官能团转化规律、化学键变化规律不同。

在反应规律教学中，教师可以从反应类型的角度切入，引导学生认识有机反应规律，多角度地关注有机反应，包括反应类型、反应试剂、反应条件及反应物与生成物结构的对比（官能团、键的饱和程度及键的极性变化）等。教师可以设置论证活动，使学生能够自主从组成变化、物质转化及反应类型的角度认识有机反应。教师也可以设置利用反应规律进行陌生有机反应的分析解释、有机合成、有机推断等活动。

同时，教师需根据不同教学内容的功能价值定位，适当选择丰富的陌生反应、合成路线、有机推断等作为情境素材，全面认识和理解有机反应，将思路方法运用到其他陌生反应的推理中。

培养学生有机化合物主题学科能力及核心素养的教学是一个连贯的、持续的、层级递进的过程，其时间跨度从必修 2 模块教学一直持续到高三复习教学。教师必须从理念和行为上从之前的对有机化合物知识解析为主的教学转向对学生有机化合物主题学科能力及核心素养培养的教学，并通过基于学科能力设置合理的活动任务和选取丰富有梯度的任务情境素材，不断优化教学实施，达成基于有机化合物主题学科能力及核心素养的教学目标。

第九章

化学与社会发展主题的学科能力构成及其表现研究

化学与社会发展主题的素养能力是指学生在元素化合物、概念原理和化学与社会发展等具体内容的学习中，建立分析健康、环境、材料等实际问题的化学视角和生活视角，构建生活视角和化学视角的对应关系，并利用其分析解决健康、环境、材料等实际问题的能力，养成面对相关真实问题的科学态度和行为。

化学与社会发展主题重点发展的化学学科核心素养是科学态度与社会责任，促进学生发展运用变化观念与平衡思想、宏观辨识与微观探析的思维方式和视角、使用证据推理与模型认知和科学探究与创新意识的思维过程解决健康、环境、材料等实际问题的能力，在这一过程中，促使学生建立从化学视角分析解决实际问题的分析框架，形成绿色化学、可持续发展观念，培养科学合理的生活方式和态度。

本章将阐述化学与社会发展主题的学科能力构成模型、表现期望、测评方法以及能力表现水平等。

第一节　化学与社会发展主题的学科能力
构成模型及其表现期望

一、构成模型

化学与社会发展主题学科能力构成模型如图 9-1-1 所示，其研究对象包括健康、环境、材料、能源与资源主题。生活问题类型为区分与辨别、解释与说明、评价与判断和选择与决策。从学科能力构成要素来看包括学习理解（辨识记忆、概括关联、说明论证），应用实践（分析解释、推论预测、简单设计），迁移创新（复杂推理、系统探究、创新思维）。各主题的一级认识角度均为化学视角与生活视角，不同主题化学视角下的二级认识角度相同，而生活视角下的二级认识角度不同，如表 9-1-1 所示。以健康主题为例，其生活视角的二级认识角度包括健康问题、健康问题产生的原因、解决健康问题的途径、解决健康问题的生活品和化学品科学使用的基本方法；其化学视角的二级认识角度包括物质的组成与结构、物质的性质、化学反应原理、物质的转化、能量的转化。认识方式类型分别为：不科学不合理（片面）—科学合理（辩证）、定性—定量、宏观—微观、孤立—系统和单一对应—多对应。生活问题和活动任务类型越复杂，需要的认识水平要求越高。

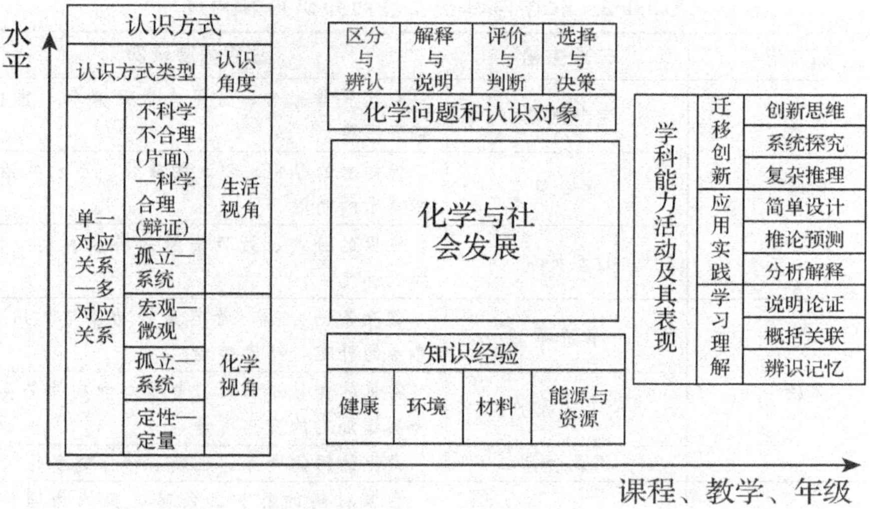

图 9-1-1　化学与社会发展主题学科能力构成模型

表 9-1-1　各次级主题认识角度

次级主题	生活视角	化学视角
健康	健康问题、健康问题产生的原因、解决健康问题的途径、解决健康问题的生活品和化学品科学使用的基本方法	物质的组成与结构、物质的性质、化学反应原理、物质的转化、能量的转化
环境	环境问题、环境问题的产生过程、环境问题的危害、环境问题的治理	
材料	由材料制成的用品、材料的组成、材料的性能、材料的制备、材料的使用	
资源	资源、生产问题、生产技术、生产工艺流程、化学品	
能源	能源的来源（自然界、人类创造），能源的利用（合理、科学、可持续），能源的开发（清洁化、新能源）	

　　我国各地的高考考试说明依据课程标准和本地高考方案编制，虽然在内容主题设置上与课程标准略有差异，但一级内容（内容领域）和三级内容（具体知识点）与课程标准高度一致。综合分析我国课程标准、中高考考试说明，将环境、健康、材料、能源与资源确定为一级主题，其中，二级和三级内容示例见表 9-1-2。

337

表 9-1-2　化学与社会发展的知识内容构成

一级主题	二级主题	三级内容示例
环境	空气质量	空气质量报告、常见大气污染物、室内的空气污染
	水资源	天然水的净化、硬水的软化、污水的治理、纯净水的制取
	垃圾处理	垃圾的分类、垃圾资源的再生利用、垃圾的无害化
健康	营养素	营养素的分类、营养素的功能与作用、营养素的补充与健康膳食
	食品添加剂	常见的食品添加剂、食品添加剂的必要性、食品添加剂的安全用量
	保健食品	常见的保健食品、正确看待保健食品
材料	金属材料	金属材料的防护、金属材料的物理性质、化学性质
	非金属材料	非金属材料的物理性质、化学性质
	高分子材料	高分子材料的性质、功能、用途
资源与能源	水资源	水资源的开发利用、保护
	金属矿物资源	金属矿物资源的开发过程、综合利用
	能源	能源的种类、转化利用、开发新能源

　　以上研究对象在形成问题任务的时候，经常以生活实际情境中区分与辨别、解释与说明、评价与判断和选择与决策等实际问题形式作为载体，而这些问题的解决需要基于化学视角与生活视角的对应关系。

　　模型中通过认识角度和认识方式类型，描述学生对化学与社会发展的认识方式。学生是仅从生活视角，还是基于生活视角和化学视角的对应关系来认识化学与社会发展内容体现了不同的认识能力水平。如果学生可以基于对应关系认识，那么是单一角度还是多角度也区分了不同的认识能力水平。

　　"科学态度与社会责任"素养发展的具体表现是用科学合理辩证的观点认识社会发展中各领域的问题；能依据建立的化学视角从物质组成、性质和转化的相关知识分析解释环境、健康、材料和能源资源中涉及的相关问题，形成可持续发展的核心观念；能应用物质转化、反应原理的知识解决生活问题，依据可持续发展的核心观念做出科学合理的决策。

二、表现期望

基于上述模型，从学习理解能力、应用实践能力、迁移创新能力 3 个方面对中学生化学与社会发展主题学科能力表现界定如下。

1. 学习理解能力

对常见的生活物品和现象进行辨识记忆，能建立较系统的生活视角。将生活视角与化学视角进行简单对应，如基于常见的金属，概括认识材料的组成、性能和应用等生活视角。用物质的性质说明环境问题的产生原因等。

CS-A1 能够辨识、列举和描述造成常见环境问题的物质、常见营养素和常见材料的组成、结构、性质和用途。

- CS-A1-1 能基于宏观—孤立—单一生活视角辨识、列举常见的环境问题、营养素和材料；

- CS-A1-2 能基于孤立—单一化学视角/单一生活视角的单一对应关系描述常见环境问题、营养素和常见材料（无机非金属材料——陶瓷、玻璃、水泥）与化学物质的对应关系；

- CS-A1-3 能基于系统—多对应关系辨识环境问题的分类、药物的分类及常见药物和食品添加剂的分类及常见添加剂、材料的分类框架。

CS-A2 能够对环境问题、健康问题和材料问题与其相应的物质（如营养素、金属与非金属材料等）的关系进行概括关联，对典型类别物质的结构、性质和转化进行推断，并形成认识框架。

- CS-A2-1 基于宏观—孤立—单一生活视角说明环境问题与物质性质的关系，营养素与人体健康的关系，材料的组成、性能和使用的关系；

- CS-A2-2 能基于孤立—单一化学视角/单一生活视角概括环境问题与物质性质的关系、营养素与人体健康的关系以及用品、材料、物质的关系（非金属）；

- CS-A2-3 能基于系统—多角度概括环境问题的认识框架（环境问题、环境问题的危害、环境问题的产生过程、环境问题的治理），营养素在人体中的转化与物质转化和营养素的结构与性质的关系，概括材料的认识框架，材料的组成、性能、制备、使用，物质的组成与结构、性质、转化三者之间的关系。

CS-A3 能够用物质的性质说明环境问题的产生及危害、营养素与人体健康的关系和材料的制备原理、保存、使用与防护。

- CS-A3-1 能基于宏观—单一角度的对应关系说明材料腐蚀的原因；
- CS-A3-2 能基于孤立—单一化学视角/单一生活视角说明产生环境问题的原因，应用营养素的性质说明它们对人体健康的作用，应用物质的组成、性质及转化关系说明材料的使用；
- CS-A3-3 能基于系统—多角度用物质性质变化说明环境问题的产生、应用物质的性质说明食品添加剂和药物作用，系统运用物质的组成、结构、性质、转化说明材料的制备原理、使用与防护。

2. 应用实践能力

能建立系统的生活视角与化学视角的多对应关系，能分析熟悉的情境中相关生活问题。例如，能根据化学知识，解释生活中某些物质的用途和某些生活现象；根据某些物质的组成与结构及信息背景，进行多角度的推论预测，应用物质的性质简单设计实验，判断生活问题及其相应的解决办法。

CS-B1 能够根据物质的类别分析化学与社会发展主题涉及的物质，用反应原理相关知识对材料的使用进行分析解释。

- CS-B1-1 能利用生活常识和已有经验解释环境问题，基于宏观—单一对应关系应用物质性质及其转化解释材料的性能和制备；
- CS-B1-2 能基于系统—单一化学视角/单一生活视角解释环境问题的危害和治理、解释健康问题的原因、解释材料制备、保存的原因；
- CS-B1-3 能基于系统—多角度用物质性质及其变化分析解释环境治理，如改善水质的方法，解释评价饮食、用药的科学性，系统运用物质的组成、结构、性质，转化解释分析材料的性能、制备与使用。

CS-B2 依据物质的组成和性质，对生活问题进行推论预测。

- CS-B2-1 能基于宏观—单一对应关系进行物质的组成、性能与材料性能的相互推论；

- CS-B2-2 能基于系统—单一化学视角/单一生活视角应用物质的性质推论环境问题的治理（如酸雨），预测同类物质是否能产生类似的环境问题、预测同类药物的适用范围、预测同类材料的制备、保存方法；

- CS-B2-3 能基于系统—多角度进行物质的组成和性质、污染物的来源、环境问题的危害、环境问题的治理之间的相互推理；物质的组成与结构、物质的性质、物质转化与健康问题（药物、营养素、食品添加剂）之间的相互推理分析；物质的组成、结构、性质、转化和材料的组成、性能、制备、使用之间进行多角度的推论预测。

CS-B3 应用物质的性质设计实验，判断生活问题及解决办法，设计有关材料的制备及性能检验的实验方案。

- CS-B3-1 应用物质的性质及转化关系设计材料的制备过程；

- CS-B3-2 能基于系统—单一化学视角/单一生活视角应用物质的性质设计实验判断环境问题及其治理方法（酸雨）、根据药物的性质罗列服用的注意事项、根据材料性质设计判断材料的适用范围；

- CS-B3-3 能基于系统—多角度，根据污染物的组成和性质，设计治理和转化的措施，设计食谱、补充营养素的方案，设计实验检验食品或药物中的物质、元素，应用物质的性质及转化关系设计实验验证材料的性能，模拟材料的制备、使用，进行材料的鉴别。

3. 迁移创新能力

能建立生活视角与化学视角的多对应关系，多角度系统分析陌生情境下的综合复杂生活问题。创新性地应用物质性质及其变化治理环境问题，用熟悉的食品、药物，设计其多样化的用途或对药物开发过程进行创新体会、发现材料的新功能、新应用。

CS-C1 基于多角度、多维度解决综合复杂问题，评价复杂生活问题的解决办法。

- CS-C1-1 能基于系统—单一化学视角/单一生活视角分析解决多因素导致的环境问题、健康问题、材料问题；
- CS-C1-2 能基于系统—多角度进行多维度的环境治理方案的评价，对健康问题报道的科学评价，根据生产生活需要选择材料，根据陌生材料的结构预测其性质，推测其用途。

CS-C2 设计完整的实验模拟解决生活问题，能科学合理地评价一个完整的实验方案。

- CS-C2-1 能基于系统—单一化学视角/单一生活视角探究陌生的环境问题、健康问题、材料问题；
- CS-C2-2 能基于系统—多角度探究陌生环境的问题、设计实验模拟药物或食物在人体中的转化、根据生产生活需要设计开发材料。

CS-C3 能够基于多认识角度或多对应关系进行思考并能进行认识角度或变量之间的逻辑推理，解决探究问题、发现新知识、批判性思考或大胆进行创新。

- CS-C3-1 能自主基于系统—单一化学视角/单一生活视角创意应用物质性质及其变化治理环境问题、健康生活问题、材料保存问题；
- CS-C3-2 能自主基于系统—多角度创意应用物质性质及其变化治理环境问题，用熟悉的食品、药物，设计其多样化的用途或对药物开发过程进行创新体会，发现材料的新功能、新应用。

第二节　化学与社会发展主题的学科能力表现测试工具开发

一、命题蓝图设计

依据试题设计的基本理念，综合知识、学科能力指标、认识方式 3 个维度规划化学与社会发展主题学科能力测试题的命题蓝图，如表 9-2-1 所示。

表 9-2-1　学生化学与社会发展主题测试点分布

核心知识＼学科能力	A 学习理解能力			B 应用实践能力			C 迁移创新能力		
	A1 辨识记忆	A2 概括关联	A3 说明论证	B1 分析解释	B2 推论预测	B3 简单设计	C1 复杂推理	C2 系统探究	C3 创新思维
材料			√		√				
环境	√	√		√				√	√
健康			√	√			√		

二、试题命制策略

化学与社会发展主题的所有题目信息均是生产生活的实际素材，问题设置也指向真实的生产生活问题，考查学生从化学视角出发看待生活问题，基于化学视角和生活视角的多对应关系解决真实问题。如图 9-2-1 所示，"服用胃药的注意事项"就是真实的生活问题。同时，该主题也涉及考查学生对于一些生活问题的态度、看法是否科学。如图 9-2-2 所示，学生需要用辩证的观点看待一些生活问题，如合金与纯金属性能不同，需要根据实际需要选择拥有相应性能的材料，而不是片面去评价。

343

（3）胃病患者服用该药，有哪些注意事项，理由是什么？

注意事项：_____　　　理由：_____

图 9-2-1　测试题示例

---

1. 有人说："合金比纯金属的性能好"，你怎么看待这个观点？

你的观点是 _____

理由是 _____

图 9-2-2　测试题示例

从知识、学科能力指标、认识方式指标 3 个维度综合考虑，为每个测试题进行编码，将知识、能力与认识方式密切关联，基于认识方式对学科能力表现结果的成因进行分析诊断。例如，图 9-2-3 所示试题测试学生对"金属性质"这一知识的复杂推理能力，即能否将金属性质对材料使用的影响用于解释制造硬币为什么选择合金。其认识能力水平为"多对应关系"，即能基于认识材料的生活视角（即材料的组成、性能、制备以及使用）与化学视角（即物质的组成、性质）的多对应关系解决综合问题。如果学生只能回答"合金性质稳定，不易被腐蚀、磨损"，则可以诊断为学生复杂推理能力发展受到了"单一对应关系"认识方式的制约，即学生不能从系统的生活视角与化学视角进行多角度关联认识材料的使用。

---

3. 制造各种硬币的材料不同，1 角硬币使用的材料是铝合金，5 角的材料是钢芯镀铜合金，1 元的材料是钢芯镀镍合金。

请解释说明（制造硬币）选择这些合金的理由。

图 9-2-3　测试题示例

三、评分标准设计

为了实现对学生测试表现的精致、准确诊断，采用多级评分。当学生的答案均达到相应的学科能力水平时，若存在认识方式差异，则按照认识方式水平由低到高，依次赋分为 1，2，…。例如，图 9-2-4 所示题目的评分标准如表 9-2-2 所示，即为根据学生表现的认识方式水平差异分级评分。

（3）某公司欲开发保质期为6个月的开袋即食的"泥鳅食品"，尽量保持泥鳅中的营养成分不被破坏，对于这样的食品加工，你能够给出哪些建议并说明理由。

图 9-2-4　测试题示例

表 9-2-2　多级评分示例

编码及说明	评分等级	认识能力
C1：依据题目中泥鳅所含的营养素信息对泥鳅食品加工提出建议	3分：从防腐剂，不在酸性、碱性环境中加工该食品3个角度回答。 2分：不在酸性环境下加工该食品，因为泥鳅中的糖类物质会在酸性环境下水解；不在碱性环境中加工该食品，因为泥鳅中的维生素在碱性环境中易分解变质。 以上两个角度任答其一。 1分：加入适量防腐剂（真空包装、用盐腌制），防止氧化	基于生活视角和化学视角的多对应关系。 基于生活视角和化学视角的单一对应关系。 基于单一的生活视角

题目的设问不仅关注"结论"还通过"理由是""思路是""依据是"等设问关注获得结论的"思维过程"，尽可能避免学生由于"经验性猜想"而做对题目带来的诊断误差。例如，图 9-2-4 所示题目，学生给出的加工建议必须要答出相应的正确理由才给对应的分数。

在命制试题时，要依据学科能力指标设计问题，同时在组合题中，尽可能按照由易到难的顺序编排问题。学科能力试题的设计及指标示例如表 9-2-3 所示。

表 9-2-3　试题编码指标示例

试题编码	试题描述（简单说明此题内容）	所需的知识	能力要素	认识角度	认识方式类型	评分标准
H11AL0-820A20	糖类物质与食品的对应关系	糖类物质的分类；对于食品的分类	A2：概括关联食物与营养素的对应关系	化学视角：物质组成；生活视角：解决健康问题的生活品（食品）	化学视角与生活视角的单一——系统对应关系；化学视角与生活视角的单一——孤立对应关系	2分：答出的两种食品分属两类食品，且与写出的糖类物质对应；1分：答出的两种食品是同一类食品

第三节　化学与社会发展主题的学科能力表现水平

依据试题指标和学生对认识角度、认识方式和问题情境的熟悉程度，将学生在化学与社会发展主题的学科能力表现划分为 4 个水平，具体如表 9-3-1 所示。

表 9-3-1　化学与社会发展主题学科能力等级划分

水平等级	水平描述
4	面对陌生的情境素材，自主基于化学视角和生活视角的多对应关系进行系统思考，解决综合复杂问题。能进行认识角度或变量之间的逻辑推理，发现新知识、批判性思考或进行大胆创新。能够科学合理地评价实验方案。能进行实验探究、创新思维和设计
3	基于系统的化学视角和生活视角的多对应关系，面对陌生的情境，能应用化学知识解释陌生的生活问题，对于高分子材料能从化学视角分析其结构，能利用化学反应原理方面的知识解决综合复杂问题
2	暗示的角度下，基于化学视角与生活视角的单一对应关系，面对熟悉的生活素材，能应用物质性质说明环境问题的产生与危害，材料的性能与使用。辨识营养素与食物的关系。利用物质结构解释营养素性质，使用化学用语说明药物原理
1	较为明显的提示，以单一的生活视角或化学视角，在环境、健康领域对熟悉的生活背景素材，能够利用题目信息概括关联，对生活中熟悉的现象、措施给出合理的解释

利用 SPSS 17.0 进行单因素方差分析，检验各水平间是否具有显著性差异。结果表明，各水平间比较，显著性均小于 0.05，差异显著，如表 9-3-2 所示。

表 9-3-2　各水平间差异显著性检验结果

水平		均值差	显著性
高水平(I)	低水平(J)	(I−J)	
4	3	2.068	0.000
3	2	2.004	0.000
2	1	1.374	0.000

第四节　化学与社会发展主题的学科能力表现现状

所测试的有效样本来自于某市两个行政区不同水平的 19 所学校高中 3 个年级的学生，共计 2 077 人。有效样本的具体信息如表 9-4-1 所示。

表 9-4-1　有效测试样本信息

学校类型	高一	高二	高三	总计
一类校	265	165	127	557
二类校	293	221	295	809
三类校	139	123	146	408
四类校	106	70	127	303
总计	803	579	695	2 077

测试的时间为 3 月，各年级的学生已完成第一学期的全部课程，未开始学习第二学期课程，即高一的学生样本完成必修 1 的学习，未开始必修 2 的学习；高二的学生样本完成了必修 1、必修 2、选修 1（化学与生活）和选修 5（有机化学基础）的学习；高三的学生样本完成了必修 1、必修 2、选修 1（化学与生活）、选修 4（化学反应原理）和选修 5（有机化学基础）的学习。

一、整体水平分布

用 Rasch 模型对测查数据进行统计分析后，可以得到化学与社会发展主题学科能力表现测试试题的难度值和学生能力值。由于每个学科能力水平层级均有对应的题目难度值范围，因此，可以根据学生能力值判断有多少学生处于该学科能力水平，进而确定各类样本在各水平的人次百分比分布。表 9-4-2 所示为全体样本、不同年级样本、不同类别学校样本化学与社会发展学科能力总体表现的平均能力值、所处平均水平和各水平的人次百分比。

表 9-4-2　全部样本学科能力水平等级分布情况

		平均能力值	平均水平	水平 1 $(-\infty,$ $-2.10)$	水平 2 $[-2.10,$ $-0.21)$	水平 3 $[-0.21,$ $1.66)$	水平 4 $[1.66,$ $+\infty)$
全体样本		-0.89	水平 2	5.4%	76.9%	17.6%	0.0%
不同年级	高一	-0.99	水平 2	7.7%	78.2%	14.1%	0.0%
	高二	-1.12	水平 2	7.8%	83.2%	9.0%	0.0%
	高三	-0.59	水平 2	0.9%	70.2%	28.9%	0.0%

注：高一年级、高二年级、高三年级样本均以第一学期结束为时间点。

根据全体样本在各水平的人次百分比分布可得到图 9-4-1。

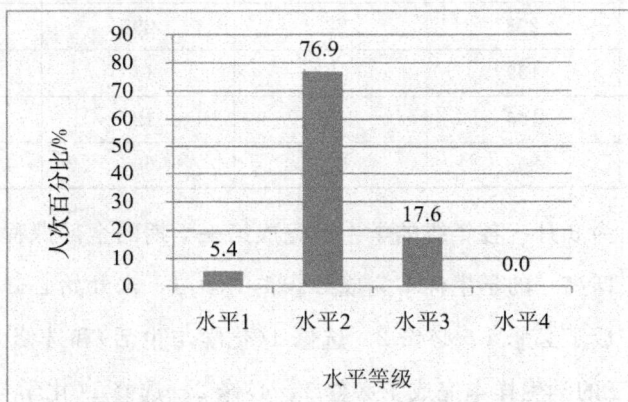

图 9-4-1　全部样本水平分布情况

根据表 9-4-2 和图 9-4-1 可以看出：全部样本水平分布主要集中在水平 2，高达 76.9%，即学生能基于化学视角与生活视角的单一对应关系面对熟悉的生活素材，能应用物质性质或结构分析解释生活问题或现象。在解决如图 9-4-2 所示习题时，学生比较熟悉这样的生活素材：基于药物中的有效物质的性质与解决胃痛的途径的单一对应关系，说明治疗原理。

8. 某同学胃部疼痛，到医院检查后，医生所开药方中的主要药物为"复方田七胃痛胶囊"，主要成分为：氧化镁、碳酸氢钠、田七、甘草、白芍。辅料为淀粉、滑石粉、硬脂酸镁。

（2）请用化学用语说明该药的治疗原理。

_____

图 9-4-2　测试题示例

有 17.6％的学生属于水平 3，即基于化学视角和生活视角的多对应关系，面对陌生的情境，能应用元素化合物知识与化学原理解决综合的实际问题。解决如图 9-4-3 所示问题时，给出的是全淀粉塑料的结构信息，是陌生的生活素材，学生需要将化学视角（物质的结构、性质）与生活视角（材料的性能和使用）建立多对应关系，得出合理的答案。

（3）请设想该塑料的用途（至少两种），并说明理由。

用途1：_____　　理由1：_____

用途2：_____　　理由2：_____

图 9-4-3　测试题示例

还有 5.4％的学生属于水平 1，即在较为明显的提示下，以单一的生活视角或化学视角，面对熟悉的生活背景素材，能够利用题目信息概括关联，对生活中熟悉的现象、措施给出合理的解释。如解答如图 9-4-4 所示的问题时，学生用单一的生活视角分析减少二氧化碳的方法，如少开车、多种树。其对应原理分别为减少二氧化碳排放；利用光合作用吸收二氧化碳。

（2）请列举两项可以减少大气中二氧化碳含量的措施及其原理。

序号	措施	原理
1		
2		

图 9-4-4　测试题示例

全体样本中没有学生处于水平 4，即面对陌生素材情境，自主基于化学视角和生活视角的多对应关系进行创新思维，解决复杂生活问题的能力尚有所欠缺。

如图 9-4-5 所示，可以看出：3 个年级的学生主要处于水平 2，学生在高三年级水平 3 的分布明显高于高一年级和高二年级，处于水平 1 和水平 2 的人数降低。但高二年级与高一年级相比，处于水平 3 的人数降低，处于水平 2 的人数增加。可见，高三年级学生的能力水平有较大提升，需要关注高二年级的教学，因为学生的能力水平没有得到应有的提高。

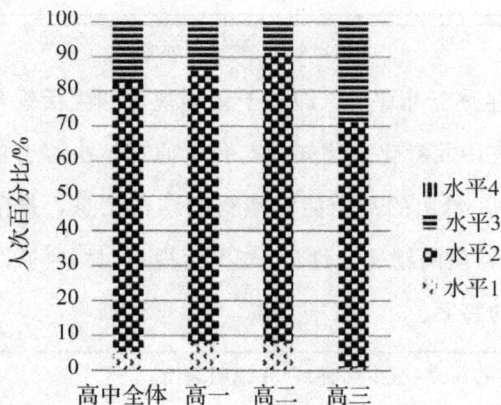

图 9-4-5　不同年级样本水平分布情况

二、学习理解能力表现

本次测试学生学习理解能力测查结果表明，学生的学习理解能力平均能力值为 0.43。学生在学习理解能力要素各水平的分布及辨识记忆（A1）、概括关联（A2）、说明论证（A3）3 个二级能力要素的表现如表 9-4-3 所示。

表 9-4-3　全部样本各能力要素平均得分率情况

	A 学习理解能力		
	A1	A2	A3
平均得分率	70.56%	72.02%	43.63%
平均能力值	0.43		

由图 9-4-6 可知，说明论证（A3）的表现远低于辨识记忆（A1）、概括关联（A2），可推测学生对于生活中常见物质的识记能力还有待提高。

图 9-4-7 所示的试题是考查对于常见营养素（糖）的分类以及与物质的单一对应关系。试题难度为 −1.80，学生平均得分率为 70.69%。学生典型错误是所填

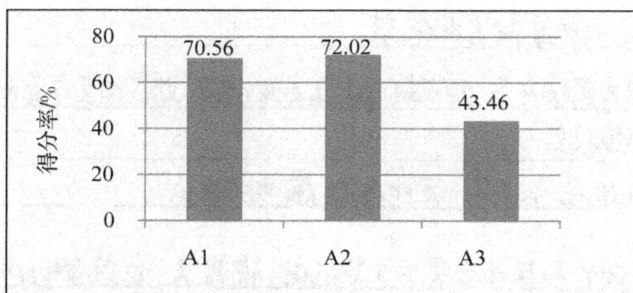

图 9-4-6　各二级能力要素平均得分率

糖类物质不能分别对应单糖、双糖和多糖。原因为学生记忆的糖类物质有限，或者是学生没有从化学视角对生活中的糖类物质进行分类。

（1）列举 3 个有代表性的糖类物质：＿＿＿＿＿＿

（1）＿＿葡萄糖＿＿　　＿＿果糖＿＿　．＿＿麦芽糖＿＿

图 9-4-7　健康主题辨识记忆类型试题

同时，我们可以看到学生在说明论证（A3）上的得分率较低。如图 9-4-8 所示的说明论证试题，学生解决该题时，需要基于生活视角（材料性能、用途）和化学视角（物质组成、性质）进行对应来辩证说明。学生表现如图 9-4-9 所示。

1. 有人说："合金比纯金属的性能好"，你怎么看待这个观点？
你的观点是 ＿＿＿＿＿＿＿＿＿＿＿＿＿＿＿＿＿＿＿＿＿＿＿＿＿＿
理由是 ＿＿＿＿＿＿＿＿＿＿＿＿＿＿＿＿＿＿＿＿＿＿＿＿＿＿＿＿

图 9-4-8　说明论证试题示例

如图 9-4-9 所示，部分学生的观点是辩证的，但是答出的理由并不是合金和纯金属的性质和用途角度。还有部分学生片面认为合金性能更好，不能基于性质和用途进行辩证思考说明。由此可见，学生缺乏较系统的生活视角，而且，当需要基于对应关系进行辩证思考时困难较大。

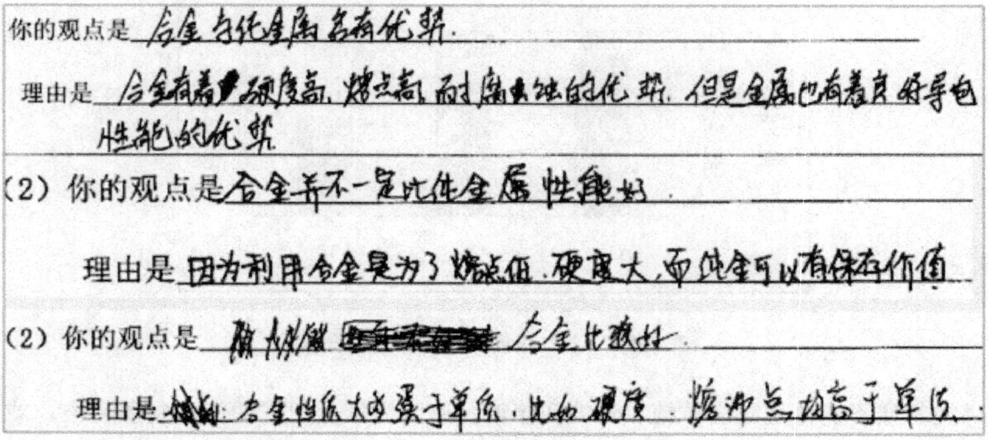

你的观点是 合金与纯金属各有优势.

理由是 合金有着硬度高,熔点高,耐腐蚀的优势,但是金属也有着良好导电性能的优势

（2）你的观点是 合金并不一定比纯金属性能好

理由是 因为利用合金是为了熔点低,硬度大,而纯金可以有保存价值

（2）你的观点是 ~~纯金属~~ ~~更不如~~ 合金比较好

理由是 ~~纯的~~ 合金的抵抗能更易于单质,比的硬度,熔沸点均高于单质

图 9-4-9　说明论证试题学生表现示例

三、应用实践能力表现

本次测试学生应用实践能力测查结果表明，学生的应用实践能力平均能力值为－1.51。学生在应用实践能力要素各水平的分布及分析解释（B1）、推论预测（B2）、简单设计（B3）3 个二级能力要素的表现如表 9-4-4 所示。

表 9-4-4　全体样本应用实践能力表现

	B 应用实践能力		
平均得分率	B1	B2	B3
	35.51%	21.22%	5.08%
平均能力值	－1.51		

从图 9-4-10 可知，学生应用实践能力得分率低于学习理解能力。其中分析解释得分率较高，而简单设计得分率最低。图 9-4-11 所示题目是考查药物的科学使用。全卷只有此一道 B3 的题目，试题难度是 2.28，得分率仅为 5.08%，该题目难度值处于水平 4，学生解决该题时，依据药物中物质的性质进行思考设计，将物质性质与药物的成分、科学服用建立对应关系。该小题上一问解释药物治疗原理的得分率是 52.90%，这些学生能够依据药物成分解释治疗原理，却不能够正

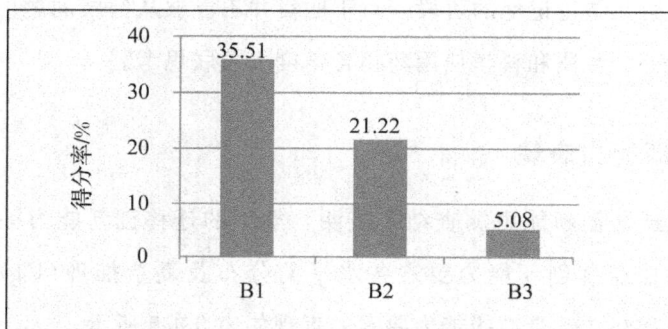

图 9-4-10　各二级能力要素平均得分率

确答出该药服用的注意事项，由此说明，可能是因为缺失相应的生活视角（药物的科学使用）造成。学生的表现如图 9-4-12 所示。

8. 某同学胃部疼痛，到医院检查后，医生所开药方中的主要药物为"复方田七胃痛胶囊"，主要成分为：氧化镁、碳酸氢钠、田七、甘草、白芍。辅料为淀粉、滑石粉、硬脂酸镁。

(3)胃病患者服用该药，有哪些注意事项，理由是什么？

注意事项：_____　　理由：_____

图 9-4-11　健康主题简单设计试题

图 9-4-12　健康主题简单设计试题学生表现示例

有较少的学生能够回答"药物不与酸性物质或能够产生酸的物质同服"。有部分学生回答的是"不要过多服用"这样的常识性答案，还有学生回答是饭前或者饭后服用这样的没有理由依据的答案，还有一大部分学生回答胃溃疡患者不能服用此药，可能是受到教学影响即胃溃疡患者不能服用能够产生二氧化碳的胃药。这些学生可能停留在结论记忆的阶段，对于题目并不能够从健康问题的原因、解决途径，药物成分、性质和科学使用药物各角度去关联思考。

四、迁移创新能力表现

本次测试迁移创新能力测查结果表明，学生的迁移创新能力平均能力值为—2.40。学生在迁移创新能力要素各水平的分布及复杂推理（C1）、系统探究（C2）、创新思维（C3）3 个二级能力要素的表现如表 9-4-5 所示。

表 9-4-5　全部样本各能力要素平均得分率情况

	C 迁移创新能力		
	C1	C2	C3
平均得分率	23.38％	19.12％	3.86％
平均能力值	−2.40		

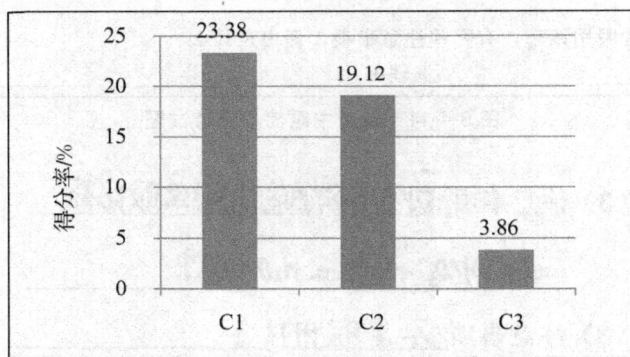

图 9-4-13　各二级能力要素平均得分率

从图 9-4-13 可知，学生迁移创新能力得分率较低，其中创新思维得分率最低。C1 题目如图 9-4-14 所示。该题目所需的生活视角为人体需要泥鳅的哪些营养素，其化学视角为营养素的种类、结构与性质。学生需要基于多对应关系进行思考回答。学生表现如图 9-4-15 所示。

（3）某公司欲开发保质期为 6 个月的开袋即食的"泥鳅食品"，尽量保持泥鳅中的营养成分不被破坏，对于这样的食品加工，你能够给出哪些建议并说明理由。

图 9-4-14　复杂推理解决题目

序号	建议	理由
1	杀菌	防止微生物分解泥鳅
2	降低 pH	防止维生素 B_1、B_2 变质
3	减少含油及水质量	防止维生素溶于水和油脂中

序号	建议	理由
1	增加 NaCl 与少量 $NaNO_3$	延长保质期
2	不要加油脂	维A为脂溶性
3	不要加水,加些醋或其它弱酸	维 B_1 和 B_2 为溶性

图 9-4-15　复杂推理学生回答示例

从学生回答情况来看，部分学生没有关注到人体需要泥鳅的哪些营养素，只能答出杀菌、防腐、防止氧化等常识类的建议，而不能提出针对保护某些营养素如糖类、维生素等的建议，因此推测缺失这样的生活视角；还有部分学生能够关注到一些营养素，但是不是从化学的角度去提出建议，或者考虑不够全面，推测学生不能基于生活视角和化学视角的多对应关系进行思考。

创新思维题目如大胆设想减少大气中二氧化碳含量。该题目开放性较大，考查创新思维能力，要求学生能够自主地从材料组成、结构、性能与物质性质、转化的多对应关系进行思考，还要考虑一定的可行性。而学生的典型答案如图 9-4-16 所示。

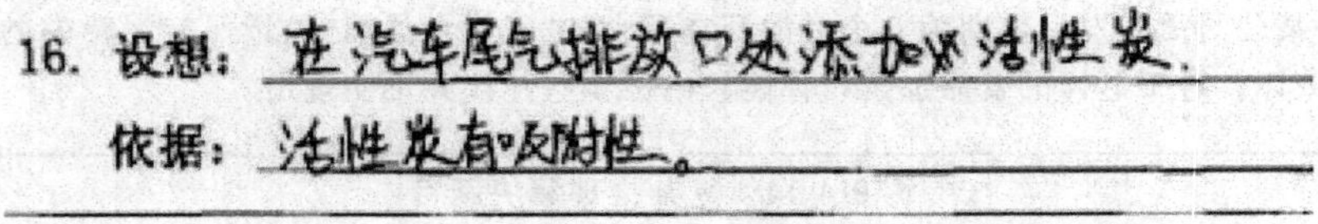

16. 设想：在汽车尾气排放口处添加以活性炭.

依据：活性炭有吸附性。

图 9-4-16　创新思维学生回答示例

学生大多采用熟悉的方法去迁移，达不到创新思维能力水平，也没有考虑方案的可行性。

第五节　化学与社会发展主题的学科能力及核心素养培养建议

基于上述测查结论可知，在学习理解能力上，学生说明论证能力水平相对较低。说明教师教学中，有可能较多地关注具体知识的理解和落实，强调对物质性质的学习，较少将知识放在真实生活背景中去学习，或者与生活相关的内容只是作为课堂引入进行简单介绍。这就会导致学生能够记忆一些与生活相关的知识，如有哪些环境问题，常见的营养素是什么，合金材料有哪些性能等。但是，学生运用物质性质说明解释生活现象与问题的能力还需提高。在应用实践能力上，学生的简单设计能力和推论预测能力低于分析解释能力。这说明学生对于化学与社会发展的问题缺乏自主的分析角度和关联能力，尚不能运用从化学视角分析实际问题的框架去解决问题。在迁移创新能力上，学生的复杂推理、系统探究和创新思维能力均不理想，解决实际问题的思路没有建立起来。

为帮助学生整体提升化学与社会发展主题的学习理解、应用实践和迁移创新的各项能力，促进学生基于生活视角和化学视角的多对应关系解决问题的认识方式转变和认识水平提升，教师在教学中应关注以下两点。

第一，学生对化学与社会发展相关问题的认识是逐步发展的过程。通过元素化合物、概念原理、化学与社会发展等教学内容的新授课，教师帮助学生逐步建立认识化学与社会发展各领域的比较系统的分析视角，构建环境、材料、健康问题的分析框架，在真实复杂的生活背景中开展教学，引导学生从化学视角分析生活问题，通过生活视角和化学视角的对应关系来分析解释一些熟悉简单的生活现象和问题，建立生活问题和化学问题相互转化的思路方法，构建认识模型。

第二，在复习课教学中，教师应该帮助学生自主应用生活视角和化学视角的多对应关系解决陌生的、综合复杂的化学与社会发展问题。在日常教学中增加陌生实际素材下问题解决的训练，增加开放性题目，给学生提供空间和机会，让他们自主对复杂问题进行拆解和转化，通过典型案例，培养学生运用分析框架进行复杂推理的能力，进而培养学生的创新思维和远迁移的能力。

第十章

促进化学学科能力素养发展的教学改进指导理论和方法

　　学科能力培养已经成为国内外基础教育的共同需求。在这样的国际学科能力培养需求大背景下，作为教学实践研究主体单位的学校面临着许多实践挑战。具体表现在以下几个方面：①要从知识获得为本的教学理念转向培养和发展学生的核心素养及学科核心素养的教学理念；②从基于教师教学经验的课程和教学设计转向基于学生学习发展规律及学习进阶的课程和教学设计；③从基于具体知识点的课时教学转向基于主题的单元整体教学，以更好地满足学习进阶和学科素养发展的需求；④从仅仅针对教学方式的孤立改革转向针对课程、教材、教学评价的系统改革。同时，学校还面临着许多适应性的挑战，包括如何适应新高考方案来进行课程设计规划，如何适应新课标和新教材来开展课堂教学，如何适应新的学业质量标准进行考试评价设计，对于这一系列改革和转变，我们的教师该如何适应新的系统，获得教师自身专业素养的发展。

　　这一系列的需求和挑战，都迫切需要进行基于"促进学生学科能力素养发展的教学改进"研究。

第一节 基于"认识发展性教学"的教学改进指导理论

一、学生化学认识方式

通常认为学科教学是学科知识经验的传递或建构过程。现在认为学科教学应该以促进学生能力和素养发展为目的。但是这种发展与学科教学的内容之间到底是什么关系？学科教学通过知识经验的传递和建构到底发展学生的什么？这是开展能力素养导向的教学改进研究必须要面对的基础性问题。

1. 认识方式本体研究

长期以来，人们已经确认学生对于相同的认识对象的认识结果以及问题解决活动的结果，是具有很大差异的。人们一直在致力于描述这种差异，追寻差异背后的实质、探究导致差异的原因。与自然科学研究的动机一样，一切源于对事实现象及其本质规律的调控性诉求，以及试图对现象和差异背后的原因和机制的解释性诉求。这正是关于学生学习与发展的概念、理论和实践研究发展的动力。

学生学习相同的内容，不同的个体必定会存在一定的个人概念。是什么样的认知机制导致了学生形成和发展他们的个人概念？通过对于已有的关于学生个人偏差概念的研究成果的反思，王磊、肖红[①]认为在学生的具体概念之上，存在着一种内在的，影响学生产生具体个人概念的因素，这种因素就是学生思考和处理问题时所表现出来的倾向于使用某种思维模式或是从一定角度来认识或解决问题的信息处理对策或模式，我们称之为学生的"认识方式"。认识方式具有相对稳定性，这种学生思考和处理问题时所表现出来的倾向性在某个时间段或是年龄段上的表现相对稳定，它存在着专家的认识方式和新手的认识方式的区别，有高低水平之分。教学可以对学生现有的认识方式加以转变或丰富，即认识方式具有可教

---

① 肖红. 高中生化学核心概念学习中认识方式的研究［D］. 北京：北京师范大学，2005.

育性。同时，认识方式还具有内容属性，在特定的认识内容领域中，认识方式会表现出具体的特定性。例如，高中生在物质的组成/构成和化学反应等概念领域存在特定的认识方式。学生所持有的认识方式会对学生的概念发展产生积极或是消极的影响。比如，从宏观、定性的认识方式出发和从微观、定量的认识方式出发认识原电池的概念，将产生不同的认识结果。

在此研究的基础上，王磊、杨岩[①]进一步提出"认识域""认识角度""认识方式类型""认识方式水平"4 个构成认识方式的要素。其中，认识域体现了认识方式的内容属性，由于认识方式是基于对高中生化学核心概念的学习提出的，因此可以将认识域初步定位为化学核心概念的具体问题的领域。认识角度体现了对认识域的认识路径，每一个认识域都有多个认识角度。认识角度的划分也不是固定的，并且对于一个具体的问题，既可以做认识域也可以做认识角度。认识方式类型有 3 种："宏观—微观""静止的孤立观—动态的相互作用观""定性观—定量观"，每一种类别都有不同的属性和水平。其中，转变型是指学生的认识方式和专家的认识方式是存在"质"的差别的，学生的认识方式是有正确或错误、具有或不具有的区分的。附加型是指学生的认识方式和专家的认识方式只是"量"的差别，没有正确或错误、具有或不具有的区分，只存在增加或减少一个认识角度，变得更科学或更不科学的区分（见表 10-1-1）。

表 10-1-1　认识方式类型对应的不同认识水平

认识方式类型	认识方式类型的属性	认识方式水平
宏观—微观	转变型	宏观（较低水平） 微观（较高水平）
静止的孤立观—动态的相互作用观	附加型	静止的孤立观（较低水平） 相互作用观（中间水平） 动态的相互作用观（较高水平）
定性—定量	附加型	定性观（较低水平） 定量观（较高水平）

---

① 杨岩. 促进学生认识方式发展的化学概念教学研究——基于化学反应原理核心概念的教与学[D]. 北京：北京师范大学，2006.

认识方式的 4 个要素之间的关系如图 10-1-1 所示。学生通过对认识域中的某个认识角度认识问题，在该认识角度下分析和解决问题时会采取不同类别和水平的认识方式，因此有不同的认识表现。

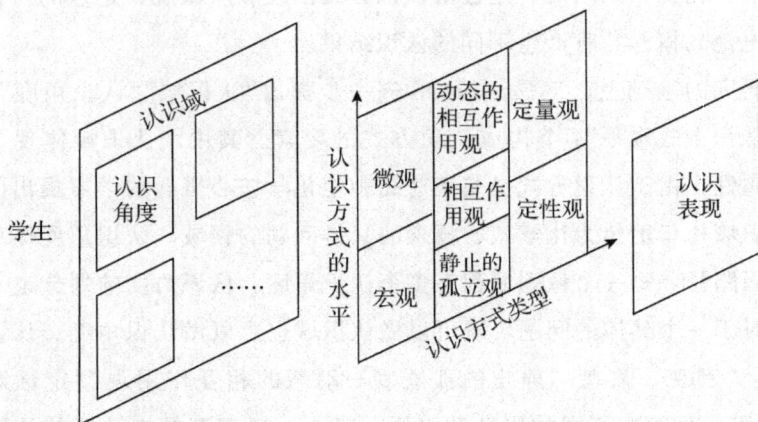

图 10-1-1　认识域、认识角度、认识方式类型和认识水平相互关系

认识方式的 4 个要素之间的关系揭示出学生在同一认识域下具有不同认识表现的两种原因：第一，认识角度数量不同。有的学生具有 1 个认识角度，有的学生可能具有多个认识角度，那么后者就具有更多认识这一认识域的视角和途径；第二，认识方式的水平不同。对于同一个认识角度，不同的学生处于不同的认识方式水平，也将得到不同的认识表现。在分析和解决某一问题时，具有不同认识方式的学生会有不同的具体表现。透过这些表现差异可以判断其认识方式的不同。

站在化学认识素养的高度，王磊、胡久华[①]对认识域进行了进一步的具体化，提出了认识思路这一认识变量。研究者提出化学认识方式包含 4 个方面的构成要素：认识对象、认识域和认识角度、认识深度、认识思路（图 10-1-2）。认识对象主要指化学学科中研究的所有对象，可大可小，可以是某个具体物质，也可

---

①　胡久华. 促进学生认识素养发展的化学课程与教学研究[D]. 北京：北京师范大学，2008.

以是某个反应甚至某个专题。不同个体对同一实际现象看到的认识对象未必相同。根据具体的认识对象，可以有不同的认识域，在具体的认识域中可以有不同的认识角度。认识域和认识角度体现认识的广度。认识深度，主要从 4 个维度进行界定：宏/微观；定性/定量；静止的孤立/动态的相互作用；文字描述/化学符号表征。对于同一认识角度仍存在水平差异，此即认识深度的内涵。认识思路指个体对物质和化学反应或相关的现象或事实认识的有序性和思路性。个体对认识域的分析通常具有相对稳定的、惯有的认识思路。认识水平低的人，往往只是零散地说出一些认识角度，而认识水平高的人则呈现出有体系性的思维过程。

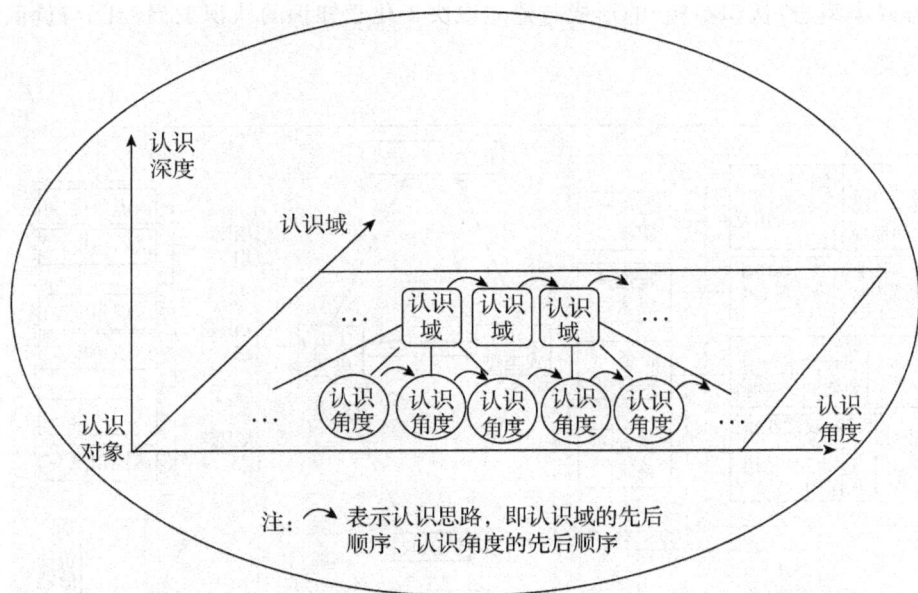

图 10-1-2　化学认识方式模型

此后，王磊、支瑶①对于化学认识方式的构成模型进行了进一步的完善并进行了基础性的论证（图 10-1-3）。她们的研究认为认识域是由化学学科的研究对象和研究内容决定的，其范畴可大可小。在该研究中，化学的认识域主要包括物质

---

① 支瑶. 高中生化学认识方式及其发展研究[D]. 北京：北京师范大学，2011.

结构域、有机化合物域、无机物域、化学反应域、电解质溶液域和能量域。每一认识域皆有其相应的认识角度和认识方式类型，认识角度和认识方式类型共同作用形成了对该认识域的认识方式。认识角度是随认识域的不同而变化的，相应的认识角度能否建立取决于具体认识对认识发展的功能价值是否得到实现。而认识方式类型既有化学学科特有的认识事物的思维特点，又有一般科学认识的方法论意义。认识方式类型包括宏观—微观、定性—定量、静态—动态、孤立—体系等。每一种认识方式类型有其特定的认识路径；不同的认识域对应不同的认识方式类型组合，且认识路径的具体内容会随着认识域和认识角度的不同而变化；认识方式类型（或认识路径）的形成与建立取决于化学知识的认识发展功能与价值能否实现。

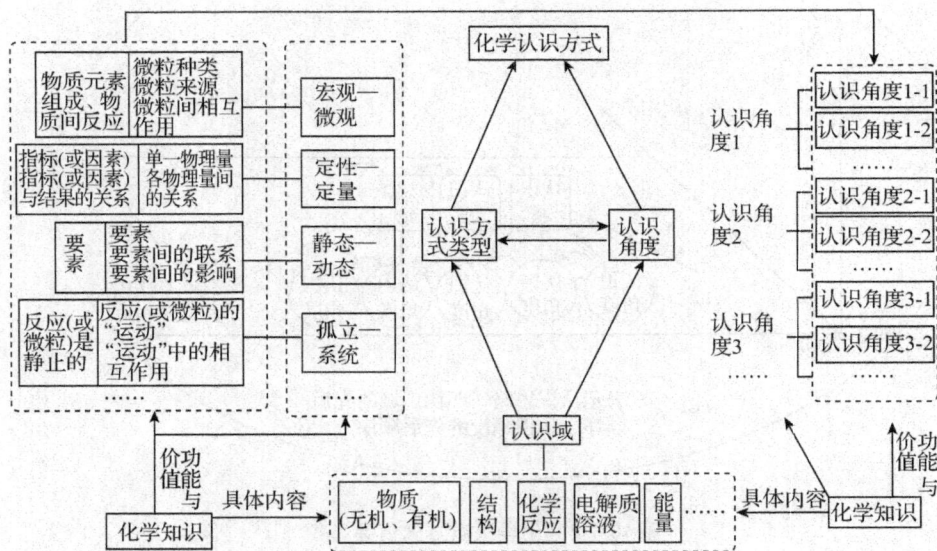

图 10-1-3　化学认识方式构成模型

认识方式与心理学的认知方式是不一样的，认知方式更强调的是与生俱来的或者是长期形成的，更偏向于智力品质和特点的一种认知风格；而认识方式更具有学科化、领域化，是具有内容属性特点的，并且是可教育、可发展的。

不同的学生面对相同的认识域时，会拥有不同类型和不同水平的认识方式，这主要取决于认识角度的广度与深度以及认识方式类型的多少与水平等变量。具有不同认识方式的学生在分析和解决某一问题时，会具有不同的具体表现，透过这些具体表现的差异，我们可以判断其认识方式的差异。

2. 特定领域认识模型研究

不同的认识域具有应然的比较合理的认识方式（认识角度和认识方式类型）。这也是我们研究学生认识发展的重要思路与方法论——从构建应然的认识方式模型出发。这是与以往的个人概念探查和心智模式的研究所不同的。我们用认识方式刻画认识发展水平，在化学特定认识领域，进行了基于特定认识领域的认识发展研究。基于具体化学课程内容，对各个主题的化学核心内容从"学科本体"和"学生认识发展"两个角度进行分析，基于学科本体，结合学生访谈和调查，运用活动分析和心理模拟，构建相应认识领域的认识模型和认识发展层级模型，研究学习进阶，根据模型研究课程内容选取、教科书编写、教学实施等，并在上述研究基础上提出相应建议。

基于特定认识域认识模型的构建，一般可以从 4 个维度来进行刻画。一是认识任务维度，由表及里抽象和概括出该认识域各类问题任务及其背后的化学问题的核心。比如，无机物认识域的认识任务表面上可以分为物质的保存与使用、检验与鉴别、分离与制备，本质上可以概括为物质的性质以及物质的转化两大类。二是认识对象维度，这是认识域最本体的客观构成要素。比如，无机物认识域的认识对象可能有不同的尺度：单个代表物、一类物质、某种元素、不同元素。三是认识角度维度，这是对认识域的主观认识视角，是基于物质本质的主观认识，是由核心概念和知识转化而成的认识角度。比如，无机物认识域的认识角度可能是基于代表物性质，基于物质类别性质，基于元素化合物，基于原子结构，基于元素相似性和递变性，基于价键，基于反应原理。四是认识活动维度。比如，无机物认识域常见的认识活动包括描述说明、分析解释、预测推论、比较评价、设计证明等。具体表征如图 10-1-4 所示。任何一次有关的认识活动，都是一次认识模型各变量赋值，即认识模型具体化的过程。这种认识模型具有刻画、比较、评价、预测、调节和教学多种功能。

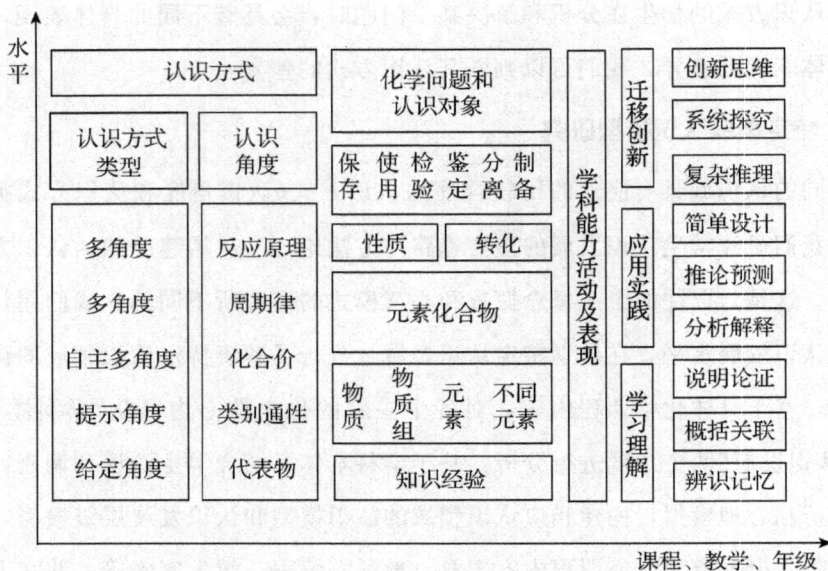

图 10-1-4　高中生无机物认识模型

这种基于特定认识域所构建的认识模型，是在认识方式、特定认识域认识发展研究基础上的进一步发展。它既包括如何认识（认识什么，从哪些角度认识，以何种思维方式认识），又包括如何基于认识解决问题（解题思路），同时还将认识对象系统和问题解决任务系统纳入其中。因此，认识模型不仅概括了该主题（认识域）的知识结构、问题任务系统和认识系统，还外显了问题解决过程中的思维和推理机制。它能够刻画学生的认识方式差异和认识发展水平，帮助教师明确课程定位和教学目标，系统设计教学活动、问题任务和情境素材，提高课堂教学及评价的针对性和实效性，为"认识发展"教学提供了整体性、进阶性的指导框架。

从 2008 年至 2014 年，我们聚焦中学化学的各个核心内容主题，先后有十几位研究生和博士生针对化学学科不同的内容主题开展认识模型内涵、表现及认识水平划分和课标、教材评析及教学改进的研究。研究内容涵盖有机化合物（陈欣，2008；丁慧娟，2010；康永明，2013），无机元素化合物（潘程，2011；王澜，

2015)，化学反应能量(孟青蕊，2009；景志英，2010；王维臻，2015)；化学反应速率与化学平衡(张颖，2009)；原电池(蒋涛，2011；丁晓新，2014)；物质结构(黄鸣春，2013)；水溶液(尹博远，2014)等多个化学核心内容主题。

二、基于认识方式的学生认识发展教学

1. 从知识解析为本到促进学生认识发展的教学

建构主义的教学理论认为学生对学习内容的理解和掌握是通过主动建构实现的，它既强调学习者的认知主体作用，又不忽视教师的指导作用。教师是学习者意义建构的帮助者、促进者；学生是信息加工的主体，是意义的主动建构者。建构主义的教学设计强调以学生为中心，力图借助多种信息资源支持学生通过开展自主学习和协作学习实现知识的意义建构。促进学生认识发展的教学以核心观念建构作为教学理论和方法的基础，并认为化学核心观念的建构不仅仅是观点的获得与陈述，而更重要的是对于观念的认识功能实现的促进。

知识是有不同类型和不同层级的。具体性知识与观念性知识是不同的，知识不仅是静态的结论，还是动态的过程，更是思维的工具和方法，是具有认识论和方法论的功能和价值的。我们认为教学中应当关注发展知识的理解力，重视学生原有概念的揭示及其概念转变的教学，但我们提出认识方式的差异才是导致学生个人概念差异的本质原因。因此，我们更认为概念转变要先转变原有的认识方式，而且学好核心的化学概念原理的基础应该是引导学生具备其所需要的相应认识方式；反之，任何核心的化学概念其实都是具有重要的认识方式的教育价值和功能的。为了促进教师教学设计与实践实现从基本要求到高水平的跨越，就需要帮助教师"从具体知识传授到核心观念建构，从知识解析为本的教学发展为基于学生认识发展的教学"。

所谓的"认识发展"指的是学生通过学习，转变了具体的偏差认识，明确了基本的学科观念，丰富了原有的认识角度，建立或完善了认识思路，发展了认识方式类型(由孤立的、要素的发展为联系的、系统的；由静态的、组成的发展为动

态的、变化的；由定性的发展为定量的），构建了特定认识域的认识模型，发展了各种不同类型的认识能力（如描述和说明、分析和解释、预测和证明、设计和调控等）。

不同学生在特定认识域的认识发展水平是不同的，这种发展水平的背后其实存在着一些重要的进阶变量。首先，认识角度、认识思路和认识方式类型是重要的内在变量。其次，相应领域的核心概念以及知识和认识功能化程度是关键的中介变量。认识角度的发展在很大程度上反映出对于某个领域的知识的深度和广度，但是一定是被激活的功能态的知识，即知识认识功能化了才会成为认识主体的认识角度。越是核心的概念和知识越具有潜在的核心认识角度的功能，这就是为什么某些概念成为核心概念的认识论的原因。所谓核心认识角度指的是，在该认识域中具有普适性的认识角度。例如，无机化合物认识域中包含具体物质性质、类别通性、氧化还原、周期律和反应原理 5 个核心认识角度。再者，课程设置和教学是影响学生认识发展水平的外在变量。课程设置即是否学习过某个领域的某个核心知识是学生特定认识域的认识方式发展的重要影响因素之一，而核心知识的教学情况也是影响学生认识方式发展水平的关键要素。教学将影响核心知识能否转化为认识角度和认识思路，即影响知识的

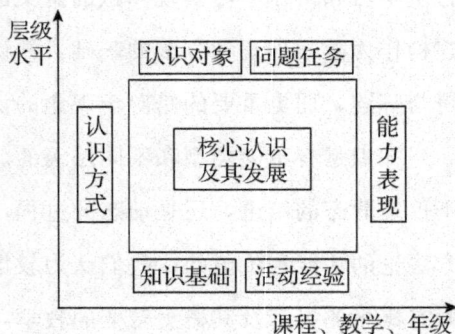

图 10-1-5　学生学科核心认识与关键能力发展的总模型

认识功能转化率。最后，学生的一般智力发展水平，特别是思维发展水平，会受到成长与年龄的影响，是学生认识发展的基础变量。学生学科核心认识与关键能力发展的总模型如图 10-1-5 所示。

概念解析为本的教学与认识发展为本的教学是两种不同的学科教学范式，两者之间有系统性的差异。所谓的认识发展性教学，其核心在于教学的出发点聚焦本源性认识问题，关注学生对于本源性认识问题的起点性认识；关注科学知识背后所代表的针对本源性认识问题的科学认识逻辑，即科学认识角度和认识路径；

关注学生对本源性问题的起点认识与科学认识之间在认识方式构成上(也就是认识角度、认识思路以及认识方式类型)的区别与差异。因此,即便是采用探究式教学、学生合作学习抑或是基于 STS 背景的教学也有可能是概念解析为本的教学。反之,认识发展为本教学的重要教学方式和有效途径可以包括探究式教学、学生合作学习和基于 STS 背景的教学等。基于促进学生认识方式转变及其认识发展的教学设计与实践是提高课堂教学实效性的根本所在(图 10-1-6)。

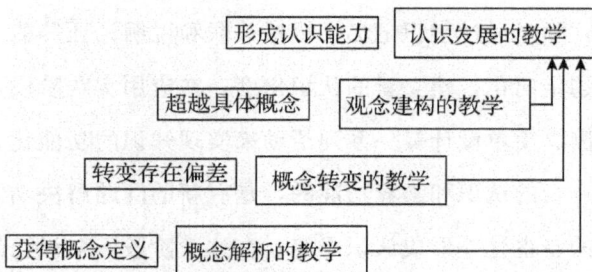

图 10-1-6 从概念解析到认识发展的教学取向变迁

任何核心的知识其实都是具有重要的认识方法论的教育价值和功能的。基于学生认识发展的需要重新思考和彰显出学科核心知识的认识功能是从知识解析为本的教学到促进学生认识发展的教学内容观转变的关键所在。知识的获得与认识的发展不是简单的等于关系,认识的发展不仅体现在认识结果上,更体现在认识能力的发展上。而认识能力即认识方式的发展与认识角度和认识方式类型密切相关。基于认识域将知识结构转换成认识模型,更有利于转变学生的认识方式,发展学生的认识能力,同时认识能力的发展还有赖于丰富的认识活动任务的挑战。另外,促进学生认识发展的教学不仅重视知识与技能、过程与方法和情感态度与价值观等科学素养的静态要素内涵,而且更关注以认识素养为核心的科学素养的功能性结构即认识素养的基本结构。不仅重视三维目标,更加重视三维目标的化学本质与内涵,即新课程提出的化学核心素养。不仅关注一般的科学过程和方法,且更加关注化学学科的思维方法。不仅提倡化学—技术—社会之间的关系及其相互影响,且更加提倡应用背景与化学之间的本质关系。

2. 基于认识方式的发展促进知识转化为能力和素养

教师日常的工作是教授知识，我们的学科内容也是以知识内容为主的，但是我们教育教学的培养目标是学生能力的发展和素养的提升。那么这三者之间到底是一个怎样的关系呢？

我们认为学生从知识到能力到素养的发展进阶恰恰是经历了"学习理解—应用实践—迁移创新"这3种能力活动类型和学习阶段（见图 10-1-7）。首先是学生学习理解的阶段，学生通过辨识记忆、概括关联和说明论证等能力活动实现知识的建构化，经验的定向化，建立新的认识角度；在应用实践阶段，学生会经历分析解释、推论预测、简单设计等一系列活动来实现知识的功能化，让学生认识到所学习的知识是有新的认识和素养功能的，是有新的问题解决功能的。同时让学生形成认识角度的自主化，形成认识思路。在这一阶段，知识已经逐渐地开始向能力进行转化。第三个阶段是迁移创新的阶段，学生会经历复杂推理、系统探究、创新思维等一系列的学习活动，从而实现知识经验的系统化，学生的脑海中不再是单一的要素化的知识群，而是复杂关联的知识系统网络。学生开始能够自主地调用已有的认识角度，甚至可以用多种认识角度和认识思路来分析和解决陌生复杂的化学问题。到了这一阶段，我们就会发现学生的知识真的就开始变成素养了。

因此，在学习理解的阶段，学生其实还无法达到素养的水平；到了应用实践的阶段，学生的知识已经在向素养进行过渡了；直到迁移创新阶段，学生才真正地步入素养的水平阶段。所以，素养的培养要求必然是会超出知识经验的输入要求的，一定要让学生经历知识的功能化、知识的认识方式化才有可能真正地培养和建立起学生的学科素养。

学科核心概念通常会伴随学生的整个基础教育过程，因此，将教学改进和能力培养聚焦学科核心概念上，选取最有学科素养培养和发展价值的教学主题，才能切实提高学生的素养。同时，促进学生学科能力素养发展的教学研究是在系统分析每一主题的学生素养发展和能力提升的功能基础之上进行的。例如，选取化

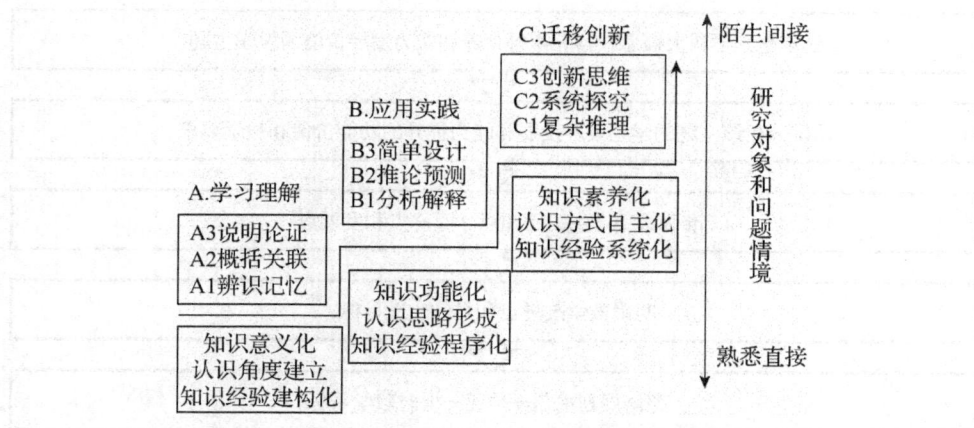

图 10-1-7　从知识到能力和素养的发展进阶模型

学学科中"元素化合物"作为教学改进的核心主题，需要从研究对象、认识角度、化学问题、任务类型4个维度来构建元素化合物主题的认识模型。这些模型既是表征学生各认识域能力构成及发展的理论模型，又是指导教师进行教学设计和评价反馈的实践模型。除此之外，严谨的前后测工具开发能保证准确诊断学生的能力水平，有助于保证教学改进方案设计的科学性。有了以上基于学科内容本身和学生能力水平两个维度的系统化分析，在进行教学改进时就有了明确的目标，选择合适的能力任务和驱动性问题时也更加有确切的理论依据及整体把控，教学设计更加精细化、层次化。进而在教学实施的过程中探索和创新促进学生核心素养与关键能力发展的学科教学有效策略，提高教师的教学设计实施能力和学科教学知识水平，转变学科教学的区域教研和校本教研方式。具体的教学设计及改进重点如图 10-1-8 所示。

选取聚焦学科大概念、具有学科素养和能力发展价值的教学主题

系统分析该主题的学生素养发展和能力提升的功能价值和教学要求

准确诊断学生的已知点、障碍点和发展点

明确教学改进点和具体改进目标

整体规划主题—单元—课时教学目标

精确且有梯度地设计教学环节和学生活动任务

根据能力水平和进阶合理选取和使用原型变式以及综合复杂陌生的任务情境素材

基于能力要素的高级思维内涵及素养要求进行有效设问、追问、评价、示范、总结

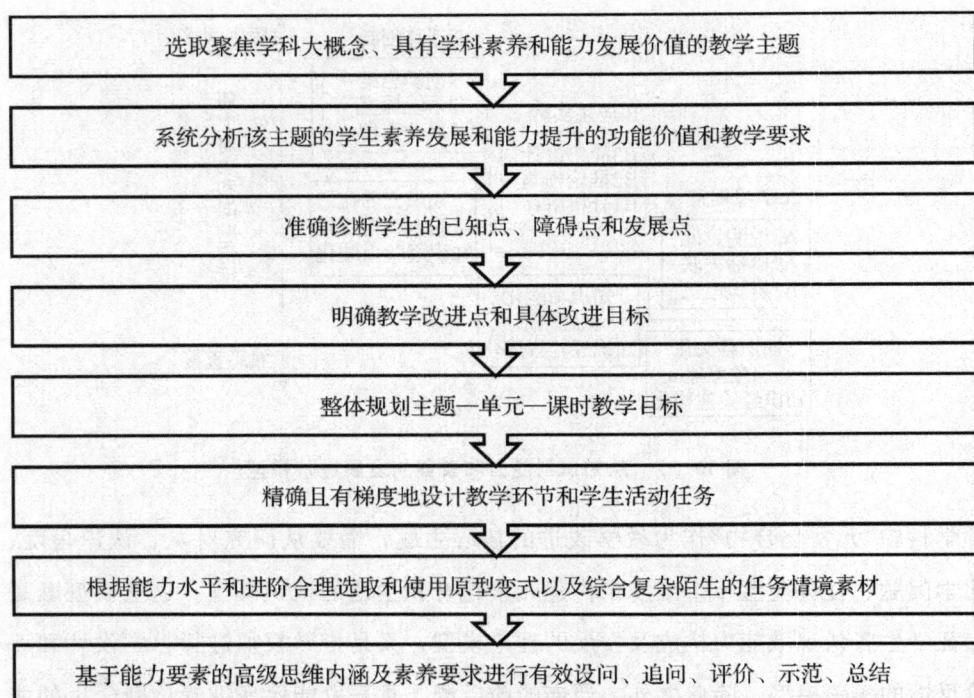

图 10-1-8 促进学生学科能力素养发展的教学改进设计及改进重点

第二节 基于"高端备课"的教学改进方法和程序

一、"高端备课"模式的内涵

"高端备课"项目以促进学生核心认识和关键能力发展为课堂教学设计与实施的基本理论，以现代科学教育理论和方法为指导，以学科核心知识的教学关键问题及有效教学策略为研究内容，以专家支持的研究性集体备课和教学"临床会诊"为方法，以主题单元整体教学为实施单位，以学生的认识发展效果为证据，以跨备课组、跨学校、跨区域的教师学习发展共同体为平台，开展基于实践的研究和基于研究的实践，旨在推动教师在学科教学知识、学科教学能力和专业反思能力等各个方面的发展。在"高端备课"活动中，教师的发展既能得到高水平专家的指导，又是基于教师团队的实践合作，整个过程是以认识发展理论体系指导下的基于设计的课堂教学研究。

"高端"一指基于专家支持和现代科学教育理论和方法（理念）为指导；二指不断地超越和创新已有的教学设计水平；三指基于研究的教学设计与实践。"备课"一指将理念与教学行为的转化由备课（教学设计）这个桥梁来达成；二指科学教育研究必须源于教学设计与实践的真实问题和具体问题，这些问题的发现与解决都必须在真实的备课过程中，即要进行基于教学实践的研究；三指备课是一种历经课前备课、试讲、调研、反思、改进、正式讲、再调研这样一种行动研究过程的系统备课。备课是教师的一种工作任务，涉及教学设计的俗语，每个教师都能参与其中的任务。我们希望备课的过程能够成为了解和理解一线教师、与一线教师共同发现问题和解决问题的过程，能够成为与一线教师共同学习、共同反思研究以及共同成长的过程。可以说，"高端备课"源于备课又超越备课，基于研究又融于实践。

"高端备课"对教师发展的指导和培训，其内容主要来源于一线化学教师教学实践中存在的真实问题和教师的困惑。例如，教师对新课程化学学科知识本体的理解，化学核心知识的功能与价值，以及如何实施高水平的教学设计等问题，这些问题都是来源于教师自身，来源于真实的课堂教学。同时，这些问题也必须在真实的备课设计、实施和教学研究中解决。"高端备课"就是在真实问题的解决中，与教师共同研讨、共同实践研究中实施教师培训。汉尼根和弗雷登指出，真实性的问题和活动可以促使教师积极地参与到教学研究讨论中，成为教师参与课题的动力，而不单是为了教学计划的顺利实施。而围绕教学实际问题开展教学设计创新，突破原有教学设计水平，提高专业发展水平，这是众多教师积极参与"高端备课"项目的目的和直接动力。

"高端备课"虽然在形式上与案例教学、课例研究等其他教学研究有相似之处，但是在本质上有很大不同。最大的不同在于，其他课例研究大多停留在教学层面，它们没有自己的主导理论，所以与一线教师讨论更多的是具体教学策略，这些策略很不稳定，可能在不同时间、不同场合讨论的策略各不相同，缺乏迁移性；即便是融入了一些理论，也多停留在教学情境、提问方式、课堂活动等一般教学理论指导，而高端备课则把教师发展作为关注的重点，备课时也考虑教师教学观念、教学行为、专业情意的转变。高端备课借助课程教学研究，通过指导化学教师进行创新教学设计、改进课堂教学来促进教师专业发展，开创了一个体现实践取向的化学教师专业发展的新模式。

二、"高端备课"的研究流程

每一个具体的"高端备课"研究课题都包括以下的基本结构和具体的研究和实践流程，如图 10-2-1 所示。

1. 教学设计准备

授课教师及合作人员依据任务计划中的研究主题和教学内容查找相关素材，包括已有的教学设计及教学实施材料、与教学设计核心问题相关的文献资料等，在此基础上初步拟出新的教学设计方案。从促进教师专业发展的功能看，这一环

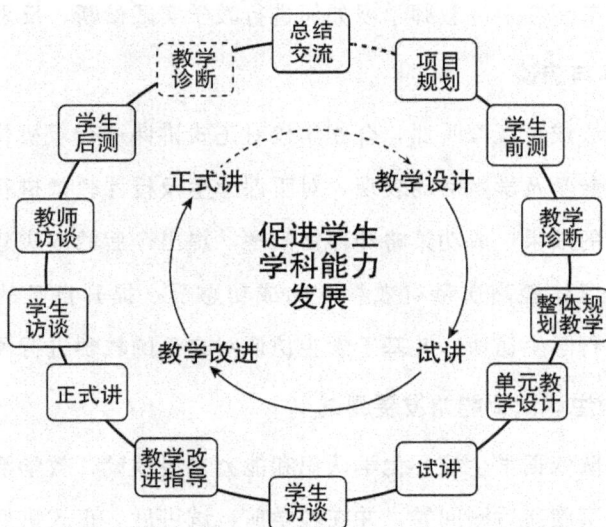

图 10-2-1 "高端备课"的基本结构和研究流程

节旨在发展教师的课程知识，以及学会关注新教学设计与原有教学设计及其相关研究成果之间的继承与创新的关系。

2. 教学设计研讨

在正式讲课前两周左右，专家团队与合作学校进行针对本课题教学的备课式研讨，讨论内容依据具体的教学主题而定，经过讨论要明确本课题教学设计的总体方案，即明确教学内容的学科本体分析、课程教材定位、学生学习发展空间分析、教学理念和取向的确认、教学基本思路和线索的确认、核心教学素材和活动任务的选取。这一环节旨在促进教师学习如何进行高质量教学设计的基本思路和方法，诊断和改善教师原有的教学设计习惯，提升对相应核心教学内容的多角度认识和理解。

3. 试讲、访谈及教学反思改进

授课教师在正式讲课前要有 1～2 次试讲，每次试讲后主讲教师与课题研究小组共同进行课后反思，对学生进行深度访谈。进而讨论相关的教学内容、教学策略及教学手段的改进，精致课堂教学的问题线索、情境素材证据线索和学生活动线索。这一环节旨在引导教师学习如何进行教学实践诊断、反思和改进。

4. 正式实施与访谈

专家团队核心成员观摩听课，合作学校对正式讲课进行双机位全程录像，研究人员记录教师教学及学生活动表现，对听课学生及授课教师进行深度访谈，集体交流评价教学的效果、成功策略和存留问题，提出今后的改进建议。这一环节旨在引导教师学习体验高质量有效教学的成功感受，提升自己的积极教学效能感，学生如何进行学生访谈，并基于学生访谈对自己的教学进行评价。

5. 教学后学生认识及能力发展测试

项目指导团队依据学生核心化学认识和能力发展预设、教学活动及策略设计意图，设计教学实施前后测问卷，并在教学前、试讲后、正式讲后分别对实验班和对比班学生进行问卷调查。通过前后测和实验班、对比班数据分析，可以对教学效果进行评价。这一环节旨在引导教师树立关注学生发展和以学评教的意识，帮助教师学习如何获取学生学习和发展的证据，并促进教师进行教学反思。

6. 总结与交流

学校教师通过进行研究性说课、撰写教学反思和研究论文等途径概括和固化教学研究成果、提炼和提升教学设计与实施能力的有效策略。专家团队基于内容主题的教学设计与实施、学生认识发展研究、教学专业发展研究等角度撰写研究报告，不断完善促进学生认识发展的教学理论，丰富促进教师专业发展的有效策略。这一环节对于高端备课项目的可持续发展具有重要作用。

从 2008 年"高端备课"模式创立以来，通过长期对教师发展指导规律的探索和研究，化学教师经过"高端备课"项目指导的教学案例有 2/3 作为区级教学公开课，或被选入全国高中化学新课程实施成果交流大会（已举办 12 届）现场展示课进行交流，或被选为北京市教学研究课进行现场展示。高端备课指导化学教师在教学上取得的成果获得了北京市诸多说课、讲课比赛的大奖。教学论文发表作为一种重要的成果推广途径，这些教学设计成果中，有 1/3 发表在《化学教育》《化学教学》《中国教师》等重要期刊上。另外，高端备课指导化学教师取得的教学成果通过面授和网络进行的各类"国培"被推广到全国的教师培训中。由此可见，在"高端备课"指导下，化学教师的教学能力有了很大提高，有力地促进了化学教师的专业发展。

三、基于"高端备课"的主题教学改进发展学生化学学科能力素养

培养学生的能力和素养是国际科学教育的重要目标之一，即将颁布的高中课程标准也明确提出了发展学生学科核心素养的要求。有很多研究试图从不同的维度来解构素养的内涵（如 PISA 的两维和 NGSS 的三维），继而尝试开发测试工具来探查学生素养的发展情况。但是如何在教学中帮助教师理解素养的内涵继而发展学生的素养，始终是教学研究中的一个难题。其中一个主要的原因可能就是教师不知道如何从知识为本的教学转向培养和发展学生的素养。

本书中关于核心素养的化学学科能力内涵构成研究，从能力活动的学科内容属性和心智水平属性来刻画学科能力表现；从核心学科知识、核心学科活动经验和化学认识方式 3 个角度揭示化学学科能力的内涵；而基于"知识—能力—素养"的发展进阶模型揭示了这三者之间的内在联系，这些为培养和发展学生的能力和素养的教学提供了可靠的理论基础。不同学生的学科能力素养发展会有差异，反映在完成相应能力活动的表现不同，包括能够顺利进行的能力活动类型的不同，完成相应能力活动的认识角度、认识思路和认识方式类型的不同，即所谓的认识方式水平和素养水平的不同。而学科认识方式（或学科素养水平）的发展，则取决于相关陈述性知识和程序性经验的学习理解、应用实践和迁移创新水平[1]。

基于核心素养的各主题学科能力表现评价研究的结果表明，在当前的课程和教学条件下，学生在相应主题的学习理解能力表现尚可，应用实践能力表现不够，而迁移创新能力很弱。学生的学科能力素养表现及其发展水平，与学生的知识经验、课程和教学是具有高相关性的，其水平及发展不仅仅与年级、年龄和一

---

① 王磊. 学科能力构成及其表现研究——基于学习理解、应用实践与迁移创新导向的多维整合模型 [J]. 教育研究，2016(9)：83-92.

般智力有关，也与课程内容和知识经验有关，更与教学有关。而且，关于影响因素的相关研究还启示我们，教师有必要认识到教师自持的教学策略、方式同学生真正感知到的课堂教学活动实情存在较大落差。因此，需要改进教师的教学行为，使之更明确、更外显且更系统地指向学生学科能力素养的培养，切实引导学生转变学习方式和学科认识方式。

"高端备课"模式以学期为时间单位，在已有研究基础上，从核心内容主题、拟解决的教学论问题、学生认识发展3个维度整体规划教学研究课题；以学生学习证据为基础，对教师进行实时反馈，并对教师实施教学设计和教学实施策略的指导；通过设置主讲教师负责，同伴全程参与的机制，保证全体教师在备课研讨、试讲、改进研讨、正式实施、学生证据获取等一系列活动均能获得专业知识指导，从而实现专业发展；通过定期举行课题项目教学成果的总结与交流，促进教学成果的推广与应用，发挥教学反思和教学成果对化学教师发展的促进作用。

基于学科能力素养的构成和测评研究成果，结合"高端备课"模式的教学指导优势，我们在北京市多个区域的多所学校开展了多个课题的教学改进研究，覆盖从初中新授课到高三二轮复习的各个阶段。组建学科教学论专家、区域教研员及一线名师相结合的指导团队，配合研究生助研团队，基于"高端备课"模式开展集中或分别的指导，并及时将学校的教学改进成果转化为区域的教研活动和观摩课，让更多的学校和教师受益。

每个教学改进的课例都经过了"项目规划→前期测查→备课研讨→试讲→正式讲→学生访谈→发展测查"等一系列的改进指导流程。专家和研究生助理深入课堂，同一线教师、教研员和部分学生进行一对一的指导和访谈交流。具体的教学改进指导流程如图10-2-2所示。

对项目学校的学生进行基于主题的学科核心素养能力表现诊断；针对授课教师该主题原有的教学设计或课件以及教学录像进行教学诊断，可以帮助我们明确教学改进的目标和思路。在明确了教学改进的重点和目标之后，我们将选取该主题的重点课时进行全程具体教学指导，包括"备课研讨→试讲→试讲后学生访谈→试讲后教学改进指导→正式讲→正式讲后学生访谈→正式讲后教师访谈"等一系列的指导流程。在教学改进的过程中，既强调学生认识和能力的发展进阶，

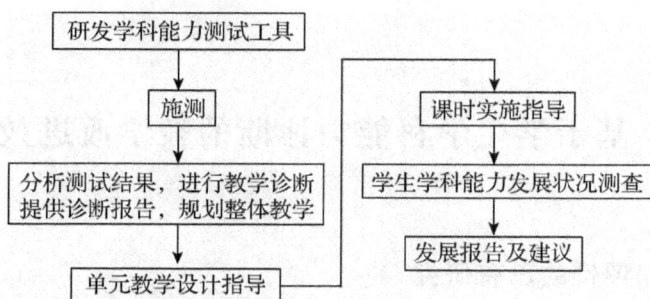

图 10-2-2　促进学生学科能力发展的教学改进指导流程

又强调改进的整体性，包括年级间层级发展的整体性以及年级内部单元教学的整体性。然后选取其中最为重难点的课时进行局部深入的具体实施和改进。同时这种实施和改进又是系统全面的，包括从教学内容组织到教学活动设计再到教学活动实施以及作业评价的各个方面。

其中，对于教学内容组织的改进，其主要目的是明确教学内容，让每一个单课时教学都更加有效率。帮助学生建立起分析和解决问题的认识模型，形成有层次梯度的、从近变式到远变式的应用认识模型来完成课堂活动的进阶式课堂教学。而在这个过程中，同样也需要明确每一个教学环节的任务活动类型设计。基于"学习理解—应用实践—迁移创新"的能力任务梯度，使得每一个教学活动环节互为基础又层次清晰，让学生在整个学习过程中，既接受挑战，又获得成果的体验。

在备课研讨中，对于教学内容的组织以及教学活动的设计进行梳理和明确后，教师将进入到试讲的环节。然而在试讲的听课过程以及试讲后的学生访谈中我们通常会发现这样一个问题：教学的效果似乎并没有达到我们预期的目标！这往往是由于在教学活动的具体实施过程中，教师并没有将教学理念和目标很好地落实，即教师的教学行为出现了问题。因此，对于教学活动实施过程的改进，对于教学改进的研究从教学观念、教学思想的转变到真正地走进课堂、走向教师行为的转变也是至关重要的。这通常是我们在试讲后的教学改进指导环节中需要重点帮助教师提升和转变的地方。

第三节 基于学生学科能力诊断的教学改进效果评价

一、关于认知评价的已有研究

1. 教育目标分类

布卢姆认为，清晰的教学目标提出了评价学生成绩的最直接的方法[①]。测评目标是试题编制的出发点和依据。把各学科的教育（教学）目标按统一标准分类使之规范化、系列化的理论称之为教育目标分类学，它旨在为目标和评价的科学设计提供技术性指导[②]。教育目标分类学的标志性研究成果是以布卢姆为首的专家团队于 1986 年正式出版的《教育目标分类学 第一分册 认知领域》，布卢姆以美国大学考试专家小组提出的分类组织结构理论框架为基础把各类教育目标归入"认知""情感"和"动作技能"3 个领域[③]。布卢姆将外显行为作为教育目标分类的基点，以行为复杂程度作为分类依据，把认知领域的学习分为 6 层：知识、领会、应用、分析、综合、评价。其能力因素的参与逐步递增与深化，后一类包含着前面几类的能力因素，6 层之间有着连续性，每一高层次的目标都是所有低层次的行为和目标的延伸和发展。同时这种分类方式还具有超越性的特点，即它不受教学内容的影响，不同学科、不同年级均可使用。在总体分类的基础上，布卢姆又把 6 个层次做了进一步的细分，它对每一类及其亚类都给出了简明的定义[④]。

---

① ［美］布卢姆 B S，等. 教育评价[M]. 丘渊，王钢，夏孝川，等，译. 上海：华东师范大学出版社，1987.

② 顾明远. 教育大辞典[M]. 上海：上海教育出版社，1990.

③ 张燕，黄荣怀. 教育目标分类学 2001 版对我国教学改革的启示[J]. 中国电化教育，2005(7)：16.

④ ［美］布卢姆 B S. 教育目标分类学 第一分册 认知领域[M]. 罗黎辉，译. 上海：华东师范大学出版社，1986.

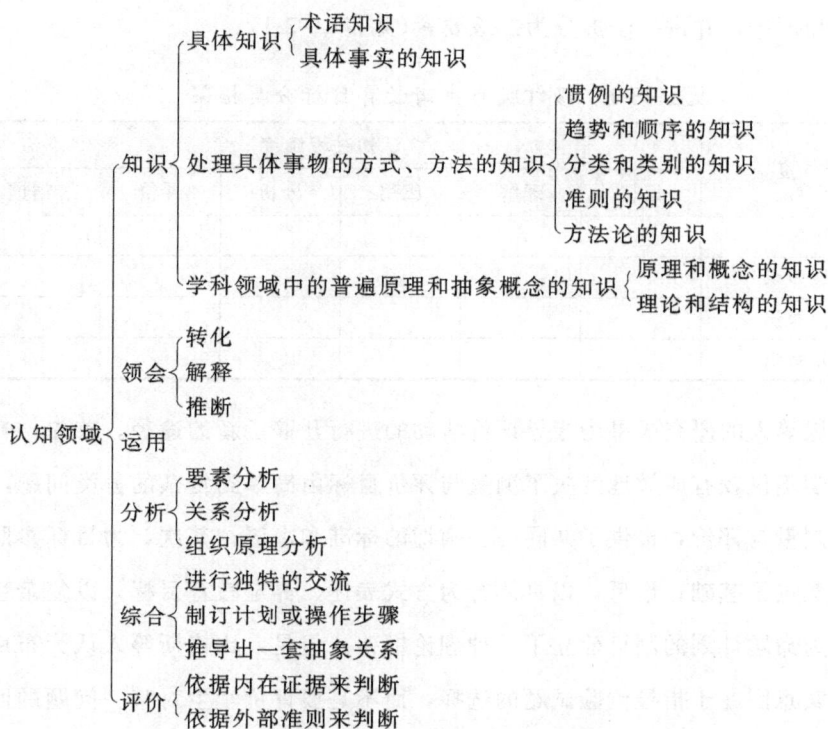

图 10-3-1 布卢姆认知领域分类目标

应当指出，虽然布卢姆的工作为我们制订目标提出了可行的方法，但是布卢姆的理论并不尽善尽美。皮连生认为布卢姆目标分类的局限性主要表现在：①无法回答知识的本质是什么和智慧能力的本质是什么；②用学习情境与测验情境是否发生变化来区分知识与智慧能力，将智慧能力分为领会、运用、分析、综合和评价5级，操作起来方便；③只管目标制订和根据目标进行测量和评价，并不管目标是怎样达到的，即它不能告诉教师如何达到教学目标的方法。

之后，安德森和斯霍尔对布卢姆的认知目标分类进行了修改，提出了知识维度和认识过程维度组成的二维分类学框架①。将知识分为4类：事实性知识、概念性知识、程序性知识和元认知知识；将认知过程分为记忆、理解、应用、分

① Anderson L W，Krathwohl D R，et al. A taxonomy for learning，teaching and assessing：A revision of Bloom's Taxonomy of Educational Objectives［M］. Abridged ed. Boston：Wesley Longman Inc.，2001.

析、评价和创造，并进一步拆分为二级要素（见表 10-3-1）。

表 10-3-1　修订版布卢姆教育目标分类框架

知识维度	认知过程维度					
	记忆	理解	应用	分析	评价	创造
事实性知识						
概念性知识						
程序性知识						
元认知知识						

布卢姆等人的研究成果为指导评价活动的进行开辟了新的途径。首先，教育目标分类学不仅较有成效地解决了测量与评价目标由简单到复杂的分类问题，还为科学地测量与评价，提供了共同的、确切的标准和术语；其次，为目标参照测验的实施奠定了基础；最后，以具体行为方式表述、界定教育目标，以复杂程度进行分类为命题计划的制订建立了一种理论框架。但是，比格斯等人认为布卢姆分类学真实意图在于指导测验试题的选择，而不是要评价学生对某一问题的回答质量，人们很难将其应用到开放式的回答问题中，且要设计出考查远远高于理解这一层次的试题并不容易。布卢姆的分类学评价目标是学生的行为变化，其层次是以线性累积为逻辑的，只能简单化地用迁移来解释低级目标的学习向高级目标学习的转换。而且布卢姆的这种线性积累模型强调的是学习的量的积累，而忽略了不同学习层次之间的质的不同。

2. 学习成果分类

比格斯和科利斯[①]在皮亚杰的认知发展阶段理论的基础上建立了可观察的学习成果结构（structure of the observed learning outcome，SOLO）分类理论。比格斯认为需要区分一般的认知结构与个人在实际回答某个具体问题时表现出的思维结构，前者是假设的认知结构（hypothetical cognitive structure），后者是可观察

---

① Biggs J B，Collis K F. 学习质量评价：SOLO 分类理论（可观察的学习成果结构）[M]. 高凌飚，张洪岩，译. 北京：人民教育出版社，2010.

的学习成果结构，前者是不可直接测量的，而后者是可以检测的，二者的关系类似于智商(IQ)与成绩之间的关系，因此需要用不同的术语描述。这一观点在一定程度上解释了为什么相同年龄段的学生在不同学科上呈现出的认知发展阶段不相同。

比格斯和科利斯的团队分析了近两千名学生开放性试题的回答，根据学习成果在结构上的复杂度将学习成果确认了 SOLO 的 5 个层次及各层次在能力(ca-pacity)、思维操作(relating operation)、一致性与收敛(consistency and closure)3 个方面的特点(见表 10-3-2)。其中，能力是指不同的 SOLO 层次所需的工作记忆容量或注意广度；思维操作是指把线索和回答联系起来，即素材和结论；一致性与收敛涉及学习者相互矛盾的两种需要，一是得出某种结论的需要，二是保持结论一致性的需要，使结论和素材不矛盾，结论之间也不矛盾。

表 10-3-2　SOLO 分类层次及其特点

SOLO 层次	能力 (capacity)	思维操作 (relating operation)	一致性与收敛 (consistency and closure)
抽象扩展结构 (extended abstract)	最高：问题线索＋相关素材＋相互关系＋假设	演绎与归纳：能对未经历的情境进行概括	不一致性消失，不觉得一定要给出收敛的回答，即结论开放，可以容许逻辑上兼容的几个不同解答
关联结构 (relational)	高：问题线索＋相关素材＋相互关系	归纳：能在设定的情境或已经历的经验范围内利用相关知识进行概括	在设定的系统中没有不一致的问题，但因只有一种收敛方式，在系统之外可能会出现不一致
多点结构 (multi-structural)	中：问题线索＋多个孤立的相关素材	只根据几个有限的、孤立的事件进行"概括"	虽然想达到一致，但由于基本上只注意孤立的素材而使回答收敛太快，从而导致用同样的素材得出不同结论
单点结构 (uni-structural)	低：问题线索＋单个相关素材	只能联系单一事件进行"概括"	没有一致的感觉，迅速收敛，能接触到某一点就立刻跳到结论上去，因此结论非常不一致
前结构 (pre-structural)	最低：问题线索和解答混淆	拒绝：同义重复，转换，跳跃到个别细节上	没有一致的感觉，甚至连问题是什么都没有弄清楚就收敛

SOLO 分类理论结合了现代心理学尤其是认知理论的研究成果，将学习行为的结果作为 SOLO 理论评价的目标，预设了 5 个螺旋上升的水平层次，不仅强调学习的量的积累，更注重不同学习层次之间的质的不同，将思维过程中知识与过程技能紧紧地融合在一起。因此，SOLO 分类理论不仅能指导教师如何进行教学结果的测评，更能为如何达到教学目标的方法提供参考。

3. 化学学科认知学习水平分类

在化学学科领域，周青按照学生对化学知识的学习过程，结合高中化学的实际情况，提出了如表 10-3-3 所示的化学学习认知水平的分类标准[①]。

表 10-3-3　高中化学认知学习水平的分类说明

了解	阅读教材或其他资料，对知识形成大概印象	查找：找出相关信息的位置
		概述：复述出材料的大意
记忆	记住学习材料的基本内容，了解知识"是什么"	辨别：辨别事实材料、概念、化学用语、实验现象及有关特征数据
		回忆：记住概念的完整定义，准确描述化学事实，正确书写化学用语
理解	记住学习材料的要点，明确所学知识和其他知识的联系，了解知识的来龙去脉，注重"知其所以然"	转换：能够抓住知识的实质或把握同一类知识的不同方面及其内在的一致性
		解释：说明事物的本质原因
简单应用	掌握知识的应用范围和适用条件，能够举一反三，运用知识解决一些简单的化学问题	直接应用：模仿知识的应用方法，在判明问题情境适合于知识的应用条件后，直接代入有关规则解决问题
		间接应用：问题情境并不直接适合于知识的应用条件，需要经过简单的分析、推理、对原有知识、情境进行适当转换，然后解决问题
综合应用	掌握知识之间的区别与内在联系，使知识系统化。在此基础上，综合运用多种知识，解决一些较为复杂的问题	归纳：根据问题要求，对所学知识进行分析、比较、归纳，使之系统化
		推理：综合所学知识，结合自己的判断，然后以新认识为依据解决问题

---

① 周青. 化学教育测量与评价[M]. 北京：科学出版社，2006.

4. 已有研究评述

布卢姆的教育目标分类学关注学习结果的外在表现和能完成的任务，SOLO分类则侧重于学习结果，在一定程度上体现了学生思考的系统性，体现了学习的不同阶段。基于分类学，可以对学生的知识理解程度进行评价，布卢姆的目标分类学还体现了知识的理解和应用的不同表现。周青等人深入到化学学科内部的学习水平分类研究，基于布卢姆的教育分类目标理论，又结合化学学科的具体内容，对测评指标的建立提供了很好的理论支持。虽然已有的关于学生认知发展的评价研究都试图描述学生认知发展的差异，继而为教师的教学提供改进参考。但是基于认知方式的评价研究，囿于认知方式本身更强调的是学生与生俱来的或者是长期形成的一种能力素养，是更偏向于智力品质和特点的一种认知风格，因而其自身的可教育性和可发展性相对较弱，教师往往不容易通过教学的改进进行干预。而认识方式与认知方式不同，它更具有学科化、领域化，是具有内容属性特点的。认识方式强调学生面对相同的认识域时，会拥有不同类型和水平的认识方式，这取决于学生认识角度的广度与深度以及认识方式类型的多少与水平，因而它是可教育和可发展的，是可以通过教学进行有效干预的。

另外，学生学科能力素养表现的差异，还表明其能力素养的发展水平不同，这主要反映在学生能够顺利进行的学科能力活动类型不同，而不同类型的学科活动对于能力的要求也是不同的，学科能力素养模型中所提出的 3×3 能力要素，不仅代表不同类型的学科能力，也反映着学科能力的不同水平。同时，这些能力活动也是教师在课堂教学中所必需的能力活动任务类型，这就为教师的教学设计提供了丰富多样且有梯度的学习任务活动。例如，在知识建构环节，选取典型的活动任务原型，增加概括关联、说明论证类学习活动；在知识巩固和应用环节，选取适当的变式，开展设计、分析解释、推论预测等不同类型的活动，注重外显、评价和发展学生的认识角度和认识思路；适时为学生创设真实陌生的问题情境，促使学生自主调用认识角度进行多步推理、系统思考、完整探究；鼓励学生进行批判性思考、创意想象和设计、发现和建立远联系。

因此，基于学科能力素养构成模型的评价研究，不仅能够有效地刻画学生的能力素养发展水平，还能为我们的教学改进研究提供精确化的指导，帮助教师明确教学改进的目标和方向、确立教学设计的重难点、评价教学改进的效果、为提炼教学改进的有效策略提供有力的证据支持。

二、基于认识发展和学科能力素养发展的教学评价设计

评价和测试是基于“高端备课”模式促进学生化学学科能力素养发展的教学改进的重要环节。旨在为研究假设获取证据、引导教师树立关注学生发展和以学评教的意识，帮助教师学习如何获取学生学习和发展的证据，并促进教师进行教学反思。基于认识发展和学科能力素养发展的教学改进，就要有基于认识发展和学科能力素养发展的测评，包括对于授课教师教学设计及教学行为的测评以及学生基于主题的学科能力素养水平测评。

1. 学生基于特定主题的学科能力素养发展评价

对于学生能力发展现状的诊断探查，在测试工具开发过程中，要基于该主题的认识模型及前期学科能力表现评价的大样本数据结果，遵循以下 3 个原则。

(1)关注认识角度、认识方式的建立

我们认为认识角度和认识方式的建立是学生核心能力表现的实质。所以，在题目的设置中，要外显学生的认识角度。

为了探查学生在不同任务类型问题解决过程中的认识角度和认识方式类型的差异，题目多采用开放性试题，题面和设问点不对学生进行认识角度和思路上的提示。如图 10-3-2 所示的题目，测查学生能否自主运用认识角度分析原电池工作过程，能否进行微观、动态的系统分析。

2. 有人认为可以甲烷和氧气为原料，利用右图装置制成电池。你认为该装置能否产生电流？说明理由：

____

____

____

____。

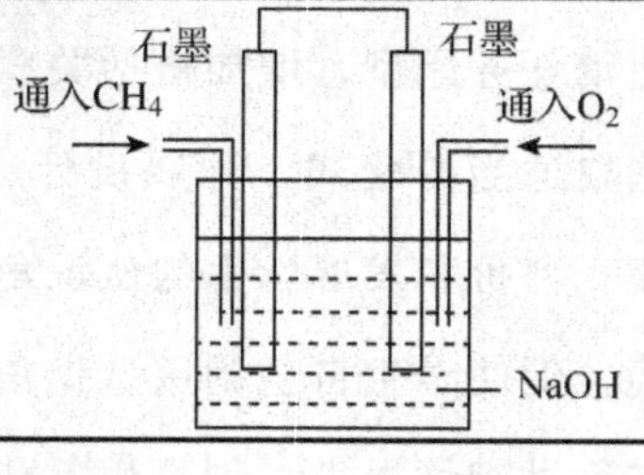

图 10-3-2　题目示例

在评分标准的制订中，并不简单以学生是否答对这一题目作为给分的标准，而是根据学生认识能力的不同，采用多级评分。按照认识方式水平由高到低，依次赋分 1，2，3 等，同一评分等级内的不同表现用 a、b、c 等进行区分。如表 10-3-4 所示。

表 10-3-4　评分标准

试题描述：甲烷燃料电池电流产生原因			
题号	能力要素	分值	评分标准
2	B1	3分	能产生电流，因为： 3分：具备构成原电池装置的 4 个要素：有电极反应物（氧化剂、还原剂或有氧化还原反应），有电极材料石墨，有电子导体（导线）和离子导体（电解质溶液）。 2a 分：【缺电极材料角度】有电极反应物（氧化剂、还原剂或有氧化还原反应）和离子导体（电解质溶液）。 2b 分：【缺离子导体角度】有电极反应物（氧化剂、还原剂或有氧化还原反应）和电极材料石墨。 1分：有电极反应物（氧化剂、还原剂或有氧化还原反应）。 0分：【只能关注到导体】有离子导体（电解质溶液）和导线或有电极、电解质溶液或【只能关注到电极材料】

此外，题目的设问不仅关注"结论"，还通过"理由是""思路是"等设问关注学生的思维过程，避免学生由于"经验型猜想"而做对题目带来的诊断错误。如图 10-3-3 所示的题目。

4. 利用反应：$Fe + 2Fe^{3+} = 3Fe^{2+}$，设计两种能产生电流的装置，画出简单的装置示意图，标明使用的材料，并说明你的设计思路。	
装置图①	设计思路
	1. 你选择的试剂和用品是：
	2. 你选择试剂和用品的依据分别是：
	3. 简要说明你思考的步骤：
	4. 你在选择什么试剂和用品时遇到了困难？

图 10-3-3　题目示例

（2）能力类型的全覆盖

在题目设置上，尽量覆盖全部的能力类型，对学生的情况有一个细致的了解和全面的探查。

以电化学主题在某高中学校二年级进行的教学改进研究为例，全年级学生在前测中各能力要素测试题目对应的试题难度值如图 10-3-4 所示。我们会发现学生在这个内容主题上，其概括关联、分析解释、推论预测、复杂推理、系统探究以及创新思维等的能力表现情况都不理想。这就提示我们在后续教学改进的过程中，应该引导教师在教学设计和实施的过程中，尽量地增加概括关联、分析解释等类型的活动任务，让学生在课堂上尽可能多地经历这一类的活动，外显相关的认识角度和认识思路，帮助他们提升相应的能力素养。

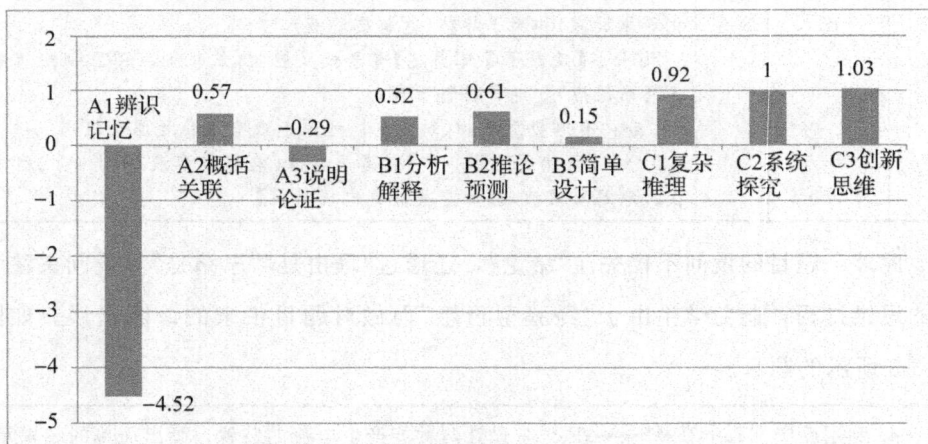

图 10-3-4　前测试题难度值

而在后测的试题研发和评价中，我们也会尤其关注学生在这些能力要素上的变化，从而评价我们的教学改进是否有效发展和提升了学生相应主题上的能力素养表现，提炼相应的教学策略。

（3）保证锚题数量

既保证与大样本测试的锚题量，同时保证前后测之间的锚题量，以进行与大数据的比较和前后测的对比分析，寻找学生能力表现的共性以及个性问题。

　　测试的时间点包括试讲前、试讲后和正式讲后，测试对象包括实验班和对比班两类。项目指导小组依据对学生核心化学认识和能力发展预设、教学活动及策略设计意图，设计教学实施前后测问卷，并在教学前、试讲后和正式讲后分别对实验班和对比班学生进行问卷测查。通常，通过前后测和实验班、对比班数据分析，可以对教学效果进行评价，进而对教学目标预设的合理性、教学活动设计及实施策略的有效性进行分析。试讲后和正式讲后测试数据的对比分析，有助于提炼有效教学设计和实际策略。这一环节不仅保证了课例研究的科学性，还为教师进行基于定量的教学实证研究提供了示范。

2. 学生基于特定主题认识发展的质性研究

　　通过授课后对学生进行的深度访谈，可以探查学生对于该主题的现有认识情况，了解学生仍然存在的错误概念及认识障碍点，帮助教师反思和教师教学。

　　访谈的维度通常是基于已有的对于该主题的认识模型来进行抽提的。以电化学主题的教学改进研究为例，电化学的认识模型如图 10-3-5 所示，基于该认识模型，在访谈中关注：①学生对"装置维度"中原电池构成要素的理解；②学生对"原理维度"中电极反应物、电极产物的分析及原电池工作过程的分析；③学生在进行"分析型"任务和"设计型"任务时的认识思路的形成。

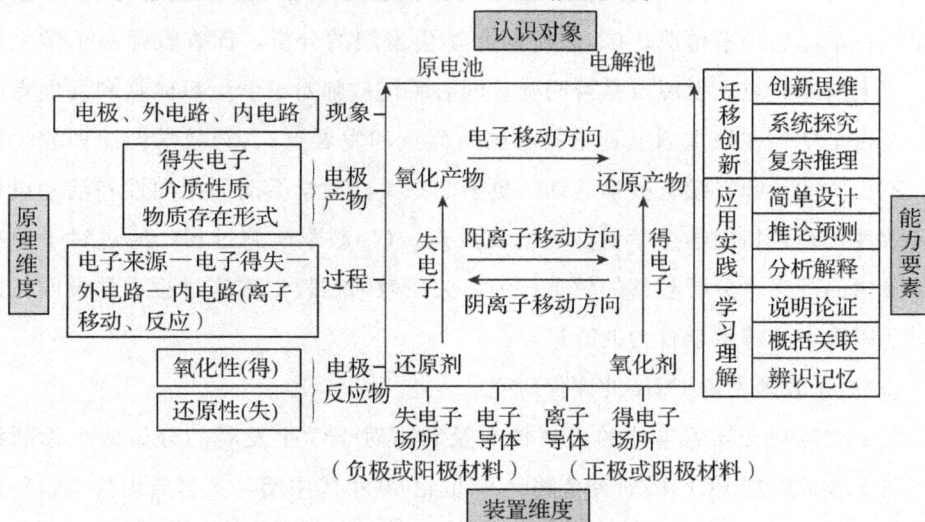

图 10-3-5　电化学认识模型

基于以上 3 个访谈维度，设计访谈的核心问题及探查目的见表 10-3-5。

表 10-3-5　学生访谈核心问题及探查目的

访谈核心问题	核心问题的探查目的
(1)这节课你最大的收获是什么	学会主述教学后的收获
(2)通过学习，你对原电池有了怎样新的认识	探查学生原电池的原有认识及教学后的认识变化
(3)面对一个特定的原电池装置(如氢氧燃料电池装置)，你能够想到什么	探查学生是否建立了原电池自主认识角度
(4)特定原电池装置(如铜锌原电池)中各个构成部分的作用是什么？各部分可不可以换成别的物质	探查学生对原电池"装置维度"中原电池构成要素的理解
(5)你认为原电池(如氢氧燃料电池)是如何把氧化还原反应的化学能转化成电能的	探查学生对原电池"原理维度"中原电池工作过程的分析思路
(6)根据某个反应(如 $2Fe^{3+} + 2I^- \Longrightarrow 2Fe^{2+} + I_2$)，你如何设计成一个原电池装置	探查学生学习设计原电池时的认识思路

3. 教师教学设计及教学行为评价

学生的能力表现不够理想，需要我们从教师原有的教学设计、教学行为以及与教师的访谈交流中去探查原因。教学诊断主要从以下 4 个维度进行：(1)教师对于知识本体的理解情况；(2)教师对于学生发展的分析，探查教师对于学生在该主题上的障碍点和发展点是否明确，同时关注教师对于学生障碍点和发展点的判断是否是学生在该主题上真正核心的障碍点和发展点；(3)教学设计和教学活动，不仅关注教师有没有教学活动，更多的是关注教学活动的指向性和活动设计的有效性，是否指向学生学科能力的发展点；(4)教学实施过程，通过对于原有教学录像的观察，分析教师的教学行为，关注教师在教学实施过程中的设问、师生对话以及讲解等教学行为的改进点。

(1)对于教师发展 PCK 的评价研究

关于教师对于知识本体的理解情况及教师对于学生发展的分析两个诊断维度，属于教师发展 PCK 的研究范畴。20 世纪 80 年代中期，美国斯坦福大学舒尔曼(Shulman)教授提出了一个囊括学科知识和可教性方面的整合性知识，即学科教学知识(Pedagogical Content Knowledge)，简称 PCK。有关 PCK 的研究，国内外研究者主要聚焦在 PCK 发展的来源和 PCK 发展的途径或策略两个方面，其中国外的研究大致集中在 4 个方面：一是关于"教师专业发展学校"；二是关于"教师校本培训"；三是关于"课例研究"；四是关于"教师自我实践反思"。国内研究者除了对 PCK 的理论梳理外，对具体学科主题下的 PCK 发展也有一些研究，其中关于数学学科的研究最多，物理、化学和生物的 PCK 研究都没有形成系统，深入到某个主题探查 PCK 发展变化的研究更是凤毛麟角。

通过对高端备课项目不同主题内容教学案例中教师发展点的内容分析，采用扎根理论的研究方法，王磊、唐劲军（2015）[①]等人通过对教师发展点提取、逐级编码、抽象概括，按照化学教师 PCK 及教学能力、教学反思与总结能力、专业情感意志 3 个一级维度进行发展内容归类，划分二级、三级维度，概括形成化学教师专业发展内涵框架，再根据案例的质性分析结果对教师发展的子项目作概括描述，确定发展项目的具体内容，最后构建出化学教师专业发展内涵的总体框架，如表 10-3-6 所示。

表 10-3-6　化学教师专业发展内涵要素构成框架（王磊、唐劲军，2015）

一级维度	二级维度	三级维度	项目内容
教师的 PCK 及教学能力	化学课程知识	学科知识本体含义	学科概念、理论知识的本体含义及逻辑关系
		知识的功能价值	学科知识促进学生认识发展的功能，以及对学科发展、社会生产的价值
		课程目标及结构特点	课程结构特点，课程目标对教学内容的要求，单元及课时内容的目标
		教材内容及编排特点	教材对特定内容的编排方式，编写特点以及具有的教学意义
	学生学习知识	学生的认识基础	学生的认识起点，已有的认识角度和认识方式
		学生的思维障碍	学生的错误观念、迷思概念，原有的习惯性认识
		学生的认识发展点	能丰富学生的哪些认识角度，形成什么认识思路

---

① 唐劲军. 基于高端备课的化学教师专业发展研究——内涵、机制及影响因素[D]. 北京：北京师范大学，2015.

续表

一级维度	二级维度	三级维度	项目内容
教师的PCK及教学能力	化学教学知识	内容组织策略	根据指示内容特点和学生认识规律选择合适的内容组织方式
		思路外显策略	采用提问及追问，小组讨论，学生充分表达，板书呈现等思路外显策略
		情境素材策略	围绕教学目标和任务从不同角度选用或设计情境素材、探究活动素材
		问题任务策略	根据认识发展需要，选择判断、分析、预测、设计等不同类型的问题任务
		思维模型化策略	将认识角度和认识思路以模型化的方式固定下来，帮助学生建立思路模型（系统的认识方式）
反思与总结能力	反思总结、整理加工能力	普通反思总结能力	对教学设计和实施过程进行反思，整理成优秀课例，以说课、讲课形式展示
		高层次反思总结能力	对教学反思加工，系统整理个人收获、感悟，提炼升华，撰写论文或成长札记
专业情意	专业情感与意志	创新教学兴趣	在教学中收获成功，提高创新教学设计和教学研究的兴趣
		教学发展信心	对教学设计水平和教学能力提高，对发展前景充满信心
		专业发展意志	发现教学不足，找到专业发展点，克服倦怠感、高原效应，增强发展的毅力

在上述化学教师专业发展内涵要素构成研究的基础上，为了使教学改进的研究更加有针对性，我们深入到化学学科的各个核心主题内部，结合主题的知识特点和"高端备课"专家在项目培训过程中的指导，关注教师对于化学学科核心认识主题的认识和教学的全过程，王磊、王影(2016)[①]以原电池主题为例，尝试构建和评价教师基于核心教学主题的 PCK 测评和发展模型（表 10-3-7）。

---

① 王影."高端备课"培训前、中、后高中化学教师 PCK 发展变化的案例研究——基于原电池主题[D]. 北京：北京师范大学，2016.

表 10-3-7　原电池主题下教师 PCK 分析框架

一级维度	二级维度	三级维度	具体内容
学科内容知识	学科知识的本体含义	学科概念、理论知识的本体含义以及逻辑关系	原电池的概念；电极材料、电极反应物、离子导体和电子导体的含义及其之间的关系等
	学科知识的功能价值	学科知识对促进学生认识发展的功能，以及对学科发展、社会生产的价值	电极材料和电极反应物对促进学生破除迷思概念的功能，电化学思维模型对整合原电池和电解池的价值、对金属的腐蚀与防护的社会价值等
化学课程知识	课程目标及结构特点	课程自身的结构特点，课程目标、单元目标及课时目标对教学内容的要求	原电池内容可以认识化学反应中能量转化的基本规律，通过生产、生活中的实际了解化学能与电能的转化关系、实际意义及其重要应用，让学生知道常见化学电源的种类及其工作原理
	教材内容及编排特点	教材对特定内容的编排方式、编写特点以及具有的教学意义	必修阶段不要求电化学的学习上升为规律性的知识，选修阶段进一步认识电池的构成和反应原理；教材通过介绍新型电池体现化学电池的改进与创新，让学生初步形成科学技术的发展观
学生学习知识	学生的认识基础	学生的认识起点，已有的认识角度和认识方式	学生对"电"有强烈的感性认识，从能量守恒的角度，化学能可以转化为热能和电能；从反应物之间电子转移的角度，原电池概念的形成是氧化还原反应本质的拓展和应用
	学生的思维障碍	学生的错误概念、迷思概念以及原有的习惯性认识	对电极材料和电极反应物不加区分、离子导体的选择有障碍等
	学生的认识发展点	学生有待于丰富和完善的认识角度和认识思路	从能量转化的角度来看，化学能可以转化为电能（单液原电池和双液原电池等），电能也可以转化为化学能（电解池等）；从实践应用的角度来看，化学电源、电镀、电冶金等知识都可以帮助学生完善认识思路

一级维度	二级维度	三级维度	具体内容
教学策略知识	内容组织策略	根据知识结构特点和学生认识规律选择合适的内容组织方式	从知识结构的角度，必修阶段要求学生举例说明化学能与电能的转化关系及其应用，了解原电池的概念和原理；选修阶段深入学习原电池和电解池的工作原理，正确书写电极反应式，认识化学能与电能相互转化的实际意义及重要应用。因此可从物理电学的角度引入，以电池的发展为主线组织内容。从学生认识规律的角度，必修阶段到选修阶段，学生的认识经历了由宏观到微观、由静态到动态、由孤立到系统的转变
教学策略知识	思路外显策略	采用提问和追问、小组讨论、学生充分表达、板书呈现等策略	追问等思路外显策略可以让学生深入理解电化学知识，如提问学生溶液中的阴阳离子如何运动，学生讨论后，再追问一下原因，同时在板书上进行标注
	情境素材策略	围绕教学目标和任务从不同角度选用或设计情境素材、探究活动素材	电化学可用的素材很多，如单液原电池、双液原电池、碱性锌锰电池、氢氧燃料电池、水果电池等，必修阶段多用单液原电池和趣味性的水果电池等，选修阶段多用双液原电池、蓄电池、燃料电池等
	问题任务策略	根据认识发展需要，选择判断、分析、预测、设计等不同类型的问题任务	根据学科能力的9个维度，结合电化学教学目标，设计相应的问题任务
	思维模型化策略	将认识角度和认识思路以模型化的方式固定下来，帮助学生建立思路模型	电化学思维模型有原理维度（电极反应物、电极产物、过程和现象）、装置维度（负极材料、电子导体、离子导体和正极材料）、任务维度（分析型和设计型）和认识对象（原电池和电解池），是教师与学生进行深度对话的工具

　　深入到学科教学主题内部的 PCK 研究，不仅对于教师整体的主题教学培训和评价具有重要的理论和方法意义，更能深入到教师个体的各个教学环节内部，研究教师 PCK 发展变化与教学改进指导环节和行为的对应关系，对于提升教学改进的针对性具有非常重要的参考价值。

（2）对于教师教学设计与教学行为的研究

教学行为和教学设计是实现一节课教学目的的关键所在，因此，课堂教学行为和设计研究是教学研究的重要组成部分。

①课堂教学行为研究

课堂教学行为是指在课堂上发生的，教师和学生为完成既定的教学目标及任务，教学过程中发生的一切行为和行动。它包括教师自身的行为，学生的学习行为以及教师、学生之间发生的语言交互的一切行为。

在国内外有关课堂教学行为的研究中，考虑到学科背景和特点的研究总体较少，而带有教学取向（例如，启发式教学、探究式教学）的教学行为分析研究就更少了。大部分都是普适性的一般课堂教学行为分析框架。王磊、任娟汶（2013）[①]提出了基于认识发展的高中化学课堂教学行为模型（表 10-3-8），并对其亚类行为进行了详细界定，见表 10-3-9（以教师提问为例）。

表 10-3-8　促进学生认识发展性化学课堂教学行为模型

行为类别	观察对象	亚类编号	行为描述
A 教师提问	教师行为	1	教师提回忆性、判断性问题
		2	教师提解释性问题
		3	教师提开放性问题
		4	教师提分析比较性问题
		5	教师提预测性问题
		6	教师提设计性问题
		7	教师提探查学生认识方式、认识过程性问题。要求学生描述思维过程或策略
		8	教师提供证据反驳，制造认知冲突问题
		9	教师询问学生是否有问题，鼓励学生自主认识

---

① 任娟汶. 高中化学课堂教学行为研究——基于促进学生认识发展的视角[D]. 北京：北京师范大学，2013.

行为类别	观察对象	亚类编号	行为描述
B 回答利用	教师行为	1	批评、放弃或忽视学生的想法
		2	评价对错但未纳入教学中
		3	接纳、鼓励学生想法，并复述或精致学生想法
		4	询问其他同学有没有不同的回答
		5	追问学生回答的证据
		6	探查与运用学生的想法，并推动教学进程
C 教师讲解	教师行为	1	知识导向性引入或过渡
		2	认识导向性引入或过渡
		3	下指令或描述任务
		4	描述、呈现具体事实、数据、知识、答案
		5	分析解释
		6	自问自答
		7	演示实验
		8	知识总结
D 模型化	教师行为	1	教师自己建模
		2	教师引导学生一起建模
		3	教师示范如何用模型解决问题
		4	教师引导学生一起用模型解决问题
		5	教师要求学生独立用模型解决问题
E 思路外显	教师行为	1	教师自己口述使思路外显
		2	教师用板书或 PPT 使思路外显
		3	教师让学生运用教师外显出来的思路解决问题
F 学生回答	学生行为	1	沉默或学生独立思考
		2	学生只提供简短的或几个字的答案（像做填空题一样）
		3	学生回答、描述过程并试图解释说明为什么他们的策略、观点或程序有效。但是他们的解释不够完整，不够连贯或不够精确
		4	学生自己能够进行证据反驳，说明某观点的矛盾之处
		5	学生回答、描述思维过程，并且完整、系统地解释说明为什么他们的策略、观点或程序有效或用多种方法解答
		6	学生主动向教师提问

续表

行为类别	观察对象	亚类编号	行为描述
G 学生活动	学生行为	1	回忆性活动
		2	操作性活动
		3	判断、比较活动
		4	解释活动
G 学生活动	学生行为	5	预测活动
		6	系统分析活动
		7	设计、验证活动
		8	用模活动
		9	评价、论证活动

表 10-3-9　教师提问行为中各个亚类行为的界定和说明

亚类编号	教师提问的类型	描述说明	举例
A1	回忆、判断	教师提需要回忆以前学过的知识、事实性信息或常识的问题，或通过之前学过的知识可以简单做出判断的问题	"我们学过哪些可逆反应?" "氮气氢气合成氨的反应是可逆反应吗?"
A2	解释	教师提解释现象原因或失误本质的问题，一般问题中有"为什么"或"原因"的字眼	"请你解释合成氨的反应为什么最终体系中仍有大量氮气和氢气存在"
A3	开放	教师提回答开放、答案不唯一的问题，答案有很多甚至无数个，合理即可	"你对可逆反应有什么认识?"
A4	分析比较	教师提需要系统思维分析的问题，或提评价比较性问题	"如何提高氮气氢气合成氨的产率?"
A5	预测	教师提预测性问题，一般问题中会有"预计""将""会"等字眼	"增大压强，平衡将会向哪个方向移动?"
A6	设计	教师提方案设计性问题。可以是实验方案设计、实验装置设计、合成路线设计等	"如何设计实验证明增加铁离子浓度平衡向左移动了?"

亚类编号	教师提问的类型	描述说明	举例
A7	认识方式、认识过程探查	教师提探查学生认识方式过程性问题。要求学生描述所采用的策略和思考过程。问思路，怎么想的，答案怎么得到的，且关键是看学生回答后，教师有没有提炼出认识方式，若没有提炼出抽象的认识方式或思路性问题，只是就题论题，就不算	"现在有一个新的物质——硫单质，你怎么去研究这种物质?""给你一份醋酸钠溶液，你能看到什么?"
A8	证据反驳性反问	教师提供证据反驳，提制造认知冲突的问题。可以说是有预谋的反问，是教师预先设计的，经常会在给学生制造认知冲突的时候用	"有人说反应物或者生成物的浓度不再改变了反应就达到最大限度了，那么我们来看下面一组数据，反应物的浓度是保持不变的吗?"
A9	询问	教师询问学生是否有问题，鼓励学生自主提问	"同学们还有什么问题/疑惑吗?"

编码方式采用的是量化指标。即观察者在实际编码过程中，是根据在课堂录像中整节课时间从头到尾观察到的课堂行为按基于学科能力培养导向的化学课堂教学行为模型中的亚类行为类型的代码进行编码，并记录每个教学行为发生的终止时间(每个教学行为的终止时间即是下一个教学行为的起始时间)。某节课的原始的编码数据记录如下，例如某节课第一个发生的行为为 D2，它发生的起始时间是 0：00：00，终止时间是 0：00：49。接下来的 D3 行为发生的起始时间是 0：00：49(即 D2 行为的终止时间)，终止时间是 0：00：55，依此类推。

需要说明的是，每个编码的时机是当观察者观察到课堂教学行为类别发生变化的时刻，因此每节课的编码数量会有所不同。每个教学行为在此模型中只编 1 个码，当出现某个教学行为同时满足某一类教学行为中两个或多个亚类行为的特点时，优先编码较大的代码。

整节课编码完成后，这些编码的原始数据包含了这节课中课堂教学行为最原始的信息。之后可以算出每个行为所用时间，再对各个亚类、大类课堂教学行为总共的用时时间和发生频率(频率＝某类行为发生频次/所有行为的总频次)进行统计。编码的原始数据能够为随后进行的课堂教学行为的统计分析和评价提供一手资料和可靠数据。

该模型聚焦认识发展性教学，涵盖教师课堂教学及学生课堂学习的全过程，包容度更大。研究表明，用促进学生认识发展性化学课堂教学行为模型对课例进行编码是有效的，能充分体现出促进学生认识发展性化学课在课堂教学行为表现上的特点。因此，该模型是我们用来进行教学改进的教师教学行为观察和改进的重要方法和工具。

②教师教学设计研究

教学设计是一个用系统方法分析教学问题和确定教学目标，建立教学问题的策略方案、实行解决方案、评价实行结果和对方案进行修改的过程，以优化教学效果为目标，以学习理论、教学理论和传播学理论为基础。随着学习理论的发展变化，教学设计的基本价值取向和设计理念也在不断发展。王磊、张毅强(2008)[①]等人在"观念建构为本"的教学理念基础上提出了概念建构为本的化学教学设计模型，在此基础之上，王磊、胡久华(2010)[②]等人提出了促进学生认识素养发展的化学教学设计框架(图 10-3-6)，并列举了化学平衡内容主题的构成要素、学生已有认识和具有驱动性、符合学生认识发展的问题线索。该模型从教学内容本身的认识发展功能价值出发对教学设计进行分析评价，关注学生的认识方式建立过程，是我们进行教学改进的教学设计研究和评价的重要方法和工具。

---

① 王磊，张毅强，乔敏. 观念建构为本的化学教学设计研究[J]. 化学教育，2008，29(6)：7-12.

② 胡久华，王磊. 促进学生认识素养发展的化学教学[J]. 教育科学研究，2010(3)：46-50.

教学设计环节　　　　　　　　教学思路

促进学生化学认识素养发展
的核心阶段和途径

| 分析化学
知识的本体 | 化学知识的结构
化学知识的要求 |

学生已有的化学认识

明确已有的化学认识

化学　　教学
知识　　活动

| 分析相关
的化学认识 | 分析认识对象
分析认识域
分析认识角度
确定认识水平 |

形成认识冲突，导致认识不平衡

学生将要达到的化学认识

| 设计认识
建构的途径 | 探究活动
信息分析
接受理解 |

通过活动获得新的化学知识

认识　　认识发展
实践　　反思评价
活动　　活动

| 设计认识
建构的环境 | 媒体的选择
情境的选择
活动的组织 |

发展化学认识，达到认识平衡

学生的化学认识素养发展

| 设计认识发展
反思评价活动 | 活动的方式
评价的类型
反馈的空间 |

巩固应用新的化学认识

总结反思化学认识发展

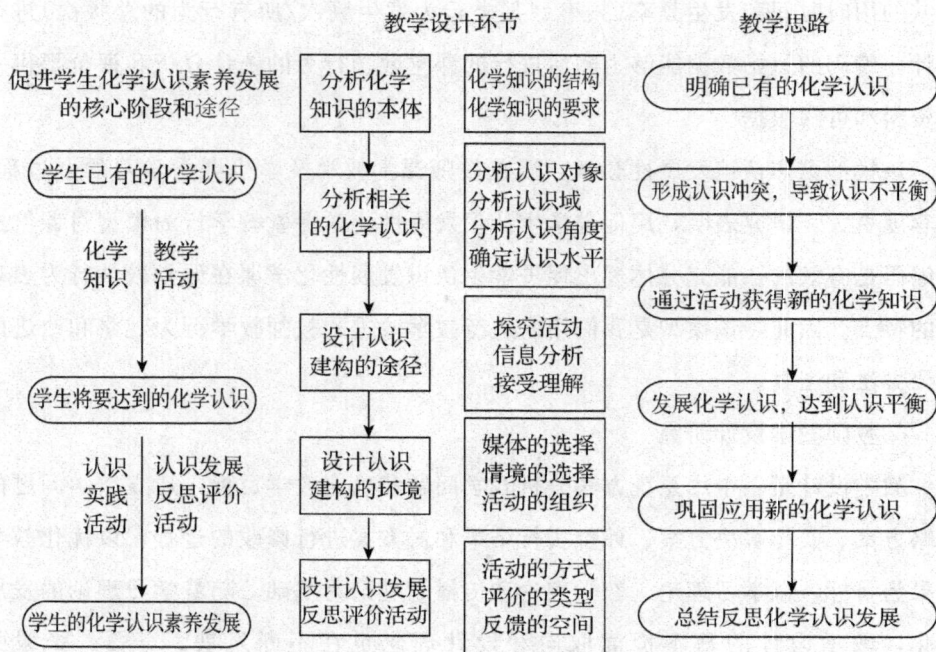

图 10-3-6　促进学生认识素养发展的化学教学设计程序与教学思路

第十一章

促进化学学科能力素养发展的主题教学改进研究案例

　　如何实现核心素养和学科能力培养在学校和课堂中的"落地"问题？如何将学科知识转化成能力和素养？如何促进教师从知识为本的教学转变成能力素养导向的教学？如何促进教师从教学观念到教学行为的转变？如何提高教学改进的实效性？

　　我们在原有的高端备课教学实践的基础上，从2014年开始在8个地区的20余所学校开展促进学生化学学科能力核心素养发展的主题整体教学改进实践研究。针对学生基于核心主题的能力素养发展现状进行前测诊断，基于"高端备课"模式指导教师开展行动研究，实施精准教学改进，对学生能力素养进行后测评价并作为评估教学改进效果的证据。形成具有不同主题特色的学科能力核心素养教学实践策略，研发百余课时的高质量教学案例资源。

　　本章选取了促进学生能力素养发展的教学改进研究的系列案例，包括实验探究、电化学、水溶液、化学平衡、无机物、有机化合物等高中化学课程的重难点主题。这些案例生动、具体、详实地记录了我们对于这些主题的学科能力核心素养培养价值的理解和认识，促进和实现教学改进的真实过程，教学改进前后学生和教师的发展变化。体现出理论与实践相融合，定性与定量研究相结合，设计研究与行动研究相统一等特点，致力于转变学科能力的研究理论与能力表现评价和能力培养的学科教学实践一直处于相脱节的状态，将理论和评价研究成果有效转化为教学改进实践成果。

第一节　实验探究主题的教学改进研究案例

实验探究是化学学科的研究方法，是学生们获取化学知识的重要途径，也是学生们需要不断发展的一项能力。"科学探究与创新意识"以及科学探究中必然经历的"证据推理"已经列入了化学学科核心素养。目前，以实验探究的方式开展化学教学不是什么新鲜事，但是这些含有实验探究活动的化学教学应该承载哪些实验探究能力的发展目标，如何促进实验探究能力的培养，很多教师是模糊的。我们常常在教学设计的教学目标中看到，过程方法类目标中写着"培养学生的实验探究能力"，这一放之四海皆成立的教学目标恰恰体现了教师虽然重视学生实验探究能力的培养，但不清楚实验探究能力的内涵是什么，有哪些进阶水平，如何结合具体教学内容促进学生实验探究能力的发展。

因此，以基于核心素养发展的实验探究能力表现系统为依据，我们开展了系列实验探究主题教学改进研究。下面以高中化学课程必修 2"化学反应速率"教学主题中"探究化学反应速率的影响因素"的探究教学为例，介绍教学改进过程和结果。

一、实验探究能力表现系统

学生的实验探究能力是在实验探究活动中逐步发展起来的。基于化学核心活动经验形成的实验探究能力表现系统模型包括实验探究活动类型、活动过程经验、认识方式、学科能力活动及表现 4 个方面，如图 11-1-1 所示。

实验探究活动类型是根据活动目标划分的化学学科探究任务，包括制备、分离、检验、物质结构探究、反应规律探究、性质探究 6 种类型。每种探究任务类型有独特的探究思路、操作程序和关键策略。例如，物质分离任务的基本思考程序是：明确要分离的物质→比较要分离的物质和底物间的性质差异→选择易于分离且不破坏需要保留的物质的那条性质→进行物质转化操作和分离操作→检验分

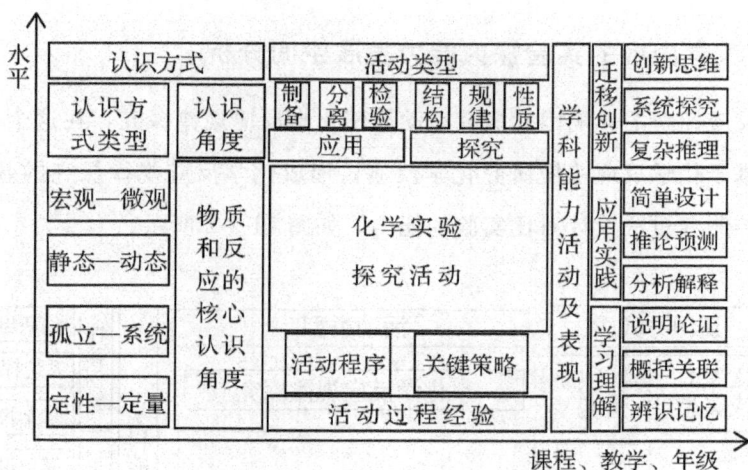

图 11-1-1　实验探究能力表现系统

离效果。这 6 类学科核心活动根据活动目标和程序还可以概括为以获取产品为目标的应用类活动、以构建解释和发现规律为目标的探究类活动。

活动过程经验是学生经历典型化学核心活动后应该留下的对活动的概括化认识，包括活动程序和关键策略。这些程序和策略是指导学生开展新的探究活动的基础。

认识角度和认识方式决定了学生探究活动的逻辑起点，认识角度与学生拥有的学科知识及知识应用能力有关。例如，对物质性质的探究，预设物质性质时是基于具体经验、现象，还是基于对物质类别、核心元素化合价的分析，就是不同的认识角度。认识方式包括孤立—系统、静态—动态等，它决定了学生是否能够基于多角度、多变量关系、整体规划、系统推理展开探究活动。

能力表现要素则是体现了学生对经典原型探究活动的学习理解水平及将原型经验迁移应用到陌生探究问题，乃至进行综合复杂问题探究和创新性探究活动的能力。

403

二、基于教学内容的实验探究能力发展空间分析

化学反应速率的影响因素探究活动属于化学反应规律探究，在这个探究活动中，学生基于化学反应快慢研究化学反应，形成化学反应规律探究的基本思路，发展运用控制变量法设计对比实验的能力，如图 11-1-2 所示。

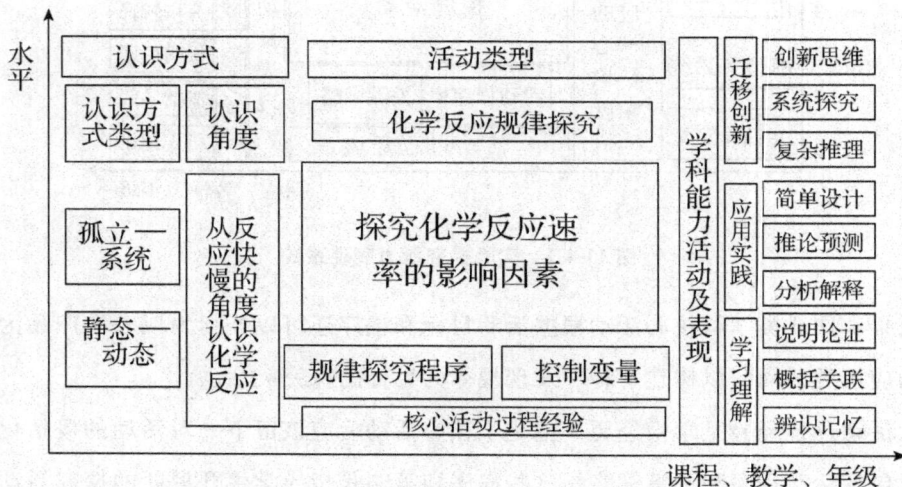

图 11-1-2　探究化学反应速率影响因素活动对探究能力发展的贡献

化学反应规律探究的基本思路是：明确探究对象（因变量），找到可能与探究对象相关的所有因素（所有可能的自变量），确定研究的化学反应和可能的实验操作（自变量、因变量的实验内涵），用控制变量的思路设计对比实验（改变一个自变量，控制其他自变量，测定因变量的变化结果），观察现象记录数据找到自变量与因变量有关的关键证据，形成结论。这类探究活动的关键策略是控制变量思想的合理运用。

学生在小学科学中就做过对比实验，可以认为形成了控制变量思想的雏形。在初中化学二氧化碳是否与水反应的探究活动以及燃烧的条件探究活动中，学生都在教师的指导下接触过控制变量的思想。因此，对于控制变量，学生并不陌生。在化学反应速率的探究活动中学生需要发展自主运用控制变量的思想设计实

验的能力。

以往教学发现，在化学反应速率影响因素的探究活动中，学生比较容易找到影响化学反应速率的温度、浓度、催化剂等熟悉的因素，但是在设计实验进行验证时，则显得思路混乱。学生可能有以下几种表现：有些学生不设计对比实验，如直接用高浓度的酸与金属反应，就想证明浓度是影响速率的因素，说明学生不具备控制变量的思想；有些学生设计了对比实验，但在一个反应过程中对多个影响因素施加改变，实际无法证明哪个因素在起作用，说明学生只是有了比较的意识，也许知道控制变量这个词，但是并不清楚什么是"变量"；水平高一些的学生，知道每次只改变实验的一个要素，说明他们懂得控制变量的基本含义，不过他们很可能说不清需要被控制的变量到底有哪些。

通过对化学反应速率的影响因素的探究活动，我们希望学生能够发展运用控制变量的思想设计实验的能力，能够概括出化学反应规律探究的一般思路，能够识别出对化学反应某方面的"影响因素"的探究或化学反应条件的探究等均属于化学反应规律的探究。在探究活动中，学生将面对多个影响因素的调控问题，这是系统的、动态的认识能力的发展。

三、教学改进前的调研

1. 教师原始教学设计

在"化学反应速率"以往教学中，教师的教学重点落在化学反应速率的概念认知、公式表达和明确影响化学反应速率的几种主要因素上。课堂上教师也会给学生动手实验的机会，但实验目的主要是为了得到化学反应速率影响因素的结论，有培养学生实验探究能力的愿望，但培养目标不清晰。在教师的原始教学设计中，教学目标设定为：

①知道化学反应速率的定义及表达式，并能进行简单计算；

②了解影响化学反应速率的因素；

③培养学生的探究意识，提高学生猜想假设能力、思维能力、实验能力；

④培养学生严谨求实的探究精神。

教学设计过程如表 11-1-1 所示。

表 11-1-1 "化学反应速率"教学设计

教学环节	教师活动	学生活动	设计意图
情境引入	展示与化学反应速率有关的真实场景	观看、思考	使学生体会化学反应有快慢的差异
建立概念	提出问题：如何定量描述一个化学反应的快慢呢？ 概括总结，落实化学反应速率的定义和表达式	表达自己的观点，理解化学反应速率的定义和表达式	通过物理学科速率概念的迁移形成对化学反应速率的理解
活动探究	提出问题：影响化学反应速率的因素有哪些？ 提供实验药品：5% 双氧水、3% 双氧水、二氧化锰、氯化铁溶液、碳酸钙固体、碳酸钙粉末、稀盐酸、浓盐酸、热水； 组织学生分组探究，要求每个小组至少完成一个影响因素的探究	分组探究，形成结论	通过实验探究，发现化学反应速率的影响因素有温度、浓度、催化剂等
形成结论	总结化学反应速率的影响因素，知道既有物质本身的性质这一内因，也有各种条件这样的外因	概括总结、整理笔记	落实化学反应速率的影响因素，知道通过改变影响因素，可以加快或减慢化学反应速率

从这份教学设计可以看出，教师在知识落实环节的设计较为丰满，对学生的要求也较为明确。在活动探究环节，教师提供的实验药品还是比较丰富的，给了学生实验探究的空间，但是在这个空间下，学生通过实验活动除了确证自己可能已知的想法，如温度升高，化学反应速率加快，还能获得什么？教学设计没有呈现出来。而且，虽然学生得到了正确结论，但是他们的实验设计和实验过程真的能够支撑这个结论吗？教师对此也没有关注。因此，按照目前的教学设计，无论是学生的实验设计能力还是探究过程的证据推理能力，教师都没有给予有意识的、目标明确的培养和发展。

2. 教学前测

为了准确了解学生学情，开展有效教学，我们对学生进行了教学前测。前测围绕学生对化学反应快慢影响因素的原有认识，以及化学反应规律探究的实验方案设计能力展开。教学前测题目概况如表 11-1-2 所示。教学前测结果如表 11-1-3 所示。

表 11-1-2　教学前测题目信息

测查内容		能力要素	题目描述	评分说明
化学反应速率影响因素的原有认识	说出对化学反应快慢影响因素的原有认识	A1	你认为哪些因素会影响化学反应的快慢	2 个以上因素得分
	提出判断反应快慢影响因素的依据	A2	说明影响化学反应的快慢因素的判断依据	用直观现象说明，例如，金属与浓盐酸反应更快；夏天温度高牛奶更容易变质
	系统论证对化学反应快慢因素的原有认识	A3		有控制变量或对比的思路论证依据，例如，等量的锌粒与浓盐酸反应，比与稀盐酸反应产生气体的速度快
设计实验证明化学反应快慢的影响因素	利用给定的化学反应设计实验方案	B3	根据给定实验药品设计实验证明"浓度对化学反应速率的影响"	利用硫酸、盐酸、锌粉、铁粉等药品设计实验证明浓度对化学反应快慢是否有影响（通过多组实验得出结论）
	对实验方案的系统解读	A3	解释浓度对化学反应速率影响的实验设计	解释自己设计的实验方案，解释一组即得分
理解化学反应规律探究活动	识别探究目的	A2	解读给定实验方案	识别出实验目的是探究温度对化学反应的影响
	识别实验方案中涉及的变量和变量控制	A2		识别出除温度变量外，其他变量都未改变
	解释变量控制实验设计	B1		对控制变量的对比实验设计进行解释

其中"解读给定实验方案"对应的实验数据：

试剂种类及用量	试管 1	试管 2
	$0.1\ mol\cdot L^{-1}$ H_2O_2 5 mL	$0.1\ mol\cdot L^{-1}$ H_2O_2 5 mL
	$0.01\ mol\cdot L^{-1}$ $FeCl_3$ 1 mL	$0.01\ mol\cdot L^{-1}$ $FeCl_3$ 1 mL
温度	20 ℃	60 ℃

测查内容	能力要素	题目描述	评分说明
理解化学反应规律探究活动	根据现象得出结论 A2	根据前述实验的实验现象,试管 2 中的气泡多于试管 1,得出实验结论	只要说出温度高反应快即可
	说明现象和结论间的推断关系 B2	说明结论和现象间的推理关系	基于控制变量和对比关系做出逻辑推理
理解陌生的化学反应规律探究	根据化学反应规律探究的复杂数据推测结论 B2	根据过氧化氢溶液与氢碘酸(HI)反应的实验数据资料推断实验结论	发现两种物质浓度与反应中颜色变化快慢的关系
	根据化学反应规律探究的实验设计推断探究目的 B1	(见下表)	说明控制和改变的自变量,以及因变量的变化结果
设计实验方案证明化学反应规律存在	C2	证明 KI 可能是过氧化氢分解反应的催化剂(仪器和试剂可自选)	证明两个要素:KI 可以加速反应,且 KI 始终存在
通过复杂实验数据推断结论	C1	根据数据图分析结论	提出 I^- 浓度与 H_2O_2 浓度都与反应速率有关

实验编号	1	2	3	4	5
$c(H_2O_2)$ /(mol·L^{-1})	0.1	0.1	0.1	0.2	0.3
$c(HI)$ /(mol·L^{-1})	0.1	0.2	0.3	0.1	0.1
从混合到出现棕黄色的时间/s	13	6.5	4.3	6.6	4.4

表 11-1-3 教学前测结果

能力要素	A1	A2	A3	B1	B2	B3	C1	C2
得分率/%	94.30	77.40	7.40	84.30	37.10	16.10	6.60	3.70

　　教学前测结果显示,几乎所有学生在化学反应速率教学前就知道至少两个影响化学反应快慢的因素,得分率达到 94.30%;多数学生能够将这些观点与化学

反应现象建立起联系，为 77.40％，但是只有很少的人能够论证为什么这些现象可以作为证据证明这些因素会影响化学反应快慢，仅为 7.40％。大多数（84.30％）学生能从简单的实验方案中识别出对比实验中的控制变量，但是只有少数（16.10％）学生可以自主进行完整控制变量的对比实验方案设计，而对于复杂任务的实验设计，只有 3.70％ 的学生能达到此水平。可见，本次教学改进的主要目标是帮助学生从只能识别已有实验方案中的变量控制，到明确化学反应速率的影响因素探究活动中的变量，自主设计基于变量控制的实验方案；促进学生基于实验证据论证化学反应快慢的影响因素；发展学生面对多因素多变量复杂问题时的拆分问题、系统思考、有序处理的实验设计与实施能力。

四、教学改进过程

1. 指向能力改进的教师自主教学设计

根据促进学生实验探究能力发展的教学定位，授课教师完成了初始教学设计（本文只讨论探究化学反应速率的影响因素部分的教学，不讨论化学反应速率的概念建立和公式表达，下同）。教师这样设定本节课实验探究能力的发展目标：

①通过实验探究，理解实验探究中控制变量的重要性，提高学生实验设计能力；

②通过实验探究，学生能自己总结出化学反应速率的影响因素；

③培养学生严谨求实的探究精神。

教学过程设计如表 11-1-4 所示。

表 11-1-4　教学过程设计表

教学环节	主要问题和任务	能力要素分析	教师活动	学生活动
预设化学反应快慢的影响因素	什么因素影响化学反应速率	A2：实验条件等因素与化学反应快慢的关联	提出问题：什么因素会影响化学反应的快慢	根据已有经验，列举影响化学反应快慢的因素，如加热、加催化剂、增加反应物浓度等

教学环节	主要问题和任务	能力要素分析	教师活动	学生活动
完成实验验证催化剂影响化学反应速率	按照学案上的实验内容完成实验并观察现象	A2：实验方案与实验操作的关联	明确实验目的：催化剂是否能提高化学反应速率呢？给出实验方案，指导学生完成实验：取一定量5%的双氧水，滴加两滴1 mol·L^{-1}的氯化铁溶液，观察现象	根据学案上的实验方案完成实验
确定探究任务：探究化学反应速率的其他影响因素	加快该化学反应速率，还有哪些办法	A2：实验条件与化学反应快慢结果的关联	提出探究问题：还有哪些因素影响化学反应的快慢	尽可能多地找到化学反应速率的影响因素，明确后续研究对象
自主实验探究	设计实验方案验证自己的猜想，每个小组至少完成一个影响因素的探究	B3：完整设计与实施实验	指导学生小组设计并实施实验	以双氧水分解的实验为基础，设计实验方案证明浓度、温度是影响化学反应速率的因素，实施实验，记录实验现象
概括总结	总结化学反应速率的影响因素	A2：实验结果与结论间的关联	组织学生交流实验结论，指导学生总结、落实化学反应速率的影响因素	汇报交流实验结论，各组结论汇总，概括影响化学反应速率的因素

这份教学设计尊重学生对化学反应速率影响因素的原有认识，由学生提出实验假设；重视学生的学习参与，给了学生以小组为单位自主进行实验设计，自主完成实验探究的机会。同时，为了保证学生的自主实验不会过于盲目，教师设计了按照已有实验方案完成对催化剂这一因素探究的实验环节，起到实验操作流程示范和思路引领的作用。但是这份教学设计也存在着明显不足。从教学目标看，对学生的发展要求较为空泛，虽然提出了要求学生认识控制变量的重要性，提升探究能力，但是这次认识控制变量和以前的认识有什么不同？这次提高了实验设计的什么能力？哪些行为表现说明学生发展了严谨求实的探究精神？……教学目标不够清晰导致教学过程设计中对学生能力发展的促进不足。例如，规定了学生

完成实验、自主探究等粗线条任务，能力要求以 A2、B3 为主，但没有对实验方案进行论证的 A3 类任务，缺乏对实验设计思路的分析概括总结，因此在完成 B3 类任务时缺少核心思路，也难以帮助学生实现化学反应规律探究实验设计思路的有效迁移。

2. 基于学科能力研究的教学设计

根据教学前测试，多数学生不能论证某些实验条件是化学反应快慢的影响因素，不能逻辑严谨地解读基于控制变量思想进行的实验设计，难以自主完成多因素化学反应规律探究的实验设计与实施任务。这些问题背后的原因是什么呢？一线教师和高端备课专家团队一起展开了讨论，从以往教学中学生的行为表现入手，结合专家的理论分析，大家形成了以下共识。

对于实验方案和实验结论的论证能力的发展，教学中需要学生明确实验目的、实验过程（实验内容和程序）、实验现象、实验结论及其之间的逻辑关系，要为学生设计相应的学习活动，使学生在学习过程中描述上述内容，分析其中的逻辑推理关系，并用语言表达出来。

对于多因素化学反应规律探究的实验设计能力的提升，学生缺失的是对变量的认识和多变量调控能力。在本次学习之前，学生大致知道控制变量和对比实验的思想，但不够精准。比如，在燃烧条件的探究活动中，学生能够看出一种物质是可燃物，另一种物质不可燃这样的自变量的变化，但是不清楚除了这一自变量外，其他哪些与燃烧现象相关的变量被控制，也就是说，学生没有对多个变量同时思考，调节一种变量控制其他变量的整体观；多数学生根据某物质在空气中不燃烧，加热后才燃烧而得出燃烧的条件之一是达到着火点。其实，这个推理过程是有漏洞的。在"达到着火点才能燃烧"这个研究假设中，达到着火点是自变量，是否燃烧是因变量。着火点是个温度值，加热是使物质达到着火点这个温度值的实验操作，如果实验严谨的话，我们应该证明加热温度达到着火点，物质才燃烧，没达到着火点不燃烧。也就是论证自变量和因变量的关系，而不是实验操作——加热和因变量的关系。

关于化学反应速率影响因素探究的以往教学经验，也显示了学生存在上述问题。很多学生分不清实验变量和实验操作的关系，不知道什么现象或证据可以表征化学反应的快慢；找不准或找不全自变量，以至于控制变量时难以确定是否将所有相关变量都进行了有效控制，如用碳酸钠粉末和碳酸钙固体分别与盐酸反应比较化学反应的快慢，学生可能希望证明不同物质会影响化学反应快慢，但是药品形状、质量、浓度等有关变量都没有得到控制。因此，本次教学引导学生系统分析相关变量，并进行控制变量的实验设计，是重要任务。

通过以上分析，授课教师决定本次教学做出以下教学改进。

实验探究能力发展的目标设定为：

①发展对控制变量思想的认识，明确影响化学反应速率探究活动中的自变量和因变量，知道自变量和因变量的关系，建立变量改变和实验操作间的关联；

图 11-1-3 专家指导教学设计

②能自主设计实验方案证明化学反应速率的影响因素，并论证实验方案；

③能系统分析影响化学反应速率的多个因素，探究每个因素对化学反应速率的影响时，懂得控制所有其他相关因素，使实验方案严谨；

④概括利用控制变量思想探究化学反应规律的实验设计的思路方法，并尝试迁移应用。

修订后的教学过程设计如表 11-1-5 所示。

表 11-1-5 修订后的教学设计

教学环节	主要问题和任务	能力要素分析	教师活动	学生活动
明确研究问题，提出假设	影响化学反应速率的因素有哪些，提出假设并说明依据	A2：实验条件等因素与化学反应快慢的关联； A3：利用原有经验论证假设的合理性	提出问题：通过调控哪些因素可以影响化学反应的快慢呢？举例说明	根据已有经验，列举影响化学反应快慢的因素，并用具体实例说明该因素与化学反应快慢变化结果的关系

教学环节		主要问题和任务	能力要素分析	教师活动	学生活动
实验方案设计与实施	明确研究对象，设计实验方案	根据提供的实验药品设计实验方案证明温度、浓度、催化剂等是影响化学反应速率的因素	A2：根据实验药品对应化学反应 B3：完整设计实验方案 B2：根据提示修改补全实验方案	提供实验药品：镁条、锌粒、铁钉、铁粉、二氧化锰、碳酸钙、稀盐酸（1 mol·L⁻¹，0.1 mol·L⁻¹）、稀硫酸（1 mol·L⁻¹，0.1 mol·L⁻¹）、双氧水溶液、氯化铁溶液（1 mol·L⁻¹）、酚酞、硫代硫酸钠溶液、碘化钾溶液； 巡视各组实验方案设计情况，适当给予评价和提示	①明确要研究的化学反应； ②确定衡量该化学反应快慢的指标（因变量）； ③明确要研究的影响因素（自变量）和其他影响因素（其他变量）； ④用控制变量的思想设计实验方案
	完成实验操作并获得实验证据	完成实验，记录现象，确定实验证据和结果	A2：建立实验操作与实验方案的关联，建立实验现象与反应快慢的关联	允许方案合理的小组开始实验，观察各组进度，针对小组情况给予帮助或提出更高要求	完成实验，记录实验现象，判断现象可否作为证据得到实验结果
	形成实验结论	基于控制变量思想的实验设计思路说明和实验方案、实验结论的论证	A3：论证假设——实验过程——结论的关系	组织小组汇报，汇报时注意建立目的—方案—现象—结论间的逻辑关系	组间交流实验方案和结论，对实验方案介绍时，要明确控制的变量，对比的内容，作为证据的现象
概括总结		化学反应规律探究的思路方法和关键策略的概括总结	A2：研究过程梳理成基本程序和关键策略（高水平关联）	指导学生总结探究化学反应速率影响因素的基本程序并迁移到化学反应规律探究的基本程序； 总结探究多个影响因素时，如何利用控制变量的思想进行实验设计，如何预设作为证据的关键现象	对探究过程的反思，基于对实验过程中每个环节的深刻理解（A3能力），概括基本思路和关键策略

3. 试讲后的教学策略改进

利用修订的教学设计，教师进行了试讲。通过课堂观察和学生访谈证实，试讲实现了学生自主设计实验方案，实验活动后通过小组间交流实现了学生对自己实验方案的论证，也实现了识别相关变量和控制变量的实验思想。

但是试讲也发现了一些问题。学生自主设计实验方案有简单的控制变量思想，但并没有厘清改变了什么控制了什么。一部分学生认为改变某个条件让化学反应从慢变快就证明了该条件是影响反应速率的因素，比如，取 $0.1 \ mol \cdot L^{-1}$ 的盐酸，向其中加入锌粒，然后再滴加 $1 \ mol \cdot L^{-1}$ 的盐酸，气泡生成速率变快。有的学生能够设计对比实验，但是变量控制不足，比如，在两支试管中各取 $1 \ mol \cdot L^{-1}$ 的盐酸 $2 \ mL$，分别加入锌粒和铁钉，比较反应快慢。实验设计中对因变量变化的观测看似简单，但是学生也可能是模糊的。比如下面这个教学片段。学生描述实验设计：取两支试管，一支中加入 $0.1 \ mol \cdot L^{-1}$ 的盐酸，另一支中加入 $1 \ mol \cdot L^{-1}$ 的盐酸，在两支试管中分别放入锌粒，看反应的快慢。（教师追问：实验操作中怎么看出反应的快慢?）看气泡的多少。（教师追问：气泡的多少是什么含义，为什么看气泡的多少就说明反应快慢?）气泡就是氢气……（学生恍然大悟一样）应该是看相同时间的气泡多少。

实验设计时，很多组学生只用一个化学反应做一组实验，就认为自己完成了任务，没有想过个例与规律的区别，也没想到结论是否可推广。

教学中，教师走到各个小组观察指导学生们的实验设计，必要时加以追问和指导，在教师的帮助下，各组都完成了至少一组控制变量的实验，可惜整体耗时较多，且因为有些小组只完成一组控制变量实验，所以需要与其他组同学的实验现象等整合，才能构成合理结论。也就是说，在这次教学中，学生是通过实验活动后的交流，理解实验设计中的变量选择和变量控制，理解一个化学反应可以作为不同影响因素的探究载体，同一个因素也可以通过不同的化学反应来确证。但是当学生有了这样的思路后，由于教学时间等原因，在一定时期内没有应用的机会，使得学习到的这些观点只能是观点，没有变成可应用、可迁移的思路方法。怎样才能帮助学生形成有效的思路方法呢？研讨后，在前一稿教学设计的基础上，我们又做出了如下调整。

教学过程中进行三轮次实验交流，功能分别是实验设计前对选取合适的化学反应和实验证据进行讨论，实验操作前落实控制变量的实验设计思路并明确具体实验过程中的注意事项，实验活动后对实验结论进行交流。每一次交流，学生既要论证本组的实验方案（A3能力），又要分析评价别的小组的方案（B1能力）。教学片段如下。

第一轮次交流

教师：我们探究的内容是影响化学反应快慢的因素，该怎样选择适合我们研究的化学反应呢？

学生：（纷纷回答）找好做的实验，找没污染的反应，找现象明显的反应……

教师：为什么找现象明显的反应？

学生：方便判断反应快慢。

教师：哪些现象是明显的化学反应现象，可以比较反应快慢？

学生：（纷纷回答）生成气体、沉淀、变色……

教师：请根据给定的实验药品，设计实验方案证明化学反应快慢的影响因素。你至少选择一个反应的一个影响因素进行研究，有能力的话，设计方案完成更多的研究……

第二轮次交流

某组学生：我们选择的是碳酸钙和盐酸的反应。取两块相同大小的碳酸钙，放在两支试管中，分别加入 $1\ mol \cdot L^{-1}$ 和 $0.1\ mol \cdot L^{-1}$ 不同浓度的盐酸，看反应快慢。

教师：你们是要研究浓度这个因素吗？你们怎样看反应快慢？

学生：看气泡。

教师：怎样看气泡，为什么看气泡能说明反应的快慢？

……

第三轮次交流

……

某组同学：我们组选双氧水在催化剂条件下的分解实验，开始我们用二氧化锰当催化剂。反应很快，我们还没加热，反应就完了。后来我们换成三氯化铁当催化剂，加热后反应更快了！

教师追问：你们研究的因素是什么？你们控制了什么变量、调节了什么变量？你们的实验结论是什么，证据是什么？

......

教师：还有哪些组也研究了温度对反应快慢的影响？说说你的实验过程和结论。

......

学生实验后，分组汇报时，教师在板书上列出"化学反应、控制的因素、探究因素、快慢指标、结论"等关键词，指导学生既简洁又明确地进行汇报。同时教师把每个组的汇报内容记录在相应的词下，各小组实验探究过程结果一目了然。

分组汇报后，教师指着板书上的记录提出问题："根据各个小组的实验结果，我们可以得到哪些结论？与一个小组完成自己的实验相比，把大家的实验结果汇聚在一起对你有什么启示吗?"通过这样的问题，教师把原来自己做的概括总结转移给学生。学生们基于对实验结果的观察，不但得到了哪些因素会影响化学反应快慢的结论，还发现一个化学反应可以探究多个影响因素；一个影响因素可以通过多个化学反应的快慢变化得到印证。这样的结果汇聚实际上是给每一个影响因素的探究建立了一个证据系统。

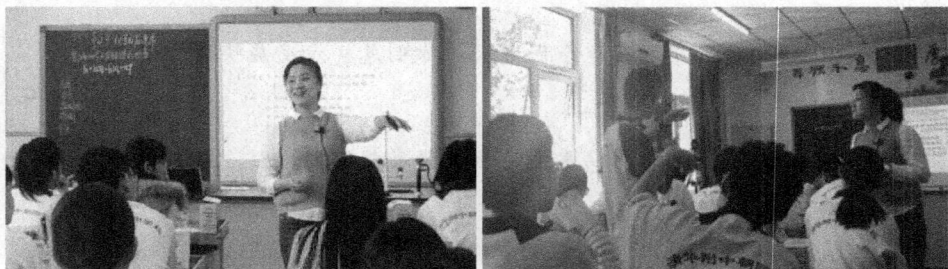

图 11-1-4　课堂中的论证与论辩

通过上述改进，课堂教学更有序紧凑，学生对实验目的—方案—现象—结论间关系的理解和论证更清晰，课堂中学生自主思考、积极参与能力都得到了提升。

4. 教学后测

教学结束后，为了解教学效果，我们组织了学生后测。题目的测查指标尽可能与前测一致，部分题目进行了调换。学科能力为 C 水平的题目没有更改，因为前测后教师没有任何讲解，我们希望检验通过改进后的教学，是否有更多学生提高了学科能力而顺利完成 C 水平习题。从表 11-1-6 和图 11-1-5 中可以看出，通过基于学科能力的教学改进，学生对化学反应速率的理解及化学反应规律探究等内容，在说明论证、推论预测、方案设计、复杂问题解释和探究方面都有了很大的发展。

表 11-1-6　教学后测结果及其与教学前测的比较

能力要素		A1	A2	A3	B1	B2	B3	C1	C2
得分率 /%	前测	94.30	77.40	7.40	84.30	37.10	16.10	6.60	3.70
	后测	98.10	86.80	62.20	98.10	81.10	58.50	35.80	15.10

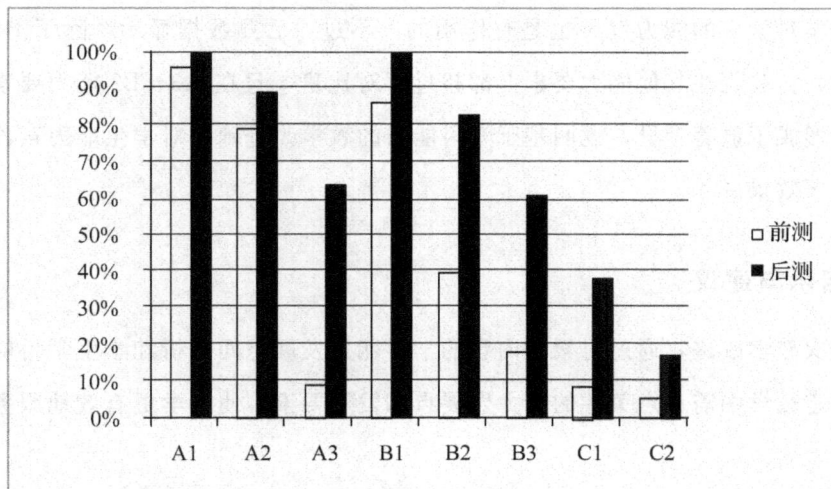

图 11-1-5　教学前后测能力要素发展比较

那么，缺乏学科能力发展指导的教学对学生培养的效果如何呢？我们另外设立了对比班，使用根据常规教学形成的教师原始教学设计进行教学，对比班的学生也经过前后测，测试结果如表 11-1-7 所示。

表 11-1-7　实验班与对比班教学前后测的对比

能力要素		A1	A2	A3	B1	B2	B3	C1	C2
前测	实验班得分率/%	94.30	77.40	7.40	84.30	37.10	16.10	6.60	4.00
	对比班得分率/%	96.00	68.00	10.00	92.00	40.00	18.00	8.00	4.00
	显著性	0.322	0.412	0.451	0.646	0.780	0.789	0.307	1.000
后测	实验班得分率/%	98.10	86.80	62.20	98.10	81.10	58.50	35.80	15.10
	对比班得分率/%	96.00	84.00	18.00	100.00	72.00	52.00	24.00	16.00
	显著性	0.322	0.239	0.010	0.322	0.068	0.171	0.042	1.000

在前测中，实验班和对比班在 A1～C2 所有能力要素上都没有显著差异。对比班学生在 A1、A3、B1、B2、B3、C1 等能力要素指标的具体得分上都略高于实验班。

通过教学，对比班的学生在各项能力要素上也都有了一定程度的提高，说明常规教学对学生的能力发展也是有作用的。不过，后测数据显示，除了 B1、C2 指标外，实验班在其他能力要素上都超过了对比班，且在 A3、B2 能力要素上与对比班形成了显著差异，说明基于学科能力的教学改进确实对学生能力素养的提升有显著效果。

五、启示与建议

本次教学改进，通过对教学内容的学科能力发展空间分析和学生学科能力诊断，确定教学中需重点关注的能力发展点和发展要素，使教学更有效地服务于学生能力发展。

与常规教学相比，本次教学通过引导学生准确描述实验目的、调控的变量、作为证据的现象和实验结论，帮助学生更加清晰地理解探究过程，论证实验方案，建立实验目的—实验过程—实验现象—实验结论间的逻辑推理关系。

改进后的教学在探究活动环节给了学生更多的实验药品，使学生可能产生更多的实验方案。对每一个学习小组来说，并没有增加课堂上的学习活动时间，但是对全班来说，则大大丰富了实验证据系统，也使得学生体会同一个化学反应可以用于研究不同的反应规律，同一反应规律也需要在不同的化学反应上得以证实。

从教学策略上看，建立开放的课堂气氛，鼓励学生自主完成任务是有利于学生能力发展的。本次教学设置了学生自主选择研究的要素、自主设计实验方案、自主论证和组间互评实验方案、自主概括总结等活动环节，教师在这些环节中起到组织、引导、追问和最终确证指导学生落实的作用。实现教学的开放性，需要教师有真心倾听学生观点、希望学生通过自我修正或同学互助而达成学习目标的强烈愿望，还需要教师有自我控制的能力，给学生机会，不打断学生的论证。本次教学改进试讲时，虽然也设计了论证实验方案的环节，但是教学过程中，对于学生的实验方案，教师忍不住做出评价，使学生丧失了互相评价和充分论证，自主厘清逻辑关系的机会，这一点在正式讲时得到了极大的改进。

第二节 电化学主题的教学改进研究案例

电化学是中学化学学科基本结构中的重要部分，是对氧化还原反应、化学反应中的能量变化、水溶液、离子反应、金属活动性顺序等知识的综合运用，是培养学生对于学科知识的综合理解和应用的一个极好的切入点。同时，国内外关于探查学生原电池迷思概念的研究都表明学生在电化学的学习过程中存在许多的迷思概念，而且学生头脑中的很多迷思概念并未随着学习时间的延长而有明显的转变，即使到了高三复习时很多迷思概念仍然普遍存在，说明目前普遍的电化学教学未能有效地改变学生对于电化学的迷思概念，未能真正给学生建立起系统的电化学认识模型。那么我们如何才能帮助学生建立起一个有效分析和解决电化学问题的认识模型，从而促进学生学科能力及素养的发展呢？

下面我们以在某完全高中进行的高二原电池的教学改进研究为例，来介绍我们对原电池主题的教学改进研究。

一、电化学认识模型

1. 基于学科能力导向的高中生电化学认识模型

蒋涛[①]从知识本体出发，对电化学部分的核心关注点进行了归纳；预设学生的认识发展层级并确立评价基础；通过教材文本分析，归纳出高中生电化学部分的核心概念原理知识，确定了原电池电势差和闭合回路的两大基本认识角度；基于学科本体建立原电池认识结构图；根据布卢姆的教育分类框架理论，从理解、分析、应用3个维度对原电池内容主题进行了能力水平划分，提出了认识发展层

---

① 蒋涛. 高中生原电池认识发展的模型建构及测评研究[D]. 北京：北京师范大学，2011.

级模型。王维臻[1]通过分析高中化学课程标准和整理已有的学生研究及大量的课堂证据，提出了电化学认识模型，并以此进行了高三原电池的复习教学研究。丁晓新[2]分析学生形成原电池错误概念和错误表现的本质原因，揭示学生的典型偏差认识；明确学生应建立的原电池正确认识，发展高中生电化学认识模型；开发原电池认识发展测查工具，测查高中生对于原电池的认识现状；探查高中生原电池认识方式构成要素的发展水平；根据测查结果划分高中生原电池认识发展层级；分析高中生原电池认识层级发展情况；构建高中生原电池认识发展进阶模型；通过教学实验研究，探讨教学对学生认识发展的影响。

在这些研究的基础之上，我们结合学科能力的理论框架，进一步对高中生电化学的认识模型进行丰富和发展（见图 11-2-1）。

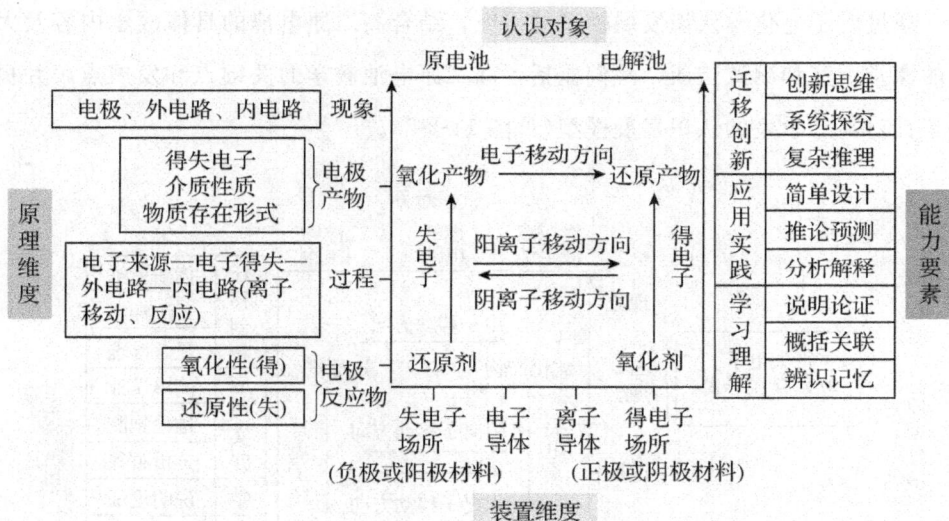

图 11-2-1 基于学科能力导向的高中生电化学认识模型

该模型从认识对象、装置维度、原理维度及能力要素 4 个维度来刻画电化学

---

① 王维臻，王磊，支瑶，等. 电化学认识模型及其在高三原电池复习教学中的应用[J]. 化学教育，2014(1)：34-40.

② 丁晓新. 高中生电化学认识发展研究[D]. 北京：北京师范大学，2014.

的认识模型。在认识对象上，将电化学分为原电池和电解池两个研究问题，但是其关键的认识角度和认识思路是一致的，即原理维度和装置维度。装置维度包含得失电子的场所（电极材料）和导体（电子导体和离子导体）两大部分，原理维度包含得失电子的物质（电极反应物）、电极产物、微观过程和宏观现象4个部分。这是学生认识电化学的一级角度。随着学生对于电化学学习的深入，角度逐渐丰富和发展，学生逐渐可以从电子的来源、电子的得失、电子和离子的运动等方面系统地分析整个工作过程，并综合考虑环境介质等影响因素来判断最终的现象和产物。在这个过程中学生通过熟悉原型、简单变式、复杂变式等一系列的问题情境和任务学科能力也逐渐得到发展，素养得到提升。

2. 高二原电池学科能力培养目标

通过对于电化学认识发展模型的研究，结合高二原电池的具体教学内容及大量的课堂观察和测试访谈，我们概括了高二原电池教学的关键点和发展点，并提出了针对高二学生的认识发展模型（见图 11-2-2）。

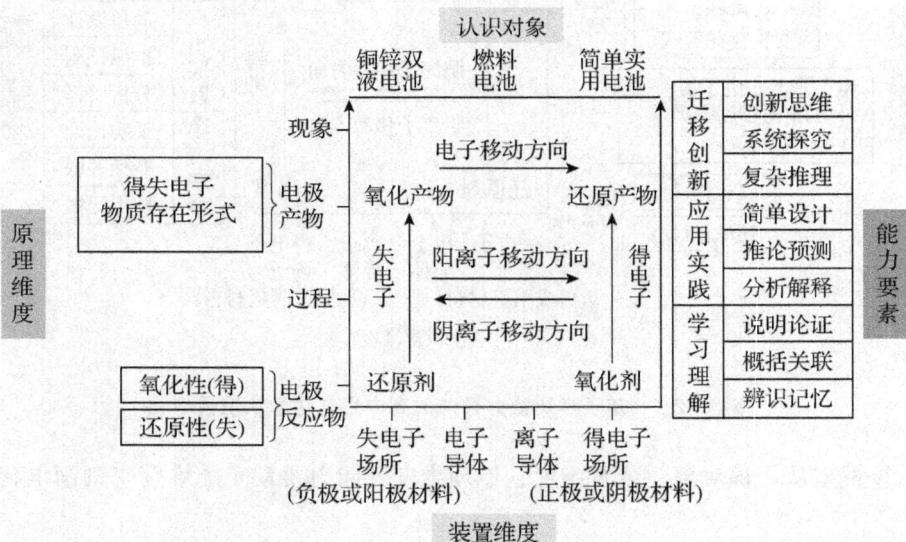

图 11-2-2　高二原电池认识的教学模型

高二阶段的原电池教学，承担了两个核心任务：一是对于高一原电池已有认识的唤醒，二是对于原电池认识及能力培养的螺旋上升。在对于高一原电池已有认识的唤醒方面，理论上学生在高一初次认识原电池的时候，教师应该帮助学生建立起认识原电池的几个核心认识角度（电极材料、电极反应物、电子导体、离子导体），并发展各个角度之间的概括关联能力，让学生在分析实用电池时，能主动地调用这些认识角度，用化学的视角来看电池。但实际上，由于教师常规教学的不足（没有给学生建立起原电池认识模型）以及学生的遗忘，学生往往在高二重新接触原电池的时候是非常陌生的。因此，在高二原电池教学引入双液电池之前，往往需要教师重新帮助学生建立或者完善学生已有的原电池认识模型，建立起分析电化学问题的基本认识角度以及这些角度之间的关联。除此之外，高二的原电池还承担着进一步提升和发展学生认识和能力的任务。首先是对于模型认识的发展，不仅要建立认识角度，还应当发展学生对于电池动力以及溶液内部离子运动的认识，对电池有系统分析和说明论证的能力。对于实用电池，学生应该从基于角度的关联认识发展到基于原理的系统认识，可以分析一些简单实用电池的工作原理，掌握电极反应方程式的书写以及电极产物的判断。从而发展学生实验设计以及复杂推理的能力。

二、前测诊断

依据电化学认识模型，结合高一原电池的具体内容和能力表现指标，我们开发了测试工具，对项目学校的 300 多名高二学生进行前测，以诊断学生对于高一原电池知识的掌握情况及其能力表现现状，帮助我们更好地开展高二原电池教学。测试时间选在学生开始学习选修电化学内容前的 1～2 周。利用 Rasch 模型对工具进行信度检验，试题信度为 1.00，样本信度为 0.75，均符合统计学要求。各能力要素对应的试题难度值见图 11-2-3（平均难度值－0.01）。

从学生整体表现的试题难度值上可以看出，学生在 A2 概括关联、B1 分析解释、B2 推论预测以及整个迁移创新的 C 水平上的表现情况都不够理想。这为我们高二教学的能力发展目标提供了参考依据。除此之外，我们还特别关注学生认识角度的建立情况。以其中一道考查学生概括关联能力的试题为例（见图 11-2-

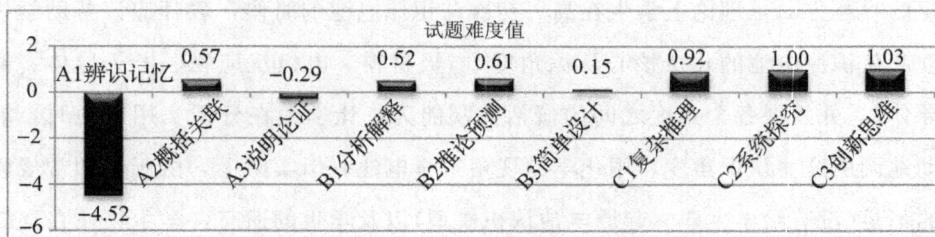

图 11-2-3　学生电化学主题学科能力表现情况

4)，让学生分析熟悉的单液铜锌原电池装置中各部分的作用，学生的具体作答情况见图 11-2-5 和图 11-2-6。

（3）装置中 Zn 的作用是＿＿＿＿（填字母序号，下同）；装置中 Cu 的作用是＿＿＿＿；稀 H_2SO_4 的作用是＿＿＿＿。

A. 电极材料　　　B. 电极反应物
C. 电子导体　　　D. 离子导体

图 11-2-4　考查学生认识角度建立及概括关联能力的试题举例

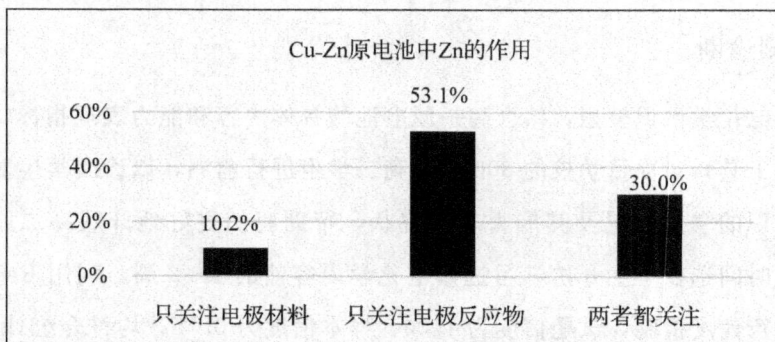

图 11-2-5　学生在对铜锌原电池中锌板作用的认识中的表现情况

通过对学生具体作答情况的分析我们可以看出，对于简单熟悉的原型电池（单液铜锌原电池），学生普遍只能关注到 Zn 作为电极反应物的作用，而忽略其作为电极材料的作用；普遍只能关注到硫酸作为离子导体的作用，而忽略其作为

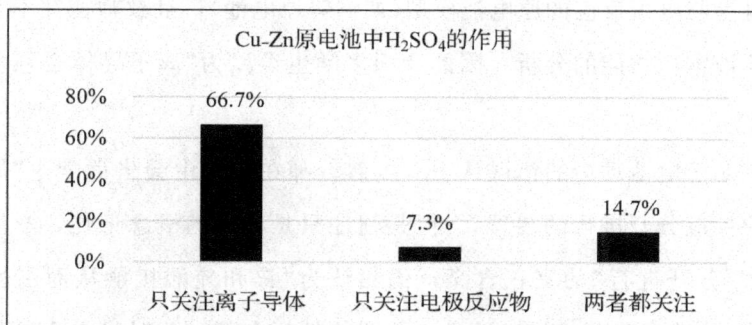

图 11-2-6　学生在对铜锌原电池中硫酸作用的认识中的表现情况

电极反应物的作用。能够同时关注到它们两个作用的学生比例都不高。这说明学生在高一所建立起的认识原电池的角度是非常不全面的，缺少将认识角度进行概括关联的能力。因此在高二教学时，对于认识角度的重新建立和发展仍然是必不可少的环节。

　　通过对于学生精确的前测探查和分析我们发现，学生虽然已经在高一阶段学习过简单的原电池模型，也接触了一些简单的实用电池（如氢氧燃料电池、锌锰干电池），但是学生基本上没有建立起分析电池的几个核心认识角度；或者虽然有一定的角度，但是缺少将这些角度进行概括关联或自主调用这些角度来分析和解决问题的能力。另外，由于在教学过程中，教师可能过于强调原理维度的氧化还原反应，而往往忽略对于装置维度的分析，因此学生即使是面对简单熟悉的原型电池时，也很难系统完整地对其工作原理进行说明论证。而且在前测探查的过程中，我们还发现学生对于原电池的认识存在着很多迷思概念，主要包括以下 3 种类型。

　　第一，对于电极材料的错误认识。传统的教学中对于原电池构成要素的概括往往是用"电极"笼统概述，并不对电极材料和电极反应物的作用进行区分，尤其是铜锌原电池模型中锌电极的作用，更加强化了学生"电极材料必须参与反应"的错误认识。

　　第二，关于离子导体的错误认识。教师在教学中通常会选用电解质溶液作为离子导体且参与电极反应的原电池模型（如铜锌原电池），且教师往往不重视对其中电解质溶液本质功能的分析，因此让很多学生误以为"离子导体必须参与电极反应"。

第三，对于电池动力的错误认识。虽然教师在教学中会告诉学生"原电池是将氧化还原反应分开进行的装置"，但是往往只是单纯的概念记忆，学生并没有真正地理解"分开进行"的真正含义，仍然认为"锌和硫酸接触从而引发反应进行"，对电池的动力存在一些迷思概念。即使教师在高一的时候也会给学生介绍氢氧燃料电池模型，但是我们的测试表明，教师如果不真正地帮助学生充分地暴露和纠正这些迷思概念，实际上是会一直存在的。

综上，学生的迷思概念有待纠正，认识角度有待发展，认识思路有待完善，概括关联、分析解释、复杂推理等学科能力有待进一步提升。这些都是我们高二电化学教学改进时需要重点关注和解决的问题。

三、教学改进实施

在对学生学习相应电化学内容之前的情况进行了细致精确的探查和分析之后，我们已经基本掌握了学生的已知点、发展点和障碍点，也明确了教学改进的重难点及具体的教学改进目标。鉴于学生对于高一原电池的掌握情况并不理想，缺少系统的原电池认识模型。因此，我们将教学改进的重点课时选在了高二原电池的第一、二课时，希望通过高二的教学改进可以帮助学生重新建立起认识原电池的角度和思路，消除形成的迷思概念，在此基础上进一步提升其电化学能力和素养。教学改进的过程经历了"备课研讨→试讲→正式讲"3个大的环节。其中，在试讲和正式讲之后我们会进行相应的学生和教师访谈，以更好地反思总结和进一步改进。

1. 备课研讨

备课研讨环节主要有以下 3 个任务。

第一，基于主题对授课教师进行学科能力教学培训，帮助教师建立起认识和分析电化学问题的系统模型。只有当教师真正从理论上理解了电化学认识模型的本质内涵和重要价值，其在教学过程中才能自觉主动地将认识模型进行输出和转化。

第二，与授课教师分享前测诊断的分析结果，让教师对学情有更清晰的认识和把握，在后续的教学设计和实际教学中，可以有意识地在学生的障碍点和发展点上着力开展教学活动。

第三，教学具体规划，包括主题、年级、单元以及重点改进课时的具体规划。

前两个任务的具体内容已经在前面的"电化学认识模型"介绍和"前测诊断"分析中进行了详细的阐述，因此这里我们只介绍第三个任务的主要内容。教学规划是基于电化学认识模型的理论分析和对于学生能力发展现状的探查来制订的。其目的是帮助教师从整体上了解电化学的学习进阶，明确每个阶段学生的能力和认识发展目标。而不再是像传统教学备课时一样仅仅关注某一单元甚至某一课时的教学设计。

对于电化学主题以及高二年级的整体教学规划在前面的"电化学认识模型"部分也已经有比较详细的介绍，因此在这里我们重点介绍对于单元以及重点改进课时的具体规划设计，包括教学内容的组织、教学素材的选取、核心活动任务的设计、驱动性问题线索等各个方面。

对于整个高二选修阶段的原电池教学，其核心的认识及发展目标是：纠正学生在高一原电池学习后存在的诸多迷思概念，重新建立起分析原电池的认识角度（电极材料、电极反应物、电子导体、离子导体）；在此基础之上进一步发展学生的认识角度（电极产物的书写判断、陌生情境中角度的关联及调用），重新提升学生概括关联、分析解释、复杂推理能力要素。基于以上认识发展目标，结合高二原电池教学的具体内容，我们对高二原电池教学进行了整体的单元规划设计（见图 11-2-7）

首先进行单液电池的系统分析，作为基础复习，在这个过程中要强化四要素模型，明确区分装置中各要素的作用，从而发展学生基于原电池模型的辨识记忆

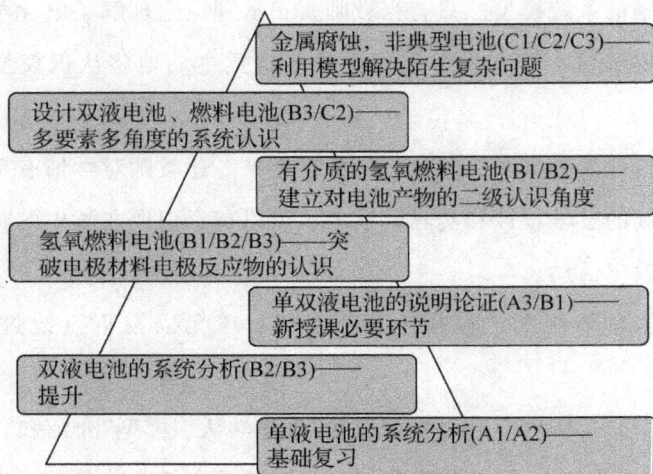

图 11-2-7　高二原电池教学单元整体设计

和概括关联能力。

引入双液电池模型，并进行系统分析，作为学生的能力提升。在这个过程中纠正学生关于电池动力的偏差认识，建立基于装置的基本认识角度，从而发展学生的推论预测和简单设计的能力。

进行单双液电池的分析解释和说明论证，这将是新授课中必要的一个重要环节。在这个过程中，发展学生独立运用模型来提升完整的分析解释和说明论证的能力。

运用双液电池，突破学生对于电极材料和电极反应物的迷思概念，发展学生近变式迁移应用的能力。

在氢氧燃料电池的基础上更换介质，建立对电池产物的二级认识角度，发展学生分析解释和推论预测的能力。

进行双液电池和燃料电池的设计任务，发展学生多要素多角度的系统认识，以及简单设计和系统探究的能力。

金属腐蚀和非典型的实际电池，发展学生利用模型来解决复杂陌生问题的能力，从而进行创新及远迁移。

有了上述基于单元整体的教学规划设计，可以帮助教师明确教学内容的组织安排及情境素材的选取，突出重点的学生能力活动任务，从而在教学实践中能够更有效地开展师生互动设计。

2. 试讲

试讲环节是教师第一次尝试根据备课研讨的培训内容进行的教学实践。我们选取原电池单元教学的前两个课时进行重点的教学实践指导。第一课时的主要任务是：复习回顾高一原电池模型，重新建立原电池系统分析的思维模型；引入双液原电池，帮助学生完善认识模型；应用建立的认识模型来分析和解决真实问题。第二课时的主要任务是：发展学生对于电极产物的判断，丰富学生对于环境介质的认识，落实电极反应方程式的书写；了解电池的发展历程，体会电池发展和改进的科学思想。试讲时教学活动设计见表 11-2-1。

表 11-2-1　试讲时教学活动设计

	任务	活动
第一课时	任务一：设计单液铜锌原电池，建立系统分析的认识模型	活动 1：设计电池
		活动 2：分析电池工作原理
		活动 3：分析装置的构成要素
	任务二：引入双液铜锌原电池，完善认识模型	活动 1：预测装置能否产生电流
		活动 2：分析装置的构成要素
	任务三：应用认识模型解决实际问题	活动：设计电池 $2Fe^{3+} + Cu \rightleftharpoons 2Fe^{2+} + Cu^{2+}$
第二课时	任务一：认识燃料电池	活动 1：预测燃料电池装置能否产生电流
		活动 2：分析酸性介质中的氢氧燃料电池
		活动 3：分析碱性介质中的氢氧燃料电池
		活动 4：习题训练——解释电极附近 pH 升高的原因
	任务二：发展中的化学电源	活动：介绍电池的发展历程

（1）基于学科能力编码，重新对教学活动设计进行编码

通过试讲时的教学设计，我们可以看出，每一个教学任务活动基本上都是与备课研讨时制订的教学目标相匹配的。教师在进行试讲的教学设计时，是有意识地按照备课研讨时确定的教学关键点和发展点来进行教学实践的。通过这一环节，教师对于教学内容的组织和安排是有非常明确的认识的。基本上可以帮助学生建立起分析和解决问题的认识模型，形成有层次梯度的、从近变式到远变式的

应用认识模型来完成课堂活动的进阶式课堂教学。

然而在试讲过后与教师的访谈交流中我们发现，虽然教师基于备课研讨对学情和教学发展目标有了很好的认识，在试讲的教学实践中也得到了一定的落实，但是教师对于每个任务活动背后的学科能力内涵本质的理解情况却并不理想。当我们提出让授课教师对于每个教学设计活动背后承载的能力发展意图进行简要概述的时候，教师往往不能很好地对每一个能力任务活动进行编码。也就是说，教师还没有很好地将学科能力的内涵指标自觉主动地应用到自己的教学设计当中。因此在试讲后的交流研讨中，我们和授课教师一起，对原有的教学设计进行了重新编码，以第一课时为例(见表 11-2-2)。

表 11-2-2　试讲教学活动设计的学科能力编码

任务一：设计单液铜锌原电池，建立系统分析的认识模型	活动 1：设计电池	A1 辨识记忆、B3 简单设计
	活动 2：分析电池工作原理	A3 说明论证
	活动 3：分析装置的构成要素	A2 概括关联
任务二：引入双液铜锌原电池，完善认识模型	活动 1：预测装置能否产生电流	B2 推论预测
	活动 2：分析装置的构成要素	A2 概括关联
任务三：应用认识模型解决实际问题	活动：设计电池 $2Fe^{3+} + Cu = 2Fe^{2+} + Cu^{2+}$	B3 简单设计

通过对教学设计的各个活动任务进行学科能力编码后我们可以发现，整个教学设计缺少对于学生 B1 分析解释和 C1 复杂推理能力的培养。而通过之前对于原电池认识发展的理论分析和学生前测探查我们发现，这两个能力要素恰恰是学生应当在高二原电池教学中着重培养和发展的。因此，我们建议教师在进行正式讲的教学设计时能够增加对于这两类能力活动的培养。

(2)基于课堂观察和学生访谈，改进教师教学行为

在第一课时的教学实施过程中，任务一的其中一个活动是让学生分析电池的工作原理。该活动的主要目的是发展学生对于原电池的工作原理进行说明论证的能力，让学生形成系统完整的认识思路。因此在这一过程中，学生应该是活动的主体，只有让学生完整自主地对工作原理进行系统阐述，才能真正达到该活动的认识发展和能力培养目的。然而在实际的教学实践过程中，我们发现学生完全是

在教师的提问下被动地片面地完成该活动的(见表11-2-3),整个活动的主导权完全在教师手中,学生并没有真正系统完整地对电池的工作原理进行阐述。

表11-2-3　试讲时教学片段实录

驱动性问题:分析铜锌单液原电池的工作原理
师:在这个装置中谁失去电子?
生:锌。
师:锌在哪里失电子?
生:溶液中。
师:溶液吗?我们这里有锌板,那么它在哪里失电子?
生:锌板上。
师:在锌板表面失电子,生成了什么?
生:锌离子。
师:然后谁得电子?
生:氢离子。
师:氢离子在哪里得电子?
……

除此之外,我们在试讲之后也随机选取了几名学生进行了访谈。在对第二课时试讲后的访谈中我们让学生阐述分析电池的思路的时候,发现大部分学生都只能够片段式地说出一些要素,很难系统完整地阐述自己的分析思路,而且学生普遍只关注氧化还原反应,很少从装置维度出发去考虑问题,同时也普遍容易忽略对于溶液内部的分析(见表11-2-4)。

表11-2-4　试讲后学生访谈实录

访谈问题:你认为在分析电池时,应该有什么思路?
生1:主要是氧化还原,两边电极哪边是氧化,哪边是还原,再看电子、离子流向,看整个总反应,判断具体反应方式。 　生2:我觉得主要看反应物和产物,还原剂和氧化剂,毕竟这是基础,题目就会这样问。
追问:一般分析电池不会给你反应方程式,只给你装置,这个时候你该怎么分析呢?你觉得装置信息可能提示你们什么?
生1:就是整个反应,电极正负极,然后再去看离子导体性质,电子运动情况,看最后结果,由反应情况判断。 　生2:关于装置,首先就是先看装置整体,包括题目给的,正负极,具体分析反应,其次是装置的特点,电池的性质和具体反应。

因此，我们建议教师在第二课时的教学实施中，其核心的教学目标不应该是落在电极反应方程式的书写上，而应该放在对于学生系统分析思路的建立和应用上。由于受常规习题和考试训练导向的影响，很多教师都容易将教学的重点放在电极反应方程式的书写和训练上，而不关注其背后的认识思路培养，没有让学生真正从头开始对电池装置的工作原理进行系统分析，并及时将分析思路外显和巩固，从而导致学生无法真正对其背后的原理进行深入的理解，只能靠背诵和记忆来解决问题。因此，当学生面对陌生复杂的变式问题时，往往不能很好地进行预测和应用。

综上，除了需要对教学活动设计重新按照学科能力要素进行编码，以确保任务设计的梯度性和能力发展的全面性之外，我们还需要特别关注教师在教学实践过程中具体的转化和执行能力，即教师的教学行为。教师的教学行为是教学改进最终得以落实的重要保障，包括教师讲解示范思路的清晰度，教师课堂提问的张力以及与学生进行有效对话的能力。特别是与学生进行有效对话的能力，大量的课堂观察分析和师生访谈都表明：教师在课堂上对于学生回答观点的概括；针对学生的观念提出新的问题或给出新的证据，使课堂的讨论和活动得以进一步深入；教师对于学生回答中核心思路、思维方法的概括、点拨或促进学生进行深入的认识反思的能力，对于教学改进的真正落实和转化都具有至关重要的作用。

3. 正式讲

针对试讲过程中暴露出的问题，我们对教学内容的组织和活动设计进行了进一步的调整和丰富，同时也对教师的教学实践过程提出了详细的改进建议。

（1）丰富和完善教学活动设计（见表 11-2-5）

表 11-2-5 正式讲教学设计

	驱动性问题	任务活动	能力编码	认识发展目标
第一课时	将反应 $Zn+2H^+$ $\Longrightarrow Zn^{2+}+H_2\uparrow$ 中的化学能转化为电能	活动 1：设计电池	A1 辨识记忆 B3 简单设计	建立从必修到选修的联系发展，概括原电池各要素的关系，建立系统分析的思维模型
		活动 2：分析电池工作原理	A3 说明论证	
		活动 3：分析装置的构成要素	A2 概括关联	
	请你预测这样的装置（铜锌双液原电池）能产生电流吗？为什么	活动 1：预测装置能否产生电流	B2 推论预测	突破反应动力的迷思概念；发展对离子导体、溶液内部的系统认识；完善思维模型
		活动 2：分析盐桥的功能	B1 分析解释	
		活动 3：分析装置的构成要素	A2 概括关联	
	日常生活中使用的电池是双液电池吗？盐桥在哪儿呢	活动 1：分析真实锌锰干电池各部分的功能	C1 复杂推理	用模型分析解决真实问题；应用思维模型
		活动 2：设计电池 $2Fe^{3+}+Cu\Longrightarrow 2Fe^{2+}+Cu^{2+}$	B3 简单设计	
第二课时	燃料电池真的可以产生电流吗	活动 1：观察燃料电池模拟实验	A1 辨识记忆	突破学生对于电池动力学的迷思概念，完善学生应用认识模型分析电池工作原理的认识思路，发展学生对于离子导体的认识，落实电极反应方程式的书写
		活动 2：分析酸性介质中的氢氧燃料电池模型	B1 分析解释	
		活动 3：分析碱性介质中的氢氧燃料电池模型	B2 推论预测	
		活动 4：分析活动 1 中的燃料电池装置各部分的作用及产物	C1 复杂推理	
	设计一款燃料电池	活动 1：燃料电池发展简介	A1 辨识记忆	充分发挥燃料电池的功能价值，让学生自主设计燃料电池，综合应用各个认识角度，完善学生的设计思路，进一步巩固和完善学生的认识模型
		活动 2：分组设计燃料电池（材料任选）	C2 系统探究	
	发展中的化学电源	活动：介绍电池发展历程，分析其改进的要素	C3 创新思维	让学生体会科学家改进电池的思路和要素，进行创造性体验，激发学生对于电池的探究热情

对比试讲时的教学设计，我们可以发现在正式讲时，第一课时增加了 B1 分析解释和 C1 复杂推理的活动任务，在能力要素的培养和发展上更加全面，同时增加学生对于盐桥工作原理的分析可以帮助学生消除很多不必要的迷思概念。例如，"溶液中的离子通过盐桥运动到另一侧"，深化学生对于离子导体的认识。而增加对于实用干电池的分析任务，不仅可以调动学生的学习兴趣，还能让学生真正地将理论和实践相结合，充分体会到模型的功能价值。在第二课时的教学设计中，将任务一原来的活动 4"习题训练—解释电极附近 pH 升高的原因"替换成现在的"分析活动 1 中的燃料电池装置各部分的作用及产物"，不仅使任务一的逻辑更加缜密，同时以真实的实物模型作为分析对象，让学生经历真实的分析和预测，然后进行实际验证，更有利于学生分析思路的巩固和提升。同时第二课时还增加了任务二"设计一款燃料电池"的活动，让学生自选反应，自选材料，完全自主设计。在这个过程中，学生可以主动地思考试剂的选择、环境介质的影响甚至工作效率、是否存在环境污染等多个方面，更加充分地锻炼了其自主调用认识角度、系统分析以及科学探究的能力。

（2）落实教学行为

除此之外，在正式讲的过程中，教师也有意识地改进其教学行为，让讲解示范的思路更清晰、课堂提问更有张力、师生对话更加有效（见表 11-2-6）。

表 11-2-6　试讲和正式讲教师课堂实录对比片段

驱动性问题：分析铜锌单液原电池的工作原理	
试讲	正式讲
师：在这个装置中谁失去电子？ 生：锌。 师：锌在哪里失电子？ 生：溶液中。 师：溶液吗？我们这里有锌板，那么它在哪里失电子？ 生：锌板上。 师：在锌板表面失电子，生成了什么？ 生：锌离子。 师：然后谁得电子？ 生：氢离子。 师：氢离子在哪里得的？ ……	师：请一个同学来帮我说一下，做一个完整的分析，起点从哪里开始？ 生：锌先失去电子，被氧化成锌离子，进入溶液，电子通过导线流向铜片。溶液中的氢离子从铜片中获得电子，被还原成氢气，逸出。 师：好，继续。外面的电路以及两边的反应都说得很清楚，里面的闭合回路问题呢？ 生：应该是氢离子向铜片移动，硫酸根离子跑向锌极。 ……

　　由上述课堂实录中教师对于说明论证环节的具体实施过程的分析我们可以发现，在从试讲到正式讲的过程中，教师的提问主要发生了两个方面的改变：第一，提问的数量大大减少，与试讲时问题过多、过于细碎的现象相比，在正式讲时教师的提问更加精简；第二，问题的属性由试讲时更多地指向事实性知识转变成正式讲时更多地指向学生认识思路。学生变成了课堂的主体，所有认识模型建构的角度和思路都是来源于学生的回答，在正式讲时教师善于通过指向学生认识思路的问题来引导学生逐步反思、提炼和概括认识角度及认识思路。

四、教学改进的效果

1. 基于学生及教师访谈

　　通过对于整个高二教学实践过程的梳理可以看出，无论是从教学内容的组织和教学活动的设计上，还是从教学实践的行为落实上，和试讲时相比都有了很大的提升和进步。教师在课后的访谈交流中也提到：精确的前测查探及学生访谈，让她真正意识到"深入研究学生"不再只是一个简单的口号，而是可以真真实实地通过能力测查和与学生的课后交流落到实处的；而基于单元主题整体的学科能力教学规划和培训指导让自己深刻地体会到化学知识建模以及深刻思考知识背后的教学功能的重要意义；除此之外，在正式讲环节增加的"分析真实锌锰干电池各部分的功能"的教学环节，教师在课前自己动手解剖了干电池（考虑到让学生解剖可能存在安全隐患），自己将电池的各部分进行要素剥离和功能分析，然后在课堂上与学生进行展示交流，不仅仅增加了学生的兴趣和分析解决真实问题的能力，也提高了自身动手实践和探究思考的能力，收获了很多自己意想不到的惊喜。

　　从正式讲之后的学生访谈中，我们也可以明显地感受到学生的提升和进步。尤其是在分析和解决电化学问题的认识角度和认识思路上，通过与学生的对话交流可以很明显地感受到其认识角度的完善和丰富，认识思路的严谨和清晰（见表11-2-7）。

表 11-2-7　正式讲后学生访谈实录片段

教师	学生
当时完成任务一后，你最大的收获是什么	生1：思维，就是学这个原电池，虽然单液很基础，但是要掌握好了你就可以举一反三。 生2：我在描述工作原理的时候，描述的不是特别准确，我没有形成完整的思路，现在比较清楚了
你们在老师给出模型前会分析吗？还是说什么时候就可以系统分析	生3：我个人习惯一般先从负极开始分析，之前就是习惯，现在以模型来分析，感觉电子流向、变化过程都比较清晰了，今天我觉得这个方式更好，更系统，考虑得比较全
任务二给你最大的收获是什么	生3：我觉得双液原来不清楚离子浓度差，阴阳离子移动，现在清楚了。 生2：把电极材料分开了，之前我们没想到，铜锌原电池中，锌放硫酸铜溶液中，锌上面有铜析出，所以看完现象，感觉这个会影响效率
老师给了一个真实的锌锰干电池，那么你们在看到图时，你们能够还原电池四要素吗	生1：能。 生3：可以，大家基本上都可以从那个模型中找出来
到任务三，给你新的反应，设计电池，对于这个任务，你们的收获是什么	生3：之前分析完双液工作之后，运用就是比较及时，实际运用就是不像想象的容易，考虑得比较多。当时具体思路就是先看反应，首先确定负极材料也是负极反应物就是铜，然后正极反应物是三价铁离子，然后再选择正极材料和负极电解质溶液，根据这个，选择电极材料，最后我也是选的碳，构成回路，这比单液想得多

2. 基于学生能力表现后测

在整个原电池主题的高二教学单元结束之后，我们对学生进行了能力表现后测，以更好地检测教学改进的效果。

（1）实验班自身前后测能力发展情况

实验班前后测各能力要素得分情况及显著性差异检验结果如图 11-2-8 所示。由图 11-2-8 可知，实验班的学生在后测时各能力要素上都比前测时有了非常明显的进步，尤其是在 A2 概括关联、A3 说明论证、B1 分析解释、C1 复杂推理和 C2 系统探究等能力要素上后测时较前测有显著性提升。

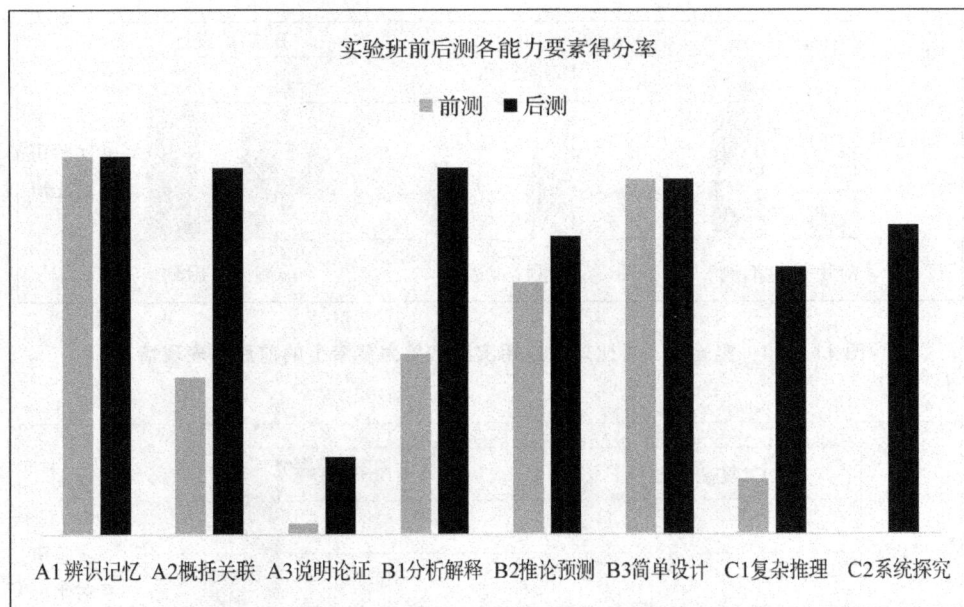

图 11-2-8　实验班前后测各能力要素得分情况及显著性差异检验结果

（2）实验班和对比班前后测能力发展情况

实验班和对比班前后测各维度能力表现发展情况如图 11-2-9、图 11-2-10、图 11-2-11 所示。

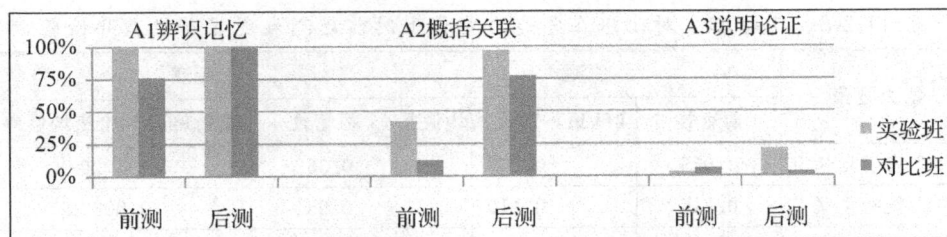

图 11-2-9　实验班、对比班在学习理解各能力要素上的前后测表现情况

由上述图表信息可以看出，实验班的学生在后测的大部分能力要素上的表现都要比对比班表现好。当然前测时实验班比对比班也是要有一定的优势的，但是差异性检验并未表现出有显著性的差异。在后测时，差异性检验结果表明学生在 A3 说明论证、B2 推论预测、C1 复杂推理以及 C2 系统探究 4 个能力要素上实验

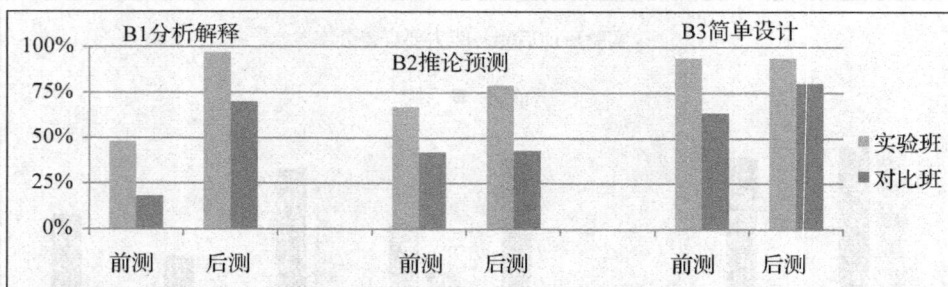

图 11-2-10　实验班、对比班在应用实践各能力要素上的前后测表现情况

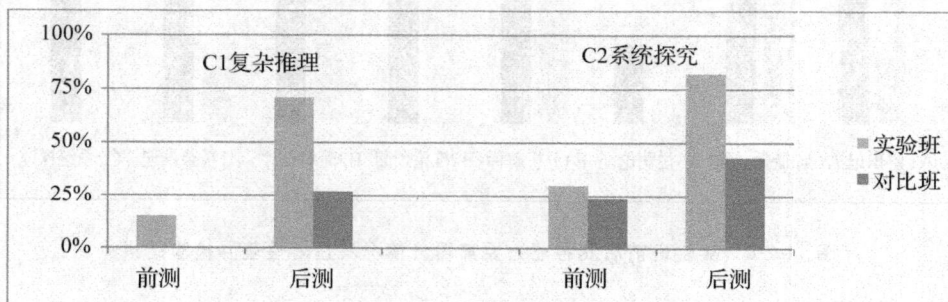

图 11-2-11　实验班、对比班在迁移创新各能力要素上的前后测表现情况

班较对比班有了显著性的提升。如表 11-2-8 所示。

表 11-2-8　实验班、对比班在各能力要素上的前后测表现显著性差异检验

能力要素	前测		后测	
	显著性	实验班、对比班均值差	显著性	实验班、对比班均值差
A1 辨识记忆	0.055	0.107	0.352	−0.029
A2 概括关联	0.210	0.110	0.951	0.008
A3 说明论证	0.468	−0.041	0.038	0.173
B1 分析解释	0.245	0.194	0.108	0.365
B2 推论预测	0.152	0.249	0.000	0.561
B3 简单设计	0.465	0.139	0.272	0.186
C1 复杂推理	0.134	0.312	0.036	0.541
C2 系统探究	—	0.000	0.023	0.425

综上，无论是基于对于学生正式讲后的访谈，还是基于学科能力表现的后测结果分析，都表明通过教学改进，学生的认识角度更加完善和丰富，认识思路更加清晰和系统，各项学科能力表现都得到了较好的发展和提升。

五、启示与建议

首先，对于教学内容本体的研究是教学改进的基础。教学改进的绝不仅仅是教学行为和教学目标，对于核心知识以及核心能力活动原型功能价值的研究以及对于程序性经验的概括和提炼对于教学改进是至关重要的基础。

其次，教学问题的准确诊断是保证教学改进有效性的关键。其诊断的维度是多元的，包括教学内容，教学活动，问题设计，教学行为（提问、指导、反馈、讲解提炼）以及教学素材的选取与使用。其诊断的途径必然包括教师和学生两个主体，对于教师的诊断主要通过对于已有的教学设计、教学录像以及教师访谈进行，对于学生的诊断主要通过前测探查和学生访谈进行。

再次，教学活动包括教学问题的设计是教学改进的重点。第一，教师在进行教学目标的设计时要有明确的指向性，明确其目的究竟是为了帮助学生建构思路、应用思路还是让学生进行思路的内化，达到素养化、能够分析和解决综合复杂陌生问题的水平；第二，要基于不同的教学目标来考虑问题活动的开放度；第三，从整个课时和单元的教学设计出发，合理规划每个能力活动的水平进阶，让学生在课堂中不断地经历挑战，激发学生的学习能动性和自我效能感。

最后，教师的教学行为是教学改进最终得以落实的重要保障，包括教师讲解示范思路的清晰度、教师课堂提问的张力以及与学生进行有效对话的能力。特别是与学生进行有效对话的能力，大量的课堂观察分析和师生访谈都表明：教师在课堂上对于学生回答观点的概括；针对学生的观念提出新的问题或给出新的证据，使课堂的讨论和活动得以进一步深入；以及教师对于学生回答中核心思路、思维方法的概括、点拨或促进学生进行深入的认识反思的能力，对于教学改进的真正落实和转化具有至关重要的作用。

第三节　电解质溶液主题的教学改进研究案例

电解质溶液是高中化学学习的难点。认识复杂体系中的多种物质和多种平衡，对学生而言是很大的挑战。电解质溶液部分的传统习题模式固定，在一些教学中习题的解题思路替代了学生认识电解质溶液问题的思路，这不利于学生真正认识和利用电解质溶液。那么如何能帮助学生系统认识电解质溶液，促进学生学科能力及素养的发展呢？

下面我们以在北京市西城区某高中进行的高二电解质溶液复习教学为例，介绍我们对电解质溶液主题的教学改进研究。

一、电解质溶液认识模型

1. 电解质溶液认识模型

改进电解质溶液的教学，首先需要重新概括、梳理电解质溶液的认识对象、认识角度与思路以及典型的认识任务和能力表现。我们从这些维度上构建了电解质溶液的认识模型，如图 11-3-1 所示。

该模型包括认识对象、认识角度、体系任务及能力表现 4 个维度。电解质溶液问题主要研究电解质在水中的各种行为，认识对象是溶质与溶剂。电解质溶液主题中大部分的知识侧重溶质的行为，溶剂行为容易被学生忽略；水的电离、盐类的水解等核心知识侧重关注溶剂的行为和作用。在认识角度方面，不论是何种溶液体系，都需要从物质组成、相互作用、微粒的种类与数量，以及宏观现象等角度去进行分析。这些是电解质溶液主题核心的认识角度，电解质溶液主题的推理实际上就是这些角度间的推理。体系任务维度是溶液体系与研究任务的组合，不同的体系对应着不同的研究任务。例如，对于单溶质体系来说，研究其宏观、微观组成，或者比较多个单溶质体系组成的差异，是比较常见的研究任务。而对

体系任务

单溶质体系　多溶质体系　真实体系
组成分析　　变化分析　　系统分析

认识角度

	能力要素
迁移创新	创新思维
	系统探究
	复杂推理
应用实践	简单设计
	推论预测
	分析解释
学习理解	说明论证
	概括关联
	辨识记忆

宏观现象
微粒数量
微粒种类
相互作用
物质组成

电离
离子反应
平衡
平衡间
相互影响

电解质溶液

溶质　　　　溶剂　　（难溶物）

溶液

认识对象

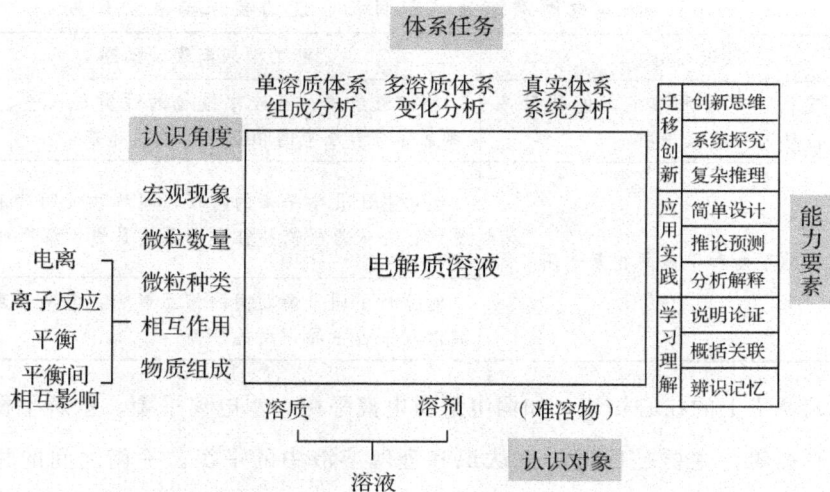

图 11-3-1　电解质溶液认识模型

于混合体系来说，分析混合前后或者过程中的变化，是常见的研究任务。在实际溶液体系中，结合实际需求来分析溶液在其中的作用与功能，是常见的研究任务。在各种体系和任务中，学生经历的和表现出的能力，构成了模型中的能力表现维度。

2. 高二电解质溶液认识目标与常见问题

新授课阶段的重点任务是结合核心知识，建构和发展本主题的认识模型。复习课阶段的重点任务是巩固、应用认识模型解决问题，同时检验学生对本主题的认识。经过高二的新授课学习，学生应当能够多角度地认识电解质溶液，结合化学平衡理解溶液中的平衡，并且认识多个平衡之间的相互作用和影响。具体要求见表 11-3-1。

表 11-3-1　高二电解质溶液认识目标、能力要求与表现预期

认识目标	能力要求与表现预期
多角度认识电解质溶液，能利用多角度的信息进行溶液推理	将溶液组成、溶液中微粒的种类与数量、宏观现象等与溶液中的相互作用关联起来
溶液中的平衡和平衡间相互作用	能够基于化学平衡的特征，理解和证明溶液中的平衡，并依据平衡特征和定量关系进行解释和推论
	能分析不同平衡之间的相互影响，能结合现象推测溶液中占主导作用的平衡

　　传统意义上的核心知识，如弱电解质电离平衡、水电离平衡、水解平衡、沉淀溶解平衡等，主要是促进学生认识和理解溶液中的平衡。平衡之间的相互影响，往往是以经验结论、拓展和应用问题等形式呈现给学生，如酸、碱、盐类对水电离的影响，互促水解问题，沉淀的溶解和转化问题等，实质上都是平衡之间的相互影响。由于缺少正面的关注与分析，学生往往会忽略平衡间的相互影响，或者只关注其中一个平衡过程，缺乏系统思维。多角度的溶液认识和推理通常是学生最为缺乏的，因为学生的推理往往被教师代替，学生理解推理的能力强，自主推理的能力弱。另外学生经常基于解题经验作推理，一旦已知信息的角度或形式发生变化，学生经常会无所适从。

二、前测诊断

　　结合大样本测试数据和本次学科能力改进项目校的具体数据，我们进行了系统的前测诊断，深度扫描项目校样本班学生的学情，以便为教学改进提供支持。

1. 大样本测试数据分析

　　学生的表现与错误具有一定的稳定性，基于大样本数据的分析可以为教学改进提供有效的参考。表 11-3-2 是之前电解质溶液主题大样本测试的数据。整体看，学生的迁移创新能力显著低于应用实践和学习理解能力。在学习理解能力中，说明论证能力明显低于其他能力。而在应用实践能力中，推论预测的内容本身不同，学生的表现差异很大。

表 11-3-2　电解质溶液大样本测试数据

要素类型	总得分率	具体要素	题目描述	难度值
C 迁移创新	9.6%	C3 创新思维	返滴定思维创新	3.225
		C2 系统探究	亚硫酸根含量偏低的探究	1.811
		C1 复杂推理	多角度研究溶液性质	1.758
		C2 系统探究	反应发生的探究	1.299
		C2 系统探究	沉淀溶解平衡存在探究	1.228
		C1 复杂推理	海水呈碱性的原因	1.157
		C1 复杂推理	复杂离子浓度比较	0.159
B 应用实践	40.0%	B3 简单设计	设计实验证明海水中存在 Br^-	0.277
		B2 推论预测	分析推断溶液的组成	-0.041
		B2 推论预测	基于移动判断海水 pH	-1.102
		B2 推论预测	推断醋酸溶液组成	-1.978
		B2 推论预测	离子共存推断	-2.080
A 学习理解	67.7%	A3 说明论证	证明醋酸是弱电解质	-0.395
		A2 概括关联	溶液酸性的解释	-1.797
		A1 辨识记忆	离子方程式正误判断	-1.816
		A1 辨识记忆	氯化铵水解方程式	-2.258

　　具体分析题目和数据可以发现，对比较熟悉的问题，如复杂离子浓度比较，对学生的挑战相对较小，而相对陌生和需要学生自主思考的问题，尽管实际推理难度不大，但学生表现并不理想。例如，向水中加入硝酸钠并通入 HCl 后，提问：①溶液中存在哪些微粒；②希望研究混合物的哪些性质，简要写出研究方案。部分学生的表现如图 11-3-2 所示。

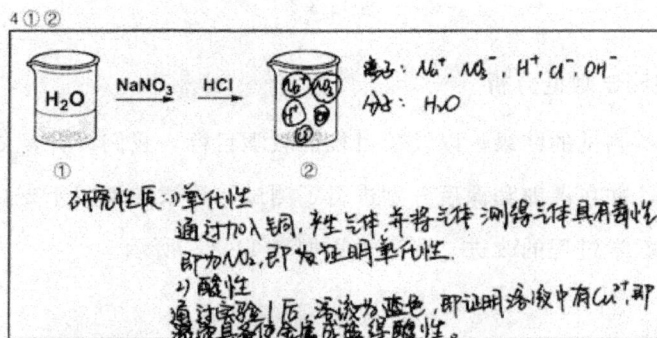

图 11-3-2

本题①②均在学习过离子反应和氧化还原反应后，考查学生能否将这些概念原理转化为分析熟悉溶液体系的基本角度，上述例子中学生的作答比较完整和系统，但从卷面上依然可以看到，学生开始时对溶液中微粒的分析还是存在问题的，而大多数学生则感到无从下手，存在大量空答现象，或者角度缺失。特别是对氧化还原反应角度不敏感，表现为看到氢离子、硝酸根后，并未考虑研究混合物的氧化性问题。

本题与传统试题不同的是，提供的信息和角度提示较少。本题需要学生自己分析物质的种类和溶液的酸碱性，之后还要结合溶液中的离子，推论可能的氧化还原性。

另一个典型题目是要求结合海水中的离子(镁离子、碳酸根、碳酸氢根等)：①解释海水呈碱性的原因；②预测夏天海水的 pH 变化情况。

大部分学生进行了如图 11-3-3 所示的回答，看见当同时存在多种离子时，学生仅关注和分析一部分离子，并未系统考虑多种可能的相互作用及其主次关系。另外，部分学生存在具体的偏差认识，对水解过程的热效应不清楚，平衡移动的方向判断错误。

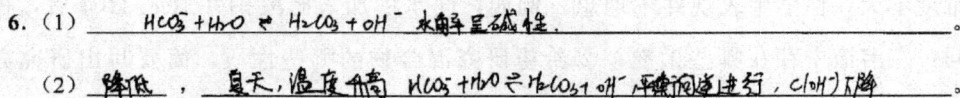

6. (1)　$HCO_3^- + H_2O \rightleftharpoons H_2CO_3 + OH^-$ 水解呈碱性。

(2)　降低，　夏天，温度升高 $HCO_3^- + H_2O \rightleftharpoons H_2CO_3 + OH^-$ 平衡向右进行，$c(OH^-)$ 下降。

图 11-3-3

2. 项目校测试数据分析

结合大样本测试的结果，以及项目校的教学目标，我们设计规划了电解质溶液主题的测试，并在课前和课后分别进行了测试。测试结果用于支持教学目标的精准定位以及教学过程的改进。测试规划如表 11-3-3 所示。

表 11-3-3 项目校高二电解质溶液复习测试规划

测试目标	测试问题要点	能力要求
多角度认识电解质溶液，利用多角度的信息进行溶液推理	将溶质物质组成与电离行为、溶液酸碱性、对水电离影响等问题联系起来	A2 概括关联
	借助 K_w 将微粒数量关系与溶液酸碱性联系起来	A2 概括关联
	分析混合溶液的酸碱性，推测溶液中的微粒数量关系	B2 推论预测
	从多角度提出研究假设	C1 复杂推理
认识和理解溶液中的平衡及平衡间相互影响	用多种方法证明电离平衡的存在	A3 说明论证
	设计方案抑制亚铁离子水解	B3 简单设计
	外加酸碱盐如何影响水的电离平衡	A3 说明论证
	分析混合溶液中的多种平衡，借助酸碱性判断起主要作用的平衡	B1 分析解释
	分析混合溶液中平衡之间的相互影响	B2 推论预测

通过前测分析我们发现，虽然学生已经系统学习过高二电解质溶液的核心知识，但还不能自主地多角度认识电解质溶液以及其中的平衡。大部分学生存在认识角度的缺失，如图 11-3-4 所示，仅从酸碱性或是否完全电离的角度，分类认识给定的溶质物质。

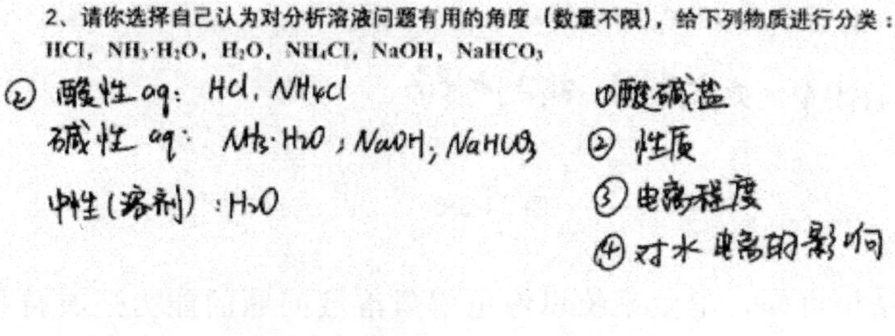

图 11-3-4

在认识平衡时，学生也存在类似的角度缺失问题。例如，图 11-3-5 中，学生仅从平衡移动的角度设计了证明平衡的实验方案，也有学生仅从有限电离的角度设计实验方案。能够从多角度进行设计的学生是很少的。而且学生在设计方案时，往往忽略重要的变量，如不控制初始浓度和 pH 等，说明学生的溶液推理并不清楚。

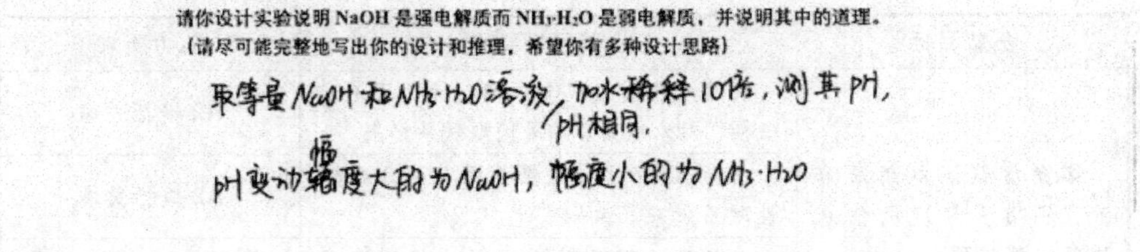

请你设计实验说明 NaOH 是强电解质而 NH₃·H₂O 是弱电解质，并说明其中的道理。
（请尽可能完整地写出你的设计和推理，希望你有多种设计思路）

取等量 NaOH 和 NH₃·H₂O 溶液，加水稀释 10 倍，测其 pH，
pH 相同。

pH 变动幅度大的为 NaOH，幅度小的为 NH₃·H₂O

图 11-3-5

在分析平衡间的相互影响时，部分学生的推理过程与结果存在错误，例如，图 11-3-6 中，学生认为氯化铵水解后产生了氢离子，氢离子会抑制水的电离，使水电离平衡逆向移动。学生思维是断续和碎片式的，经常是从自己熟悉的某个点出发，而不是从头思考。

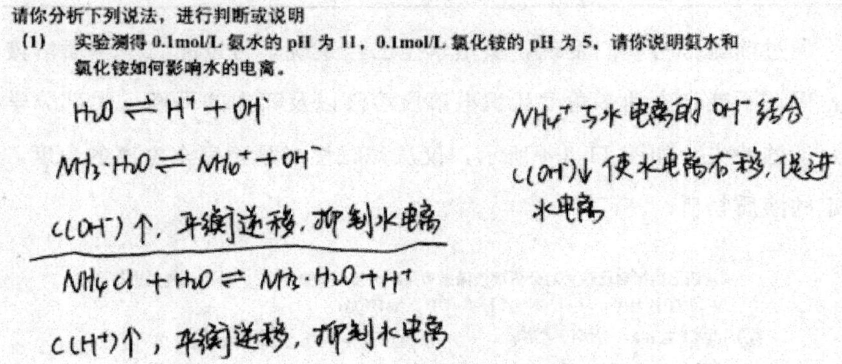

请你分析下列说法，进行判断或说明
(1) 实验测得 0.1mol/L 氨水的 pH 为 11，0.1mol/L 氯化铵的 pH 为 5，请你说明氨水和氯化铵如何影响水的电离。

$H_2O \rightleftharpoons H^+ + OH^-$

$NH_3·H_2O \rightleftharpoons NH_4^+ + OH^-$

$c(OH^-)\uparrow$，平衡逆移，抑制水电离

$NH_4Cl + H_2O \rightleftharpoons NH_3·H_2O + H^+$

$c(H^+)\uparrow$，平衡逆移，抑制水电离

NH_4^+ 与水电离的 OH^- 结合

$c(OH^-)\downarrow$ 使水电离右移，促进水电离

图 11-3-6

综合前测结果可知，学生系统思考电解质溶液问题的能力还有待提升。其中，既包括多角度系统认识电解质溶液，又包括角度间的系统推理，以及对多平衡间相互影响的系统思考。这些都是高二电解质溶液复习应当关注的问题。

三、教学改进实施

教学改进活动包括备课、试讲和正式讲几个关键节点，采用行动研究范式不断优化课堂教学过程。在其间，我们与教师进行研讨、与学生进行访谈，同时观

察师生课堂行为，多角度收集数据，与教师一起共同形成改进措施。

1. 备课研讨

备课研讨主要针对前测发现的问题，与教师一起规划课堂教学的结构，研讨教学改进的方向。备课研讨中形成的教学规划如表 11-3-4 所示。

表 11-3-4　备课研讨中形成的教学规划

教学规划	核心任务	针对问题/设计意图
课时 1 环节 1	【A2 概括关联】 　氨水/氯化铵溶液的比较，找不同； 【A3 说明论证】 　说明氯化铵对水电离的影响	【明晰角度】 　多角度分析溶液，意识到认识溶液的角度，建构溶液模型； 　促使学生关注溶质对水电离的影响； 　明确盐对水电离的影响
课时 1 环节 2	【B2 推论预测，B1 分析解释】 　猜测并解释氨水/氯化铵混合溶液酸碱性； 【B2 推论预测】 　改变氨水/氯化铵的比例，推测溶液酸碱性的变化	【应用角度，推理】 　促使学生关注混合体系中的多平衡，加强角度间推理，从宏观现象推论微粒数量关系，进而推论平衡间的主次关系； 　促使学生关注溶液组成，将组成与溶液中的平衡，及溶液酸碱性联系起来
课时 1 环节 3	【C1 复杂推理】 　盐酸滴定氨水，判断中和点和中性点，及溶液中离子浓度的关系	【应用角度，自主推理】 　促使学生自主关注有反应的混合体系中的物质组成； 　促使学生将溶液组成信息与酸碱性信息关联起来，系统推理
课时 2 环节 1	【B1 分析解释】 　碳酸钠、碳酸氢钠溶液显碱性以及碱性差异的解释	【应用角度，解释】 　利用水解解释问题； 　进一步巩固学生基于多平衡及主次解释问题的能力
课时 2 环节 2	【B2 推论预测】 　向碳酸钠溶液中加入氯化钙，预测现象	【应用角度，预测】 　基于离子反应预测现象； 　基于溶液中离子分析和水解知识预测现象
课时 2 环节 3	【C1 复杂推理】 　向碳酸氢钠溶液中加入氯化钙，预测现象	【应用角度，系统预测】 　关注混合溶液中的多平衡； 　关注一个平衡移动引发的后续影响

447

第一课时希望学生能多角度认识溶液，明晰溶液推理的基本角度，为溶液问题的推理提供工具。这个目标通过氨水、氯化铵溶液的对比找不同来实现。之后分别解决以下几个问题：①酸碱盐对水电离的影响；②多平衡体系中的主次判断；③连续变化（滴定问题）过程中体系物质组成与酸碱性的关系，即特殊点的判断，以及特殊点的微粒浓度关系的分析。第一课时侧重溶液体系的分析和变式信息的利用与推理，侧重理论问题的推理，溶液体系由简单到复杂，循序渐进。

第二课时希望学生应用对溶液的多角度认识，系统分析溶液体系，对真实实验现象做出解释和预测。实验从熟悉的碳酸钠、碳酸氢钠溶液出发，逐渐增加体系的复杂度，分别关注：①基于多平衡进行解释；②基于离子反应和平衡进行预测；③基于多平衡间相互影响进行预测。促使学生体会系统分析溶液问题的必要。

2. 试讲研讨

试讲研讨主要是实践此前确定的教学目标和规划，结合课堂表现和学生访谈结果，讨论调整具体教学设计与实施建议。试讲核心任务与备课研讨基本一致，标注调整和增加的是上课教师根据自己的理解所做的改动。试讲过程中学生和教师的课堂行为如表 11-3-5 所示。

表 11-3-5　试讲过程中学生和教师的课堂行为

教学环节	核心任务	课堂表现分析
课时 1 环节 1	【A2 概括关联】 氨水/氯化铵溶液的比较，找相同与不同； 【A3 说明论证】 说明氯化铵对水电离的影响	【学生表现】 符合预期，较难想到不同电解质对水电离的不同影响； 【教师行为】 确保了学生活动的实施，建立起溶液模型，但师生对话不够流畅，教师引导较多，导向性较强
课时 1 环节 2	【B2 推论预测，B1 分析解释】 猜测并解释氨水/氯化铵混合溶液酸碱性； 【B2 推论预测】 改变氨水/氯化铵的比例，推测溶液酸碱性的变化	【学生表现】 学生根据经验直接预测了混合溶液的酸碱性，并未寻找支持信息； 【教师行为】 确保了关键问题的准确提出，但并未追问学生预测依据

教学环节	核心任务	课堂表现分析
课时1环节3	【C1 复杂推理】 盐酸滴定氨水，判断中和点和中性点，及溶液中离子浓度的关系	【学生表现】 并不从头分析连续变化，基于经验分析特殊点及相应的离子关系； 【教师行为】 请学生画图，分析特殊点，教师能分段讲解要点，但思维冲突少
课时2环节1	【B1 分析解释】 碳酸钠、碳酸氢钠溶液显碱性以及碱性差异的解释	【学生表现】 碱性的解释缺少挑战性，能基于模型关注到碳酸氢钠的电离与水解； 【教师行为】 碱性解释用时稍长，解释碱性后再问碱性差异，感觉有所重复
课时2环节2	【B2 推论预测】（调整） 向碳酸钠溶液中加入氯化钙，预测现象，并证明平衡存在	【学生表现】 能预测现象，但难以从减少碳酸根平衡移动的角度证明平衡存在； 【教师行为】 试图让学生证明水解平衡的存在，但学生不理解
课时2环节3	【C1 复杂推理】 向碳酸氢钠溶液中加入氯化钙，预测现象	【学生表现】 能预期反应，能预测沉淀生成，无法预测或正确解释气泡的产生； 【教师行为】 基于模型分析溶液中的多个平衡，点拨讲解了气泡产生的原因，但概括总结还有欠缺
课时2环节4	【C2 系统探究】（增加） 用硫酸亚铁和碳酸钠、碳酸氢钠反应制备碳酸亚铁的比较	（没有完成该环节）

通过试讲，一方面基本确认了备课研讨中形成的思路和规划的可行性，也发现了一些学生思路方面的问题。例如，学生基于经验直接判断了氨水和氯化铵混合溶液的酸碱性，并未造成挑战。再如，简单迁移解题经验，不从头分析滴定过程中的变化等。学生访谈的结果也发现了类似的问题。

同时，通过教师的自我反思和课堂观察，也发现了一些课堂实施层面的问题。例如，与学生的对话感不强，不容易抓住学生回答中的重点，因此不自觉地引导学生说出预期的答案；因此在建构模型时也略显生硬，没有顺承学生思路的流畅感；解释碳酸根、碳酸氢根水解呈碱性的问题，对学生而言过于简单，而且与碱性差异比较有重复；此时要求学生证明水解平衡存在的任务，学生并不理解，教师也感到处理很困难，整体节奏和时间也受到影响。基于对这些问题的反思，试讲研讨后进行了如表 11-3-6 所示的调整。

表 11-3-6　试讲研讨后的教学任务调整

教学规划	核心任务	调整原因
课时 1 环节 1	【A2 概括关联】（调整） 　　氨水/氯化铵溶液的比较，找相同与不同； 【A3 说明论证】 　　说明氯化铵对水电离的影响	增加相同点的比较，将认识溶液的角度借助比较来外显
课时 1 环节 2	【B1 分析解释】（简化） 　　解释氨水/氯化铵混合溶液酸碱性； 【B2 推论预测】 　　改变氨水/氯化铵的比例，推测溶液酸碱性的变化	告知酸碱性，要求解释，避免学生基于经验直接预测结果
课时 1 环节 3	【C1 复杂推理】（开放） 　　盐酸滴定氨水，标出重要的信息与关系	促使学生从头思考，检测学生能否将溶液组成和酸碱性信息正确关联，暂缓对微粒浓度的分析判断
课时 2 环节 1	【B1 分析解释】（简化） 　　解释碳酸钠、碳酸氢钠溶液碱性差异	侧重碳酸钠与碳酸氢钠的不同之处，使得碳酸氢根的电离过程分析更有必要
课时 2 环节 2	【C1 复杂推理】（合并） 　　向碳酸钠、碳酸氢钠溶液中加入氯化钙，预测现象	合并简化，压缩时间；在对比中发现多一个平衡就多了平衡间相互影响的可能性
课时 2 环节 3	【C2 系统探究】（增加） 　　用硫酸亚铁和碳酸钠、碳酸氢钠反应制备碳酸亚铁的比较	体会到平衡间相互影响的利用，用于分析问题，实现调控和改进

3. 正式讲的变化

正式讲时教师较好地实现了试讲后研讨的设计与调整，正式讲的教学设计如表 11-3-7 和表 11-3-8 所示。

表 11-3-7　第一课时的正式讲设计

教学环节	教师活动	学生活动	设计意图
引入	通过水溶液中离子平衡（动态的平衡）问题的学习，我们了解了电解质微粒在水中的行为，溶液中的溶质、溶剂的微粒种类、数目和相互作用，下面我们首先对这一章的核心问题进行回顾梳理。 播放 PPT 第一张	倾听并思考	提出本节课要研究的内容，引起学生的思考
环节一　水溶液认识思维模型的自主建立	【思考与交流（1）】 1. 利用你对溶液的认识，分析比较氨水溶液和氯化铵溶液有哪些异同，看看哪组关注到的有价值的信息多？ 教师引导学生把不同重点聚焦到 5 个角度上（物质组成与电解质类别、对水电离的影响、微粒种类、微粒数量、溶液酸碱性），并通过追问这些方面之间的关系，梳理形成思路，外显在二维图上。 （追问时顺向推理：为什么关注强/弱电解质→完全电离/部分电离→你怎么知道物质是完全还是部分电离？→看有无分子，看物质浓度与离子浓度关系→离子浓度怎么知道→pH 酸碱性） （追问时逆向推理：为什么说铵根离子水解？→酸性→氢离子浓度大于氢氧根→铵根与水分子结合→铵根从哪来→氯化铵是盐→强电解质完全电离）	学生分组讨论，在纸上书写自己的分析过程。 每个小组选派 1 人汇报二者的异同。 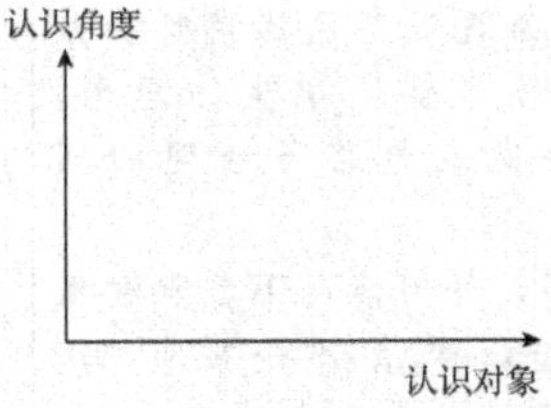 认识角度 认识对象 【学生讨论写学案】 在二维坐标图中自主写出分析思路。 （引导纵轴的自下而上顺序实际上就是思维的真实过程，即先想什么后想什么） 先想认识对象是谁，再想溶液中的具体物质及微粒，再想微粒的种类和相互作用，最后想溶液的性质（或宏观现象）	用小组讨论和书写分析过程，后选择 1 人主汇报的方式，探查学生自主认识角度开放性，汇报异同点及分析过程，使学生的思维外显。 培养学生分析问题、将思维外显的能力。 解决学生分析水溶液时的角度缺失问题。以单一溶液体系为例提炼出认识思维模型

教学环节	教师活动	学生活动	设计意图
	【教师追问】 2. 有同学认为氯化铵水解后溶液中 $c(H^+)$ 浓度增大，会抑制水的电离，使水的电离平衡左移，你认为是否正确，说明理由？ 追问：铵根水解方程式的含义是什么？刚才的观点，错在何处？（因果颠倒；水解不是反应，是微弱的） 提醒：关注平衡之间的相互影响	学生思考并回答	引导学生正确认识盐类水解的实质，不能仅关注生成物。解决学生主次不分、因果颠倒的错误认识
环节二 水溶液认识思维模型的发展——即单一体系→混合体系）	【思考与交流（2）】 1. 请学生分析若将浓度均为 $0.1\ mol \cdot L^{-1}$ 的氨水与氯化铵两溶液等体积混合显碱性，请你说说原因，把思路写在白纸上。 请同学来说说自己的猜想和分析过程（教师整理学生的思路，点拨不会做或思路不合理的同学）。 2. 追问，任何情况下氨水和氯化铵混合，溶液都是碱性吗？（综合考虑微粒数量与平衡本身，微粒数量可通过初始物质组成调控）	学生思考并回答 认识角度 认识对象	通过分析氨水和氯化铵混合溶液显碱性的原因，使学生关注多平衡体系，在讨论平衡间的影响过程和影响结果时，判定主次关系（半定量思维），从而形成解决混合体系微粒行为问题的一般思路——看物质，找平衡，分析平衡间影响和主次关系，关注宏观现象信息同时关注物质组成和微粒数量对平衡主次的影响。 引导学生建立系统思维，矛盾的对立统一性普遍存在

教学环节	教师活动	学生活动	设计意图
环节三 水溶液思维模型的应用	【思考与交流（3）】 　1. 用 0.1 mol·L^{-1} 盐酸滴定 0.1 mol·L^{-1} 氨水 20 mL 的动态变化过程中，请你画出 pH 的变化曲线，并标出值得关注的点。 　2. 追问这些点的信息，为什么关注这些点？信息是如何分析出来的？（这里的信息主要是物质组成和 pH，因为要画曲线）	学生画曲线，自己标点，解释含义和信息（教师巡视，找中等水平学生展示即可，可以先展示有错误的，再分析错误的原因）	使学生能根据反应，先确定体系（反应优先），再确认酸碱性→利用电荷守恒思想→比较离子浓度大小关系。 　利用反应物或反应生成物的物料关系，解决物料守恒或比较问题。 　学以致用，测查学生应用水溶液认识思维模型的自觉情况
总结提升	解决水溶液体系离子平衡问题的一般思路与方法	观看并思考	培养学生知识的迁移能力，形成正确有序的分析复杂水溶液问题的思路和方法

表 11-3-8　第二课时的正式讲设计

教学设计			
教学环节	教师活动	学生活动	设计意图
环节一 水溶液认识思维模型的巩固与应用	【交流与思考】 　碳酸钠与碳酸氢钠溶液都显碱性，它们显碱性的原因有哪些相同与不同？ 　（概括：通过碳酸氢钠的碱性分析，我们应当关注到物质在溶液中可能存在多种平衡，但有主次之分）	倾听、思考，回答。 　碳酸根消耗水电离的氢离子（因），使水电离平衡正移，氢氧根离子浓度增加（果），溶液显碱性水解。 　碳酸氢根与水电离的氢离子结合，使水电离平衡正移，氢氧根离子浓度增加，溶液显碱性（果，强）。 　碳酸氢根能够电离出氢离子与碳酸根（因），使溶液显酸性（果，弱）。 　最终溶液显碱性的原因：碳酸氢根的水解程度大于电离程度	巩固利用水溶液中离子平衡认识思维模型及碳酸根水解呈碱性的因果关系。 　初步认识多平衡体系中的主次、强弱关系

教学设计			
教学环节	教师活动	学生活动	设计意图
环节二	【思考与交流】 　预测滴加酚酞的碳酸钠和碳酸氢钠溶液，加氯化钙后的现象，并将预测和理由写在学案上。 　鼓励学生提出假设，并解释原因。 　（概括：系统分析溶液中的物质与平衡很重要，另外平衡之间还会相互影响，要考虑一个平衡对另外平衡的影响）	思考，讨论，回答。 ①基于离子反应认识溶液的学生，不认为碳酸氢钠加氯化钙后会有沉淀。 ②基于电离平衡认识溶液的学生，可能预测有白色沉淀，但未必能预测气体产生。 ③基于多平衡影响认识溶液的学生，可能预测出气体产生。（另，个别学生可能忽略红色退去的现象，说明分析不系统） 学生动手实验，观察现象，检验预测，归纳，总结。	探查学生对溶液问题的理解水平，针对性地提升学生系统分析溶液问题的能力。 引导学生建立系统思维，外界条件的改变会引起主次矛盾发生转化
环节三	【思考与交流】 　制备碳酸亚铁固体的探究，基于图片和信息推测制备时出现问题可能的原因： ①碳酸钠与硫酸亚铁反应，产生灰绿色沉淀后变红褐色； ②用碳酸氢钠与硫酸亚铁反应，产生的沉淀几乎为白色，分析可能的原因。 （概括：关注多角度信息，基于多平衡分析杂质产生的原因，基于多平衡理解碳酸氢钠较少产生杂质的原理，体会多平衡相互作用的影响）	思考，讨论。 从熟悉的现象推断应该生成了氢氧化亚铁，推断氢氧根的来源可能是水解；而碳酸氢钠水解弱，且反应后氢离子增多，进一步减少了氢氧根的干扰	探查学生对之前所学的理解和自主分析复杂溶液体系的能力。 体会酸碱性和多平衡作用对物质制备的影响
总结提升	归纳总结水溶液中多平衡体系的分析策略。 　先分析物质，找到多种可能的平衡，再考虑平衡之间可能的相互作用，同时关注现象（酸碱性和反应现象）作为判断平衡间主次的依据，积极用平衡和平衡移动解释现象	思考和体会	培养学生知识的迁移能力，形成正确有序的分析复杂水溶液问题的思路和方法

教师教学行为的改变主要体现在：①减少了主导和引导，尽可能让学生表达观点；②增加了与学生的对话和追问，教师开始关注学生回答背后的想法；③增加了探查反馈环节，如画图和预测等，探查学生的理解与思路。

授课教师在课后的反思中也提到，更加关注了学生的想法，体会到"与学生对话"的重要性，意识到促进学生学科能力发展的教学的价值等。

四、教学改进效果

实验班和对比班前后测能力发展情况如图 11-3-7 和图 11-3-8 所示。

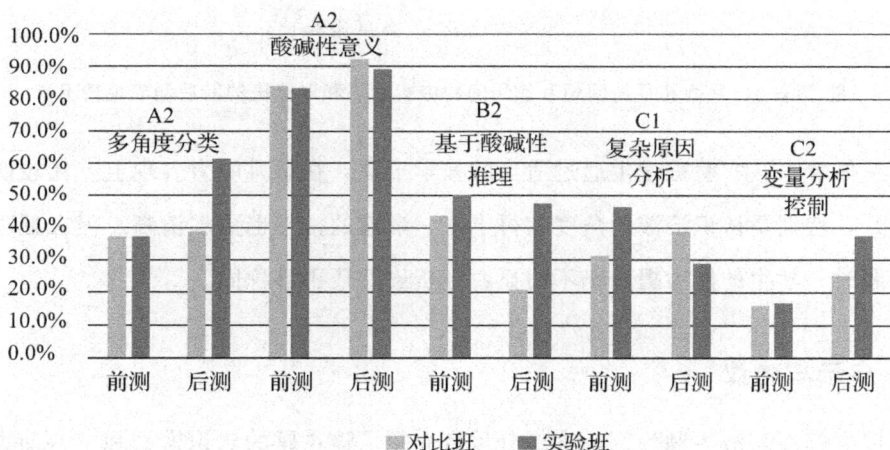

图 11-3-7　多角度认识溶液问题中实验班和对比班的前后测表现情况

从前后测的情况看，在大多数能力指标上实验班与对比班的前测得分接近，说明两个班学生的初始能力水平相差不大。比较后测数据发现，教学干预后实验班在 A2 概括关联、A3 说明论证、B3 简单设计等能力指标方面有明显的提升。这种提升与教学的关系紧密，实验班学生在后测中，大部分能够从强弱电解质和酸碱性的角度分析溶质，能够从不同角度论证平衡的存在并设计方案，能够清晰地说明弱电解质和盐类对水电离平衡的影响。

由于前后测的试题并不相同，有些试题后测难度提升较多，个别能力指标上出现了后测得分率降低的情况，或者前后差异不显著的情况。

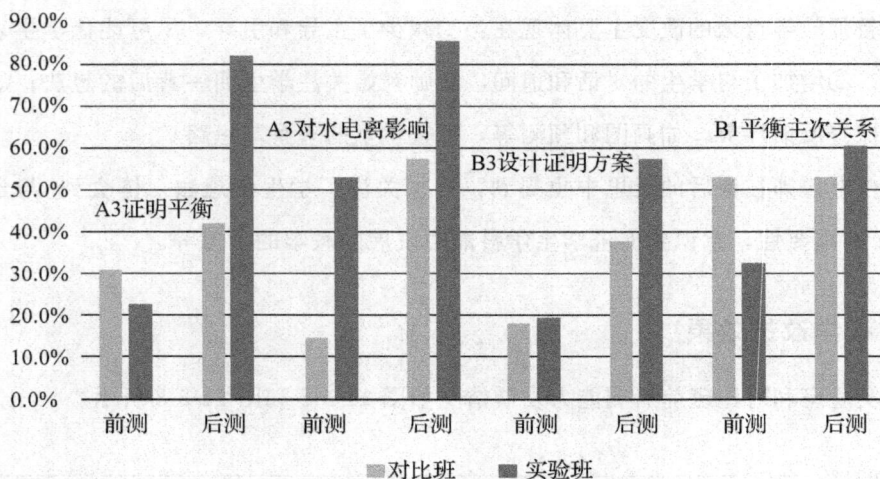

图 11-3-8　平衡和平衡间相互作用问题中实验班和对比班的前后测表现情况

　　总体看来，实验班学生通过适当的教学干预，在学科能力表现上有比较明显的提升，特别是认识溶液的角度变得丰富，溶液的推理也更加清晰。但在处理复杂问题时，学生的能力提升仍不明显，分析思路还不够稳固。

五、启示与建议

　　以电解质溶液主题为例，本部分重点介绍了该主题的认识模型和学科能力表现。通过大样本测试和小样本的前后测，深入研究该主题中学生的常见问题，并借助行动研究，开展了有效的教学改进。从中我们可以总结出以下经验和建议。

　　第一，整体思考教学内容及价值，概括把握本主题重要的思考角度和推理路径是教学改进的基础。电解质溶液涉及的问题非常广泛，相应的习题也多，教师容易陷入习题的经验套路中，以解题经验代替对电解质溶液的本源思考。电解质溶液主题的认识模型和学科能力打通了新授课的知识教学和复习课的问题解决，为教学改进提供了应然目标，需要持续地研究与关注。

　　第二，基于对学生表现的准确诊断和分析是有效教学改进的关键。从大样本分析发现普遍性问题，从具体样本的测试中发现具体问题，深入分析学生的问题表现并归因，是改进教学活动的依据。例如，本次测试中发现，学生对如何证明强、弱电解质，酸碱盐如何影响水电离等问题无法清楚地说明论证，教学改进中就针对性地设计了相应的环节。

第三，教学活动的设计是改进的重点。例如，多角度认识溶液说来容易，但如何切实落实是个关键问题。通过讨论我们确定了通过溶液间"找相同与不同"的方法来促使学生体会多角度的认识过程。有角度的学生就会发现更多相同与不同，各小组交流会让学生们互相启发，互相学习，加深理解。再如，系统分析溶液中的多物质和多平衡，也是不容易落实的。我们选用"预测碳酸氢钠与氯化钙的反应"促进学生体会，没有平衡分析能力的学生就只能基于离子反应来预测，而不会考虑后续氢离子的影响。

第四，教师的教学实施是改进效果落实的保障。尽管参与教学改进的教师都是有丰富经验和实施能力的教师，但由于教学习惯的影响，他们可能并不适应与学生对话、基于学生的表现追问、概括的教学方式。另外，在合适的时机，用适当的方式使用认识模型，提升学生的思维也是对教师的考验。不适当地使用模型，反而会影响教学效果，让学生产生困惑。

基于上述经验，我们建议教师们关注学科本体和价值，校准教学的定位与目标；关注学生的问题与困惑，针对性地进行教学；关注自己与学生的互动行为，更好地指导学生学习。

第四节 化学平衡主题的教学改进研究案例

化学平衡主题是高中化学学习的难点，对学习其他的平衡体系具有重要的指导意义。构建化学平衡状态、反应限度和平衡移动的核心关联，综合利用平衡解决问题，对学生而言有较大的挑战。此部分的传统习题模式固定，在一些教学中习题的解题思路替代了学生认识平衡问题的思路，这不利于学生真正认识和利用化学平衡。那么如何通过高中阶段的教学系统认识化学平衡，促进学生学科能力及素养的发展呢？

下面我们以在某高中进行的高一、高二、高三 3 个年级化学平衡主题学习为例，介绍我们对化学平衡主题的教学改进研究。这次教学改进项目持续了一年半的时间，因此，高三教学改进班级是在高二教学改进的基础上进行的。

一、化学平衡认识模型

从认识对象、认识角度、认识类型、任务类型 4 个维度构建了如下化学平衡的认识模型，如图 11-4-1 所示。[①]

化学平衡的认识域是可逆反应。其具体的认识对象包括平衡状态、平衡移动、反应限度。这些认识对象经常用平衡状态的描述、平衡的建立、平衡的影响因素、移动方向等化学问题形式作为载体。

学生在完成化学平衡有关的问题任务的时候，常需利用某些特定的认识角度，如从物质单一浓度、速率、浓度商等内部因素认识化学平衡。也可以基于外部因素分析与认识平衡。研究发现，学生基于特定认识角度形成的认识方式具有一定的稳定性，而不同学生的认识方式各有不同，外显为完成不同的能力任务时会有不同的表现。通过教学活动，可以帮助学生建立认识角度，形成特定认识角

---

① 宋玥，王磊. 促进学生认识发展的化学平衡教学设计研究[J]. 化学教育，2016，37（15）：23-32.

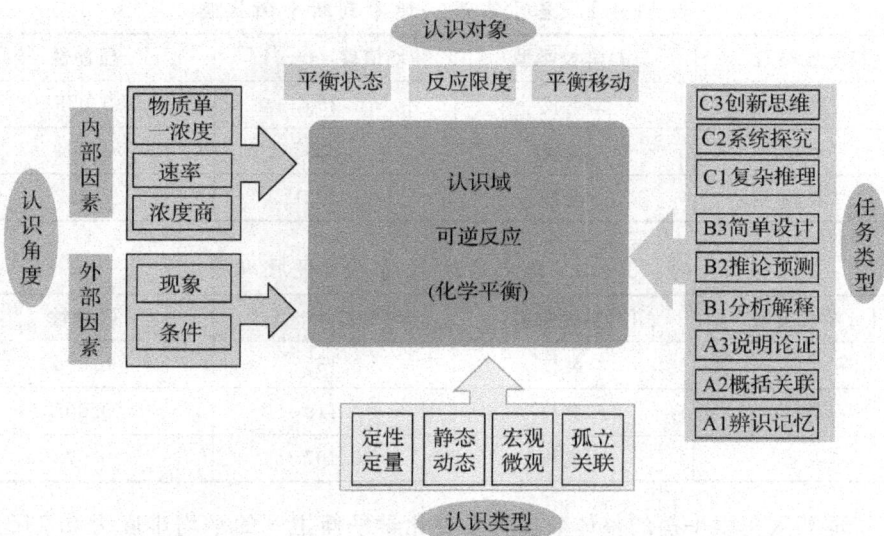

图 11-4-1　化学平衡认识模型

度的认识思路，发展学生的认识方式，提升能力表现水平。

二、前测诊断

结合大样本测试数据和本次学科能力改进项目校的具体数据，我们进行了系统的前测诊断，深度扫描项目校样本班学生的学情，以便为教学改进提供支持。

1. 大样本测试数据分析

学生的表现与错误具有一定的稳定性，基于大样本数据的分析可以为教学改进提供有效的参考。

以某区"基于速率、浓度、平衡常数认识平衡状态"为例（如表 11-4-1 所示），可以看出基于浓度和速率的数据一类、二类、三类校之间在这一层次上没有显著差异（sig. 大于 0.05）。在给定情境与提示角度下，让学生基于浓度商判断是否达到平衡状态（如表 11-4-2 所示），一类校显著优于二类校（sig. 为 0.006）和三类校（sig. 为 0.002）。二类校和三类校几乎没有差别（sig. 为 0.973）。在这一个点上我们可以看出，学生在基于 $K\text{-}Q$ 认识平衡状态方面是比较薄弱的。

表 11-4-1 基于浓度、速率判断平衡状态

(I)学校类型	(J)学校类型	均值差 (I−J)	显著性
一类校	二类校	0.250	0.075
一类校	三类校	0.229	0.064
二类校	三类校	−0.021	0.852

表 11-4-2 给定角度 K-Q 判断平衡状态

(I)学校类型	(J)学校类型	均值差 (I−J)	显著性
一类校	二类校	0.135	0.006
一类校	三类校	0.119	0.002
二类校	三类校	0.107	0.973

梳理某区化学平衡的整体数据，发现化学平衡主题的平均难度为 0.75（全试卷的平均难度是 0.00，数值越大难度越高），说明这部分试题对于学生的难度偏大，具体表现在两个方面：一是概括关联、说明论证能力得分偏低，尤其是概括关联能力表现弱于其他学习主题；二是学生利用化学平衡去分析解释、推论预测、系统探究的得分率低（见表 11-4-3）。

表 11-4-3 大样本数据各能力要素得分率

能力要素	试题描述	得分率
A2 概括关联	能根据方程式书写平衡常数表达式	48.41%
A3 说明论证	能对化学平衡状态进行解释	52.22%
B1 分析解释	能基于平衡及其移动（含水解）解释实验和生活中的现象	62.46%
B2 推论预测	预测进行指定操作后溶液体系的变化	24.71%
B2 推论预测	能根据平衡体系中某一时刻各组分的量，利用 K 判断平衡状态	24.12%
C1 复杂推理	多平衡体系（如 $NaHCO_3$）中平衡的主次判断	19.81%
C1 复杂推理	能综合分析复杂平衡移动问题	10.11%
C2 系统探究	能通过平衡移动证明平衡的存在	10.02%

从大样本的数据分析得出，化学平衡对于学生来说难度比较大。难点之一在于学生难以建构反应限度、平衡状态和平衡移动之间的关系，形成核心关联，进而难以建立化学平衡的问题结构。难点之二在于学生较难利用平衡规律、平衡常数等综合解决实际问题。因此，在新授课的过程中要让学生建立核心关联，利用 K 建立反应限度、平衡状态和平衡移动的关系。而且在教学中，需要指导学生形成清晰的推理逻辑，并利用化学平衡的相关规律完成不同类型的问题解决任务。在教师的示范下形成自主的认识角度、认识思路，进而能在复杂问题中自主调用。

2. 项目学校高一化学平衡前测结果

化学平衡主题的高一前测是为了探测学生学习化学平衡的前概念。

(1)关于"反应限度"的认识

在问及"反应是否有限度""你认为限度是什么"，有 90.4% 的学生认为有限度，但是 93.9% 的学生对限度理解并不正确。有两类常见的错误认识：①学生认为的限度是某一反应物反应完了，相当于过量意识；②因为量不同反应不一样，量变引起质变，如图 11-4-2 所示。

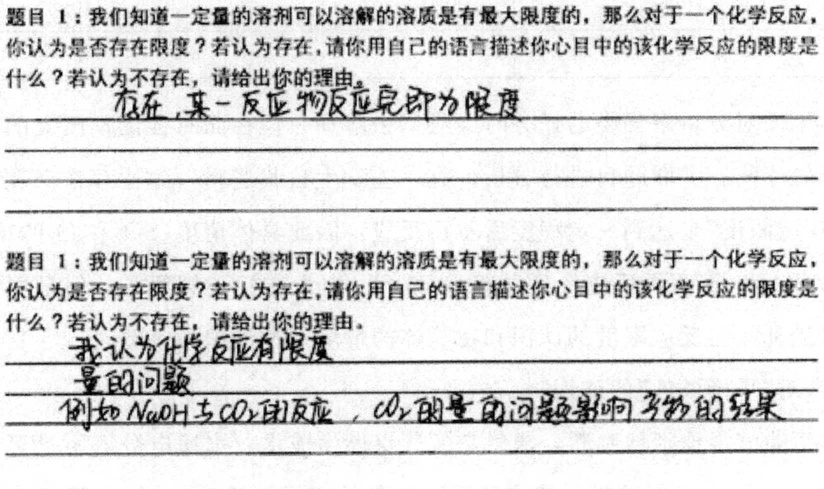

题目 1：我们知道一定量的溶剂可以溶解的溶质是有最大限度的，那么对于一个化学反应，你认为是否存在限度？若认为存在，请你用自己的语言描述你心目中的该化学反应的限度是什么？若认为不存在，请给出你的理由。

存在，某一反应物反应完即为限度

题目 1：我们知道一定量的溶剂可以溶解的溶质是有最大限度的，那么对于一个化学反应，你认为是否存在限度？若认为存在，请你用自己的语言描述你心目中的该化学反应的限度是什么？若认为不存在，请给出你的理由。

我认为化学反应有限度
量的问题
例如 $NaOH$ 与 CO_2 的反应，CO_2 的量的问题影响 多物的结果

图 11-4-2　关于反应限度的错误认识

(2)关于"动态平衡"的认识

以"二氧化硫与氧气反应"为具体情境,通过两类不同的任务类型测查学生对动态平衡的认识:①对"SO_2、O_2、SO_3物质共存"的分析解释类任务;②标记氧气中氧原子,对"哪些物质中含有标记氧原子"的推论预测类任务。

在"SO_2、O_2、SO_3"物质共存的分析解释中,学生有以下几种分析:①反应停止(25.2%),反应进行到一定程度就不再反应;②折返(60.7%),反应过程中SO_2和O_2先完全生成SO_3,然后SO_3再分解;③同时进行(1.5%),SO_3的生成和分解同时存在,因此体系物质共存;④在题目中明确说反应非常长的时间,仍有2.5%的学生认为反应慢。学生对反应限度存在一些错误认识(见表11-4-4和图11-4-3)。

表11-4-4 "SO_2、O_2、SO_3"物质共存的分析解释

分析类型	频率	百分比/%
同时进行	3	1.5
反应停止	25	12.7
折返	119	60.4
反应慢	5	2.5
其他错答	39	19.8
空白	6	3.0

学生面对分析解释类的任务时会尝试去解释,但在面对推论预测类的任务时表现比较迷茫。关联题目进行分析,有一些学生自我逻辑一致性存在问题,如他认为"反应限度"是达到一定程度后不再反应,因此具体情境(SO_2和O_2的反应)中也认为SO_2和O_2不再反应,且只有O_2和SO_3中含有标记氧原子,但是更多的学生思路混乱,对反应限度的认识和在具体的情境中的认识不一致。

(3)对"平衡条件"的认识

学生能够很清晰地判断,氢气与氧气点燃生成水,水通电分解不是可逆反应(81.8%),有70.7%的学生能自述原因是条件不同。因此,对于"平衡需要在同一条件下"的认识,学生的认识难度不大。

题目2：在必修 I 中我们已学习过 $2SO_2(g)+O_2(g) \rightleftharpoons 2SO_3(g)$ 这个反应，向某反应容器中加入 $2molSO_2$ 和 $1molO_2$，反应非常长的时间后，进行检测，发现容器中既存在反应物 SO_2、O_2、也存在生成物 SO_3，你如何解释这一现象，你认为在容器中发生了怎样的过程？

答：可逆反应，但是没有完全反应完，所以 O_2、SO_2、SO_3 都有。

题目2：在必修 I 中我们已学习过 $2SO_2(g)+O_2(g) \rightleftharpoons 2SO_3(g)$ 这个反应，向某反应容器中加入 $2molSO_2$ 和 $1molO_2$，反应非常长的时间后，进行检测，发现容器中既存在反应物 SO_2、O_2、也存在生成物 SO_3，你如何解释这一现象，你认为在容器中发生了怎样的过程？

我认为在容器中很可能是 SO_2 与 O_2 先反应生成了 SO_3，但是在一段时间之后，SO_3 又分解成了 SO_2 和 O_2，这样就导致容器中既有 SO_2，又有 SO_3。

题目2：在必修 I 中我们已学习过 $2SO_2(g)+O_2(g) \rightleftharpoons 2SO_3(g)$ 这个反应，向某反应容器中加入 $2molSO_2$ 和 $1molO_2$，反应非常长的时间后，进行检测，发现容器中既存在反应物 SO_2、O_2、也存在生成物 SO_3，你如何解释这一现象，你认为在容器中发生了怎样的过程？

SO_2 和 O_2 达到了反应的最大限度，不再反应了

图 11-4-3　"SO_2、O_2、SO_3"物质共存的分析解释的典型错误

（4）其他

从图 11-4-4 所示学生的表述中，我们发现这部分内容学生应该是提前学习过，表述非常规范，但是反映出来的问题更值得我们深思，因为学生能用准确术语表述，却完全不了解概念是如何建立的，概念的内涵是什么。因此，建议在概念建立的新授课阶段，一定要让学生明白概念的研究对象，概念的内涵与外延。

题目2：在必修 I 中我们已学习过 $2SO_2(g)+O_2(g) \rightleftharpoons 2SO_3(g)$ 这个反应，向某反应容器中加入 $2molSO_2$ 和 $1molO_2$，反应非常长的时间后，进行检测，发现容器中既存在反应物 SO_2、O_2、也存在生成物 SO_3，你如何解释这一现象，你认为在容器中发生了怎样的过程？

此反应为可逆反应，在达到一定时间后，SO_2、SO_3、O_2 量一定，达到化学平衡状态。

题目3：在必修 I 中我们已学习过 $2SO_2(g)+O_2(g) \rightleftharpoons 2SO_3(g)$ 是一个典型的可逆反应，向某反应容器中加入 $2molSO_2$ 和 $1mol\ ^{18}O_2$（^{18}O 中的氧原子被标记过，能够被检测到），经过足够长的时间后：
（1）容器中存在的分子有：SO_2、$^{18}O_2$、SO_3　　请说明理由：可逆反应，达到化学平衡状态。
（2）能够检测到 ^{18}O 原子存在分子有：＿＿＿＿＿＿＿　请说明理由：＿＿＿＿＿＿＿

图 11-4-4　"SO_2、O_2、SO_3"物质共存的分析解释的典型作答

463

3. 项目学校高二化学平衡前测结果

依据学科能力表现 3×3 框架，我们按照题目难度对其进行排列（如表 11-4-5），发现与大数据相同，项目校学生在 A2、A3 能力要素上表现不佳，学生无法建立反应限度与平衡状态的关联，学生无法描述平衡的建立过程，说明论证能力较弱。

表 11-4-5　学科能力难度值

MEASURE	ITEM	能力要素	MEASURE	ITEM	能力要素
2.69	T5.2	C3	0.09	T1.2.3	A3
2.39	T2.1.5	C1	0.08	T3.1.2	B2
2.39	T2.3.3	C3	−0.52	T1.1.6	B2
2.39	T4.2	A2	−1.09	T4.1	A2
1.66	T2.2	A2	−1.11	T3.1.3	B2
1.57	T1.1.3	C3	−1.16	T1.2.1	A1
1.53	T3.1.5	C1	−1.38	T1.1.5	B1
1.43	T2.1.2	B1	−1.74	T1.2.2	A1
1.20	T5.1	C3	−1.82	T2.1.4	A2
1.14	T2.4	B2	−1.82	T2.3.1	A2
0.87	T2.3.2	B1	−1.85	T1.1.1	A1
0.76	T3.2	C3	−1.92	T1.1.2	A1
0.58	T3.1.1	C1	−1.99	T2.1.3	A2
0.39	T1.2.4	A3	−2.34	T2.1.1	A2
0.14	T1.1.7	A2	−2.58	T1.1.4	A1

以"平衡状态和反应限度建立关联"的题目为例。

下表列出了在室温（298 K）下，对于反应 $H_2(g) + I_2(g) \Longleftrightarrow 2HI(g)$，当向密闭体系内加入不同起始浓度原料的情况下反应到达平衡时的各物质的浓度。

起始浓度 c_0 /(mol·L^{-1})			平衡浓度 $c_平$ /(mol·L^{-1})		
H$_2$	I$_2$	HI	H$_2$	I$_2$	HI
2.0	2.0	0	1.0	1.0	2.0
3.0	2.0	0	1.8	0.8	2.4
4.0	1.0	0	3.2	0.2	1.6

①通过阅读表格，你认为该反应可能会有几个平衡状态？若有多个，则这些平衡状态间有怎样的联系？若只有 1 个，请结合表格指出平衡时各物质具体浓度。

②你认为这个反应的反应限度是什么？它与平衡状态的关系又是什么？

题目中给出多种平衡状态时各物质的浓度，让学生找出平衡状态，并追问平衡状态与平衡限度的关系。结果显示，有 54.9% 的学生不能判断表格中存在多个平衡状态。部分学生认为平衡浓度应该和反应系数有关。对于反应限度的认识，高二学生存在着和高一学生相同的错误认识（浓度最小的部分消耗到不能减少为止），几乎没有学生主述同一反应限度对应多个平衡状态。

4. 项目学校高三化学平衡前测结果

（1）依据测试结果确认教学难点

经历了高一、高二的教学改进，学生对平衡状态的判断、平衡移动的条件等内容掌握情况良好，学生表现比较困难的点在以下 3 个方面。

第一，在这个测试中，难度最大的题目是：自主陈述其反应限度、平衡状态及移动之间的核心关联。

高三初始，学生最大的难点其实是并未建立起化学平衡的知识结构，也就表现为无法自主陈述核心关联。因此，学生的表现给我们的启示就是基于学生高三学习的需求出发，设计学科能力的教学改进。在高三复习前，学生会痛苦自己所知道的知识很少，但是等到高三一轮复习以后，学生痛苦的是知识点太多。当追问学生化学平衡考查点及典型问题时，很少有学生能够列出来，高三的复习教学缺失了问题结构的梳理，给学生搭建结构。高三的复习教学不能仅仅是针对具体知识的面面俱到的复习，而是要让学生自主建立问题结构，方便学生能够清晰地提取脉络。

第二，排列难度值第二的是"多角度系统认识"，此题目是前面例题中的"多角度认识化学平衡状态"。此阶段的学生并没有形成化学平衡知识的系统。

第三,"复杂体系中发现平衡和应用平衡"。

在给定学生反应体系时,学生能基于平衡规律进行问题分析;然而,当题目中未清晰地给定平衡体系,需要学生根据条件及移动结果判断时,学生的表现比较差。要解决这一问题,需要在教学中让学生学会"找平衡"的基本思路方法。

(2)各能力要素的表现情况

我们对各能力要素的得分率进行统计,结果如图 11-4-5 所示:A(学习理解能力)得分率为 52.3%,B(应用实践能力)得分率为 47.5%,C(迁移创新能力)得分率为 40.1%,略好于大样本的整体测试。与其他学习主题相对比,学生学习理解能力和应用实践能力的得分有点低。

学生在辨识记忆(A1)的得分率为 58.2%;概括关联能力(A2)得分率为 53.7%;说明论证能力(A3)得分率为 33.3%;分析解释能力(B1)的得分率为 35.5%;推论预测能力(B2)得分率为 58.2%,复杂推理能力(C1)得分率为 47.6%;系统探究能力(C2)得分率为 12.9%;创新思维能力(C3)得分率为 19.1%。总体分析,学生的说明论证能力、分析解释能力、系统探究能力和创新思维能力需要提升。

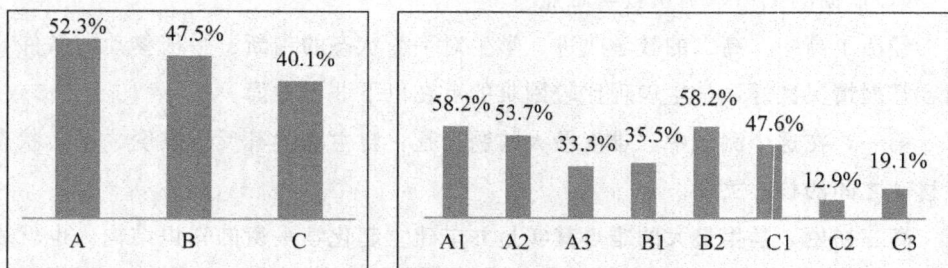

图 11-4-5　各能力要素得分率

三、基于需求的教学改进

1. 基于需求的教学内容定位

某中学的基于化学平衡主题的教学涉及高一、高二、高三 3 个年段的进阶教学,涉及两种课型:新授课和复习课(见图 11-4-6)。

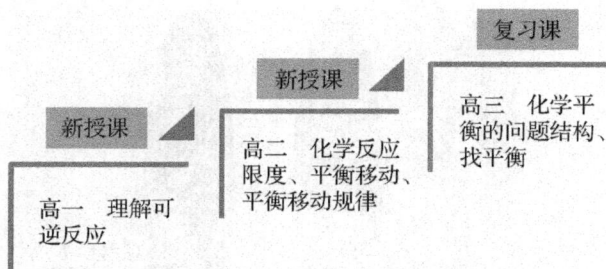

图 11-4-6　不同年级的"化学平衡"主题发展点

（1）对于高一学生来说，转变迷思概念，概念的建立与理解是尤为重要的

高一学习中，知识上的核心目标是认识研究对象"可逆反应"，知道"可逆反应宏观上表现为物质共存，微观上消耗与生成同时存在"。宏观对于学生来说不太困难，而微观上如何转变学生"单向停止和折返"的迷思概念则颇具挑战，尤其难在如何寻找证据，证明可逆反应的动态性。

（2）对于高二学生来说，把握本体，建立核心关联，系统提升能力表现

从学科内容分析，高二需要建立化学反应限度、平衡状态和平衡移动规律的核心关联，此时要把握平衡常数 K 的重要价值。①利用平衡常数形成内容关系进阶。对于一个具体的反应而言，只要温度确定，平衡常数为定值；当浓度商等于平衡常数时，反应达到平衡，因而可以利用 K 来判断平衡状态；不同的平衡状态之间的相互转变即为平衡移动，因此可以利用 $K\text{-}Q$ 关系预测平衡移动，设计与调控平衡移动，进而精准控制化学反应。②平衡常数可以帮助形成推理路径。如果没有 K 只能通过宏观现象基于实验事实和数据归纳出平衡移动规律，没有办法进行推理解释。③平衡常数有更强的解释力，尤其是对平衡移动的解释。平时的教学中对平衡移动有两种解释，利用正逆反应速率和 $K\text{-}Q$ 关系。平衡移动指的是原平衡状态和新平衡状态的比较，但利用正逆反应速率去解释时，是从改变及其过程的角度进行解释的。而 $K\text{-}Q$ 关系则是规避过程，直接去讨论两个平衡状态之间的关系，更符合学科逻辑。因此，我们要把握核心概念 K，建立反应限度、平衡状态和平衡移动规律的核心关联（见图 11-4-7）。

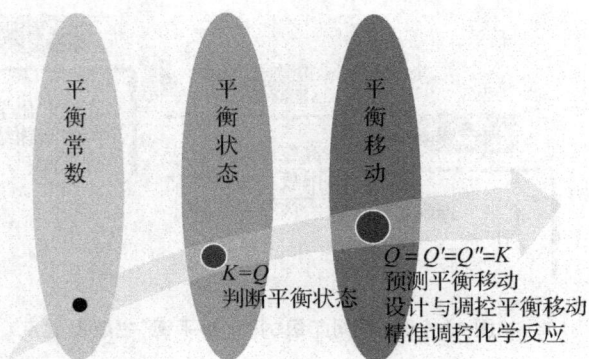

图 11-4-7　平衡常数的层级发展

在备课研讨时，我们和教师进行了探讨：①从知识本体上厘清勒夏特列原理与 K-Q 关系的利弊：勒夏特列原理是宏观现象归纳的经验规律，容易简单记忆，解释力不足。K-Q 关系不考虑到达平衡的路径，具有更普适的解释和预测功能。②依据学生认识发展脉络确认教学的问题链：反应是否真的存在限度？如何表征反应的限度？达到平衡状态时达到限度，限度不变，平衡状态是否会改变？平衡如何发生移动？③基于学生的认识发展脉络，明确任务类型，构建不同课时的认识发展目标。

第一课时：①反应限度 K；②K 可以干什么？分为四个层次：一是不同反应，K 不同，限度不同；二是同一反应，温度不同，限度可改变；三是不改变限度的情况下，可通过平衡状态改变来获得更多产物；四是也可直接改变限度，获得更多产物。

第二课时：什么条件能让平衡状态移动，如何移动，如何通过实验进行证明？教学中，有两种思路：①从平衡状态（$K=Q$）进行理论推导，发现当 $K \neq Q$ 时平衡会发生移动，进而针对具体反应进行分析。②给出反应让学生思考"如何得到更多产物"，利用平衡常数的表达式进行分析，进而设计实验证明。此时，浓度和压强的影响具有明显的关联性，可以在此课时进行讨论，因此考虑到容量问题不建议本节课处理温度的影响，而将重点集中在建立浓度、颜色与平衡之间的关系上。

给出反应问学生什么情况可以让平衡移动？要让平衡移动可以怎么办？关键是让 K 与 Q 两边不相等，如何使 $Q \neq K$？还有一种思路：给学生一个反应，讨论如何能够得到更多产物？学生可以根据 Q-K 关系演绎推理，然后设计实验进行证明，再进行解释。

第三课时：改变限度，限度跟 K 有关，让学生知道 K 跟焓变有关，去预测温度升高对于吸热反应、放热反应有怎么样的影响，先让学生预测，然后利用实验找证据。

（3）对于高三学生来说，建立问题结构，优化复习策略，学会在陌生体系中寻找平衡

明确高三复习课教学设计的出发点、基本定位和关键点。高三复习教学，需要让学生形成清晰的知识结构、问题结构和解题的思路结构（见图 11-4-8）。

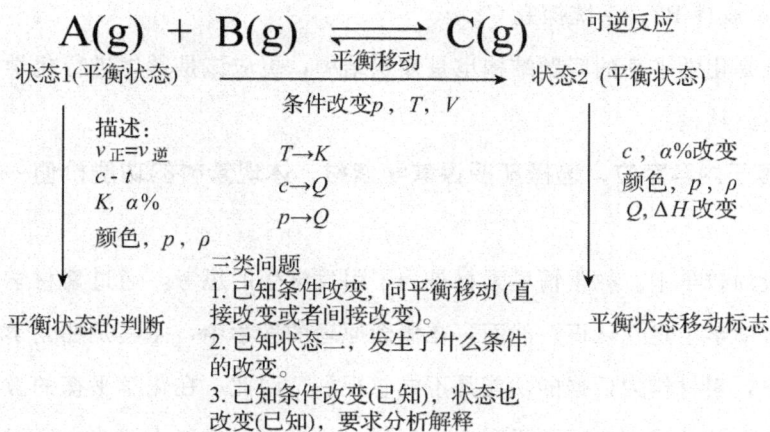

图 11-4-8 化学平衡的知识结构、问题结构与解题的思路结构

第一类问题是研究静止的平衡状态。研究任务：可以用多种角度描述平衡状态。例如，可以从正逆反应速率的关系来描述；反应中各组分浓度随时间变化来描述；用平衡常数来描述（K 表示了反应的限度）；④延伸的其他物理量——颜

色、密度、压强等，这些物理量是间接物理量。我们可以此完成有关平衡状态判断的问题。

第二类问题是两个平衡状态之间的关系，从平衡状态 1 到平衡状态 2 这个过程称为化学平衡的移动。这样的移动需要条件的改变（浓度、温度、压强）。其中温度直接影响反应限度，改变 K。学生在处理浓度和压强对平衡的影响时会发生混淆。从根本上解决压强和浓度改变的差异是什么。Q 的表达式中浓度改变只改变某个单一组分，压强改变使各组分浓度都发生改变。从状态 1 到状态 2 发生了平衡移动，平衡状态移动的标志是浓度改变，转化率改变（直接变量），进一步压强、密度、颜色也发生改变，甚至和焓变建立联系（间接变量）。

第三类问题：①已知条件改变判断平衡移动（推论预测 B2）；②已知平衡状态 2，判断条件的改变（推论预测 B2）；③已知条件的改变和状态的改变，进行分析解释（分析解释 B1）；④复杂问题（如二氧化碳可以用碳酸氢钠除杂）因角度多元条件复杂（复杂推理 C1），将题目中平衡移动的规律和实验结合起来进行实验探究（简单设计 B3、系统探究 C2）。

这既是化学平衡的问题结构也是知识结构，更应该是学生进行化学平衡问题解决的思路结构。

2. 基于内容定位，选择新授课教学素材，体现素材的功能价值——以高一为例

一般的教学中，教学情境素材是为了引发学生的思考，通过素材学生能得到什么，帮助学生建立认识。然而，在概念原理的教学中，尤其是在化学平衡主题的教学中，素材作为证据的功能是不能忽视的。因此，在化学平衡的教学中，根据任务类型及其难度合理选择和安排素材，体现素材在能力培养中的不同作用。

以高一教学为例，见表 11-4-6。

表 11-4-6 高一化学平衡教学素材选取

环节	素材及问题	素材功能
环节 1：认识可逆反应，反应物与生成物共存	提供氯化铁与碘化钾的反应，思考如何证明该反应已经发生？结合实验中反应物的用量和实验现象，分析说明该反应有何特点	引发认识冲突
环节 2：分析解释，建立模型	可逆反应发生时为何反应物与生成物会共存呢	探查学生原有认识
环节 3：寻求证据，反证假设	提供同位素示踪材料，反应中二氧化硫、氧气和三氧化硫的数据表格，三氧化硫的折线图。思考：如何从反应的本质的角度理解初始阶段二氧化硫浓度的变化？为什么一段时间以后二氧化硫浓度不再发生变化？ 绘制正逆反应速率变化图示，让学生描述反应过程，基于宏观事实，基于化学键角度对可逆反应过程进行论证，促进对可逆反应的理解	素材作为证据。二氧化硫的催化氧化，可用素材是 ^{18}O、微观图示、数据表等，采取反证的思路，作为证据出现
环节 4：平衡可以发生改变	思考：在一个密闭的容器中充有二氧化氮气体，发生可逆反应，其中二氧化氮是红棕色气体，四氧化二氮是无色气体。 问题 1：瓶中的反应处于什么状态，说明理由。 问题 2：尝试说出该瓶放入热水中颜色变化的可能原因	素材用于帮助建立认识

3. 基于教学过程试讲改进教学，促进学生认识发展——以高二为例

课堂是教学实施的主阵地，因此，我们教学活动的课堂实施也是教学改进的重要环节点。下面以高二化学平衡常数的第一课时的教学过程试讲的改进为例来进行说明（见表 11-4-7）。

表 11-4-7 教学过程试讲环节及内容

环节	素材、问题及活动	教学意图
定性描述引入限度	分析氢气和氯气、碘蒸气的反应。请比较相同条件下两个反应进行的程度并说明考虑依据	定性描述反应限度

环节	素材、问题及活动	教学意图
任务1： 分析数据认识平衡常数	教师给出氢气和碘蒸气反应的6组数据（具体略） 问1：分析氢气和碘蒸气的6组数据，发现平衡常数。 问2：你认为K值的大小反映出什么？说明理由。 问3：上述表格体现了平衡常数K不受什么因素的影响；你认为K受什么条件的影响，说明依据。 问4：反应未达平衡时，是否存在此比例数值？此数值与K值的大小关系是什么？以①④为例说明此数值如何变化。——建立Q	
任务2： 定量认识限度	问5：表格中共有_____种平衡状态，限度是否相同？ 问6：如何改变此反应的限度	回扣之前的数据分析。 K的功能之一：定量描述反应限度
任务3： K的数据功能综合应用	工业上制取H_2的重要环节 $CO(g)+H_2O(g) \rightleftharpoons CO_2(g)+H_2(g)$　$\Delta H<0$ 在800 ℃，$K=1$。恒温恒容的容器中，起始时，CO、H_2O的浓度均为0.010 mol·L^{-1}。①反应至t_1时刻，CO_2的浓度为0.002 0 mol·L^{-1}。反应是否达到化学平衡	通过Q和K值的比较，判断是否平衡和进行方向
	②反应达到化学平衡时，你能得到哪些数据	计算平衡组成
	③在上述平衡状态下，充入H_2O，使其浓度提高0.005 0 mol·L^{-1}，再次平衡时CO的转化率如何变化	使用三段式计算，计算平衡各组分及转化率
	④若相同条件下，起始CO、H_2O的浓度分别为0.010 mol·L^{-1}、0.0150 mol·L^{-1}。平衡时CO的转化率为多少	定量表达平衡移动程度

　　试讲过程中，教师的问题链清晰，围绕6组数据的分析展开，教师对于内容本体的理解体现在对不同环节的承载上，但是上课的过程中，教师缺少环节之间的过渡，未激发起学生对于内容的认识需求。课堂上，学生淹没在数据的分析中，对核心概念的理解不清晰、不明确，自主的认识发展的问题链并没有形成，感觉是被老师牵着走。也就是说在备课的过程中，通过与专家的讨论，教师自己

已经建立了问题链，而教学改进中需要解决的就是教师所形成的问题链如何通过教学活动转化为学生的问题链。

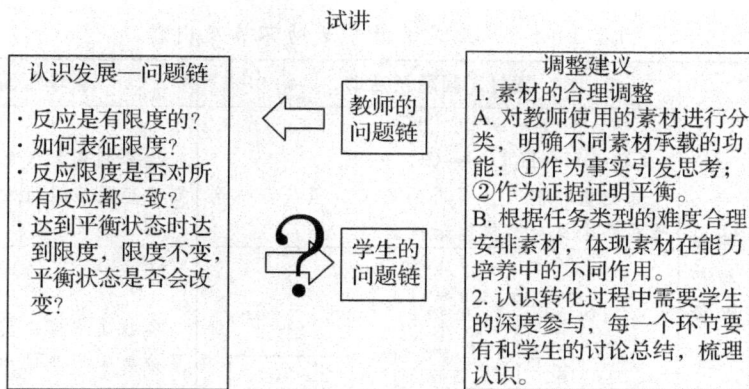

试讲

认识发展—问题链

·反应是有限度的?
·如何表征限度?
·反应限度是否对所有反应都一致?
·达到平衡状态时达到限度，限度不变，平衡状态是否会改变?

教师的问题链

学生的问题链

调整建议
1. 素材的合理调整
A. 对教师使用的素材进行分类，明确不同素材承载的功能：①作为事实引发思考；②作为证据证明平衡。
B. 根据任务类型的难度合理安排素材，体现素材在能力培养中的不同作用。
2. 认识转化过程中需要学生的深度参与、每一个环节要有和学生的讨论总结，梳理认识。

图 11-4-9 试讲的教学改进意见

在试讲后的讨论中，专家指出：认识转化过程中需要学生的深度参与，每一个环节要有和学生的讨论总结、梳理认识。挖掘反应限度的重要意义：限度是在制备物质时重要的衡量指标之一。因此，我们引入平衡常数和限度的目的不在于区分概念，而在于让学生体会到背后的价值；让学生知道可以改变平衡状态，但是改变受到反应限度的制约。找到平衡常数的作用就是从根本上选择反应及调控反应。在第一环节的素材选择上，应该更符合学科的逻辑，驱动学生的内在认识需求。让学生去确定反应，但是对反应的选择要有限制，符合任务难度。因此，可以利用对制备具体物质的化学反应的选择与调控，将对平衡常数的认识进行串联。也为之后综合考虑多因素（反应限度、反应速率、成本等）选择反应奠定基础。在第一环节的素材选择中，应该增加其他干扰，增加学生分析难度，因此，选择一氧化碳和水蒸气制备氢气的反应有实际的价值，也可以很好地先避免固体、纯液体的影响，而且系数比例为 1∶1∶1∶1。因此，利用氢气制备的素材统摄，共分为 3 段：第一段是引出 K，落实 K 的基本概念；第二段讨论 K 的性质，及 K 与温度的关系；第三段是 K 的功能价值，落在利用 K 可以进一步预判平衡状态和反应进行方向等。

这样的改进，有效地激发学生的认识需求，在选取制备氢气的实际情境中，完成概念建构的同时，更加有益于学生对内容本体的认识（见表 11-4-8）。

表 11-4-8　正式讲教学活动环节及内容

环节	素材、问题及活动	教学意图
环节一：平衡常数的基本概念，发掘平衡常数	$CO+H_2O \Longrightarrow CO_2+H_2$ $CH_3OH+H_2O \Longrightarrow CO_2+3H_2$ 起始量相同，为了得到更多的氢气，你会选择哪个反应？依据是什么	选择制备氢气的反应，需要考虑反应进行的程度
		各物质浓度、转化率、质量分数等不能作为平衡状态中的常数，引入 K
环节一的认识梳理	梳理平衡常数的表达式、单位、物理含义	每一环节之后加一段学生和教师的认识梳理，此环节落实平衡常数的基本知识
环节二：K 的性质	探讨平衡常数 K 的外界影响条件；分析 K 受什么因素影响，并说明理由	平衡常数影响因素的探讨
环节二：K 的认识梳理	K 不受到反应物起始浓度、平衡建立方向、压强、催化剂的影响，只受温度影响	每一环节之后加一段学生和教师的认识梳理，此环节落实平衡常数的基本性质与温度有关
环节三：平衡常数应用	给定起始时 CO 和 H_2O 浓度均为 0.01 mol·L^{-1}，给定 t_1 时刻的 CO_2 浓度为 0.002 mol·L^{-1}，判断是否达到平衡	判断是否达到平衡，并判断反应进行的方向
环节三的认识梳理		每一环节之后加一段学生和教师的认识梳理，此环节落实平衡常数的应用

4. 复习课教学改进，凸显问题结构，细化思路方法——以高三为例

高三化学平衡复习课的备课研讨重点如下：我们设计的课要将问题结构给学生建立起来，教学主要分为 3 个任务。

第一个任务：引出化学平衡的问题结构框架图，帮助学生梳理问题结构。平衡状态 1，平衡时的描述包括速率、浓度、密度、压强等，需要解决的问题。改变条件，包括温度、浓度、压强。达到平衡状态 2 时，平衡的描述，哪些物理量发生了变化，需要解决的问题描述等。

第二个任务：建立问题结构，举例可逆反应，让学生设计分类依据，进行分类后展示。检验学生对于反应的类型是否可以区分，对于概念的掌握程度，如水解平衡的概念。可以首先让学生学会发散，学会分类。学会分类是学生找平衡、建立解决问题关键点的基础。

第三个任务：对于复杂的、陌生的体系找平衡，在真实的例题中让学生体会找平衡的思路，由已知确定研究对象，进而写出所有的平衡方程式；根据设问，确定主要的平衡反应，进一步自主分析。教师首先让学生交流讨论，然后展示学生结果，其他人的不同意见，然后教师进行完善或点评，进一步引导在复杂体系找平衡的具体思路，进而引导学生找到解决问题的关键，学生可以系统地分析，形成解题思维模型。

本节课要求教师在实施过程中处理细致，每个环节都落到实处，并对学生表现做出评价，力求学生能够在教师引导下构建出解决化学平衡问题的思路。

这样的复习课教学与传统的复习课教学的改进点就在于：①由教师进行问题结构的拆解转变为学生建立问题结构，通过对各种习题的已知和未知条件的梳理，发现题目规律，进而做到心中有数。②知识复习与问题解决相融合。问题结构、知识等捆绑起来进行复习，有利于遇到问题时进行结构定位，进而唤起已有经验对问题进行分析推理，调用具体知识解决问题。③充分外显学生的思路，其实是学生进行反思式的复习形式。可以借助板书思路与原有思路的对比发现思路的发展变化。试讲时的具体实施流程及分析见表 11-4-9。

表 11-4-9　试讲时的具体实施流程及分析

任务		具体内容
第一课时	任务一：化学平衡的问题结构构建	一步一步引导学生，一步一步列出问题结构，教师进行梳理，给学生搭建结构
	任务二：已知平衡分类	将高中常见的 14 个反应，不给分类依据，让学生进行分类，并说明分类依据。学生讲解，教师提问，学生补充回答
	任务三：找平衡，用化学平衡分析问题，解决问题	用平衡移动的原理解释，碳酸钙投入到新制的氯水中为什么可以提高漂白能力。 巩固上面学习的分类方法，练习找平衡的方法。 找平衡：根据所给物质，列举平衡，根据平衡移动目标，选中平衡，并用平衡移动原理解释
		CO_2 气体通入饱和 $NaHCO_3$ 溶液来除去混有的 SO_2 气体杂质找全平衡，应用找平衡的方法，提高学生多角度分析问题的能力
		用平衡移动原理解释：锅炉水垢中的 $CaSO_4$ 用饱和碳酸钠溶液浸泡，可以转化成疏松可溶于酸的 $CaCO_3$。 促进学生分析具体情境模式，自主调用平衡移动解决问题

从试讲中反映出，学生存在的问题主要有以下两个方面：①学生未厘清问题结构，学生很难回答设问是什么；②从学生自身的角度来讲，学生对于概念的学习没有进行巩固，对于水解平衡、电离平衡的概念和对象认识存在欠缺。此阶段，学生也无法处理弱平衡问题。

化学平衡模块作为反应原理中相对独立的模块，非常适合教师作为示范问题结构建立的内容模块。对问题结构的梳理，是促进学生学习方法形成的过程。教师要不断强化学生标出未知与已知，进而在此基础上熟悉此模块命题，建立问题结构，并将这样的解题思维模型渗透到原理模块的所有学习中，促进学生学科能力的进阶。正式讲时的具体实施流程及分析见表 11-4-10。

表 11-4-10　正式讲时的具体实施流程及分析

	任务	具体内容	任务类型
第一课时	引入：平衡问题结构图	教师进行简略讲解作为引入	
	任务一：给已知平衡分类	将高中常见的 14 个反应，设定分类依据，学生分类，主要教师进行讲解，纠正学生对于平衡概念的认识	A2
	任务二：找平衡，用化学平衡分析问题，解决问题	向 $NaHCO_3$ 中逐滴滴加一定浓度 $CaCl_2$ 溶液，产生白色沉淀，写出所有平衡	B1
		$CaCO_3$ 投入到新制氯水中，写出你能够找到的所有平衡。用平衡移动原理解释可以提高漂白能力的原因	C1
		在实验室，我们会将 CO_2 气体通入饱和 $NaHCO_3$ 溶液来除去其中混有的 SO_2 气体杂质	C1

正式讲与试讲相比，正式讲中将找平衡作为教学的主题。教师能够让学生有充足的时间去深入和展开找平衡的思维方法，构建找平衡的解题思维模型。从最初的建立问题框架和找平衡全部实施到侧重于找平衡。最初只是根据题目的设问，确定物质，确定平衡，但是没有细致到怎么确定物质和确定平衡。通过专家的指导，再设计更符合学生能力发展的教学，思路更加细化，一级思路下打开二级思路，如找平衡，我们依据什么找平衡（根据体系中的物质）。第一步让学生找到平衡的目标是什么。目标解读时，首先要找到物质，其次要掌握跟这个物质相关的平衡移动的方向。紧接着判断平衡是否有用，然后可以进行检验，用平衡移动的思路看能不能将整个的推理打通，能不能实现目标。第二步，要做一个检验，判断没选的平衡是不是没有作用。

通过训练，学生能够从理论分析上升到实际应用层面上，能够分析解释复杂问题。但也要求教师在教学时能够将这个思路落实，一步步引导学生用这种思路层层剖析，也引导学生对于平衡学习进行反思。教师不停地在渗透和运用找平衡的思路方法，不断内化这种思路方法，让学生在做化学平衡的题时能利用这一通法，提升学生的应用和迁移能力。

四、教学改进的效果与反思

1. 高一高二新授课教学效果反馈

我们对项目学校高一、高二的数据进行 Rasch 运算。发现题目难度和学生之间的覆盖度比较好，题目难度略大，见图 11-4-10。

对每一个能力值的数据进行均值统计，其中 6 班是对比班，7 班是实验班。各能力要素得分率如表 11-4-11 所示。

表 11-4-11　高二学生前后测各能力要素表现情况

要素	班级	前测	显著性系数	后测	显著性系数
A1	6	0.58	0.682	0.37	0.000
	7	0.60		0.68	
A2	6	0.40	0.281	0.54	0.011
	7	0.44		0.68	
A3	6	0.15	0.781	0.19	0.050
	7	0.17		0.36	
B1	6	0.22	0.100	0.26	0.000
	7	0.30		0.45	
C1	6	0.03	0.100	0.03	0.012
	7	0.08		0.08	
C3	6	0.02	0.068	0.02	0.000
	7	0.07		0.07	
A	6	0.43	0.346	0.43	0.000
	7	0.46		0.46	
B	6	0.19	0.011	0.19	0.000
	7	0.30		0.30	
C	6	0.02	0.024	0.02	0.000
	7	0.07		0.07	

```
              PERSON - MAP - ITEM
                 <more>|<rare>
    3                  +
                       |
                      T|
                       |
                       |  T5.2
    2              +   |  T2.1.5
                       |  T2.3.3
                       |
                       |  T1.1.3  T2.1.2  T2.3.2  T3.1.5
                       |  T2.2
                      S|  T4.2
    1              +   |  T2.7.4  T5.1
                       |  T2.7.1
                       |  T2.7.2  T3.1.2
                       |
                 .  ## T|  T3.1.1
    0            . ##  +M  T1.1.1  T1.2.4  T2.5  T2.6  T3.1.3
                 . #   |  T1.2.3  T2.4  T3.2
                .####  |  T1.1.7
                .# S   |
               ##### S |  T1.1.6
               ####    |
   -1      ########### |  T1.2.1  T2.7.3
          .########### |
           ########  M|S
           .######    |  T1.1.5  T4.1
           .######    |  T1.1.2  T2.3.1
           ######     |  T1.2.2
   -2      ######  S-  |  T2.1.4
            ###        |
                       |  T2.1.1
            .#         |  T1.0.3
            . T        |T  T1.1.4
            #          |
   -3                  +
                       |
            ##         |
                       |
```

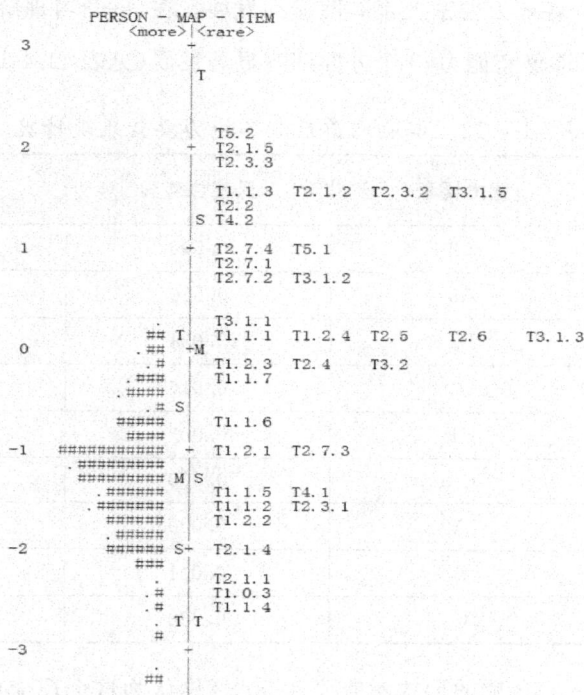

图 11-4-10　高二后测 Map 图

将实验班和对比班的各能力要素进行差异检验，发现在前测中，分能力要素 A1(sig. 为 0.68)、A2(sig. 为 0.28)、A3(sig. 为 0.78)、B1(sig. 为 0.10)、C1(sig. 为 0.10)、C3(sig. 为 0.06)，显著性系数均大于 0.05，所以在前测中，实验班和对比班没有显著性差异，而经历教学改进之后，学生这些能力要素的显著性系数均小于 0.05，有显著性差异。实验班在后测中的表现显著优于对比班。

关注 A(学习理解能力)、B(应用实践能力)、C(迁移创新能力)，学习理解能力方面，实验班和对比班前测中无显著差异(sig. 为 0.34)，后测中实验班明显优于对比班(sig. 为 0.00)。应用实践能力和迁移创新能力方面，前测数据中实验班对对比班有显著优势。后测中保持了显著性的差异，并且发现均值差在变大，也就是说实验班的发展优于对比班。

通过实验班在教学改进前后的数据分析，发现实验班在教学改进前后的 A2、

A3、B1、C1、C3 各能力要素上都有明显的发展。在 A(学习理解能力)、B(应用实践能力)、C(迁移创新能力)3 个方面都有显著发展(见表 11-4-12)。

表 11-4-12　实验班前后测各能力要素表现情况

	能力要素	显著性差异	均值差(前测－后测)
7 班	A2	0.000	－0.235
	A3	0.030	－0.188
	B1	0.004	－0.149
	B2	0.016	－0.128
	C1	0.003	－0.154
	C3	0.000	－0.298
	A	0.000	－0.173
	B	0.001	－0.137
	C	0.000	－0.236

后测中以自主表述题的形式考查学生认识(你认为这个反应的反应限度是什么?它与平衡状态有什么关系)。从"平衡常数与温度有关""基于 $K\text{-}Q$ 关系建立反应限度和平衡状态关联"两个方面统计学生作答。①实验班和对比班学生在"平衡常数与温度有关"的认识方面都表现良好,常规教学和改进教学中对此内容都有很好的涉及,但是实验班的学生均值(0.15)大于对比班的均值(0.08),也就是改进教学能让学生更自主地说出平衡常数与温度之间的关联。②基于 $K\text{-}Q$ 关系认识反应限度与平衡状态,实验班的表现明显优于对比班(sig. 为 0.005),也就是改进的教学更利于学生自主建立核心概念之间的关联(见表 11-4-13)。

表 11-4-13　实验班和对比班前后测概念理解情况

	班级	均值	显著性
平衡常数与温度有关	6	0.08	0.396
	7	0.15	
$K\text{-}Q$ 角度认识平衡状态与反应限度关系	6	0.35	0.005
	7	0.73	

2. 高三复习教学效果反馈

从图 11-4-11 整体来看，题目和学生数量呈正态分布，学生总体能力表现比较好。

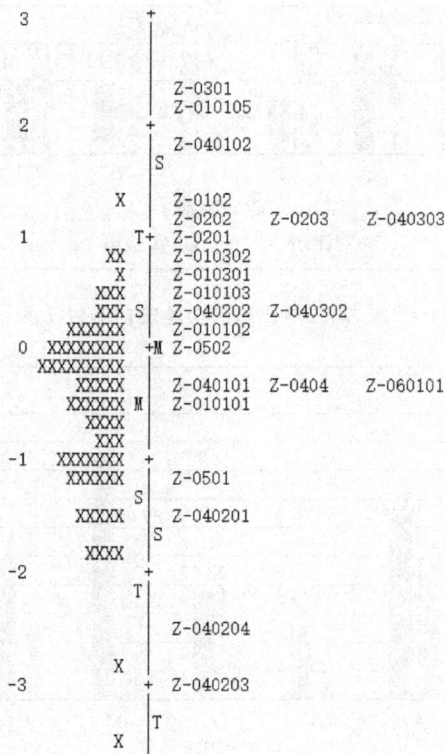

```
3          +
           |
           |
           |      Z-0301
           |      Z-010105
2          +
           |      Z-040102
          S|
           |
      X    |      Z-0102
           |      Z-0202      Z-0203      Z-040303
1        T+|      Z-0201
      XX   |      Z-010302
      X    |      Z-010301
      XXX  |      Z-010103
      XXX S|      Z-040202   Z-040302
    XXXXX  |      Z-010102
0  XXXXXXXX+M Z-0502
    XXXXXXXX|
      XXXX |      Z-040101   Z-0404     Z-060101
     XXXXXXM|     Z-010101
      XXXX |
-1  XXXXXXX +
      XXXXX |     Z-0501
          S|
     XXXXX  |     Z-040201
          S|
      XXXX  |
-2          +
          T |
            |
            |     Z-040204
       X    |
-3          + Z-040203
            |
            |T
       X    |
```

图 11-4-11　高三后测 Map 图

详细分析发现：此阶段学生在进行系统分析及完整推理还存在难度，如在工业合成氨的反应中，学生无法同时从温度、压强、浓度 3 个角度系统分析如何提高氨气的产率。此外，学生用语言文字准确描述反应限度、平衡状态之间关联时，并不是特别全面。

我们对实验班和对比班数据进行详细分析，前测中实验班和对比班均值差为 -0.047，经过教学改进后，均值差变为 0.049，均值差的变化证明教学有效。对具体能力要素数据进行分析（如图 11-4-12、图 11-4-13、表 11-4-14），教学前对比班的各能力要素均值相对实验班较高，教学后实验班的各能力要素优于对比班，因此我们发现实验班在教学前后发生了很大改变。

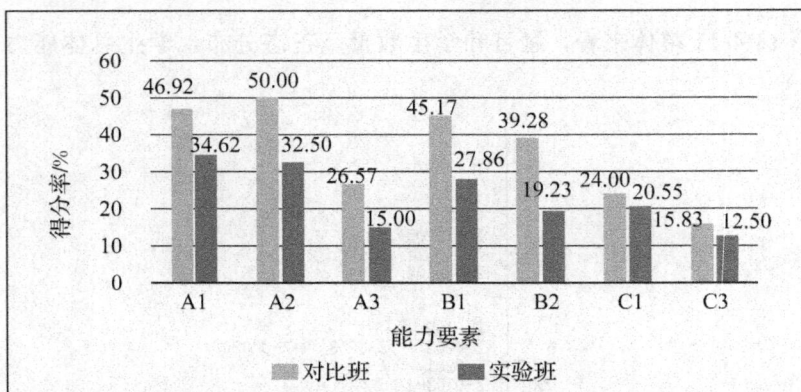

图 11-4-12 高三对比班和实验班前测对比图

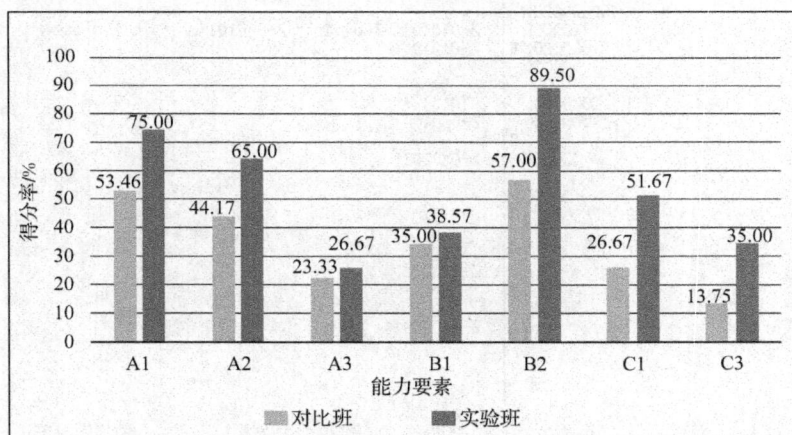

图 11-4-13 高三对比班和实验班后测对比图

表 11-4-14 高三前后测差异显著性检验

得分率	班级	均值	均值差
前测	实验班	0.40	−0.047
	对比班	0.45	
后测	实验班	0.34	0.049
	对比班	0.29	

进一步进行差异性检验，实验班学生 B1、B2、C3 等能力要素上显著优于对比班(如表 11-4-15，此 3 项 sig. 均小于 0.050)，表明教学的有效性。同时，我们还注意到对比班 A1 明显高于实验班，说明常规复习课教学中教师对 A1 类的问题更加关注，学生提高比较多。

表 11-4-15　高三后测各能力要素表现情况

得分率	对比班后测	实验班后测	均值差	显著性
A1	6.00	3.15	-2.855	0.011
A2	2.61	3.08	0.482	0.246
A3	1.28	1.12	-0.083	0.823
B1	2.64	4.04	1.443	0.017
B2	3.85	5.12	1.325	0.038
C1	2.43	2.58	0.183	0.619
C3	1.00	2.19	1.199	0.013

下面结合测试题，针对这些展开来看一下在具体的题目中，实验班的学生都有哪些显著的发展。

题目 1：研究发现 Fe^{2+} 会影响自然界中的 O_3 将海水中的 I^- 氧化成 I_2 的反应：

$$2I^- + O_3 + 2H^+ \rightleftharpoons I_2 + O_2 + H_2O$$

Fe 元素在反应体系中会发生如下变化：$Fe^{2+} \rightarrow A \rightarrow B$，由 A 生成 B 的过程能显著提高 I^- 的转化率。某小组为研究 Fe^{2+} 的影响机理，进行了以下两组实验并检测反应前后的 pH，结果见表 11-4-16。

表 11-4-16

编号	反应物	反应前 pH	反应后 pH
第 1 组	$O_3 + I^-$	5.2	11.0
第 2 组	$O_3 + I^- + Fe^{2+}$	5.2	4.1

由 A 生成 B 的过程能显著提高 I^- 的转化率，原因是＿＿＿＿＿＿＿＿＿＿＿＿＿＿＿。

表 11-4-17

编码	试题描述	分值	评分标准	
C1	Fe^{2+}、O_3、I^- 体系——提高转化率的原因	2	Fe^{3+} 水解 $Fe^{3+} + 3H_2O \rightleftharpoons Fe(OH)_3 + 3H^+$；增加了 $c(H^+)$，使化学反应 $2I^- + O_3 + 2H^+ \rightleftharpoons I_2 + O_2 + H_2O$ 平衡向正方向移动，提高了 I^- 的转化率。①能答出水解增加了 H^+ 浓度得 1 分（C1）②能答出平衡移动提高转化率得 1 分（C3）	多角度、系统性
		0	Fe^{3+} 氧化了 I^-	

我们统计了各个角度的得分率，得出如图 11-4-14 的数据，根据数据，我们发现：①对比班和实验班学生对于 Fe^{3+} 氧化的错误认识都下降了，认为水解增加了 H^+ 浓度的人数都增加了，但是实验班的增幅明显高于对比班，体现了这部分学生通过题目信息判断物质进而可以在复杂体系中找到平衡。②实验班学生在教学后可以更好地根据目标（提高 I^- 的转化率）进行关联，确定平衡移动方向。这说明找平衡的具体思路方法对学生的学习有很大作用，学生能够在复杂陌生的体系中找到平衡，并且选中平衡，应用平衡移动进行分析解释。

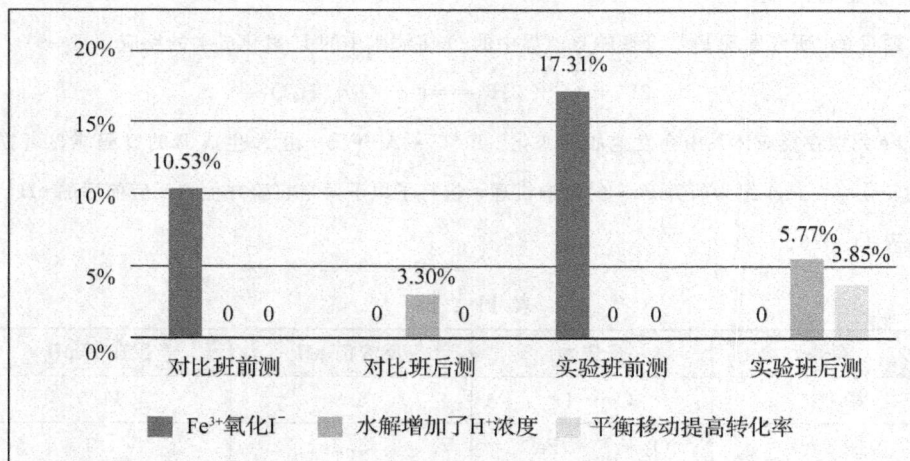

图 11-4-14　高三对比班和实验班前后测对比图

五、启示与建议

本次的教学改进项目涉及高一、高二、高三的化学平衡主题的系统教学，把握新授课和复习课的课程定位。从化学平衡的认识模型，通过对学科内容本体的深入分析，教学活动的任务类型设计和教学活动的课堂实施，系统提升学生的学科能力表现。

高一阶段的教学着力转变学生的错误概念，建立对反应限度的认识；高二阶段的新授课建立核心关联，依据学科能力的 3×3 框架系统设计教学任务。在每一个环节的教学中，都需要教师和学生对"反应限度"的认识进行总结梳理。

高三阶段的教学改进中：①目前的教学中有关化学平衡的问题结构还没有很好地被体现，需要进一步落实，这部分对于学生很难，却对于学生整个高三学习是重要的，高考主要是原理和探究，因此要促进学习方法的形成，让学生学会概括梳理。②在水溶液体系的复习时，需要不断强化对平衡的认识，基于真实问题情境的解决进一步认识平衡，体会平衡的重要意义。③教学过程中教师需要不断通过追问，思维外显，纠正学生已有的错误认知，引导学生基于化学平衡本体结构分析和解决问题，促使其转化成学生的内在的稳定的认识角度和认识思路。

第五节　无机物主题的教学改进研究案例

从 2014 年至 2016 年我们在 3 所学校进行了 6 个无机物主题学科能力教学改进项目的实践，具体如表 11-5-1 所示。

表 11-5-1　无机物主题学科能力项目汇总表

时间	项目学校	课题名称	课时
2014—2015 学年第二学期	学校 1	资源的综合利用（必修 2）	2
	学校 2	元素周期律与元素周期表（必修 2）	3
2015—2016 学年第一学期	学校 1	无机实验专题复习（高三）	2
	学校 2	铁及其化合物（必修 1）	3
2015—2016 学年第二学期	学校 1	元素周期律与元素周期表（必修 2）	5
	学校 3	元素周期律与元素周期表（必修 2）	5

学科能力的项目校之间存在着明显差异，不同项目校之间存在着区域研究背景、教师专业兴趣、学生已有水平等各方面的巨大差异。在这样的背景下进行项目研究，就必须进行顶层设计，有整体化的思路和一致的策略，才能保证各个不同项目学校研究的一致性。

一、无机物学科能力项目整体设计思路

1. 基于元素化合物学生认识模型

研究设计是基于元素化合物学生认识模型而展开的。从研究对象、认识方式、化学问题、能力要素 4 个维度构建了如图 11-5-1 所示的元素化合物的认识模型。

依据该模型提出的认识方式（包括认识方式类型和认识角度）等方面的要求，能够将学生的元素化合物水平进行细化分级，从而确定学生已然水平和我们期待学生达到的应然水平，明确改进的起点和终点，使改进具有更强的针对性和整

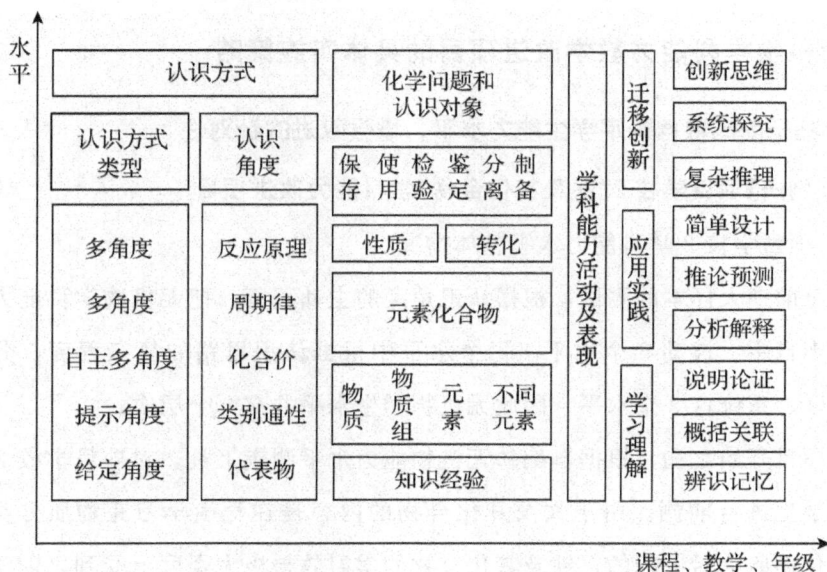

图 11-5-1　元素化合物认识模型

体性。

2. 基于认识模型和大数据开发前后测测试工具，保证准确诊断学生的已知点、障碍点和发展点，进而开展有针对性的教学改进

在测试工具开发中遵循以下几个原则。

第一，关注认识角度、认识方式的建立。我们认为认识角度和认识方式的建立是学生核心能力表现的基础。所以，在题目的设置中，要外显学生的认识角度。

第二，能力类型的全覆盖。在题目设置上，尽量覆盖全部的能力类型，对学生的情况有一个细致的了解。

第三，保证锚题数量。在之前，我们已经做过一系列研究，也对部分区的学生进行过测试，所以在进行学科能力项目教学改进的前后测中，我们保证了与测试题目一定的锚题量，可以在大数据中进行分析。还保证了前后测的锚题，保证前后测对比分析。

二、无机物学科能力教学改进项目的具体实施策略

1. 基于前测数据确定学生能力水平，增强改进的针对性

【案例一】项目学校 2"铁及其化合物"学科能力改进项目

(1)项目学校 2 学科能力水平整体情况

基于前期大样本的测试，根据认识角度的主动程度，把无机物学科能力分为自主、半自主、被动 3 个水平。每个水平中根据认识思路的复杂程度，分为孤立、关联、系统这 3 个水平，因此无机物学生水平共有 9 个层次。

在项目开始之初，根据自编的无机物能力水平测查工具，对项目学校 2 高一全年级学生进行前测。由于铁及其化合物的内容是在学生学习完物质分类、电离、氧化还原之后进行的，铁及其化合物的学习效果极大程度上受到之前学习效果的影响，因此为了进一步明晰中学生在进入铁及其化合物学习之前的能力水平，我们同时将某整体水平低于和高于项目学校 2 的两所学校作为对照，本次数据利用 Rasch 模型进行与大数据关联分析，得到同一尺度刻画的学生能力值以及所处水平。

①整体水平不理想

将项目学校 2"铁及其化合物"前测数据与某低水平学校氧化还原后测数据进行对比，可以获得项目学校 2 的教学起点水平；某高水平学校的非金属后测的能力水平则可以代表项目学校 2 经过教学改进后应该发展的目标(见表 11-5-2)。

表 11-5-2　项目学校 2"铁及其化合物"前测数据

	项目学校 2	某低水平学校 氧化还原后测	某高水平学校 非金属后测
能力均值	—0.32	—0.19	0.97
平均水平	半自主—关联	半自主—关联	自主—孤立

表中数据显示：项目学校 2 学生能力的平均值为—0.32，处于半自主—关联的水平，这一水平和某低水平学校氧化还原后测的水平基本持平，这表明项目学

校 2 进行"铁及其化合物"的教学起点水平并不乐观；某较高水平学校非金属后测的平均值为 0.97，处于自主—孤立的水平，项目学校 2 与理想水平存在较大的差距，教学改进任务艰巨。

②高能力水平学生缺失

再对各水平学生人数进行进一步分析，得到表 11-5-3 数据。

表 11-5-3 项目学校 2"铁及其化合物"学生能力水平分布表

水平层级	项目学校 2	某低水平学校 氧化还原后测	某高水平学校 非金属后测
自主—系统		1	9
自主—关联	2	5	26
自主—孤立	8	5	11
半自主—系统	14	22	19
半自主—关联	55	51	30
半自主—孤立	9	3	
被动—系统	8	2	3
被动—关联	2	9	2
被动—孤立	2	1	

注：表中数据为各水平层级学生人数占总学生人数的百分比。

由数据我们发现，项目学校 2 几乎没有处于高能力水平的学生，多数都处于半自主—孤立水平。其整体水平弱于同一时段较低水平学校，教学改进迫在眉睫。

③学习理解水平出现反常性表现

在大样本的终结性测试中，我们发现 A（学习理解）水平明显高于 B（应用实践）水平，然而，在对项目学校 2 的测试中反映出了相反的数据表现，学生各能力水平均值如图 11-5-2 所示。

④认识物质性质的角度表现不均衡

我们对前测中所有的考查认识角度的题目统一分析，将其中认识无机物的二维角度进行统计（只要学生答案中提到了物质类别、氧化性、还原性即认为其具

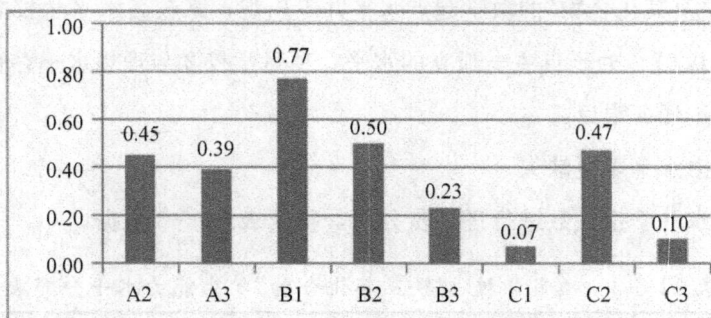

图 11-5-2 项目学校 2 学生"铁及其化合物"能力水平表现

有相应角度），统计结果如图 11-5-3 所示。

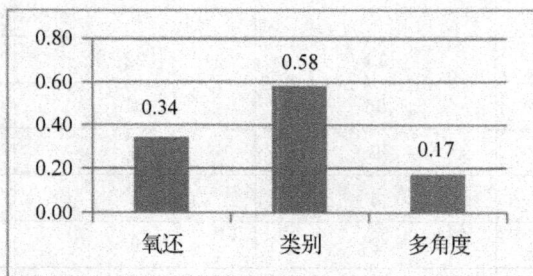

图 11-5-3 项目学校 2 学生"无机物认识角度"能力表现

由数据可以看出，学生的物质类别角度表现优于氧化还原角度，多角度认识物质性质的水平相对最低。特别值得注意的是，本次测试是在学生刚刚学完氧化还原之后进行的，而学生的优势表现仍然是初中阶段的物质类别角度，这证明项目学校 2 在进行氧化还原教学时出现了一定的偏差，教学效果不理想。

（2）针对性的教学改进

①教学改进点

根据前测数据以及对比分析，我们发现，项目学校 2 学生在氧化还原角度的应用方面存在较大问题，同时对于如何基于物质分类以及化合价角度进行物质性质的自主预测以及实验验证方面也存在着思路凌乱甚至没有思路的情况。

所以教学改进点集中在 3 个：一是帮助学生巩固氧化还原的认识物质性质的

角度；二是培养学生从物质分类和化合价两个角度进行物质性质的预测能力；三是培养学生形成研究物质性质的一般思路。

②试讲的教学设计

项目学校 2"铁及其化合物"试讲教学设计如表 11-5-4 所示。

表 11-5-4　项目学校 2"铁及其化合物"试讲教学设计

课时	任务	具体内容
第一课时	任务一：有序整理含铁化合物	学生写出含铁元素物质的化学式
		请 1~2 个同学在黑板上展示并说明书写思路，点评
	任务二：研究铁盐的性质	预测三氯化铁的化学性质，并说明理由
		设计实验验证你的假设，并说明设计理由及预期的实验现象
		小组实验：按照学生设计的实验方案进行分组。完成后按照实验步骤、实际现象、发生反应的离子方程式的步骤进行小组汇报
		按照研究 Fe^{3+} 的步骤预测 $FeSO_4$ 的性质，选择试剂、预期现象、实际现象，教师提问各小组实验情况，引发学生交流讨论
第二课时	任务一：定性研究是否含二价铁	"朴雪口服液"中真的含有 Fe^{2+} 吗？设计实验方案，说出设计理由及预期的实验现象
		写出几个实验方案，提问同学各种方案，分析可行性，进行实验验证。学生就所做实验的现象分析原因
		教师演示维生素 C 与高锰酸钾反应实验，让学生对自己的实验进行反思，并思考为什么"朴雪口服液"中的 Fe^{2+} 能稳定存在
	任务二："朴雪口服液"中的铁含量合格吗	定性检验 Fe^{2+} 的实验可以进行定量测定吗？设计实验方案，说出设计理由及预期的实验现象

③正式讲的教学设计

项目学校 2"铁及其化合物"正式讲教学设计如表 11-5-5 所示。

表 11-5-5 项目学校 2"铁及其化合物"正式讲教学设计

课时	任务	具体内容	
第一课时	任务一：有序整理含铁化合物	学生写出含铁元素物质的化学式	
		请 1～2 个同学在黑板上展示并说明书写思路，点评	
	任务二：研究三价铁盐的性质	预测三氯化铁的化学性质，并说明理由	
		设计实验验证你的假设，并说明设计理由及预期的实验现象	
		小组实验：按照学生设计的实验方案进行分组实验。完成后按照实验步骤、实际现象、发生反应的离子方程式的步骤进行小组汇报	
第二课时	任务一：研究二价铁盐的性质	首先对 Fe^{2+} 的性质进行预测，并请学生选择试剂栏中的试剂验证预测，并思考预期的实验现象是怎样的	
		小组交流分享，要求交流的思路为：预测 Fe^{2+} 性质—理由是什么？—选择什么试剂来验证这一性质—理由是什么？—预测的现象是怎样的	
		分组实验：按照已讨论并完善后的实验方案，进行实验，看氢氧化亚铁沉淀到底是什么颜色，加氯水现象明不明显等	
		分组汇报：学生按照做了什么实验—实际现象—说明什么—推理出什么—能得出什么结论？这一流程进行汇报	
第三课时	任务一：定性研究是否含二价铁	"朴雪口服液"中真的含有 Fe^{2+} 吗？设计实验方案，说出设计理由及预期的实验现象	
		根据与学生的互动交流，教师引导学生分析可行性后得到实验方案	
		小组实验，小组分工合作，注意及时记录实验现象。讨论实验现象，得出实验结论，完成实验探究。实验完成后，让学生就所做实验的现象分析原因	
		教师演示维生素 C 与高锰酸钾反应实验，让学生对自己的实验进行反思，并思考为什么朴雪口服液中的 Fe^{2+} 能稳定存在	
		教师引导学生拓展思路，设计实验比较维生素 C 与 Fe^{2+} 的还原性	
	任务二："朴雪口服液"中的铁含量合格吗	定性检验 Fe^{2+} 的实验可以进行定量测定吗？设计实验方案，说出设计理由及预期的实验现象	
		教师提供比色法：利用标准溶液与我们做的溶液颜色来比较。从二价铁转化为三价铁通过比色测量	

④从试讲到正式讲的变化

正式讲与试讲相比，将"铁及其化合物"这一主题的教学，由 2 课时增加为 3 课时。增加课时的主要原因是由"铁及其化合物"这一主题的重要性所决定的。这一内容是学生在学习了氧化还原这一研究无机物的方法之后遇到的第一种重要的知识载体，铁及其化合物学习是实现学生从氧化还原的纯理论方法到用氧化还原指导元素化合物学习的能力跨越的重要一环，值得用更多的课时进行充分的讨论。

正式讲与试讲最大的改变在于两个方面：一是将二价铁盐的性质预测与实验探究活动打开，使得学生在学习了三价铁盐的研究方法后，能够亲身经历完整的性质预测、实验验证的过程，通过小组讨论、师生交流、生生交流将这一套方法内化，这对提升学生无机物学习水平大有裨益。同时，学生对二价铁盐的学习效果也直接影响学生实际问题（朴雪口服液中亚铁含量的研究）解决的效果，学生经历化学问题的研究到生活问题的解决的真实过程，对于学生整个高中阶段化学的学习都有重要价值。

第二个主要变化在于在最后一个环节中，教师向学生介绍了可以用比色法进行亚铁含量测定这一科学方法，虽是小小的改变，但是在培养学生迁移创新的学科能力以及帮助学生创造性体会科学家在解决实际问题时的科学方法，从而培养学生的科学态度与社会责任这一核心素养方面同样具有深远的意义。

【案例二】项目学校 1"元素周期律与元素周期表"学科能力改进项目

（1）项目学校 1 学科能力水平整体情况

在进行复习课教学之前，针对该项目学校 5 个班 186 名学生关于元素周期律的内容进行了前测，结果及分析如下。

①各能力表现情况分析

学生能力水平分布如图 11-5-4 所示。

由数据的整体分析可以看出，学生 B 应用实践水平表现普遍较为不理想，尤其是 B1 分析解释水平的试题得分率在 16.23%，这说明项目学校 1 学生在分析解释、推论预测、简单设计等方面的能力存在着较大的提升空间。

②具体考题分析

试题：请你解释 HCl 比 HBr 稳定的原因。

学生数据如图 11-5-5，能够自主想到周期这个角度的学生占比 54.7%，能自

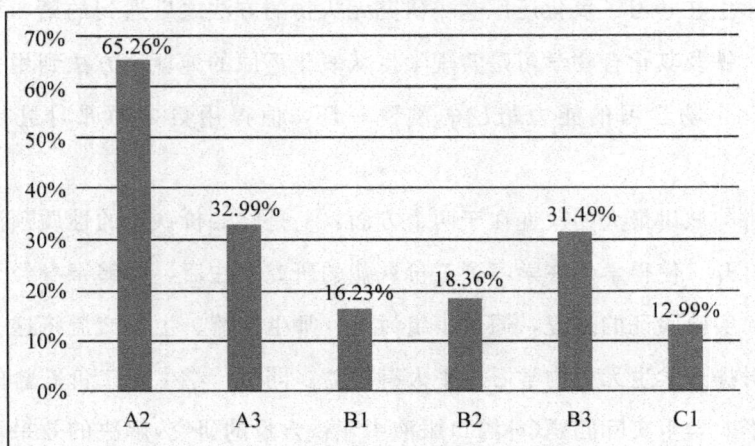

图 11-5-4　项目学校 1"元素周期律与元素周期表"学生能力水平分布图

主想到主族这个角度的学生占比 75.4％；能够从结构（电子及原子结构角度）分析元素结构的性质的学生占比 50.6％，这 3 个问题均属于 A3 说明论证水平，从得分率可以看出，对于这样一个 A3 水平的试题，既是教材中的原型，又经过教师多次重复讲解，学生得分率很不理想。

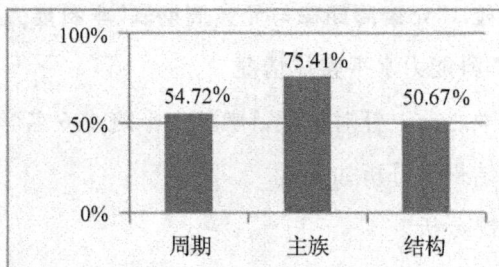

图 11-5-5　前测试题学生水平分布

通过本题的数据分析，我们可以看出，学生表现出的主要问题是：不能正确理解元素性质与物质性质间的关系；通过元素位置论证元素性质时不能同时考虑到周期与主族；无法基于原子结构系统地论证元素性质。

③针对性教学改进

正式讲教学设计见表 11-5-6。

表 11-5-6　项目学校 1"元素周期律与元素周期表"正式讲教学设计（两课时）

第一课时			
环节	问题任务	学生活动	设计意图
一、元素认知模型的建立	问题 1：我们已经学过了元素化合物和元素周期律的知识，看到元素周期表中的"S"，你能想到什么	S 在元素周期表中位于第三周期第ⅥA族； S 的原子结构示意图 $S\overset{}{\underset{}{\bigoplus}}16)2\ 8\ 6$ S 是非金属元素； S 的化合价有－2，0，＋4，＋6； 列举含 S 物质：H_2S，SO_2，H_2SO_3，SO_3，H_2SO_4，Na_2SO_4，分析含 S 物质转化关系	回忆已有的关于 S 元素及其化合物的知识
	问题 2：在整理信息的过程中，你是从哪些角度认识硫元素的？这几个角度之间有关系吗？比如说，你能否从一个角度推知其他角度？ 继续追问：你怎么看含硫物质的性质，这些物质性质和元素性质之间是什么关系？（提示分析 SO_2）	因为 S 的原子核外有 3 个电子层，最外层有 6 个电子，而 S 在元素周期表中位于第三周期第ⅥA族，所以说原子结构决定元素在周期表中的位置，位置则反映了原子结构； 由于 S 的最外层有 6 个电子，容易得到 2 个电子变成稳定结构，表现出－2 价；此外 S 还能表现出＋4 价、＋6 价，所以 S 元素具有非金属性，所以说原子结构还能决定元素性质，元素性质则反映了原子结构； 主族序数等于元素的最高正价，所以说位置还决定了元素性质； 从氧化还原和物质分类两个角度分析 SO_2 的性质	让学生能体会到从无序到有序。 落实"位、构、性"的含义，打开三者的关系，同时引出"位、构、性"与物质性质之间的关系

第一课时			
环节	问题任务	学生活动	设计意图
一、元素认知模型的建立	问题3：学习了元素周期律以后，你对含有硫核心元素的物质的性质有什么新的认识吗？（提示：H_2SO_4 是我们学习过的一种酸，能否用元素周期表的规律来比较它和其他酸的酸性强弱，说明原因）	由 H_2SO_4 比较同周期元素最高价氧化物水化物的酸性强弱 $H_2SiO_3 < H_3PO_4 < H_2SO_4 < HClO_4$ 由 H_2S 比较同周期元素氢化物的稳定性 $SiH_4 < PH_3 < H_2S < HCl$ 由 S 比较同周期元素单质的氧化性强弱 $Si < P < S < Cl_2$	提升学生应用元素周期律的能力
小节	梳理元素认知模型的建立过程	描述元素认知模型的建立过程	引导学生自主归纳
二、引导学生领会模型的应用价值	问题1：请你设计简单实验证明 P 和 S 的非金属性强弱	预测：非金属性强弱 $S > P$ 依据一：最高价氧化物对应水化物的酸性强弱 原理（可用方程式表示） $3H_2SO_4 + Ca_3(PO_4)_2 = 3CaSO_4 \downarrow + 2H_3PO_4$ 结论：酸性 $H_2SO_4 > H_3PO_4$，所以 S 的非金属性比 P 强。 依据二：与氢气化合的难易程度 原理（可用方程式表示） $2P(蒸气) + 3H_2 \xrightarrow{高温} 2PH_3$ $S + H_2 \xrightarrow{\triangle} H_2S$ 结论：S 与 H_2 化合比 P 与 H_2 化合相对容易，所以 S 的非金属性比 P 强	体会模型对于比较元素关系的价值
	问题2：比较 PH_3 和 H_2S 的热稳定性，并给出解释	先看核心元素，元素的非金属性越强，其氢化物的稳定性越强；分析 P、S 位置关系、结构关系、性质关系	建立由物质性质到原子结构的反向认识
	问题3：你能预测 PH_3 可能的化学性质吗？	PH_3 具有还原性；水溶液显碱性	预测物质性质

第一课时			
环节	问题任务	学生活动	设计意图
	问题4：（2010北京27(6)）氯、溴、碘单质的氧化性逐渐减弱的原因：同主族元素从上到下____，得电子能力逐渐减弱	原子半径逐渐增大	解决高考题
小结	请你谈谈本节课的收获	元素认知模型对研究元素的结构和性质，以及预测新元素、新物质的性质提供了强大的帮助	引导学生反思
第二课时			
一、认识钡——再现认知模型	任务一：在元素周期表中找到钡，你能知道关于这一陌生元素的什么信息？　要求：小组合作讨论，限时5分钟，将讨论结果尽可能多的写在展示纸上。　提示：①对钡元素的认识；②对含钡物质以及它们之间转化关系的认识；③能否体现它们之间的内在联系。（2010上海卷）几种短周期元素的原子半径及主要化合价如下表： 下列叙述正确的是 A. X、Y元素的金属性：X＜Y B. 一定条件下，Z单质与W的常见单质直接生成ZW_2 C. Y的最高价氧化物对应的水化物能溶于稀氨水 D. 一定条件下，W单质可以将Z单质从其氢化物中置换出来 认知模型在应用实践中的几个方向： ①结构和定位——基础 ②说明和解释——理解 ③提取和关注——能力	分组讨论，整理汇报，说明论证，概括关联。 应用理解。 提炼认知模型的一般应用角度	再现认识模型。 辨识记忆。 说明论证。概括关联。 概括关联。体现结构决定性质的核心本质。 得出认知模型常见的几个应用的角度

几种短周期元素的原子半径及主要化合价如下表：

元素代号	X	Y	Z	W
原子半径/pm	160	143	70	66
主要化合价	+2	+3	+5、+3、-3	-2

环节	问题任务	学生活动	设计意图
二、 硒和补 硒剂 —— 利用认 识模型 解决实 际问题	任务二：我们来看看我们都能从现实情境中提取到哪些信息并加以应用？ 资料：34 号元素在元素周期表中的位置在第_____周期_____族。请说明判断依据。 课前请同学们进行了对于硒元素的认识和讨论，我们知道硒元素对人体有重要的作用，常见到一些补硒剂，你认为适合做补硒剂的物质可能是什么？ 信息：元素硒在人体中的重要作用之一是抗氧化作用，营养物质在人体中多以离子形式被吸收，也会以离子形式在体内循环。 要求：分组讨论，以你的方式找到你认为合适的补硒剂，并进行说明论证。 提示：①你能找到哪些常见的含硒物质？ ②说明你为什么选择或不选择某一物质。	分组讨论，整理汇报，概括关联，分析解释	利用认识模型解决实际问题 概括关联，体现模型对实践的指导意义。
三、 利用认 识模型 提取信 息	工业中我们常用含硒废料来提取硒，下面是从含硒酸钠的废料中提取硒的工业流程，请问你能从中获得哪些信息？ 资料提供：（PPT） 含硒酸钠废料 —酸浸→ 硒酸 —盐酸→ 亚硒酸 —二氧化硫→ 硒单质 已知： 酸浸：常见的对工业原料的处理方法，一般使用的均为复分解反应原理。 $2HCl + H_2SeO_4 \Longrightarrow H_2SeO_3 + Cl_2\uparrow + H_2O$ 请问：①根据这些提示，你能获得关于硒及其化合物的哪些信息？你获得这些信息的依据是什么？ ②你认为酸浸可以选哪种酸？为什么？ 要求：分组讨论，汇报交流。 我们来看看具体试题是怎么考的，你能找到每个设问的依据吗？ 例题：硒为 34 号元素，工业上从含硒废料中提取硒的方法是用 H_2SO_4 和 $NaNO_3$ 处理废料，获得亚硒酸和少量硒酸，再与盐酸	分组讨论，信息提取 实例分析	

环节	问题任务	学生活动	设计意图
	共热，硒酸即转化为亚硒酸（$2HCl＋H_2SeO_4$ ═══$H_2SeO_3＋Cl_2\uparrow＋H_2O$），再通入 SO_2 于亚硒酸的溶液中，单质硒析出，据此下列叙述**不正确**的有 A. 离子半径 $Se^{2-}＞Br^-＞S^{2-}$ B. 稳定性：$H_2Te＞H_2Se＞H_2S$ C. 硒单质是固体，熔点高于硫单质 D. 亚硒酸的氧化性强于亚硫酸 设计：你能设计一种以这种废料为原料得到亚硒酸钠（常见的无机补硒剂）的方法吗？	分组讨论	
小结	小结整理，请小组同学讨论整理本节课的收获，交流自己的学习方法	整理提升	再现模型的功能价值
反馈练习	素材：元素周期表中某一元素具有如下性质： 　①该元素单质常被用作半导体材料。②其单质与稀盐酸不反应，与氢氧化钠溶液反应可以放出氢气。③其最高价氧化物既可以溶于浓盐酸，也可以溶于氢氧化钠溶液。④其最高价氧化物对应的水化物既可以和酸反应，也可以和碱反应。在与盐酸反应时，$1\ mol\cdot L^{-1}$这种最高价氧化物对应的水化物最多消耗$4\ mol\cdot L^{-1}$的盐酸 1 L。 　请你写出这种元素在元素周期表中的位置_____。 　你得出该结论的思路是_____。 （表格可增加） 	你获得的信息	你的思考	得出的结论 | 　|----|----|----| 　| | | | 　| | | |	课后反馈自我检测	应用巩固

附：板书设计

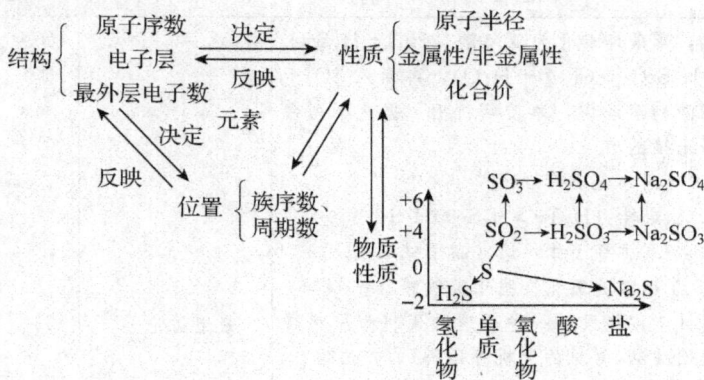

一、结构和定位——基础

二、说明和解释——理解

三、提取和关注——能力

2. 选取聚焦学科大概念、具有学科素养和能力发展价值的教学主题

例如，项目学校1选取"元素周期律与元素周期表"作为此次学科能力教学改进项目主题，主要原因在于元素周期律内容在学科概念、学科素养和能力发展方面的价值。

在传统教学中，元素周期律这部分内容教学地位比较尴尬，主要表现在：虽然它属于考试必考内容范围，教师普遍比较重视，但是由于元素周期律内容和其他教学内容关联性比较弱，因此教师普遍进行孤立化处理；另外，教师教学一般将重点放在元素周期表的介绍，元素周期律结论的记忆、训练上，因而造成学生学习完这部分内容后只是增加了一些结论性的知识，难以达到认识角度的拓展和认识深度的提升。

我们基于学科素养培养以及学生能力发展的角度，对元素化合物内容进行深入分析可以发现：元素周期律与元素周期表内容作为学生学习完氧化还原、离子反应、常见元素性质等内容的后续课程，它应该是学生元素化合物能力水平从宏观性质到微观元素的水平进阶；元素周期律与元素周期表内容完成后，学生应该具备从结构角度对典型元素、单质、物质性质进行分析解释的能力；元素周期律与元素周期表内容完成后，教师应该帮助学生建构起立体化的"位、构、性"的无机元素化合物的认识模型，并解决实际问题。

因此，此次教学改进选择元素周期律复习作为教学改进内容，正是基于聚焦学科大概念，对教学内容进行重新建构，从而达到培养学生学科素养和促进学生能力发展的目的。

针对前测数据反映出来的学生能力水平表现，我们进行了如图 11-5-6 的整体性的教学设计。

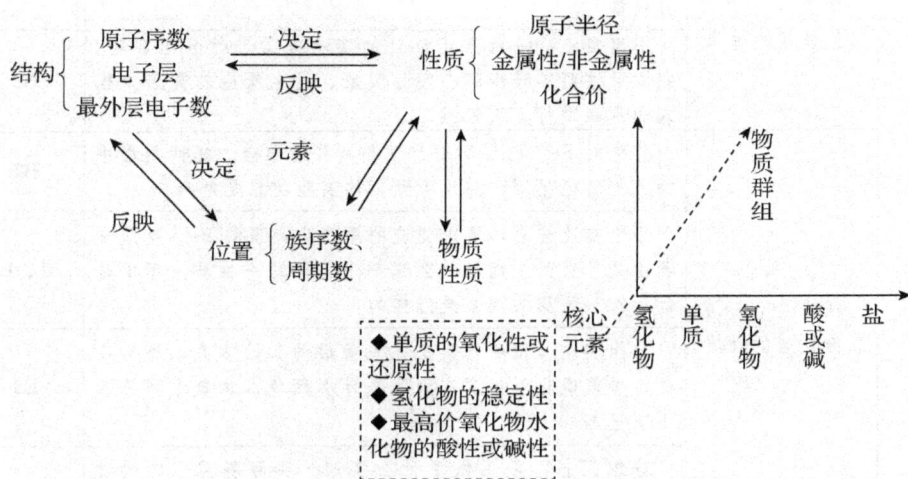

图 11-5-6　项目学校 1"元素周期律与元素周期表"教学整体设计

此教学设计试图帮助学生在以下方面获得发展：建立"位、构、性"之间的关系，以及元素性质和物质性质间的关系；体会周期律和周期表在元素及其化合物（同种元素、不同元素）之间的联系；通过建模体会元素和物质性质学习的一般思路；应用模型中的思维解决实际问题。

3. 精细且有梯度地设计教学环节和学生活动任务

在进行了基于认识模型的教学内容的分析以及学生能力水平的分析后，在进行教学设计时就可以对各个任务类型进行整体性把控，使教学能够脱离经验化的窠臼，教学能够更好地解决问题。

在项目学校 2"铁及其化合物"学科能力改进项目中对铁及其化合物的教学进行了如表 11-5-7 的任务类型编排。

表 11-5-7　项目学校 2"铁及其化合物"学科能力任务整体设计表

课时	任务	具体内容	能力水平
第一课时	任务一：有序整理含铁化合物	学生写出含铁元素物质的化学式	A1
		请 1～2 个同学在黑板上展示并说明书写思路，点评	A2
	任务二：研究三价铁盐的性质	预测三氯化铁的化学性质，并说明理由	B2
		设计实验验证你的假设，并说明设计理由及预期的实验现象	B1、B3
		小组实验：按照学生设计的实验方案进行分组实验。完成后按照实验步骤、实际现象、发生反应的离子方程式的步骤进行小组汇报	B3
第二课时	任务一：研究二价铁盐的性质	首先对 Fe^{2+} 的性质进行预测，并请学生选择试剂栏中的试剂验证预测，并思考预期的实验现象是怎样的	B2
		小组交流分享，要求交流的思路为：预测 Fe^{2+} 性质—理由是什么？—选择什么试剂来验证这一性质—理由是什么？—预测的现象是怎样的	B1、B3
		分组实验：按照已讨论并完善后的实验方案，进行实验，看氢氧化亚铁沉淀到底是什么颜色，加氯水现象明不明显等	B3
		分组汇报：学生做了什么实验—实际现象—说明什么—推理出什么—能得出什么结论？这一流程进行汇报	
第三课时	任务一：定性研究是否含二价铁	"朴雪口服液"中真的含有 Fe^{2+} 吗？设计实验方案，说出设计理由及预期的实验现象	C1
		根据与学生的互动交流，教师引导学生分析可行性后得到实验方案	
		小组实验，小组分工合作，注意及时记录实验现象。讨论实验现象，得出实验结论，完成实验探究。实验完成后，让学生就所做实验的现象分析原因	B3
		教师演示维生素 C 与高锰酸钾反应实验，让学生对自己的实验进行反思，并思考为什么朴雪口服液中的 Fe^{2+} 能稳定存在	C1
		教师引导学生拓展思路，设计实验比较维生素 C 与 Fe^{2+} 的还原性	B2

课时	任务	具体内容	能力水平
第三课时	任务二："朴雪口服液"中的铁含量合格吗	定性检验 Fe^{2+} 的实验可以进行定量测定吗？设计实验方案，说出设计理由及预期的实验现象	B3
		教师提供比色法：利用标准溶液与我们做的溶液颜色来比较。从二价铁转化为三价铁通过比色测量	C3

从任务类型分布可以看出，第一课时以 A 水平为主，第二课时以 B 水平为主，第三课时以 B、C 水平为主，从任务类型分布上可以看出，任务设计有梯度，符合学生认识发展，能够帮助学生完成从化合价和物质类别角度进行元素化合物性质预测分析和实验验证这一教学重点。

4. 根据能力水平和进阶合理选取和使用原型、变式以及综合复杂陌生的任务情境素材

在项目学校 1"元素周期律与元素周期表"学科能力改进项目中，按照学生认识发展以及学科内容的能力水平进阶选取了 S、P、Ba、Se 4 种元素为素材，进行了如表 11-5-8 所示的能力水平的设计。

表 11-5-8　项目学校 1"元素周期律与元素周期表"学科能力任务整体设计表

课时	任务	具体内容	能力水平
第一课时	元素认识模型的建立(S)	问题 1：看到"S"，你想到什么	A1
		问题 2：从哪些角度认识硫元素，角度间有什么关系？物质性质和元素性质之间是什么关系	A2
		问题 3：对含有核心元素硫的物质的性质有什么新的认识	A3
	环节二：体会模型的应用价值(P)	问题 1：PH_3 的热稳定性不及 H_2S，请解释原因	B1
		问题 2：预测 PH_3 可能的化学性质，说明依据	B2
		问题 3：自主总结关于磷的各个方面	A2
		问题 4：设计简单实验证明 P 和 S 的非金属性强弱	B3
第二课时	环节一：认识模型方法的应用(Ba)	问题 1：请预测 Ba 元素的性质，你的依据是什么	B2
		问题 2：含 Ba 的物质有哪些？画出各物质间的转化关系	A3
		问题 3：预测 Ba 在金属活动顺序表中的位置，依据是什么	B2

课时	任务	具体内容	能力水平
第二课时	环节二：用认识模型解决实际问题 Se	问题1：尽量说出你能想到的含硒的物质有哪些？你的依据是什么	B2
		问题2：在常见的硒及其化合物中，哪种更适合做补硒剂呢	B1
	环节三：用认识模型分析综合信息	问题：分析从含硒废料中提取亚硒酸钠的过程	C1

根据能力水平分布可以看出，第一课时以 A 水平为主，第二课时以 B、C 水平为主，这符合学生认识发展规律，基于学生认识发展进行素材选择和问题设计，使教师教学设计整体性强，布局合理，有规划性，教学设计更加严谨而科学。

5. 多样化手段确证改进效果

在考查教学改进效果时，采取了多样化的手段，既通过前后测数据进行理性对比，也通过学生访谈获取感性材料，为确认教学改进的效果以及明确进一步研究的方向打下了基础。

(1)后测数据——项目学校 2"铁及其化合物"学科能力改进项目

用项目学校 2 的后测数据和大数据进行 Rasch 运算，数据如表 11-5-9 所示。前测数据(-0.64)低于较低水平学校氧化还原后测(-0.58)，后测改进实验班(-0.05)明显优于该校氧化还原后测(-0.58)，进一步说明了教学的有效性。然而，我们也需要看到和高水平校非金属后测相比还有很大差距，所以，在后续的元素化合物的教学中，我们的教学活动也需要系统设计，指向学生学科能力的发展。

表 11-5-9 项目学校 2"铁及其化合物"前后测数据比较

前后测	班级	能力均值
前测	实验班	−0.64
	对比班	−0.99
后测	实验班	−0.05
	对比班	−0.95
低水平学校氧化还原后测	高备班	−0.58
高水平学校非金属后测	高备班	1.29
	对比班	0.21

①各能力要素表现情况

对实验班和对比班在各个能力要素上进行差异性检验,依据显著性发现后测中,学生在 A3(说明论证)、B2(推论预测)、B3(简单设计)、C3(创新思维)、氧化还原角度、物质类别角度,实验班都明显优于对比班(见表 11-5-10)。

表 11-5-10 "铁及其化合物"前后测数据各能力要素差异性检验

独立样本检验				
前后测	能力水平	显著性	显著性(双侧)	均值差值
前测	A2	0.000	0.035	0.141
	A3	0.618	0.893	−0.009
	B1	0.094	0.105	0.199
	B2	0.632	0.995	−0.000
	B3	0.003	0.024	0.124
	C1	0.000	0.010	0.052
	C2	0.953	0.039	0.254
	C3	0.034	0.325	0.031
	氧还	0.262	0.119	0.073
	类别	0.265	0.748	0.020
	多角度	0.161	0.005	0.103

续表

独立样本检验				
前后测	能力水平	显著性	显著性(双侧)	均值差值
后测	A2	0.277	0.503	−0.064
	A3	0.075	0.005	0.203
	B1	0.052	0.314	0.128
	B2	0.080	0.001	0.187
	B3	0.000	0.000	0.294
	C1	0.001	0.073	0.072
	C2	0.185	0.110	0.093
	C3	0.000	0.001	0.222
	氧还	0.029	0.015	0.152
	类别	0.000	0.000	0.259
	多角度	0.066	0.138	0.058

②化合价角度的能力表现

对氧化还原性质预测的前后测数据对比发现,实验班基于化合价角度预测物质性质的学生比例从41.1%增长到67.3%,对比班从34.2%增长为48.6%(见表11-5-11)。在铁及其化合物的教学中,都注重从化合价的角度预测性质。实验班的教学更为有效。

表11-5-11 "铁及其化合物"化合价角度对比

	错答	化合价角度
实验班前测	59.1%	41.1%
实验班后测	33.4%	67.3%
对比班前测	66.2%	34.2%
对比班后测	52.5%	48.6%

(2)学生访谈——项目学校1"元素周期律与元素周期表"学科能力改进项目

生1:这节课最大的收获是把元素的"位、构、性"之间的关系用框架来表示,以前这些是散着的,现在清楚了。

师：是说你以前不知道元素的位置、结构、性质之间有关系吗？

生 1：以前就是知道，但是没有今天这些很直接的、具象的（元素）。

生 2：Si 是 14 号元素，是第三周期，第ⅣA 族，它的最外层电子数是 4 个，它的最高价是＋4 价，最低价是－4 价。可以形成硅酸，而硅酸根据元素周期表中的位置，是比硫酸要弱的。然后如果硫酸与硅酸盐反应，会生成硅酸。

师：那你说一下这些是因为什么思路出来的？为什么能顺序地说出这些？

生 2：首先是非金属元素对应的最高价氧化物的水化物是酸，根据元素在元素周期表中的位置可以推断出，两种酸的酸性强弱。就是依据周期表来推算的这些东西。

生 3：如果给了我们结构，我们就能推出它在表中的位置。平时我们解决问题的时候，不会总是有元素周期表在手边可以看，而因为结构可以决定它的位置，我们可以用结构推断出在元素周期表中的位置，再来解决问题。

根据学生后测数据以及部分学生访谈结果可以看出，本次教学改进的目标——建立基于"位、构、性"关系的元素认识模型，理解元素性质和物质性质间的关系；体会周期律和周期表在元素及其化合物（同种元素、不同元素）之间的联系；通过建模体会元素和物质性质学习的一般思路；应用模型中的思维解决实际问题——均较好地达成。

第六节　有机化合物主题的教学改进研究案例

自 2016 年 1 月，北京师范大学学科教育团队与山东省某中学合作开展了"促进学生学科核心素养和关键能力发展的翻转课堂教学研究"项目。基于此项目研究，北京师范大学化学教育团队和该中学的化学教师团队以"有机模块复习教学"为案例共同探讨如何基于翻转课堂模式促进学生学科核心素养和关键能力发展。

一、有机化合物主题的教学改进研究背景

2010 年颁布的《国家中长期教育改革和发展规划纲要（2010—2020 年）》中提出：信息技术对教育发展具有革命性影响，必须予以高度重视。强化信息技术应用，提高教师应用信息技术水平，更新教学观念，改进教学方法，提高教学效果。鼓励学生利用信息手段主动学习、自主学习，增强运用信息技术分析解决问题能力。2012 年教育部制定的《教育信息化十年发展规划（2011—2020 年）》中指出：充分发挥现代信息技术优势，注重信息技术与教育的全面深度融合。探索信息技术与教育教学深度融合的规律，深入研究信息化环境下的教学模式。在此背景下，各地涌现出大量信息技术支持下的新型教学模式，"翻转课堂"就是其中之一，成为近年来全球教育界关注的热点。英特尔教育全球总监 Brian Gonzalez 在 2011 年度英特尔一对一数字化学习年会上指出：翻转课堂，是指教育者赋予学生更多的自由，把知识传授的过程放在课堂外，让学生选择最适合自己的方式接受新知识；而把知识内化的过程放在课堂内，以便同学之间、同学和老师之间有更多的沟通和交流。

何克抗①教授指出，翻转课堂的作用和效果体现在以下方面："翻转课堂"能

---

① 何克抗. 从"翻转课堂"的本质，看"翻转课堂"在我国的未来发展[J]. 电化教育研究，2014(7)：5-16.

体现"混合式学习"的优势，更符合人类的认知规律，有助于构建新型师生关系，能促进教学资源的有效利用与研发，是"生成课程"这一全新理念的充分体现。该中学副校长也指出，借助翻转课堂，在学生个性化成长、教师专业化发展、学校特色创建等各个方面都得以全面改进①。北京师范大学王磊教授在 2016 年度"促进学生学科核心素养和关键能力发展的翻转课堂教学研究"项目启动会上指出：结合项目团队在该中学观摩现场课和师生访谈中，也证实了翻转课堂颇具成效，激发了学生的学习自主性，调动了教师的专业发展自觉性，促进了课内课外打通的整体教学，增强了学习的个性和教学的针对性，提高了对知识的学习理解。但是仍需进一步探索：教师借助微课对知识解析更到位，但是如何进一步挖掘和彰显知识的本质和能力素养功能价值？学生学习更自主，但是如何更有效地探查和外显学生的原有认识角度和认识思路？课堂教学模式变翻转，但是如何更好地进行主题整体教学设计，特别是学生活动任务的整体规划？教材处理更深入，但是如何超越教材和知识，提升学生解决自然和社会的真实问题的能力？

为充分发挥现代信息技术优势，注重信息技术与教育的全面深度融合，迫切需要在"翻转课堂"这一新型教学模式基础上促进学生的学科能力发展。本节以有机化合物主题教学改进为例，探讨从学科能力培养的角度看翻转课堂各环节的功能定位，提炼对翻转课堂核心要素的改进策略和重点。

二、有机化合物主题的教学改进研究基础

1. 有机化合物主题学科能力构成模型

有机化合物主题从知识基础、化学问题、认识方式、学科能力活动及表现 4 个关键维度构建有机化合物主题学科能力构成模型，如图 11-6-1 所示。该模型既是学生有机化合物主题学科能力及表现的测评和诊断框架，也是有机化合物主题学科能力培养和发展的路径，因此，该模型是有机化合物主题学科能力教学改进

---

① 张福涛，管延娥．整体推进翻转课堂的实践与感悟[J]．中小学教材教学，2015(4)：11-14.

的基础。

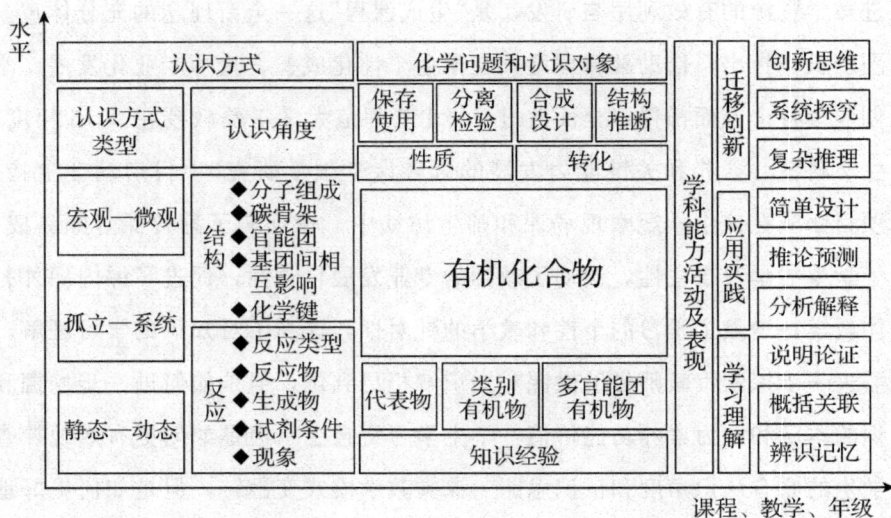

图 11-6-1　有机化合物主题学科能力构成模型

2. 有机化合物主题的教学发展点

通过有机化合物主题的有机化合物组成和结构、有机反应、物质性质和应用的学习，能够辨识、列举和描述典型代表物的组成、结构、性质和用途；能够对有机化合物的结构、性质和用途进行概括关联和比较，对典型性质的生成物、试剂和条件、反应类型、反应现象进行概括关联和比较；能够利用分子组成和结构、特征反应及现象、用途等说明论证典型有机化合物或官能团的性质；形成"结构决定性质"的核心观念，建立认识有机化合物的核心角度——结构（分子组成、碳骨架、官能团、基团间相互影响、化学键）和反应（反应类型、反应物、生成物、试剂条件、现象）；能够依据有机化合物分子的结构特征、反应规律等分析解释有机化合物的性质及转化；依据官能团或化学键特征对陌生有机化合物进行性质精准预测，结合已知信息对有机化合物的组成及结构、性质及反应进行相互推断；应用官能团的特征反应设计实验进行常见有机化合物鉴别、检验、保存、分离、除杂等，能够利用典型反应进行有机合成路线的简单设计；能够结合陌生复杂信息对有机化合物组成与结构、性质和反应进行系统推理，能够结合复杂陌生反应信息对有机化合物的有机合成路线进行综合推断、设计或评价；能够对陌生复杂有机化合物的结构和性质系统探究；能够将陌生反应和有机合成进行远迁移，对有机化合物结构和非典型性质、性质和非常规用途进行远迁移或创意体会。

"结构决定性质"是学科的核心观念，也是有机化合物主题要持续发展和培养学生的核心素养。如何帮助学生建立"结构决定性质"这一学科核心观念，我们需要明确 3 个学科本体内容：结构是什么？性质是什么？结构和性质之间的关系是什么？因此，在有机化合物主题教学时需将这些内容具体化，帮助学生建立认识结构的角度和结构分析的思路模型；帮助学生建立认识性质的角度和性质的分析框架；帮助学生建立"结构如何决定性质，性质如何反映结构"的思维，形成解决有机问题的能力。

3. 翻转课堂教学模式

该中学自 2011 年开始对微课、翻转课堂进行研究，确立"二段四步十环节"翻转课堂新授课基本模式，如图 11-6-2 所示。"二段"是自学质疑阶段和训练展示阶段；"四步"是指教师备课的 4 个步骤：课时规划→微课设计→两案编制→微课录制；"十环节"是指每一种课型的基本流程，自学质疑阶段包括 5 个环节——目标导学、教材自学、微课助学、合作互学、在线测学，训练展示阶段包括 5 个环

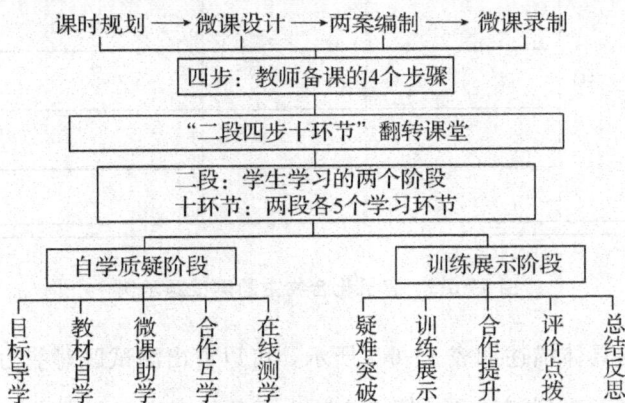

图 11-6-2 "二段四步十环节"翻转课堂新授课基本模式

节——疑难突破、训练展示、合作提升、评价点拨、总结反思。

三、有机模块复习教学改进案例

1. 基于学生能力表现前测和教学现状诊断，明确教学改进点和具体改进目标

（1）有机化合物主题学生能力表现前测

①前测工具设计

本次有机化合物主题测试工具开发是依据有机化合物主题学科能力构成模型的 4 个维度进行设计的，主要考虑化学问题、知识基础、认识方式和能力要素的覆盖。以一道测试题（如图 11-6-3 所示）为例来分析，该题是探究陌生有机物的性质，需要学生分析陌生有机物的结构并预测该物质的性质。

（4）当你面对一种新的物质，你将如何研究该物质的性质(燃烧反应除外)，请完成下表（如果表格不够，可自行加行）。

猜想假设			设计实验进行验证
预测可能的断键部位		预测相应的反应类型	说明具体的化学反应（用化学方程式表示）
标出断键部位 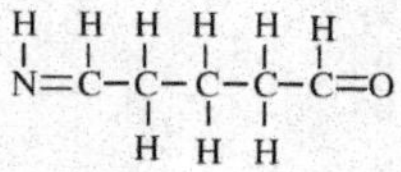	从结构的角度说明预测依据		
$N{=}C{-}C{-}C{-}C{=}O$ （含 H 取代的链状结构）			

图 11-6-3　有机化合物主题测试题示例

该测试题的具体描述如表 11-6-1 所示，可以看出测试题对能力要素和认识方式的考查，且会考虑到测试题的情境为陌生复杂的多官能团有机物。

表 11-6-1 有机化合物主题示例测试题的具体描述

分值	试题描述	二级能力要素	认识角度
CLO111341	化学键的饱和性、极性的判断	辨识记忆(A1)	化学键
CLO111342	从官能团水平预测 $HN=CH(CH_2)_3CHO$ 的活性部位及其依据	推论预测(B2)	官能团
CLO111343	从化学键水平预测 $HN=CH(CH_2)_3CHO$ 的断键部位及其依据	推论预测(B2)	化学键
CLO111344	从官能团水平预测 $HN=CH(CH_2)_3CHO$ 的反应类型	概括关联(A2)	官能团
CLO111345	从化学键水平预测 $HN=CH(CH_2)_3CHO$ 的反应类型	概括关联(A2)	化学键
CLO111346	从官能团水平书写 $HN=CH(CH_2)_3CHO$ 的反应方程式	简单设计(B3)	官能团
CLO111347	从化学键水平书写 $HN=CH(CH_2)_3CHO$ 的反应方程式	简单设计(B3)	化学键
CLO111348	从官能团水平系统分析有机物的结构,并预测有机物的性质	系统探究(C2)	官能团
CLO111349	从化学键水平系统分析有机物的结构,并预测有机物的性质	系统探究(C2)	化学键

在此测试工具设计理念下,我们考查的主要有机任务有性质预测、有机合成、结构推断;考查的能力要素包括辨识记忆、概括关联、说明论证、分析解释、推论预测、简单设计、复杂推理、系统探究、创新思维;考查的认识方式包括认识角度、认识思路、认识方式类型;考查的知识包括代表物、单官能团有机物、多官能团有机物;设置任务的情境为从熟悉到陌生、从原型到远变式、从给定角度到自主角度。

②测查实施

为满足学生诊断的样本需求和教学改进实验的需求,备课研讨前 2 个星期在教学改进实施年级(高二年级)选取 3 个平行班级,分别作为对比班、试讲班和实验班,详情如表 11-6-2 所示。

表 11-6-2　有机化合物主题学生能力表现前测诊断样本信息

班级	对比班	试讲班	正式讲班	总计
人数	35	45	51	132

③测查结果分析

经对数据进行录入处理，利用单维 Rasch 模型进行分析处理，测试题的 MNSQ 值有 97.7％属于[0.7，1.3]，且学生信度为 0.89，试题信度为 0.99，说明本测试工具的质量良好。

用单维 Rasch 模型对测查数据进行统计分析后，可以得到有机化合物主题能力表现测试的试题难度值和学生能力值。由于每个学科能力水平等级对应的题目难度范围，根据学生能力值能够判断学生处于该学科能力水平，进而确定各水平等级的人次百分比，如图 11-6-4 所示。

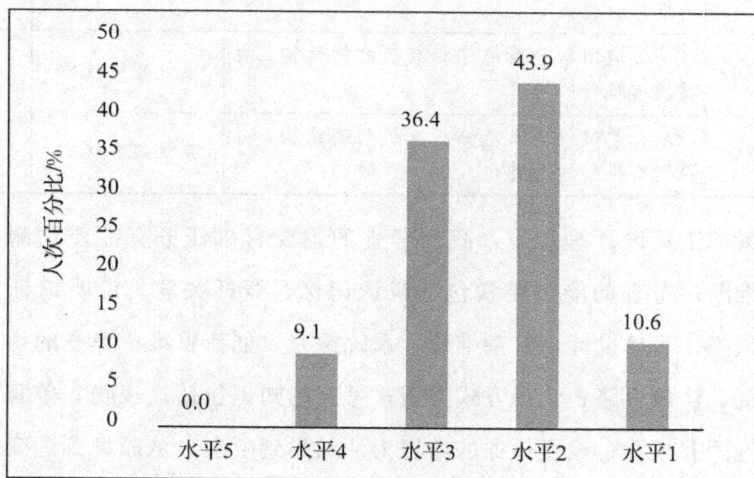

图 11-6-4　前测水平等级分布情况

由图 11-6-4 可以看出，学生主要处于水平 2 和水平 3，即学生面对熟悉原型或简单变式的情境，能够利用结构或反应的多个二级角度，基于亚微观系统水平，对各类有机化合物的组成、结构、性质和用途进行概括关联和比较，依据典型官能团类别、反应规律等分析、解释有机化合物的性质及转化等原型或简单变式的有机任务。

根据单维 Rasch 模型处理得到的试题难度值，将测查相同二级能力要素的试题进行归类，求其平均值，可得到各二级能力要素对应测试题的平均难度值，如图 11-6-5 所示。

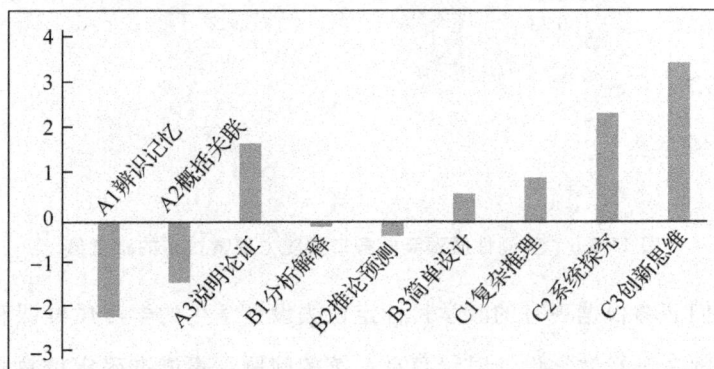

图 11-6-5　前测二级能力要素对应测试题的平均能力值

二级能力要素对应测试题的平均难度值越大，说明学生解决该类有机问题的难度越大。由图 11-6-5 可以看出，学生在有机主题上说明论证、系统探究和创新思维等能力表现不理想，其次是复杂推理、简单设计、推论预测和分析解释能力。

在有机化合物主题测查时设计了有机化合物性质预测的任务，探查学生预测有机物性质时的角度。根据单维 Rasch 模型处理得到的试题难度值，可得到测查学生基于官能团和基于化学键的概括关联、推论预测和简单设计能力的试题难度值，如图 11-6-6 所示。

由图 11-6-6 可以看出，学生在性质预测任务中，基于官能团预测有机物性质的能力表现优于化学键。学生基本是在宏观或者亚微观的官能团水平解决有机问题，没有形成考虑官能团、化学键的极性和不饱和性，以及基团间相互影响解决有机问题的思路。

（2）有机化合物主题教学诊断分析

通过该中学化学教师的原有教学设计、教学录像以及与教师的交流访谈，可

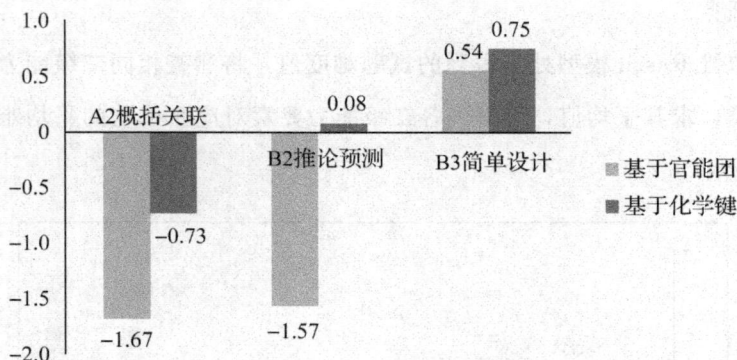

图 11-6-6　前测性质预测任务二级能力要素试题的难度值

以发现教师们能够根据现有的教学目标定位去设计学生的学习质疑课和拓展训练课，但是教师在进行教学设计时仍存在系统的问题：不能准确定位教学目标、缺少真正意义上的活动和任务、不能够探查和外显学生的思维。

①不能准确定位教学目标

教师在设计教学目标时，更多的是关注学生通过这节课的学习能够获得什么样的知识，如有机物的性质、反应方程式等；不能系统阐述学生在知识、思路方法和能力方面的发展点，即不能明确学生通过该节课的学习，可以建立什么认识角度？形成什么认识思路？解决什么类型的任务？

自学质疑学案	
目标 导学	通过复习，掌握烃的衍生物的主要性质，能熟练书写反应方程式，构建本章知识网络图
	能根据有机物结构中的官能团分析其发生的反应和具备的性质
重点 难点	烃的各种衍生物之间的转化

图 11-6-7　有机化合物模块的教学目标示例

②缺少真正意义上的活动和任务

通过教师展示的学生学案、教师录制的微课和训练展示的课件，可以看出更多是习题，或是教师的直接讲述，而没有真正意义上的活动和任务。如图 11-6-8

所示的学案示例，教师在该环节设计了 2 道习题，希望学生能够通过这 2 道习题体会并建立有机物的结构与性质的关系，通过这个环节，学生即使知道了"有机物的结构决定性质"这一观念，也不知道二者到底有何关系。为什么结构能够决定性质？结构如何决定性质？我们需要从哪些角度认识有机物的结构？我们需要从哪些角度分析有机物的性质？但是如果我们利用一个真任务，让学生去预测、设计、论证或者创意等，让学生在真实问题的解决过程中建立认识有机物的角度和解决有机问题的思路方法。

二、有机化合物结构与性质的关系

1. 已知柠檬醛的结构简式为 $CH_3-C=CHCH_2CH_2C=CH-C=O$，其中两个支链上有 CH_3、CH_3、H

根据已有知识判断下列说法不正确的是（　　）

A. 它可使酸性高锰酸钾溶液退色

B. 它可与银氨溶液反应生成银镜

C. 它可使溴水退色

D. 它被催化加氢的最后产物的结构简式是 $C_{10}H_{20}O$

2. 咖啡鞣酸具有较广泛的抗菌作用，其结构简式如图所示。关于咖啡鞣酸的下列说法不正确的是（　　）

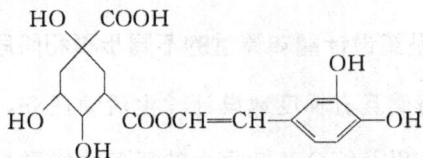

A. 分子式为 $C_{16}H_{18}O_9$

B. 与苯环直接相连的原子都在同一平面上

C. 1 mol 咖啡鞣酸水解时可消耗 8 mol NaOH

D. 与浓溴水既能发生取代反应又能发生加成反应

图 11-6-8　有机化合物模块的学案示例

---

③不能够探查和外显学生的思维

通过教师展示的学生学案、教师录制的微课和训练展示的课件，可以看出：教师在进行教学设计时不注重设计探查和外显学生思维的活动，不关注学生是怎么想的，学生思考的角度是什么，学生的思考路径是怎样的，学生的思考策略是什么，学生困难的点在哪里，为什么不同学生的答案不一样，造成不同学生答案不同的本质原因是什么,我们希望通过课堂教学提高学生什么样的思维,而且在进行课堂教学实施时,需给学生足够的时间展示自己的想法,并追问学生的思路,而不是通过一系列的习题训练,只能看到学生解决什么类型的习题有问题,也不去探查和分析学生解决这些习题存在困难的真正原因是什么,是没有知识,还是知识没有功能化,转化成解决问题的认识角度,还是没有解决这类问题的思路。

(3)明确教学改进点和具体改进目标

基于学生能力表现和教师教学现状诊断,结合有机化合物主题学科能力构成模型,明确有机模块复习教学改进点和具体改进目标。在有机模块复习教学时,需要培养学生基于官能团或者化学键系统地从结构和反应的多个角度解决问题。从能力培养来看,不能只聚焦在辨识记忆、概括关联能力,要提升学生有机化合物主题的关键能力——说明论证、推理预测和系统探究能力;从素材选取来看,不能只选用学生熟悉的代表物和类别有机物,更需要借助复杂陌生的多官能团有机物帮助学生深化系统探究有机物性质的角度和思路。

2. 基于有机模块复习的目标定位,系统设计翻转课堂的不同步骤和阶段

基于对有机模块复习的目标定位,精确且有梯度地设计学生活动任务,根据能力水平和进阶合理选取和使用原型变式以及综合复杂陌生的任务情境素材,并考虑自学质疑和训练展示两个阶段的目标定位,系统设计翻转课堂的不同步骤和阶段。

通过备课研讨时的教学设计和试讲后的教学设计调整,在有机模块复习教学中设计 2 组翻转课堂(共 4 课时),每组翻转课堂为 1 节自学质疑课和 1 节训练展示课。

第一组翻转课堂主要利用熟悉原型有机物结构分析和性质预测任务、基于化学键和基团间相互影响论证物质性质任务,帮助学生建立有机化合物认识模型(如图 11-6-9 所示),并应用有机化合物认识模型解决系统分析陌生复杂有机物的结构并预测其性质,具体如图 11-6-10 所示。

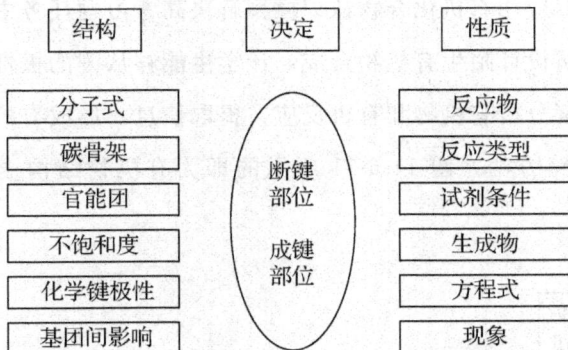

图 11-6-9　有机化合物认识模型

图 11-6-10　有机模块复习教学(第一组翻转课堂)

第二组翻转课堂主要应用有机化合物认识模型解决高考习题任务中结构推断任务和基于陌生反应分析设计陌生有机物合成，让学生能够从键的极性、饱和度和基团间相互影响等角度分析有机物和有机反应，提取信息，形成有机物转化过程中解决实际问题的思路方法，图 11-6-11 所示的即为有机物结构推断的思路方法。

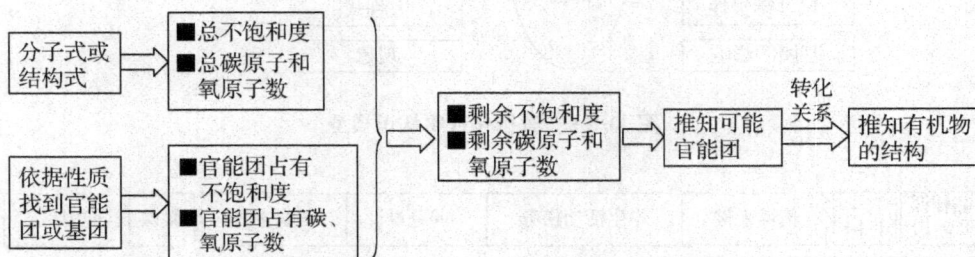

图 11-6-11　有机物结构推断的思路方法

3. 基于学生能力表现后测发展状况测查、学生访谈和教学设计转变，评价教学改进效果

（1）有机化合物主题学生能力表现后测

选取该中学高二年级的对比班和实验班进行学生能力表现后测发展状况测查。用单维 Rasch 模型对学生样本的后测数据进行量化分析，运行得到学生信度是 0.76，试题信度是 0.96，利用 SPSS 20.0 对学生能力值进行数据处理得到图 11-6-12 和图 11-6-13。可以看出，实验班和对比班前测诊断时，实验班学生能力表现稍次于对比班学生，基本无差异；但教学后诊断时，实验班学生能力表现明显优于对比班，说明实验班有机模块复习教学整体提升学生的有机化合物主题学科能力表现优于对比班（表 11-6-3）。

表 11-6-3　前后测中实验班—对比班学生能力值的差异性检验

学生能力值	前测		后测	
	均值差	显著性	均值差	显著性
实验班—对比班	−0.189	0.313	0.432	0.109

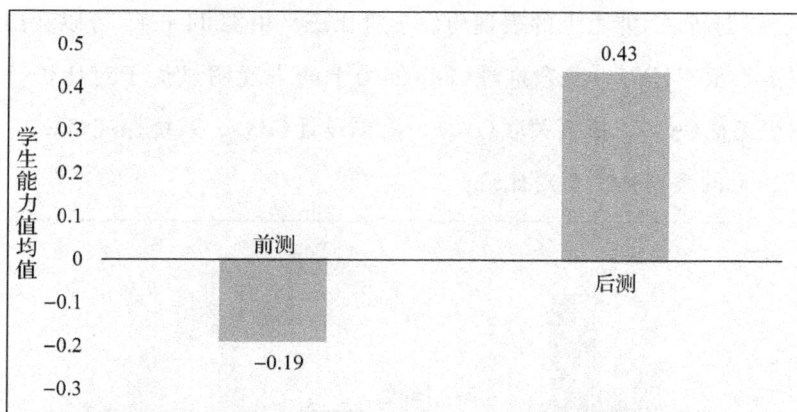

图 11-6-12 前后测中实验班－对比班学生能力值差值

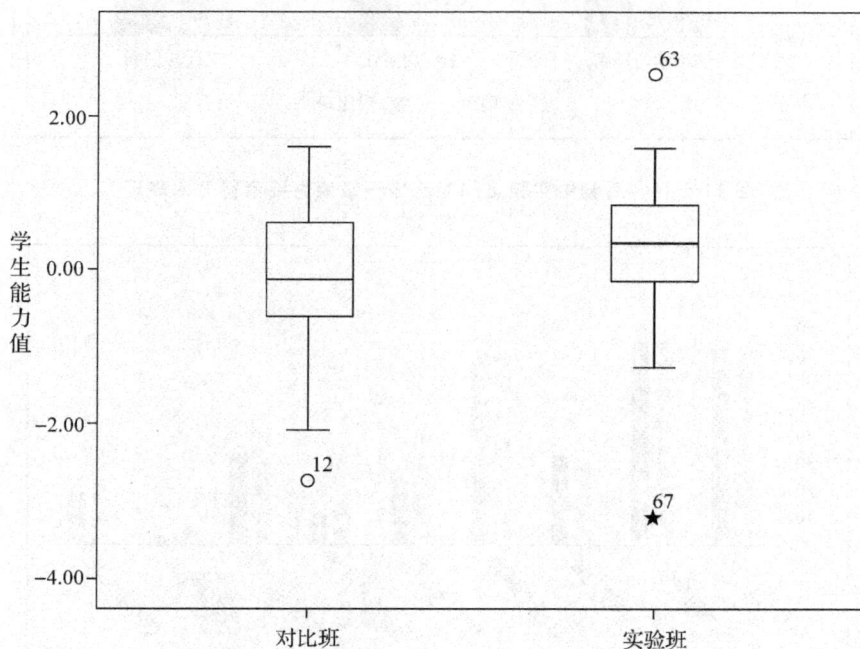

图 11-6-13 后测中实验班和对比班学生能力值分布情况

针对实验班和对比班后测的具体能力表现数据进一步分析，可以得到后测中实验班与对比班一级能力要素和二级能力要素的得分率表现情况，如图 11-6-14 和图 11-6-15 所示。由图 11-6-14 可以看出：实验班学生在学习理解（A）、应用实践(B)、迁移创新(C)能力上的表现均优于对比班。由图 11-6-15 可以看出：实验班学生在推论预测(B2)、复杂推理(C1)能力上的表现明显优于对比班；实验班学生在辨识记忆(A1)、概括关联(A2)、简单设计(B3)、系统探究(C2)、创新思维能力(C3)上的表现稍优于对比班。

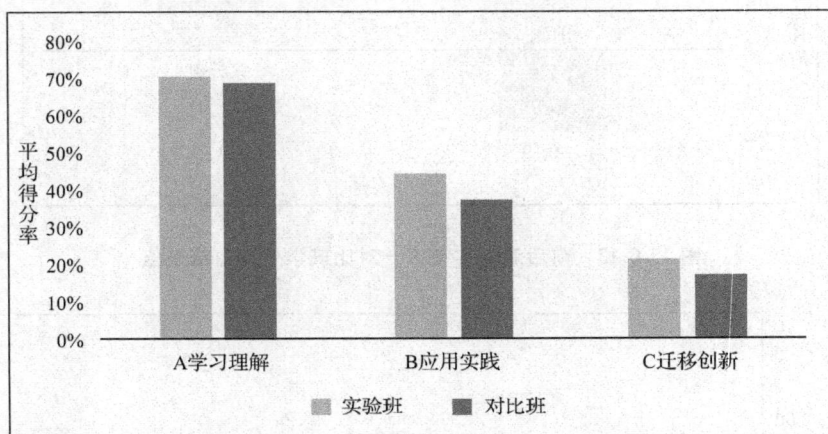

图 11-6-14　后测中实验班和对比班一级能力要素得分率表现

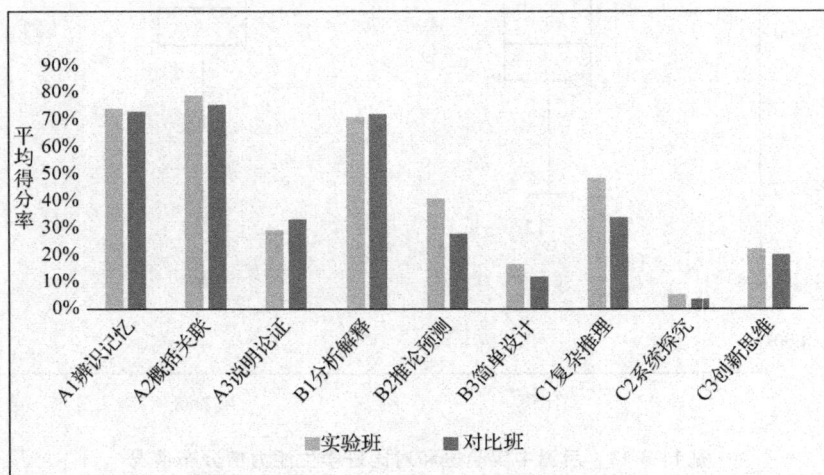

图 11-6-15　后测中实验班和对比班二级能力要素得分率表现

　　在有机化合物主题里，推论预测能力是非常关键的，能够依据官能团或化学键特征对陌生有机化合物进行性质精准预测，结合已知信息对有机化合物的组成和结构、性质和反应进行相互推断。因此，对前后测中实验班与对比班学生推论预测能力得分率进行处理，可得表11-6-4，可以看出，学生在经过有机模块复习教学后，实验班学生的推论预测能力明显优于对比班学生。

表 11-6-4　前后测中实验班和对比班学生推论预测能力得分率的差异性检验

推论预测得分率	前测		后测	
	均值差	sig.	均值差	sig.
实验班—对比班	0.035	0.548	0.144	0.007

（2）有机化合物主题学生访谈

通过试讲后和正式讲后的学生访谈（访谈现场如图 11-6-16 所示），将学生访谈进行转录和分析，可得表11-6-5，可以发现，经过有机模块复习教学后，学生学习效果明显，能够建立认识有机化合物的核心角度——结构和反应，尤其是让学生关注并建立了结构的二级角度——化学键和基团间相互影响，形成认识有机化合物的一般思路，从宏观和微观相结合的视角解决问题的关键能力。

图 11-6-16　学生访谈现场照片

表 11-6-5 学生访谈实录片段及学生表现分析

访谈问题	学生表现实录	学生表现分析
通过本节课的学习，谈谈你最大的收获或最深的感触	生1：以前都是靠记忆，现在知道了原理，从比较酸性那题开始关注化学键。 生2：原来学习有机物已经打下了一定的基础，但主要靠记忆，看官能团、反应，但现在看了微课觉得融会贯通了，可以去分析可能的断键部位	学生从"靠记忆"学习有机到"关注原理，基于化学键解决问题"
	生3：把之前落下的东西补齐了，课堂气氛很活跃，喜欢学生相互讨论，老师注重学生有没有学会	课堂氛围活跃，教师更关注学生思维
	生4：原来一看题就头疼，不知道从什么地方进行分析，现在知道可以从官能团、官能团的相互影响、键的极性等方面去分析，从无序到有序。这个感觉是从第一节课微视频开始的，第二节课的意义是帮我"分析极性，寻找断键部位"	学生从解决有机问题"无思路"到"建立了认识角度和思路"；学生解决有机问题从"无序"到"有序"
考虑键的极性分析断键部位有何好处	生4：这是大学和高中的关联，学会用极性分析断键部位，即使不记得具体知识也可以通过极性分析反应，判断断键部位。平时看书发现教材上的拓展会接触相关的知识，但没有这么深入，通过这节课的学习感觉不再凌乱	
两节课做了不少题，你对这些题怎么看	除了学到解题方法，提高解题速度，更重要的是从全局上体会到了思路。以前做题主要是从反应结果来考虑断键的部位，前后组装，虽然可能花费一定时间后也能写出结果，但心里总是不踏实。但学会从化学键的极性分析以后就觉得心里有底了，有了指南针更坚定地走下去，帮助我们精确定位成键的部位	学生解决有机问题从"反应结果来考虑断键部位"到"基于化学键的极性分析精准定位断键部位"
拿到醇的通式，你将如何研究醇的性质		学生建立"结构分析，性质预测"的角度和思路

（3）教学设计转变

通过和教师对话交流及案例资料的分析，可以看出，教师通过参与备课研讨、试讲、正式讲，在教学观念、教学行为、教学内容组织、活动任务设计、学案设计、微课设计等多方面有所转变，如图 11-6-17 和图 11-6-18 所示。

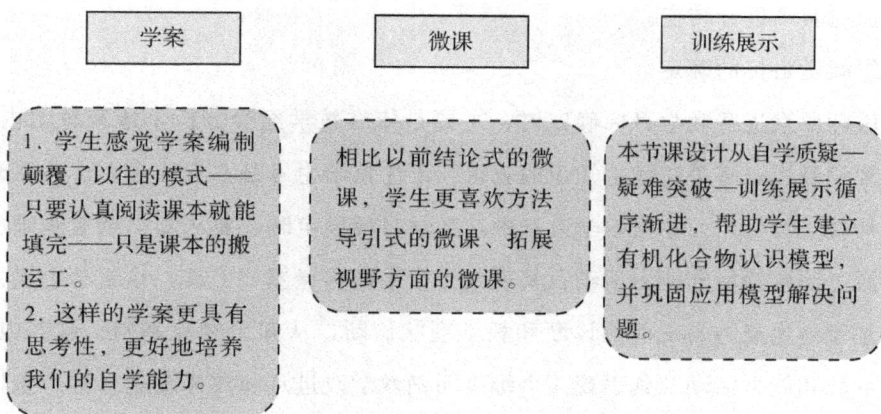

学案	微课	训练展示

1. 学生感觉学案编制颠覆了以往的模式——只要认真阅读课本就能填完——只是课本的搬运工。
2. 这样的学案更具有思考性，更好地培养我们的自学能力。

相比以前结论式的微课，学生更喜欢方法导引式的微课、拓展视野方面的微课。

本节课设计从自学质疑—疑难突破—训练展示循序渐进，帮助学生建立有机化合物认识模型，并巩固应用模型解决问题。

图 11-6-17　授课教师谈学案、微课、训练展示课的转变

有机化学基础模块复习学案设计修改记录

　　在专家引领和指导下，初稿学案设计的思路和以前课时学案相比已经有明显转变。修改稿在我们集体研究的基础上，换了有机物素材，表格设计更加合理，指向性更强，方便学生作答和思路的外显。把基团间的相互影响单独设计成一个问题，同时配上微课帮助学生克服难点。结构推断题目信息的表达更加合理，把有机合成题目难度降低，同时结合已给的素材加到性质预测中，增加了题目的综合性和延续性。修改稿最大的问题是训练展示学案题目难度大，综合性强，所选题目均为全国卷高考题，需要进一步地删减信息，降低难度。这一点在后来的试讲中也得到了印证。

　　试讲稿与修改稿相比，主要变化是在自学质疑学案上增加了学生活动——让学生自己画出有机物认识模型，同时讨论交流展示。训练展示学案把题目的信息做了适度的调整，降低了难度。通过试讲证明，学案的设计思路和方向正确，题目虽然做了一些删减但是还存在许多偏难问题，尤其在外显学生原有的认识水平和思路的问题设计上还不够。

　　针对试讲存在的问题结合专家老师的指导，正式讲稿学案第一个活动做了调整，给出醇的通式，让学生探究醇的性质，该活动主要是让学生在原有的认知水平上独立完成探究任务，显示原有的分析思路。微课同时讲解从价键极性角度分析预测的方法，与学生原有的思路发生冲突和碰撞，引导学生总结完善有机物的分析角度。第二个任务基本没变，还是单独分析基团间的影响，通过这两个具体的任务建立有机物认识模型。另一个显著变化是去掉了大量题目，给学生一个相对复杂陌生的物质，让他们应用建立的认识模型独立去探究其性质。

　　通过该学案的修订过程可以看出，学案设计的第一个活动不是课本知识的简单填空，要具有一定的探究性，同时能体现学生原来的认知水平，暴露存在的问题。微课要配合学生活动，可以讲方法、也可以讲知识，以求进一步提高完善学生的认识水平。训练展示学案不要是大量题目的简单组合，应设计一些具有探究功能的题目，巩固学生的思路，训练解题的能力，通过活动让学生学会方法，进而提高做题效率。

图 11-6-18　听课教师谈学案设计的转变实录

　　下面聚焦翻转课堂中教学目标的确定、学案设计、微课设计等多个关键要素，探讨教师设计转变。

　　①教学目标的确定

　　教师原来进行教学目标确定时，主要是依靠教学经验分析学情和教学内容，明确教学目标；多关注学生知识的获得，不注重学生思路方法的建立；单课时规划设计教学目标。而本次教学改进中，教学目标确定时，要从知识经验基础、素养内涵、问题情境和能力活动及其表现4个维度构建测试工具，诊断学生能力表现；基于学生能力表现前测诊断和教学现状诊断，从知识经验基础、素养内涵、问题情境和能力活动及其表现4个维度明确教学改进点和具体改进目标；整体规划主题—单元—课时—微课教学目标。

　　②学案中活动任务的设计

　　自学质疑和训练展示阶段的学案中活动任务原来多是知识梳理和习题训练，没有真正意义上的活动和任务；不能够探查和外显学生思维。而本次教学改进中，学案中活动任务是探查学生的原有认识和思维习惯；基于学科能力要素精确且有梯度地设计自学质疑和训练展示阶段的学生活动任务；根据能力水平和进阶合理选取和使用原型变式以及综合复杂陌生的任务情境素材，具体对比如图11-6-19所示。

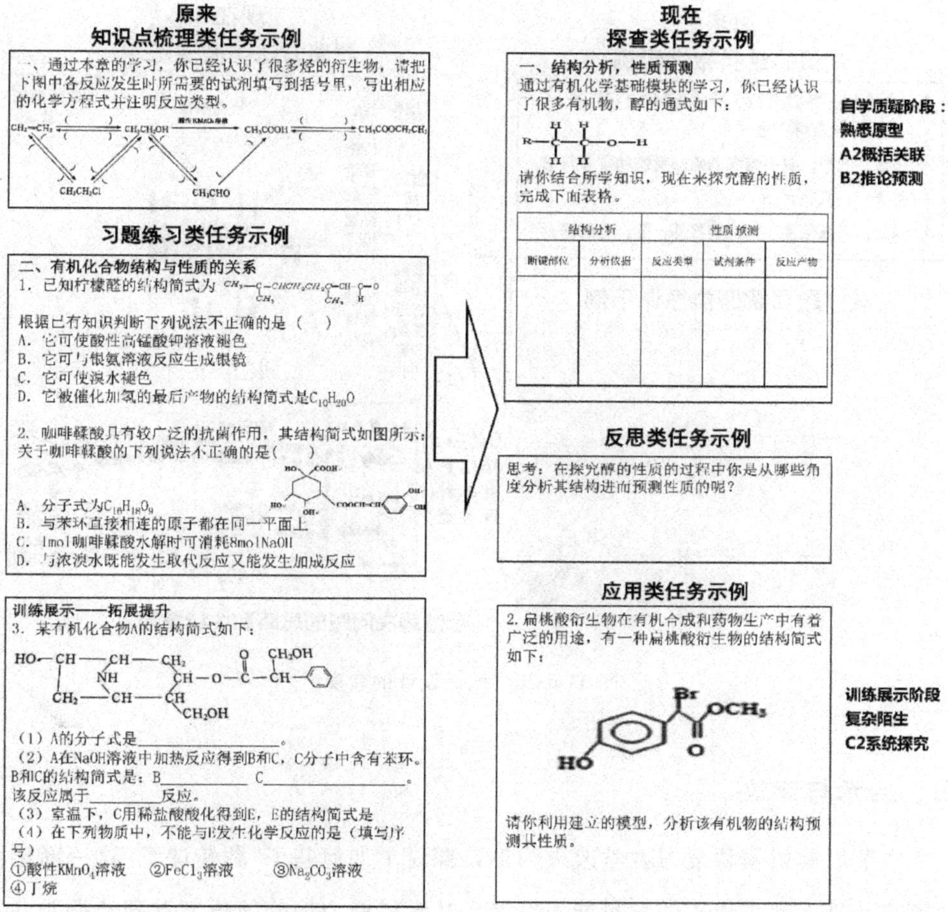

原来

知识点梳理类任务示例

一、通过本章的学习，你已经认识了很多烃的衍生物，请把下图中各反应发生时所需要的试剂填入括号里，写出相应的化学方程式并注明反应类型。

$CH_2=CH_2$ —[ ]→ CH_3CH_2OH —[浓硫酸 KMnO₄ 加热]→ CH_3COOH ⇌[ ] $CH_3COOCH_2CH_3$ ／ CH_3CH_2CHO ／ CH_3CHO

习题练习类任务示例

二、有机化合物结构与性质的关系

1. 已知柠檬醛的结构简式为 $CH_3-C=CHCH_2CH_2C=C-H$（CH_3）（CH_3）

根据已有知识判断下列说法不正确的是（　）
A. 它可使酸性高锰酸钾溶液褪色
B. 它可与银氨溶液反应生成银镜
C. 它可使溴水褪色
D. 它被催化加氢的最后产物的结构简式是 $C_{10}H_{20}O$

2. 咖啡鞣酸具有较广泛的抗菌作用，其结构简式如图所示：
关于咖啡鞣酸的下列说法不正确的是（　）

A. 分子式为 $C_{16}H_{18}O_9$
B. 与苯环直接相连的原子都在同一平面上
C. 1mol咖啡鞣酸水解时可消耗8mol 1NaOH
D. 与浓溴水既能发生取代反应又能发生加成反应

训练展示——拓展提升

3. 某有机化合物A的结构简式如下：

(1) A的分子式是____
(2) A在NaOH溶液中加热反应得到B和C，C分子中含有苯环。B和C的结构简式是：B____ C____，该反应属于____反应。
(3) 室温下，C用稀盐酸酸化得到E，E的结构简式是____
(4) 在下列物质中，不能与E发生化学反应的是____（填写序号）
①酸性KMnO₄溶液 ②FeCl₃溶液 ③Na₂CO₃溶液 ④丁烷

现在

探查类任务示例

一、结构分析，性质预测
通过有机化学基础模块的学习，你已经认识了很多有机物，醇的通式如下：

请你结合所学知识，现在来探究醇的性质，完成下面表格。

结构分析		性质预测		
断键部位	分析依据	反应类型	试剂条件	反应产物

自学质疑阶段：
熟悉原型
A2概括关联
B2推论预测

反思类任务示例

思考：在探究醇的性质的过程中你是从哪些角度分析其结构进而预测性质的呢？

应用类任务示例

2. 扁桃酸衍生物在有机合成和药物生产中有着广泛的用途，有一种扁桃酸衍生物的结构简式如下：

请你利用建立的模型，分析该有机物的结构预测其性质。

训练展示阶段
复杂陌生
C2系统探究

图 11-6-19　学案中活动任务的设计的转变

③微课设计

　　微课原来多是知识总结类和具体题目解题类。而本次教学改进中，微课则更多是思路方法类，激发学生反思，重新构建新的认识角度和思路；微课也可以是资源类，创设问题情境，提供资料支持等；微课还可以是任务解读类等，具体对比如图 11-6-20 所示。

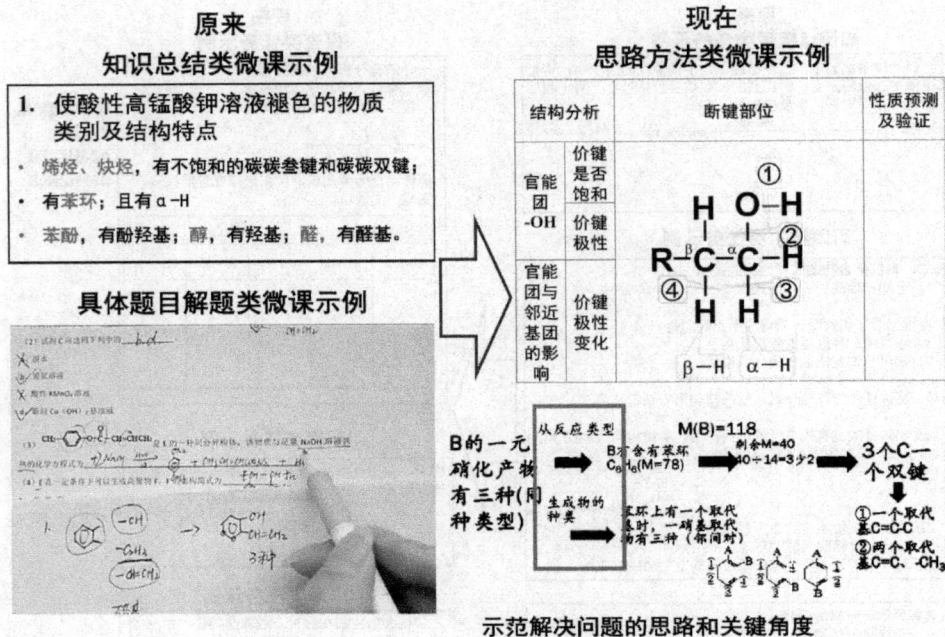

图 11-6-20　微课设计的转变

四、启示与建议

本节以有机模块复习教学改进为例，探讨了如何基于"翻转课堂"这一新型教学模式基础上促进学生的学科能力发展，从学科能力培养的角度看翻转课堂各环节的功能定位，提炼对翻转课堂核心要素改进的策略和重点，详见表 11-6-6。

表 11-6-6　翻转课堂核心要素的改进策略和重点

课时	自学质疑			训练展示	
	学案设计	微课设计	教师角色	学案设计	教师角色
教学目标1 教学目标2 ……	• 学生活动任务设置：学习理解和简单的应用实践类任务，侧重探查学生原有思路和方法； • 情境素材选取：熟悉原型和简单变式	• 思路方法类微课，激发学生反思，重新构建新的认识角度和思路； • 资源类微课说明：如二氧化硫对环境的危害实验视频等； • 任务解读类微课	• 收集学生原有认识； • 评估是否符合教师预设； • 学生是否反思已有思维	• 学生活动任务设置：应用实践和迁移创新类任务； • 情境素材选取：简单变式和复杂陌生	• 基于能力要素的高级思维内涵及素养要求进行有效设问、追问、评价、示范、总结，提升学生构建思路方法的质量

　　首先，要明确自学质疑和训练展示阶段学生学科能力发展的意义和价值。自学质疑阶段的定位是帮助学生建立关键角度和思路，利用学案上的活动探查学生的原有认识和思维习惯；利用微课，制造学生认知冲突，给学生不一样的思维展示，激发学生反思认识角度和认识思路的不同；引导学生合作交流，利用不同学生的表现制造认知冲突；初步转变，重新构建新的认识角度和思路。训练展示课的定位是应用认识模型，内化角度和思路，利用训练展示环节交流自己构建的新认识；教师进一步明确学生原有认识的突破点和提升点；教师通过与学生的讨论、对话、示范突破重难点；建构应然的更合理的认识角度和思路；变式训练，应用认识模型，结合真实的任务情境实现认识角度和思路的内化应用，总结反思。

　　其次，需依据学科能力要素和各内容主题的化学问题精确且有梯度地设计自学质疑和训练展示阶段的学生活动任务和问题，而且需要根据能力水平和进阶合理选取自学质疑和训练展示阶段的任务情境素材（熟悉度：熟悉原型—简单变式—复杂陌生。间接度：给定角度—提示角度—自主角度—多角度）。

　　最后，还需明确自学质疑和训练展示阶段的教师角色定位。自学质疑阶段，教师要转变成为学习的促进者和观察者，收集学生原有认识，评估学生表现是否符合教师预设，引导学生反思已有思维；训练展示阶段，教师需基于能力要素的高级思维内涵及素养要求进行有效设问、追问、评价、示范、总结，提升学生构建思路方法的质量。

结语与展望

回顾既往，我们对于学科能力及核心素养的研究贡献可以概括为以下几个方面。

1. 基于学习理解、应用实践和迁移创新的学科能力及活动表现框架

一方面，将学科能力的要素基于活动视角进行了系统化和贯通化，并使学科能力测评的活动任务和学科能力培养的教学活动任务可以相统一；另一方面，使内隐的核心素养可以通过能力活动实现外部表现化，同时为核心素养的发展和培养提供能力活动任务的途径和载体。

2. 基于类化经验和认识方式的学科能力素养的实质内涵

一方面，揭示了学科能力素养的思维内涵，避免核心素养空泛化；另一方面，构建了学科知识经验与学科能力素养之间的实质性联系及其转化机制；阐明了核心知识的认识功能和能力素养的发展价值；说明了学科教育对于学生核心素养发展的实质性贡献。

3. 基于认识主题的学科能力素养及其评价模型

一方面，可以描述学生相应主题和知识内容的学习理解、应用实践和迁移创新能力表现水平；基于认识主题有利于实现结构化和功能化，避免知识碎片化；另一方面，基于认识主题有利于实现学科核心素养的融合培养，避免核心素养要素孤立化，凸显核心素养的功能价值。

4. 基于认识发展教学理论的高端备课模式教学改进

一方面，促进学生认识角度丰富、认识思路建立、认识方式类型提升的认识发展教学，是培养学生学科能力素养的核心所在；另一方面，基于高端备课的设计研究和行动研究是促使教师转变教学观念和优化教学行为的重要途径和有效方式。

展望未来，我们对于学科能力及核心素养的研究和实践将聚焦以下重点：研

究学科核心素养的学习和发展进阶；探索基于真实问题情境学科能力活动测评科学态度和社会责任素养；基于项目式教学促进学科能力及核心素养的融合式发展；基于翻转教学提升学生自主学习理解、应用实践和迁移创新的能力素养；基于模型建构教学发展学生的模型理解、应用及创新的学科核心素养；互联网＋助力学科能力及核心素养评、学、教一体化。